文字与文明
译丛

美洲印第安人的图画文字

第一卷

Picture-writing of
the American Indians

〔美〕加里克·马勒里 著

Garrick Mallery

闵锐武 译

创于1897　商务印书馆
The Commercial Press

Published in Canada by General Publishing Company, Ltd., 30 Lesmill Road, Don Mills, Toronto, Ontario.

Published in the United Kingdom by Constable and Company, Ltd., 10 Orange Street, London WC 2.

This Dover edition, first published in 1972, is an unabridged republication of the Accompanying Paper, "Picture-Writing of the American Indians," of the *Tenth Annual Report of the Bureau of Ethnology to the Secretary of the Smithsonian Institution, 1888–'89, by J. W. Powell, Director*, originally published by the Government Printing Office, Washington, D. C., in 1893. The first section of the original volume, "Report of the Director," has been omitted in the present edition, except for a few pages referring directly to the Accompanying Paper.

The original edition (Report plus Accompanying Paper) was in one volume. The present edition (unabridged Accompanying Paper and excerpt from Report) is in two volumes.

The following plates, which appear in black and white in the present edition, were in color in the original edition: XVI, XX through XXIX, XXXIX, XLV, XLVI, XLVIII and XLIX.

《文字与文明译丛》总序

  文字的发明是人类社会的一个划时代的伟大进步，文字的出现标志着人类社会迎来了文明的曙光。在世界文明史上，产生于西亚两河流域的楔形文字、北非尼罗河流域的埃及圣书字和中国黄河流域的汉字，是公认的三大代表性的古典文字。三大古典文字的出现，表明在公元前 3500 年前这些区域就先后创造了伟大的文明，随着这些文字向不同地区和国家传播，又形成了多种语言的文字书写符号体系，对世界文明的发展产生了深远而巨大的影响。

  然而，除了汉字一直传承使用至今外，楔形文字和埃及圣书字都早已于公元 1 世纪和 5 世纪前后退出历史舞台。直到公元 16 世纪之后，人们才重新发现这些沉埋千年的文字。19 世纪 20 年代以来，西方学者对这两种古典文字的研究先后获得重大突破，取得一系列标志性的重要成果。与此同时，国外学者还对其他古文字进行了许多研究探索工作，如对印第安图画文字、玛雅文字和中美洲其他古文字的研究。汉字不仅持续传承发展，没有发生根本性的变化，而且对汉字研究的历史也甚为久远，至少在公元 1 世纪前后研究汉字的专门之学——中国文字学就已经产生。经历了两千多年的研究积累，文字学成为中国学术史上最重要的学科领域之一，各种研究著作可谓汗牛充栋。西方学者研究两河流域和古埃及文字的同时，也开始逐步重视对古汉字的研究。

虽然汉字研究历史悠久且成果丰富，国外 19 世纪以来对古文字研究也取得许多成就，然而中外学者的研究彼此交流却仍然不多。中国学者在汉字和民族古文字研究方面取得的许多新成果，外国学者并不是十分了解；而外国学者的研究成果，尤其是他们在原始文字符号解读的理论和方法上取得的新进展，在我国近几十年来也很少得到介绍，一些代表性的论著尚没能被译介出版。当前，进一步推进中外学者在文字与文明研究领域的交流合作，对于学术研究和文化交流有着非常重要的意义，这也是中外学者共同的期待。正是基于这样的认识，我们与商务印书馆商定编译出版这套《文字与文明译丛》，以满足国内外学者开展学术研究和交流合作的需要。

这套译丛暂时选译有《文字起源》《古埃及圣书字导读》《文字系统：语言学方法》《宗教与文化记忆》《美洲印第安人的图画文字》《印加结绳符号》等六种，都是海外相关研究领域的代表性著作。

《文字起源》（*How Writing Came About*），由丹尼丝·施曼特–贝瑟拉（Denise Schmandt-Besserat）撰著，得克萨斯大学出版社（University of Texas Press，1992）出版。该书是国际著名陶筹研究专家贝瑟拉教授的成名作《文字之前》（*Before Writing*，University of Texas Press，1992）的精编本，由王乐洋博士翻译。通过对来自中东地区 116 个遗址 8000 多个陶筹的分析，著者提出了著名的"由陶筹而文字"的文字起源新说，明确指出：世界上最早的楔形文字起源于计数用的陶筹。这一观点被一些同行认为是迄今为止最能自圆其说的有关文字起源的新理论。

《古埃及圣书字导读》（*How to Read Egyptian Hieroglyphs*），由马克·科利尔和比尔·曼利（Mark Collier & Bill Manley）撰著，大英博物馆出版社（The British Museum Press, 1998）出版，陈永生博士翻译。该书以大英博物馆所藏的部分古埃及文物（以石碑为主）上的圣书字铭文为学习材料，循序渐进地介绍了铭文所反映的中古埃及语的语法要点以及古埃及人生活方式的相关方面，简明扼要，准确可信，出版以来被翻译成多国语言，成为一本国际畅销书。

《文字系统：语言学方法》（*Writing Systems : A Linguistic Approach*），由亨利·罗杰斯（Henry Rogers）撰著，布莱克威尔出版社（Blackwell Publishing Ltd., 2005）出版，孙亚楠博士翻译。该书多角度考察了世界上所有现存的和历史上的文字系统，提供了这些文字系统翔实、丰富而时新的材料和观点。作为优秀的教科书，同行专家认为在该领域几乎没有任何一本教材能出其右。

《宗教与文化记忆》（*Religion and Cultural Memory*），由扬·阿斯曼（Jan Assmann）撰著，该书的原文为德文版，英文版由罗德尼·利文斯通（Rodney Livingstone）翻译，斯坦福大学出版社（Stanford University Press, 2006）出版，此书由译丛主编黄亚平教授译自英文版。扬·阿斯曼虽然不是第一个提出文化记忆的西方理论家，学者却认为他是使文化记忆理论系统化的第一人。阿斯曼之后，"文字与记忆文化"、"有文字和无文字社会"的区分、"文化记忆"等成为当今西方学术界讨论的基本命题，影响深远。

《美洲印第安人的图画文字》（*Picture-Writing of the American Indians*），由加里克·马勒里（Garrick Mallery）撰著，此书的出版已经超过百年。此次翻译我们依据的是多佛出版公司版（Dover Publications, Inc., 1972）。该版全二卷，第一卷由闵锐武副教授翻译，第二卷由孙亚楠博士翻译。该书是 100 多年前由美国联邦政府委托史密森学会对本土印第安人文明遗迹所做的调查报告，书中的 1400 余幅图画文字为研究前文字、文字起源问题提供了弥足珍贵的一手材料。尤其是进入 20 世纪以后，该书曾经调查过的图画文字遗迹已经遭到不同程度的毁坏，这使得它的价值尤为彰显。

《印加结绳符号》（*Signs of the Inka Khipu*），由加里·乌尔顿教授（Gary Urton）撰著，得克萨斯大学出版社（University of Texas Press, 2003）出版，孙立新副教授翻译。该书运用二进制原理研究印加结绳（khipu），认为印加结绳是世界上唯一一种把二进制用于日常交流的奇特的文字，印加结绳不仅是一种记事文字，而且像今天用在计算机语言中的编码系统一样，是根据二进制排列的。该书也因此被认为是 20 世纪 70 年代后分析印加记录系统的最重要的论著之一。

到目前为止，收入译丛的六部著作，从不同方面展现了西方学者对人类发明的早期不同记录符号的考察和阐释。通过这些著作我们可以接触到许多新的原始符号和古文字资料，了解西方学者的研究方法和成果，这对深化汉字研究以及推进文字与文明关系的研究都是很有借鉴意义的。

商务印书馆在译介西方学术名著方面有着优良的传统，出版了诸多影响很大的介绍外国学术文化研究的译著，对中国现代学术的发展进步做出了独特的贡献。这套译丛计划提出后，立即得到周洪波总编的支持，出版社为联系译丛著作版权、组织编审专家做了大量的工作。国外有关作者和出版社对译丛在中国的翻译出版给予了积极的响应和支持，有的作者还专门为自己的著作中文版撰写前言或出任本译丛的编委，这充分显示出他们对加强与中国学者开展学术交流的良好愿望。译丛的翻译工作，因很强的专业性和参考资料的有限，是一项难度不小的工作。译丛主编黄亚平教授精心选择书目，他组织的翻译团队表现出执着的学术精神和严谨的学风，力争使译作能准确地表现原著的精神和风采，为此他们付出了艰苦的努力。

借此机会，谨向收入本辑译丛的原著作者、出版单位和译者以及支持本译丛翻译出版的有关专家学者致以由衷的敬意和感谢！期待并相信本译丛的出版对推进中国语言文字和古代文明的研究、对推进中外学术文化的交流能发挥积极的影响。

黄德宽

2013 年 11 月 21 日

前　言

选自美国民族学局局长约翰·威斯利·鲍威尔
1889 年的报告

　　在民族学局的系列年度报告里，破天荒地只提交了一份论文，展示了调研的价值和该局官员们收集的证据，以及他们据此得出的研究结果。尽管这篇论文在形式和标题上都是单一的，但内含的插图和说明文字却几乎涵盖了人类学所有领域的内容，因此与通常一卷书中几位作者的数篇论文相比，涉及的范围更广。它的主旨基本由图画展示，需要大量的插图，有 1295 幅图，以及 54 幅整页插图，加上相关的文字说明和讨论，使该卷的篇幅相当庞大，已无法容纳别的论文。

　　在民族学局 1882—1883 财政年度的《第四届年度报告》里，有数篇论文，其中一篇题为《北美印第安人图画文字初探，作者加里克·马勒里（Garrick Mallery）》。尽管这篇文章篇幅相当长，而且建立在大量的研究基础之上，但正如题目所示，它只是初步地对当时获得的有关材料和信息加以公布，其目的不仅是有利于那些对此感兴趣的学生，而且也是为了激发该领域内积极探索者，甚至是所有从事人类学研究者的热情。为便于相关人员参与其中，作者对有关的考察、描述和研究方法提出了一些建议，以利于他们有所发现。发布这份初期研究成果的效果显示了此项计划的聪明之处：自从《第四届年度报告》发布以后，有关图画文字的话题在学术研究刊物中、在人类学家的著作中和科学探索者的笔记中，异乎寻常地成为关注的重点。本书在所提及的几位作者研究的基础上，对图画文字的研究做出了许多贡献，当然也得益于前面提到的那篇论文。

以不同形式和多种语言发布的新的重要信息证明，人们对此研究的兴趣有增无减，其中有些因获知太晚而没有在这本书中体现。

马勒里上校对图画文字的研究起步于田野。1876 年秋天，他和军队驻扎在密苏里河上游的瑞斯（Rice）要塞。他在那儿得到了一份重要的图画文字材料，他称之为"达科他（Dakota）族的历法书"。此后，他以此为题，加上翻译和说明，发表在 1877 年 4 月 9 日发行的美国国土地质和地理调查局系列公报第 3 卷第 1 期上。这篇文章引人关注，在内政部长的要求下，陆军部长于 1877 年 6 月 13 日命令他就有关北美印第安人民族学问题，向当时的民族学局局长报告，随后，他主持了对落基山地区的地理和地质调查。1879 年，马勒里上校被民族学局任命为民族学研究员，此后他就一直负责该项工作，通过研究现有的各种人类学文献以及与多人的通信，补充了田野调查材料。他的注意力一直集中在图画文字和手势语上，而这两者的研究领域密不可分，缺一不可，但他的研究绝不局限于这些学科。

这本专著的梗概和范围可以简述如下：

首先，对相关定义进行了说明；随后，对岩画的大体区分进行了综述，因为它与其他类型的图画文字截然不同。这种区分受其的诠释影响较小，但值得引起特殊的关注，因为岩画的原始位置得到了确认，而且这种文物的真实性要胜过刻在存时较短、易于运输之物体上的图画。本书对北美地区的岩画进行了描述，并配有插图。这些岩画分布在加拿大数省、美国的广大地区、墨西哥以及西印度群岛。此外，还有大量中南美洲的岩画。之后，插入了许多美洲之外的澳大利亚、大洋洲、欧洲、非洲和亚洲的岩画，以便与本书关注的美洲图画文字相比较。随后探讨了令人称奇的各种杯形雕刻，紧随其后的一章是作者深思熟虑后对图画文字的总体论述；接着是对刻有图画文字的岩石和其他物体的叙述；再往后介绍的是书写图画文字的工具和材料。图画文字的主题和习俗及其说明分布在以下几个标题之下：（1）结绳和系挂物体；（2）凹刻或标记的棍子；（3）贝壳串珠；（4）歌曲的顺序：（5）传说；（6）条约；（7）约定；（8）计数；（9）记账。年度大事记，其中的图记当时称为历书，现在按照印第安语的正确翻译，称为《冬季年度大事记》，对此也进行了探讨，并且根据其显著特点精选了一些插图。"通知"一章包括（1）访问、离开和方向的通知；（2）通过绘制地形特征指路；（3）情况通知；（4）警告和指路。"传信"一章包括（1）宣战；（2）昭示和平与友谊；（3）挑战；（4）社交和宗教信件；（5）索债或征用。"图腾、标记和名称"一章分为（1）图示部落标；（2）氏族和宗族的标志；（3）纹身的含义。论述这一主题的篇幅较长，配有大量插图；（4）个人名分的标志，细分为权威的标志或标记、个人战功的标志、财产标记以及个人名字。其中有些与古代的纹章有渊源关系，有些与现代文明中的正式姓名有渊源关系。

有关"宗教"的主题，按照一般意义上的理解，分为：（1）超自然的符号；（2）神话与神兽；（3）萨满；（4）符咒与护身符；
（5）宗教仪式；（6）丧葬习俗。有关风俗的内容，分为：（1）崇
拜团体；（2）日常生活与习惯；（3）游戏。"历史"一章包括
（1）远征记录；（2）交战记录，包含一幅很有意思的印第安图
画，记录了比格霍恩河战役（又称"卡斯特大屠杀"）；（3）迁
徙记录；（4）重大事件记录。"传记"一章有很多细节描述，可
分为（1）生活事件的连续记录；（2）特殊的功勋或事件。在其
他几个标题下，有关"表意文字"的内容贯穿始终，而在以下两
节里，对表意文字进行了特别探讨，并有图为证：（1）抽象思想
的形象表达；（2）符号、象征与徽记。在这一节里，作者认为，
由于图画文字的起源和含义无法确定，所以，对它们的合理解释
应为：它们的本意是要表示具体的事物，但也可能有表意功能；
在少数情况下，可能已有象征性。但是，没有外在证据的假定违
背了本节讨论神秘莫测的象征符号的本意。颜色的象征意义与表
意文字有关联，作者列举了世界各地对颜色的使用：或作为单纯
的装饰，或用于仪式，或表示死亡和哀悼，或表示战争与和平，
或表明社会地位。作者随后对手势语和体态语的图画进行了探
讨，表明用无语的手势表达的思想与用无语的相关图画表达的思
想有密切关系。

"约定化"一章分为两节：第一节介绍文字的前身——约定
俗成的图案；第二节涉及音节与字母。图画文字是目前世界上所
有字母文字的起源，作者首先对此做了进一步阐释，然后再加以
讨论。

读者在使用此书时，有必要将所有插图和记录的事实与作者
的看法加以对比。作者为此写了一章名为"特别的比较"，体现

了他的研究风格，对读者也很有帮助。细分为四节：（1）典型风格；（2）同形异义与异形同义；（3）符号组合；（4）艺术技巧与方法。此后的一章与其密切相关，称为"阐释的方法"，分为三节：（1）意义已知的标记符号；（2）特色服装、武器和饰物；（3）意义模糊的歧义符号。这些符号是一批互不相干的符号，如无标签，则不易辨认，但可以请教专家识别。倒数第二章题为"有争议的图画文字"，谈论的是伪造的和假的图画文字，并给出了生动的例子与识别方法。

通过上面对目录的概述，可以清楚看出，本书几乎涉及了人类学的所有领域。也可以说，它是独一无二的，因为它展示的好几个人类学主题，都是印第安人根据自己的正确理解、用自己的书写方式记录下来的。从这一点来说，这些无名无姓的图画文字的书写者，才是本书的原始作者，而马勒里上校只是发现者和编辑整理者。但仅仅这么说，又贬低了他的作用，因为他原创性的论述纵贯全书，而他的系统分类和精辟分析则提升了本书的价值和意义。

目 录

美洲印第安人的图画文字

插图目录

美洲印第安人的图画文字

美洲印第安人的图画文字

美洲印第安人的图画文字

插图目录

美洲印第安人的图画文字

美洲印第安人的图画文字

美洲印第安人的图画文字

导　言

加里克·马勒里

　　美国《民族学局（Bureau of Ethnology）第四届年度报告》，刊登了一篇题为《北美印第安人图画文字初探》的论文，本书并不是该文的复述，而是同一主题的深化。该文的 83 幅整页插图，本书一幅未用，只采用了增补后的 3 幅；因此，本书中的 54 幅整页插图，其中 51 幅是全新的。不过，该文中的许多图形被再次使用，因为它们有助于本书的对称，但是，都进行了重新编排，比原来要好用得多。插图的数量由原来的 209 幅增加到 1290 幅。内容也进行了改写，篇幅大大扩充。原论文的出版对本书的写作帮助极大，因为它强烈地激发了对相关主题的调研和报告的出炉，因为仅靠现有的材料是不够的。事实上，在本书付梓时，新到手的资料本应同时出版，但可惜没有补充进去。

　　同时，我们可以更多地关注美国之外的美洲原住民的图画文字。美国国会通过了建立民族学局的法案，关注的重点是北美印第安人，而本书则充分留意了中南美洲，并且用更简单的"图画文字"一词取代了"图形文字"。

　　图画文字是一种用记号表达思想和记录事实的方式，起初只是对自然界和人造物体的描摹。这是一种表达思想的独特方式，与之前的声音和手势语不同。无论只是表意，还是具有固定的含义，图画文字都是直接而长存的思想表达方式，而手势语却是稍纵即逝的。最初它与任何语言的文字无关。在历史演变过程中，当它被用来表示音节或字母时，它就不再是思想的直接表达，而成为口语表达思想的辅助工具。文明中常见的文字，其实可以称为声音的书写，因为它不是直接记录思想，而是通过声音间接表示。本书在梳理了浩如烟海的有关论著之后，探讨了图画文字中字母和音节的发展轨迹，并配上新的插图。我们现在应该充分认识到，当今通行的各种手写和印刷的文字字符都直接或间接来源于对物体的图示。培根说得好，"图画是无声的历史"。他还应该加上一句：在古老的原始图画中，蕴含着文字的胚芽。

研究图画文字的重要意义，部分取决于将它作为人类文化演变的一个阶段来考察它的影响。既然字母文字的发明是人类从野蛮走向文明的重大一步，它的早期发展史自然很有价值。虽然没有专门的历史记载，但从内在证据可以推断，在埃及、亚述和中国，都是先有图画文字，然后才产生了象形文字；而在美洲，尤其在北美，图画文字现在依然通行。在这里，对它的研究不需要任何推理和假设，因为在现实中，它仍被用于记事和交流。而且在阿兹特克和玛雅字符中可以明显看出，它在向声音符号进化，但却被外来征服者中断了。因此，要了解文化在这方面的产生和发展，最好到西半球来。从这一点来看，图画文字在美洲大陆具有持久的生命力。在这里，手势语一直占据上风，仍然被广泛使用，这在世界其他地区的历史上从未出现。这些表达方式，即短暂和永久的思想记录，在产生和发展过程中是相互关联的，必须同时研究，不可分开。由于不了解这些事实，又受到"美洲人是东半球移民"这种假定的影响，有些胆大的人就发现或制作了一些美洲人的铭文（用一些源于欧亚的字母或音节组成），却说这是美洲原住民发明的字母。因此，讨论这个话题很有必要。 27

鉴于本书的主题，并不需要确定与图画文字密切相关的手势语是否产生于清晰的语言之前。应该承认，思想记录的两种形式历史久远，同时，也请留意目前非常流行的一种观点，正如塞斯（Sayce）（a）教授在给英国科学促进会人类学分会的演讲中所述：

> 我不得不得出这样的结论：种族之间的主要差异早在人类获得语言之前就已产生。如果莫尔蒂耶的说法正确，在比利时瑙莱特（Naulette）洞穴内发现的古人类头骨里没有颏棘（或称骨性赘生物，即舌头生根的地方），这就表明还没有语言能力。至少在旧石器时期，欧洲人种尚未形成有声语言。确实很难相信人类说话的历史很长久。……我们仍然能够轻易识破之后的变化和发展形成的伪装，追寻到词汇和语法的元素，而语言肯定就是由此产生的。……有声语言的起点如此显而易见，所以我们无法把它追溯到很久以前。……其实，有证据显示，人类成为会画图的动物……要远远早于成为会说话的动物。

当一套表意的手语系统开始盛行，与此同时又存在一种图画表达，无论多么原始，就可能出现后者对前者的描摹。这是一个比较容易的新阶段：把极易消逝的图画刻在树皮、兽皮或岩石上。今天，人们依然用颜料或雕刻保存自己的表意符号或宗教要义的规条。在手势语和图画文字的过渡阶段，左手被用来当作草稿纸，右手食指在上面画线。这样的场景，展现在《民族学局第一届年度报告》中有关阿拉斯加印第安人的描述里（*a*）。这种方式在聋哑人中很常见，但在考古学上没有多大价值，因为它也可以用文字艺术表现出来，即使没有受过教育，聋哑人也会明白。

有几种图画文字就是由这类图画组成，它们显示了人类在图画艺术上的最初尝试。对这方面的研究很有价值。

当图画被用于和文字同样目的时，人们首先会分析要表示什么概念，然后只标示出最基本的要点。结果是，频繁重复使用的字节被固定下来，其后来的形状就看不出具体表示的物体了。这种固定化的表现有它自身的历史意义。

我们已经很难从古代岩刻或岩画中获取大量有价值的信息，但正如随后的相关章节里所显示的那样，从中我们可以获知它们28的作者所达到的文化发展阶段，以及他们感兴趣的主题。其中部分图画的内容可以破解，而余下的图画则尚未破解甚至永远无法破解，但它们可以用来与世界其他地区的大量同类进行综观分析的研究和对比。本书收集的图画显示了这样一种心理现象：原始人或远古人在相隔遥远的不同地区，画出了同样的图画，尽管不能确定相同的图形表示相同的意思。根据这些图画和雕刻的总体风格和类型，可以获得古人定居和迁移的信息。可以将它们分类，但要考虑环境材料的影响。

近代写在兽皮、树皮和陶器上的图画文字远比写在岩石上的容易破译，从中人们获得了有关部落历史、宗教、风俗和其他民族学细节的信息和证据。

著名德国人类学家安德烈（Andree）博士在他的《人种的相似与比较》一书中，对于图画文字的整个主题进行了批评，他介绍并图示了大量岩画（petroglyph，这一名词就是由他命名并被广泛接受的）。他的观点翻译如下：

> 如果我们将岩刻与同类的岩画（一般用红色颜料涂画）联系起来看并加以比较，就可以清楚看出，它们纯粹是人类为了消遣娱乐，是原始民族最初的艺术尝试。然而，我们从中找到了文字的起点，有些实例还显示它们在向图形文字转化，正如在北美印第安人中发生的那样。

看来，安德烈博士小心翼翼地将北美印第安人的图画文字排除在他的总体批评之外。他的结论是：在世界其他地区发现的图画文字处于较低阶段。可能在其他地区发现的许多图形的含义将被确定，而且将得益于美洲图画文字的研究，但毫无疑问，美洲图画文字有它自己的意图和含义。本书对美洲图画文字进行了详尽描述和图示，介绍了古人为创作这些图画文字所付出的辛劳和思考。了解上述情形后，人们就不会认为这种图画文字的产生没有价值了。美洲图画文字不只是为了娱乐。在有些地区，它们是古代居民存留的唯一智力遗产。无论在何处发现，它们都对人类进化具有重要意义。

过去和现在的印第安人使用类似的画法表达同样的意图。对他们而言，图画文字就像字母文字那样重要，可以达到同样的目的。了解了这一点，就可以消除对古代美洲图画文字的疑问。本书对此列举了大量令人信服的例子。古老的画法和现代的基本一致，只是在进化过程中有所改进和固定。这些画法展示的表意和象征手法可做心理暗示研究，这比单纯研究图画中所包含的信息

29

或文本更有趣。我们还应看到，当代印第安人书写图画文字时，都是有目的和意图的，很少纯为娱乐。即使这样做只是满足交易需求：描画的长袍、刻画的烟斗或树皮，它也是精心制作，尽管有时只是模仿而不是表意。正如本书在好几个章节中所指出的那样，列举的其他图画都没有特定的含义，只起装饰作用，但即使这样，它们也是精心之作，而不是信手涂鸦。

本书仅限于对美洲印第安人最有名的图画文字进行论述，当然也加了一些世界其他地区的例子用以比较。对收集的材料进行恰当的分类和归类需要繁重的劳动和思考，远超想象。本书的编排是在每个章节里，按照分类标题，都列举一些例子和插图。这种安排需要大量的相互参照，因为在许多情况下一个图形或组图可能具有一些不同的含义，所以必须要决定把它归入哪一个标题下，这时需要参照本书的其他分类。有时这种决定取决于作者的鉴定或判断，有时出于常规考虑。

需要指出的是，由于本书的篇幅有限，文字的空间必须让位于大量的插图。当然，一本关于图画文字的著作应该以图画为主，占据大量篇幅，因而作者的许多评述被删除了。这样做无论多么不利，但却让阅读本书的学生有机会形成自己独立的判断。作者承认，付梓之前，他已经对所有插图和叙述的原始形状进行了考察和研究，但他期望，手稿在经过总体编排、印刷成书后寄给他时，他就能对相关主题做出更恰当的评论。因此，他期望细心的读者能纠正书中作者漏过的细节错误，并且能突破本书的不足和局限之处。值得注意的是，当本书作者的观察结果与已出版的权威著作或作者相一致时，即使作者可以根据自身的认识提出自己的观点，但他还是尽可能地引用别人著作或手稿中的观点。

当作者的观点与权威不一致时，引述就更有必要。

首先，我要感谢广大通信者和民族学局以及美国地质调查局官员的宝贵帮助，他们的名字会在涉及他们的几项贡献时提到；其次，感谢 W. J. 霍夫曼（Hoffman）博士，本书自始至终都得到了他的帮助，在本书几年的筹备阶段所进行的田野调查中，他与印第安人的熟识以及他具备的艺术技能具有很大的价值。同样要感谢民族学局和美国地质调查局艺术处负责人德兰西·W. 吉尔（De Lancy W. Gill）先生；感谢韦尔斯·M. 索耶（Wells M. Sawyer）以及他的助手，他俩非常仔细认真地为本书做了插图。提到插图，有必要做一说明，有些插图没有提供尺寸，不是出于疏忽，而是由于无法确定少数几份图画的原始尺寸。那些不是民族学局官员直接得到的岩画材料，有关它们的插图常常没有尺寸。民族学局的规定是，按 1∶16 复制岩画。大部分其他的图画文字材料，基本上没有缩小。因此，尺寸就无关紧要了。

这里要特别告知读者有关本书标注引用作者和著作的方式。本书决定不采用脚注。这样做的困难是，当重复引证别人的著作时，正文会添加许多词语和数字以指明书名、页码和版本。本书的做法是，正文中只做最简短的提示，一般只列出作者的名字和引用的几本书名，而在书尾按字母顺序给出一览表，带有交叉参考和标题片断，而且有使用的细节和例子。它不是有关图画文字专题的书目，也不是写作此书参考的权威著作和研究成果，它只是特为方便读者而列，列出了正文中所引用的著作和作者，因为本书是两卷本，所以还给出了页码和卷数。

第一章　岩画

在本书的计划中，对于岩画［安德烈命名为 petroglyph，尤班克（Ewbank）称为 rock-writing］与图画文字已做了区分。前者的标准是，图画，无论是刻还是凿，或是雕，无论是只用颜料染色做成还是同时用颜料和雕刻制作，都是画在岩石上，或是仍在原位，或是有足够的理由推定它曾经刻在被发现的岩石上。这个判断标准承认地理分类。在介绍地理分布时，出于本书的法律授权，重点自然是谈论美国本土之内的，但加入的例子来自全球各地，不仅是为了比较几种不同的画法，而且是为了显示图画文字在古代是占主导地位的，尽管不是最早的形式。岩石保存了古老的图画，而那些可能更久远的图案却因留在不够耐久的物体上而烟消云散了。

在世界各地适合刻写图形岩石的地方，特别是在南美，已经在上面发现了与北美相似的标记，但直到最近，还是很少见到有清晰的描述或绘图。附近的居民并不懂这些岩画，他们对此普遍持迷信的态度，而其中很多图画似乎出于宗教动机。现在大部分存留的岩画都处于人烟稀少的地方，或文明还没有进入的地方，唯有高度发达的尼罗河畔之类地区是例外。

有关岩画的迷信，与所有其他的情形一致：即在所有时代和气候条件下，当所有民族观察到一些他们不明白的现象时，他们就会认为这是超自然的神力所为。下列实例就是对此的有趣印证。

即使自称皈依了基督教，印第安人也必须参照印第安人神话和民间传说的总体特点作为前提来理解基督教，他们似乎对基督教会的故事还是不感兴趣，不论是圣经故事还是圣徒的生平和奇遇，而这些故事因不断地传播于基督教世界，已经成为民间传说。基督教传说的总体特点似乎不适合印第安人的口味，一点儿 32 也没有影响他们对原有传统的热爱或信仰。

在阿布纳基（Abnaki）族的神或半神中，有一些专门掌管岩画制作。他们的名字是复数形式，因为有好几位，称为"乌纳加米索克"（Oonagamessok）。他们住在海边山洞里，人们从未见过，但通过岩刻证明了他们的存在。阿布纳基人解释说，之所以现在很少发现这些岩刻，是因为白种人到来后，大家不再注意这些岩画，所以诸神发怒，让这些岩画消失了。没有任何证据证实，这个传说是否应该由如下的事实解释：18 世纪时，聪明的巫师有时会创造奇迹，自己刻画，然后以自己的方式解释符号；或事实是：由于石刻很古老，人们已忘记了其来源。因此，一种解释是：像往常一样，把它们归功于一个特殊的神灵，也许是古老神话中的一个著名首领，或者是祭司阶层为此编造的一个神灵，他们自古以来就以神灵解释一切费解的事物。

在马格代维克（Magiguadavic）河口附近的岩石旁，正当帕萨马库迪（Passamaquoddy）印第安人按照白人的方式选择他们的第一任总督之时，印第安老人说，一幅白人的旗帜突然显现在岩石上。印第安老人们解释说，这是一个预言，表示人们将很快屈从于白人的（统治）方式；不久后果然应验。过去他们有一位"Mayouett"，即酋长。据说许多其他石刻也预言了将要发生的事。附近还听到奇怪的声音。

本书91—92页*还将提到奥马哈（Omaha）迷信。

曼丹人（Mandan）有一块神石，在公众禁食一夜后的早晨，上面会出现图像。巫师对此加以破译。其实，毫无疑问就是他们做的手脚。

T. H. 刘易斯（Lewis）先生（*a*）提到以下有关明尼苏达河谷上游雕刻圆石的传说：

> 古时有一活物常于夜晚在圆石上刻画。人们可以看见它，但具体形状看不清楚。它忙活时发出锤击声，偶尔发出类似萤火虫的光。完成其工作后，它会发出像女人似的开怀大笑，然后消失。第二天早上，印第安人会在头天晚上活物出没的附近找到又一块刻画过的圆石。

J. W. 林德（Lynd）先生（*a*）谈到达科他人的传说：

> 最受崇拜的神灵中，特别值得一提的是石神图卡（Tunkan, Inyan）和雷鸟（Wakinyan）。后者是战争主神，受到持续的崇拜和献祭；而对前者的崇拜是每日进行。达科他人说，图卡是住在石头和岩石里的神，是最古老的神。如果问为什么它被认为是最古老的神，他们会告诉你，因为它是最硬的。

33

---

* 除非特别说明，"本书"页码均指原书页码，即本书边码。——译者

根据美国第一骑兵师 Ed.亨特上尉的授权，查尔斯·哈洛克（Charles Hallock）先生发布了有关蒙大拿阿西尼博因人（Assiniboin）保护岩画的消息，他说这些印第安人连毁坏的岩画也加以保护。

　　有些雕刻悬崖上的岩石裂了，落到地上。于是，印第安人就集合众人，将一些野牛头和干肉挂在一个木杆上，唱歌跳舞，小心地用棉布和毛毯盖住脱落的雕刻或图画碎片。侦察兵吉姆·布朗告诉亨特上尉，印第安人定期聚集在该处举行宗教仪式。这些图画都画在露出地面的岩石表面光滑处或岩石的突出部位。

马卡诺（Marcano）（a）讲述了一个混合着迷信和历史传说的故事，翻译如下：

　　吉利（Gili）神父转述的塔马纳克人（Tamanaque）的传说，也证实曾有一个古老的文明。这个民族相信，远古时曾发生过一场大洪水，这使人想起墨西哥人的大洪水时代。当时，纷乱的波浪拍打着恩卡拉马达山（Encaramada）。所有的塔马纳克人都淹死了，只有一男一女幸存下来，逃到塔马克山（Tamacu）或塔马纳克山（Tamanacu），住在阿斯维洛（Asiveru）河边［又称库奇韦罗（Cuchivero）河］。他们把棕榈果扔过头顶，看见果核里出来了男男女女，又重新住满一地。正是在这次大洪水期间，人类创造神阿马拉维卡（Amalavica）乘着树皮降临，在画岩（Tepumereme）上雕刻了图画。阿马拉维卡长期留在塔马纳克人中间，住在他们的房子里。把一切安排就绪后，他乘船返回到原先的"对岸"。一位印第安人在讲述了这个故事后，就问吉利神父："你有没有在那边遇见过他？"与此相似的是，洪堡（Humboldt）回想起在墨西哥，萨阿贡（Sahagun）修士也被问到，他是否来自羽蛇神（Quetzalcoatl）退隐的对岸。

这位旅行者还说，"如果你问当地人厄巴纳（Urbana）山和恩卡拉马达山上的象形文字是怎么刻上去的，他们会回答说，那是祖先在大洪水时代做的，那时，他们可以乘坐独木舟到达山顶。

如果说，这些传说和这些岩画证明曾有一个已灭绝的文明，那么，令人震惊的是，它们的创造者竟然没有留下其他的文化痕迹。简而言之，他们被野蛮部落取而代之却没有留下痕迹。当全球各地都在前进时，我们能理解这种文明的倒退吗？对美洲部落的灭绝确实很符合理论，但却违反了民族法。

一些岩画的位置如此之高，不但误导了野蛮人，也误导了一些名家。岩画经常出现在高高的岩石表面，所需的条件，如果没有高度的文明、大笔的费用和特殊的技艺，根本不可能做成。在许多具有相同特点的岩画中，位于华盛顿州奇兰（Chelan）湖畔的岩画就是典型一例：它们位于水平面 30 英尺之上，在一块立于湖中的垂直峭壁上。稍做考察，就会发现，要完成这样的岩34 画，需要多项准备工作：如果从下往上，要预备停泊处、脚手架和梯子；如果从上往下，也需要类似精心制作的器械。施特拉伦伯格（Strahlenberg）认为，这么高的图画是巧妙利用石楔在岩石上凿成的，因而证明是从下往上或从上往下制作的。他还说，他曾在叶尼塞（Yenesei）河边看见过这样的石楔。另有一些人根据岩画完成后岩石才上升到远高于邻接面的情况，提出了一个初步的地质理论来解释这种现象。

但是据在美洲观察到的许多实例来看，并没有必要去假定有上述的精心安排或发生了地质巨变。由于自然力的活动，悬崖的峭壁会不时跌落下来，碎片落到底部，常会形成一个相当高的斜坡。这样，使人很容易上去在悬崖余下的垂直面上刻画。如果悬崖邻近湖面或大河，碎片很快就被冲走，使岩画看上去高不可攀。当悬崖位于旱地，雨水冲刷悬崖表面，在此积聚水量和力量，也会冲走斜坡，尽管比较缓慢。在任何情况下，斜坡的存在都很短暂，而崖面却会在一周后改变，但也可能一个世纪后才变化，所以它不能证明年代的长短。总之，上述高处岩画的存在既不能证明作画者具有多么高超的技艺，也不能证实这些岩画的历史有多么久远，即这些画岩是通过火山喷发或其他强大外力作用出现的。因此，必须依靠别的线索获知岩画的年代。

有些岩画所在的岩石现在常常被水覆盖着。众所周知，在美国缅因州马柴厄斯（Machias）湾的海边，岩画现在一直低于最低潮水线，这种情形可能表明岩石在下沉。在加拿大新斯科舍（Nova Scotia）省的克吉姆库吉克（Kejimkoojik）湖畔的岩画，与刻绘在石板岩裸露表面上相同的岩画，今日只能在湖水处于最低位时，借助水下观察镜才能看见。这可能是岩石塌陷造成的，或是由于出水口严重受阻而使水位抬升。河流沿岸的一些岩石，如在西弗吉尼亚州卡诺瓦（Kanahwa）河畔的岩石，显示了同样的结果，即岩画被水覆盖隐藏起来，只有大旱时才显露出来。如此，就更有理由相信是由于河口附近的水位上升而使河水逐渐抬高，而不是由于岩画所在位置的地面下沉。

必须承认，我们至今还没有找到破解美洲图画文字的钥匙，不论是刻在石头上的古代图画文字，还是写在树皮、兽皮、亚麻布或是纸上的近代图画文字。我们也没有找到破解其他民族岩画的密码。符号的使用最初都很独特，但很快就被常规化所掩盖。因此，需要对每个地区进行单独研究。迄今为止，尽管可以区分类型和特性，但还没有出现解释岩画的通用法则。过去，人们希望某些国家的岩画会透露那些已经消亡或迁往他乡的民族之特征和历史，现在看来，只有了解岩画的制作者，才能真正理解他们的作品。仅看岩画而得出的不切实际的虚幻假定现在被普遍抛弃了。

有一个材料上的原因，说明理解岩画是多么困难。它们常常被自然力弄得模糊不清，破损不堪，以致文明人断定它们不再具有清晰或确定的含义。本书第十二章有关戴顿（Dighton）岩石的评述是恰如其分的。

岩画在美洲部落中非常古老，因而有了专门的名称。下文引述的斯库克拉夫特（Schoolcraft）（a）的总体看法有一定价值，尽管只符合奥吉布瓦（Ojibwa）族的实情，并且偏于神秘：

> 北美印第安人对于自己图画文字的表现方法有两种说法，一个是"Kekeewin"，意为"这类的事情"，为部落人普遍理解；另一个是"Kekeeowin"，意为祭司和先知的"教导"，只由少数精通神秘巫术的人或宗教僧侣掌握。前者由常见的图形符号构成，用在墓地或由狩猎与旅行群体使用。同时也用于岩

画。有许多图形在两者中通用，因而常见于图画中；但我们必须明白，这是由于图形字母在两者中完全一样，而巫术方式（nugamoons）、狩猎（wabino）以及战歌只有少数学过的专家懂得，而他们是付高价从当地行家学来的。

本书第十三章第四节提及奥格拉拉花名册（Oglala Roster），里面有一个家族的头领，称为lnyanowapi，意为画石。一个圆石形蓝色物体由一条线与那人的头相连。在圆石上有小的无法辨识的图形。其名称很有趣，因为用了现今达科他人的用词命名岩刻。用此名指代这位印第安人，很可能是因为他是这方面的权威，要么是会制作岩画，要么是能解释岩画。

阿布纳基人过去和现在一直用"Wikhegan"一词表示日常生活中制作的随身携带的通信用具，以区别于上述的岩画，他们对此看得很神秘。

36

令人不解的是，探险者、甚至是印第安人以外的居民，都对岩画漠不关心，不愿谈及它们。本书作者对这种冷漠感到啼笑皆非。本书第二章第一节提到一位住在加拿大新斯科舍省克吉姆库吉克湖畔的居民，他是一位经验丰富的中年农夫，他的家离许多岩刻最近，而他就一直住在距那些岩石不过三英里的地方，但对那些岩画却印象模糊，好不容易才找到它们。一位既有学问又很勤奋的神父，在苏必利尔湖畔工作多年，编撰一本奥吉布瓦语词典和语法书，同时记录奥吉布瓦人的宗教和习俗。他认为当地不存在任何岩画。其实，他在距一块重要而醒目的画岩不到一英里的地方住了一年。当有人向他展示岩画的临摹图、证实了他的错误以后，他召来助手，一个奥吉布瓦人，第一次学会了图画文字系统里许多词语的普通用法。随后，他把这些补充进自编的词典。如此一来，他从那些自远方来到这所谓的迦玛列（Gamaliel）山脚下进行研究的访客那儿所得到的收获，要远超访客从他那儿得到的。

第二章　北美的岩画

37

第一节　加拿大

迄今为止，有关岩画的信息在加拿大还很贫乏，部分原因可能是，在全国范围内，众所周知，印第安部落现在普遍在桦树皮上书写图画文字，因为这种材料遍地都是，而且也很适用。这也是为什么在美加边境很少见到岩画的原因。我们还必须考虑到该国的两侧边界树木葱郁，即使有岩画也不容易发现。但是，茂密的桦树并不能证明就没有岩画，因为那里也有大量合适的岩石，而且当地的原住民会写图画文字，下文的记载可以说明这一点：仅在新斯科舍省，最近就发现了大量岩画。完全有理由相信，在加拿大境内，还会发现许多岩画。另外还有一些岩画，当地人可能知道，而且已经发文介绍，但本书作者却不知道。事实上，根据通信和口述，有迹象表明，在加拿大境内，除了下面提到的之外，还有几个地区存在岩画，但对它们的描述太模糊，无法在此介绍。例如，博厄斯（Boas）博士说，他在英属哥伦比亚见过大量的岩画，但他和别的旅行者都语焉不详。

新斯科舍省

在新斯科舍半岛发现的唯一一处大批岩画，位于昆斯（Queens）县一小片区域内，内容丰富，技艺独特。本书作者在 1887 年和 1888 年对此进行了实地考察，并临摹了一些岩画。不过，更多的临摹画是来自新斯科舍省南罗顿（South Rawdon）的乔治·克里德（George Creed）在 1888 年所作，他曾经带作者到过现场。最初我们留意的是仙女湖和周边的岩石。这个湖其实是一个大湖的湖湾。这条大湖几乎就在安纳波利斯（Annapolis）县和昆斯县的边界线上，形成一个链条，利物浦河就从中穿过。摩尔（More）在他的《昆斯县志》（a）中将其称为 "Cegemacaga"，而根据塞拉斯·兰德（Silas Rand）博士的《密克马克语读本》（a），其名应为 "Kejimkoojik"（克吉姆库吉克），意为"膨胀的部分"。毫无疑问，这是指梅特兰（Maitland）河与利物浦（Liverpool）河交汇的区域。

仙人岩，有别于湖中其他的岩石，共有三块，位于克吉姆库吉克湖的东侧，仙女湖的南入口。最北端的那块岩石紧挨着入口，而西北端和中间那块岩石在高水位时，只露出一点，在最高水位时，就被完全淹没了。另外三块刻石在离此 2 英里的南面，位于皮埃尔（Piels）角，哥洛德（Gload）岛对面。此岛名取自一个密克马克人（Micmac）的望族。这几块岩石其实是同一岩层的延伸部分，其间有凹处。还有两处岩画离此不远（稍后会有介绍），位于梅德韦保（Fort Medway）河与乔治湖边。由于它们的特点相同，刻画在同样的材料上，而且显然是同一群人所为，本书将它们与克吉姆库吉克湖畔的岩画归为一类。所有这些岩石都是志留纪（Silurian）地层的片状板岩，但因为部分浸在水里，所以体积差别很大，而随着水位的升降，还有些许变化。根据邻近居民的报告，在 1887 年 8 月 27 日，当水位高于夏季平均值 1 英尺时，未淹没部分的中央岩石被水包围，形成一个不规则的椭圆形，面积为 47×60 英尺。当日仙人岩最高点不超过水面 3 英尺，很少超过 2 英尺。表面附近的倾斜度如此之小，以至水位下降 1 英尺就会使水上岩石面积扩大一倍，因为此处岩石非常平整柔软，所以很适合刻画。皮埃尔角的倾斜度更大一些，但水上部分仍然有很大差异。

克里德先生第一次参观仙人岩是在 1881 年 7 月。他的注意力完全集中在北端的岩石，当时露出水面的部分比 1887 年 9 月时更多，他所看到的岩画，大部分到 1887 年时已没入水下。与水上岩石相连的部分水下岩石刻满岩画。1881 年，克里德先生可以透过水面看见许多岩画；而到了 1887 年，则可以透过潜望镜看到其他的岩画。他回忆说，他在 1881 年见到的岩画，有些附有法语人名，刻画的日期接近公元 1700 年，画面上破损的形象和名字说明它们确实经历了近 200 年的日晒雨淋。他当年发现的部分岩画，在今天露出水面的岩石上已不见踪影，说明它们比大部分水面上的岩画更加古老。根据其他的信息来源，显而易见的是，要么由于湖水的永久上升，要么由于岩石的沉没，在现代人记忆的时间范围内，露出湖面的岩体面积要比近年大得多，而岩石上的岩画早在岩石沉没之前就已存在。据此推论，这些雕刻完成于欧洲人来此之前。

尤其引人注目的是，在水面之上特别光滑的岩石上，刻满了岩画，连 3 平方英寸的狭小空间上都有刻画，几乎所有的岩面上都覆盖着二层、甚至三层岩画，这可以从它们不同的风格上看出来。第二层或第三层都是刻在平整的岩面上，而前一层岩刻几乎被岁月完全抹去了。经过努力和使用一定的技术，可以看出较早的岩刻。从内在证据看，这些是印第安人刻画的轮廓画，而刻痕更深的较晚的轮廓画显然是文明人所为，最晚刻画的不过是人名的缩写或全拼，并附有日期。需要提醒的是，密克马克人留下的古老岩刻很可能会被漫不经心的游客所忽略，甚至一个具备相关知识的行家里手，为了寻找岩刻来到这里，也可能只注意到近代人刻下的名字、船只、房屋以及类似的图案。这样的情形就发生在本书作者身上，笔者在现场花了一周时间，以拓印的方式复制这些岩画（这种方式可以避免假想或伪造）。一般情况下，这些岩刻不是清晰可辨，只有在检验拓片后才能看出。

复制的方式为：用一只蓝色苯胺铅笔在岩画的轮廓上面涂抹，然后把一张湿润的普通印刷纸按压上去，这样，真实的图案就印到纸上。在两个田野考察季节里，笔者在克里德先生的帮助下，复制了 350 种不同的岩刻和组图。其中有些尺寸较大，包括十到五十个不同的图形和图案。

在 1887 年露出水面的岩石上，刻写的日期从 1800 年到当年都有。上一年的特别多，个中缘由在于这片风景优美的大湖成了一所主日学校的郊游目的地。1887 年，在大部分水上岩石可见区域，很少有适合刻画的平面，一旦有合适的空间，可以看到上面被刻画了二、三层。

笔者考察了岩石并发现了它们的特点，而且学会了如何区分和复制上面的岩刻。之后觉得，除了少数几幅是近年伐木工人或访客凿刻的图案之外，唯一有趣或古老的首写字母几乎都是轻轻划上去的，因为任何尖头器具都可以在这种柔软的石板上划写。

岩石的表面像极其柔软磨平的画板，每个会写字作画的人都禁不住要在上面涂写一番。笔者碰巧随身带了一把在附近拾到的印第安石剑，便用它的尖头在岩石上划写，效果和在岩石上发现的岩画一样好，但与最近白人用金属刀具在上面刻划的不同。

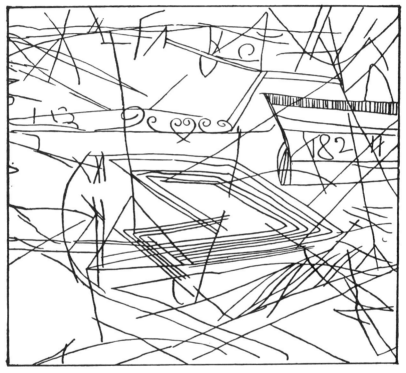

图 1　新斯科舍省仙人岩复制图

正如上文所述，引人入胜的石板上留下的岩画具有许多特性，证明它们比一般的岩画更加古老。同一岩面上刻有两、三套 41 不同的岩画，都清晰可辨，都有不同程度的刮擦或差异，这本身就很重要，更有甚者，按时间顺序排列的第二套和第三套常常附有日期，据此，我们可以推测，那最模糊而没有日期的一套相当古老。第三套也就是最新一套的日期附在英语姓名的后面，配着英语字母的形状；第二套的日期则伴有法语姓名，有时还有法式图案。图1和图2为原图的四分之一尺寸，从中可以一窥这些独特的复制图。

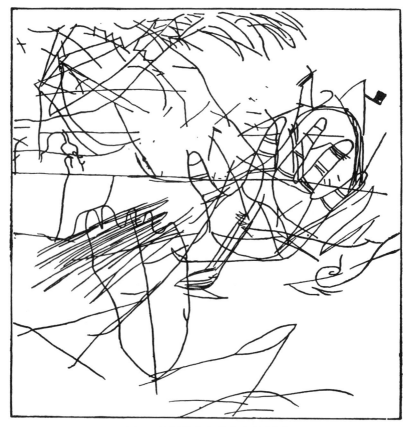

图2 新斯科舍省仙人岩复制图

在克吉姆库吉克湖畔岩石上拓印的图画参见图549，550，654，655，656，657，658，717，718，739，740，741，1254，1255，1262。它们为证明早期岩刻是密克马克人所作提供了内在证据。

路易斯·拉布拉多（Louis Labrador）讲述的故事可以解释为什么岩画中有法国姓氏和法国艺术风格。据他曾祖父老莱多尔（Ledore）说，在大驱逐年代[①]，他带领的一群法属阿卡迪亚（Acadian）人没有像大多数人那样被赶上船驱逐出境，而是在1756年逃脱英国人的魔爪，从安纳波利斯（Annapolis）山谷来到半岛东南角的谢尔本（Shelbourne）。路途中，他们在美丽的克吉姆库吉克湖畔停留了相当长的时间以休养生息。于是，就在这块地上，在古代印第安人留下的痕迹上，出现了这些岩画。根据一位邻近居民讲述的另外一个传说，法国人的作品出现得更早。1710年，在皇家港即现在的安纳波利斯被占领后，一群战败的法国人跟着一些印第安向导，带着牛群来到克吉姆库吉克湖畔的宽阔草地，停留了很长时间。极有可能是法国人看到这片诱人的光滑石板后，禁不住在上面划写一番。不论他们是否留意到以前的岩画，但他们确实在以前的岩画上做了划写。后者的日期至少早于18世纪初。

关于克吉姆库吉克岩画，可以得出如下的结论：这里展现的原住民艺术，与民族学局收集的密克马克人和阿布纳基人的岩画相比，差别程度并不大。此外，这儿的岩画显示出朝图画文字发展的趋势和做法，这对于理解其他地区含义不明的类似岩画很有帮助。诱人的石板材料和方便的位置吸引了过去几代印第安人在上面记录他们当时的想法和日常行为。因此，人们在当地用异乎寻常的活力和延续性开始书写图画文字。虽然在克吉姆库吉克湖有特殊情况，便于确定几种不同岩画的相关日期，但给我们的提

---

① 大驱逐年代，在1755—1764年法印战争期间，英国将11500名阿卡迪亚人，从现在的加拿大沿海省份——新斯科舍省、爱德华王子岛和新布伦瑞克——驱逐出境。——译者

示有助于破解别处类似的资料。

安大略省

查尔斯·哈洛克先生非常慷慨地将有关尼皮贡（Nipigon）湾图画文字的信息写信告诉了我们。尼皮贡是安大略省的一片大湖，位于苏必利尔湖西北 30 英里处，在此与尼皮贡河相连。他说：

> 这些图画文字，主要表现的是男人和动物，所占区域约为 60 英尺长、5 英尺宽，大约在岩面的中部，以血红色的图形涂写，比悬崖本身的颜色深得多。

43　　他后来在来信中，还附上了哈得孙（Hudson）湾公司牛顿·弗拉纳根（Newton Flanagan）先生写给自己的信，节选如下：

> 至于尼皮贡湾刻有印第安人图画之红色岩石的尺寸，据我目前所知，临水的岩石表面大约 60 英尺，与陆地相连的一面则更高，沿水一面的宽度约为 900 码，而深度离陆地有相当距离。岩画在水面之上 10 到 15 英尺或 20 英尺。画的是人物，乘着独木舟的印第安人，以及野生动物。它们应该是很久以前刻画的，但我无法告诉你作画的过程或原因，也不知道为什么这种颜料会经久不褪。
>
> 据我所知，这里的印第安人并不像国内其他几个地区那样有制作岩画的传统，而且，如今这里的印第安人也没有制作这种岩画的行为。

马尼托巴省

哈洛克先生还提供了一处岩画信息，地点如下：它在马尼托巴（Manitoba）省苏里斯（Souris）河边的罗什佩尔塞（Roche Percee）村，靠近国境线，在达弗林（Dufferin）县以西270英里处、俾斯麦城正北方。这是平原中间的一块孤立的岩石，覆盖着记录重大事件的图画文字。

A. C. 劳森（Lawson）先生（a）介绍了一处岩画，并附有插图，它们位于伸入伍兹（Woods）湖的一个大型半岛上和一座相邻的岛上。严格说来，这个半岛在基韦廷（Keewatin）区内，但非常接近马尼托巴省边界线，行政上归马尼托巴省管辖。内容概述如下：

在该半岛的北侧，即北半湖的南岸，大约在东西湖岸的中间地带，出现了一套图画文字的岩刻。在离岸四分之一到半英里的地方，是一个岛链，形成一条长长的安全通道，向东西两面展开。在其中一座岛屿的南边，离上述岩刻西面不到一英里的地方，可以看到另一套岩刻。第一套出现在低洼处、冰河时代形成的一块普通羊背岩凸出部位的顶上。这块岩石是一片柔软的叶状绿泥石片岩，图形就或深或浅地刻在上面。岩石圆形凸出部分的顶部不过就在湖面高水位几英尺之上，而湖水在不同的季节会升、降十英尺。这些古老的岩刻不禁使人将其风化状况与同一岩石表面上冰河期留下的深槽浅沟的风化相比较。冰河期的沟槽与岩刻的风化程度相同。当然，在冰川消失与岩刻之间无疑相隔了很长一段时间。

发现岩画的小岛是众多陡峭的石岛之一，印第安人称作

Ka-ka-ki-wa-bic min-nis，意为乌鸦石岛。岩石是坚硬的绿石，难以刻写，岩画不是在石头上刻出来的，而是用赭色颜料涂上去的。现在许多地方都已褪色。画有图形的岩石表面形成一个悬壁，可以免受雨水侵蚀，但部分岩石已经掉落。

现在的印第安人并没有刻画这些岩画的传统，因而排除了岩画是"老人们"很久以前制作的推测。

从已发表的这些岩画的复制图来看，图中有螺旋形，有同心圆，有十字形，马蹄形，箭头形，以及其他特征，与在美国西南部岩石上发现的类似，也和巴西的岩画相似，本书在相关的标题下列有这两国的例子。

不列颠哥伦比亚省

弗朗兹·博厄斯（Franz Boas）博士（a）发表了介绍温哥华岛岩画的报告（参见图3），概要翻译如下：

图 3　温哥华岛岩画

所附岩画发现于斯普罗特（Sproat）湖东岸、南出口附近。斯普罗特湖位于阿尔伯尼（Alberni）峡湾上游顶端以北大约10公里处，深入温哥华岛内。过去，这一地区是霍普奇西斯（Hōpetschisāth）人的领地，他们是努特卡（Nootka）人的一个部落，他们现在甚至在距湖数英里处还有一个村庄，位于斯坦普（Stamp）河流入主河道的入口处。根据部落老人们的说法，这个部落是科威辛（Kowitchin）族的一个分支，占据着温哥华岛的东面，位于阿尔伯尼峡湾上游顶端东北数公里处。据说，当年努特卡人的另一个部落齐萨特（Ts'eschaath）来到峡湾，与霍普奇西斯人混住在一起。现在，本地区的居民已不知道岩画的起源了。根据他们的传说，刻有岩画的岩石曾经是 Kwótiath 的住房。在努特卡人的神话中，Kwótiath 是漫游神，相当于特里吉特人和海达人的渡鸦，科威辛人的 Qäls 神。岩画是在一块约 7 米高的垂直岩壁上发现的，因为岩石直插湖中，所以必须站在水中进行复制。岩石中间有一道下窄上宽的大裂缝，掉下的石块上有岩画的局部。在岩壁的南北两面，湖岸缓缓上升，大部分由岩石构成。这幅岩画的线条由平直的浅槽构成，约二至三指的宽度。画面多处风化，难以辨认。很可能是用树棍的尖头在岩石上用力刻划而成。没有发现任何形式的敲击痕迹。岩画中的图形都处于同等的相对位置，只有岩石南端右上角的一个图形远离其他图形。表现的对象显然是鱼或海中怪物。中间靠近裂缝左面的图形可能是一条载人小船，但船的前半部分画面很可能已经毁坏。

　　博厄斯博士说，前文中的岩画复制图有错误，右手边的图形弄反了。现在已得到纠正。

　　G. M. 斯普罗特（Sproat）先生（*a*）提到这幅岩画时说：

　　　　制作的很粗糙，显然年代不是很久远。有六个图形是鱼或鸟——没有人能说得清。当地人说，是创造神 Quawteaht 作的画。从总体特点来看，这些形象与阿特人在木板上的简陋图画相似，与附在捕鲸和大比目鱼的鱼鳔和鱼叉上的豹皮浮标上的画也类似。人们并不理解这些形象的含义；我大胆猜测，它们只不过是个别艺术家小小的尝试，摹画那些印象深刻的有形物体。

第二节　美国

岩画分布在美国国土的大部分地区。

在被海浪冲刷而成的圆石上，或在被冰河期的冰块打磨成的圆石上，在邻近湖泊和溪流的岩石表面，在峡谷和峭壁高高的岩壁上，在洞穴两侧和顶上，都能见到岩画。总之，哪里有表面光滑的岩石，哪里就有岩画。不过，虽然它们那么频繁地出现，但有些地方还是与众不同，数量特别丰富，引人注目。它们的制作方式和主题表达有显著特点。

在凿刻的岩画和涂画的岩画之间有显著区别。另外还有一种，数量很少，里面的图形既用凿刻，又用颜料。这种区分在一定程度上似乎符合地理区域的分布，但不能完全解释材料的影响；因此，可能与几个不同作者的偏好或成长有关，因而与部落居住地和迁徙也有关。

在民族学局使用的美国图表上，标出了几种岩画的区域分布，从中可以看出两个明显的事实：第一，凿刻的图画多见于北部地区，而用颜料涂画的图形多见于南部地区。第二，大体分为两类，有各自的典型风格，一类在北大西洋沿岸各州，另一类在南太平洋沿岸各州。

北大西洋类型位于阿尔冈琴语系部落的古老居住地，从新斯科舍省向南延伸到宾夕法尼亚州，岩刻频繁出现，特别常见于萨斯奎汉纳河（Susquehanna）、莫农加希拉河（Monongahela）与阿勒格尼河（Alleghany）边，以及从俄亥俄州的伊利湖（Erie）到西弗吉尼亚州的卡诺瓦河边。相同类型的岩画，也散见于密西西比河西面的岸边，以及几条流向怀俄明境内温德河（Wind）山区的支流岸边，这里曾经是黑脚（Blackfeet）印第安人的居住地。所有这些岩画都有独特的形象，有的内容复杂，无法确定其含义。据推测，岩画的作者是阿尔冈琴人，所以它们被称为阿尔冈琴式。经过深入的研究和比较，证明它们有许多共同的特征，而这是其他地区所没有的。

在西弗吉尼亚州卡诺瓦河的南岸，以及向南流入弗吉尼亚州、田纳西州和北卡罗来纳州的河畔，阿尔冈琴式的岩刻被不同风格的岩画所取代。这些画都在划归切罗基人（Cherokee）的领地内，但没有证据表明它们是这个部落人的作品；其实，无法确定作者是谁。这个地区没有雕刻岩画当然不是由于缺乏便于雕刻的材料，因为这一地区和北大西洋地区一样适合雕刻模式。

在太平洋沿岸的斜坡上，贯穿内华达山脉（Nevada）西部的北端，散布着几个既用凿刻，又用颜料的岩画，但在这条山脉东侧的爱达荷州内的岩画，却与南面新墨西哥州和亚利桑那州山区的相似，在这南北两端的中间，每隔一段，就有显著的两类岩画。所有这些岩画在形式上都很相似，可以视为同一类型，姑且称之为"肖肖尼型（Shoshonean）"。这一语系的部落过去和现在一直占据这一片领地。大多数肖肖尼型的岩画都是凿刻的，虽然在南部地区占主导地位的是非凿刻的画。

在内华达山脉的西边，从维塞利亚（Visalia）向南到图莱里（Tulare）印第安人居留地，由此向西南沿着圣巴巴拉（Santa Barbara）海岸，可以看到其他类型的彩色岩画，具有和肖肖尼人（Shoshoni）岩画类似的典型特征。这种相似可能带有偶然性，但众所周知，内华达山脉两边的部落之间有交往，而沿着太平洋斜坡，在山脉的南面，从圣贝纳迪诺（San Bernardino）西部延伸到康塞普申角，肖肖尼人式的岩画也能见到。因此，圣巴巴拉部落的艺术画法可能在与其他部落的接触中受到影响。

47　　美国中部地区很少见到岩画。在大湖流域的森林地区，人们在桦树皮上作画至少有一个世纪了，而在密西西比河与落基山脉之间，一直使用野牛皮和鹿皮。在该地区，合适的巨石和悬崖并不常见，大部分是草原。

在具有这些岩画类型的地区，图形一般都有外部传入的性质，因为它们不仅与美国其他地区的类型极为相似，而且与世界其他地方的几乎一样。这一确凿的事实，使人不必再推论这些岩画的作者及其重要性了。

阿拉斯加州

美国海军少尉艾伯特·P. 尼布拉克（Albert P. Niblack）简要介绍了阿拉斯加的岩画（a），并带有临摹（见图 4）。这些岩画是从兰格尔堡（Fort Wrangell）附近的斯蒂金古村（Stikine）找到的。在一些被毁弃的村庄周围，就在高水位之上的岩石上，发现了另外一些岩画。

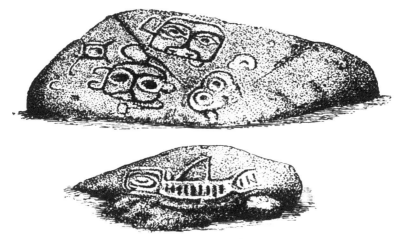

图 4　阿拉斯加的岩画

　　在上图中，阿拉斯加典型风格的人脸引人注目。下图描绘的是虎鲸或杀人鲸，海达人（Haida）相信，它是许多神话故事中的主角恶魔斯卡那（Skana）。尼布拉克先生介绍说：

　　　　他们作画最喜欢的颜色是黑色、浅绿色和暗红色。不论是绘画、纹身，还是浮雕，图案都是约定俗成的。无论轮廓多么简单，但某些动物都有一些固定的象征符号，向初学者清楚地表明图像的意义。棕熊，用伸出的舌头表示；水獭和狼，用牙齿表示；逆戟鲸，用鳍表示；乌鸦，用尖喙表示；鹰，用弯曲的喙表示，等等。

亚利桑那州

48

　　美国地质调查局的 G. K. 吉尔伯特（Gilbert）先生根据他在亚利桑那州圣弗朗西斯科山（San Francisco）附近的观察，提供了以下有关岩画的信息：

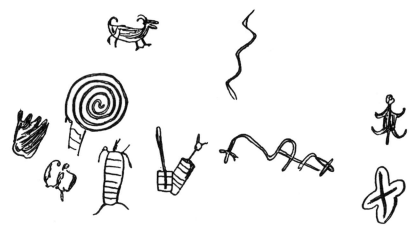

图 5　亚利桑那州的岩画

　　临摹画的图 5、6、7 的原址在圣弗朗西斯科山以东和东南约 35 英里处，材料是红砂岩，位于平原上的低丘之上。周围散布着碎石、陶器碎片和碎裂的打火石，证明这里曾经是印第安人的定居地。见到这么多的岩画分布点，因此我认为可以找到大量岩画。除了一幅之外，所有的岩画都是在岩石表面凿刻而成，透过薄薄的一层因风化而褪色的岩石表层，可以看出岩石内部的本色。唯一的例外就是图 6 中的第一种方式，它与陶器和毯子上的制作方式相似，是用白色的颜料涂在红色的岩石上。一般来说，岩画的原始模样都未保存下来，但这几幅画基本保存了原貌。我忘了记录这些画的尺寸，但这几幅画基本都是按原尺寸绘制的。

49

　　所有这些图形都属于肖肖尼型。值得注意的是，其中有些图形，又在加利福尼亚州图莱里（Tulare）谷和欧文斯（Owens）谷的岩画中出现，本节将对此加以描述和图示。

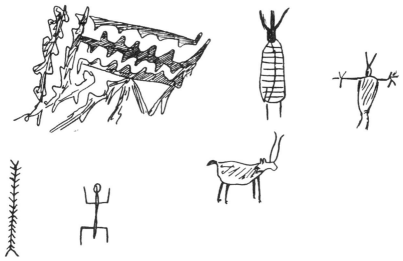

图 6　亚利桑那州的岩画

　　图 6 中类似蜈蚣的图形在加利福尼亚州圣巴巴拉县各处很常见，下文将以一些图案与此进行比较研究。在亚利桑那州其他地点和新墨西哥州的岩画中，类似的图形有时表示玉米秆。

　　美国地质调查局的保罗·霍尔曼（Paul Holman）报告，在鲍尔斯（Powers）孤峰 8 英里以下，邻近希拉河（Gila），有一座陡然升高 150 英尺的平顶山，在它的垂直面上，全是图画文字。此外，在距希拉河 200 码、高出河面 300 英尺的一座奥塔曼（Oatman）山支脉的山顶上，也有大量的图画文字。有许多暴露在外的几乎被彻底毁坏。

　　陆军中校埃默里（Emory）（a）报告说，在希拉本德（Gila Bend）附近的台地上，有一堆花岗岩圆石，显然被人用辉石抹黑，涂画着未知图案。在附近地面上也有一些图画的痕迹，表明至少有一些图画文字是现代印第安人所为。其他的则无疑是古人所作。在同一卷书（b）里，他还报告，在北纬 32° 38′ 13″、西经 190° 7′ 30″ 的希拉河边岩石上，发现有疑似古代图画。根据图示，这些图画出现在大圆石上和高达 30 英尺的悬崖表面。

图 7　亚利桑那州的岩画

50

惠普尔（Whipple）中尉（a）谈到威廉姆斯（Williams）河边扬帕斯（Yampais）泉旁的岩画：

> 地点位于群山之中的隐密幽谷。一块高而斜的岩石形成一个岩洞，里面是一个水池，还有一条清澈的小溪从中流出。岩石低处的表面上布满图画文字。没有一个图形是近年的产物。

在亚利桑那州北部的科罗拉多高原、皮奇（Peach）泉水区的东面，有许多岩石，上面的岩画具有相当的艺术技巧。W. J. 霍夫曼博士在 1872 年观察到的一些图案，相当精妙，表现了太阳，以及打扮得奇形怪状的人，还有一些无法理解的图形。所有这些岩画都是用一种更硬的石头在玄武岩表面凿刻而成。

1878 年 11 月，吉尔伯特先生还在亚利桑那州北部帕特里奇溪（Partridge creek）旁的一角，东来的比尔（Beale）货车道经过的地方，获得了蚀刻画的临摹。他说："这块岩石是交叉叠层的奥布里砂岩，岩画所利用的表面是叠层的表层。所有的岩画都是由锋利的石尖敲打而成。（附近有大量的黑曜石。）有些石刻很新，表明人们仍在当地作画。附近没有印第安人居住，但该地区是瓦拉帕斯人（Wallapais）和哈瓦苏佩人（Avasupais）的狩猎场。"

图 8　亚利桑那州的岩画

尽管上述部落偶尔造访此地，但这里的图画更像其他地区由莫基·普韦布洛人（Moki Pueblo）作的画。

在整个里奥弗德峪（Rio Verde），从弗德营下面不远处到希拉河，岩画随处可见。

托马斯·V. 基姆（Thoms V. Keam）先生报告说，亚利桑那州东北部塞基峡谷（Segy）和基姆峡谷（Keam）中也有岩画。而基姆峡谷地区的部分岩画图形也出现在普韦布洛人的陶器上。　51

美国陆军第二十二步兵团中尉西奥多·莫舍（Theodore Mosher）报告，1887 年 12 月，凯西（Casey）中尉一行人在希拉利（Chiulee）溪发现了岩画，此处距该溪与亚利桑那州圣胡安（San Juan）河交汇处约 30 至 40 英里。由领导这一团队的军官所拍摄的照片显示，这些图像都是凿刻而成，图形类似肖肖尼人的图画文字，也与加利福尼亚州欧文斯谷的岩画相似，下文将对此加以描述。

在亚利桑那州希拉河谷中，J. R. 巴特利特（Bartlett）先生（a）见到许多雕刻的大圆石，其中一个圆石上的图形由两个同心圆构成，一条直线由大圆圈内向外引出。他对这个圆石画的复制图见图8。他说：

> 我发现数以百计的大圆石上满是粗糙的人物、动物和其他物体的怪诞形状，全都用锋利的工具凿刻而成。然而，其中许多图画由于长期的日晒雨淋和之后的刻画而受到严重损坏，已经无法辨认。在这些岩石中，我发现有几块的低侧面有雕刻，最初根本不可能是在这样的位置作画。有些岩石每块重达数吨，需要巨大的劳动才能放到所在的位置，而且也没有一个明显的目的。根据自然状况推理，应该是岩画完成后，岩石从山顶坠落下来。有几幅似乎是近作，但其他的则很古老。

在民族学局的收藏品中，有一本画册或叫临摹册，其中包含了许多 F. S. 德伦博（Dellenbaugh）先生的绘画，下面的亚利桑那州岩画临摹就选自其中，并且每一幅都附有简短的介绍。

图9是亚利桑那州希努莫（Shinumo）峡谷内的一幅画的复制图。中间和右边的图形被涂成红色，人形图案的腹部有一个白色标记；左边的人形被涂成黄色，羽毛为红色。

图10中的岩画相当模糊，是从芒德（Mound）峡谷的直壁上复制来的。最突出的形状似乎是蛇。

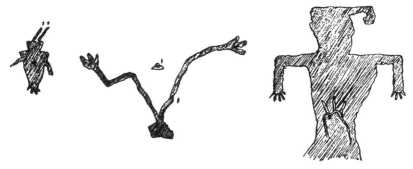

图 9　亚利桑那州希努莫峡谷内的岩画

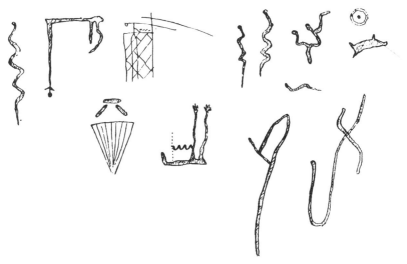

图 10　亚利桑那州芒德峡谷的岩画　　　　　　52

加利福尼亚州

在加利福尼亚丘陵地带，凡是在悬岩和不受雨淋的岩石上，都覆盖着印第安人留下的各种岩画。那些在维塞利亚（Visalia）以东约 15 公里落基山上的岩画，特别有趣。受到遮护的岩石上覆盖着人、动物和各种非生命物体的图画，以及一些奇怪的图形。颜料的颜色有红色、黑色、白色，凡是受到遮护的地方，图画都挺过了岁月的摧残，保存完好。有许多岩画简直完好如初。鹿、羚羊、土狼、鸟类，以及乌龟频繁出现，可能表示酋长或部落的名称，或表示猎杀的动物。这里还有圆圈、螺旋形、王冠或木条等标志，其含义尚未明了。

H. W. 特纳（Turner）先生在 1891 年 6 月 3 日的来信中，提供了当地的临摹画（图 11），描述如下：

> 我随信寄去一册加利福尼亚州图莱里县的岩画临摹画，它位于一块平地突起的巨型花岗岩受遮蔽的表面。石头一半已经裂开，留下平整的表面，上面是用红色、白色和黑色颜料作的画。该地被称为罗基角（Rocky Point）。现在，人们在此开采花岗岩。它位于第一丘陵地区的维塞利亚正东约 12 英里处，约卡尔（Yokall）溪南岸。这些画似乎作于许多年前，其中有些已模糊不清。

1882 年的夏天，霍夫曼博士参观了加利福尼亚州图利（Tule）河（印第安人）管理处，在那里他发现了一个大型岩画（后文图983 是他的临摹画）。他对此的描述如下：

53　　"该管理处在内华达山脉西边，图利河南岔河支流上游峡谷处。目前，这一地区由几个马利波萨语系（Mariposan）的部落占据。若问岩画的年头或起源，据说这些部落的祖先刚来时，它们就存在。现在还不能确定，迁徙到加利福尼亚这个地区的印第安人，究竟是其中哪个部落制作的岩画，但岩画所在岩石的风化和破裂状况、岩画所用颜料的褪色状况，以及当时用来调色的小坑，表明岩画大约是在一个世纪前制作的。

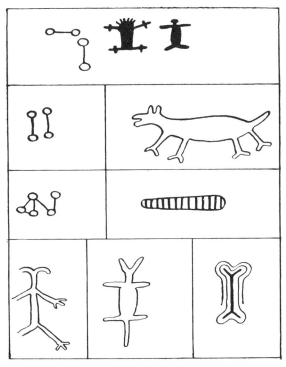

图 11　加利福尼亚州维塞利亚附近的岩画

　　"印第安人在该州这一地区的图利河边定居至少有一百年了，现今在世最年长的人都说，这些记录是他们的祖先发现的，但无法确定是否超过两代人以上。

　　"岩画的轮廓是用一块石英石或其他硅石凿刻而成，深度从一道浅痕到三分之一英寸不等。这样刻画了几个满意的形象之后，便涂上颜料，而颜料似乎已经渗入岩石结晶颗粒之间的微小空隙；岩石已被一块石头刮擦并凿开细缝。为了确保效果更好，涂上颜料后似乎又敲击了一遍。

　　"一块巨石因断裂而形成一道天然拱门，在它的下面，有一块小小的圆石，面上的小坑被当作石臼用来研磨和混合颜料。这些小坑平均直径 2 英寸，深度约 1 英寸。颜色的痕迹依然存在，混合着薄薄的一层发光物质，类似一层涂漆，极其坚硬。这种涂层太薄，无法用钢铁器械消除，似乎已与岩石融为一体。

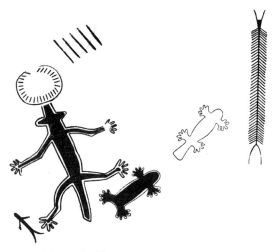

图 12　加利福尼亚州图利河边的岩画

"从拱门上方描绘的动物来看，这个地区似乎有河狸和鹿，而河狸尾巴和鹿蹄及羚羊蹄被用来煮制胶水。看来，制作这些图画文字的部落在制作胶水和颜料方面，同美国大多数其他部落一样，技术很发达。

"研究显示，暗红色的颜料是红赭石，山谷里到处都有，而黄色颜料是用当地的赭色黏土。白颜料当然也是就地取材，而且显然是一种黏土，尽管它的性质只能推测；从岩画上不能获取足够的成分以便用吹管做出令人满意的分析。黑色颜料的构成尚不明了，或许它是由黏土和木炭粉混合而成。当今的其他部落也用此法制作黑色颜料。

"一个巨大的花岗岩圆石，约 20 英尺厚，30 英尺长，严重破裂，以致下面部分被移走，留下一个大大的方形通道，从西北贯穿到东南。在通道的西墙上有一组彩色草图，图983是其缩略图。整个岩面上的图画文字尺寸大约12至15英尺宽，8英尺高。最大的人像从脚趾到头顶高6英尺，其他图像按比例画出。

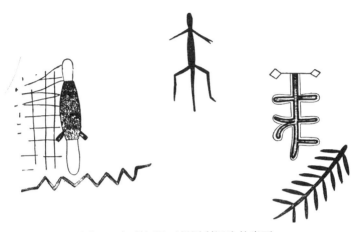

图13　加利福尼亚州图利河边的岩画

"通道顶上画的是栩栩如生的河狸、熊、蜈蚣（图12）和秃鹰（图13）。其他许多图形可能表示各种昆虫，其中一些还画了夸张的触角，如图14。引人注目的是，图形逐渐混合，例如，熊与类似人形的混合，这常见于亚利桑那州和新墨西哥州肖肖尼型的岩画中，其中一些将在后文叙述。

"图15包含通道顶上的一些图案。左上方的图形是黑色的，四周有红色窄线环绕。绘图简练，尺寸约18英寸长。其余的图像是暗红色的，很可能是赭色。不过，左下方两个图形的颜色更黄。

"图16中的前三个图形是画在通道顶上人物图形的临摹画。它们每个约12英寸长。图16中的另一个人物图形为白色，位于

56

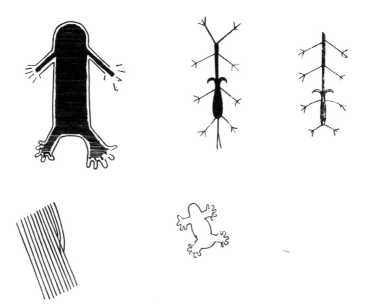

图 14　加利福尼亚州图利河边的岩画

通道南边的垂直壁面上，脸朝北。它与别处相同系列岩画中的人像类似。"

欧文斯谷

　　在构成欧文斯谷西北边界的山区，有大量的岩画组图，显然与内华达山脉西边的不同。民族学局的霍夫曼博士在 1871 年对此做了初步考察，在 1884 年秋又做了更彻底的考察。这些图形可参见整页插图 1—11。之所以用这么多的篇幅展示这些插图，是因为其内在的价值。另外值得一提的是，在不止一处地点，至今仍然有大量组画和系列岩画存在。即使用本书的大量插图，也不能充分展示欧文斯谷的岩画。

　　霍夫曼博士的报告如下：

加利福尼亚州欧文斯谷的岩画

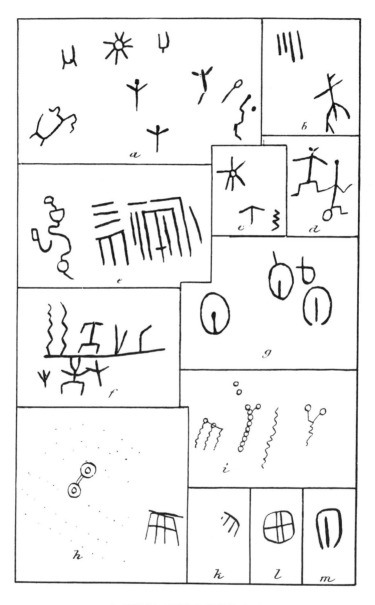

加利福尼亚州欧文斯谷的岩画

加利福尼亚州欧文斯谷的岩画

整页插图 4

加利福尼亚州欧文斯谷的岩画

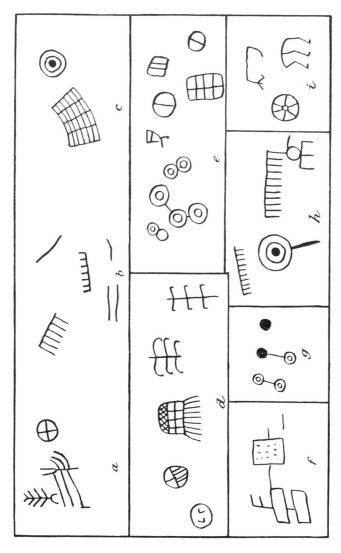

整页插图 5

加利福尼亚州欧文斯谷的岩画

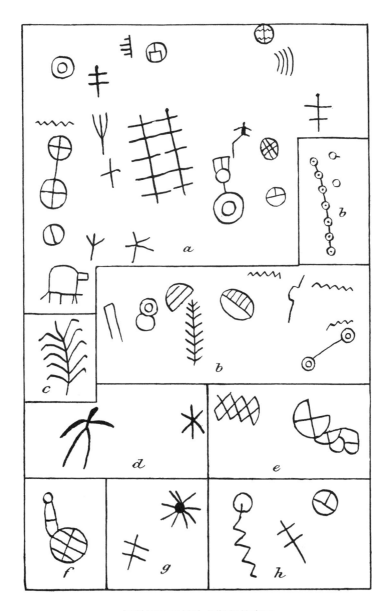

加利福尼亚州欧文斯谷的岩画

整页插图 7

加利福尼亚州欧文斯峡谷的岩画

整页插图 8

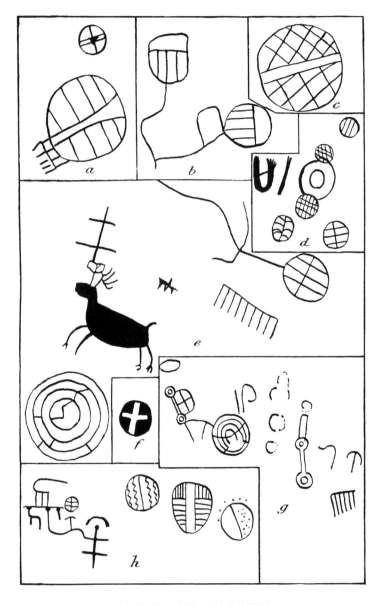

加利福尼亚州欧文斯谷的岩画

整页插图 9　加利福尼亚州欧文斯谷的岩画

整页插图 10

加利福尼亚州欧文斯峡谷的岩画

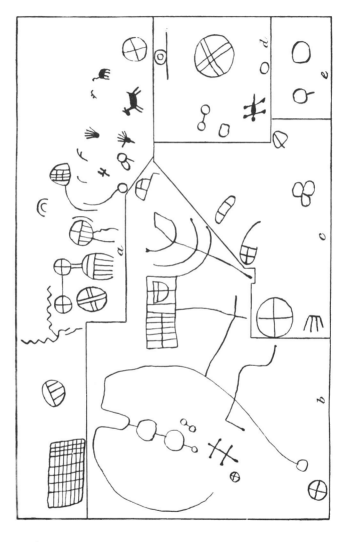

整页插图 11

加利福尼亚州欧文斯谷的岩画

图 15　加利福尼亚州图利河边的岩画

最重要的一个系列组画，在欧文斯谷的北部，处于东面怀特（White）山脉和西面本顿（Benton）山脉之间。在后者西坡上的沃特森（Watterson）牧场，有一个孤立的低丘或台地，在其上的黑色玄武岩圆石和悬崖表层，有许多凿刻的图画，其中最有趣的见整页插图 1 和 2。这些插图大约是实际尺寸的十二分之一。第 1 幅左下角的脚印图案深浅不同，从半英寸到 1 1/2 英寸不等。它们似乎被凿过，最后用一块石头或木棍和沙子磨成同样光滑的表面。

本文介绍的几乎所有系列岩画，其凿刻的表面都因铁元素的逐渐氧化而发出闪亮的黑色光泽，与原封未动的圆石一模一样。这似乎表明岩画相当古老。

在前述台地的西北角，发现了一个营地的遗址，散落着大批箭头、短刀和细薄的黑曜石。这本身是微不足道的，但这些暴露在外的物品，表面颜色变浅，易碎，有些深度从十分之一

图16 加利福尼亚州图利河边的岩画

到四分之一英寸，它证实了以下推理：遗留物可能是制作岩画的同一人群留下的，因为这些人工遗物与现代印第安人制作的大不相同：现在的比较大，做工较粗糙。

在台地东南坡的尽头，一些平整的岩石上有白洞，这无疑是用于磨草种和其他谷物。

这些岩画的类型，大多与其他地区所谓的肖肖尼型极为相似，除了整页插图1和2的图示之外，最常见的图形有同心圆、圆环、熊脚印和人脚印，以及各种人形轮廓，旁边是许多难以理解的图形。

此地往东南方向，低处有一个分界线，越过本顿山脉，就到达欧文斯谷广阔干旱的坡形沙漠，但在距本顿以南不到12英里的一个地方，沿着一条古老的台阶路线，就到达了那一片无所不有的岩画区。从这一点向南大约6英里处，散布着大型裸露的玄武岩圆石，其上有大量凿刻岩画，深度从半英寸到1 1/2英寸不等，图案有圆圈、脚印、人形等。

第一组系列图是从众多紧密相连的圆石上选出的，见整页插图3—7。其中整页插图3*a*的形状像蛇，而*d*图显然也是条蛇。这个图案刻在横向表面，凿刻的深度约为1英寸。临摹画的尺寸是原始岩画的三十分之一。在 *e*、*g* 和 *h* 中的人形图案与一般肖肖尼型的相似，也类似于亚利桑那州、犹他州南部和科罗拉多州各地的图形。

在整页插图4的图形中，A上方用巨大的爪子表示一头灰熊的脚印——后面跟着人的脚印。原始的刻图显然凿刻的是杯状人脚趾头，最后好像用一块钝木和沙子磨平。脚印平均长度15英寸，深度从半英寸到一英寸以上不等。刻在横向表面上的脚印方向，是从东北向西南。

E中的形状显然是一条双头蛇，与整页插图7中的 *a* 一样。这可能是为了记录发现这种怪物而将其刻在岩石上。双头蛇的出现并不是独一无二的，别处也有五、六条记录，其中之一在加利福尼亚州，而在美国国家博物馆的收藏中也有一个样本。

在整页插图5的 *c*、*e* 和 *g* 中，有类似于加那利群岛上的图形［见图144和图145］，以及许多类似于苏格兰的杯形石和哑铃状的图形［见图149和图150］。

一个有趣的样本是整页插图6中的 *d*，它类似于奥吉布瓦人的雷鸟和伊努伊特人（Innuit）蚀刻画中的人形图案［如图1159所示］。整页插图3的图案位于系列图画的最北端，而整页插图7的图案位于最南端，这两点之间的距离约为2英里。

在最南端方圆4英里的空间内，散布着几处岩画，下文会加以介绍。在到达整个系列图画的最南端之后，才能看到最大数目的图形。这些图形画在道路东侧的巨型圆石的表面，这条路穿过一个小山谷，当地称为乔克坡（Chalk grade），这可能是

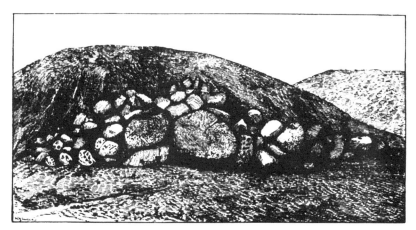

图 17　欧文斯谷乔克坡岩画全景图

缘于当地白色的沙滩和部分白色路堤的外貌。图 17 是展示刻有 59
主要岩画的圆石全景图。这些岩画呈现在整页插图 8 到 9。

　　整页插图 8 中的图像，除了一个例外，其余每个大约都是
原始尺寸的三十分之一。e 中的动物形象是刻在图 17 中的最大
圆石面上，其深度从四分之一英寸到半英寸不等。部分图像已
被夏季大风沙侵蚀损坏。g 中的图形只有原始尺寸的十分之一，
但深度与 e 相似。

　　在整页插图 9 中，a 是原始尺寸的二十分之一，而其余的约
为十分之一大小。精雕细刻的十字形图案特别引人注目。圆圈
内的表面微微凸出，使得十字形凸显出来，与原来的表面平齐。
整页插图 8 中的 f 也是如此。而整页插图 9b 中的一些动物图形
则类似于在新墨西哥州、亚利桑那州和巴西发现的图形（本书
有介绍），特别是右边的一个图形很像一匹趴着的驼马。但是，
从它与同一组画里的羚羊关系来看，这无疑是代表一只羚羊。

在整页插图 10 以及其他几幅中，有多种类型的圆圈，圈内还有装饰图形，比如线条，有两条的、三条的，等等，还有之字形的、十字形的，以及无限延长线。一个有趣的事实是，几乎完全相同的图形也出现在偏远的地点，如在加那利群岛和巴西。[详情见后文的图示和描述。]

这些图案很可能有特定意义，因为印第安人一脉相承的秉性是：他绝不会漫无目的地把时间花在这样艰苦的工作上，只有宗教或礼仪性动机才会促使他花费时间和精力完成这一工程，下文还会提供案例。在整页插图 11a 中，有更多的脚印和鹿类动物的图形。b 和 d 中的图像有一条直线和两条与其相交成直角的线，这可能表示一条蜥蜴或一个人，后者的含义可能性更大一些，因为类似的图形在肖肖尼型岩画中也有，如在亚利桑那州。[见上文。]

散布着这些岩画的地点位于极为干旱和树木稀少的地区。沃特森牧场的组画所在位置则较为优越，那里有丰富的温泉和一条流向北面布莱克湖的小河。

唯一生活在这一带的印第安人是派尤特人（Pai Utes），但他们并不明白这些图形的意义，而且宣称他们根本不了解岩画的作者。

至于这些岩刻的年份，我们一无所知。所有圆石的表面，以及刻痕最深的图形表面都是闪闪发光的棕黑色，这可能是因为存在铁元素。新近破损的表面颜色较浅，而当深度达到大约半英寸或四分之三英寸时，岩面的颜色就成了巧克力色。究竟这种岩石的新断裂面要经过多长时间才会彻底氧化、变

美洲印第安人的图画文字

黑，我们无法推测，因为这里自然条件恶劣，而且几乎没有降雨。

从本顿山脉到欧文斯谷有一条最便捷的路线，沿途也有一些岩画，虽然数量有限，但似乎是用作旅行路线指示图标。沿着这条小道，可以最便捷地到达上文提到的最北端的几组岩画所在处。

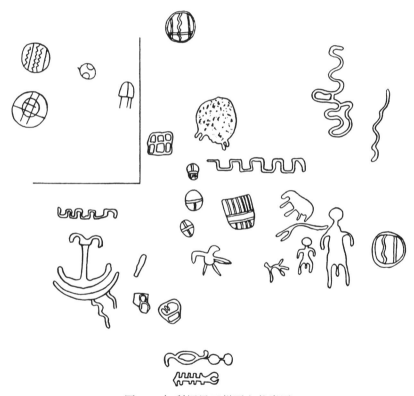

图 18　加利福尼亚州死亡谷岩画

沃特森牧场圆石上的图画与别处的有所不同。特定图案的数量是有限的，其中许多图案被复制了两次到六、七次，因此似乎是表示某些人的姓名。

在一封写于 1891 年 2 月 5 日、发自加利福尼亚州死亡谷（Death Vally）低地的萨拉托加（Saratoga）温泉城的信中，E. W. 纳尔逊（Nelson）先生说，在距温泉城大约 200 码处的一座小山边，他发现了几处岩画。他还提供了一幅临摹画，作为其总体类型的例证，如图 18 所示。该地点在死亡谷低处的尽头。纳尔逊先生说：

> 这里的矿泉位于一个面积 60 到 80 英亩的盆地内，其中有池塘和芦苇沼泽。附近是一片广阔的古印第安人营地，地上散布着很多用石英水晶石、硅石、玉髓石、燧石和其他类似材料制造箭头而留下的“碎片”。
>
> 临摹画中的图形依据尺寸和位置在岩石上处对应的点。岩石已经裂开，在不同的角度都有斜坡，但从同一个角度可以看到这些图形。在这一组画中，另有几个图形，由于岁月的侵蚀而模糊不清，无法复制。复制的组画是目力所见最大的一组，但在附近的岩石上还有许多较小的组画和单个的图画。
>
> 肖肖尼人现在居住在这一地区。目前，有几个肖肖尼人家族住在帕纳明特（Panamint）山区。

农业部的哈特·梅里亚姆（C. Hart Merriam）博士从死亡谷探索返回后，非常慷慨地提供了一张摄于帕纳明特山区埃米格兰特（Emigrant）峡谷一处悬崖的照片，但因收到时间太晚无法插入本书。这很可惜，因为照片上有许多岩画组图。其图形是肖肖尼型。其中有“莫基山羊”、三齿鱼叉、希腊字母 φ、许多十字形，以及其他图形，正如本章所示在同一地区发现的类似图案。

在达盖特（Daggett）车站以北约2英里的莫哈韦沙漠（Mojave）里，根据矿业与科学出版社（Mining and Scientific Press）的报告，有一座小斑岩孤丘，人称"响尾蛇岩石"。如此起名，是因为有大量的响尾蛇在此找到了栖身之所。图19是前引论文照片的复制画。该文作者指出，"用于制作这些图案的工具显然是一块钝石，因为轮廓线不清晰，凹痕的两边有刮痕。"

图19　加利福尼亚州莫哈韦沙漠响尾蛇岩石 62

惠普尔中尉报告说，在莫哈韦村庄以西约30英里处的派尤特（Piute）溪边发现了图画文字。这些图画文字刻在一块岩石上，"数量不少，显得很古老，但模糊不清，难以辨认"。它们与分布在亚利桑那州东北部、犹他州南部和新墨西哥州西部的岩画极为相似。

根据阿方斯·皮纳特（Alphonse Pinart）先生提供的信息，在圣贝纳迪诺城（San Bernardino）以东的丘陵地带有图画文字的记录，类似于克恩县（Kern）内华达山脉南面凸出区域的图利河畔所见。

图 20　加利福尼亚州圣马科斯山口附近的岩画

图 21　加利福尼亚州圣马科斯山口附近的岩画

来自宾夕法尼亚州拉克万纳县（Lackawanna）埃尔姆赫斯特城（Elmhurst）的威拉德·惠特尼（Willard Whitney）先生报告说，在加利福尼亚州圣迭戈县（San Diego）埃斯孔迪杜城（Escondido）以西 4 英里处的一座山顶上，在两块平整的花岗岩石头或圆石表面，有几乎彻底毁坏的岩画。岩画没有着色，深度

　　　　　　　　　　　　美洲印第安人的图画文字

图 22　加利福尼亚州圣马科斯山口附近的岩画

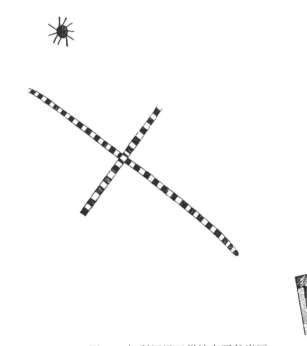

图 23　加利福尼亚州纳吉瓦谷岩画

不超过八分之一英寸或四分之一英寸。通往山顶有一个严密的封口，但附近并没有山路或坟地的踪迹。

　　这可能是圣迭戈县巴恩斯先生提到的圣迭戈县岩画的所在地点。[64]

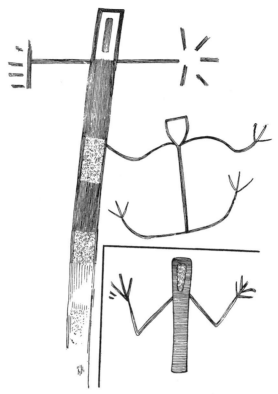

图 24　加利福尼亚州纳吉瓦谷岩画

　　霍夫曼博士又报告了下列几处在圣巴巴拉县和洛杉矶县的岩画地点。在圣巴巴拉以西 15 英里的圣伊内斯山（Santa Ynez）北峰，以及圣马科斯山口（San Marcos Pass）附近，有一批红色 65　和黑色的岩画。图 20 很像一块正方形的跳棋棋盘。

　　如图 21 和 22 所示，有蛇形线和之字形线，还有带锯齿状凹边的曲线；太阳图形；短茎百合花和成组的短平行线，以及表示各种昆虫的图形。

　　这些岩画在一座洞内，靠近一块高 20 英尺的巨大圆石底部。离此不远，是一块扁平的花岗岩圆石，上有 21 个臼坑，这显

　　　　　　　　　　　　　　　美洲印第安人的图画文字

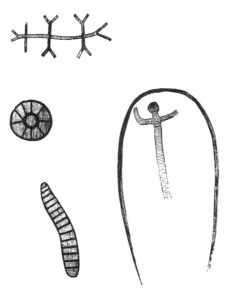

图 25　加利福尼亚州纳吉瓦谷岩画

然是在采橡子季节，来到此地的印第安人所用。这里的橡树很
多，其果实成为印第安人的生活来源之一。

　　距此西北偏西三英里处，在山脚附近的山谷里，一块大石上
有一些模糊不清、已经褪色的红色岩画。图案基本上和上文提到
的相似。

66

　　在圣巴巴拉以西 43 英里的纳吉瓦（Najove）谷中，有一个
伸入海中的悬崖，在它的底部有一个大而浅的洞穴，口小里大，
在顶上和后部都有许多岩画，其中一些如图 23，其图形类似于
圣马科斯山口所见。有几个图案刻画的日期似乎比其他的要晚，
如长角的牛，等等。使用的黑色颜料是锰的化合物，而红色颜料
由铁质黏土做成，这种黏土在山谷里随处可见，数量很多。

67

　　画中有些人物的手和胳膊的姿势表达出惊奇或吃惊，以及否
定的姿势，如图 24。

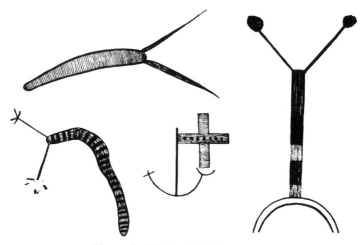

图 26　加利福尼亚州纳吉瓦谷岩画

图 27　加利福尼亚州纳吉瓦谷岩画

　　图 25 中的图形与图利河谷和欧文斯谷的相似，昆虫图形也
68　出现在图 26 中。

　　在这一地点大量出现的其他图案，可参看图 27 和 28。

　　　　　　　　　　　　　　美洲印第安人的图画文字

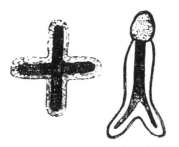

图 28　加利福尼亚州纳吉瓦谷岩画

图 29　加利福尼亚州圣巴巴拉附近的岩画

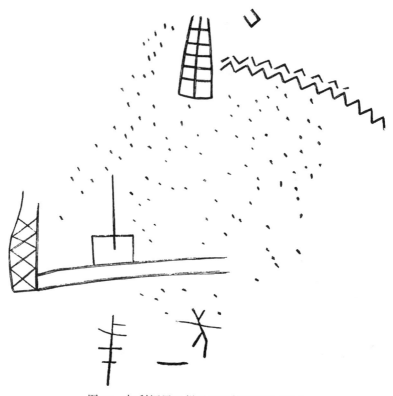

图 30　加利福尼亚州圣巴巴拉附近的岩画

　　其中一个最大的组画，也可能是最精心绘制的岩画，位于卡里萨（Carisa）平原，靠近奥伦纳（Orena）先生的牧场，离圣巴巴拉 60 至 70 英里的正北方。最引人注目的图案就是太阳，像一张人脸，在方位基点处带有装饰物，和莫基人（Moki）的一些面具和图画文字作品有惊人的相似之处。蛇形线和不规则图形也很多。

　　在圣巴巴拉东北 4 英里处，史蒂文斯先生的住所附近，有一个孤立的砂岩圆石，高约 20 英尺，直径 30 英尺，在它的西侧有一个小洞，里面的图形如图 29 所示，它们与圣巴巴拉县内别处的岩画大体相似。其人物图形显示出相反的姿势。

　　离此半英里远的东面，在科博士（Dr. Coe）的农场，一座洞穴里还有一个较小的圆石，上面有各种岩刻，如图30所示。其中部分岩画由于岩石崩裂已经消失，这块岩石因其形状被称为"讲坛石"。它的位置在狭窄山谷的一侧，当人说话时，回声略高 69 于普通的声调。

　　在洛杉矶东北面约30英里处的阿祖萨（Azuza）峡谷也有岩画，图31是它们的复制画。

　　霍夫曼博士正要离开圣巴巴拉地区时，得知附近有八、九个岩画记录，当时只有几个牧羊人和猎人见过。

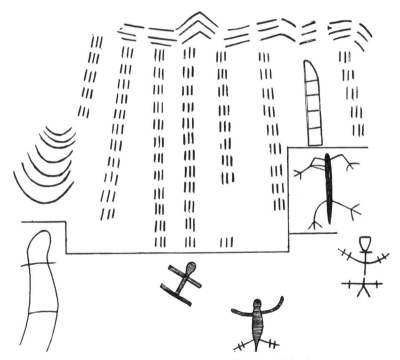

图31　加利福尼亚州阿祖萨峡谷里的岩画

加利福尼亚州苏珊维尔镇（Susanville）的弗罗斯特（Frost）先生报告说，在该镇以南 15 英里处的威洛河（Willow）边，以及河谷低处尽头的米尔福德（Milford），发现图画文字（应该是岩画）。但他没有提供岩画的大体类型和现状的有关细节。

在希尔兹堡（Healdsburg）西南 9 英里处的波特溪（Porter）旁，有一块巨大的角闪石正长岩圆巨石，上面的岩画类似于在亚利桑那州和内华达州所见。它们通常是长圆形或椭圆形，其中一些含有十字架图形。

1884 年 9 月，霍夫曼博士在加利福尼亚州圣巴巴拉市西北偏西 12 英里处，发现了一批彩色岩画。图 32 和 33 是复制画，为原始尺寸的 1/32。岩画的位置几乎就在圣伊内斯（Santa Inez）山的山顶，一块灰砂岩石上。这块岩石高约 30 英尺，从山脊上向外凸出，形成一个非常明显的山岬，伸展到一个狭窄的山谷。在这块大石西边的底部，是一个圆洞，洞内约 15 英尺宽，8 英尺高。洞内地面很陡地向上通往洞穴的后面，而入口要比内部小很多。岩石西面约 40 码处，是一汪清澈的泉水。这一带有四条印第安人小路，向北穿越大山，其中一条经过这里。很可能这里是南来交易部落的露营地，其中一些成员就是岩画的作者。上文提到的另外三条小路都在这条路的东边，最远的离此约 15 英里。其实还有别的小路，但这四条小路距附近的西班牙殖民地最近，它是在 1786 年圣巴巴拉布道所建起后不久发展起来的。这里的岩画和附近的岩画，外观和位置似乎与这几条小路有关。岩画所使用的颜色是红色和黑色。

图 32b 和 d，图 33c、r 和 w 里的圆圈，以及其他类似的内含十字形的圆形图案，一眼看去，似乎不知所云，因为这种形状

图 32 加利福尼亚州圣巴巴拉县里的岩画

在不同的部族有完全不同的含义。图 32*d* 上面的图形很像一个人，身上绑着奇怪的横向黑白相间的带子。两个相似的人形也出现在图 33*a* 和 *b* 里。在图 33*a* 里，人头上伸出的线似乎表明他的崇高地位，或表示所画之人的状况。

在加利福尼亚州洛杉矶科罗内尔（Coronel）先生的人种学私人收藏品中，霍夫曼博士发现了上述岩画含义的一条线索，以及其中一些图案的意义。在一本陈旧的墨西哥服饰彩色插图集里，他发现，这些毛毯的边和颜色几乎与图 32*d*、图 33*c*、*r* 和 *w* 中圆圈里的图形完全一样。圆圈可能表示成包的毛毯，是早期在圣巴巴拉布道所附近交易的商品。如果这个假设是正确的，那么，十字线似乎是表示用来把毛毯绑成包的细绳，同样的十字线也出现在图 33*l* 里。科罗内尔先生还有一些小型的墨西哥人塑像，展现出各种生活场景、服装、贸易以及行业，其中一个着

图 33　加利福尼亚州圣巴巴拉县里的岩画

色小雕像，表现一个墨西哥人平躺在一条展开的彩色毛毯上，其颜色和形状很像图 32d 上方以及图 33 中 a 和 b 里的黑白带子，这就给那些图形的含义提供了答案。图 33 中的黑白带子被中断，这很可能是因为其中的人物图像原本设计在毛毯的前面或上面。

　　上面提到的小雕像是一个墨西哥商人，如果岩画中的圆圈是表示毛毯包，那么，图 32d 的图形则更有趣，在一个连环圆圈的上方，有一个表示商人的图像，即拥有毛毯包的人。毛毯包，或类似于毛毯包的图形，位于 d 圆圈的上方和右边。图 33l 中，有一捆毛毯包似乎在一匹马背上，由一个印第安人牵着向72 上走，可以看见这人的头饰和腰布的两边。在毛毯包的右边有三条短线，这显然是表示捆毛毯包的细绳的结或绳头，没有着色，因此不太重要，也许是其他货物。还有一些打着手势的人物图形，如图 33j 中，有一个人很可能携带着一包货物。而图 33u，则画了一条蜈蚣，这种昆虫在山地的南面偶有所见，而在

　　　　　　　　美洲印第安人的图画文字

北部地区极其罕见。对于图 33x 的评论，可参见第二十章第二节，标题为"十字形"。

科罗内尔先生说，当他 1843 年在洛杉矶初次定居时，生活在圣费尔南多（San Fernando）山区北面的印第安人用动物的毛皮和毛发制作毛毯，其横向的黑白带子与这些岩画中的图案相似，它们被卖给洛杉矶谷地的居民和印第安人，后者又将其运往其他部落。

这些图画文字极有可能是为了表现自北而南的贸易历险的突出特点。由于岩石坍塌，这两幅岩画之间的洞顶已经消失，因而在岩画之间，从洞顶到底部留下一道约 6 英尺宽，4 英尺长的空隙。

科罗拉多州

赛勒斯·纽科姆（Cyrus Newcombe）先生报告，在离科罗拉多州德尔诺特（Del Norte）河 15 英里处的罗克（Rock）溪边的悬崖上，发现了岩画。报告内所附的三张小照片，表明图形是凿刻而成；画上有骑在马背上的男人、十字形的人物、动物，以及其他图形，很像在肖肖尼人部落发现的图案，下文会介绍其中的例子。

伯绍德上尉（Capt. Berthoud）(a) 提交了另一份有关同一地区岩画的报告，内容如下：

> 地点在德尔诺特河东南 20 英里处，位于彼德拉平塔达（Piedra Pintada）（画岩）河谷的入口处。岩画发现于峡谷或山谷右侧的火山岩上。岩画承受了岁月的痕迹，是凿刻而

成，不是画上去的，现在犹他人仍然到处这么做。在马奎尔（Maguire）以及哈得孙牧场内，沿着峡谷的北壁，有四分之一英里长的岩画，画中有各种图形、符号和象形文字，但这些画作的艺术家的记忆，甚至传说都没有保存下来。这些岩画竟然刻在如此坚硬的岩石上，使人倍感兴趣，因为它们完全不同于我在新墨西哥州和亚利桑那州软砂岩上所看见的画。虽然其中一些显然比其他的更久远，但都很古老。犹他人承认岩画非常古老，早在他们的祖先征服这片地区时就有了。

科罗拉多州杜兰戈市（Durango）的查尔斯·赖特（Charles
73 Wright）先生在 1885 年 2 月 20 日的一封信中提到，在科罗拉多州和新墨西哥州边界线附近的岩石上和悬崖屋的墙壁上，有一些"象形文字"。他说：

> 下列图画是用红色和黑色颜料画在一面悬崖屋的墙上（这墙显然是天然石墙）：前面是一位骑马的首长，手持长矛和鱼叉，头戴描画的帽子，身穿长袍；后面跟着大约二十个人，骑在马上，手握缰绳，等等。事实上，整幅画表现了穿过营地、匆忙离开的场景。全画尺寸大约是 12×16 英尺。

赖特先生还报告了圣胡安河附近岩石上的图画。画中有四个男人，好像在执行某项任务，双手张开，"胸口缀有一组字母，在他们的右边，有一些用黑色颜料涂写的象形文字，占据的空间是 3×4 英尺。"

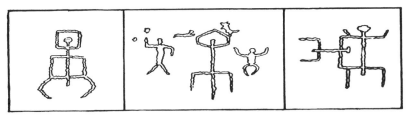

图 34　科罗拉多州曼科斯河边的岩画

关于这一地区最好的岩画，论述得最精彩、也许是最有趣的，是民族学局的 W. H. 霍姆斯（Holmes）先生所描述和提供插图的岩画，插图的复制画参见图34—37，霍姆斯先生的评论稍有压缩，内容如下：

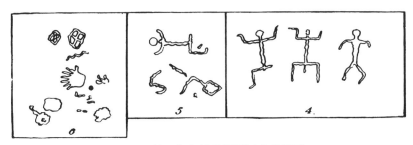

图 35　科罗拉多州曼科斯河边的岩画

图34复制的图形位于曼科斯河（Rio Mancos）边，靠近悬崖屋群。它们显然是用一种坚硬的工具在岩石上凿刻而成，粗略地表现了人物形象。他们当然不是为了表现自然，其外貌具有相当的主观性，是为了象征某种想象的人物。

图35所示的图像发现于同一地点，不是凿刻的，而是用红白黏土涂在光滑的岩石上。这些无疑是崖屋建造者们所为，而且很可能是在房屋建造过程中画的，因为所使用的材料与建房子的灰泥相同。临摹和注释为布兰德基先生所作。复制图约　74

为原画尺寸的十二分之一。

　　图 36 所示的例子出现在圣胡安河边，拉普拉塔（La Plata）河口以下约 10 英里处，实际上是在新墨西哥州境内。一排由庞大浅色砂岩组成的低矮断崖崩塌下来，形成巨大的光滑石块，伸出水面，一块块向北延伸。这每一个石块都像一座引人入胜的纪念原始艺术家的墓碑，其中许多包含奇特和有趣的碑刻。由于我的时间有限，所以画得比较粗糙。它们都被刻入岩石表面，每个人物的全身都被刻画出来，深度多为四分之一或二分之一英寸。

图 36　新墨西哥州圣胡安河边的岩画

　　　　　　　　　　　　　　　　美洲印第安人的图画文字

有些较大组画的工程相当浩大，能够完成它一定是出于强大而持久的动机。除了极少数之外，绝大部分的雕刻无疑具有悠久的历史。那几个新刻的图案很容易区分，既可以根据凿刻表面的新鲜度，也可以根据图案本身的特点。最后一组图画中的奇特图案，与许多装饰陶器的图案有非常明显的相似之处。

　　在同一地点看到的最引人注目的组画，见图37A。它由一大排人、鸟、兽和幻想的人物组成。整个画面就刻在一块岩石上，生机勃勃，巧妙地表现了全体向右行进的意图。一对长着 ⁷⁵翅膀的人物在长长的队伍上方盘旋，好像在观察或指挥队伍行进；后面跟着一些奇怪的人物，再后面是一个长角的动物，像是一头鹿，拉着一辆锯齿状的雪橇，上面站着两个男人。构成队伍主体的动物似乎由一条连线联在一起，而动物的形状各不相同。队伍两边许多较小的动物显然是狗，同时有一些人分别站在不同位置，好像在维持队伍的秩序。

　　至于这幅画所记录事件的重要性，谁也无法得出结论；它可能表现的是一个部落或家族的迁徙，或者是打胜仗后得来的战利品。画左面的几个形象不够完整，而右边的一些人可能不属于主流队伍。复制图大约是原画的十二分之一。

　　同一幅画中的B和C不过是另外两个组画的比较清楚的局部。这些图案如此复杂，需要好几个小时才能完成，在此分析它们是徒劳的。

有人会注意到，最后两幅岩画是在新墨西哥州境内，但它们如此接近科罗拉多州边界，而且和该州的系列岩画密不可分，所以将它们放在同一标题下。

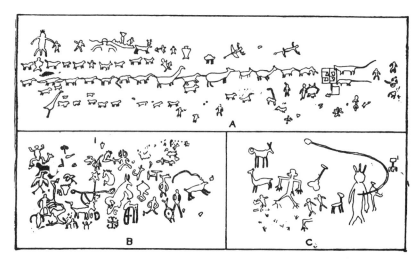

图 37　新墨西哥州圣胡安河边的岩画

康涅狄格州

下列内容引自拉芬（Rafn）（a）的《美洲文物》：

　　1789 年，埃兹拉·斯泰尔斯（Ezra Stiles）博士参观了一块位于康涅狄格州肯特镇的岩石，具体地点被印第安人称为斯凯悌库克（Scaticook）。他这样描述道："在斯凯悌库克对面，胡萨托尼克河（Housatonic）以东约一百杆（等于 1650 英尺）的地方，有一个山丘或叫高地，人称卵石山。山顶上立着这块刻有古老未解图画的岩石。这块岩石凸立在此，并不是山体的一部分；它是白色燧石；向南北展开；长度为 12—14 英尺；底部和顶部宽度为 8—10 英尺；表面凹凸不平。在顶部我没有看见任何图画；但四周有不规则的未知图形，其实，不是用凿子刻的，而肯定是用铁制工具一点一点雕琢而成，与戴顿岩画的方式一样。凿刻线的宽度为四分之一到一英寸，深度为十

76

分之一至十分之二英寸。岩刻似乎不是新近产生的，而是非常古老。"

佐治亚州

小查尔斯·琼斯（Charles Jones Jr.）（*a*）描述了一个佐治亚州的岩画，见下文：

> 在佐治亚州福赛斯县（Forsyth），有一块纹理细腻的花岗岩圆石，上面刻着画，石头长约9英尺，高4英尺6英寸，最宽处3英尺。图像被刻在圆石上，深度为二分之一英寸至四分之三英寸。人们普遍认为，这是切罗基人留下的。

他所提供图画的复制画见图38。我们会注意到，画中的图形主要由圆圈组成，包括普通圆、带核的圆，以及同心圆，有的是两个或更多的圆圈被直线连成串，构成现在称为"眼镜"的图形。这些插图将会与本书中的许多其他图形进行比较，详见后面标题为"杯形雕刻"的第五章。

M. F. 斯蒂芬森（Stephenson）博士（*a*）提到，在佐治亚州尤宁县（Union）魔法山（Enchanted Mountain），有人脚、各种动物和熊迹等的雕刻，整个雕刻的数量据说有146幅。

琼斯先生（*b*）对图像给出了不同的简介，描述如下：

> 在尤宁县魔法山的火成岩上，刻有男人、妇女、儿童、鹿、熊、野牛、火鸡和乌龟的脚印，还有一条蛇、两只鹿和一只人手的轮廓。这些雕刻，目前已确定的数目为136幅。其中

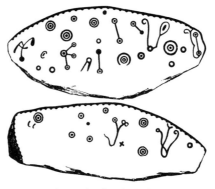

图 38　佐治亚州的岩画

最夸张的是称为"巨人武士"的脚印。它的尺寸是 18 英寸长，有 6 个脚趾。其他人和动物的脚印刻画的非常逼真，令人赞叹。

爱达荷州

美国地质调查局的吉尔伯特先生提供了一小册爱达荷州奥奈达镇（Oneida）肖肖尼人岩画临摹集，见图 39。其中一些似乎是图腾形象，很可能是为了记录来此的游客名字。

美国地质调查局的威拉德·约翰逊（Willard Johnson）报告说，他于 1879 年在爱达荷州奥奈达附近发现了图画文字的遗迹。在一块玄武岩上，画着人物图形。

在爱达荷州发现的另一幅岩画的复制图见后文中的图 1092。

伊利诺伊州

约翰·克里利（John Criley）先生报告，在伊利诺伊州杰克逊县埃瓦（Ava）附近发现了岩画。图像的轮廓是根据他的记忆画出，并提交给俄亥俄州托莱多（Toledo）的查尔斯·梅森（Mason）先生，再经他上交民族学局。这种画的准确性很难保

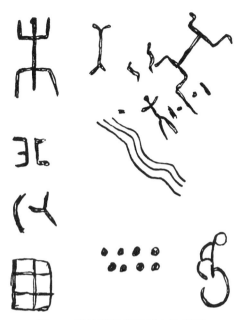

图 39　爱达荷州肖肖尼人的岩画

证，但从临摹的总体外观来看，原件很可能是中部一个印第安阿尔冈琴部落制作的。

这块岩石被普遍称为"皮阿萨（Piasa）"，是由传教士探险家马凯特（Marquette）于 1675 年命名的。它的位置就在伊利诺伊州奥尔顿市（Alton）的北郊。

78

马凯特的评论由弗兰西斯·帕克曼（Francis Parkman）（*a*）博士翻译如下：

> 在一块高高岩石平整的表面，用红、黑、绿色画了一对怪物，每个都"大如牛犊，长着鹿角，红眼睛，老虎须，露出可怕的表情。脸有点儿像人，身体覆盖着鳞片；尾巴很长，绕身体一圈，盘过头顶，夹到两腿之间；而尾部像一条鱼。"

戴维森和斯特鲁维（Davidson and Struve）（a）提供了发现这幅岩画的另一种说法，内容如下：

他们（乔利埃特和马凯特）又一次在广阔的未知小河的中央漂流。通过伊利诺伊河口后，他们很快就被笼罩在一座高大的山岬阴影之中，他们惊讶地看到高耸的石灰石上两只怪兽的画像。根据马凯特所述，这两个可怕的怪物都有人的脸，鹿的角，老虎的胡须和鱼的尾巴。尾巴很长，绕过身体，盘过头顶，夹到两腿中间。这是印第安人崇拜的一个对象，给虔诚的传教士留下深刻印象，他们感到，必须用对真神的崇拜取代对这种怪物的偶像崇拜。

上文的脚注对同一块岩石做了如下描述：

在皮阿萨河口附近的悬崖上，一块凸出的峭壁下，在一处大而深的裂缝里，有一块光滑的岩石，在其 50 英尺长的表面，画着一些古老的图画或象形文字，令人非常感兴趣。它们从东到西被放在同一水平线上，画有男人、植物和动物。这些画虽然免受潮湿和暴风雨的侵袭，但因部分岩石脱落而大部分受到破坏。

伊利诺伊州奥尔顿的麦克亚当斯（McAdams）先生（a）说，"岩石名称'皮阿萨'是印第安人的称谓，在伊利诺伊语里，意为'吞食人的鸟'"。他提供了一幅生动的钢笔临摹，尺寸为 12×15 英寸，声称画出了马凯特所描述的古代绘画。画面上用墨水写道："威廉·丹尼斯（Wm. Dennis）作于 1825 年 4

图 40　皮阿萨岩画

月 3 日。"日期用字母和数字双重表示。画的上方用大写字母写着两个单词："飞龙"。这幅画保存在麦迪逊县的老吉尔海姆家（Gilham），有证明年代的证据，复制画见图 40。

他还公布了另一幅画（见图 41）和以下的评论：

我们所见过的最令人满意的皮阿萨岩画，是德国早年出版的图书，名为《图说密西西比河流域——刘易斯（H. Lewis）所画八十幅展现大自然的插图，从圣安东尼瀑布到墨西哥湾》，1839 年由德国杜塞尔多夫市阿伦茨公司发行。本书中的一幅大型整页插图很好地展示了奥尔顿悬崖，以及那块岩石上的图画。它复制了德国画家在现场作的临摹画。我们复制了带有图画文字的那部分悬崖（对本书来说，整幅画面太大）。在德国人的画中，就在模糊暗淡的第二张脸的图像后面，有一道参差不齐的裂缝，似乎岩石在此断裂。可能悬崖表面有部分脱落，因而几乎毁掉了其中一个怪物画像。所以，后来的作者只提到一个图像。悬崖的整个表面在 1846—1847 年间被完全开采一空。

图 41　皮阿萨岩画

在本书第十四章第二节"神话和神兽"中，将有一些插图和说明与上述内容进行比较；第二十二章提供了一些案例，说明在描述和复制岩画时所犯的错误和偏差。

琼斯（A. D. Jones）先生（a）谈到了同一幅岩画：

> 当武器传到印第安人手里以后，他们就用子弹代替弓箭。直到今天，野蛮人都认定，在通过这个地点时，应该放枪并且大声欢呼。我在1838年6月参观了现场，并检验了那幅图画，悬崖上的一万颗子弹孔似乎向我证实了这一带的传说。

图 42　伊利诺伊河边的岩画

前文提到的麦克亚当斯先生也提到了图 42：

在伊利诺伊河口以上 25—30 英里处，河的西岸，在一块高大凸出之悬崖的光滑表面，是另一幅有趣的图画文字，深深凿刻在坚硬的岩石上。这幅画今天的状况几乎和当年法国 80 旅行者第一次下河、第一次看见密西西比河时所看见的一模一样。兽身人面像被简练地刻在岩石上。大大的眼睛像圆碟一样凹陷，深达一英寸，身体的轮廓以同样的方式凿刻，嘴巴也一样。

不过，在雕刻的怪物脸部轮廓之上，弓箭手和拉开的弓是画出来的，或是用红褐色颜料染的。

麦克亚当斯先生认为，带弓箭的人物画像要晚于怪物雕刻。同一作者（b）还描述了图 43：

在奥尔顿以北 3、4 英里处的一座凸出的悬崖，形成一种洞穴式的掩体，遮蔽着下面一块厚长岩石光滑的表面，上面有 12 幅系列图画。它们是画上去的，或者更确切地说，是用红褐色颜料涂到岩石上，而且似乎战胜了岁月的侵蚀，依然如故。可以说，它们因所在位置而受到很好的保护，所以仍然非常干燥。大约 30 年前，我们为它们画了临摹，我们在最近的一次参观时，发现它们变化很小，尽管它们的外貌显得很古老。

这些图画文字位于河面一百英尺以上的悬崖上。通过峭壁内的一个空洞，可以轻松到达悬崖的突出部位，沿着它就能到达岩石大而深的部位。

图 43　伊利诺伊州奥尔顿附近的岩画

前民族学局的詹姆斯·米德尔顿（James D. Middleton）提到了出现在罗克伍德（Rockwood）以南 12 英里，杰克逊县密西西比河边悬崖上的岩画。另外还有一些岩画在密西西比河附近，距杜罗谢草原（Prairie du Rocher）约 4、5 英里的地方。

艾奥瓦州

民族学局的诺里斯（P. W. Norris）先生发现，在艾奥瓦州东北部新阿尔比恩（New Albion）以南 4 英里处的密西西比河岸边，有许多岩洞，里面刻有岩画。离此以南 15 英里处的悬崖上也有图画。他还在新阿尔比恩以南 19 英里处的密西西比河边的悬崖上，发现了图画。

堪萨斯州

在《美国哲学学会会刊》1869 年第 10 卷第 383 页上，爱德华·米勒（Edward Miller）先生报告说，在堪萨斯州哈克堡（Fort Harker）［原名埃尔斯沃思堡（Fort Ellsworth）］东南 15 英里处、联合太平洋铁路公司的铁道附近，发现了一幅岩画。根据米克和海登（Meek and Hayden）的分类，这幅岩画所在岩石，属于白垩纪早期 1 号形成物。

81　　本书整页插图 7 和 8 中的图画，就来自这幅岩画，现在用图 44 呈现，它是同一块岩石的两个不同角度所见。

图 44　堪萨斯州的岩画

肯塔基州

1886 年 8 月 14 日，前民族学局的詹姆斯·米德尔顿先生在一封信中报告说，在肯塔基州尤宁县（Union）的一处地点，几乎就在伊利诺伊州肖尼敦（Shawneetown）对面，发现了一些岩画。根据他的描述，它们与上文提到的伊利诺伊州杰克逊县的岩画，颇为相似。

1890 年 10 月 4 日，俄亥俄州惠灵顿的巴顿（W. E. Barton）先生在一封信中写道：

在肯塔基州杰克逊县克洛弗博特姆（Clover Bottom），离伯里亚（Berea）约 13 英里的比格山（Big Hill）陡坡上，有一座大岩石。据老居民说，在他们的记忆中，以前上面覆盖着泥土和草木。岩石上画着人的脚印，还有一只熊、一匹马和一条狗的脚印。这些脚印都朝着同一方向，好像一个人牵着一匹马，后面跟着熊和狗。与之相交的，还有一类更大的系列脚印，我无法确认。这块石头属于亚石炭系砂岩。我记得，这些岩层几乎与地面平行，但大自然的侵蚀使其表面形成约 20° 的坡度。脚印通过岩层升到斜坡。我已经多年没见它们了。

横穿岩层表面的脚印是人手所刻画，如果确实如此，那么，认为当时岩石上还有别的岩画就不是荒诞不经了。不过，脚印刻的如此逼真，使人不禁要问它们是不是真的。它们左右交替，可惜自然的侵蚀和人们的旅行已经磨去了一些左脚印迹。一条马车道通过这块岩石，导致现在石头裸露出来。它距派恩格罗夫校舍不到四分之一英里，很容易找到。

缅因州

在缅因州发现了一批岩刻，另外一些有关资料也已获得。其中最令人感兴趣的、也是迄今为止在新英格兰所发现的最大的系列组画，展示在整页插图 12。

发现岩画的岩石在缅因州马柴厄斯港（Machasport），位于马柴厄斯河口以下 2 英里，马柴厄斯湾西北边的克拉克斯波因特（Clarks Point）。这块岩石或岩架，从东到西长约 50 英尺，宽约 82 15 英尺，长度的三分之二与地面几乎平行，从河岸或高水位的西头到低水位标记处，有 15° 的倾斜。岩石南面倾斜约 40°。它是一块片状板岩，有一个横向的暗色纹理，几乎延伸过它的截面。整块岩石几乎都是蓝黑色，密度很大，非常坚硬，只有上层或西端例外，因为定期形成的冰剥落了薄薄的表层，摧毁了许多现在活着的人还记得的图像。潮水的冲刷，海边石头的磨损，卵石的拍打和冰蚀的圆石，也磨去了南边许多图像，直到现在，还能看出一二处凹陷。游客们出于好奇而揭下小块岩石，或刻下自己姓名的首字母以作永久纪念，结果损坏了几处最有趣而且是至今最清晰的画面。本书作者在 1888 年仔细考察过这块岩石，发现它在水下的深度比过去大得多。在潮水最低位，还能看到有更低潮汐的标记。如果当时岩石表面不是一直暴露在外，岩画就不可能作成。如此之大的一块岩石凹陷得如此缓慢，周边居民竟没有留意到，足以证明这些岩刻的古老。

所有图像的凹刻显然是用一件尖头工具反复做成的——无疑就是一块硬石；不是当凿子使用，而是用来反复锤打或敲击。现在看到的最深处有八分之三英寸。考虑到岩石的坚硬程度和所用工具的原始程度，花在这些图像上的艰苦劳动量一定很大。

关于它们的年头，没有外在的证据。17世纪初，商人们开始知道这个地方，早在此之前，巴斯克（Basque）渔民来过这里，也许倒霉的科特雷亚尔（Cortereal）在1500年和1503年也到过此地。印第安阿布纳基族分支马柴厄斯部落的后人，曾经占领圣克鲁瓦河（St. Croix）与纳拉瓜古斯河（Narraguagus）之间的领域，多年前被问到时，会回答说："老人们都知道。"他们或者是亲眼见过，或者是根据一代又一代的传说。

几年前，马柴厄斯镇的泰勒先生（他曾经在1868年做了最初的临摹画并慷慨地提供给民族学局）请求当地的印第安居民彼得·贝努瓦（Peter Benoit）（当时年近80岁）协助破译岩画。他提供的信息很少，但指出，这些图形决不可"只从一边"解读，因此，临摹画中心附近的一个图形，如果从南边看，毫无意义，但从相反的方向看，却显明是一个妇女，头上有只海鸟，按他所说，"女人撞坏了独木舟，带着海獭皮，在半个月亮下独自向东行走，就像鹭在近岸涉水。"同样，上文提到的图形下边有三条线，合在一起像鸟的脚印或三叉线，表示马柴厄斯的三条河：东河、西河与中河，它们在距此地点不远处相交。紧挨着河流标记的右边，有一个类似羽毛的符号，其实是一条岩缝。大多数人类与其他动物的图形很容易辨认。

与上述克拉克斯波因特岩画上的图形相似的一个岩刻图形，在其南边600英尺处，在高水位标志附近的岩石上被发现并复制，它离伯奇角（Birch Point）不远。还有一些发现于霍姆斯湾（Holmes Bay）（马柴厄斯湾局部）霍格岛（Hog Island）上的一块岩石上。所有这些岩画毫无疑问都出自印第安阿布纳基人之手，要么属于佩诺布斯科特（Penobscot）区域，要么属于帕萨马库迪区域。这些岩石位于两个区域之间的水道共用线路上，是便于短暂停留的地方。

马里兰州

在州界线以南大约半英里的萨斯奎汉纳河（Susquehanna）里，有一组岩石，其中有几个被形象地称为"光头修士"（Bald Friars）。附近有几个冢形圆石，人称"黑头"石，据报告是暗绿色绿泥石片岩。在几块圆石上，刻着深深的岩画，最后显然用石头或木头和沙子磨平，从而使轮廓留下尖锐而明显的边。其中有些图形的深度达1英寸，但大部分受到的侵蚀越来越厉害，因为经常发生涨水，还有初春时河上冰面破裂，流动的冰块不时冲撞岩画。

以下是弗雷泽（Frazer）（a）教授的报告：

> 通过宾夕法尼亚州边界线，就抵达南面荒凉的蛇形岩石群，总体来说，这一片还是比较平坦的。
>
> 在州界线以南大约700码或640米处，河岸上有些岩石被

缅因州的岩画

称为光头修士。法国人的小客栈就在这里，位于一条流入萨斯奎汉纳县的小河河口。在小客栈以南约874码（800米）处，有许多小岛，都有当地的名字。这些小岛引人关注，因为上面有原住民的岩刻。

大多数小岛都是由绿泥石片岩构成，但这块岩石几乎总是引人注目，因为它有交叉的石英纹路。在这种情况下，那些由这种材料构成的小岛都很独特，这使它们具有非常醒目的白色外观。

其中一个拥有岩刻的岛称为迈尔斯岛。

这些岩石暴露在外的部分，都被图画覆盖，显然它们具有历史的或至少有叙述意义，因为它们似乎相互关联。毫无疑问，大部分的岩刻已受大自然的变化而破裂、损坏，甚至在某些情况下被彻底毁灭，我们在岛上发现了岩画曾经存在的证据。

每一块大圆石似乎都包含一些以往岩画的痕迹，在许多情况下，有图的一边都是在下方，表明它被移开了原位。天然因素能够充分说明这种位移原因，因为岩石在目前的位置并不难推动，对于天气和冰块的磨损没有多少抵抗力；但是除此之外，人为因素也不能忽略。

另外，画上有常见的印第安式蛇头，以及大量的线条。

另一个常见的图形是同心圆，有时候是四个，有时候少于四个。

图45是弗雷泽教授所画图的复制画。

查尔斯·劳（Charles Rau）（a）博士也提到这一地区，他从史密森学会（Smithsonia Institution）收藏品样本中得到的截图（博物馆编号39010）见本书图46所示。

图 45　马里兰州光头修士岩

在 1888 年和 1889 年的秋天，霍夫曼博士考察了这些岩石，绘制了临摹，进行了测量。临摹复制画见图 47 和图 48。这些图形刻得很深，好像还用沙子和绿色圆木棒磨平。最深的刻痕跨度从 3/4 英寸到 1 1/4 英寸不等，而且深宽几乎相等，看起来好像是用凿子凿刻，因此与加利福尼亚州欧文斯谷的岩画极为相似。不论这些岩刻如何完成，显而易见的是，所消耗的时间和精力是 85 巨大的，因为这种当地称为"黑头"的岩石，是非常坚硬的。

图 45 是岩石上部的鸟瞰图，上面有更多的人工雕琢。这些岩画的覆盖面约为 5×4.6 英尺。图形的末端越过不规则的水平表面，延伸到岩石的圆形边缘，所以图案左下方的线条有 45° 的倾角。最右边的两根短线条在岩石上侧的边缘，其表面倾斜角为 30°。

图 46　马里兰州光头修士岩上的石板

图 47　马里兰州光头修士岩顶部

　　有些图形已无法辨认，这完全是因为岩石位于河中，离岸边有相当的距离，每年受到洪水的冲刷和漂浮的圆木与漂流物的磨损。右端上排的图形类似于宾夕法尼亚州兰开斯特县86（Lancaster）华盛顿附近的图画。（参见图 73。）

　　　　　　　　　　　　　　　　　美洲印第安人的图画文字

图 48 展示了选自这块岩石其他部位的三个图形，以说明所见图案的多样性。它们很像加利福尼亚州欧文斯谷的部分岩画图，只要将它们与本节有关欧文斯谷岩画的描述和整页插图相比较，就可看出这一点。左边图形的直径有 4 英寸，中间的图形有 6 英寸宽，15 英寸高。第三个图形或右手边的，是同心圆圈，横截面约 10 英寸。

图 48　马里兰州光头修士岩上的图形

马萨诸塞州

以下对于谈论颇多的戴顿岩石的描述，节选自斯库克拉夫特（b）的著作，该书配有它的整页插图，本书复制如图 49：

在古老的文兰地区（Vinland），有一块绿岩石位于阿索尼特河（Assonet）或叫汤顿河（Taunton）边缘，上面刻着古老的岩画，早在 1680 年就被新英格兰移民发现。当时，丹福思（Danforth）博士就画下了它。这幅略图以及随后几幅不同时期的临摹画（最晚为 1830 年），在细节上有相当大的差异，但总体上保留了共同之处，它们在《古代美洲人》一书中的表 11 和表 12 有所介绍，并与同一时期的斯堪的纳维亚岩画相提并论。这些绘画都不完整［包括那幅由罗得岛历史学会（Rhode Island Historical Society）1839 年资助完成的画，见表 13］，有些图形被辨认出或多或少与古罗马字母和数字相似，这可能误导了马格努森先生（Magnusen）对它的诠释。无论如何，看来它的含义非常丰富，难以正确解释它。它纯粹源自印第安人，是奥吉布瓦人以独特象征图形画成，称为 Kekewin。

图 49　马萨诸塞州的戴顿石

对这块岩石上的岩画，不同时期不同的人做了许多临摹画，本书将在第二十二章第二节展示，并加以评论。

霍夫曼博士 1886 年考察此地时发现：由于岩石离岸边有一小段距离，每天数次潮水都将泥沙冲到岩石表面沉积下来。为了清除这薄薄的一层泥沙，人们频繁使用水和扫帚加以清理，结果岩画表面被迅速毁坏。游客频繁，向导或船夫并不干涉他们，只管领乘客们观看这著名的岩画。

我们会注意到，这块岩石上的画很像宾夕法尼亚州西部米尔斯伯勒（Millsboro）附近发现的岩画（参见图 75），以及富兰克林南部在"印第安神石"（Indian God Rock）上的岩画（见图 74）。

在拉芬（b）的《美洲文物》中有如下叙述：

在马萨诸塞州伍斯特县（Worcester County）拉特兰（Rutland），最近在一块大石头上发现了一些未知的图形，中间有一道相当长的线条。这些图形井然有序，凿刻的沟痕里填满黑色混合物，几乎和岩石一样坚硬。该委员会还报告说，在马萨诸塞州布里斯托尔县（Bristol）斯旺奇（Swanzy）发现了一块类似的岩石，此地距戴顿岩石大约 10 英里。

明尼苏达州

已故的民族学局的诺里斯先生曾经报告，在明尼苏达州派普斯通（Pipestone）采石场，在一块岩石凸出部位的平面上，有大量凿刻的图腾画，他还提供了一些岩刻的临摹画。有一种传说：过去有个习俗，每个印第安人要收集石头（烟斗泥）做烟斗。他们在这一带动手采石之前，都要在这块岩石上刻画图腾（没有硬性规定是氏族的、部落的还是个人的图腾）。紧邻的一些悬崖，由于材质太硬而无法在上面刻划，所以这些悬崖上的图形是用颜料涂画而成。诺里斯先生辨认出鸟的脚印，类似鹈鹕、鹿、乌龟的图形，一个内含十字图形的圆圈，以及一个人形图像。

从当地获得的所谓图腾画的实例，参见图 50，它是依据 R. 克罗瑙（Cronau）（*a*）的著作复制的。

关于派普斯通采石场同类岩画和其他岩画，N. H. 温切尔（Winchell）教授（*a*）有相关的描述和说明。节选如下：

在受过冰河作用的石英石表面，有一幅"三少女"岩画，因回旋风而保持得很干净，在它的四周，有许多粗糙的岩刻，这是用某种尖锐的工具或其他的石英石在岩石上凿刻而成。它们有不同的尺寸，刻于不同的年代。区分年代的根据是它们交叉和切入方式的差异，以及所使用工具重量的明显差异。它们通常表示某种动物，如龟、熊、狼、野牛、驼鹿，以及人的形象。"鹤脚"是最常见的；其次是男人形象；再其次是乌龟。看起来，似乎每个得胜的战士或猎人碰巧路过这里时，都会留下他对伟大神灵的敬谢之意，他在这些圆石周围的岩石上粗略地刻下猎物的形象，或者他自己的形象，也可能在即将进行探险时，以类似的方式向本族的神灵祈求帮助。在某些情况下，有一个连接几个人物的连续线，刻在岩石表面的方式，就像在叙述一个传奇或冒险故事，但大部分图形是互不相连的。这是该地区的"圣地"。这种标记在任何其他地方都没有见到。这里有大量裸露的平坦岩石。（类似的岩刻在卡顿伍德县的红色石英石上也有发现。）对岩石表面的凿刻很轻，一般不超过十六分之一英寸，有时只够描图。对于原住民来说，岩石的硬度成为他们用原始工具凿刻的障碍；但它有效地保存了这些简朴的图形。大量散布在这块石英石上冰河期的细微刮痕，表明它坚固地保存了所有这些岩刻，而且将确保保存留到遥远的未来。不过，它们的历史可能并不久远。它们至少与现存的印第安人部落王朝有关联。自从最早的欧洲人来到美洲，他们就了解到，在当地原住民中，乌龟和熊的图腾是非常强大的，这种信念延续至今，是岩画最常见的表现对象。"鹤脚""火鸡脚"或"鸟的痕迹"等词语也许是指同一个图腾标志——鹬，它不仅常见于这些岩石上，而且出现在俄亥俄州的岩刻上，并且是纽约州易洛魁人的图腾之一。

1892 年 6 月，民族学局的霍姆斯先生考察了派普斯通采石场，临摹了许多岩画。遗憾的是我们收到的太晚，来不及插入本书。他的评述节录如下：

图 50　明尼苏达州派普斯通的岩画

　　处理温切尔教授所复制和出版图形的麻烦是，它们没有按照最初的顺序排列。现在是不可能完全纠正了，因为大多数石头已经被翻动和移位。……温切尔的画显然是根据眼见并有很强的个人方式；此外，它们有些混乱，但又似乎有些顺序。在我看来，我所得到的少数几组岩画，比书中任何一幅单独的图画都要有趣得多。毫无疑问，这一大型组画总体来说是按一定顺序排列的，通常是依照当地原住民礼仪中神话人物和身份的次序排列。非常遗憾的是，原来的顺序已被破坏。由于文物搜寻者的侵袭和岩刻的变形，使人不得不移动石头。有一块大石头被温切尔教授带到明尼阿波利斯市。有几块石头仍在原位，它们都靠近一块大花岗岩圆石的底部。在当今人们的记忆里，据说这里以前是印第安人前来求告神灵的地方。

下面的描述选自詹姆斯·林德（b）的记载：

　　四周是众多高耸的悬崖峭壁环绕；下面是派普斯通采石场和冲积平地。在采石场里，有一块巨大的圆石，坐落在一块平坦而外表光滑的岩石上，其表面离地面不过几英寸。在岩石未被圆石覆盖的部位以及圆石表面，凿刻着各种各样精彩的图像——蜥蜴、蛇、水獭、印第安人的神、脚趾分开的兔、长着人脚的麝鼠，还有其他奇怪的和难以理解的物体——全都刻在坚硬的花岗岩上，如果不耗费大量的时间和劳动是不可能完成的。……

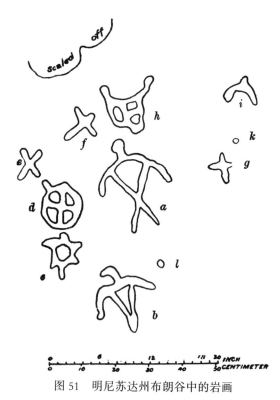

图 51　明尼苏达州布朗谷中的岩画

　　　　　　　　　　　美洲印第安人的图画文字

传说有一大群达科他族的扬克顿人（Ehankton）和提托人（Teeton）聚集到采石场挖石头。在一个闷热的傍晚，太阳就要落山之际，天空突然变得阴沉，响起隆隆的雷声，眼见一场暴风雨即将降落。这种情景在大草原上经常不期而至。每个 90 人都奔向自己的小屋，等待暴风雨的降临。突然，一道耀眼的闪电划过天空，紧接着在人们的头顶响起轰隆隆的雷声。他们朝宿营地外面的大圆石望去，只见一根烟柱立在上面，它来回移动，并逐渐定格成一个巨人的样子，坐在大圆石上，一只长臂伸向天空，另一只手臂指着脚下。一阵一阵的雷声，一道一道的闪电，此起彼伏。之后，这个人影突然消失了。第二天早上，苏族人（Sioux）走到圆石旁，就看见了上面的这些图形和画像，而以前上面什么都没有。从此以后，这地方就被视为圣地（wakan）。

T. H. 刘易斯先生（b）对图51进行了介绍。

这块圆石位于明尼苏达州布朗山谷高地北端的公园边上。它表面平坦，西边朝外，外形不规则，直径大约是 5 英尺 8 英寸，牢牢地嵌入台地内。

a 图里的中心人物无疑是一个男人，但画法很传统；b 图画的是一只鸟；c 图画的是一只乌龟；d 图画的是一个十字架和一个圆圈相连，但有一个凹槽从圆圈向外延伸；e 图、f 图和 g 图的形状虽然有点像十字架，但很可能表示鸟；h 图和 i 图的图形难以分辨，但一定有特定的含义；h 图和 i 图是刻在圆石上的小圆点或杯子。

上面介绍的图形是原尺寸的八分之一，相互位置也是按原先的位置正确排列。岩刻做得干净利落，而切口很小。

蒙大拿州

华盛顿特区的查尔斯·哈洛克（Charles Hallock）先生报告，在蒙大拿州阿西尼博因堡（Assiniboin）附近发现岩画。不过，他没有提及它们是用颜料涂画的还是雕刻的，也未介绍所发现图形的总体类型。

内布拉斯加州

以下对发现于内布拉斯加州达科他县岩画的概述，是由艾奥瓦州苏城（Sious City）的 J. H. 奎克（Quick）先生所提供：

这些岩画发现于一处深谷内的砂岩悬崖的表面，这里有两条水道（河道内大多无水）交汇于艾奥瓦州苏城以南约 20 英里处，位于内布拉斯加州达科他县境内。就在此处，与密苏里河底部相邻的悬崖被上述峡谷深深穿过，向北通向密苏里州。另一个峡谷，从西南伸展过来，越过两谷之间这片狭窄陆地，从峡谷底部升至 50 至 75 英尺的高度。离此一段距离之外，这个山岬（如果我可以这么称呼它的话）有凸出的砂岩在两侧伸出。正是在该点和东边后退几柱远的地方发现了上述图画文字。

岩石分属两个种类，几英尺墨绿色的硬砂岩叠压在差不多同样厚度的软砂岩上，后者软得可以用手指捏碎。下面的软岩层受到严重磨损，而上面的硬岩层向外突出几英尺，把下面的

整页插图 13

内布拉斯加州的岩画

软岩层完全遮蔽。在下面这些软岩层光滑的表面上，刻着图画文字，它们的上面受到悬垂岩壁的保护，东面受到 200 英尺高悬崖的护卫，又受到茂密丛林和森林树木的遮挡，免受大风侵袭。有了这些护卫，再加上位置非常偏僻，所以它们受到良好保护，很少受到粗心淘气之手的破坏。

鹰或"雷鸟"图形相当多。也有许多"野牛"脚印和"火鸡"脚印的图形。我称它们为"火鸡"脚印，因为它们都有刺，似乎表示某种大型禽鸟。

其中有一个组画，我称其为"熊斗组画"，我们不能确定其中小动物的图画是最初图画的一部分，还是以后添上的。它似乎最初就有，但凿刻的深度不及其他图形。熊身上的对角线条也是如此。

另外一组画，我称其为"火鸡脚印组画"。其中有些图形，我们甚至猜想不出它们的含义。但它们无疑是原画的一部分，似乎和其他图形一样属于同一设计。

"熊迹"中的图形非常多，有大小不同的几种尺寸。有一个像猫的图形，我们称之为黑豹，显得模糊不清。它遭受了时光的侵蚀。其他的图形使我们联想到螃蟹或小龙虾，但我们无法确定下面那条向后运行的线是否属于原画。

正是这位在 1857 年发现上述岩画的绅士告诉我，有一段时间，这一带还有更多的岩画，就在离此 3、4 英里之外的内布拉斯加州荷马（Homer）附近、邻近一处大水泉的地方，但他也表示，由于这里是老百姓举行野餐的首选之地，所以这些雕刻十有八九已遭损毁。我认为在这些悬崖峭壁上还会找到别的岩画。

我猜测，由于上文中我所介绍的具有岩刻的地方几乎像洞穴，所以它成为最受欢迎的露营地和休息的地方；此外，上面提到的深谷形成了便利的小道，从密苏里河的河底一直通往远离河流的高处，这样就不必走悬崖陡坡了。

温纳贝戈族（Winnebago）印第安人居留地在此地南面几英里处，但他们直到 1860—1865 年才被政府安置在这里。我认为，在此之前住这里的是奥马哈族人。我对刻画这些图形的印第安人的情况一无所知，对图形的含义也不知所云。

最有启发性的一些岩画（其临摹画由奎克先生慷慨提供）见整页插图 13，节选的临摹和其他岩画临摹见图 52 和图 53。

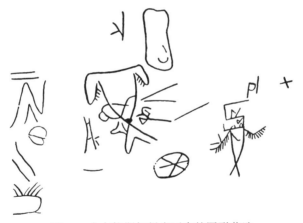

图 52　内布拉斯加州岩画中的图形节选

印第安人事务局的弗朗西斯·拉弗莱切（La Fléche）在 1886 年 2 月的信中写道：

在靠近内布拉斯加州桑蒂（Santee）印第安人事务处的密

苏里河岸边，有一块岩架，奥马哈语称为 Ingnaχe gikáχa-ina。这块岩架上刻有图画文字，画着真人大小的男人们走向欢乐场。因为砂岩如此柔软，岩画很可能是用一块木头刻画而成。他们都以特殊的图形表示（如箭头、枪等夺命器物）。传说幽灵们自己写下了这些图画文字，然后才"恢复原形"。

民族学局的 J. 欧文·多尔西（J. Owen Dorsey）牧师认为，比较正确的翻译应该是，"幽灵们自己开辟了这个地方"。

图 53　内布拉斯加州岩画中的图形节选

内华达州

美国地质调查局人员在内华达州的皮拉米德湖（Pyramid Lake）的尽头发现了一些岩画，不过没有精确的复制图。据说这些图形刻在玄武岩岩石的表面。

在卡森沙漠里的隆布特（Lone Butte）西坡上，也发现了相当多的岩画。所有这些岩画都刻在大圆石和岩石的表面，似乎是用诸如石英之类的坚硬矿石凿刻而成。

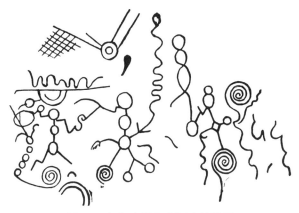

图 54　内华达州卡森河边的岩画

内华达州里诺市（Reno）的 R. L. 富尔顿（Fulton）先生在一封来信中说，图 54 所复制的画是一幅奇妙岩画的铅笔临摹，原址在古老的丘吉尔堡下方约 8 英里处的卡森河（Carson）边的一块岩石上。这块岩石是一组同类岩石中最大和最重要的一块。93 它是玄武岩，高宽皆约 4 英尺。

富尔顿先生介绍说：

上述岩石有一个长方形的孔，长宽分别约为 4 英寸和 2 英寸，左端深约 16 英寸，此孔在岩画之前就存在。如果它不是某种常见的古代石臼，那么，它似乎就是岩画作者构图的起点。岩石顶部宽阔平坦，角度朝南，顶部和东南侧覆盖着线条和标记。据我看来，它们并没有向当代人传达什么信息。

有一条半英寸宽的线始于孔的左边，一路向下，形成岩画的外框，到达岩石中部时，它突然转向上方，与上面的象形文字交合。还有二、三条类似的线在石头顶部交叉，其中一条穿过后转向北边，消失在一层和石头一样古老而干硬的青苔中。

从石头底部的一条线延伸出几个扇贝形的图案，可能是岩画的一部分，也可能是边缘或装饰。这些图形并不是动物、鸟，或爬虫类，但似乎是由所有已知造型构成，与蜿蜒的蛇形线相连。它似乎像一只狗，在身体每一端都有个圆圆的、没有特征的脑袋，看着前方，占据着下面一条线附近的一个地方。这些特征都很突出。一只鹿头下面连着一个看似四条腿的拼凑物。鸟爪出现在两、三处地方，但是附近却没有鸟儿；蛇形图线杂乱地穿过整个图画。右端有一个带辐条的圆圈，连接到中心，然后向外融入外面的迷宫。

据我所知，最有名和最多的符号集中处，覆盖了一片巨大而平整的岩脊，它位于霍普金斯·苏打·斯普林斯（Hopkins Soda Springs），在中央太平洋铁路边一座山峰以南 12 英里处。这块岩石的特性与我以前所描述的大致相同，但其底部为一坚固的岩脊，一边 10 英尺，另一边大约 40 英尺，上面覆盖着粗糙的图形，其中许多似乎是人物、动物和爬行动物。此岩脊有一个 45° 角，这对于一位偶然路过的悠闲的艺术家来说，一定是个诱人的地方。

在特拉基（Truckee）河畔的其他许多地方，也有类似的岩石，然而每个都有自己特色鲜明的记号。威尔第（Verdi）是中央太平洋铁路沿线的一个车站，在其东面半英里处有一块岩石；而在里诺（Reno）以东 10 英里处，还有两块岩石，其中较大的一块上面，在其右上角有一个孔，从那儿延伸出许多线条，以各种切线和角度运行，构成一个双头的设置，又有多头箭指向三个方向。有一个蜗牛状的卷形花纹位于两只胳膊之间，但并没有触及它们。下面是一些斑点，好像是艺术家用来试验他的工具。

　　　　　　　　　　　美洲印第安人的图画文字

很久以来，这一地区就被瓦肖（Washoe）族印第安人占据，但他们谁也不了解这些图画。有一位灰发、皱纹多过头发的驼背老人，据说已有一百岁，被领到现场。他说，他很久以前就见过这些画，那时他只有几岁，当时的图画和现在的一模一样。

洛夫乔伊（Lovejoy）先生，一位著名的报业人士，1854年买下了这些岩石所在的大牧场。他在临终前说，这些岩画现在的状态与他当年第一次看到时完全一样。其他人的说法也是如此。它们肯定早于美国人甚至西班牙人建立沿海殖民地之前。它们在许多方面是非常独特的，而岩石也是惊人地适合其用途。在岩画表面破裂的地方，颜色都变成了灰色，磨擦或天气 94 似乎都不能使其复原。刻痕非常浅，几乎看不见、摸不着，但记号做得很明显，很远就能分辨出来。

显而易见，制作这些图画不仅是出于爱好，而且有特定目的，做得非常精细、耐心，毫无疑问，也耗费了大量时间，因为当时工具很差。

在内华达县梅多湖（Meadow）附近的一个大岩脊上，留有岩画；在内华达州，从东南到西北角，散布着许多岩画，一直延伸到加利福尼亚州莫多克县（Modoc），在马德莱恩（Madeline）平原留下了一串岩画样品。

在内华达州奈伊县（Nye）贝尔蒙特（Belmont）8英里以下，有一块巨大的岩石，不知何时从岩壁上落入峡谷，上面有一片近20平方英尺的岩画。岩石如此之高，一个骑在马上的人都够不到顶部。

图 55　内华达州里维尔的岩画

在同一个县的里维尔（Reveille），一些岩石上也有岩画。在通往泰博（Tybo）的路上，每一块大岩石上都有岩画，其中一个图形是一个半圆和一个弧线内的垂直短放射状线条。在里诺有一块沉重的黑色岩石，上面雕刻着几英尺长的精美图形，四个圆圈表示公牛的眼睛，一个带有大羽毛的箭头，还有一个图形可能表示一个男人。在里诺（西班牙语意为泉山）东北 15 英里一个陡峭的峡谷里，有几个悬崖上刻着精致的图画；在大本德下方，被卡森河切去一角的小山之裸露的岩壁上，覆盖着上百个圆圈和蛇形图案。还有几个三角形，一个完整的正方形和圆弧，一个女人伸出手臂握着橄榄枝，等等。

洪堡县（Humboldt）也有类似的岩画，最好的一幅是在古

　　　　　　　　美洲印第安人的图画文字

老的示巴矿（Sheba）的一座悬崖上。它在皮奥奇（Pioche）以南十英里处，岩石上凿刻了约 50 个图形，其中许多表现的是山羊。再往南 80 英里，在靠近凯恩泉（Kane's Spring）的地方，可以看到数量最多、最完美的此类史前艺术杰作。在这些数量众多、保存完好的岩画中，有一幅表现的是男人们骑马追赶动物。

我所走过的一片地区面积广大，它一定使所有人印象深刻，因为那儿刻有一系列符号，它们断断续续地从亚利桑那州一直延伸到俄勒冈州。

图 55 展示的是内华达州里维尔的一处岩画。在内华达州沃克湖（Walker）附近的沃克河一侧岩壁上，也有众多各种各样的图形。频繁出现的有波浪线，圆圈和类似蔬菜的图案。另外还有人形与脚印的描绘。

图 56 是一幅临摹画，1877 年由美军第十二步兵团塔辛中尉（Tassin）绘制，原作是位于基地内的一幅古老岩画，该处位于戴德（Dead）山的洼地，根据印第安莫哈维族（Mohave）神话，这里是死去的坏印第安人的游荡之处。此图及其说明原是一个有关莫哈维印第安人的手稿报告，收藏在民族学局图书馆，由塔辛中尉提供。

他解释了其中一些图形的含义：

（a）显然是两种不同的大豆。

（b）似乎指毒蛇咬的伤口，以及解毒草药的用法。

（c）大概是莫哈维人的土制冰瓮或水冷却器。

96

图 56 内华达州戴德山上的岩画

这一系列的岩画都被视为希努莫人（Shinumo）或莫基人所为。它们与亚利桑那州莫基族印第安人的岩画大体相似。它位于肖肖尼语言区境内，很可能是该语言区内众多部落中的一个或多个部落人的作品。

新墨西哥州

在谢伊峡谷（Chelly）入口以东四分之一英里的北面岩壁上，有几组岩画，主要由各种奇形怪状的人物组成，还有一些动物、圆圈，等等。其中一些被漆成黑色，大部分是浅色线条，其中有些地方风化得很厉害。峡谷深处，在靠近悬崖的地方，有多组图画文字，包括人和动物，波纹线或曲折线，以及别的古怪图形。

陆军中尉詹姆斯·辛普森（James Simpson）（a）在他的《军事侦察日志》中，提供了多幅整页插图，内有新墨西哥州西

图 57　新墨西哥州的"画岩"岩刻

北地区岩画的临摹图，其中一些就取自位于埃尔莫罗（El Moro）的所谓"画岩"上的岩画，图 57 是其复制画。这些岩画选自岩石南面。辛普森中尉说，大多数图形高不过一人，其中一些图画无疑是印第安人所作。

1853—1854 年间，太平洋铁路探险队在岩石上发现了众多的彩色蚀刻和岩画，惠普尔中尉（c）记录了那些位于新墨西哥州罗基戴尔溪（Rocky Dell）旁的岩画，它们处在埃斯塔卡多平原（Llano Estacado）边缘和加拿大河之间。小河流经一个山峡，在其中一边有一排砂岩石形成的洞穴。洞顶上覆盖着岩画，有一些明显很古老，下面有无数雕刻的脚印、动物和对称线。他还指出（d），刻在祖尼（Zuñi）附近阿奇泉（Arch Spring）旁岩石上的图形，与罗基戴尔溪旁的岩画有点相似。

97

在奥霍佩斯卡多（Ojo Pescado）附近的废墟旁，有一些岩画，也是惠普尔中尉（d）报告的，这些岩画风化得很厉害，"没有一点现代人插手的痕迹。"

来自印第安纳波利斯（Indianapolis）的埃德温·希尔（Edwin Hill）先生在一封信中说，在丹佛至里奥格兰德铁路（Denver and Rio Grande）旁的安托万（Antonite）与埃斯帕诺拉（Española）之间，有一些岩画。在特雷斯彼得拉斯（Tres Piedras）下面和埃斯帕尼奥拉附近，沿着山谷的道路两边绵延很长距离，至少几英里，都雕刻着原始的岩画。峡谷有一个约45°的坡度，内有许多大圆石，在每一块可见的石头表面，都刻着图画文字。箭头、斧头、圆圈、三角形、弓箭、长矛、乌龟等图形都有轮廓线，好像使用了某种刀具。两年前这里被阿帕奇人占据，但这些岩画的年头要古老得多。

在新墨西哥州境内的其他岩画由于非常靠近边界，所以人们认为，它们与科罗拉多州的岩画有关联。

E. D. 柯普（Cope）教授（a）提交了他在阿比丘（Abiquiu）附近查马（Chama）河边陡峭山谷一侧发现的岩画。这些画刻在侏罗纪中等硬度的砂岩上，磨损严重，岩石表面长满了地衣。

美国地质调查局的吉尔伯特·汤普森（Gilbert Thompson）先生报告说，他在新墨西哥州温盖特堡（Wingate）以东30英里的圣安东尼奥泉（San Antonio）旁发现了岩画。有各种人的图像，还有许多其他图形，它们与其西边常见的莫基印第安人的图画惊人地相似。其独特之处在于，图形的轮廓是凿刻而成，形成的凹处涂满了红色、蓝色或白色颜料。图像的内部仅仅涂有一种或几种相同颜色。

图 58 和 59 是新墨西哥州祖尼南面奥霍德本纳多（Ojo de
98 Benado）的岩画临摹画的复制图。原稿曾经与其在一起，并正式交给了民族学局，但现在已与临摹画分开，上面找不到收藏家的名字。

这些图形与邻近几个地区的非常相像。类型总体属于普韦布洛人的岩画。

图 58　新墨西哥州奥霍德本纳多的岩画

班德利尔（Bandelier）先生报告说，他在南比（Nambe）看到并描绘了一幅岩画，它位于普韦布洛（Pueblo）以东约 2 英里的峡谷内，另一幅在库埃瓦-平塔多（Cueva Pintada），位于科奇蒂（Cochiti）西北 17 英里的小道旁。

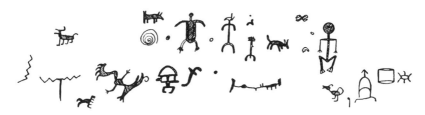

图 59　新墨西哥州奥霍德本纳多的岩画

纽约州

以下摘自斯库克拉夫特的报告（c）：

在高地之上的哈得孙谷，有一幅印第安人的图画文字雕刻（现已被毁），从它的古老性和特征看，其年代似乎属于武

图 60　纽约州伊索珀斯溪旁的岩画

器和火药被引入河谷原住民部落时期。根据当时著名的历史事件——荷兰和法国建立殖民地，这个时代可以准确地推算出介于哈得孙河水位抬升到海兰兹（Highlands）之上的 1609 年至建立奥兰治堡（Fort Orange）、在现奥尔巴尼地区开通与印第安易洛魁人（Iroquois）贸易的 1614 年之间。……

在一张 1659 年荷兰阿姆斯特丹出版的地图上，在距伊索珀斯溪（Esopus）上下游的一段距离内，都标志为瓦拉那瓦孔人（Waranawankongs）居住地。他们是莫西肯德人（Mohikinder）的一个家族。他们说的方言具有典型的莫希干语（Mohigan）的特点，当地许多河流的名字以及库克萨基（Coxsackie）附近河岸特征的名称都是以他们的语言命名的。这种语言就是阿尔冈琴语。

伊索珀斯一词本身似乎源自 Seepu，阿尔冈琴语意为"河流"。

……如果对年代的推测正确，就可以认为岩画是用金属工具凿刻的。线条刻得很深也很清楚。轮廓是双线条。头上的羽毛表明他是一个酋长或者是一个擅长印第安巫术的人。他的右手握着枪；左手好像举着木棒。（手臂的姿势可能只是一种手势。）

　　图 60 是哈得孙河西岸伊索珀斯登陆处一块岩石上的岩画复制画。展示它主要是因为文献中经常提到它。

北卡罗来纳州

　　民族学局的詹姆斯·穆尼（James Mooney）先生报告说，在北卡罗来纳州阿什维尔（Asheville）至伯恩斯维尔（Burnsrille）道路北侧，邻近凯尼河（Caney）东岸的一块灰色片麻岩上有一些岩画。岩石表面以 30° 角朝南，岩刻占地面积约 10 平方英尺。图形主要由杯状凹痕构成，大约 3 英寸深，有些还相互连接。有几个图案似乎是表示脚印。其特点在某种程度上类似于佐治亚州特拉普洛克（Trap Rock）裂谷处的岩画和北卡罗来纳州韦伯斯特（Webster）以北塔克西吉河（Tuckasegee）支流旁朱特库勒（Juttaculla）岩上的岩画。

　　上述岩画所在的岩石属于埃利斯·加德纳（Ellis Gardner）的财产，被称为"加德纳岩石。"

　　穆尼先生还报告说，在北卡罗来纳州韦伯斯特的一块巨大的岩石上，有许多岩画，圆圈，杯状凹痕，鱼骨图案，等等。他进一步说，勒诺（Lenoir）的 J. M. 斯佩赫维（Spainhour）博士授权他宣布，在一块浅灰色的 4×30 英尺的岩石上，有大量的杯形岩画，他计算为 315 幅。这块岩石在亚德金河（Yadkin）旁，在威尔克斯伯勒（Wilkesboro）以南 4 英里，有时会被河水淹没。

1886 年，霍夫曼博士访问了北卡罗来纳州西部，下面就是他在当地发现图画文字的报告。

"称为'画岩'的地点坐落在弗伦奇布罗德河（French Broad）东岸或右岸，离田纳西州和北卡罗来纳州州界大约 100 码。一座石灰岩悬崖在河边突然中断，它大约 100 英尺高，暴露在外的区域从一侧到另一侧至少 100 码。图 61 是从河对岸看过去的景象，展现了石灰岩壁和岩画的位置，以恰当的比例画在插图的中心。"

图 61　北卡罗来纳州的画岩

"这一带属于乔克莱先生（Chockley），他在这一带已经生活了 15 年。他说，这段时间由于岩石的逐渐碎裂，图画文字已经有些变形。根据当地的传说，第一次发现图画文字的时间，可以追溯到约 60 年前，而对它的含义，不论是为数不多的白人居民，还是偶尔去火车站的散居在周围的切罗基族印第安人，都一无所知。"

图62 北卡罗来纳州画岩上的岩画

图画文字的造型很特别，没有明显的动物图形，但有一定数量的短直线，彼此构成直角，如图62所示。其为实际尺寸的三十六分之一。

图形是暗红色，可能是一种氧化亚铁，附近有大量存在。这颜料似乎已经渗入石灰石较柔软的部分，而在较硬的岩石表面的图画却因暴露在空气中而消失。最下面的图形似乎像一个简略的人形轮廓，一只手臂向下伸出。当然，这只是一种推测。

在岩石表面，与上述图画相距几码远的右边，是一些模糊的圆形轮廓，其中有几个向着中央点，至少有一个从中心向下延伸了约8英寸。

俄亥俄州

据报告，该州有大量的岩画。以下的例子就取自其中。另外还有发表在俄亥俄州百年纪念筹委会出版的《州考古学会委员会报告》中所制作的复制图和简要描述。

图63是纽瓦克特克（Newark Track）岩画的复制图。

该书第94、95页中对此的描述如下：

图 63　俄亥俄州纽瓦克特克岩石

　　位于俄亥俄州利金县（Licking）纽瓦克（Newark）附近的岩画原本覆盖着垂直面的砾岩，长 50—60 英尺，高 6 到 8 英尺。这块岩石很柔软，因此，这些图像容易被抹去。……大约在 1800 年，该地成了白人男子试图让自己名垂青史而在岩画上刻写名字的场所。……

　　在俄亥俄河畔的岩石表面和散布的砂岩块上，有许多凹雕组画，但是它们的风格完全不同于我前述的岩画，也不同于内地的岩画。俄亥俄河畔的岩画类似于北美印第安人的符号记录，诸如在斯库尔克拉夫特（Schoolcraft）的书中伊斯门（Eastman）上尉所描述的凯利岛（Kelley）上的石头、戴顿（Dighton）岩石、萨斯奎汉纳（Susquehawna）的印第安巨石和阿勒格尼（Allegheny）河旁的"神石"。在这些岩画中，所谓的鸟踪很少见。韦尔斯维尔（Wellsville）附近有一座大型雕刻岩石，只在俄亥俄河水下降时显现，其中的图形与巴恩斯维尔（Barnesville）石头上的图像相似。这是一只熊的前爪，露出的脚趾弯曲着以直角外伸。

　　　　　　　　　　　　　　　　　　　美洲印第安人的图画文字

在费尔菲尔德（Fairfield）、贝尔蒙特（Belmont）、凯霍加（Cuyahoga）和洛雷恩县（Lorain），也发现了相似特征的雕刻岩石。古老的鸟踪图形显然是那些堆设土丘的人们刻画的，因为它出现在他们大规模堆设的土堆中。

其中一个刻有鸟踪的土丘位于俄亥俄州纽瓦克附近的大圆丘的中心，现在处于利金县（Licking）交易场内。在这些图形中，可以看出人的手。其中一只手是张开的，手掌朝外，另外有一只手是合上的，只有食指向下指着悬崖底部。而鸟的脚印则是各种各样。还有一个图形好像十字架，更有一个像是箭头。

图 64 是独立石上的一幅图画，在同一卷书的第 98 和第 99 页描述如下：

为了准确获得这幅残存岩画的临摹图，作者非常小心。这幅简图刊登在斯库尔克拉夫特 1854 年出版的论述印第安人部落的鸿篇巨著中。

这里介绍的岩石只包含岩画的一部分。对称性因采石而被破坏。岩石上保存的部分岩画包括人的脚，像是穿着无后跟软底鞋或袜子；光脚；张开的手；大脚趾前的圆形印迹，每一个都表示裹着的脚；蛇；一个独特的图案，可能粗略地表示一只螃蟹或小龙虾，但更像一个捕鱼的老式矛头。

图 65 是俄亥俄州贝尔蒙特县（Belmont）巴恩斯维尔（Barnesville）附近特克岩（Track）上岩画的复制图，对此画的介绍在同一卷书的第 89—93 页。

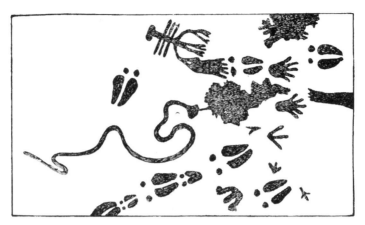

图 64　俄亥俄州独立石

　　粗糙凿刻的人脸、部分人脚、圆环、星星、蛇，以及其他一些图形，显然是艺术作品，因为可以看出雕刻工具的凿痕。总的来说，无论是单一图画还是组画，图案基本保存完好。这块岩石103的表面尺寸是 8×11 英尺。

　　在岩画的南端，有几个同心圆的图案，这种图案绝不只俄亥俄州才有。同心圆右面第三个图形与同一组的其他图形相似，显然表示野牛的脚印。人的脚印普遍用脚趾表示，要么用浅浅的凹线分开，要么连接到脚，以此与熊的脚印相区分，而后者经常用浅浅的脚趾或爪印表示，但脚比较短或比较圆。箭形图案毫无疑问表示火鸡脚印，这种图形在阿尔冈琴人生活的中部和东部地区的许多岩画中很常见。

　　图 66 是上幅岩画中几个图形的放大图。

104　　图 67 是同一报告中的另一块巨石，位于前述岩石以南 20 英尺的地方，上面有类似人的脚印，熊和火鸡脚印，还有一个表示蛇的图形。

图 65　俄亥俄州巴恩斯维尔特克岩

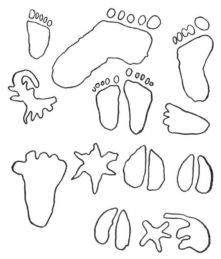

图 66　巴恩斯维尔特克岩上的图形

图 68 选自同一卷书的第 105 页，是俄亥俄州韦尔斯维尔附近岩画的复制图，并有如下介绍：

在俄亥俄河的另一边，韦尔斯维尔以北 1 英里处，在一块平整的煤砂岩上，有一个大型雕刻组画，它们受到浮冰和洪水的

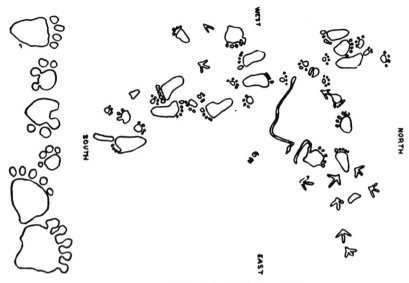

图 67　巴恩斯维尔特克岩上的 2 号图

冲刷，只在河水下降时浮出水面，因为它们只比河床最底处高 2 至 3 英尺。……岩画是双轮廓线，而不是单一的深槽。轮廓线是由一系列的点构成，用圆头器具凿成，很少超过半英寸深。

上半部分的图案是一条带魔怪头部和尾巴的响尾蛇。它的长度是 4 1/2 英尺，显得很笨拙，但是用来表示西部常见的黄色响尾蛇。蛇头占据的空间达 6 平方英寸，由第二个图形表示，是真实蛇头的缩小版。这使人联想起埃及的角蛇，埃及人所崇拜的对象。

左手下方的图形可能是一个简笔画的魔鬼或恶灵。右边的可能是另一个幽灵，嘴里含着藤条或细绳。

更有可能的是，动物口中的线表示魔法或超自然的力量，本文中有许多的例子，动物心口的图案也代表同样的魔力，有一条

　　　　　　　　　　　美洲印第安人的图画文字

图 68　俄亥俄州韦尔斯维尔的岩画

线从那儿延伸到嘴巴。岩画的这些特点使人联想到奥吉布瓦人画在树皮上的画。

俄勒冈州

在俄勒冈州哥伦比亚河达尔斯（Dalles）旁边的许多大圆石和悬崖上都有凿刻的画。其中一些是人形图案，但其他图案占多数。 105

民族学局的艾伯特·加切特（Albert Gatschet）先生报告说，1878 年，他在俄勒冈州离加斯顿（Gaston）4 英里处发现了岩画，这里距古老的图拉提（Tuálati，或 Atfálati）印第安人聚落区 2 英里半。这些岩画刻在六块柔软的砂岩上，在谷底大约 100 英尺以上，从帕滕谷（Patten）长满青草的山坡凸出，面朝达林·史密斯（Darling Smith）农场，两边被树木遮盖。

这块砂岩的前部以水平方向沿山坡向外伸出八分之一英里，岩画就在这突出的部位上。这些岩石大小不一，向前倾斜，因而岩画部分就暴露在该地区频繁的降雨中。第一块岩石，也就是最靠近峡口的岩石，上面的图形由水平 Z 形线和间隔的水平直线组成。在同一块岩石的另一边，是一系列偏斜的平行线。在岩石的其他裸露部分上，最引人注目的图形似乎是人像，即四周带有射线的圆圈，带有眼睛和嘴巴，长长的垂直线向下好像代表身体，以分叉终止，似乎表示腿、脚趾，等等。人像的右边是一只手臂和具有三个手指的手（与莫基人的某些图形相似），肘部以下向下弯曲，肱部从躯体向外垂直延伸。在一些人像的下面和中间，画着数排垂直短线，它们可能是一种数值符号。

另有其他各种图形，最引人注目的是一个朝上的箭头，在箭杆处画有两条横线，以及附有短斜线的垂直线。

加切特先生说，图拉提人（Tuálati）讲述了一个小故事来解释这些图画的起源，内容如下：生活在太平洋沿岸的提拉木克（Tillamuk）武士们经常与几个卡拉普亚（Kalapuya）部落发生冲突。有一天，当他们穿过帕滕谷准备进攻图拉提国时，询问一个女人，离图拉提人的营地还有多远。女人不愿背叛自己的同胞，就对他们说，还有一、两天的路程。这使他们反思自己的入侵计划，并开了一个会，随后决定撤退。为了纪念这一事件，图拉提人作了这幅带编号的岩画。

查尔斯·劳（Charles Rau）博士收到俄勒冈州莱克县（Lake）克拉马斯（Klamath）管理处医生詹姆斯·丹尼森（James Denison）博士的信，提到俄勒冈州克拉马斯印第安人常在其境内的岩石上作画。在那附近的很多岩石上都有图画；但劳博士（*b*）的描述是特指一块岩石，称为 Ktá-i Tupákshi（直立的岩石），位于斯普雷格河（Sprague）以北约 50 码，距斯普雷格河与威廉森河（Williamson）交汇处 150 码。它大约高 10 英尺，长 14 英尺，深 12—14 英尺。图 69 为原画的十二分之一，描绘了这块岩石南面平整表面上的图形。最常见的图形是单圆或同心圆，如

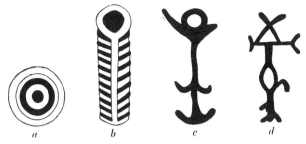

图 69　俄勒冈州莱克县的岩画

图 69 a 所示，一个深红色的圆圈被一个白色圆圈包围，中心是一个圆形红点。图 69 b 是用深红色和白色颜料涂成，样子有点像印度马哈德奥（Mahadeo）神庙；附着圆圈的直线条两边都有短的延伸线，交替为红色和白色，简直就像箭尾形的饰物。

图 69 中的 c、d 图形为深红色，是前述直立岩石上的另类图案。报告人认为，其颜料是用油脂刮擦进去的，在深色的岩石表面似乎很显眼。

宾夕法尼亚州

沿着宾夕法尼亚北部和西部的河道两旁，可以看到许多岩石上都有岩刻，可惜的是，由于地质构造的特性，其中有些几乎消失殆尽。

1875 年，P. W. 谢弗（Shafer）先生出版了宾夕法尼亚历史地图，上面有几组图画文字。这些图画之前以粗糙而拥挤的形式出现在 1871—1872 年纽约人类学研究所出版的会刊第 66 页上，分别将所在位置称为"大""小"印第安岩石。其中一块岩石在萨斯奎汉纳河（Susquehanna）中，位于塞夫港（Safe Harbor）大坝的下游，上面的图画文字清楚地表明它出自阿尔冈琴人。图形几乎都是动物或各种形式的人物。还有鸟、鸟爪印和蛇。其中部分图画文字见后文的图 1089。

　　W. J. 霍夫曼博士在 1889 年秋季参观了这个地方，并作了岩画的临摹画。阿尔冈琴人对物体描画的形式非常独特。

　　被称为"大印第安岩石"的是在萨斯奎汉纳河中，康内斯托加（Conestoga）溪口以下四分之三英里，离萨斯奎汉纳东岸大约 400 码。这一带有很多类似的岩石，但这一块最大，约 60 英尺长，30 英尺宽，平均高度约 20 英尺。上部表面不平整，但磨得很光滑，上面刻着许多图形，如图 70 所示。

图 70　宾夕法尼亚州大印第安岩石

　　这些图画由于暴露在外，变得相当模糊，不过其中一些被凿刻得非常深，所以它们仍然保留了四分之一英寸到半英寸深度的刻痕。最清楚的图形包括人物，雷鸟和类似美洲豹的动物。

　　"小印第安岩石"也坐落在萨斯奎汉纳河中，距东岸四分之一英里，距康内斯托加溪口也是四分之一英里。这块岩石也是坚硬的云母片岩，不过没有上面那块大，但有更有趣的图画，最引人注目的是雷鸟，蛇，鹿和鸟类脚印，等等。

　　珀西弗·弗雷泽（Persifor Frazer）教授（b）提到这些逐渐消失的图画文字，并且说：

　　　　除了这些自然因素的破坏之外，不能不提到一个令人惋惜的人为破坏因素，这就是一些来访游客破坏文物的行为，他们觉得，在印第安人图画文字的旁边或上面刻划仿冒的图画，是一个了不起的恶作剧。情况可能是这样的：此处的"鱼锅"108图，如同那些离马里兰州边界几英里处的"光头修士"岩画一样，大部分是由包含这些象形文字的岩石碎片组成，相关的故事内容被割裂，记录被毁。

图 71　宾夕法尼亚州小印第安岩石

还有人把他们名字的首字母或全名刻在这些岩石上，因而对于一个模糊记录的破解会给古文物研究者一个错误的解答，而正确的答案反而被掩盖了。

在兰开斯特县（Lancaster）萨斯奎汉纳河右岸靠近水边的麦考尔斯（McCalls）渡口，有一个平坦的灰色片麻岩石，上面凿刻着岩画。这块岩石形状不规则，表面积大约 3.5×4 英尺，上面画了一个圆圈，几乎覆盖了整个表面，在它中间是一个带中心点的小圆圈。在内外圆圈之间的一侧，是一些图像，好像是人物和其他无法辨认的图形。该岩画见图 72。

图 72　宾夕法尼亚州麦考尔斯渡口的岩画

值得注意的是，这些图画与戴顿岩石上的图画有相似之处，并且与这两地之间的岩画和俄亥俄州的岩画也有相似之处。所有这些地方都在阿尔冈琴人生活的区域内。

在宾夕法尼亚州兰开斯特县华盛顿附近的"米尔小河"（Mill）旁，与萨斯奎汉纳河交汇处四分之一英里的地方，有一个大灰砂岩（见图73），其裸露部分带有几条深深的刻线，似乎是地形标志，因为小河下游还有几个同类的石头。最长的刻线大约28英寸长，还有一条平行线约14英寸长，而第三个图形是个V形图案，一边大约是10英寸长，另一边12英寸，其尖头朝向东南方。

再往下八分之一英里处是另一块大圆石，也靠近河水，比前述石头上的线条短一些，但大多指向东南和西北方向。

其凿刻手法与马里兰州科纳温戈（Conowingo）处的光头修士岩石画相似。该岩画似乎凿刻到一定深度，然后又用沙子和某种硬物摩擦，形成一个光滑平整的表面，几乎磨去了所有雕琢的表面。

图73　宾夕法尼亚州华盛顿附近的岩画

P. W. 谢弗先生在前述宾夕法尼亚历史地图上，还提供了一组复制画，原画在富兰克林（Franklin）以南5英里处、韦南戈县（Venango）境内阿勒格尼河（Alleghany）边的印第安神石上。他的临摹画里只有六个图形，其中三个是不同的人形，而其他的图形不能确认。

霍夫曼博士1886年参观了这块岩石，他临摹了一些图像，本书只复制了图74中的图形。圆石表面的原始岩画已被访客毁坏，因为他们竭力施展身手，在上面凿刻名字、日期和其他图案。损坏如此严重，已经难以辨认原始图画了。

图74，a，显然表示美洲豹。在它上面和下面的图形类似狼的脚印，再往下是一个火鸡的爪印，左下角是一个人形图案，这种图形在肖肖尼人部落内的岩石上很常见。

图形b受到严重破坏和侵蚀，它原本可能与图形a相似，是同一系列之一。

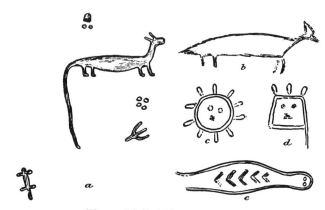

图74 "印第安神石"上的岩画

图形c和d显然是人脸，前者表示太阳的脸，后者很像一个面具。图形e在其他阿尔冈琴人的岩石上也能见到，最有代表性的就是那些被称为"光头修士"的岩石，它们位于马里兰州萨斯奎汉纳河中，紧挨着宾夕法尼亚州边界。

刻有这些岩画的大圆石坐落在水边，每当河水上涨时，石头的下半截，有时甚至大半截都没入水中。在这些时候，漂浮的圆木被上游的漩涡裹挟着冲向这块岩石，这就解释了岩石表面为什么磨损如此严重，以及岩画为什么受到如此侵蚀。

莫农加希拉市（Monongahela）的萨顿·沃尔（Sutton Wall）先生在通信中描述了在宾夕法尼亚州费耶特县（Fayette）米尔斯伯勒镇（Millsboro）对面岩石上的图画文字。这块岩石大约在莫农加希拉河水平面以上390英尺，属于韦恩斯堡（Waynesburg）地层砂岩。它被隔开，略低于其实际的地平线。它大约有6英尺厚，具有垂直的侧面；两侧只刻了两个图形，大部分在顶部，现在都磨损严重。沃尔先生提到了由凹槽构成的动物和其他一些图形的轮廓，凿刻的深浅不一，深处达1英寸，浅处仅勉强可见。无法确定所用工具。脚印刻得很深。左下角标为 z 的图形是一个 111 圆坑，深7英寸。1883年，沃尔先生和威廉·阿里森（William Arison）先生临摹了这幅岩画，如图75所示。

值得注意的是，上面介绍的岩画与戴顿岩画以及俄亥俄州的一些岩画也有相似之处，而且所有这些地点都在阿尔冈琴部落过去生活的区域内。

沃尔先生还提供了一组画在称为"日内瓦画岩"上的岩画，这块岩石在日内瓦城附近的莫农加希拉谷中。上面画的脚印和其他图形类似于西弗吉尼亚州汉密尔顿农场里的岩画，如图1088所示。

图 75　宾夕法尼亚州米尔斯伯勒镇的岩画

　　宾夕法尼亚州费耶特县雷德斯通镇（Redstone）的布朗先生提到该县莱顿（Layton）附近的一块岩石，面积约有 15×25 英尺，表面有一些岩画，内有人物，动物和脚印，其中有些难以辨认。根据布朗先生的一幅简笔临摹（如图 70 所示），这些图画似乎具有阿尔冈琴人岩画的风格。

　　布朗先生还提交检验两块光滑的灰褐色带天然纹理的板岩，它质地坚硬，几个侧面上都刻有图画轮廓。该样本是在宾夕法尼亚州费耶特县印第安人的坟墓里发现的。严格说来，这些雕刻的轮廓不能称为岩画，详见图 77 和 78。

　　　　　　　　　　　　美洲印第安人的图画文字

图 76　宾夕法尼亚州莱顿附近的岩画

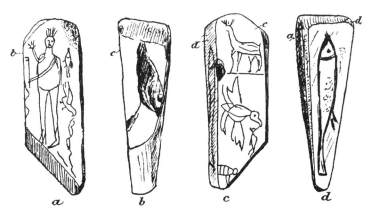

图 77　宾夕法尼亚州费耶特县的岩画

　　这个图形以精美的线条构成，似乎用一块石英石的尖头或金属的尖头刻成。图 78d 表现的是条鱼，由于被发现后有人又加以凿刻，使得它更加突出。图形与阿尔冈琴人的岩画风格相似。在这些部落居住的大湖区，发现了很多同类图画。

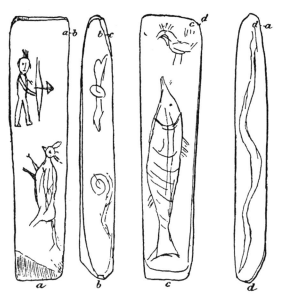

图 78　宾夕法尼亚州费耶特县的岩画

罗得岛州

在拉芬所著的《美洲文物》(c) 中，有如下记述：

> 朴次茅斯（Portsmouth）岩石群。——这几块岩石位于罗得岛的西边，朴次茅斯城内，立在岸边，距纽波特（Newport）约 7 英里（取道西路），距布里斯托尔（Bristol）渡口 4 英里。……涨潮时，岩石大部分被水覆盖。发现此处时，正值潮水上涨而且时间很晚，所以我无法彻底考查它们。不过，我很知足，因为看到了不少岩石，过去都覆盖着图画，尽管大部分已被空气和湿气所毁坏，而且可能会有更多的部分被暴雨和大

风带来的石头撞击磨损；还有最具破坏力的无情踩躏，那就是人的手。

蒂弗顿岩石（Tiverton）［上述著作中的 *d* 图］。——它们的位置如下：顺着罗德岛地图的东侧找到蒂弗顿镇，然后走到该镇西南端，印第安名为"Puncoteast"，英文名为"阿尔米（Almy）"和"高山"，就能找到这些岩石。岩画刻在众多的硬砂岩上。……我们只能说，岩石上刻着某种图形。

这两幅岩刻的图画见原书的表 13。

南达科他州

T. H. 刘易斯先生（*c*）对图 79 的描述如下：

这块大圆石坐落在明尼苏达河西边的一处高高的台地上，在布朗斯谷（Browns）以南 1.5 英里，南达科他州罗伯茨县（Roberts）境内。呈长方形，长 3.5 英尺，宽 2 英尺，牢固地嵌入地中。

图 *a* 和图 *b* 无疑是乌龟；图 *c* 很可能表示一个鸟的脚印；图 *d* 是一个人，而且与明尼苏达州布朗斯谷的图形类似［见前述图 51］；图 *e* 是一个无法确认的独特图形；图 *f* 显然是一个无头鸟，与东南地区的某些陶制雕像极为相似。

岩画的深度大约四分之一英寸，很光滑，只有边缘比较粗糙，这是因为大圆石的表面有点不平整。

刘易斯先生还介绍了图 79g。

这块大圆石位于明尼苏达河布朗斯谷西北 4 英里处，在南达科他州罗伯茨县境内。

这里的图像刻得很粗糙，而且从来没有完工；因为这一地区其他大圆石上的图画文字的凹槽都被反复摩擦，直到它们非常光滑为止。圆石的表面大约 2 英尺长，1.5 英尺宽。

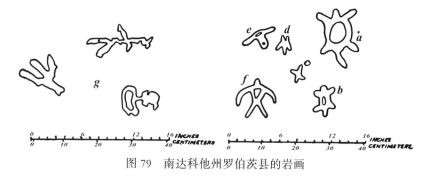

图 79　南达科他州罗伯茨县的岩画

田纳西州

约翰·海伍德（John Haywood）先生（a）做了以下介绍：

在纳什维尔（Nashville）到夏洛特（Charlotte）之间，有一条横穿哈佩斯河（Harpeth）的道路。道路下方 2 英里处，有一个大土丘，高 30—40 英尺。距此处 6 英里的河边有一块大岩石，表面垂直高度为 70—80 英尺。在它的表面、顶部下面一段距离处以及侧面，都用黄色颜料画了太阳和月亮。自从白人第一次发现以来，它们一直没有褪色。图中的太阳直径 6 英尺；月亮图形是下弦月。在坎伯兰河（Cumberland）边的一块高大岩石上，也涂画了太阳和月亮。画的位置很高，几个梯子连起来都够不着，在顶上也够不着，唯一的办法是用绳索从岩石顶部垂下，才能到达岩画的位置。……在距克拉克斯维尔（Clarksville）6、7英里的坎伯兰河边，一块大岩石上也画了太阳；据说在田纳西州东部诺克斯维尔（Knoxville）北面霍尔斯顿河（Holston）与弗伦奇布罗德河（French Broad）交汇处，也有岩画；类似的画，还出现在达克河（Duck）西边被称为"魔鬼之肘"的弯道下游的一处绝壁上；在这座绝壁顶部下方20英尺处，一块直立的平整岩石面对河水，高出水面60英尺，上面也用红色和黄色颜料画着太阳，周长6英尺，上半部分是黄色，下半部分是橙红 色。颜色非常清晰，没有褪色。黄色和红色放射线从中心向四周发出。自从河上通航以来，人们就提到它；它自古就存在。……

上文提到的大哈佩斯河畔的岩画在水面之上80英尺，距山顶30—40英尺。所有这些画都没有褪色。岩石所在的位置，除了天上的飞鸟之外，其他动物都上不去。这幅画画得很精致，而作画的人冒了极大的危险。

W. M. 克拉克（Clarke）先生在史密森学会1877年的报告第275页中说：

在哈佩斯河畔的绝壁上，有很多印第安人的绘画，上面有鹿、野牛、弓和箭。这些画很粗糙，但现在的色彩与过去一样完好无损。

海伍德（b）说：

在大山的豁口处，靠近布拉斯顿小河（Brasstown）的源头，朝向海厄沃西镇（Hiawassee）头，高地之间，平躺着一块大岩石，上面刻着大小不一的鹿、马、熊、狼和火鸡的脚印，还有人的光脚印。其中一些马蹄印似乎向前打滑，方向朝西。附近有坟墓的迹象。

他还（c）做了以下描述：

在霍尔斯顿河南岸，弗伦奇布罗德河口之上5英里处，有一座石灰岩，对面是带岩洞的土丘。这座悬崖高100英尺。其上所画和前述画石一样，有用红色颜料画的太阳和月亮、一个男人、鸟类、鱼类，等等。岩画的局部在近几年内有些褪色。据传说，这些画是切罗基人所画，他们过去旅行路过时，常在这里休息。在田纳西州内的河边凡是有直立悬崖的地方，尤其是附近有洞穴的话，就一定能在附近发现封闭在堑壕中的土丘和岩石上画着太阳和月亮，较小的土丘中有木炭和炭灰。这些标记似乎表明，在土丘、木炭和炭灰之间，在绘画和洞穴之间有某种关联。

得克萨斯州

J. R. 巴特利特先生（b）做了以下介绍：

在距得克萨斯州埃尔帕索德尔诺特（El Paso del Norte）大约30英里处，紧靠墨西哥边界，有一块突兀的悬岩，向外延伸一段距离，整个表面覆盖着原始的绘画和雕刻，有人、动物、鸟、蛇和一些奇怪的图形。使用的颜色是黑色、红色、白色和棕黄色。雕刻是在略低于岩石表面的地方用利器凿刻的。从本书所附岩画（复制画见图80）可以看出图形的特点和画者的偏好。数百个类似的图画在这一带的岩石上。其中有一些显然很古老，部分被破坏以便腾出空间给后来者作画。

我们在凸出的悬岩下面扎营，这里似乎是印第安人最喜欢休憩的地方，对当今的过客来说，也是如此。岩石构成的休息处约有15英尺长，10英尺宽。其整个表面都覆盖着图画，一个叠着一个，因此很难确认哪些属于原住民所画。我临摹了部分图形。毫无疑问，这些是最早的画，表现的是印第安人的盾牌和弓箭，用褐色泥土所画；还有马与骑手，陌生的动物，以及一条大响尾蛇。类似的图画覆盖了岩石的每一部分，但大多损坏严重。这块悬岩附近有一个此地最大最好的水槽或水池。唯一接近的方式就是手脚并用，爬上15—20英尺高的陡峭岩 116石。在其上方有一块突出的巨石，搭在其他岩石上，在水面上形成约4英尺的空间。在这块圆石的底部有用红色颜料画的奇异图画，作画的人只能仰卧在这荫凉和被遮蔽的地方画画。

哥伦比亚特区华盛顿的查尔斯·哈洛克（Charles Hallock）先生提供信息说，有一个地方称为画窟，"它在得克萨斯州克罗基特县（Crockett）里奥格兰德（水库）上（Rio Gramde），离魔鬼河不远，在'日落'铁道线旁。这里的岩石是灰色石灰岩，岩画大部分是雕刻的。它们形状各异，从古人的绘画到今人的涂鸦都有；这些悬崖洞穴从远古时代就是各类旅客、强盗和冒险家的避难所和休憩地，他们以各种几何图形和奇思妙想的怪诞图案绘画、雕刻、雕琢。"

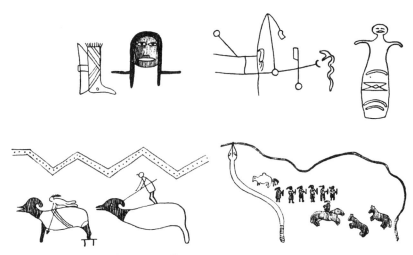

图 80　得克萨斯州埃尔帕索附近的岩画

犹他州

在犹他州南部内地的岩石上发现的雕刻和绘画数量如此之多，以致有个地方被命名为"图画文字岩石群"。

美国地质调查局的 G. K. 吉尔伯特先生 1875 年在犹他州东南部坦普尔（Temple）河谷收集了多份岩画的临摹画，并将他们的发现记录如下：

我们只在峡谷的东北面岩壁上发现了岩画，刻在朱红色的悬崖砂岩上。主要部分是凿刻而成，显然是用尖器撞击的。图形的轮廓通常比主体刻得更深。其他的图像是磨擦或刮擦而成，还有一些是用颜料涂抹的。其中部分颜色的表面被磨擦过，好像材料是一种干白垩粉。

我在岩壁下没有发现工具，只有陶器碎片、燧石和碾子。

几块坠落的砂岩石块上面有凹槽，可能是用尖利的工具打磨的。有许多不同时期的岩画，每个新一代的画都肆无忌惮地 画在先前的图画上。在受到最佳保护的表面，同时也是露在最外面的一层，有些画模糊不清，已无法修复，另外一些却依然清晰可辨。这些作品所累积的时间远远超过最后一期图画的时间。有些落下的石块遮住了岩壁上的雕刻画，而这些石块本身也被刻了画。

只有那些被完全挡住雨的地方，颜色才得以保存。在岩窟中有两处地方，摇曳的树枝撞坏了石刻画，但树木本身已经消失。有些岩画由于岩堆的萎缩（15 至 20 英尺）而升高、变干燥，但我并没有看到部分岩画被增长的岩堆遮住（只有上文提到的坠落石块是例外）。

画的圆圈非常标准，而令人不可思议的是，并没有使用半径度量。

在吉尔伯特先生提交的画集中，至少有十五个系列画或组画，其中大部分是人物画（从最简单的到最复杂的绘画风格都有），还有动物，单个的或一大排——好像被驱赶着——以及鸟类脚印、人的脚和手，等等。此外也有圆圈、平行线、波浪线或起伏的线条、圆点，以及其他图形。

吉尔伯特先生还报告说，他们在 1883 年发现了大量的图画文字，大部分是彩色的，有一些是雕刻的。它们在布克陡崖（Book cliff）的峡谷中，这里有一个汤普森之泉（Thompson's spring），此处位于犹他州丹佛至科罗拉多铁路线汤普森车站以北约 4 英里处。他还提供了一套布莱克岩（Black Rock）泉边图画文字的画集，采集地在犹他州米尔福德（Milford）北面比弗

（Beaver）河旁。在一个低崖处，一批玄武岩落石的竖面上满是雕刻画。这些图形大多令人"看不懂"，不过有一个复杂的人形图案。脚印和圆圈比比皆是。

美国地质调查局的拉塞尔（Russell）先生提供了犹他州布莱克岩泉旁图画文字的临摹画（参见图1093）。吉尔伯特·汤普森先生在犹他州富尔溪（Fool creek）峡谷也发现了图画文字（参见图1094）。

弗农·贝利（Vernon Bailey）先生在1889年1月18日的信中报告说，在圣乔治附近，"所有砂岩悬崖的岩石上，都刻着奇怪的如象形文字的图形和动物图画，但现在大都模糊不清了。"

犹他县普罗沃市（Provo）的乔治·波普先生在信中热情介绍了普罗沃河口峡谷中一块岩石上的岩画，这里距普罗沃市大约7英里。此处无任何颜料，岩画是凿刻的。可以清楚地看出一只人手，凿刻的深度至少三分之一英寸，动物的图形也是如此。

劳博士（c）提供了犹他州曼泰市（Manti）圣皮特谷（San Pete Valley）一处悬崖上的岩刻。复制画如图81。他说：

一条线横穿过连接同心圆的平行线中间，它把图形分成两半，每一半都与辛普森教授介绍的第五类杯形石极为相似。上述组画的复制图见 J. W. 冈尼森（Gunnison）中尉绘制并于1853年在费城出版的《摩门教》（The Mormons）（或后期圣徒教会）第63页。插图取自班克罗夫特（Bancroft）的著作《土著民族》（第4卷，第717页）。根据冈尼森中尉的绘画，怪诞的人形图像的位置被换到同心圆的左面。他还说，摩门教领袖们将这一原住民的岩画做了符合他们宗教信仰的翻译："我，马哈蒂

118

（Mahanti），拉曼人（Lamanites）的第二任国王，在我们离开耶路撒冷的第一千二百年，在群山的五个山谷中做此纪录，我命三个儿子去南国以捕猎羚羊和鹿为生。"……斯库尔克拉夫特在其著作（第 3 卷，第 494 页）中试图给予一种诠释，但我认为有点荒诞不经。

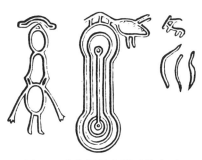

图 81　犹他州曼泰附近的岩画

下段文字取自 F. S. 德伦博的著作《希努莫人》（Shinumos）（a）：

有些毁坏最少的遗址位于科罗拉多河边，离德蒂德弗尔（Dirty Devil）河口很近。……有一片凸出的岩石，宽度从 6 英尺到 10 英尺不等，长度达 150 英尺以上。在大多数地方，上方的岩石延伸到下方岩石的边缘，有时甚至更多，从而形成一种走廊，通常为 7 到 8 英尺高。沿着天然地板的外缘，建成了延伸到屋顶的墙壁，封闭的空间被石头隔成一间一间的，以满足建房者的需要，整体形成了一系列较为舒适的房间或房子。后墙——天然岩石——上面有多组象形文字，再往前，在无顶部岩石的垂直面上刻着岩画，看似非常精细。顶部遮蔽的部分组画被涂上各种暗淡的颜色，但大部分是雕凿出来的。

图82提供的是一组雕刻。显而易见，这些图画水平高超。考虑到它们年代久远，经过风吹日晒，一定有许多精美的构图被毁坏了。

图82　犹他州科罗拉多河旁的岩画

这片废墟上的刻文描述的可能是渡口的防御史、驻军的布局、死亡的各级军官，等等。

下面带说明的岩画临摹，取自前述德伦博先生的著作。

图83是一幅岩画的复制图，出自犹他州德蒂德弗尔河口下游5英里处的一块水平岩石上。

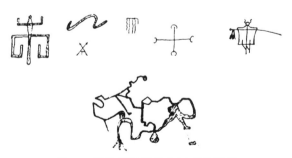

图83　犹他州科罗拉多河旁的岩画

图 84 中的图形源自前述组画附近的岩石上，涂着红色，（在较大的图形上）印着一只白色的手。

图 85 中的岩画临摹取自上段文字中提到的两组岩画附近的垂直岩壁上。

图 86 中的图形临摹取自一个垂直的岩面上，面积为 10×16 英尺，位于派珀泉（Pipe Spring）"温莎城堡"西边测量点的半山腰。人物形象总体类似于希努莫（Shinumo）印第安人的画风。

图 84　犹他州科罗拉多河旁的岩画

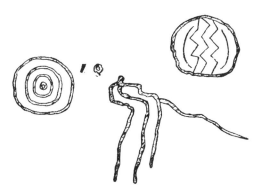

图 85　犹他州科罗拉多河旁的岩画

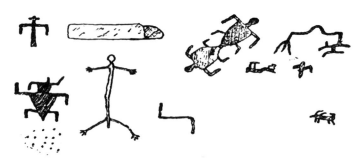

图 86　犹他州派珀泉旁的岩画

图 87　犹他州科罗拉多河旁的岩画

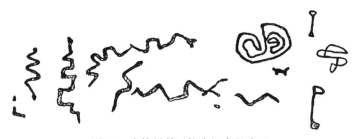

图 88　犹他州科罗拉多河旁的岩画

图 87 中的人物图形源自科罗多河附近的岩石上，在德蒂德
弗尔河口以下 5 英里处。德伦博先生指出，图形中最暗的部分表
明这是一个凿刻的表层。

图 88 中的一些图形采自上文中的同一地点。其中大多数图
形是蛇。

图 89 中的图形来自希努莫（Shinumo）峡谷，根据临摹者的总体观察，它们是用颜料涂画的。

图 89　犹他州希努莫峡谷中的岩画

弗吉尼亚州

1886 年，霍夫曼博士参观了弗吉尼亚州塔兹韦尔县（Tazewell）塔兹韦尔西南 9 英里处的一个岩画现场，情形如下：连绵的小山包围了河谷的西边，多处有低矮的悬崖，露出志留纪砂岩。在村庄以南大约 4 英里处，有个被称为诺布（Knob）的邮局，此处一个狭窄的陡峭山谷通向山上的一个凹坑，形成通向远处山谷的一个通道。在山顶附近，露出一块形状不规则的巨石，面朝西南方向。岩石的东端有一些图画文字，其中许多仍保存完好。图 90 就是此岩画。最西边的图形，即最左边一个，似乎是一个直径约 16 英寸的圆圈，外侧是短的放射状线条，总体是一个太阳的形状。右下方似乎是一头母鹿的轮廓。

其他的图形主要是人物，一个挨着一个，直到岩石立面的东边，几乎每个人手臂的姿势都各不相同，张开或高举，表现出极度的惊讶或崇拜。有一处出现了同心圆，而不远处是一只雷鸟。离此处 12 英尺以东的地方，有几个类似雷鸟的图形。

图 90　弗吉尼亚州塔兹韦尔县的岩画

　　除了一个之外，所有的图形，都是用浓重的深红色颜料勾画
122 的，大概是在附近配好的含铁颜料，因为这里盛产铁化合物。唯
一例外的图形似乎是黑色的，但现在严重褪色或残缺，看上去像
是深灰色。

　　下面有关弗吉尼亚州塔兹韦尔县图画文字的记载，取自沃特
斯（Waters）的著作《科尔（Coale）生平传记》等（a）：

　　　　1871 年 8 月，这位作者经盐场去游览塔兹韦尔县。在这
　　个地方发现了那些奇怪的岩画，所有见过的人都认为它们很神
　　秘。鲍恩（Bown）将军的祖父在一百一十年前的 1766 年定居
　　在这个山坳里，那些画当时就在那里，它们今天和当年第一次
　　被白人看见时一样光辉夺目。图画由马、驼鹿、鹿、狼、弓、
　　箭、鹰、印第安人，和各种其他图形构成。这些岩石所在大山
　　的高度约 1000 英尺，岩石都处在半山腰的一条水平线上，其立
　　面大约 75 英尺宽。

　　　　当人们想到岩石很坚硬，白色的岩面很光滑，无法吸收颜
　　料，不禁深感奇妙：这种颜色如何在风吹、雨淋、日晒的情况
　　下一百多年不褪色？没有人能解答。岩石附近现在还能找到这
　　种颜料，鲍恩将军告诉作者，他的祖母就用它来染亚麻呢，永

不褪色。

1740 至 1750 年间，切罗基族与肖尼族为争夺一个野牛饮水处而在邻近的山上爆发了一场战斗，遗留下的原始防御工事今天仍然可见。有人认为，这些画是象形文字，为红种人（印第安人）传递信息，正如我们现在通过报纸彼此沟通一样。

如果站在一个狭窄、倾斜的悬崖边，却不抓住灌木或树根，这是极其危险的冒险，因为从这里垂直下降 50 至 75 英尺，是一片参差不齐的大圆石，是无数响尾蛇的栖身之处。但我没这么做。我用手指抠住岩石缝，沿着狭窄、倾斜的悬崖边向前爬行，终于看到了大多数的岩画，然后又同样小心翼翼地爬回。

在上述地址以东五英里、塔兹韦尔以西 7 英里处，一座陡直的石崖对面，可以看见一组菱形的红黑色正方形石头，当地人称"手绢岩"，因为上面画着彩色图案，让人看上去就像一条展开的巨型花手绢。这幅图画文字和前文提到的在同一座山上，但彼此却互不相见。手绢岩上的图画只有在对面一处位置或山谷对面才能看见，因为这一片被密密麻麻的大树所遮盖，从下面的任何位置都看不到。菱形或钻石形的图案大约覆盖了直径 3 英尺的范围。

华盛顿州

美国陆军上尉查尔斯·本迪尔（Charles Bendire）在一封 1881 年 5 月 18 日写于沃拉沃拉堡（Fort Wallawalla）的信中，提到亨利·梅里亚姆（Henry Merriam）上校（当时任美国第二步兵团中校）的发现，引用如下：

当驻扎在位于北纬 48° 的奇兰湖（Lake Chelan）下端时，他去湖的上端游览了一番，他在那里发现了一个垂直的花岗岩悬崖，有着极为平坦的表面，高 600 至 1000 英尺，立在湖边。在悬崖上，他发现了印第安人的图画文字，明显是在不同时期画上去的，但显然很古老。最古老的一幅高出水面 35 到 30 英尺，当年作画时也许只能乘独木舟到达。上面画着各种图形，颜色有黑红两色，有印第安人拿着弓箭，以及驼鹿、鹿、熊、河狸和鱼，尺寸从 1 英寸到 18 英寸不等。有四五排图形，每一排都有相当的数量，居住在这一地区的印第安人对这些图画的来源一无所知，并说他们上下四代人都不知此事。

继上封信之后，又一篇评述同一岩画的文章发表在《西北杂志》1889 年 10 月第 7 卷第 10 期第 3 页，并有一幅插图，作者是华盛顿州西雅图的艾尔弗雷德·唐宁（Alfred Downing）先生。概要如下：

在华盛顿州的一处地方，直到近年一直被称为摩西（Moses）印第安人居留地，著名的奇兰湖就在于此，它长 70 英里，平均宽度 2 英里。

在湖的上端大约半英里处的西岸湖边，从水中升起一个突兀陡峭的花岗岩壁，人称"画岩"。

奇兰岩画最显著的特征是，表现印第安人、熊、鹿、鸟等的图画都是涂在光滑的花岗岩表面，几乎与水平线平行，但大约高于湖面 17 英尺；岩画的上部还要高 2 英尺。画中的图形有 5 至 10 英寸长。

一年内任何时期的高低水位之差都不超过 4 英尺，沿着湖岸可以清楚地看到高水位的标记，它充分证明这些岩画古已有之，当时的水位比现在高 17 英尺。所在的花岗岩悬崖或崖壁很平整，遭受着日晒雨淋和水冲，上下都没有扶手或立脚之处。仔细观察会发现，白人或印第安人只有借助独木舟，才能在这些岩石上展示自己的艺术才华。

使用的颜料或色彩是黑色和红色，后者类似褐红色。令人赞叹不已的是，颜色经受住了狂风暴雨的考验，至今只有一、二处显示出褪色或风化的迹象。在我看来，岩画要表达的意思是印第安人首领在英勇地狩猎，或者是一个部落历史的片段，岩画下方的几道短的垂直划线可能是表示被宰杀的熊、鹿，或其他动物的数量。

乔治·吉布斯（Geoge Gibbs）先生在《太平洋铁路报告》第 1 卷第 411 页上提到，他在华盛顿州亚基马县（Yakima）与皮斯库斯县（Pisquouse）之间的哥伦比亚河边一个地方发现了岩刻和彩色岩画，内容如下：

这是一块垂直的岩石，表面雕刻着各式各样的图形，其中大多数是人。它们被浅浅地刻入砂岩中，并且上了色，有些是黑色，另一些是红色，所有图形上的颜色都已暗淡。根据他们［印第安人］的报告，这些也是古代民族所为，但根据岩石的松软度和部分颜料的新鲜度，它们的年代可能不太久远。

出自华盛顿州的另一个岩画例子见图 619。

124

西弗吉尼亚州

约翰·海伍德先生（d）做了以下描述：

在弗吉尼亚州肯哈维县（Kenhaway）（又称卡诺瓦 Kanawha），靠近坎贝尔（Campbell）河口的伯宁（Burning）泉下方约 4 英里处，有一座巨大的岩石，古时的原住民在上面刻了许多图画。几乎每一种当地的动物图像都有——野牛、熊、鹿、狐狸、兔子，以及其他各种四足动物；西部水域的各种鱼类；各种鸟类；剥去头皮的婴儿、头皮，还有真人大小的人像。岩石在肯哈维河中，靠近北岸，只有在低水位期借助小船才能抵达。

弗吉尼亚主教詹姆斯·麦迪逊（James Madison）（a）在 1804 年出版的著作中提到了同一地点，但也许不是同一块岩石：

在结束这封信之前，我必须说一说印第安人劳作的另一个奇怪的实例，以及他们在一种艺术上的发展。这个实例发现于距我目的地 4 英里的地方，在两个名不副实的热泉之间，在此河边有一块向南倾斜的坚硬砂岩，其平坦的表面长 12 英尺，宽 9 英尺，朝东的侧平面厚 8 至 9 英尺。

在岩石表面的上部以及侧面，我们看到了几个雕刻的图形轮廓，除了一个图形之外，其他的都不是浮雕，比实物还要大一些。轮廓的深度大约半英寸；有些地方的宽度近四分之三英寸。在这块岩石离河水最近的部分，有一条向上的线，其中有一只乌龟；一只展翅的鹰，刻画得栩栩如生，特别是头部，采用的是浅浮雕；还有一个小孩，其轮廓画得很好。在一条平行线上，还有别的图形，其中有个妇女的图形勉强可辨。这些图形都很模糊。在岩石的侧面有两个反常的图形，引起我的特别关注。其中之一是一个男人，手臂高举，双手张开，好像在祷告。他的头被画得终止在一点，或者说，他看上去似乎立在一个三角形的尖上或锥形尖上；临近他的是另一个类似的人物，依靠系在脚跟的绳子而悬挂着。我想起亨内平（Hennepin）神父讲述的一个故事：有个加拿大的传教士曾经有过类似的遭遇，但这件看似历史的雕刻是否与此有关只能是猜测。有只火鸡，刻得不好，旁边还能看到其他图形。在如此坚硬的岩石上雕刻那些原始图画，所需的劳动和毅力一定非常巨大，因为即使钢铁工具也几乎凿不动；这比在松软和肥沃的土地上圈地难得多。

另一幅岩画的复制画见图 1088。一封寄自西弗吉尼亚州摩根敦（Morgantown）的信对此描述如下：

著名的画岩在埃文斯维尔（Evansville）山顶上，离此大约 4 英里的地方，这个奇观存在已超过一个世纪，引起了美国和欧洲学者的极大关注。这些岩画所在的悬崖相当庞大，距离上述公路很近。这块岩石是一种白色砂岩，虽然经受着风吹雨打，却没有多少磨损，在其平坦的表面，描绘了至少五十种［？］动物的图像：有鸟类、爬行动物和鱼，还有美洲豹、鹿、野牛、水獭、河狸、野猫、狐狸、狼、熊、浣熊、负鼠、驼鹿、乌鸦、鹰、火鸡、鳗鱼，以及不同种类、大小不等的鱼，蛇，等等。在这动物王国般的无声动物展览中，有一位女性的全身图，端庄美丽，完美无缺。散布在动物中间的，是各种脚印，整个空间占有 150 英尺长，50 英尺宽。这位画家到底属于哪个种族？他创作这些原始画像的目的是什么？这一直是个谜，但显然是很久以前画的。

已故的民族学局的 P. W. 诺里斯（Norris）曾报告说，他在西弗吉尼亚州卡诺瓦河（Kanawha）沿岸许多地点都发现了岩画。在河中凸出浅滩上的平整岩石上，有许多岩画，河水上涨时会被水淹没；在石缝中以及在该地区岩壁上方长长的浅洞内，都有岩画。我们发现了一些原始的人和动物画，以及一些符号，但没有一幅超越或异于现代印第安人的画。

在小科尔河（Little Coal）的岩壁上，靠近比格霍斯（Big Horse）溪口的地方，峭壁上有许多雕刻。其中一块岩石上有大量图形，长 8 英尺，高 5 英尺。

在梅森（Mason）县普莱森特山（Mount Pleasant）以北 2 英里处的卡诺瓦河北面，有许多图画，显然是图腾。它们都在河边的山脚下。

在卡诺瓦河口附近的悬崖上，面朝尼古拉斯县（Nicholas）的卡本山（Mount Carbon），有众多的图画文字。它们似乎是在砂岩上凿刻而成。

近年来，在查尔斯顿（Charleston）南北两边的卡诺瓦河两岸，人们在多处发现了图画文字，但由于建设切萨皮克（Chesapeake）至俄亥俄铁路，部分带岩画的岩石已被摧毁。在查尔斯顿以北 6 英里处，以前河边有一块岩石，据老居民们说，上面描绘着各种图形，有一只熊、火鸡脚印，等等。传说印第安人南下路过时，会驾着一条小船或独木舟在此登陆。无法确认是哪个部落。从对当地的考查得知，这块岩石已被破坏，用以建房。据说，有一条铁路经过那里通向南方。在卡诺瓦河下游10英里处，有几棵大树，树上有用红赭石或类似颜料作的画，铁道线在此分为两个不同的方向，一条朝南进入弗吉尼亚州，另一条通往西南方的肯塔基州。

有一座低矮的砂岩崖，面朝小科尔河，位于该河与科尔河交汇处上游6至8英里处，在卡诺瓦河以南18英里，上面画了一些动物，如鹿、美洲豹（？），等等，还有深红色圆圈，但由于岩面碎裂，已模糊不清。总体而言，这些图形与弗吉尼亚州塔兹韦尔县的图形很相似，看起来可能是同一个部落人所为。周边地区没有特殊的地形特征，所以这些图形应该不是地理标志，而很可能 126是一场狩猎盛会的记录，用来指明该地区大量存在的猎物种类。

L. V. 麦克沃特（McWhorter）先生报告说，在西弗吉尼亚州刘易斯县柏林（Berlin）附近的一个山洞里，发现了图画文字，但没有具体介绍。

在西弗吉尼亚州一座岩石隐蔽处也有一幅岩画。参见整页插图31。

威斯康星州

在奥代纳（Odanah）附近的一块岩石表面上，有众多的刻图，现在此地是奥吉布瓦族印第安人的村庄。它在阿什兰（Ashland）东北12英里处，苏必利尔湖南岸，临近其西端。在软石上容易刻画，所以也容易风化，到1887年时，几乎无法辨认。其中许多图形似乎是鸟。一位附近的奥吉布瓦老人告诉笔者，岩石所在的位置过去是著名的休憩与聚会场所，当人们蜂拥而至，甚至一个人单独过来，他们就会在岩石上刻下相应的图腾标记，正如白人在旅馆登记他们的名字一样。

图91　威斯康星州布朗洞窟内的岩画

拉克罗斯谷（La Crosse）的画窟，人称布朗洞窟，由爱德华·布朗牧师（Rev. Edward Brown）（a）介绍如下：

> 这个奇妙的洞穴位于巴尔镇（Barre），距西塞勒姆（West Salem）4英里，距拉克罗斯8英里。……
>
> 在山体滑坡以前，这里是一个开阔的幽暗山洞，入口为15英尺宽，最里端有7英尺宽；最宽处16英尺；平均宽度13英尺；洞长30英尺；高度13英尺，清理完滑坡涌入的沙子后，开挖的深度在5英尺。这些图画大多数极为原始，但技巧不同。除了几头野牛、猞猁、兔子、水獭、獾、驼鹿和鹭，其余的都无法辨认，如果忽略它们的相对尺寸，也不能确认画的是大动物还是小动物。
>
> ［图例如图91所示。］
>
> 也许图91a是一头野牛，它是群图中画得最好的。它的尺

127

寸是 19 英寸长，从牛角尖到牛脚是 15.5 英寸。

图 *b* 画的是一个猎人，身后跟着一个男孩，正在用弓箭射杀动物。整幅画共 25 英寸长；动物的长度从尾尖到角尖或长鼻尖达 12 英寸，从头顶到脚底是 7 英寸；猎人高 11 英寸，男孩高 4.5 英寸。

图 *c* 是一只受伤的动物，箭头或武器扎在伤口附近。这个图形的长度从鼻尖下端到尾巴尖是 21.8 英寸，从前肩到前脚是 8.8 英寸，从臀部到后脚是 8 英寸。从一侧叉尖或倒钩到另一侧叉尖，武器的长度是 4.5 英寸，宽度为 5 英寸。

图 *d* 是一个酋长，头插八根羽毛，身旁一根军棍，从头顶到脚尖是 11 英寸，从指尖到另一只手臂为 6.8 英寸；军棍长 6.5 英寸。

霍夫曼博士 1888 年 8 月考察了这个岩洞，以便将这里的图画文字图形与别处外形类似、含义相近的图画进行比较。他发现，由于图画所在砂岩的迅速崩塌，只有少数图形可以看清，而且是局部。游客们在柔软的岩石表面刻写了许多姓名和题词，而且他们还利用蜡烛的烟熏，在原始图画上方和中间添加了一些丑陋而无聊的图画，严重损坏了原画。

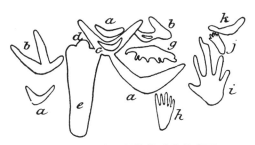

图 92　威斯康星州特伦珀洛的岩画

T. H. 刘易斯先生（*d*）描述了一幅岩画，其中一部分复制画见图 92，内容如下：

　　去年十一月，威斯康星州特伦珀洛（Trempealeau）西北大约 2.5 英里处的岩刻引起了我的注意。在上述地点，有一座由波茨坦（Potsdam）砂岩构成的悬崖峭壁，沿着特伦珀洛河下河口（现称河湾）东边，向外延伸长达八分之一英里。在其北端附近，从悬崖的顶部有一块向外凸出约 7 英尺，悬在底部之上约 10 英尺。悬崖底部距河岸 40 英尺，在此地点的悬崖顶端高出水面 30 英尺。在凸出部分的表面，以及顶部附近，就是前面提到的岩刻。

　　标为 *a a* 的图形是两条所谓的独木舟，有点像新月形，但外形有点差异；图 *b* 具有相同的形式，但添加的直立部分和它有重叠；图 *c*、*d* 和图 *a* 也是图形相同，但图 *c* 是刻在图 *d* 的底部位置；图 *e* 可能是一个堡垒，它的长度为 18.5 英寸；图 *f* 难以分辨，和图 *d* 有部分重叠；图 *g* 是一个无法确认的四足动物，它的长度沿直线从鼻尖到尾梢是 10.5 英寸；图 *h* 可能表示一只脚，但它也可能是一只手；它的长度是 7.5 英寸；图 *i* 是一只张开的手，长度略超过 13 英寸；图 *j* 无疑是一只脚，有 4.5 英寸长；图 *k* 与 *a* 是同一类型。

128

　　这些图画不仅有轮廓，而且有凹纹图形，深度从四分之一英寸到 1 英寸不等。虽然岩石表面粗糙，但凹纹图形在雕刻完成之后被打磨得非常光滑。

怀俄明州

美国陆军（*a*）上尉威廉·琼斯（William A. Jones）描述

了怀俄明州内的几处图画文字。其复制画见这里的图 93、94
和 95。

　　图 93 发现于怀俄明州温德（Wind）河谷。1880 年，一个前
往华盛顿的肖肖尼人和班纳克人（Banak）代表团的成员解释此
图意为"一个印第安人杀死了另一个印第安人。"后者被粗略地
画成平躺着，同时以站立者手下的线条表示同一位死者。右边是
剥下的头皮和显示死去武士等级的两根羽毛。挨着倒下敌人的那
只手臂表示杀死的手势；概念，放倒，平躺。

　　同样的姿势出现在图 94，来自同一地点、同一作者。此处
的头皮被拎在前面，数字（1）由最下方的一竖表示。

图 93　怀俄明州温德河谷内的岩画

图 94　怀俄明州温德河谷内的岩画

图95，来自同一地点、同一作者，也是由肖肖尼人和班纳克人解释其含义。根据他们的描述，一个黑脚族人袭击了本族一家人的住所。右上方的图形代表他的马，侧面挂着长矛。右下图画的是建在小河边的木屋。众多的斑点表示马蹄印，从围圈上部向外伸出的两条线表示长矛在房屋的墙上扎了两枪，从而杀死了房主，抢夺了两只弓和五支箭，如左面的组画所示。组画右边的图形表示，举起的手是动手杀人的手势。

同样根据上述人士的解释，黑脚族人是唯一在当地搭建木屋的印第安人。因此，这幅画就格外有意思，因为它试图描绘角落处交叉的木头，表示木屋的手势解释如下：

双手交叉在身前，两掌相对，手指伸开，两手手指相互交叉而握，伸出的每根指尖超过一英寸。

图95 怀俄明州温德河谷内的岩画

1873年，琼斯上尉的考察团成员发现了另一幅更重要的岩画，它位于怀俄明州西北部的小波波阿奇河（Little Popo-Agie）旁。这幅岩画在墨菲（Murphy）牧场后部一块几乎垂直的黄砂岩石壁上，显得相当古老。对该图例的进一步分析见本书后文。

（见图 1091）

美国陆军的威廉·H. 柯布西耶（Corbusier）博士在一封给笔者的信中提到，他在怀俄明州沃舍基堡（Washakie）近郊塞奇溪（Sage）源头附近的一块砂岩石上，发现了岩画，并提交了一张临摹画，如图96。柯布西耶博士说，无论是肖肖尼印第安人还是阿拉珀霍（Arapaho）印第安人都不知道作者是谁。这两个主要图形似乎是人像，双手和双臂部分上扬，身体的上方和一侧 130 被一条不规则的线条圈住。

仔细观察柯布西耶博士的画，可以看出：其分类的方式，以及伴随的各种附属物，如不规则的线，螺旋线等，与阿尔冈琴人的绘画风格极为相似，同时，与在温德河山脉附近发现的黑脚印第安人（Satsika）的一些岩刻也很相像，黑脚印第安人在近代居住在上述地区，可能沃舍基堡近郊的图画也是他们所为。

图97据称来自同一地点。

图96　怀俄明州塞奇溪旁的岩画

图 97　怀俄明州塞奇溪旁的岩画

第三节　墨西哥

对于墨西哥岩画的分布和描述，本书无法给予足够的重视。事实上，有关的准确信息知之甚少。著名的探险家班德利尔（Bandelier）先生在一次谈话中提到，他在索诺拉州（Sonora）对两幅岩画做了临摹，但没有发表。一幅非常大而有趣，位于胡萨沃斯市（Huassavas）西南 3 英里处的卡拉平塔达（Cara Pintada）；较小的一幅在胡萨沃斯市以西 1 英里处的拉斯弗雷塔（Las Flechas）。他还临摹了一幅在奇瓦瓦州（Chihuahua）内从大卡萨斯（Casas Grandes）到塞罗·德蒙特苏马小道（Cerro de Montezuma）旁的岩画。依据他在墨西哥旅行时所遇之人的叙述，他认为在马德雷（Sierra Madre）山区仍然存在大量岩画。

下文将介绍下加利福尼亚（Lower California）半岛古代居民的画，这是译自 1790 年墨西哥历史文件（a）中一位无名者的叙述：

纵贯整个文明的加利福尼亚半岛，从南到北，特别是在洞穴里和光滑的石头上，都有各种原始的画。尽管比例失调，缺乏技巧，但所画的人物、鱼、弓和箭都可以分辨，因为它们有不同的笔法，各具特点。这些画的颜色有四种：黄色、淡红色、绿色和黑色。大多数的画是画在高处，根据这一点，有人推测，有关古代加利福尼亚人中有巨人存在的古老传说是真实的。确有可能，在南边的圣地亚哥（Santiago）布道所内，在一块高高的平整岩石上，刻着一排红色的手。在面朝海岸的高崖上，可以看到涂画的各种形状和尺寸的鱼、弓、箭，以及一些未知图形。另外还有带着弓箭的印第安人，以及各种昆虫、蛇、老鼠、线条和其他形式的图形。在一块高约 2 码的平坦岩石上，刻着徽章或等级花纹盾以及各种图形。

在距南圣地亚哥（Santiago del Sur）布道所约 90 英里的普尔莫（Purmo）附近，有一座 8 码高的峭壁，在它的中心可见一段铭文，像是哥特字母，还穿插着希伯来文字和迦勒底文字［？］。

尽管加利福尼亚印第安人经常被问到这些图形、线条和文字的含义，但始终给不出令人满意的答案。从他们那儿获得的信息，顶多就是：这些画是他们的祖先画的，而他们对其中的含义一无所知。显而易见的是，加利福尼亚人的这些绘画是重要的符号和地标，据此给后人留作纪念，要么是纪念他们在这个国家取得的成就，要么是纪念某些政治上或征服自然的胜战。这些画与墨西哥人的画不一样，但可能有相同的目的。

对索诺拉州几幅岩画的描述和说明参见后面第 20 章《特别的比较》。下面将展示其中一些岩画的复制图作为实例，可见它们明显不同于墨西哥西北部各州的画，因为后者代表阿兹特克

（Aztec）文化。

对图 98 的描述取自《吉列尔莫之旅》（Viages de Guillermo Dupaix）（a）：

在特拉马纳科镇（Tlamanalco）至梅卡梅肯镇（Mecamecan）之间，距后者以东 3 英里的地方，何塞·特帕图科先生（Señor Don Jose Tepatolco）的种植园内，有一块孤立的花岗岩石头，它被人工切割成圆锥形，坚硬的岩石东侧凿有六级台阶，岩顶形成一个平台或水平截面，适合在罗盘的各点观测星象。因此，显而易见，这个古老的纪念碑或天文观测台是专门用于天文观测，并通过刻在圆锥南侧的多个象形文字得到进一步证实；但这一侧最有趣的一点是一个侧立的男人图像，他注视着东方，双臂举起，两手握着一个管子或某种观测仪器。在他的脚下，可以看到一个雕刻带，表面刻着六个间隔或方块以及其他天文符号，这显然是观察和计算的结果。

　　　　其中有一些图形与古代墨西哥历书上对称分布在圆圈内的图形相关（后者发现于首都，广受赞叹）。前面是一只坐兔，面对两排平行的数字图形；最后，在观测者背后，可见同一学科的两个其他符号。

丹尼尔·布林顿（Daniel G. Brinton）教授（a）对一幅画（见本书整页插图 14A）做了详解，要点如下：

"巨人石"在墨西哥奥里萨巴市（Orizaba）附近的埃斯卡

图 98　墨西哥的岩画

梅拉（Escamela），一直受到广泛的讨论。达马索·索托马约尔
（Damaso Sotomayor）神父从这些凿刻的图像中看出基督降临
到外邦人和希伯来神话伊甸园故事的神秘暗示。1808 年杜帕伊
克斯上尉（Dupaix）考察了这块石头，并在他的长篇叙述中加
了插图。但他提供的图画（见整页插图 14B）有重大错误，所
以使人无法准确理解原画的真正性质和含义。它漏掉了巨人胸

口的装饰物以及右脸的几根线条，而我认为这些正是其鲜明特征。它还添加了原画所没有的腰带，而且这三个图像的相对尺寸和比例都严重走形。

发现岩刻的岩石大体呈三角形，每边长 30 英尺，几乎笔直。岩石很坚硬，纹理均匀，颜色很深。主要人物的长度或高度是 27 英尺，表现各种物体的雕刻线很深、很清晰。

我现在要破解岩刻的含义。任何一位通晓墨西哥历书符号的人都会立刻看出，它包含一个某年某日的日期。在巨人的左侧，可看到一只兔子被十个圆形的凹圈包围着。众所周知，这些凹圈是阿兹特克人的数字符号，而兔子是四个天文符号之一，阿兹特克人用它来调整五十二年的周期顺序。这块石头载有周密的日期记录，年和日排列得很清楚。左边的图形表示年，就是兔子符号下面十个凹圈表示的"10"；该年的日期就是鱼形符号下方一个凹圈表示的"1"。

每隔五十二年，这些精确的日期就重现一次，而且只有一次。在我们的纪元 1450 年和西班牙征服墨西哥的 1519—1520 年之间，仅仅重现过一次。在这一时间段内，阿兹特克历书称为"十兔"年，相当于公历的 1502 年。日期更难确定，但我认为，根据最可靠的计算，可以推断"一条鱼"代表的日期在 1502 年正月，它同时包括公历二月的全部或部分。

这就是岩刻上的日期。那么，它暗示这一天发生了什么事呢？线索就在于这个巨人画像。它表现的是一个面目狰狞的食人魔，露出骷髅般的笑容和可怕的牙齿，他的头发长而凌乱，有几绺落到脖子上。挂在胸口作为装饰物的是一个人的下颚

　　　　　　　　　　　　　美洲印第安人的图画文字

骨，还带着门牙。它正在向前跨左腿，手臂扬起，双手伸开，手指张开，正抓着猎物或受害者。肚脐周围的线条表示固定腰布的腰带结（*maxtli*）。

毫无疑问，这个令人恐惧的形象所代表的阿兹特克神殿里的神灵，就是松台莫克·米克特兰堤库特里（*Tzontemoc Mictlantecutli*），"冥国之主，垂发者"，可怕的死亡与死者之神。他的独特标志是骷髅头、垂发、下颚骨、狰狞的面目以及高大的身材。

我们拥有几部帝国在遭受科尔特斯（Cortes）毁灭之前的编年史，以原住民独创的象形文字书写。以其中两部编年史为例，一部名为泰利耶·兰斯抄本（Codex Telleriano-Remensis），¹³⁴另一部称为梵蒂冈抄本（Codex Vaticanus）。我在兔子符号下翻到编号为"十"的这一年，发现这两本书提供了相同的记录，复制如图示。

复制图题为"取自梵蒂冈抄本"，这里有一点小错。它其实源自泰利耶·兰斯抄本［参见金斯布罗（Kingsborough）1502年的著作，第1卷第4部分第23页］，本书的复制如图99所示。而梵蒂冈抄本中的记录（见金斯布罗所著，第2卷，第130页），在一些无关紧要的细节上，有所不同。另外值得注意的是，在泰利耶·兰斯抄本中（参见金斯布罗所著，第6卷，第141页），"Ahuitzotl"一词被解释为"墨西哥神话中一个著名水生动物的名字"。这需要我们认可布林顿教授在诠释岩画时所展示的智慧。他分析如下：

图 99　奥伊佐特皇帝

　　该年的标志（兔子）只用兔头简略表示。表示数字"10"的十个圆圈就在它的旁边。紧挨它下方的是一个奇怪的四足动物，好像身上正在往下滴水。这只动物是刺猬，而这里是以图像表示物体的名称；也就是说，必须依照纳瓦特尔（Nahuatl）语，把它理解为组字画。在纳瓦特尔语中，水是 *atl*，合并 *a*，就组成刺猬 *uitzotl*。把两者合到一起，就组成 *ahuitzotl*（水猴），或者，加上表示敬意的词尾，就变成 *ahuitzotzin*。如果你接受这样的分析，那么，这就是古墨西哥的统治者或皇帝的名字奥伊佐特（Ahuitzotzin），而在他之后登基的蒙特苏马（Montezuma）却被西班牙征服者科尔特斯（Cortes）所杀。

　　回到编年史的那一页，我们观察到：象形文字 Ahuitzotzin

整页插图 14

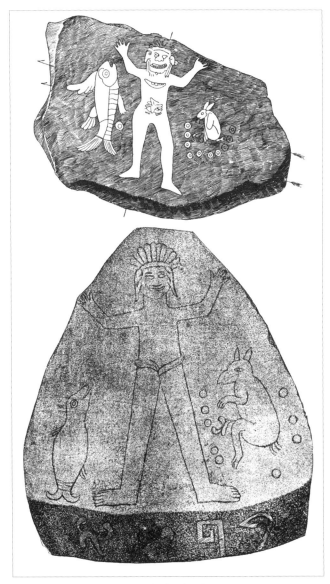

墨西哥巨人石

被直接写在裹着木乃伊衣服的尸体上，这是墨西哥最高阶层的葬礼习俗。这表明，奥伊佐特（Ahuitzotzin）之死就发生在这一年。

右边是他继任者的画像，他的名字是以图像来表示的，即以贵族的头巾"tecuhtli"表示，它构成"Mo-tecuh-zoma"的中间音节。毫无疑问，矗立在埃斯卡梅美拉（Escamela）的巨石，是纪念奥伊佐特皇帝驾崩的纪念碑，时间在1502年2月的某一天。

尤金·博班（Eugene Boban）先生（a）提到19世纪初的墨西哥各种岩刻的手稿抄本。这些岩刻表现了原住民的表意文字，其中有 *teocalli*（神庙）、tepetl（山）、*ollin*（太阳神像）等。

在这本画册的几幅图上写着注释，说明发现纪念碑、碎片或遗址的地点，也就是临摹古文字的地方。例如，其中一个注有："库埃纳巴卡镇（Cuernabaca）街头"。另外几处注明临摹的地点在墓地、在该镇的街上或近郊。

除了这些标注，没有提供任何信息，因而使人无法推测谁是临摹画的作者，也无法猜测他们的动机。

尤金·博班先生（b）还描述了墨西哥一块带岩刻的巨石，其上的图案已被描摹在鹿皮上。在详细描述了原画的临摹画之后，他介绍了这块石头：

> 我们认为这块著名的圆柱形石头值得关注，上面既雕刻又画了雄鹰圣杯（*Teocuaunxicalli*），上面有前文介绍的所有图画的主题。此石埋藏于西班牙征服时期，发掘于19世纪上半叶，

在墨西哥城武器广场地下一系列挖掘现场旁边。当时的国家博物馆馆长拉斐尔·贡德拉（Rafael Gondra）先生很得意对此石进行了测量，并仓促地做了临摹。随后将其重新掩埋，因为缺乏必要的资金把它整体挖出并运到博物馆。

Teocuauhxicalli 这个名字的构成是：*Teotl*，神；*cuauhtli*，鹰；*xicalli*，半个葫芦形成的半球形花瓶。可以将其译作"神瓶和鹰"，或更准确地译作"雄鹰圣杯"。

"墨西哥君主阿哈雅卡特尔（Axayacatl）因嫉妒他的前任蒙特苏马一世（Motecuhzoma I），就把雄鹰圣杯从墨西哥城大神庙的高处取下，并代之以他命人雕刻的一座杯。"如此说法来自墨西哥著名的考古学家和历史学家唐·曼努埃尔·奥罗斯科·贝拉（Don Manuel Orozcoy Berra）的杰作《墨西哥古代史和征服史》（第 3 卷，第 348 页）。这座纪念碑也是献给战争之神维齐洛波奇特利（Huitzilopochtli）。

根据杜兰（Duran）和泰佐佐莫克（Tezozornoc）的说法，那些画着神像的石头被命名为 Teocuauhxicalli，即雄鹰圣杯。它们属于着色画石，因为上面覆盖着几种颜色。

奥罗斯科·贝拉还认为："很明显，雕刻和彩绘的形象表现的不是准备战斗的武士。相反，我们看出，他们代表诸神。其中可见维齐洛波奇特利（Huitzilopochtli，战神），配着武器和标志物，在他面前是另一个神或大祭司，手中握着大屠杀的标记。

"如果我们根据他们的姿势来判断，上方的形象不是在作战，而且不懂战事：转身向后，仰脸朝天，空中有一个物体，类似天文符号风神希帕克特里（cipactli）。

"这块石头的表面到处都是符号，有鸟类、四足动物、奇 136

异的爬行动物、太阳的符号、日期、月份，以及在手稿中和礼仪上被模仿的大量物体。毫无疑问，我们面对的是一个众神纪念碑，并载有相关的崇拜传说。发展部部长维森特·里维拉·帕拉西奥（D. Vicente Rivera Palacio）先生1877年几次发掘墨西哥城马约尔（Mayor）广场，试图找回这一重要的纪念碑，但所有的搜寻都无功而返。"

这块石头应该是埋藏在墨西哥城武器广场地下。

查维多（Chavero）(*a*) 也探讨并绘制了墨西哥岩画。

根据上述众多对墨西哥岩画的介绍，似乎可以看出，在西班牙征服时期，岩画还大量存在，不过现在发现的很少。也许是西班牙人摧毁了它们，正如他们出于同样的动机，烧毁了许多写在纸上和其他物体上的墨西哥图画文字。

在下文的不同标题下，将会展示一些墨西哥图画文字的图示。

第四节　西印度群岛

A. L. 皮纳特（Pinart）(*a*) 写了一篇很有价值的文章，描述了他在大、小安的列斯（Antilles）群岛发现的岩画，可惜我们收到得太晚，来不及复制那些图示。他考察了西印度群岛中的一些岛屿，取得了多种收获，但他发现，波多黎各岛现在拥有的图画文字艺术发展的证据最多。他的评论摘要翻译如下。

波多黎各

第一幅岩画发现于蓬塔·巴拉巴（Punta Braba）海角上的

小岛之洞里，它在阿雷西沃（Arecibo）以东大约 15 英里处，波多黎各岛的北面。石洞处在一片巨大的黑色火成岩中，形成向海中伸出的一个点，受到海水的猛烈冲击；洞的底部与海相连，海水进入狭窄的通道，产生可怕的咆哮声，紧随其后的是雷鸣般的撞击声。当地人对此有一种迷信的恐惧，因此，很难找到一个愿意陪同前往的人。陆地一面的入口朝东——一个巨大的豁口，部分被垃圾堵塞，部分被低矮的海岸草木堵塞。穿越进去以后，走过一段短而宽的通道，我们发现了一个直径20米的梨形洞室。顶上有一个窄窄的裂缝，透进一束光，在洞底海水的反射下，产生一片朦胧的蓝光。尽管如此，我们不得不带着火把以辨明物体。在我们周围，尤其是在海水入口处的上方，可以看到岩刻。切口非常深，边缘普遍被锤子敲平；在洞室下方的某些地方，有几处岩刻受到海水的严重侵蚀，但岩刻上半部分保存得相当完好。在组画的某些主要图像下方，岩石上刻着小圆盆形的凹痕，还有一道深沟通向底部。

我不打算在此给这些岩刻一个正式的解释，但我们难道 137 不可以把岩画所在地点看成古代博里肯人（Borrinqueños）聚众进行宗教祭祀或典礼的场所吗？另一方面，这些岩刻看上去很奇特。可以说，其中一幅画像与那些在墨西哥、米斯特克（Mixteca）以及南面国家的石头小雕像和塑像属于同类。在另一幅画中，有个人物头上带着古怪的羽毛王冠，显然是在主持一个宴会，面前的圆形小盆里盛放着菜肴。在这一组岩画中，最引人注目的是，频繁出现一圈咧嘴的脸，常常是一个人，常常有另外两个人陪伴在两边，这在大、小安的列斯群岛上的每一幅岩刻上都能见到。同样，一个人像个婴孩一样裹在布里，头上和身上多多少少有些装饰，这样的形象也是频繁出现。

在介绍了岛上这些岩画后，我们要列举一些在波多黎各发现的其他岩画，简要介绍一番，只对那些最有意思的给予详细描述。

在夏尔莱斯村（Ciales）附近的阿尔奇拉斯洞穴的石窟（Cueva de los Archillas）里，我们看到一些奇特的图像，头上似乎带着王冠和独特的耳环。在距阿雷西沃（Arecibo）一段距离的乌图阿多（Utauado）路旁的科内霍斯洞窟（Conejos）内，我们发现一个图像，部分为雕刻，部分用深红色颜料涂画；很有艺术品位，画的是著名的"番石榴"——大安的列斯群岛居民极端害怕的怪物蜘蛛。很可能古代博里肯人对它也很敬畏，我们在海地沿海的圣多明戈市神庙洞内也发现了同一动物的图像。在里奥佩得拉斯（Rio Pedras）附近，在卡罗利纳（Carolina）的唐·佩德罗·帕维斯先生（Don Pedro Pavez）的农场里，有一块淡红色的孤石，上面画了一系列的鬼脸，围成圈子。在一堆花岗岩石上，叠着一块巨大的花岗岩石，它在印第安人的一片小树林中间，这里是印第奥（Canodel Indio）小河入口处流入塞瓦河的东面，离法哈多（Fajardo）不远，这块岩石上画有三个被包裹着的人物，头上装饰着各种饰品。在塞瓦河支流阿里巴河（Rio Arriba）里的一块黑色岩石上，有一幅岩画，但并无独特之处。

在靠近上文提到的阿里巴河附近的洛马（Loma Muñoz）山顶上，在一座巨石遮蔽之下，有一块表面光滑的黑石，上面雕刻着一些龇牙咧嘴的面孔。在法哈多地区的里奥布兰科（Rio Blanco）与塞瓦河交汇处，有一些巨大的花岗岩石，造成一系列的急流，在这些岩石上，雕刻着大量面目狰狞的面孔，同时也有一些被包裹的人像，以及其他无趣的岩刻。

巴哈马群岛

前巴哈马群岛总督亨利·亚瑟·布莱克（Blake）爵士的妻子伊迪丝·布莱克（Edith Blake）女士，慷慨提供了有关巴哈马群岛的岩画信息和临摹画（图 100，101，和 102）。布莱克女士说：

> 岩画刻在"印第安人洞"的岩壁上，此洞也叫哈特福德洞窟（Hartford），在巴哈马群岛之一的拉姆岛（Rum Cay）内的一个小岛的北岸。拉姆岛南北长 5 英里，东西长约 8 至 9 英里，位于哥伦比亚圣萨尔瓦多市（San Salvador）瓦特林岛（Watlings）西北 20 英里。
>
> 岩洞坐落在海滨，从岛的西端到东面的峭壁有一英里半的距离，靠近峭壁有一个"喷水孔"，因为当海水从北面扑来时会由此涌入洞内。洞穴呈半圆形，深约 20 码，有些地方充塞着 138 碎石，泥土和沙子。
>
> 像巴哈马群岛所有岩石的构成一样，在哈特福德洞穴内的岩石也是珊瑚、碎石和贝壳的混合体，非常粗糙，充满裂缝和缺口。在这个洞穴里，由于长年不断的湿气浸润和浪花冲刷，岩壁上沉积了一层石灰和盐，所以无法断定岩刻是否上过色。即使曾经有，任何颜色的痕迹也早已荡然无存。除了我们已经复制的岩画，洞内的石壁还散布着别的岩画，其中大多数是圆圈，显然很像人的面孔。遗憾的是，我们忘了测量这些岩刻，但我可以断定，这些圆圈或面孔跨度有 10 英寸以上，而其他的

图像一定有一英尺半长，而雕刻的深度肯定接近半英寸，看起来好像是用锋利的石器刻入岩石的表面。虽然我们参观过巴哈马群岛众多岛屿上的许多洞穴，但我们在别处的岩壁上从来没有见过岩画或岩刻，我们也从来没有听到过有关的报告。

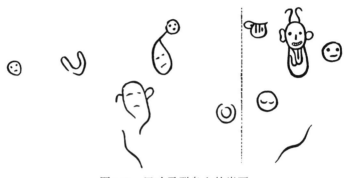

图 100　巴哈马群岛上的岩画

图 101　巴哈马群岛上的岩画

在其他更适合保存标记的洞穴里，根本就没有岩画的痕迹存在。有证据证明，卢西亚人（Lucayans）熟悉那些洞穴，并且将它们当作墓穴之用；而哈特福德洞穴紧靠大海，再联想到岩壁上的大量图标，让我觉得，这个洞穴过去可能是海盗部

　美洲印第安人的图画文字

落的汇合之处；卢西亚人曾告知哥伦布，这些海盗是他们的敌人，经常攻打他们；果真如此的话，则可能是某个加勒比部落在岩壁上留下了这些标记，用以纪念各次冒险活动，并指导以后的行动。

图 102　巴哈马群岛上的岩画

上述岩画与英属圭亚那和下列地区的图画有惊人的相似之处，而这些岩画的作者似乎也是同一类原住民部落：加勒比人。

瓜德罗普岛

在格斯德（Guesde）古物收藏品中，史密森学会 1884 年报告的第 834 页、图 208 介绍了一幅岩画，本书在此复制为图 103。这幅画刻在瓜德罗普岛（guadeloupe）的一块石板上。它重达数吨，无法移动。在附近许多别的岩石上也可以看到岩刻，但这一幅是其中最精致的。

这些岩画可以同本书介绍的圭亚那的岩画进行比较。

阿鲁巴岛

皮纳特（b）的介绍，简要翻译如下：

阿鲁巴岛（Aruba）是库拉索（Curacao）群岛的组成之一，位于委内瑞拉北面海岸。库拉索群岛主要由三个岛构成：库拉索、博内尔（Buen Ayre）和阿鲁巴岛，还有一些孤立的岩石。它属于荷兰。

阿鲁巴岛在群岛的最西边，位于南美大陆帕拉瓜纳半岛（Paraguana）对面。两者之间的距离大约是 30 英里，从该岛可以清楚地看见大陆海岸。

在西班牙人发现美洲大陆时，这些岛屿上居住着印第安人的一个部落，留下了许多生活的痕迹；在阿鲁巴岛上发现了大量的陶器、石器、岩画等；而在博内尔和库拉索也有少量发现。……这些岩画的特性完全不同于那些我前文描述的大、小安的列斯群岛上的岩画，它们的样式使人联想到那些在委内瑞拉的奥里诺科（Orinoco）、在帕拉瓜纳半岛、在马格达莱纳河（Magdalena）边界，甚至远在奇里基（Chiriqui）的岩画。不过，它们同上述地区的岩画有几个方面的不同，特别是它们几乎都有好几种颜色。通常采用的颜色是红蓝，还有带微黄的白色和黑色。而且，它们是描画的，而不是在岩石上雕刻的；它们之间有相当的差异，正如我在北美所注意到的——在索诺拉（Sonora）、在亚利桑那州、在奇瓦瓦（Chihuahua）——在这些岩画中，我将雕刻的画称为比马式（Pimos），将山区的画称为科曼奇式（Comanche），这类画总是涂有多种颜色。正如我所说，阿鲁巴岛上的岩画数量众多。我个人了解有三十处，但是，根据我的朋友佩雷·冯考尔斯基（Kolwsjk）所说，肯定超过五十处。最重要的组画如下：

美洲印第安人的图画文字

（1）阿维科（Avikok）。一块巨大的黑色岩石，耸立在一片茂密树林的上方，在这块巨石里，有两个大洞，上下挨着，岩壁上画着岩画（见图103）。

图103　瓜德罗普岛上的岩画

（2）冯丹（Fontein）。在一个淡水潟湖边，距岛屿东北面不远处的海边，有一个珊瑚洞，洞壁洁白。这个洞穴有一个主通道，相当宽敞，在较低的一端被一排钟乳石和石笋阻断，两者相连，构成了一个古怪恐怖的图像。在左边的石壁上，当我们朝洞穴的底部看去时，会发现一些岩画。由于它们所在的位置，避开了潮湿天气的侵蚀，因而保存完好，看上去不是画在石壁上的，而显然是刻上去的。

（3）奇里巴纳（Chiribana）。在一座名叫奇里巴纳山的一些花岗石上，发现了奇特的岩画。

（4）在阿维科附近的莱罗德瓦祖坎（Lero de Wajukan）的一座小山脚下，若干花岗岩上有岩画。我特别留意到，有一个人像最初是用红色描绘的，肩上扛着一把加勒比式的带把手的斧头。

（5）在阿约（Ayo），我发现了用蓝色和红色描绘的人物岩画。

（6）在沃博里（Woeboeri），一块巨大的花岗石岩壁上发现了岩刻。

（7）在卡拉斯托（Karasito），一个石窟的岩壁上发现了一些岩画。

美洲印第安人的图画文字

第三章　中南美洲的岩画

　　有些作者试图对哥伦布到来之前的北美原住民及其以南的原住民做出明确的种族区分。青睐这种区分的意见和理论都源于错误和无知。直到最近，对中美洲和南美洲各民族的科学调查还是屈指可数，而对他们现在或过去生活的地区所进行的考察也极为有限。最好的民族学家们的最新观点是，没有充足的理由可以证实对北、中和南美洲三处原住民的种族分类。本书所选取的中美洲及南美洲岩画的典型实例，都和上一章所描述的一些岩画有惊人的相似之处，尤其是与那些在加利福尼亚州、新墨西哥州和亚利桑那州的岩画极为相似。这个主题稍后将在标题为"特别的比较"的第 20 章进一步讨论。

第一节　中美洲的岩画

尼加拉瓜

J. F. 布兰斯福德（Bransford）（ *a* ）博士做了以下记述：

在尼加拉瓜奥梅特佩克岛（Ometepec）南端的一座小山坡上（圣拉蒙角（San Ramon）以东约 1.5 英里处），有许多不规则的玄武石块，上面刻着一些标记和图形。山坡朝东，距湖约半英里。在岸边的许多岩石上，也有类似的岩画。每年五月份，尽管处于最干旱的季节，这些岩石也会被湖水部分淹没。这些岩画凿刻的深度约半英寸，宽度半英寸多一点。以人的面孔和螺旋线为主。还有一顶王冠、一只猴子，以及许多不规则的图形。

这些岩石上的几幅画的复制图见本书后面的图 1102 和图 1103，有一幅画的复制图见本节的图 104。

图 104　尼加拉瓜的岩画

142　**危地马拉**

以下摘录自哈贝尔（Habel）博士的著作（*a*）：

圣卢西亚（Santa Lucia）是危地马拉共和国埃斯昆特拉省（Esquintla）的一个村庄，离富埃戈火山（Fuego）底部不远，位于山脉延伸至太平洋沿岸斜面的起点。……

刻有图画的石板在村庄附近。大多数石板形成连续的一堆，进一步探查就会发现，可能还有一些岩画被遮住了。……除了三尊雕像之外，所有的雕刻都是浅浮雕，几乎全是凹浮雕，就是说，四周有凸起的边，它的高度就是浮雕的高度。古亚述人和古埃及人也制作同样的浮雕。

有七个雕刻的图案，描绘了一个人每次崇拜一个不同的神。其中之一似乎是太阳，另一个是月亮，而其余五个却难以确定它们的身份。所有这些神都由一个人像代表，只准确地描绘了头部、手臂和胸部，证明当地的宗教观念已经上升到拟人化，而我们前文了解的中美洲国家和墨西哥的偶像，却被描绘成丑陋的人形或怪诞的形象。

另外四幅雕刻表现了寓言主题：其中两幅画的是狮鹫的神话，即太阳鸟。

刻着浅浮雕的石板尺寸大小不一；其中大多数石板，像那些刻有神像的，都有12英尺长，3英尺宽，2英尺厚。这些石头上部的9英尺空间被雕刻占据，而下面的3英尺似乎被当作底座。

这些岩石雕刻中的几幅绘图可参见本书后面的图1235和图1236。显而易见的是，这些巨大石板所在的位置，从当年被刻上岩画到现在被发现，都是在同一地点。

第二节　南美洲

亚历山大·冯·洪堡（Alexander von Humboldt）（a）对南

美洲的岩画做了总体评述，摘要如下：

在南美洲内陆，介于北纬2度和4度之间，有一片森林覆盖的平原，周围被四条河环绕，即奥里诺科河（Orinoco）、阿塔巴波河（Atabapo）、里奥内格罗河（Rio Negro），以及卡西基亚雷河（Cassiquiarev）。在该地区花岗岩石和正长岩石上，发现了巨大的符号图形，有鳄鱼和老虎、家用器皿，还有太阳和月亮。现今最接近其边界的都是居无定所的赤身野蛮人，处于人类生存的最低阶段，根本不会想到在岩石上雕刻象形文字。人们可以探索整个南美区域的岩画，跨越8个经度，即从鲁普努尼河（Rupunmi）、埃塞奎博河（Essequibo）和帕卡赖马山脉（Pacaraima），直到奥里诺科河与尤普拉河（Yupura）边。这些雕刻可能属于很多不同的时代，因为罗伯特·肖姆伯格（Robert Schomburgk）爵士甚至在里奥内格罗河边发现了16世纪初的西班牙小帆船，这里是荒野之地，很可能当地的原住民当时与现在一样野蛮落后。在距恩卡拉马达（Encaramada）几英里的热带大草原中部，立着一块画岩（Tepu-Mereme）。上面有几个动物和符号图形，非常类似于我们在恩卡拉马达城北面的凯卡拉（Caycara）附近所观察到的岩画。这些画岩是在卡西基亚雷河与阿塔巴波河之间被发现的，特别引人注目的是，它们东面560英里之外是人迹罕至的帕里马（Parime）。尼古拉斯·奥尔斯特曼（Nicholas Hortsmann）在鲁普努尼河岸边发现了不少画岩，在此处，鲁普努尼河在马卡拉纳群山（Macarana）之间蜿蜒前行，形成几个小瀑布，然后到达阿穆克（Amucu）湖区。"岩石上覆盖着图画，"或者，如他用葡萄牙语所言，"de varias letras

（多个文字）"。随后，他给我们展示了卡西基亚雷河边古里马卡里（Culimacari）岩石，上面有一些文字符号，排列成行，但其实它们只不过是些形状丑陋的天象图、蟒蛇，以及做木薯饭的炊具。我在这些画岩上从来没有见到任何对称的排列，甚至也没有任何有规则的均衡间隔的字符。因此，我有理由认为，哈特曼文中所说的"文字"，严格说来不能算文字。

肖姆伯格看见并记述了瓦拉普塔（Warraputa）瀑布附近埃塞奎博河岸边的其他岩画。承诺或威胁都不能让印第安人用锤子在这些岩石上敲一下，因为这是他们先辈卓越精神培育的神圣纪念碑，他们把这些岩画看成伟大神灵的工作。我们接触过不同的部落，他们虽然相距遥远，但都熟悉这儿的岩画。我的印第安同伴们惊恐万状，似乎以为天火会随时落到我的头上；因为我想分离一块石头，却发现徒劳无功。聊以自慰的是，我带回了这些纪念画的完整绘图。尽管各地的印第安人至今仍崇拜先辈们制作粗糙的雕刻，但他们却没有制作同类岩刻的想法。还有一事值得一提：在恩卡拉马达与凯卡拉城之间的奥里诺科河两岸，高高的崖面上雕刻着这些象形文字的图形。位置如此之高，现在只能通过特高的脚手架才可够到。如果你要问当地人这些图画是如何刻上去的，他们会笑着回答，就好像这件事只有白人才蒙昧无知，"在发大水的日子，他们的先辈会划着独木舟到达那个高度"。

哥伦比亚合众国

民族学局的 H. 霍姆斯先生（b）记述了在巴拿马州奇里基省（Chiriqui）的岩画：

画岩——我们对有关内容的记录非常缺乏。唯一有确切记述的是"画石"。西曼（Seemann）提供了几幅刻在上面的图形，下文就是节选自他的一段话：

'在距大卫镇北10英里左右的卡尔德拉（Caldera），有一块花岗石，当地人称画石。它高15英尺，周长近50英尺，顶部平坦。石头的每一边，尤其是东边，覆盖着图画。有一个光芒四射的太阳；随后是一排脑袋，每个都有一些差异，还有蝎子，以及一些怪异的图形。顶部和另外一边有一个圆形和椭圆形的符号，带有交叉线。有人认为岩刻是杜拉克人所为（Dorachos 或 Dorasques），但用于什么目的却没有相关的历史记录或传说。'

这些碑刻的位置很散乱。最初可能近一寸深，但有些地方几乎被大自然消磨殆尽，这也从一个侧面证明它们有多么古老。A. L. 皮纳特先生最近对这些图像的考察证明，它们在细节上有显著差异，麦克尼尔（Mcniel）先生提交了另一个副本。

图 105 展示的是麦克尼尔先生对岩石西南面岩画的临摹图。

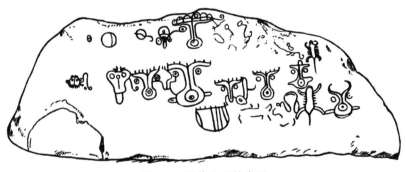

图 105　哥伦比亚的岩画

其他哥伦比亚岩画的图示见图 151 和后面的图 1166。

圭亚那

圭亚那的名称是指亚马孙河、奥里诺科河、里奥内格罗河与卡西基亚雷河之间的领域。它曾一度分属法国、英国、荷兰、葡萄牙和西班牙。葡萄牙属圭亚那现在属于巴西，而西班牙属圭亚那现在是委内瑞拉的一部分。在这几个圭亚那发现了许多岩画。在属于委内瑞拉的部分随处可见，但大多集中在奥里诺科河谷沿岸。

以下摘录自伊姆·特恩（Im Thurn）（a）所著的《在圭亚那的印第安人中间》，它对相关主题做了深入探讨：

> 圭亚那的画岩不只一种。在所有情形下，各种图形被粗糙地描绘在大小不一的岩石表面。有时这些图像是画在石头上，尽管这种情况很少；更常见的是雕刻在岩石上，这一点非常重要。岩刻可以区分为两种，不同深度的切口，清晰的雕刻方式，而最重要的是图形所要表达的含义。

> C. 巴林顿·布朗先生（Barrington Brown）提到英属圭亚那的画石。他说，在阿迈拉（Amailah）瀑布下方的科瑞布朗（Cooriebrong）河边，他路过"一块巨大的白砂岩石，上面有用红色颜料画的图像"。……华莱士（Wallace）先生在他的《亚马孙游记》中说，类似的图画在亚马孙附近出现过多次。……

> 这些岩刻一定很古老，也就是说，它们肯定是在欧洲人统治圭亚那之前出现的。如前所述，雕刻有两种，而且很可能是两个不同民族的人所为；没有任何理由认为，这两种岩刻是在同一时间产生的。

> 为了方便起见，这两种雕刻可以用"深""浅"加以区分，

看图像是深深地刻入岩石，还是只在表面刻画。前者的深度各有不同，从八分之一英寸到二分之一英寸，甚至更深；而后者的深度则微不足道。这种差异可能与制作的方式不同有关。深雕刻似乎是用石头制成的锋利工具凿入岩石；而浅刻图显然是用石头和潮湿的沙子长期持续的摩擦形成。这两种岩画似乎从来没有出现在同一个地方，甚至不在彼此的附近地区；事实上，几乎可以在深浅两种雕刻出现的地区之间划一条分界线，深雕刻形式的岩画出现在马扎鲁尼河（Mazeruni）、埃塞奎博河（Essequibo）、伊伦河（Ireng）、科廷加河（Cotinga）、波塔罗河（Potaro），以及伯比斯河（Berbice）岸边的几个地点。而据报告，浅雕刻形式的岩画，只出现在科伦廷河（Corentyn）及其支流附近，不过数量相当丰富。但这两种岩画不仅凿刻的深度不同，制作的方式明显不同，出现的地点不同，而且这两者之间的主要区别在于表现的图像不同。

图 106 是浅雕的一个典型例子。
本书第 2 卷中的图 1104 是深雕刻的一个典型例图。

浅雕刻似乎总是出现在面积较大、并且表面比较光滑的岩石上，极少像深雕刻的图形那样，刻在分离的、一块压着一块的石板上。浅雕刻的图形普遍更大，图形中总有比深雕刻更加精细的直线或曲线的组合；浅雕刻中的图画常常不是动物，而是如前所述，或多或少有些变异。最后一点（我不能确定它有多重要），就是在我已经见过的所有例子中，它们几乎都面向正东。

图 106　圭亚那的浅雕

　　而另一方面，深雕刻不是由单一的图像组成，而是由数量不等的多个简朴的图画组成。……这些图形描绘了人物、猴子、蛇，和其他动物，而且也以一种模式进行简单的两三个直线或曲线组合，偶尔有更复杂的组合。单个图形很小，平均高度12到18英寸，但在一个组画中，一般都有相当数量的图形。

　　后一种岩刻的一些最佳实例在瓦拉普塔大瀑布旁，离埃塞奎博河约有六天的行程。

　　……在瓦拉普塔大瀑布旁最常见的岩刻图形是男人，有时是猴子。构图很简单，通常有一条代表躯干的竖直线，两条与身体成直角交叉的横直线；其中一条距顶部大约有三分之二的距离，代表两只上臂，在其两端垂直向上的线代表下臂；另一条在下端的线代表两条大腿（直到膝盖），从该两端向下的线

146

表示小腿。在主干线顶部的一个圆点或一个小圆圈构成脑袋；有几个放射状线条是手指，还有几个放射状线条应该是脚趾。偶尔有主干线向下，仿佛代表一条长尾巴。也许无尾的图形代表男人，有尾的代表猴子。有几幅图中，躯干不是由一条直线来表示，而是由两条曲线构成，表示身体的圆形轮廓；这样形成的身体被一排圆点一分为二，几乎无一例外地都是九个圆点，这似乎代表椎骨。

大多数在瓦拉普塔大瀑布旁的其他图形都是非常简单的二、三或四条直线的组合，类似于所谓的"希腊回纹图案"比比皆是。曲线和简单的螺旋线组合也频频出现。其中很多这类组合与今日印第安人涂在脸上和裸体上的图形极为相似。

同一作者的书中（第 368 页，第 369 页）记录了当代圭亚那印第安人对岩画的迷信崇拜：

> 每当看到一个雕刻的岩石或凿刻的山头或石头，印第安人为了避免当地的神灵发怒，每个人都要往自己的眼睛里揉红辣椒水。……虽然老手们极其淡定地承受着这种自虐，但我一次又一次地看到，由于受此痛苦，印第安人儿童，甚至小伙子们都在哭泣，这种情景难得一见。然而这种仪式从未被遗漏。有时，如果罕见地没有成员事先预备辣椒，就会用酸橙汁代替；如果手头既没有辣椒也没有酸橙，就会用一块靛蓝染色布仔细浸泡，然后将颜料擦入眼睛。

同一作者（b）补充道：

关于圭亚那的岩画，我们可以简要总结几件事实。岩刻有两种，可能是由不同的作者以不同的意图制作，但也可能不是。在第一批欧洲人到来之后，仍然有人在制作岩刻，有雕刻的大船为证。因此，岩画很可能是该国当代印第安人的祖先制作的，根据罗利（Raleigh）和其他早期探险家的著作及早期殖民者的报告，可以推定：在第一批欧洲人到来之时，目前的印第安部落已经生活在圭亚那，尽管可能不是在目前相同的地方。欧洲人的到来破坏了石刻艺术，岩刻活动被中止。可能有一段时间，涂画代替了岩刻，但很快这个退化的做法也被放弃。至于作图的目的，肯定是有的，但究竟是什么，目前尚不清楚。最后，这些图像似乎表明与墨西哥文明有一点点关联。

以下摘录自查尔斯·布朗（Charles Brown）(a) 先生关于英属圭亚那印第安人图画文字的论文，他的观点和细节与前文有所不同：

能够看到这些文字或标记的距离与凿刻的沟线深度成比例，或远或近。在某些情况下，站在离岩画100码外的河岸上，也能看得一清二楚；在另外一些情况下，岩画如此模糊，只能在某种灯光下，借助其磨光表面的反射光才可以看到。在绿岩、花岗岩、石英斑岩、片麻岩和碧玉砂岩上，都有岩画。在水面以上不同的高度，既有垂直位置的，也有水平位置的。有时，只有在旱季河水下降时，才可以看到岩画，例如，在伯比斯河（Berbice）与卡西基廷河（Cassikytyn）边的几幅岩画就是这样。还有一例，在科伦廷河旁，岩画的最高点离水平面如此之远，只有立起一个工作台升到岩石表面才能制作岩画，除非当时河水远远高于平常水位。沟线的宽度从半英寸至 1 英寸不等，而深度从来没有超过四分之一英寸。……沟线与画岩一样，因日晒雨淋而褪色模糊。……

从他们的口传来看，主亚那的印第安人对图画文字一无所知。他们对岩画是人力而为的说法不屑一顾，认为是他们伟大的创造神马库纳伊玛（Makunaima）所为。……

由于这些图像显然是由过去的部族人以极大的精力和劳力凿刻而成，我的结论是，这些岩画具有某种崇高的目的，可能有宗教目的，因为一些图形给人一种生殖崇拜的意图。

委内瑞拉

哈特曼（R. Hartmann）教授（a）提供了一张刻满图像的南美岩石的铅笔画，由莱比锡画家安东·戈林（Anton Goering）先生绘制，本书的复制画见图107。这块岩石离圣埃斯特班（San Esteban）不远，这是委内瑞拉卡贝略港（Puerto Cabello）附近的一个村庄。C. F. 阿普恩（Appun）在所著《在热带地区》第 1 卷第 82 页中，提到这个"印第安人石头"，一块躺在路边的大型花岗岩石块。他的记述如下：

这些图画，凿刻在石头上，达半英寸深，大多是蛇和其他动物图形，还有人头和螺旋线，这些与我之后在主亚那埃塞奎博河与鲁普努尼河边看到的图形，在特征和形式上大不相同，但两者的制作方式都很粗糙。虽然受到风吹雨打的侵蚀，但这些图像仍然一清二楚；唯有印第安人才有如此超凡的耐心，在坚硬的花岗岩石上用石头雕刻图像。

148

图 107　委内瑞拉的岩刻

马卡诺博士（*a*）提供了有关图 108 的叙述，翻译如下：

图 108　委内瑞拉凯卡拉附近的岩石

　　吉利神父保存了画石（Tepumereme）的传说。有些老作者喜欢用"Tamanak"一词表示画石，而不爱用"tepumeremes"或"rocus pintadas"（画岩）。"Tepumereme"一词已转变成一个专有名词，特指离热带大草原中部恩卡拉马达（Encaramada）数英里处的那块岩石。这块岩石属于塔马纳克山脉（Tamanaks）内的亚拉腊山（Mount Ararat）。

　　即使这个传说是真实的，我们以后将进一步论述（参见前面的第 11 页），它也未提供任何信息以帮助我们解释象形文字，所以我们只能描述其主要特征。

并不是所有的图画文字都限于劳达尔斯地区（Raudals），但既然我们不知道岩刻的作者是哪些部族的人，我们不妨将它们归到一起，只要它们都出自奥里诺科河两岸，只要它们所在的地点确定无疑。我们提供的复制图非常细致，并缩小到十分之一。

　　最引人注目的是，尽管细节有差异，但图案总体上有共同特征。事实上，令人费解的并非图像带有无法确定的图形，而是清晰的线条被精细地描绘并以同一风格组合。它们是几何图案，而不是具体事物的描画。图 108 中的图例来自凯卡拉镇（Caïcara）附近的一块岩石，该镇位于奥里诺科河的右岸，靠近此河的最后一个大弯道。图上有三个美洲虎，一大两小，前者与后者被分开，中间隔着装饰性的太阳，摆在它们的脚边。它们皮毛上的斑点呈现出有规则的直角排列，假如不知道这些地区从来没有猫科动物存在的话，你会以为它们是老虎。美洲虎在无关紧要的细节上有差异，但考虑到总体的一致性，这一定是有意为之。最大的那只美洲虎口鼻处有六道放射状线条，一只耳朵内有一个圆圈。第二只显示身体的下部有两个钩子。第三只面前有一个孤立的头，尚未画完，没有耳朵，似乎与前二者不同。四肢也有些差异。

　　这些动物被摆放成前行的姿势，似乎沿着同一方向从高处向下走。也许这是一套完整的助记符号，但如果我们知道当地印第安人将此用作图腾，我们或许可以认为它们是图腾。

同一作者（在原著第 205 页）介绍了希卡古（Chicagua）险

滩旁的岩画，如图 109 所示：

这个有趣的图集包含多种多样的表意文字。

除了与前面类似的图形之外，还出现了我们以前没见过的新图形和部分组画。如果你从头到尾看一遍，你会依次看到简单的圆点、乱线组成的图形、写实的物体，甚至字母表里的字母，当然，这只是一种巧合。 149

第一组以三个圆点开始（与马卡诺著作中的图 19 相似；参见本书中的图 1105），随后有两个圆圈，其中心各有一圆点，最下面是一丛折线。右侧的第二组是由各种有规则的图形构成。我们注意到其中最下方的两个，其中一个类似于字母 K，另一个像倒写的 A。第三组中有一个螺旋形，两个圆圈，其中一个圆圈带有两个尾巴，另外还有一个折线构成的图形。下面可看到一条盘绕的蛇。它的头很有特点；在奥里诺科河沿岸其他前哥伦布时期的雕刻中也能见到这种蛇。至于图 e，我们只想提示一下，它很像我们字母表中的 E。在美国有时也能见到。（有关这种说法，笔者在本书后文会介绍图 824 和图 872 中表示疼痛的表意字。）

图 f 是一只难以确定的动物，其头部和尾部可以猜测。它的身上布满装饰图形，而腿画得非常不完整，处于奔跑的状态。图 g 可能是一棵树，下部附着起伏的线条；图 h，一只脑袋上戴着造型复杂的头饰。这是我们在该国发现的第一个明显的人物图像。图 j、图 k 和图 l 的奇怪组合显示在线条的终端有圆点，我们对此已经提过。图 m 就像字母 M；图 n 显示了一个表面平整的圆。

图 109　委内瑞拉希卡古险滩旁的岩画

因此，我们可以看到，一些旅客有关神秘的象形文字组合的说法远远没有证实。至于洪堡先生夸张的说法，其实是由于他对自己的所见感到不满意。下面的句子可以佐证："据可靠人士记录，在乌鲁阿纳（Uruana）附近草原上的一座孤立的花岗岩上，甚至能在80英尺之上看见深深雕刻的图像，似乎排列成行，有太阳、月亮和不同种类的动物，甚至有鳄鱼和蟒蛇。"此外他还提到厨房和家用炊具以及他凭空想象出的物体。

委内瑞拉图画文字的其他插图见图152和图153，以及后面的图1105和图1106。

巴西

J. 惠特菲尔德（Whitfield）（a）先生对这一地区做了总体介绍，摘要如下：

> 1865 年 8 月，有人对岩刻进行了考察。据说在内陆塞阿拉州（Ceará）有几个类似的岩刻，伯南布哥州（Pernambuco）和皮奥伊州（Piauhy）也有，尤其是在塞尔唐地区（Sertaõs），也就是说，在内陆树木稀少的地方。但从来没有提到在沿海是否见过。
>
> 只有在这条河边与河床中的岩石上才有石刻。有些河边岩石延伸达 15 至 20 码。除雨季之外，河中无水。这座岩石属极其坚硬的硅质片岩。从外观看，岩刻所使用的可能是一件重而钝的工具，比如一把磨损严重的石匠锤。它大约位居格兰德山（Serra Grande）或伊比亚帕巴山（Ibiapaba）与梅里奥卡山（Merioca）之间，离海岸约 70 英里，在索布拉尔镇（Sobral）以西 40 英里处。当地人认为，所有这些"记号"（岩刻）都是荷兰人做的，是他们的藏宝记录。当地人觉得，凡是他们不了解的事情，都是荷兰人干的。然而，在 17 世纪初，荷兰人占领这个国家才不过几年。荷兰人在沿海建立的众多堡垒如今还在，但没有可靠的记录证明他们曾在内陆居住，他们更不可能在偏远的内地岩石上，花费很多时间来刻写令人费解的象形文字自娱自乐，并表达对流浪的印第安人的钦佩之情。

弗朗兹·凯勒（Franz Keller）先生（a）讲述了有关图 110 的故事：

我发现了一块"文字石"，上面满是螺旋线和同心圆环，均匀地刻在这块黑色的片麻岩状的材料上，它与卡尔代朗（Caldeirão）的岩刻很相似。四下察看，我又发现了一个完美的石刻，其笔直整齐的线条几乎不可能是懒散的印第安人在"闲暇时光"做的。这些字符刻在非常坚硬光滑的石块上，长 3.4 英尺，高宽皆为 3 1/4 英尺。它以 45°角躺卧，只高出水面 8 英尺，靠近第二个较小的急湍——里贝朗瀑布（Cachoeira do Ribeirão）的岸边。字符的横断面不是非常深，它们的表面像更远处的岩刻一样，磨损不堪。在有些地方，它们几乎被时间抹平，只有光线良好的时候才可以看清。在这些石头表面，到处可见一层被水常年冲刷而成的深棕色的釉，非常均匀地覆盖在有凹形文字的石块表面上，如同覆盖在没有凿刻的石块表面。这说明，自从某个极具耐心的印第安人在此花很长时间用石英石凿子雕刻以来，许多年代已经过去了。因为凿刻的线条近乎完美地水平移动，而且在卡尔代朗河与拉热斯瀑布（Cachoeira das Lages）附近的图画离水面那么近，因此可以认为，石块当前的位置一直就是当初的位置。……在托坎廷诺河（Tocantino）的大支流阿拉瓜亚河（Araguaya）多石的岸边，也有类似的粗糙的动物轮廓画刻在马蒂里奥斯（Martirios）湍流附近。第一批葡萄牙探险家出于幻想，认为他们从这笨拙的图画中看出耶稣受难的记载。

151

　　拉迪斯劳·内托（Ladis Lau Netto）博士（a）提供了一幅绘图，复制如图 111 所示，这幅岩刻是多明戈斯·费雷拉·彭纳（Domingos S Ferreira Penna）发现于欣谷（Xingu）河边的埃塔马拉卡（Itamaraca）岩石。内托博士的描述翻译如下：

图 110 巴西里贝朗瀑布旁的岩画

图 111 巴西埃塔马拉卡岩石

　　这整幅岩刻似乎要表达的一个意思是：图示为一个大规模的村落，两侧由堡垒护卫，同时也是入口。在这两侧，此村落群有外部建筑或安全设施，一种迷宫或象征性的图形，也许表示居民所遭遇的与周围田野的交通困难。

在左下侧，有一组图形似乎表示酋长居所、交战屋或最后阵地，它们建在村庄或城市正门附近，用以防御。可以看见三个蜥蜴图像，其中一只拖着大尾巴，在最后阵地或防御房子的一侧，似乎代表全体民众。奇怪的是，另外两只拖着小尾巴，正向第一只走过去。

这幅岩刻显然是最完美的，是到目前为止全美洲［？］最引人注目的发现，不仅是由于其完美的状况和规模，而且是由于其表达模式，它将一系列含义在此组合到一起。

同一作者在原书第 552 页提供了里奥内格罗（Rio Negro）谷石头上的岩刻，并且评论道："在这系列画中，引人注目的有两个头戴冠冕的人物［见图 112］。其中一个手握权杖，在他们的身下有两只水豚面对面，全身涂成黑色，与北美的一些岩刻图形相似。"

图 112　巴西里奥内格罗的岩画

以下是 E. R. 希思（Heath）博士（a）探索贝尼河（Beni）的记述：

　　　　　　　　　　　　　美洲印第安人的图画文字

我们在马代拉（Madeira）河与马莫雷（Mamoré）河的瀑布和急湍旁的岩石上发现刻有象形文字，……我们在卡尔代朗·因费尔努（Caldeirão），意为"锅"，Inferno 意为"地狱"，此山名意为"地狱之锅"，火山口脚下的急湍旁偶然发现了一些图画，图 d 和图 b 在同一块岩石并排挨着。图 a 刻在同一岩石的另一面（10 英尺宽），图 e 和图 f 在一块岩石的表面上部；图 c 在靠近底部的一侧；图 g 刻在离水面 15 英尺以上的磐石上。还有更多的图画刻在其他岩石上，但时间不允许我们进一步临摹。我和同伴 T. M. 费特曼（Fetterman）先生尽快地做了一些速写。

图 113 是一幅所述图画的复制图。

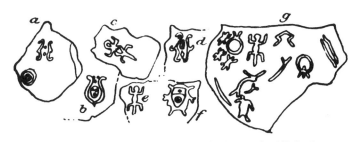

图 113　巴西卡尔代朗·因费尔努火山口脚下的岩画

我们一到达吉罗（Girão）瀑布，就开始寻找石刻，很快找到几个，上面有几个圆圈套圆圈，与那些已经发现的类似。图 a 和图 d 在同一块 9 英尺长的岩石西边和东边。图像高 21 英寸，五个圆圈的跨度达 1 英尺。东边的图形几乎消磨殆尽。图 b 和图 c 刻在松动的石头上；图 b 朝西，长 16 英寸；该岩石长 50 英寸，宽 35 英寸；图 c 长 22 英寸，此岩石长 70 英寸，宽 27 英寸，当日在河面之上 30 英尺。这些岩石是玄武岩，向北倾斜 153

86°。四周散布着许多直径 1～2 英尺的小石头，上面的石刻几近毁损。

图 114 是上述图形的复制图。

图 114　巴西吉罗瀑布旁的岩画

在佩德内拉（Pederneira），湍流下方右岸的所有岩石上都布满图画。图 115 中的图 *a* 是刻在一块朝南的大圆石上；图 *b* 在其右侧的石头上；图 *c*、*d*、*e* 和 *f* 在同一块石头上。大多数的石头只比低水位高几英尺，每年至少有八个月被水覆盖。

在阿拉拉斯（Araras）湍流处，河面很宽，（涵盖）两个岛屿和一座石崖的凸出部分。右岸几乎所有的岩石上都刻满图像。

154 图 116 是这些图像的复制图。

没有小木舟，我们就无法通过狭小的水道去临摹从远处看见的图画。在湍流和瀑布上、下游的通道常常行走艰难，难度不亚于穿过湍流或瀑布，而湍流或瀑布被分为"头部""身体"和"尾巴"。有的不仅有这些区分，而且各自又细分为"头部，身体和尾巴"。你会不断听到"尾巴""尾巴的尾巴""尾巴的身体"，或"头部"等。

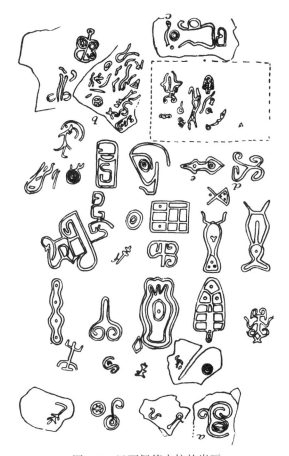

图 115　巴西佩德内拉的岩画

里贝朗（Ribeirão）——湍流的尾巴长 3 英里，有一片不停被中断的水流和大片岩石。F. 凯勒所著《亚马孙和马代拉（Madeira）》一书中展示的象形文字，正是在这里的一块高出水面 1—2 英尺的岩石上发现的。因为费特曼先生和我亲自临摹了这幅岩刻，而且完成之前无人知晓，所以我们的复制图是可靠的，尽管与凯勒的不同。图形上半部分的长度为 45 英寸，下半部分的长度为 36 英寸，每个深度为 13 英寸。

155

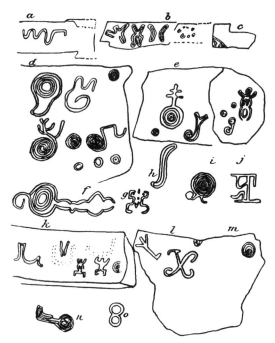

图 116　巴西阿拉拉斯湍流旁的岩画

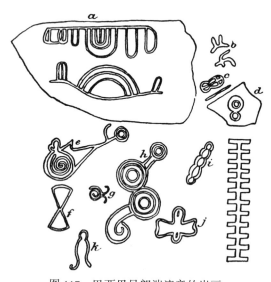

图 117　巴西里贝朗湍流旁的岩画

　　　　　　　　　　　　　　美洲印第安人的图画文字

前述复制图如图 117 所示。

右下角的字符今日和过去一样清楚，有些边缘依然清晰可辨。

在马代拉湍流旁，有一些圆圈类似于里贝朗湍流旁的 15 和
16。在河中心的一排岩石上部，就在拉吉（Larges）湍流的上游，
有一些图形。因为时间紧迫，我们只临摹了一个，见图 118。

图 118　巴西马代拉湍流旁的图形

在帕奥·格兰德（Pao Grande），我们的收获更大，这里
的岩刻显然比上述岩刻晚。人们很容易相信这些岩刻是在西班
牙征服时期凿刻的，因为这些锚、盾牌和心形图案在西班牙宗
教仪式中很常见。毫无疑问，它们是用来通知领航员的，因为
它们只出现在有危险的航道处的水面之上。在岩石凸出部分于
水面上下都有岩面的地方，露出水面的两边刻有相同的图形。
这些岩石是黑花岗岩，凿刻的深度为半英寸。

图 119 是一幅已出版的临摹画的复制图。

来自阿伦卡尔·阿拉里皮（Alencar Araripe）的特里斯唐先
生（Tristão）（a）做了大量描述并附有插图，选译如下：

在塞阿拉州（Ceará）因哈姆（Inhamun）地区的卡拉帕泰

拉（Carrapateira）种植园内，有一座小山（或土堆），在靠近路东的一块岩石表面，刻画着红色图形，如图120所示。

在因哈姆地区慕塞古镇（Morcego）的卡拉帕泰拉种植园内，一个土堆顶部，有一个半圆形的石头，其面向土堆的一边上刻四个图形，参见图121。

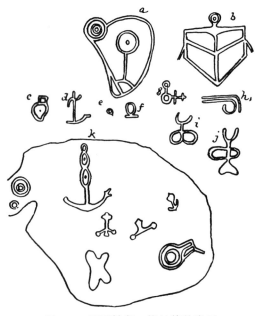

图119　巴西帕奥·格兰德的岩画

在因哈姆地区慕塞古镇的卡拉帕泰拉种植园内，有一个大石堆，石头垒得像一座塔；在此塔内部的南边或西南边，有用紫红色颜料涂画的图形。参见图122。

在因哈姆地区克拉卡拉（Cracara）至福韦勒斯（Favelas）的路旁，有一块巨石，在其西侧的顶部，刻着一些图形，并且都涂成红色［参见图123的上半部分］；下半部也是如此。

图 120　巴西塞阿拉州的岩画

图 121　巴西慕塞古镇岩画

图 122　巴西慕塞古镇岩画

这块巨石的下半部分形成一个遮蔽处，在它的顶上刻着图中所有剩余的图形。而在它的右边或南边，有一块石头，其上的图形见图123下排从左往右数第三个图形。这块石头立在一个小土堆上，后端翘起，尖头朝东，其一侧向西倾斜，这样，人们可以爬到直立的一端上面。

在同一侧（即南边）不远处的斜坡顶上，可以看到一个石堆，其上的图形见图123右下角，它像一个围栏，前面有21条短线。

图123　巴西因哈姆镇岩画

图124是帕拉伊巴州（Parahiba）佩德拉·拉夫拉达镇（Pedra Lavrada）一幅岩刻的复制图。但来自阿伦卡尔·阿拉里皮的特里斯唐先生的描述非常简略，要点如下：

这是佩德拉·拉夫拉达镇内一块巨石上的大型岩刻，镇名原是这块石头的名称，意为"雕刻之石"。

巴西境内其他岩画的复制画见后面的图 1107、1108、1109、1110、1111、1113 和 1114，另外参见第五章《杯形雕刻》。

图 124　巴西佩德拉·拉夫拉达镇岩画

阿根廷共和国

卡塔马卡省（Catamarca）拉普拉塔博物馆（La Plata）的 F. P. 莫雷诺（Moreno）(a) 提供了一幅石刻图，这块岩石位于门多萨省（Mendoza）巴霍·卡诺塔（Bajo de Canota），参见图 125。

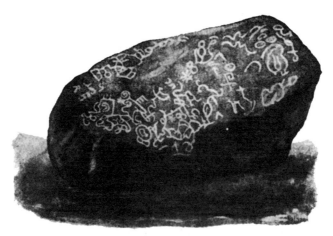

图 125　阿根廷共和国巴霍·卡诺塔岩刻

秘鲁

以下记述由里韦罗先生（Rivero）和冯·楚迪（Von Tschudi）先生提供（*a*）：

在阿雷基帕市（Arequipa）以北 24 英里处的花岗岩上留有大量雕刻，图形有动物、花卉和防御工事，这无疑讲述的是印加王朝之前的故事。

该岩刻绘图的复制画见图 126。

上述两位先生还写道：

在卡斯特罗－维雷纳省（Castro-Vireyna）胡伊特拉（Huaytara）镇，一座类似于著名的老瓦努科（Huanuco）宫殿的大型建筑遗址中，发现了一片巨大的花岗岩，上面有粗糙的雕刻，与上文提到的阿雷基帕附近的岩刻相似。没有一位最值得信赖的历史学家提到过这些岩刻或岩画，也丝毫没有提供有关秘鲁象形文字的直接信息，据此可以推断：在印加人的时代，无人懂得文字书写艺术，所有这些雕刻是一个非常古老时代的遗存。……在秘鲁的许多地方，主要是在大大高于海平面的位置，有一些模糊不清的岩刻痕迹。

图 126　秘鲁阿雷基帕附近的岩画

复制画见图 127。

图 127　秘鲁胡伊特拉岩画

查尔斯·威纳（Charles Wiener）（*a*）在《秘鲁和玻利维亚》一书中，给出了另一种说法，即：

秘鲁考古学家只发现了一处——帝亚瓦纳科（Tiahuanaco）——那里的岩石或石头上有少量岩刻，不过很有趣，似乎所有的观察者都认为它们是象征性的符号。在秘鲁只发现了几幅岩画，但有大量碑刻存留在石板上，它们覆盖着坟墓中的遗物，或与之有关。

有关秘鲁的一些图画文字的描述和绘图参见后文的图 688、图 720 和图 1167。

智利

智利瓦尔帕莱索市（Valparaiso）埃德温·里德（Edwyn C. Reed）教授通过美国海军少尉尼布拉克提交了一张带有大量雕刻的巨型圆石照片。但他未告知岩石所在位置或岩刻的具体内容。照片的复制图请看图 128。

160

图 128　智利的雕刻圆石

作为一名学会成员，圣地亚哥的菲利皮（Philippi）先生给柏林人类学学会写了一封信，刊登在 1876 年 1 月 19 日出版的会刊第 38 页，摘录并翻译如下：

我去"希普雷塞斯峡谷（Cipreses）"考察了一次，以便看一看冰河时期形成的卡恰布艾尔河（Cachapoal）支流希普雷塞斯河。当时，粗略地观看了一块刻有图画的岩石。随信附上一幅这块岩石和其上刻画的绘图。此岩石是一种绿岩，坐落在海拔高度约 5000 英尺的地方，表面覆盖着图画，平缓倾斜落至地面，可能有 8 英尺长，5 至 6 英尺高。线条约 4 毫米宽，1 到 0.5 毫米深。刻在石头上的图形没有任何顺序。我曾经同我们的物理学和数学研究人员谈起这块当地牧人称为"记号石"的石头，他们告诉我，类似刻有图形的石头在许多地方都见到过。

上述图形的复制画见图 129。

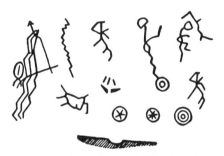

图 129　智利希普雷塞斯峡谷岩画

第四章　美洲之外的岩画

博物学家很熟悉"范围之外"这个术语，是指北美和南美以外的各大洲岩石上的雕刻、颜料画和线条画，用它们来做比较，并且证明全世界都存在类似的图形。

第一节　澳大利亚

爱德华·波特（Edward Porter）先生（a）在《澳大利亚原住民》一书中说："他们的岩刻只勾勒人、鱼、动物等的轮廓，有时可在大而平坦的岩石顶部看到。有两个地点值得一提，一个在悉尼公共用地；另一个在布里斯班（Brisbane）水域和霍克斯伯里河（Hawkesbury）之间的一块岩石上。"

更详细的信息由托马斯·沃斯诺普（Thomas Worsnop）提供，见下文：

在离"格鲁特岛"（Groote Eylandt）1.5英里的查斯姆岛（Chasm），在裂口陡峭的两侧，悬崖中有数处大洞穴，里面的岩壁上有原始的图画，它们是用木炭和类似红漆在白色岩石上画成。这些图画有鼠海豚、海龟、袋鼠和一只人手。韦斯托尔（Westall）先生发现了一幅三十二人追赶一只袋鼠的图画。

在麦克唐奈山脉（MacDonnell），距艾丽斯斯普林斯（Alice Springs）6英里处，在一个大洞穴里，有原住民的绘画，上有清晰的平行线，与鸸鹋、袋鼠和鸟类脚印相交，还有鬣蜥和人手的轮廓，勾勒精准，近乎完美。

这些平行线为深红色和黄色，边框为棕色和白色；脚印是淡红色、淡黄色和黑色；动物和人手的轮廓为红色、黄色、白色、黑色，排列和混合得非常棒（考虑到这是未开化的原住民所为）。所有的画保存完好，显然很少有人触碰它们，因为它们看上去很光鲜。

我只能推测，这些画是留作记录，当作终身的咒语，以禁止对上述动物的彻底毁灭。这些绘画是贝尔塔纳（Beltana）的 S. 加松（S. Gason）先生在1873年发现的。

我们稍后会见到麦克唐奈山脉埃米莉（Emily）峡谷洞穴中非常有趣的原住民的组画。其中许多画和实物一般大小。

同一作者在第20页介绍了一幅岩画（见复制图130）。内容 ¹⁶² 如下：

亚瑟·约翰·贾尔斯（Arthur John Giles）先生1873年在沙利文溪（Sullivan）与芬克河（Finke）的交汇处发现了岩刻。这幅画呈现在一个表面光滑的岩石上，它是一座高约45英尺石崖的一部分，由坚硬的变质板岩构成。岩刻面的下部已经磨损和

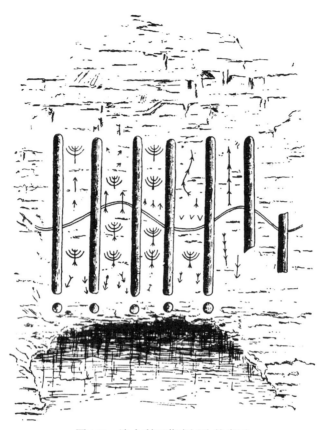

图 130　澳大利亚芬克河边的岩画

断裂，形成一种洞穴。从小溪的水面到刻石的下部边缘大约有 15
英尺。画中的直线凿刻半圆形的凹槽，直径约 1 英寸半，深度近
半英寸；所有刻在硬石上残存的图形，其深度为四分之一英寸。

　　同一作者在第 14 页描述了一些岩画，它们是斯托克斯
（Stokes）船长 1831 年至 1840 年间在德普奇岛（Depuch）上发
现的，该岛是澳大利亚西海岸丹皮尔群岛（Dampier）福里斯蒂
尔列岛（Forestier）之一。内容如下：

　　　　　　　　　　　　　美洲印第安人的图画文字

德普奇岛似乎是原住民最喜爱的休闲胜地，我们发现了几个仍在使用的小屋。毫无疑问，吸引原住民来到此地的部分原因是他们发现雨后的岩石间有蓄水坑；另一部分原因是他们可以其乐融融地在光滑的岩石上描绘各种感兴趣的物体。方法是：去除岩石坚硬的红色外层，随着他们描画出的轮廓，露出绿石的天然颜色。其中许多图画展示了原住民极大的绘画才 163 能，其主题一目了然。种类如此之多，可见原住民养成这种单纯的自得其乐的习惯肯定由来已久。

埃及人和伊特鲁里亚人的绘画艺术令人极为敬佩，而且给众多的推测提供了依据，但这些用绘画装饰德普奇岛上岩石的澳大利亚原住民，在一件事上却证明自己优于前者，因为他们的绘画找不到丝毫下流的痕迹。

图 131 显示了一些画在这些岩石上的图形。它们可能表示如下物体：

图 a，一只鹅或鸭；图 b，一只甲虫；图 c，一条鱼，上方有一上弦月，可能表示借着月光捕鱼；图 d，一个原住民，手持鱼叉和投掷棍，可能与他的冒险有关，这通常是通过歌咏，伴随着大幅度的动作和挥舞武器，尤其是在吹嘘他的力量之时；图 e，鸭子和海鸥；图 f，一个原住民在一间小屋内，有一部分用来盖房子的席子；图 g，鲨鱼和引水鱼；图 h，"corroboreeo"，一种原住民舞蹈；图 i，一只本地狗；图 j，螃蟹；图 k，袋鼠；图 l，似乎是一种猛禽，抓住了一只长鼻袋鼠。

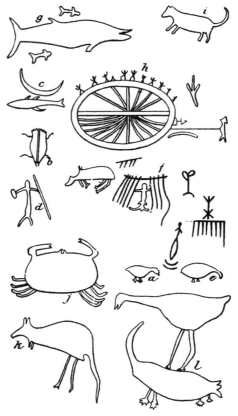

图 131　澳大利亚德普奇岛岩画

　同一作者在第 5 页描述了另外一个地点，内容如下：

　　在新南威尔士，邻近博特尼湾（Botany）和杰克逊港（Jackson）的岩石上，有人发现了刻着动物、盾牌和武器，甚至男人的图像，虽然确实粗糙，但所要表现的物体却一目了然。画中常能见到鱼，而在某一处，一个大蜥蜴被相当准确地勾画出来。在一座小山顶上，刻着一个男人的形象，其姿势好像正要开始跳舞，画技非常高超。

上文提到的图像很可能是达拉莫伦神（Daramulun）；见豪伊特（Howitt）（a）的《澳大利亚的原始习俗》。

R. 埃瑟里奇（Etheridge）（a）提供了一份有关班特里湾（Bantry）前端原住民岩刻的特别记录，内容如下，有关的图形见图 132：

在杰克逊港岸边所见到的众多原住民岩刻遗迹中，在面积或细节的完整程度上，没有一个比得上那些位于澳大利亚中部海湾班特里湾前端和东侧高处的岩刻。

砂岩石板上散刻的岩画，一边的长度为 2 链（海程长度单位，合 20.1168 米），另一边长度为 3 链，朝西南有一个 7 度缓坡。现在的公路通过其中的一部分。……

图 132　澳大利亚班特里湾的岩画

这些图形是以轮廓勾勒出的目前的形状，其连续沟槽的宽度是 1 至 1.5 英寸，深度是 0.5 至 1 英寸。有些单一的图形杂乱地散落在表面上；另外一些形成小型组画，刻画了多种图形，但所有图形似乎都是在同一时间完成的。……

在这个地方，其他现存雕刻的发展似乎体现在原作的图 a 和图 b，因为从中可以明显看出，它想以两个武士之间的单斗形式表现复杂的意思。这两个人物相距很近。标为 *a* 的这个人右手似乎拿着一个类似于图 *c* 的物体，而它所在的位置使人相信这是一种盾牌。而此人的另一只手握着一捆木棒，其实可能是长矛，这种解释似乎更合理。另一方面，我们面对这样一个事实：这些进攻和防守武器都放错了左右手，除非持有人是左撇子；否则必须设想，这个武士是背对着观画者，但这又和雕刻中存在的其他证据相矛盾。他的对手，标记为 *b*，双腿张开，手臂伸出，姿势很像原住民在投掷回飞镖，这一点可以确定无疑。我认为，回飞镖之所以靠近右手的位置，是因为要传达这样的意思：这名男子刚刚朝图 *a* 中的人抛出飞镖。当然，这是我们推测出的原住民艺术家的想法。……

在其他几幅图画中，人的头部仅用一个圆形的轮廓表示，但在图 *b* 中，它却有一个鸟一样的外观。另一个独特之处是，膝盖骨有很大的棱角：在图 *a* 和图 *b* 中都可见到。在图 *a* 和图 *b* 中，人物的左臂也是如此。

第二节　大洋洲

"大洋洲"一词在这里并不是一个精确的地理概念，也包括本书其余章节未提及的世界其他地区的几个岛屿，在那儿发现了特别有趣的岩画，并已公之于众。虽然已知的此类地点比我们提到的要多，但对这一带图画文字的介绍和图示并不能证明它们有重大意义，不过，它们的存在证实：书写图画文字的做法是全球性的。

新西兰

尤利乌斯·冯·哈斯特（Jullus von Hoast）博士（a）出版了他的笔记，概述如下，复制画见图133：

在新西兰发现的最著名的岩画在维卡（Weka）公路西侧1英里处的一个岩石遮蔽处。此遮蔽处是被水在一个垂直岩壁冲出来的，而该岩壁立在一个小山谷的右边或南边，长约300英尺。遮蔽处下面的岩石的整个长度都被用于绘画。显然，画中物体和人物的排列有一定顺序。绘画的颜料是"kokowai"（红色的氧化铁），今天的新西兰原住民仍在广泛使用它；还有一些含脂肪的物质，如鱼油，或者一些油性鸟脂肪。颜料已被很好地抹在能渗透的岩石上，大量摩擦也不能除去它。

画中一些主要物体显然属于动物王国，而所描绘的动物，要么是新西兰不存在的，要么只是虚构或神话中的角色。绘画显现在约65英尺的岩石表面，上端的一些图像在地面8英尺以上，而平均高度为4到5英尺。它们的尺寸都相当大，大多数有几英尺，有一个甚至达15英尺长。

首先在东端最左边的图 a 很可能是一头抹香鲸，嘴巴大张，正在向下潜水。这个图像有3英尺长。离它五英尺是另一个图 c，可能也是一头鲸鱼或某种传说中的双头海洋怪物。这幅画长3.4英尺。在它下方，靠右一点是图 d，我们可见一条大蛇，有一个膨胀的脑袋和一个伸出的长舌头。这个图形大约有3英尺长，身体有多重弯曲。

很难想象原住民如何在一个没有蛇的国度里，却不仅有蛇

的传说，而且还能够描绘它们，除非他们接触过那些来自热带
国家而登陆新西兰海岸的移民。

　　　在两条鱼或鲸鱼之间是图 *b*，这可能是一个鱼钩；图 *d* 中
蛇的下面是图 *e*，一把剑，刀刃弯曲。

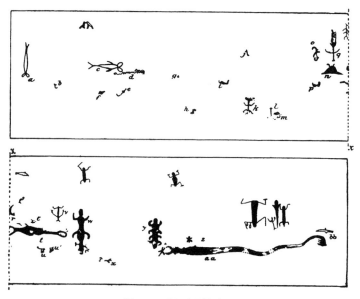

图 133　新西兰的岩画

　　　再向右看，是特别有意思的一组画，图 *i* 近一尺长，很像
一只长脖鸟，脑袋长得像食火鸡或鸸鹋，也像恐鸟。如果这幅
图画的是恐鸟的话，我可以认为，要么这是描绘此鸟的传统方
式，要么就是说，这种传统的画法已经失传，因为下一幅图 *k*
可能画的是塔尼瓦（taniwha，传说中的巨型蜥蜴，一直盯着恐
鸟）。图 *h* 毫无疑问是四足动物，可能是一只狗，它与恐鸟同时
代，也被捕捉恐鸟的猎人用作食物。图 *j* 显然是武器，很可能
是一把扁斧或战斧，因为它靠近所谓的恐鸟，可能表示后者在

追逐时被砍死。图 l 是一根树桩，顶部有两根树枝；在图 c 和图 i 之间的图 g 则是一根树桩的残余。这些图画可能表示捕捉恐鸟的方式，或表示恐鸟生活在森林中间的空旷地带。图 m 下方的岩石中央部分已经脱落；和图 f 一样，很像古代东方文字。

在接近岩壁的中间部分，我们找到一个形状完好的组画，图 n 的中间像是一顶帽子，装饰在王冠上。这顶宽边帽的边长是 2 英尺。马来亚和印度南部国家的古代风俗专家也许能够破解此图，包括周围从图 o 到图 r 的含义。

图 q 共有 3 英尺高，显然在喷出火焰或烟雾；因此，它可能表示一棵火树、一盏灯或烧香的祭坛。……图 o 画得特别好，167 轮廓非常清晰，但我无法猜出它的含义。图 s 毫无疑问画的是一个人，正在逃离 q，而 q 的上方在喷火或烟，我之所以认为 s 画的是一个人，根据是图中有一个类似的人物正在逃离怪兽 aa。p 被设置在该组图画的下方，像是一副眼镜，但很可能是一个字母或是对这样一个符号的模仿。

再往右一点，有一个 6 英尺长的图形，非常突出，画的很可能是露脊鲸在喷水。在它上方的图 r 中，很容易辨认出一只螳螂，而图 u 和露脊鲸右下方的字符应该也像是密码或字母；图 w 和图 y 虽然在许多方面各不相同，但毫无疑问属于同一组，画的是大蜥蜴或鳄鱼。……图 w 有 4 英尺长，不幸的是，它的下部缺失，但所画的四条腿和另外两个下肢保存完好，其中一个分叉，另一个像三叉戟。我还希望读者注意其头部的特殊形状。图 y 是一个类似图 w 中的动物，长 3 英尺，但它有八条腿，头部和尾部很清晰。头部画的很圆。这两种动物毫无疑问是某种神怪动物，诸如塔尼瓦（taniwha），古老传说中经常提到的巨鳄。

图 *aa* 是条像蛇一样的巨型动物，长 15 英尺，很可能画的是图纳·图奥洛（tuna tuoro），一个传说中的怪物。很明显，这头怪物正要吞吃一个人，而此人正在逃命。

卡伊群岛

A. 兰根先生（Langen）（*a*）写了一份有关卡伊（Kei）群岛及其幽灵岩洞的报告，其整页插图复制画见图 134。他说：

> 小小的卡伊群岛，更正确地说是阿鲁埃群岛（Arue，在新几内亚的西南方），是一片被火山力量冲上来的海床，覆盖着珊瑚和贝壳。珊瑚只出现在几处，大部分都覆盖了一层黏合在一起的贝壳。黏合物如此坚固，竟然抗过了时间的侵蚀，不过贝壳已经被风化。

> 就整体而言，同类图形都有数千幅。[它们可分为三大系列，第一系列包括字母 *a* 到 *k*；第二系列从字母 *l* 到 *t*；第三系列从字母 *u* 到 *w*。]许多图形都被磨损，无法辨认；只有第 1 系列里的字母 *k*；第 2 系列里的字母 *n*、*o*、*s*、*t* 和第 3 系列里的字母 *cc*，独立成图，似乎有特殊的含义。众人都传说第 1 系列和第 2 系列的图像非常古老。据说，这些符号记录了一场可怕的战斗，岛上的居民伤亡惨重，但终于得胜。有人说，这些符号是阵亡的鬼魂所记。而第 3 系列的符号据说是一个名叫特瓦亨（Tewahern）的女人所记。她不但能跟活人交谈，而且可以和鬼魂对话。可是，有一次，由于她向一个男人泄露了让灵魂回归身体的秘密，帮助他使妻子死而复生，因而传说她被幽灵毁灭，变成一只乌鸦，它的叫声直到今天都表示死亡。从那以

　　　　　　　　美洲印第安人的图画文字

图 134　卡伊群岛上的岩画

后，在活人和死人之间再也没有中间人了，岩石上再也没有任
何新的记号出现。

实地考查向我展示，第3系列画的颜色由赭色土与水相拌而成。最古老的绘画似乎用水彩画成，因为颜色已完全渗入岩石中。大多数的图像都画在凸出的岩石上，而且都尽可能地使其免受风吹日晒。它们是否与巴布亚岛岩石上的符号有某种关联，我无法判断。

我们有理由认为，作为幽灵住所的这些洞穴是神圣的，但并没有用作埋葬之地。在一些洞穴前面发现了少量的铅环和铜锣的碎片，它们似乎是献给幽灵的祭品。现在那儿已经没有献祭了，而岛上居民对这些事情一无所知。

复活节岛

这个岛上的巨型人物雕像经常出现在各种出版物上，有的带图，有的不带图，其实，除了那些雕像之外，古老的石屋遗址里发现了大石板，上面画着图画。美国海军军需官威廉·汤普森（William J. Thompson）（a）提到奥罗戈（Orongo）一带的房子，说："光滑的石板靠着墙壁，天花板装饰着神话人物，白色、红色和黑色的颜料描绘出原始的图像。"这些图像分别是鱼和鸟状动物，夸张的轮廓明确显示是神话中的角色，其模样在自然界中是不存在的。经上述作者同意，这里提取出图135。有意思的是，几乎所有的原始标本现在都存放在美国国家博物馆。

虽然汤普森军需官所讨论的奇特雕刻不是岩画，但在此提到它们似乎是合适的。图136取自维安的《人类学学会通讯》（a），它展示了其中一个碑刻，与本书之前提到的形式不完全一样。

下面的评述引自权威专家拉克伯里（Lacouperie）教授（b）的著作，不过，有关问题仍在讨论之中：

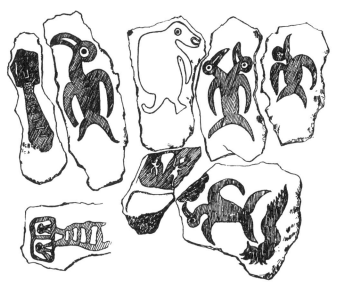

图135　复活节岛岩画

印度东部的文吉-查鲁克亚（Vengi-Châlukya）字符，也传到了西里伯斯（Celebes）群岛北部。那里的人们没有坚持使用拼音文字。它已不再用作字母表。奇怪的是，它被岛民用作装饰图案。他们现在以最低级的图画文字书写。这一点我在德累斯顿的迈耶博士的著作《东印度群岛的象形文字》中的整页插图1（1，11）看到了复制图。他对这一地区的文字做了出色的收集工作。

在复活节岛（又叫巴伊乌岛），发现了大约十四块雕刻的木板，也许是浮木。上面的图形很特别。其中大多数形状古怪，稍用一点想象力，就可以看出人、鱼、树、鸟的形状，还有许多幻想出的物体。一个不寻常的特点是，这些符号的上部形状有点像信天翁的头。显然，所有这些符号都像图画。有些欧洲人认为它们是象形文字，并且试图将它们与岛上的植物和

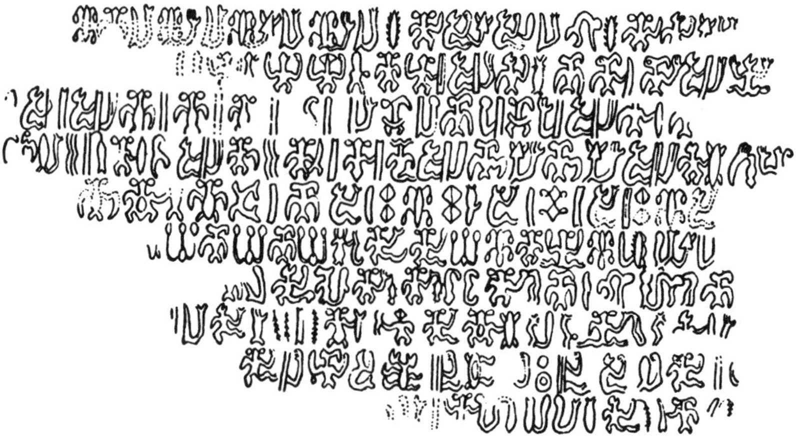

图 136　复活节岛上的碑刻

动物相联系。对这种文字的认知现在已经失传；上一代的几位神父和其他几位人士宣称能够读懂这些文字，但我们怀疑他们能否通读。不过，在 1770 年，当该岛被以西班牙卡洛斯三世的名义占领时，当地一些酋长仍然能够在一份赠与契约上写下自己的名字。

在仔细研究这些字符时，我对其中许多分叉的字头感到震惊，这使我想起了印度文吉-查鲁克亚铭文中的分叉字符。将其与"南印度古文字原理"整页插图第 1—第 8 幅进行仔细比较（见伯内尔（A. C. Burner）著《公元四世纪到十七世纪的南印度铭文和手稿研究导读》，伦敦和门格洛尔（Maugalore）1878 年第 2 版。书中整页插图的第 1 幅、第 7 幅和第 8 幅提到分叉的字符，特别有趣），结果证明我的思路不错；通过对文书文字的进一步研究，以及对两者现存几个元音符号的微小差异进行比较、分析，我确信，它们不过是前述南印度文字的衰退形式：又返回到象形文字阶段。根据这个提示，复活节岛上的岩刻就

171

　　　　　　　　　　　　　美洲印第安人的图画文字

不再是一个未知的文本。稍加培训，就可以很容易地读懂它们。他们的语言是波利尼西亚语（Polynesian），我可以说，在这方面，萨摩亚（Samoan）方言词汇已证明对我非常有用。

第三节　欧洲的岩画

在定居更久、更加文明的欧洲地区，现在已经很少发现岩画。也许部分原因是凿刻的岩石被多次刻画，或是由于岩画失去了其原有的意义和重要性、又不像现在那样认识到它们的价值，因而在这漫长的岁月中被人为毁坏。然而，这类岩画偶尔也被发现，在出版物中得到复制和描述。

然而，对于出版界不熟悉的欧洲文明地区的岩画，本书予以忽略，不会加以复制。我们有理由认为，总体而言，在岩画方面，欧洲与世界其他地区没有区别。

关于英伦三岛和斯堪的纳维亚半岛现存的岩画，除了本章中介绍的几个例子外，在本书其他章节中还会列举一些例子，此外还将简要介绍最近在法国、西班牙和意大利发现的岩画。

英国和爱尔兰

几乎所有已公布的英国本岛发现的岩画都属于后面第五章讨论的杯形雕刻类，但在《古代岩刻》（Archaic Rock Inscriptions）（a）一书中提到的几幅刻图不属于这一类，以下概述爱尔兰米斯郡（Meath）石堆的文字就取自该书：

这种装饰可这样描述：小圆圈，有的带中心点，有的不带；两个或多个的同心圆；一个带中心点的小圆圈，外面围着一条螺旋线；单螺旋线；双螺旋线或出自不同中心的双螺旋线；成排的小菱形或椭圆形；带六至十三道放射线的五角星；九条轴的轮子；花饰图案，有的镶在一个圆圈内或宽椭圆形中；波浪状的线条；多组弦月形线条；S形挂钩；一个挨着一个的小正方形，形成网状图案；相连的小同心圆；大大小小的圆孔；被一个或多个圆包围的一个空杯；多角度交叉的棱形（这些图形和正方形都是刮擦而成）；像鱼锥形的装饰物，附着罗纹状或某种树叶的纤维形状；短的等臂十字形，有的从一个点和小圆圈开始；四周有射状线的圆圈，它们又被一个圈圈包围；一系列扁形的半圆形，像倒写的字母nnn；相距甚远的垂直线，有像细树枝一样的罗纹线向下倾斜；一个像阔叶纤维状的装饰物，附着树枝；简略的多个同心圆，其部分外圈发出短的射状线；有一个装饰图案，非常像简单的希腊回纹饰，在环状的中心有小圆点；五个锯齿形线和两条平行线，彼此相对，在其中每一条线上，有一系列圆锥形，点缀以尖端发出的放射状线条，与其他平行线交叉，直到底部——这种图案由刮擦而成，我建议把它称为帽贝装饰物，因为它与我们沿海地区这种常见的大帽贝惊人地相似，而康威尔（Conweel）先生在一些石棺里也发现了大量的此类贝壳，与陶器和人骨碎片放在一起；一个半圆形图案，从此伸出三、四条直线，但又不触及它；一个圆点，辐射出几条线；短直线组合，有的与中央线成直角，有的与中央线倾斜相交；一个S形曲线，每个圆环都被同心圆包围；还有大量的其他圆圈、螺旋线、线条和圆点的组合，无法用文字加以说明。

英格兰一些古老的"草地古迹"被归类为岩画。下面一段文字摘自彭德莱斯（Plenderleath）的著作（b），他对这些奇特的图像进行了详细介绍：

几乎所有的白马［怀特霍斯（White Horse）］石刻都在威尔特郡（Wiltshire），只有一幅例外，这唯一的例外尺寸很大，而且是所有其他石刻的原型，它位于阿芬顿（Uffington），离威尔特郡边界不过 2.5 英里，在伯克郡（Berkshire）境内。……有一份提到白马［怀特霍斯］的中世纪文献，是阿宾顿修道院（Abingdon）的记事册，它很可能写于亨利二世时期或之后不久。其中写道："当时英国人有这样的惯例：任何僧侣只要愿意，就可以接受金钱或地产，并且随意使用或转租。因此，阿宾登修道院的两位名叫利奥弗里克（Leofric）和戈德里克·希尔德（Godric Cild）的僧侣，似乎通过遗产继承，得到了坐落于泰晤士河畔的几处庄园；戈德里克拥有了其中的斯佩肖特（Spersholt）庄园，靠近俗称怀特霍斯丘陵（White Horse Hill）的地方，另一位获得了惠特彻奇（Whitchurch）庄园。此时，奥尔德赫姆（Aldhelm）是当地修道院的院长。"

这位奥尔德赫姆担任院长的期限大约是从 1072 年到 1084 年，根据文中所提及怀特霍斯丘陵的名字来看，显然这个名称在当时就早已存在。

就在之前二百年，即公元 871 年，艾尔弗雷德（Alfred）国王在附近击败丹麦人，打了一场非常著名的胜仗。阿塞（Asser）说："雷丁（Reading）战役四天后，国王艾塞雷德（Æthelred）与他的弟弟艾尔弗雷德在阿什当（Ashdown）抵挡了异教徒全军。……异教徒的青年精英在那里被杀，这种毁灭是自撒克逊人（Saxon）武力征服英国以来，空前绝后的。"从当地传说我们得知，为了纪念这场胜利，阿尔弗雷德命令部下在战后第二天，就在城堡下方的山坡上，刻出白马［怀特霍斯（White Horse）］，即标准的亨吉斯特（Hengist）。亨吉斯特，或亨斯特（Hengist or Hengst）这一名词，在古撒克逊语里，本意是石马，而尼科尔森主教（Nicholson）在他的《英格兰地图集》中竟然认为名词亨吉斯特和霍萨（Hengist and Horsa）是不准确的，它只不过具有象征意义。

阿芬顿白马的尺寸从鼻子到尾巴为 355 英尺，从耳朵到马蹄是 120 英尺。它面朝左方，如同所有英国硬币上的图案一样。刻有白马图案的山坡有 39 度倾斜，但图像下面的斜坡要宽得多。显露处是西南面。

作者随后介绍了刻在布拉顿山（Bratton）上的白马像，它在威尔特郡韦斯特伯里镇（Westbury）附近（现在已经消失），当年的尺寸极大，有 100 英尺长；高度几乎相等；从脚趾到肚腹有 54 英尺，作者还介绍了另外几幅白马石刻，但其古老性未得到确证。然后他介绍了沃里克郡（Warwickshire）泰索（Tysoe）领地内的红马石刻（*c*），内容如下：

173

传说这幅石刻作于 1461 年，为的是纪念沃里克伯爵理查德的功绩，因为多年来他是玫瑰战争中最著名的人物之一。这位伯爵在该年年初组织了一只四万人的军队，与玛格丽特女王的六万人军队，在塔德卡斯特（Tadcaster）附近的陶顿（Towton）交战。由于众寡悬殊，爱德华面临败局。此时，他翻身下马，将利剑用力刺入马腹，大声吼道：从此以后，他要与手下人并肩战斗。士兵们受到统帅的激励，奋勇向前，使敌人胆怯后退，四散奔逃。至少两万八千名兰开斯特人（Lancastrians）死于这场战役和随后的追杀中，因为爱德华王子的命令是不许手下留情。正是由于这场胜利，爱德华王子迅即登上王位。

过去，在每年的圣枝主日（即复活节前的星期日），红马石刻都要清理一遍，费用由附近的几位当年获得土地所有权的地主支付，据说参与清理者人数众多，成为重大的节庆日，如同邻县伯克郡对待更古老的石刻马像一样。石刻的最长处大约54英尺，最高处约31英尺。

除了石刻马像之外，最著名的"草地古迹（Turf-Monuments）"是巨人像，位于多塞特郡（Dorsetshire）瑟恩阿伯斯村（Cerne Abbas）附近的特伦德尔山（Trendle Hill）上。同一作者（*d*）对此描述如下：

这幅画像粗略地勾画了一个男人，赤身裸体，右手举着一根大棒；高度是180英尺，轮廓由2英尺宽和2英尺深的沟渠标示出来。它占地近一英亩。哈钦（Hutchin）想象这个画像代表撒克逊人的神黑尔（Heil），将其日期认定在公元600年之前。……另一方面，布里顿（Britton）则告诉我们："据民间传说，这个画像是为了纪念一个巨人的覆灭：这个巨人在布莱克莫尔（Blackmoor），意为"黑荒原谷"享用了一些羊，然后躺在这座小山上睡觉，结果，被愤怒的农民捆绑起来（像《格列佛游记》中的格列佛被小人国的人们捆住一样），随后被处死。为了让后人记住此事，农民们当下就标记出巨人的尺寸。"过去，在画像两腿之间的脚踝上方，有一些明显的标记，乡民们认为是数字748，并且猜想它表示年代，但我们需要指出，阿拉伯数字直到六百年后才传到欧洲。

瑞典

保罗·迪谢吕（Paul B. Du Chaillu）（a）对许多他称之为"岩石绘图"的岩画做了介绍，其中两幅（见图137和图138）摘要如下：

> 在瑞典发现了刻在岩石上的大型图画，非常古老，远在罗马帝国统治之前。
>
> 这些岩画有不同的种类和尺寸，描绘最多的是大小船只，两端呈独木舟形状（同时画有人和动物的图案），还有战船，正在彼此交战或向岸上进攻。战斗中的英雄或勇士通常都画得远远大于其他战士，他们可能是同一个民族，但属于不同的部落，因为他们的武器相似，似乎都不穿衣，尽管在有些画中，他们佩戴着盔甲。
>
> 在一些岩石上，画着牛、马、驯鹿、乌龟、鸵鸟、骆驼，后者表明，在较早的时代，这些人经历的是更南部的气候。数量最多、规模最大和细节最复杂的图画所在的地点，就在今日瑞典的布胡斯省（Bohuslän），主题是"古老的维肯（Viken）传奇故事"，坐落在半岛海岸，受到卡特加特海峡（Cattegat）海水的冲刷。挪威也发现了一些岩画，在与瑞典布胡斯省相邻的斯莫奈内省（Smaalenene）尤其多，在中部的特隆赫姆峡湾（Trondhjem fjord）也有发现，但在北方比较少见。

174

图 137 是瑞典布胡斯省塔努姆区（Tanum）一幅岩画的复制图。巨大的人像无疑是一位勇士或指挥官，其夸张的尺寸使人们联想到图 142 中的南非祖鲁（Zulu）酋长，以及图 1024 中的北美酋长。在首领和攻击军队之间，有许多小孔和脚印。高 20 英尺；宽 15 英尺。

图 137　瑞典布胡斯省的岩画

在布胡斯省，岩画都刻在石英石上，即形成海岸的地质构造物。岩画大多刻在稍微倾斜的岩石上，如今普遍在海平面 200 或 300 英尺以上，都遭受过冰川的冲刷。同一幅画中的线条宽度从 1 英寸到 2 英寸不等，甚至更多，而其深度通常只有三分之一或四分之一英寸，有些浅得几乎无法辨认。这些岩画千百年来裸露在外，受到北方严酷气候的蹂躏，现在大多难以辨识，而那些受到泥土保护的画却新鲜得好像今日所刻。许多

175

岩画似乎都刻在小山的中部或底部，那儿被植被覆盖，而且在漫长的岁月中，被上面的碎石所遮盖。

图138来自同一位作者（b）和地点。高29英尺；宽17英尺。那些大鸟、脚印和首领（由他的大尺寸标明）引人注目，还有图画顶部上方中间的一个人物，他与本书后文图983中的最大人物像值得一比，后者取自加利福尼亚图利谷。

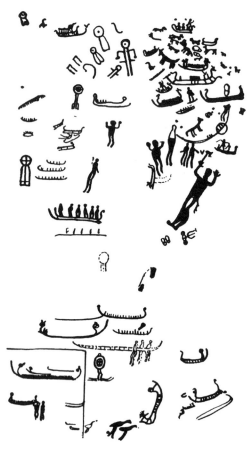

图138　瑞典布胡斯省的岩画

　　　　　　　　　　　　　　美洲印第安人的图画文字

法国

佩里耶·迪卡尔内（Perrier du Carne）（*a*）介绍了位于埃波讷市（Epone）刻在特鲁–奥克斯–安格列斯（Trou-aux-Anglais）墓石牌坊上的图案，摘译如下：

> 这座史前墓石牌坊坐落在埃波讷市一个名叫勒潘拉加雷纳（Le Bois de la Carenne）的地方，建造在地下；隐藏在人们的视线之外，毫无疑问，正因为如此，它才保存完好。没有证据表明它的上面有古墓；其实，这个古墓早就消失了，而几年前开始发掘时，地面极为平整。…… 176
>
> 这些符号（见图139）以凹雕的方式刻在入口左侧最里端的石头上。整个石刻的高度为 1.10 米，宽度为 82 厘米，可以将其分成上、下两组。
>
> 上面一组符号画的是一个分成三个横截面的长方形；在第三个横截面中心位置，是一个杯形器。
>
> 下面一组符号更复杂、更难形容。第一部分，或左手边部分，画了一把带柄的石斧；我认为这是毫无疑问的，因为轮廓非常清楚；石斧也画得非常明显。此斧的长度是 0.108 米，刀刃宽 38 毫米。这些正是我国斧头最常见的尺寸。而符号的其余部分，我认为很难破解或为时过早。
>
> 总体上，对这些石刻考察的结果，给人留下的印象是，石刻作者并不打算用装饰图案遮盖石头，因为这些图案轮廓根本没有什么装饰性，他是希望用本族人民能够理解的符号，表达一些特别的含义。

图 139 法国埃波讷的岩画

E. 卡特尔哈克（Cartailhac）（a）开始介绍在布列塔尼大区（Brittany）莫尔比昂省（Morbihan）的岩画，摘译如下：

几乎无法描述在加夫里尼斯（Gavrinis）带顶通道内的图案。它们是各种线条的组合，有直线、曲线、波浪线、单线，还有平行线，像蕨类植物般的分叉线，同心圆的片段，有的有边线，有的没有，以密集的螺旋线装饰着的一些隔间。这生动的图案，使人想起手心皮肤上的线条和手指尖上的螺纹线。

这些挤在一起、非常奇怪的组合线条，无疑仅起装饰作用，但在其中发现了一些图形，它们肯定有特定意义，而其中有一些图形的含义很容易确定。

在图米亚克（Tumiac）、曼内罗格（Mané-er-Hroèg）以及蒙圣米歇尔山（Mont Saint Michel）凿刻的大石斧，都是凹雕或浮雕，和真斧尺寸一致。在加夫里尼斯的一根柱子上，就刻有十八把斧头。在同一条有顶通道内别的石板上可以见到十几把斧头构成的组画。

在通道顶部，有一个用来楔牢顶板的小石块，可以

美洲印第安人的图画文字

看到上面有一幅带柄斧头的图案，它与在英国坎伯兰郡（Cumberland）费因玺（Ehenside）湿地发现的图案属同一类型。在许多其他古迹上，也发现了相同的斧头图形，有的带柄，有的不带柄。当然，最令人好奇的是曼内罗格的石板。它已经破损，断为三块，被杂乱地扔在地下墓室的门槛前。其中一块的表面被磨得非常平滑，上面有一幅马镫形的旋涡花饰，充满了神秘的符号，上方和下方被十几把带柄斧头环绕，都是雕刻而成。

　　另外一个图案，即光脚印，值得关注，因为它在这块石板上独一无二。在阿尔宗·佩蒂-蒙特（Arzon Petit-Mont）地下墓室的一根柱子上，发现有两只雕刻的人脚印。据说一幅浅浮雕将它们与花岗岩边框的其余部分隔开，而此边框上还有别的图画。类似的图形，据说在国外相距甚远的土地上，也刻在岩石上或墓碑上。在瑞典，光脚印或穿鞋的脚印在青177铜时代的岩刻上很常见，它表现了那个时代奇特的民众生活场景。值得注意的是，这些斯堪的纳维亚的岩刻和法国莫尔比昂省的岩刻不属于同一时代；那种认为一个民族直接影响另一个民族的想法没有根据。不过，你可以认为，它们来自同一源头。

　　布列塔尼半岛上的其他岩刻在各方面都令人费解。但它们可能有传统的价值，有确定的含义。首先，它有一种复杂的漩涡花饰，轮廓分明，很像一个小圆盾牌或纹章盾牌。在这些孤立的图形中，有一个图形值得关注，它像一个 U 形字母，两端分得很开，向相反的方向弯曲。借助想象力，你会联想起斯堪的纳维亚岩画上更清楚地表示船只和树皮的符号。

雕刻的手和脚引人注目，使人联想到美洲岩石上类似的符号，其中许多插图见于本书。

B. 苏什（Souché）（a）在 1879 年描述并绘制了法国德塞夫勒省（Deux-Sèvres）利西埃（Lisières）地下墓穴墙壁上奇特的符号，其中有一些与在美国发现的几个符号有明显的相似之处，本书有其图形。

西班牙

贾格尔（Jagor）先生（a）转给我们一本马德里市比拉诺瓦（Vilanova）教授寄给他的介绍阿尔塔米拉洞窟（Altamira Cueva）的小册子："有关桑坦德省（Santander）一些史前物品的简记"，其中，唐·马塞利诺·德·桑图奥拉先生（Don Marcelino de Sautuola）介绍了他在阿尔塔米拉洞窟中见到的壁画和其他发现。贾格尔先生对此评论如下：

　　在某种程度上，在该洞窟中发现的大型壁画的复制图显得如此技艺高超，以至产生这样的疑问：这种高超的画技，多少比例归功于史前艺术家？又有多少比例属于现代临摹者？比拉诺瓦先生在洞窟发现不久后就前往参观，他认为壁画是史前作品，与丹麦的贝丘（Kjokken moddings）岩洞壁画属同一时代。他说，展示的临摹画相当忠实于原画。已公布的绘画都能在第一个洞窟顶部找到原作；在随后洞窟的岩壁上可看到那些图画的草图，后来的艺术家将其完成。所有图画的轮廓都被人用粗糙的工具刻在洞壁上，在山洞里发现的所有骨器几乎都有划痕，这表明它们很可能被用于凿刻。所用颜色的种类与在该省发现的其他壁画一样，所以无需另行准备。最后，比拉诺瓦先生报告说，在山洞的最里面，他当场发现了一个近乎完美的洞熊图案。

马努埃尔·贡戈拉·马丁内斯（Don Manuel de Gòngoray Martinez）先生（*a*）的介绍翻译如下：

丰卡连特（Fuencaliente）的岩洞壁画非常有意思，也非常重要。在该镇东边 3 英里处，金塔纳山脊（Quintana）的陡坡上，在画岩所在之处，有一个人迹罕至的地方，是野兽和山羊的家。趟过巴坦河（Batanes）与彼德拉斯河（Piedras），面向夕阳和镇子，远古时代的工匠们巧妙而对称地用镐尖凿入细燧石岩和山岭的侧面，留下一幅壁画，高 6 码，宽 12 码；他们还挖掘了两个并排的洞窟，入口宽，里头窄，做了两个三角形壁龛，四面都打磨得很光滑。在两个靠外的前部左右两边，有 60 多个符号或象形文字，由一个人用食指拿红色沥青颜料以一种简单而质朴的方式书写。那些壁龛高一码半，深一码，入口有半码，被极其坚硬和巨大的山石所遮盖。在某种程度上，它在遗址前形成一种走廊或通道，被一块因掏挖壁龛而取出的石头屏蔽，又被杜松树、橡树和软木树所加固。岩壁上画着半个月亮、一个太阳、一把斧头、一只弓和多支箭、一棵玉米、一颗心、一棵树、两个人像，其中还有一颗戴着冠冕的脑袋从中显露出来。这些就是原始文字的前身。

第二个洞窟里的第一个三角岩面上的壁画复制图见本书第二卷图 1108 左上方的组画，而"右侧的外平面，已经向北变成了金字塔形"，其复制画见图 1108 右边的组画。它们被插入此处，是为了方便与图 1108、图 1097 和图 1107 中的其他图形进行比较。

意大利

莫格里奇（Moggridge）先生（在《大不列颠及爱尔兰人类学研究所学刊》第 8 卷第 65 页中）指出，新西兰冯·哈斯特（Haast）博士在报告中提到的图案之一：图 q（见图 133），与在意大利西北角海拔 6900 英尺以上的岩石上所见图案完全一样。他补充说：

> 如同哈斯特博士在论文中所介绍的，岩画没有上彩，但是用尖利的工具反复凿击而成。如果我们能读懂它们，它们很可能传达出重要的信息，因为同样的符号以不同的组合出现，就像我们字母表里的字母以不同的组合形式重现以组成单词。如果没有这些完整的图画，我们不能说相同的可能性是否适用于它们。

第四节　非洲的岩画

下面的例子选自在非洲发现的大量岩画（不包括埃及），它们与最早使用的音节和字母有更直接的关系，采用象征和手势符号，在本书的相关标题下，使用了一些埃及象形文字的例子。

阿尔及利亚

在《国际地理学评论》（Revue Géographique Internationale）（a）上有一篇通信，谈到在塔特（Tyout）（图140）和穆加尔（Moghar）（图141）的岩画，摘译如下：

在对撒哈拉进行最后一次的远征时，科隆尼厄（Colonieu）将军对在塔特和穆加尔发现的岩画做了精心修复。在塔特，这些岩画刻在红色或称"Vosgian"的砂岩上；而在穆加尔，是刻在坚硬的致密石灰岩上。在穆加尔的图案比塔特的更复杂。有 179 人已尝试用更学术的方式去破解其含义；除了类似塔特的简朴线条和纯朴自然的姿势外，穆加尔的岩画又增加了让人费解的非现实的姿势，这些很可能是表示某种服装或当时当地民众的礼仪。穆加尔的服饰也比较复杂。头部的装饰使人联想到印度人的头饰，女人的服装由背心和短裙组成，而短裙由两端圆滑的带子扎紧。所有这一切在当时都是非常得体而优雅的。一旁的婴儿裹在襁褓里。那个大大的屈膝人物画像，是一个男人的正面像，他似乎在用肩膀扛着妻子。在这组图画的右侧是一只长颈鹿或大羚羊。在其上方的图片中，可以看出单独有一个人在蜷缩着。从前面看，他的双臂交叉着，似乎在祈祷或受到惊吓。在穆加尔的岩画中，所画的动物是牛和鹧鸪。位于中间的四足小动物可能是当地常见的一种跳鼠。

在塔特的岩画中，我们很容易就能辨识出大象，它在当地早已灭绝，但我们既没有看到马也没有见到骆驼，这可能是当时它们还没有引进到撒哈拉国家。

图 140　阿尔及利亚塔特的岩画

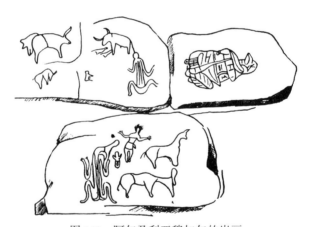

图 141　阿尔及利亚穆加尔的岩画

埃及

虽然要讨论的埃及的图画文字数量庞大，而且我们有幸在可获得的出版物中都可以见到，但似乎有必要提及已故爱德华兹

（Edwards）夫人（a）的著作。她详细记述了菲莱岛（Philæ）下游的尼罗河古老河床中的岩画，证明其制作方式类似于北美地区的的岩画：

这些岩刻，以及在邻近采石场发现的其他岩画，时间跨度达三至四千年，始于古王国早期，结束于托勒密王朝和恺撒统治时期。有些仅仅是签名。另外一些延续得相当长久。许多以神明和崇拜者图像开头。不过这些形象大多是信笔涂鸦，描画和雕刻得很随意。表现的主要是还愿。路过者崇拜大瀑布神灵，祈求他们的保护，刻下自己的名字，标明他的旅行目的。立誓者来自不同的阶层、时期和民族，但在大多数情况下，形式几乎相同。一个底比斯的居民在前往菲莱朝圣，或一位将军正率领他的部队从埃塞俄比亚扫荡回来，又或是藩属国的王子在参拜拉美西斯大帝并陪伴他的宗主参拜当地的神灵。

南非

理查德·安德烈（Richard Andree）博士在《原住民的符号》中（a）提出了深思熟虑的评述，翻译如下：

南非的霍屯督人（Hottentots）和班图人（Bantu）不作图画，但后者却制作了普通的雕刻。南非的手工艺人和画家是布须曼人（Bushman），他们以这种方式，以及许多其他引人注目的民族特征，证明了自己独立的民族地位。这个民族的人在整个地区描绘了数量极其庞大的人和动物的图画，但现在已大大减少。从南部的海角到奥兰治河（Orange）以北的陆地和沙漠，他们现在仍然在用艳丽的色彩绘画，这证明他们有一只非凡结实的手，一只敏锐观察事物的眼睛，和一种非常有效的画法。布须曼艺术家大多选择无数大圆石的表面、洞壁或有峭壁遮掩的岩壁当作画布，在上面表现他的艺术。他要么用不同的颜料描绘图像，要么用锋利的石头在岩壁上凿刻，所以图像显示为凹刻。这些图像的数量究竟有多少？根据弗里奇（Fritsch）在霍普敦（Hopetown）的发现，它们有"成千上万"，往往在一块石头上就有二十个或更多；哈伯纳（Hubner）在德兰士瓦省（Transvaal）的"热斯特普特喷泉"（"Gestoppte Fontein"）旁见到两百到三百个图像刻在一块软石板上。矿物颜料有红色、赭色、白色、黑色，并且与脂肪或血液混合。不能确定他们采用什么工具（刷子）涂抹这些颜料，因为据我所知，没有哪位布须曼艺术家在他的作品中表现自己。至于这些图画本身，可分为多种类型，但在所有情况下，主题都是人和动物的图像；而装饰图案和植物被排斥在外。首先，有战斗和狩猎的场景，其中有白人［布尔人（Boer）］的身影，显示这是现代此类绘画的起源。其次，有动物画像，既有家畜（牛、狗），也有猎物，尤其是各种羚羊、长颈鹿、大象、犀牛、鸵鸟、猴子，等等。还有一类特殊的，具有淫秽性质；此外还有特例，有一幅画描绘了一只船和一棵棕榈树。

埃米尔·霍勒布（Emil Holub）博士（a）说：

布须曼人被视为最低等的非洲人，但某一方面却优于南非所有其他的部族。我把他们界定在南部海岸和南纬10°之间。他们所画的羚羊头、大象与河马惟妙惟肖。他们在自己的洞穴里勾画描摹，用赭石将其画在岩石上，或用石器凿刻在岩石上。在山顶上，我们可以看到所有过去生活在这些地区的动物画像。在许多现在没有河马的地点，我发现了这些动物的优美草图；还有些图画表现的是其他原住民与布须曼人之间的战斗。

G. 魏岑克（Weitzecker）（a）报告说，在莱里贝（Léribé）的塔巴·法索地区（Thaba Phatsoua）一个山洞里，有一幅大型绘画，参见本书的图 142，画中有十八个人物，还有八个男孩的头像。它描绘的是布须曼妇女在一些祖鲁卡菲尔人（Zulu Kaffir）［马塔贝列人（Matebele）］前面逃命。介绍翻译如下：

像往常一样，布须曼人被画成彩色的矮个子，而卡菲尔人被画成黑色的大个子。画面栩栩如生，有真正的艺术构思，在细节上有很多值得注意的地方。为此，我添加了一幅临摹，给人像编了号，以便能够给你一些简要的注解。

我要假定的是，我的猜测没错：这些小个子妇女身上有引人注目的遮盖物。可能是布须曼妇女的遮羞布，就是一片狭长的皮，在风中飘扬。

标为 a 的女人似乎处于有趣的领头的位置，她在仓惶奔逃中，失落了遮羞布。她手里拿着一个"mogope"（比例过大），也就是一个盛水葫芦。我相信，它在南非各部落都能见到。

标为 b 的女人在逃跑时除了左手握着盛水葫芦外，右手还扶着头顶上的一个盛饮料的陶罐"nkho"（sesuto），现在的人种学博物馆里收藏有这样的标本。这个女人，除了遮羞布，也是一丝不挂，她看上去已经怀孕。我认为，画中对她逃跑时保持平衡的姿势，描绘得非常细致。

标为 c、f、g、h、l、m，以及 j 的女人背着自己的婴孩。这是当地人的习俗，用所谓的背篓（thari）兜着；它用羊皮制成，妇女们可以将其系紧扎牢，即使弯腰、奔跑也很安全。

标为 i 和 m 的女人背着双胞胎。值得注意的是，画家把他们放在最后，因为双倍的重量拖累了她们。

标为 c 的女人显然是摔倒了。标为 e 和 i 的是两个男人，根据他们的身高可以断定是布须曼人，同时也是根据描绘他们的颜色；据我的记忆，其颜色与追赶他们的男人不一样，但与那些妇女的相似。因此，e 可能在弯腰把摔倒的女人 c 拉起，而 i 则在给其他人指路。否则，如果怀疑他俩是马塔贝列人（Matebeles），根据是 n（他显然是敌人），他的身高和这两个人一样，那么，t 就是在弯腰抢夺那个摔倒女人的婴孩，而 i 则是在追赶前面逃跑的两个女人 g 和 h。

我无法解释 j，由于颜色扩散，使原来的图像难以辨认，似乎是母亲背着孩子，也像 b 一样跌倒了。

标为 k 的女人左手摸着脖子，似乎打算放弃逃命了，除非我认为手臂的那条线其实是背篓与婴儿的略图。

l 是一个女人向旁观者跑去。

标为 m 的女人已经坐了下来，也许是为了调整背篓里的双胞胎，而她身后的 n 已经赶到，正准备用矛扎她。从 n 开始，敌人的手开始清晰显示，o 似乎是头领，站在原地发号施令。但这个画像肯定被水改变了形象，它稀释了身体的颜色，使它看上去像一件衣服。

　　p 和 *q* 生动地描绘了两个气势汹汹追杀而来的男人，似乎在形象地说："长腿跑得快"。

　　r 图很细致地表现了一个奔跑中的男人。

　　作者提到男性人物之间的尺寸有差异，目的是标明他们属于不同部落，其实大可不必，如果他想到这种情形经常出现：首领或重要武士的身形画得要比普通士兵或其他物体大得多。这种方式在埃及的岩画中很常见。本书提供了相关的例子。（参见图138、图 139 和图 1024。）

图 142　南非莱里贝的岩画

　　前述同一位作者还简要介绍了他在南非巴苏陀兰（Basutoland）的莱里波（Leribo）附近发现的两幅岩画。它们被画在一座大型中空的岩石上，布须曼人可以在此俯瞰下面的平原以便观察猎物。岩石被一人多高的图画所覆盖。其中许多图画被完全或几乎完全毁坏，既由于牧民之手，也因为下雨时顺岩壁冲下来的水。但其中一部分仍保存完好。参见图 143。

　　左手边的图像画的是一个人在给动物挤奶；这头动物从后半身来看，尤其是后腿，乍一看似乎是大象，但从前半身来看，尤其是前腿，显然属于牛科动物或驼鹿（羚羊）。巨大的后半身可

183 能是由于水的冲刷而使颜色扩散形成的。右手边画的是驼鹿（羚羊），在其身上和下面画了四只猴子，惟妙惟肖。除一只外，其余的猴腿都没有画完。

图 143　南非巴苏陀兰的岩画

加那利群岛

这些岛屿被认为与非洲大陆有联系。

S. 贝特洛（Berthelot）先生（a）介绍了图 144 和图 145 中的图形，摘译如下：

在加那利（Canary）群岛之一的费尔岛（Fer）上，有一处人迹罕至的地点，名叫洛斯雷托（Los Letreros），在远古时似乎有原住民在此定居。在距离海岸约四分之三里格（长度单位，1 里格约等于 3 英里）的地方，所有的地面倾斜，被火山岩破裂，以波浪形延伸到岸边悬崖处。就在这个名叫洛斯雷托的荒凉之
184 地，发现了刻在一块古老的玄武岩熔岩上的岩画。这块岩石表面光滑，超过 400 米。在其表面各处，刻着各种图形组画，间距各有不同，相互之间没有任何关系，但刻画在熔岩最光滑处，这些位置因火山物质冷却时留下的光泽面而发出柔和的光亮。

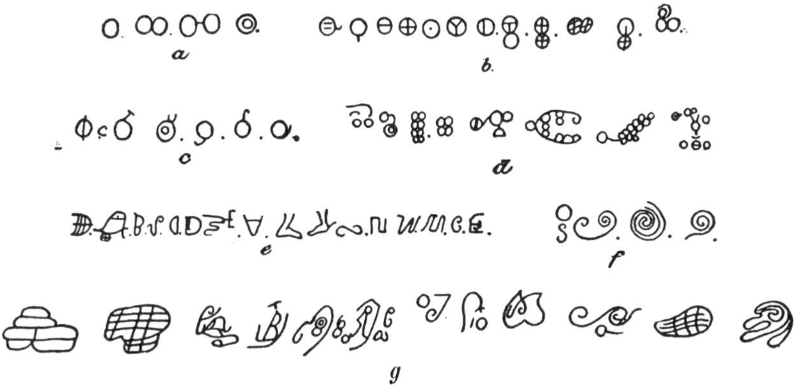

图144　加那利群岛上的岩画

　　当我们仔细研究这些用一种硬石（黑曜岩或玄武岩）深深凿刻在岩石上的不同符号或图形时，首先会观察到，几个相同的标志在同一组中数次重现。它们首先是圆形和椭圆形的图形，比较完美，有时是简单而独立的，然后又再次密集在一组。这些经常重现的图形有时会再次并列或联接别的相似或不同的图形，甚至套在其他相似的图形里；例如图144中的图 *a*。

　　圆形或有点椭圆形的图形在图 *b* 中重现了几次。

　　在符号组中，其他重现不超过一、两次的符号也存在显著差异；如图 *c* 所示。

　　不过，在混合型的图 *d* 中，这些符号属于圆形符号系统。

　　其他相似但不完全相同的符号似乎呈现出卵形而非圆形，似乎是为了不与圆形符号相混淆。其中一些很像树叶或果实。

　　另一个简单的符号系统是直线，它可以用一个笔画表现，好像在计数时单独出现或重复出现，有时伴有其他符号。

　　其他特殊的符号如图 *e* 所示，它们没有重复，但出现在不同组图的符号中，作者对此做了复制。

我们还注意到，在图 f 中，有几个符号彼此具有某种相似性，其中有几个还混合着其他更简单的符号。

另外几个更复杂的符号形状很古怪，体现在图 g。

包括常见的经常重复的椭圆形图形和那些类似学童涂鸦所构成的简单直线符号，各种凿刻的符号总共不超过 400 个。

图 145 为整个熔岩上的一系列不同符号组图提供了一个全景图。临摹者对那些费解的符号以黑点加以标识，它们在一定程度上因日晒雨淋而毁损，或因岩石裂开而被毁。

图 145　加那利群岛上的岩画

同一位作者（ b ）还介绍了在加那利群岛之一的拉帕尔马岛（La Palma）贝尔马科（Belmaco）石窟岩石上发现的几个奇怪的图形。他说：

这些图画，可以和费尔岛上的相比较，显示有十五个符号，其中有些是重复几次，其他的被日晒雨淋所侵蚀，或至少变得模糊不清。但似乎最值得注意的是，有六、七个符号可以看出与费尔岛洛斯雷托的符号完全相似，几乎所有其他的符号也与之类似，因为两相比较，我们一眼就看出它们具有同样奇特的书写风格，构成象形文字的字符，大部分是原始的阿拉伯式花纹。

185

第五节　亚洲的岩画

在本书的其他章节中，对发现于亚洲的大量岩画也有描述和介绍。以下按地理分布加以介绍：

中国

泰里安·德·拉克伯里教授（c）说：

> 如果能证明是原封未动的话，下面的岩画（未复制）显然是非汉人的原住民的杰作；在我的研究中，它是我所发现的同类中唯一有详细介绍的。

> 在上党北部的李村外500里处，坐西偏北，有一座峭壁山，在它的上半部分可看到凿刻的符号和线条，描绘了动物和马。数量众多，刻画精细，像一幅画。

日本

爱德华·S. 莫尔斯（Edward S. Morse）教授（a）慷慨地提供了这幅图，它是根据日本绅士森岛（Morishima）先生的绘图制作的简图，复制画（原图的1/30）见图145 a：

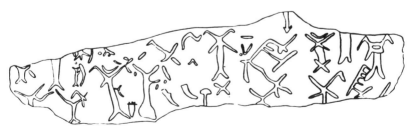

图145 a　日本虾夷（北海道）的岩画

莫尔斯教授在一封信中提供了进一步的信息，内容如下：

"这些岩画很粗糙地刻在小樽湾（Otaru）西北侧的崖壁上。小樽是虾夷（Yezo）（北海道的古称）西海岸的一个小镇。该处的悬崖是柔软、白色的凝灰岩，高约 100 英尺，岩画可能是用石斧凿成，宽 1 英寸，深 1/4 到 1/2 英寸。它们高于地面约 4 英尺。"

约翰·米尔恩（John Milne）教授（*a*）对同一幅岩画做了简图并进行了评说，内容如下：

据我所知，日本人对这些符号一无所知，认为是虾夷人（Aino）所刻。

186 我个人认为，其中有几个符号像古代北欧如尼文字里的 *m*。有人认为，它们与古汉字相似。第二种看法是，刻画的可能是某些祭司的等级标志；第三种猜测是，它们是阴茎；第四种观点是，它们是粗略绘制的人和动物，字母 *m* 其实是一只鸟；第五种观点是，它们是某位先生的手工制作，目的是强烈希望引起那些容易上当受骗、四处漫游的考古学家们的注意。

我本人倾向于认为，留下这些岩画的人就是在这个地区留下很多生活垃圾痕迹和各种工具的民族。因此，他们可能就是虾夷人。

另外一幅日本岩画的例子见整页插图 52。

印度

里韦特-卡纳克（Rivett-Carnac）先生在《印度库马恩地区（Kumaon）古代岩刻的考古笔记》中（*a*），描述了有关的雕刻，复制画见图 146：

图 146　印度钱德什瓦尔的岩画

在德瓦拉-哈斯（Dwara-Hath）以南两英里半、距库马恩地区拉尼凯特（Ranikhet）军站以北12英里的一处地点，有一条马车道，自平原经奈尼达尔（Naini Tal）和拉尼凯特通往拜杰纳特（Baijnath），自此通向著名的圣地比德纳斯（Bidranath），要经过一个狭窄的峡谷，在其入口处，有一座供奉马哈德奥（Mahadeo）的寺庙，……当地人称为钱德什瓦尔（Chandeshwar）。

在寺庙以南约两百码处，靠近峡谷的中间，凸起一块45度角的岩石，在其表面14英尺高、12英尺宽的空间内，雕刻着二百多个杯子。它们的尺寸大小不等，直径从1.5英寸到6英寸，深度从0.5英寸到1英寸都有，并且大致平行地分组排列。

杯子大多是简单的类型，只有少数有单圈环绕或以凹槽相连。

西伯利亚

N. S. 什图金（Shtukin）（*a*）在1882年皇家地理学会通讯季刊中提到叶尼塞（Yenisei）河边悬崖上的一些图画文字，他说："这些图形并不是非常独特，只不过制作它们的是来自遥远南方的入侵者，或许是波斯人。刻画的动物中有骆驼和山鸡。"

菲利普·约翰·冯·施特拉伦伯格（Philip John Von Strahlenberg）在《欧亚北部和东部地区历史地理描述》一书中，介绍了叶尼塞河岸边有关猎物的岩画。他提到其中一幅："它具有符合该地区自然史的典型特征；我们可以认为它粗陋刻画的图像包括西伯利亚野兔、麝香鹿和其他出名的四足动物。"

他还提供了一幅他在额尔齐斯（Irtish）河旁陡峭岩石上所发

美洲印第安人的图画文字

现的岩画复制图。这块孤立的岩石高 36 英尺。它有四边，其中一面临水，下方有一些墓穴或用作丧葬的洞穴。岩石的四面都有粗 187糙的人物画像，而其他难以理解的图形则用耐久的红色颜料绘制，人们发现这种颜料几乎无法毁坏，且被大量用于绘制岩画。

前述泰里安·德·拉克伯里教授做了以下评述： 188

> 在西伯利亚发现了一些象征性的符号，很随意地刻写在岩石上，还不能称为真正的岩画，但它们不是预期的原始遗存的古代文字。有些纯粹是鞑靼人（Tartar）的，用的是蒙古语和卡尔梅克语（Kalmack）；另外一些符号显然是普通人所为，可能是阿拉伯语，还有一些发现于叶尼塞河左岸的符号要有趣得多。在我看来，似乎很拙劣地用叙利亚语自右至左横着写成，时间在维吾尔语和蒙古语引入之前。字符仍是各自分开。在同一地点发现的众多涂鸦中，有一处可以辨认出几个汉字，由老百姓书写。

在西伯利亚托木河（Tom）右岸托木斯克城（Tomsk）北面的岩石上，发现了一些象形文字的涂鸦。它们被凿刻在 20 多英尺高的岩壁上。它们非常粗糙，有点像古文字学里著名的《野蛮人之书》。粗陋地画着四足动物、男人、脑袋，现在只能看到一些模糊的线条。它看起来更像是无知的人用作记号而随时画的图形，而不像是某种文字的历史起点。其中似乎没有任何形式的规则或常规编排。

最后我们要介绍的是非常独特而与众不同的图形。这些符号都被涂成红色。它们由直线构成，画得有点像框架和窗户，又像树状的阿拉伯文，也像古代北欧的如尼文字。现在，在额尔齐斯河附近的斯摩兰克小河（Smolank）旁的岩石上可以见到。

后面的图513、721、722和733的岩画与该地理区域有关联。

值得注意的是，有些西伯利亚和鞑靼的图形，尤其是那些由斯库克拉夫特先生复制的，与奥吉布瓦人的有很大的相似性，其中一些在本书中有图片和文字介绍。这种相似性更使人联想到，可能的原因是，由于图腾是那些图画的常见主题，而奥吉布瓦人和鞑靼人所选用的图腾具有大致相同的声音和意义。

第五章　杯形雕刻

　　最简单的石刻图形几乎无处不在。在欧洲、亚洲、非洲、美洲和大洋洲，都发现了浅浅的圆形杯状凹刻，有的排列成行，有的单独出现，还有的被一个或多个圆环包围，但往往相当简朴。杯形雕刻者们经常将杯形雕刻间隔排列成行，常常用一个或多个清晰的刻环围绕它们，有时又配以同心圆或螺旋线。偶尔，雕刻者们会在不受环境影响的场所雕刻以展示其作品的人为特性，如在石棺内或住所内。然而，值得注意的是，尽管在天然和人工的雕刻之间已有区分，但两者之间仍可能有某种遥远的关联，并且，风雨留下的凹坑可能给最初的雕刻者们以启发，使他们产生了这种现在称为杯形雕刻的技艺设想。

　　带有这些杯形雕刻的石头在英伦三岛被大量发现，常常伴有其他岩画。仅在诺森伯兰（Northumberland）一郡，就有 53 座石头带有 350 幅雕刻，其中有许多杯形雕刻。在德国、法国、丹麦也是因此。在欧洲的确随处可见，但这些图形在印度呈现了最大的发展。

　　有关这种雕刻的重要著作非 J. T. 辛普森（Simpson）教授莫

属（a），他后来被称为辛普森爵士，他把杯形雕刻的形式分为七个基本类型，见本书图147。他的分类如下：

第一类。单杯——它们是这些古老石刻中最简单的一种。其直径从1英寸到3英寸及以上不等，往往只有半寸深，很少超过1英寸或1英寸半。它们通常以不同的尺寸出现在相同的石头或岩石上，尽管有时在表面组成仅有的雕刻，但更多时候与不同的图形组合在一起。它们一般都无序地分散在石面，但偶尔有四、五个或更多的杯形雕刻被有规则地分组，表现出类似星座的排列。

第二类。杯子被一个圆圈包围。——所刻的圆圈通常比杯子浅得多，尺寸通常比杯子大。有的圆圈是完整的，有的则不然。在后一种情况下，它往往被一个径向槽从中央杯中穿过，甚至越过圆圈。

190　　　第三类。杯子被一系列完整的同心圆圈包围。——在这个完整的环形内，位于中心的杯形雕刻一般比周围的圆圈刻得更深。当然，并非总是如此。

第四类。杯子被一系列带有直线径向槽的不完整同心圆所包围。——这种类型也许是圆形雕刻最常见的形式。圆圈一般在两端接触径向线，但有时它们在各边中断而不接触径向线。径向槽偶尔会延伸大大超出外圆，并且在大多数情况下，或多或少会向石头或岩石的下方运行。有时，它在运行中与来自别的圆圈的其他管道或圆槽连结成一个共同的线，因此被树状径向槽的延伸而连接，直到与几个系列同心圆形成一个更大或更小的组。

　　　　　　　　　　　　　　　美洲印第安人的图画文字

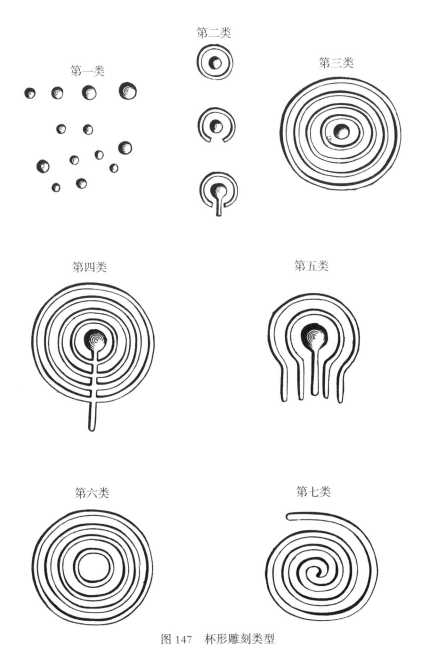

第二类

第一类

第三类

第四类

第五类

第六类

第七类

图 147 杯形雕刻类型

第五章 杯形雕刻

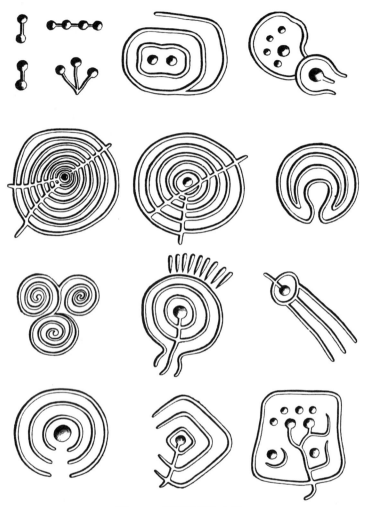

图 148　杯形雕刻的变异

　　第五类。杯子被同心圆和弯曲线包围。——圆圈或同心圆的数量往往比前两类少，很少超过两个或三个。

　　第六类。同心圆的中心没有杯形雕刻。——很多时候，这一类同心圆的中心没有杯形雕刻或凹坑，这在第三类完整的同心圆中最常见。

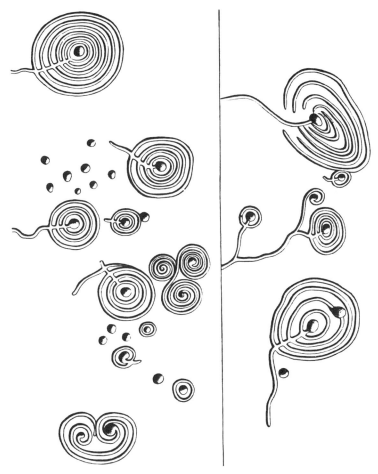

图 149　苏格兰奥赫纳布列奇的杯形雕刻

第七类。同心圆圈带有螺旋形或涡旋形。——螺旋线的中心起点通常是（但不总是）以杯状凹坑为标记。

在同一块石头或岩石上，常常有两或三种，甚至更多的不同 193类型，这一事实表明，它们彼此密切相关。

辛普森教授提供了他所谓的"主要的特殊类型"，复制画见

图 148。

前四个图形画的是由凹槽连接的杯形雕刻，这是显著而常见的特征。图 149 展示了位于苏格兰阿盖尔郡（Argyleshire）奥赫纳布里奇（Auchnabreach）雕刻岩石表面的图形。在此处，简单的杯形雕刻、被圆形或同心圆包围的杯形雕刻，以及径向槽和螺旋线都混合到一起。图 150 展示了一块立石上孤立的杯形雕刻、相连的杯形雕刻、一个被圆圈包围的杯形雕刻以及带径向槽的同心圆，这块石头属于一个立石群（共七块），位于苏格兰阿盖尔郡基尔迈克尔·格拉斯瑞教区（Kilmichael Glassary）的巴里米纳奇（Ballymenach）。

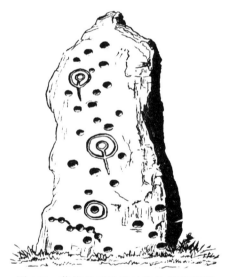

图 150　苏格兰巴里米纳奇的杯形雕刻

贝特霍尔德·西曼（Berthold Seeman）博士在谈到前文图 105 中的图形时说（该图源自巴拿马奇里基（Chiriqui）的一块岩石上），他发现，它们与苏格兰诺森伯兰郡和英国其他地区的图形极为相似。劳博士（d）引用他的话说：

奇异的是，远在数千英里之外的美洲热带地区的一个偏僻角落，我们竟然发现了与英国典型岩刻相同的同心圆环和其他几个图形。

奇里基的图形，和英国的一样，刻在巨石上，表面未做任何磨平处理。刻石出现在贝拉瓜斯地区（Veraguas）（奇里基或阿兰捷地区（Alanje）），目前这里人口稀少，但是，从数目众多的墓穴来看，此地曾经人口密集。

根据我两次走访奇里基的经历，以及我留意这个问题以来从出版物上获得的信息，我认为，在该地区有很多岩刻。但我本人只见到一个，即著名的"画石"。它位于卡尔德拉（Caldera）附近的平原上，距戴维城（David）数英里。它有15英尺高，周长近50英尺，顶部相当平坦。石头的每一个部分，特别是东侧，覆盖着凿刻的图形，约有1英寸或半英寸深。左边的第一个图形是一个光芒四射的太阳，随后是一系列的人头或似乎是人头，每个都有一些变化。正是这些人头，特别是附着物（可能表示头发？）与英国岩石上发现的最奇怪的符号之一有一定的相似之处，使人想起所谓的"欧甘文字。"这些"人头"后面跟着蝎子状或树枝状的图形以及其他 194
奇异的图形。石头的顶部与其他各边覆盖着大量的同心圆和椭圆形，中间有线条穿过。这些图形与英国诺森伯兰的图形特别相像。

图 151 展示了五个选自前述岩石上的图形：a 加一个相关数

字表示奇里基的图形，b 表示英国的几个图案；1a 和 1b 表示发光的太阳；2a 和 2b 显示了几个凹槽，从外部拱形物向前延伸，如西曼博士所言，该图类似于欧甘文字；3a 和 3b 显示了全封闭的同心圆；4a 和 4b 显示了各种图形如何被线条连接起来；5a 和 5b 显示了凹槽或圆圈的出口。

图 151　奇里基的杯形雕刻

　　　　　　　　　　　美洲印第安人的图画文字

在《大不列颠及爱尔兰人类学研究所学刊》（Anthropological Institute of Great Britain and Ireland）1889 年第 171 页上，G. H. 基纳汉（Kinahan）先生介绍了爱尔兰多尼戈尔郡（Donegal）巴恩斯（Barness）立石上的雕刻。其中一个图形是四个杯形雕刻被线条连到一起。插图残留部分中的同心圆和杯子与本书介绍过的图形相似。

马卡诺（c）对图 152 的说明如下：

坐落在委内瑞拉奥里诺科河（Orinoco）与考拉河（Caura）之间的库奇韦罗山脉（Cuchivero），其两侧小平台上的许多石头似乎被人动过。这条山脉被一道深谷在蒂拉穆托（Tiramuto）处分开，这里展示的岩画就是复制于该地。前一幅画了一个太阳，另外一幅是两个太阳连在了一起。前一幅中的太阳光芒从内圈射向外圈。后一幅中的两个太阳被一条中央线连接起来，光芒都是从外圈发出。

图 152　委内瑞拉的杯形雕刻

如上同一位作者对图 153 的介绍如下：

这些图形，以库奇韦罗山脉中的小山丘上的为例，它们与前面的完全不同，图 a 是一个很常规的横向组。它起始于一个连接到三个相似图形的螺旋线，而这三个图形也很像我们常见的美洲豹的眼睛。随后是一个单独的回纹图案，在其右侧是又一个更大的回纹图案，连接到一个与前不同的圆圈；它有一个中心点，而第二个圆圈被中断。最后一个图形是螺旋形，与左端的图形相似，因旋转方向相反，起到了垂饰作用。

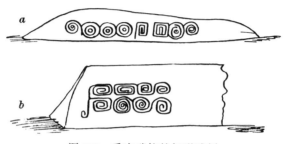

图 153　委内瑞拉的杯形雕刻

图 b 形成水平的两排，一个在另一个之上。我们首先看到两个回纹图案，由一个垂直线条连接，其尾端有一个弯曲。之后图形类似于图 a，每一行都不同，但仔细观察后，会发现它们之间有一种奇特的对应关系。

拉迪斯劳·内托博士（b）提供了巴西里奥内格罗（Rio Negro）河岸从莫拉（Moura）到马瑙斯市（Manaus）沿线的岩刻复制图，并对其中的图形加以评述（复制图见图 154）。他说，这些图形表现为多个同心圆的两两相连，与同一地区其他几块岩石上的发现相似，也与中美洲的许多岩刻和北美洲各地的岩刻相同。

阿拉里皮先生（b）做了以下介绍：

在巴西巴纳布尤镇（Banabuiu）离卡扎诺瓦（Cazanova）种植园约 2 英里处、通往卡斯特卢（Castelo）的路上，有一块石头，摞在另一块之上，一人多高，居民称之为画石，它的西面刻着图画，如图 155 所示。

图 154　巴西杯形雕刻

由于牛群对它们的摩擦，图形损坏严重，石头也已破裂。落在它脚下的一些碎片，其上方有用利器凿成的圆孔，类似于本图所示。

图 155　巴西杯形雕刻

杯形雕刻石头，法语称为 "pierres à écuelles" 和 "pierres à cupules"，德语称为 "Schalensteine"，遍及印度各地，不论是在印度河两岸、喜马拉雅山脚下，还是在克什米尔山谷之中，以及那格浦尔（Nagpoor）周围的众多环状列石上。直至今天，人们还可以看到印度妇女携带着恒河水一路来到旁遮普山区，将水倒入杯中，以便得到神灵赐福，实现做母亲的愿望。

杯形雕刻常常因其数量和组合而令人印象深刻。在卡马恩（Kamaon）山区有许多石块支撑着小洼地。其中一块据说长 13 英尺，宽 9 英尺，高 7 英尺，上有五排杯形雕刻。在詹德斯沃（Chandeswar）（见图 146）的岩石本身都覆盖着这些图形。它们具有两种不同的类型。其中最常见的一组是简单的圆洞；另外一类是，杯子被一种凹刻的圆圈和环绕的图形所包围。其中一个图形使人想起卍字形，雅利安人的神圣符号。现在的印度人对这些雕刻的起源一无所知；他们乐意将其归与格拉斯人（Goalas），一个神秘的牧人之王种族，他们存在于给印度和欧洲留下不可磨灭印记的强大入侵之前。这些杯形雕刻与马哈德奥崇拜有关，这是印度三神之一湿婆的众多名号之一，其标志是蛇。通过一个狭窄的峡谷，就可到达詹德斯沃；在峡谷入口处发现一座供奉马哈德奥的寺庙。其柱子和石板上刻有类似岩石上看到的那些杯形雕刻。

197

有些刻在寺庙内石板上的马哈德奥画像（见前引里维特–卡纳克（Rivett-Carnac）所述），其复制画见图 156，很明显它们类似于欧洲圆石上、岩石上和巨石纪念碑上的同类雕刻，而且身份相近。在美国发现了大量具有典型杯形雕刻的石头。其中一些图形可参见本书整页插图 5 以及图 19 和图 48。

有人试图说明遍布全球的杯形雕刻的重要意义，但众多的尝试至今差强人意。里维特–卡纳克先生（b）的说法还是很有价值的，因为他将其含义应用到印度。他说：

> 我看过印度岩刻的临摹和笔记，可知其酷似未解的苏格兰石刻，我本人也在康格拉（Kángrá）的一块圆石上发现了苏格兰式的岩刻，……在阿约提亚（Ayoolhyá）时，我与一位能说

流利英语的印度人同行，遇到一名苦行僧，他在格拉（Gogra）的沙滩上画了这个图形◎。我问是什么意思，他立即回答，"马哈德奥"。接着，我画了这样一个◉图形，得到了相同的答案。在德里，我的老熟人肖先生告诉我，在康格拉，婚礼队伍中的人们会将这两个符号用粉笔画在石头上。这两个符号的含义在今日印度尽人皆知。

图 156　印度杯形雕刻

马哈德奥（Mahadeo），更准确地说，是"Mahadiva"，是生殖之神。印度教众教派之一的萨瓦门徒（性力派教徒）以阴茎的形式对其加以崇拜，往往就是一个简单的圆柱体，有时被置于 198 女性生殖器官之上。有人认为，这种常见的雕刻形式，内圈代表马哈德奥或男性生殖器，外圈或封闭圈代表女性外阴。对于印度教徒来说，以这种形式崇拜大自然的生殖力并没有淫秽之意。

道格拉斯（Douglas）教授在 1883 年 11 月 24 日的《星期六评论》上对此话题提出了自己的思考：

　　在巴勒斯坦和约旦以东的国家内发现的一些杯形雕刻如此之大，以至人们认为它们可能被用作小小的葡萄酒榨，或是捣麦穗的石臼。但从这些杯形雕刻的总体来看，此种理论受到根本否定。因为，如果要起到上述功能，带有杯形雕刻的岩石应该处在水平位置，但大多数情况下，世界各地发现的"杯子"要么是在倾斜的岩石上，要么是在垂直的石头侧面。这也使得那种在不同时期多次提出的观点——它们可能被用于某种赌博游戏或用作日晷——变得毫无道理。一位近来专注于此的瑞士考古学家认为，在他所观察的杯形雕刻中，他已经辨认出有周边地区的地图，"杯子"表示山峰。同样，还有人认为，类似的标记可能用作地图或示意图，标明附近古老的圆形营地和城市的方向和特征。其实，如果它们之间真有什么相似之处，也不过是巧合，因为我们很难理解，排列有规则、数量很庞大的成排杯形雕刻，如何用来表示一个国家、营地或城市的自然特征。但如果我们假定它们是代表天上的物体而不是地上的，就会发现，作为天体图，它们之间有更大的相似之处。

有理由认为，圆形杯状符号表示太阳、月亮和星星，假如有幸发现一个表示星座的图形，倒可以为此种推测增加几份可信度，但不幸的是，事实并非如此。不过，这些符号的形状使许多人相信，他们是古代腓尼基人崇拜太阳的遗迹，它们之所以在欧洲出现，是因为腓尼基殖民者企图使我们的祖先皈依他们的信仰。对于这一理论，有很多理由证明它根本站不住脚，尽管得到尼尔森教授这样的权威支持。近年来的考察，揭开了欧洲各地腓尼基人未曾踏足之处的杯形雕刻和巨石圈的奥秘；令人费解的是，在英伦三岛上，在不知疲倦的商人最常光顾的地区，杯形雕刻的遗迹要远远少于北方和内陆地区，而这些地区他们是很少光顾的。

道格拉斯教授提到的上述瑞士考古学家是弗里茨·罗迪格（Fritz Roediger）(*a*)，他的理论摘译如下：

　　　破译这些标记石头极其困难的原因（我故意避免使用"地图石"一词，因为不全是如此），在于其尺寸、位置、材质、做工和用途都各不相同。我在这里只谈最后一点，因为其中最小和最大的石头最常见的用途不过是分界石，其来源往往不能确定是否为史前时期；而另一方面，我们也发现，标记清晰的界石同时显示了其所环卫的土地范围的轮廓。同样，我们发现，史前（高卢）的"界标"石与现代一米高的地方和国家界标石只有一点不同，即它们有一些模糊的凹槽和一、两个弯曲线；而另一方面，我们见到，在"界标"石空间有限的顶部以及侧壁上，标明了周边数英里的分界，包括上、下和两边；而第三类这种石头只是点缀十字路口，并以线和点指明偏差（waranden）。因此，我们发现了相当宽大的石板和构造物，用来表示数公顷的范围（通常只有一公顷）；同时，我们也见到非常小的或中等大小的石板，一个人就可以移动，却表示非常大的区域，有些上面只画了线条和凹槽；另外一些刻有各种尺寸的贝壳；第三类既有各种装饰类型又有装饰图样，第四类则没有任何符号，却被民众看为具有特殊含义的石头，称为"热石""指路石""荒地石""孩童石"等等。还有一些石头刻着盆状或浅盘状的凹槽；最后是一种露出地面的岩石，上面有着这样或那样的记号，如圆孔、裂缝、裂口等。破译这些奇妙石头的另一大困难在于缺乏比较和体验的机会。我在这方面相当幸运，因为我曾经在河谷与崇山峻岭中游历。瑞士西部是考察这种石头的天堂，尤其是湖区和索洛图恩州［Solothurn（Soleure）］北部。第三个困难常常难以克服，因为适合对比的好地图根本不存在。在这方面，我们在瑞士也很幸运。

　　根据我在这一领域持续近十二年的观察，史前人类所做的事情有：（1）对属地或领地的调查；（2）对周边、本地区，以及公共区域的调查；其中，有关（3）对阿尔卑斯山脉的调查特别值得一提，因为涉及的区域至今都没有类似的调查；（4）私人和特殊的调查。因此，我的观察似乎充分证实了一个最古老的历史或传统说法：凯尔特日耳曼人或日耳曼凯尔特人对土地的占有权。

根据斯库克拉夫特（d）所说，在奥吉布瓦人的同心圆中，构成了时间符号。如果以此类符号学说来解释这种标记将是错误的，这也使人联想到埃及的标记与这种圆圈图形的关联。经常有人提出疑问，北美印第安人是否有与这种标记相关的迷信或宗教习俗，例如，是否与追求繁衍后代有关，而这无疑与东半球的凹刻杯形雕刻有关联。然而，至今未找到相关习俗和传统的证据。在没有任何外在事实的情况下，这种乏味而令人失望的推测却强行认为，同心圆圈容易绘制，而且绘制它们的行为暗示着对其曲线内凹线或凹坑的强调。他们极为注重下列事实：在世界许多地方都发现了这种符号；这就暗示着，所有的雕刻者都赋予它们以同样的含义，从而为下一假设提供了依据：即在古时，曾有一个种族踏遍所有杯形雕刻地区。但这样一种暗示却忘记了史实：这种符号是由两条相交的直线构成的。十字形与石杯形同样普遍，从古至今，不同的民族赋予了它们不同的含义，起初是作为一种记号，最后是作为一种符号。因此，可以很容易想到，我们所谈论的与十字形一样容易绘制的圆圈，曾经是人们最爱画的图形，²⁰⁰但可能并无意义，用通俗的话来说，就是艺术实践的"本能"开端，正如最初的十字形图画。后来，如果圆圈用作符号或标志，在它们现在所在的每个地区自然会具有不同的含义。

然而，必须指出的是，我们所讨论的图形，往往是约定俗成的结果。史密森学会的约翰·默多克（John Murdoch）先生（*a*）有一个著名的说法，即白令海峡南部的"圆圈和圆点"（杯形雕刻的可能起源），约定俗成是表示一朵花，并常常被视为装饰图案。

尽管没有资格，也没有权威，但前述查尔斯·罗杰斯却冷静自信地解释了一些最常见的杯形雕刻图形，"D. D.、LL. D.、F. S. A.、苏格兰人，等等，"如下所示：

> 这些雕刻是圣书，需要有敬畏之心的崇拜者以敬畏之情去拜读和致敬。一个圆圈代表太阳，两个圆圈相连表示太阳和月亮——巴力和亚斯他录（Baal and Ashtaroth）。穿过圆圈的波浪形凹槽指向从云端泄往地上的水道。成群的凹坑符号指向星星，或者更可能是指向原始寺庙的橡树群。

第六章　图画文字概述

　　当我们离开对岩画地理分布的考察，开始考究图画文字的总体综合主题时，第一个正确的印象是，过去的和未知的迷雾也离开了，终于找到了现代含义的光辉。美洲印第安人的图画文字很少具有密码，不过都是常规含义，只是有时因特殊原因而有特定含义，正如他们的符号那样。其图画文字的目的就是不用密码就可以理解，而且本书之后的几乎所有那些插图都带有解释。因为这种技巧是用在日常生活中，所以它就脱离了自古以来的迷信。

　　值得一提的是，本书将展示的很大一部分图画文字不是岩画，它们属于印第安密克马克人、阿布纳基人、达科他人和奥吉布瓦人。不过，我们必须承认，还可以从其他部落获得更多的图画文字，比如祖尼人和纳瓦霍人。略去这些部落图画文字细节的原因，是因为史蒂文森夫人、马修斯博士、库欣先生、菲克斯先生和其他作者已经出版或即将出版有关著作，他们都致力于研究上述部落民及其居住区域。

　　本书作者收藏了一批珍贵的古代桦树皮图画文字，至今缅因州阿布纳基人中的帕萨马库迪部落和佩诺布斯科特部落仍在制作，他们在图画文字的使用上，类似于大湖西部地区广泛分布的阿尔冈琴人和东北沿海地区的部落民的做法。作者还了解到，同样的技巧也常见于树木繁茂的圣劳伦斯河以北地区鲜为人知的蒙塔格奈人（Montagnais）与纳斯卡皮人（Nascapee）。图画文字书写习惯在方式与地域上的相关性，过去就有推断，但一直不能提供令人满意的证据，直到 1887 年和 1888 年，由来自民族学局的本书作者专门研究，直接比较奥吉布瓦人与密克马克人和阿布纳基人的图画文字，问题才解决。上述两个部落的很多印第安人在日常事务中仍然在桦树皮上刻画符号和标记，尤其是表示出发和方向、注意事项、警告和指路。而其中最初的宗教绘图（这在奥吉布瓦部落中仍很突出）几乎不再出现，但它的痕迹依然存在。

1860 年代之前出版的有关北美印第安人图画文字最有趣的记 202
述见亨利·R. 斯库克拉夫特的著作，发行于 1853 年及随后几年，他的有关论述最被频繁引用的部分是对奥吉布瓦人图画文字的描述。他拥有特殊的条件，可以获得有关该部落各方面的准确信息，因为他娶了部落里的一个女人，一位著名酋长 Waub-o-jeeg 的外孙女，她同时也是一位欧洲人约翰逊的女儿。她曾就读于爱尔兰，有足够的智慧来理解并向她丈夫描述本部落有趣的事物。

由斯库克拉夫特先生提供的带有许多插图的描述，给人的印象是，在奥吉布瓦人的图画符号变成音节之前，他们的象形文字几乎与埃及人的一样高度发达。他的鸿篇巨著在整体上一直没有得到现代评论家对其准确性的信服，而他所述奥吉布瓦人"象形文字"的细节和全面性的奇妙组合近来受到普遍怀疑。民族学局认为，自己的一项重要职责是确定这些非凡的叙述有多少真实性。为此，本书作者与助手霍夫曼博士考察了该部落现今最喜爱的居住地，即明尼苏达州和威斯康星州的北部地区，以确定有多少信息尚未被发现。

将斯库克拉夫特的陈述与考察结果两相比较的总体结论是，他说的基本是实话，但有很多夸大其词和增色添彩。说他"增色添彩"特别恰当，因为他在大量的插图中随意使用了各种颜色，并带有明显的含意。其实，桦树皮卷的一般规则是，它们从来没有上色；因为树皮确实不适合着色。他还大量使用隐喻性的着色，其方式在任何一位精通印第安哲学和宗教的学者看来，都是荒谬的。他为一些图形添加了形而上的概念，称之为"符号"。实际上，它们在奥吉布瓦人的文化舞台可能从来就没有采用过。虽然在广义上可能有些象征意义，但图解和表意的目的更为明显。

民族学局获得的奥吉布瓦人的树皮书卷和其他图画文字的最大部分，涉及巫师礼仪和巫师等级礼；另一部分涉及第二等级巫师（Jessakid）表演，可以归之于杂耍类；第三部分涵盖更流行和更实际的用法。所有这些例子本书都会提供。

203　　有时候，作者在追寻有关礼仪的图画文字方面遭遇困难。例如，在威斯康星州的奥代纳（Odanah），这一带的奥吉布瓦人普遍受到文明开化并且生活安逸，但很少有人对诸如树皮书卷之类的事情有所了解。不过，还是找到了三卷，有一卷还向外展示。书卷的拥有者是一个坚定的异教徒，名叫 Kitche-sha-bads。其中，"kitche"意为"大的"，"sha"是尝试用法语表示"John"，而"bads"是"Baptiste"的错误变异，因此，合在一起意为"施洗者大约翰"。这位老伙计虽然根本不像有些年轻一代那样积极进取、大获成功，但他有一个舒适的家和农场，并且在阿什兰（Ashland）储蓄银行有 300 元存款。然而，他缺少一样东西，即威士忌。在居留地施行着最严格的法规，真正禁止引进烈酒。确实，在最近的阿什兰镇，对于向印第安人出售任何烈酒都有严厉的惩罚。因此，唯有威士忌能够诱使他允许别人带走树皮书卷的抄本，或者诱导他背诵或按规定的方式吟诵礼仪。显然，他精通巫师礼仪的知识以及他手中展示的那卷树皮书的内容。本书展示的一份抄本的内容与其基本相同，但不是出自于它们，而是发现于西北数百英里之外同一部落的另一分支内。那位巫师相当委婉地央求说，他年纪大了，记忆力不好，只有喝点威士忌，才能提神醒脑。这个难题本可以用来访者揣来的一瓶酒解决，但他的要求迅速升级。他说，那卷书只能唱一晚上，他需要另一个老人帮他，而那位老人必须喝威士忌，然后又说，需要一批年轻人加入合唱，他们也必须喝威士忌。这些要求表明，他打算来一个醉酒狂欢，这才使争论结束。不过，老巫师的想法自有道理，礼仪圣歌只有在刺激之下才能唱得好；过去都是通过冗长乏味的醉酒方式才获得，现在却可以用烈酒快速获得。

本书展示的图画文字很多来自印第安人苏族语系，尤其是该语系的达科他分支，其部分原因是本书作者对该语系的熟悉程度超过其他大多数的印第安分支。然而，也许图画文字在象形表意方面和其他细节方面演变得更加鲜明的例子，现在达科他族中仍能找到，这远胜过北美的其他任何部落。S. D. 欣曼（Hinman）牧师对达科他族文字的发达程度做过很好的描述；他在他们中间出生、生活、结婚，直至去世。虽然不幸的是，他致力于写作却所知不多，但他对该民族的全面了解却超过任何其他欧洲人的后代。

为了清楚表达自己的观点，他在给本书作者的手写信中，列 204
出了自己对图画文字的分类（这并不被完全认可），内容如下：

一、图画——［这类方式被布林顿教授（b）称为图示文字。］这是用图画对事物或事件进行描述，比如画出一只熊、一只人手，以及一幅战斗的场面。

二、表意——这一类很主观但却很重要，它使人想到一个观念或抽象的特质，比如爱或良善。

三、图画文字——这一类是用图画和图形，以随意或固定的方式，复述一个相关的故事，其中，用一幅画或一个图形表示一个词，包括连词和介词。

四、表音文字——它给每一幅图画提供了语音值，并且根据声音拼出单词，几乎与以后的字母表相同，就好比狮子（lion）代表"l"的音，熊（bear）表示"b"的音，等等。正是在这最后一类完善后，产生了字母表。［这是人们熟悉的理论，是有关语言起源最切实的理论，但他却忽视了其他元素，比如"画谜"，这是特殊的一类，前述布林顿教授将其称作图示法。］

欣曼先生认为，接受这种历时的或进化的排列，达科他人的图画文字在欧洲探险家们最初看到时已迈过第一阶段，进入了第二阶段。他在达科他图画文字中没有找到第三和第四阶段的例子，不过，在手势语方面，达科他人已取得进一步发展，进入了第三阶段。

总而言之，图画文字可能比大多数岩画出现得晚。和岩画不一样，它们不是按地理分布来研究，而是依据它们确定的意图和用法来研究。除非本书余下部分不同标题下的有关分类有错误，否则，本章没有必要进一步讨论它。

第七章　用于制作图画文字的物体

用于制作图画文字的物体可以分成——

一、人体。

二、除人体外的自然物体。

三、人造物品。

第一节　人体

人体上的标记有——（1）那些采用油彩或染色的非永久性的标记。这一类很适合如下的标题："色彩的意义"，见第十八章第三节。（2）那些打算永久留在皮肤上的标记，一般称为纹身，但包括划痕。只要篇幅允许，这个宏大而复杂的话题将在"图腾，标记和名称"标题下讨论，见第十三章第三节。此处似乎是在本书的总体安排下最合适的地方。不过，从逻辑上讲，它本可以分在几个标题下，那当然就会涉及很多重复或交叉引用。

第二节　除人体外的自然物体

其他自然物体可以分为——（1）石头；（2）骨头；（3）兽皮；（4）羽毛和豪猪刺；（5）葫芦；（6）贝壳；（7）泥土和沙子；（8）铜；（9）木头。

石头

这个标题内包括在石头表面或石碑上的图画文字。此处石碑是指那些尺寸或位置与其他章节不一样、不属于岩画标题下的石碑。已经出版的有关几块文字碑的介绍，有的带插图，有的不带插图，对此已有很多讨论，其中一些例子将出现在本书后面的相关标题下。（参见第二十二章第一节。）本书中的其他例子，无疑具有真正原住民的作品特性；本书还会提及其他大量的雕刻和凿刻的石头，它们由民族学局收藏，没有发文介绍，而另外一些则在该局的几份报告中有图示。后文中整页插图 51 的介绍现在足够说明这个主题，它是对思拉斯顿（Thruston）石碑的描述和复制。这也许是迄今发现的最有趣的石刻图画文字，没有人质疑其作为印第安人作品的真实性。

骨头

有关使用骨头的例子，本书几幅阿拉斯加和因纽特人的雕刻图示值得一提：图 334、图 459—462、图 534、图 703、图 704、图 742、图 771、图 844 和图 1228。

图 157，复制于斯库克拉夫特（e）的著作，是野牛的肩胛骨，发现于得克萨斯州的科曼奇（Comanche）乡村平原。他说：

这幅图表现了印第安人与白人在争夺野牛。骑在马背上的是一位印第安人（1），以带装饰的盾牌作护卫，以长矛（2）为武器；杀死了一个西班牙人（3）；在迂回追逐（6）之后，后者拥有了一把枪。他的同伴（4），手持长矛，遭遇了同样的下场。

图 157　科曼奇肩胛骨上的画

令人怀疑的是，斯库克拉夫特先生对于（6）"迂回追逐"的解释是不是想象过于丰富。它其实是一个套索或绳索，与套住或企图套住野牛有关。而（5）则以表意的方式很好地表明：当时正在争夺野牛，结果是印第安人和白人各得一半。

兽皮

本书提及了大量绘制在动物皮革上的图画文字。后面第十章

207

第二节中的整页插图 20 是一个实例，它描述了达科他人的《冬季年度大事记》。生皮鼓面也被用来描画，正如奥吉布瓦人的巫师所为。

本书也在多处提到印第安人利用野牛皮及其他大型动物皮做成的长袍，在上面描绘事件、原始崇拜及其他图案。下面一段选自哈克路特（Hakluyt）的著作中约翰·里博（John Ribault）对早期观察的描述（a）：

> 在分手时，国王赠给我们船长一把用鹭的羽毛制作的扇子（羽毛被染成红色）；一只用棕榈枝做的篮子，具有印第安风格，工艺精湛；还有一张大兽皮，上面画满了各种野兽，描绘得如此生动，真是栩栩如生。

与美洲人对带有图画文字皮袍的使用相媲美的，是下列理查德·安德烈博士记述的澳大利亚原住民的相同用法：

> 黑人所穿的负鼠皮袍的内侧也装饰有图案。他们在皮子上划出线条，然后用脂油和木炭涂抹。

羽毛和豪猪刺

在斯库克拉夫特的著作中（f），爱德华·克恩报告说，加州萨克拉门托（Sacramento）部落非常擅长编织羽毛毯，其中很多织有美丽的工艺图案。

墨西哥、中美洲和夏威夷群岛的羽毛工艺品名闻遐迩，其中许多图形完全可以看作图画文字，但现在大多只作为装饰图案。

前述沃斯诺普先生说，在"明达里"（Mindarie，即和平节）的重要场合，澳大利亚原住民会用自己的鲜血将野禽的绒羽粘在身上、脸上、腿上和脚上作为装饰。取血的仪式很痛苦，但他们无怨无悔。这需要五、六个男人花四、五个小时来装饰一个男人。鲜血抹在身上，然后将绒羽粘在血上，完成以后，就显出人的头、脸，脚，以及蛇、鸸鹋、鱼、树、鸟等的轮廓，还有月亮、星星、太阳和南极光的形状，总体意思是：他们与世界万物和平共处。

大卫·博伊尔（David Boyle）先生（a）记述了一件用豪猪刺做的编织物，带有一幅插图，其中的一部分被复制于图158。

在加拿大印第安人已经失传或几乎失传的手艺中，就有如图所示的豪猪刺编织技艺。其部分原因是材料稀缺，但主要原因可能是习惯和爱好的改变，现在相对很少有印第安妇女试图编织这类织物了。……

图案的中心是老鹰或伟大的雷鸟，它是美洲大陆北部地区印第安人过去或现在普遍信仰的对象。……

这件漂亮的尖刺编织物的主人是 Ek-wah-satch，家住巴普蒂斯特（Baptiste）湖畔。他告诉我，它原先属于住在乔治亚湾附近的祖父。

另一个图画文字作品的例子参见图683，这是由彩色豪猪刺 208制成。

葫芦
在葫芦晾干后，除去内瓤，再将小卵石或骨头放进空葫芦内。有的会加上把手。它们被用作舞蹈、宗教和萨满教仪式中的伴奏摇铃。主人所特别崇拜的同礼仪相关的那些天然或神话物体的图像，常被描绘在葫芦的外壳上。这种风俗盛行于普韦布洛族人，以及许多其他部落，尤其是苏族语系部落。

图 159 描绘的是卡奥瓦族（Kiowa）"龙舌兰女人"，因为它出现在该部落龙舌兰典礼中使用的一只圣葫芦摇铃上，而民族学局的詹姆斯·穆尼（James Mooney）先生在 1890—1891 年冬天对此进行了详细解释。

图 158　豪猪刺编织出的图画文字

它显示了一个女人的粗略外形，在她头的四周，有一圈光芒，她左手握把扇，脚下有颗星。

该图的奇特之处是对它的诠释，因为几乎无法用北美印第安人的实际情形来解释。它有双重含义，一方面，它显然是一个虚构的女人形象，但另一方面，它也体现出开始用象征手法表现神圣龙舌兰小屋的内部。当用葫芦摇铃的把手向东转时，在人物头部周围形成光环的线条，就象征小屋内的信众。而头本身，以及

图 159　葫芦上的图画文字

表示眼睛和嘴巴的小点，象征着放置在小屋中央新月形土堆上的神圣大龙舌兰，这土堆在图中由一条宽曲线代表，涂成黄色，构成肩膀的弧线。下面是一条较小的新月形曲线，是葫芦本身的表面，象征着小新月形灰土堆随着仪式的进行，在月牙形土中堆集而成。这两个新月形的尖角都指向东边的小屋门，在图中是指向 209 脚。在人体的胸部，是一个涂成红色的小圆球，象征着屋内新月形尖角中的那团火。身体的下部为绿色，象征东方海洋，神灵之首龙舌兰女子住在那边。在典礼中，崇拜者们就是向她祈祷；而她脚下的星是晨星，预示着她的出现。她的左手握着一样东西，代表鹰毛扇，用于在行礼中保护眼睛免受烈焰伤害。

贝壳

W. H. 霍姆斯先生写了一篇令人钦佩、插图精美的论文：《古代美洲人的贝壳艺术》，刊于《民族学局（Bureau of Ethnology）第二届年度报告》；赛勒斯·托马斯（Cyrus Thoms）教授有一篇类似的论文：《美国北部的坟堆》，刊发于《民族学局第五届年度报告》。它们使得本主题的进一步讨论变得没有必要。

不过，其中一个真实的例子非常独特，参见整页插图15。

爱德华·B. 泰勒（Edward B. Tylor）博士（a）对该页复制的斗篷图做了描述，摘要如下：

在未受欧洲影响的北美原住民艺术样本中，最为典型的是这件饰有贝壳工艺品的鹿皮斗篷，据记载属于弗吉尼亚酋长保厄坦（Powhatan）。在特拉德斯坎特（Tradescanty）收集的弗吉尼亚斗篷中，现在只剩下这一件绣有贝壳。它被归入到阿什莫伦（Ashmoleon）博物馆原件编目内。其拥有者普洛特（Plot）博士，著名的古董商，大约在1685年在其手稿中写道："205号大厅，弗吉尼亚酋长保厄坦的衣服，由两块鹿皮缝制，中间装饰着像硬币一样闪亮的贝壳。"

斗篷的尺寸是长2.2米，宽1.6米。两副鹿皮从中间拼到一起，鹿毛已褪尽。装饰图案的中间是一个直立的人，被缝线隔开；还有一对动物；32个螺旋形的圆球（组成最下面一排的2个圆球的贝壳已脱落），右下角还有一种装饰物的残余。贝壳饰物脱落留下的痕迹清楚地显现出两头动物的后腿和逐渐变细的尾巴。不能确定这两头以图画文字的常规方式所表现的四足动物是当地某种真实的动物，还是某种想象的动物组合，即如其他阿尔冈琴部族所喜欢做的那样。这种装饰性的贝壳工艺在北美众所周知。如果埃德加·史密斯（Edgar Smith）先生在它们目前风化的状态下没有认错的话，所使用的贝壳是一种缘螺。它们一直被以两种不同的方式固定，如图所示。组成动物和圆球的贝壳，是通过一侧研磨穿孔，以便使一条皮筋穿过小孔和口子。而组成男人的贝壳则是将其两端磨平磨圆，变成小圆珠，远看就像圆球。

总体来说，北美印第安人的艺术技巧不是要逼真地描绘动物的形状，以便使其看起来像肖像画一样，而是选取一些突出的210特征，如熊爪，用夸张的方式加以描画；或美洲狮的尾巴，画得超过正常长度，纵贯狮背。因此，这些动物都是通过这些选取的特征而让人识别，几乎就像一种文字说明——"这是一头熊"或"一头美洲狮"，这需要准确的图示法。显然，画在斗篷上的动物没有这样的指示特征，与貂的大体相似性是辨认的唯一指南。

　　一般而言，貂鼠的栖息地并不包括弗吉尼亚州，但在该州的高地发现有这种动物。不过，出现频率低无关紧要。如果作为一个氏族的图腾，情况可能是，保厄坦氏族与更北部的阿尔冈琴部落的一些氏族有交往，而貂鼠是其中一个氏族常见的图腾。现在通常被称为保厄坦部落联盟，在不太久远的过去是一个众多部落分支或村庄的联合体。无人知道这件斗篷究竟属于保厄坦部落的哪个氏族或部落分支的大头领。几乎没有关于弗吉尼亚州印第安人氏族制度的记录，但据说它类似于同一语系北部和东部成员的制度，在其中过去和现在仍然能找到以貂鼠为图腾的氏族。

　　出于本书写作的目的，有关制作材料贝壳串珠的主题，属于贝壳工艺品分类，在"助记术"标题下讨论，见第九章第三节。

泥土和沙子

　　有两篇重要文章：一是美国陆军的华盛顿·马修斯（Washington Matthews）博士在《民族学局第五届年度报告》上发表的《纳瓦霍（Navajo）仪式：山区咏唱》；二是詹姆斯·史蒂文森（James Stevenson）先生在《民族学局第八届年度报告》上发表的《纳瓦霍印第安人的哈兹神舞（Hasjelti Dailjis）和神秘的沙

画仪式》，记叙了前所未闻的纳瓦霍印第安人最有趣的沙画。这些画都是用沙、灰、粉状蔬菜和各种颜色的矿物质在地上完成。制作精细，仪式就在特定的礼仪进行之前举行，结束时会被仔细地抹掉。在本书中，美国陆军的 W. H. 柯布西耶（Corbusier）博士会进一步讨论这个主题（见第十四章第五节）。

民族学局的弗兰克·汉密尔顿·库欣（Frank Hamilton Cushing）先生慷慨地提供了以下评论，他特别提到了祖尼人：

对这些纳瓦霍人所谓的沙画特征的研究表明，其艺术起源似乎与普韦布洛人有关。不过，纳瓦霍人当今的沙画技艺比普韦布洛人更高超，或至少比他们使用得更普遍，也许一直如此。在我第一次与祖尼人相处期间，我发现，这种艺术实践在部落巫师和迷信的群体成员中很流行，我把它称为干画或粉画。我一眼就看出，这种粉画习俗产生的原因是，要从一处适合画画的垂直、光滑并且平稳的表面，换到一处不适合画画的水平和不稳定的表面，将这种象征性的和圣礼的图画文字暂时画在地穴的岩壁上，作为崇拜团体表演礼仪的附属部分，以及魔咒和仪式的辅助手段；用于所有月度、半年一度和四年一度的纪念活动以及部落祭司的禁食活动；有时，这些祭司也用于进行治疗或"康复"仪式中。值得注意的是，除了不变的"土台""（地上）生命通道"和其他几个常规的或世俗事物的符号之外（几乎总是由撒落献祭的食物表示），祖尼人只在典礼中作粉画，所有地区包括低地地区都是这样。在这种情形下，表示东、西、南、北方位的图画就相应地画在大地穴的四壁上，而低地地区就用适当的粉末或着色的沙子画在地上；高地区域则画在靠近地穴顶部的墙壁上，或画在悬挂着的张开的兽皮上。因此，在地面作粉画这一习俗的起源，可能是因为要以更戏剧性的恰当性或准确性描绘低地以及举行圣典的其他地区，而伴随着具有普韦布洛文化特征的对世界的六分法或七分法发展到四分法而产生的。因此，我把粉艺或沙画归因于普韦布洛人，并相信这是通过模仿和收留普韦布洛人而引入到纳瓦霍人中。之所以今天在他们中间更流行，仅仅是由于这样的事实：由于通常没有合适的垂直面或墙面用于作画，所以较大仪式的绘画都只能画在地面上，这是唯一或最好的方式。

有必要补充一句，不可忽视的是，纳瓦霍部落中普遍缺乏屏风或兽皮画，至少对普韦布洛人来说，这些图画是（必须是）暂时的，因为据说它们会灵魂附体，或在仪式中呼叫咒语时，所画的神灵或神化的动物会活起来；因此作画的物质具有了一种生命力，所以在仪式结束时，如果画的是恶神，必须将其杀死并当作死尸处理掉；如果是善神，就将其当药吃了。

通过相关的习俗，可以进一步理解祖尼人使用这些想象生动的粉画习俗，他们不仅描画石头等物体，有时还画较大的偶像，然后如上文所述清除图画；而且还有像浮雕般的粉画，也就是说，用沙子绘出英雄或动物神、圣山等形像（有时尺寸很大），然后用粉末描绘它们以及画中的其余部分，事后除去作画材料，当药使用或留作将来礼仪之用。

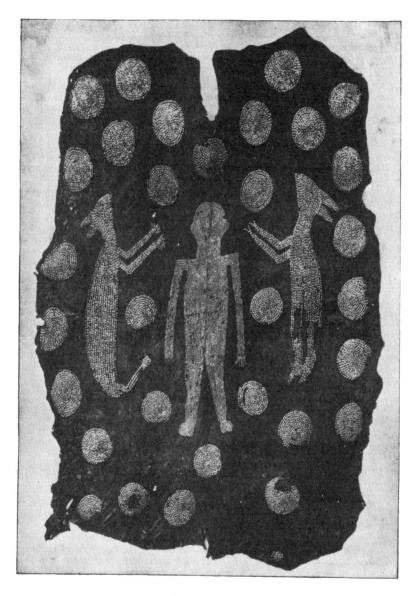

保厄坦的斗篷

上文最后提到的高凸浮雕肖像的建构可与本节下文提到的肖像土堆进行比较。

与礼仪使用相关、用于地上临时干画的，有彩土和沙子，以及神圣的玉米饭，在印度有令人惊讶的同类发现。爱德华·卡彭特（Edward Carpenter）（a）先生提到，神女（Devadásis），俗称舞女，她们的职责之一，就是用米粉绘制奇趣的图形来装饰印度教寺庙的地板。

那些著名的土堆或古墓——或多或少都清楚地描绘了动物 212 形状，有时又称为雕像土堆，主要发现于威斯康星州和伊利诺伊州——属于这一类，但本书不可能恰当地讨论它们，而且也没有篇幅谈论许多其他题目，因为相关的事实和授权所知较少或不易得到。S. D. 皮特（Peet）牧师（a）公布了大量信息。另外两篇文章是由 T. H. 刘易斯先生发表于《科学》杂志 1888 年 9 月 7 日和 1889 年第 318 期。F. W. 帕特南（Putnam）教授（a）有一篇关于俄亥俄州一座蛇丘的文章，特别有趣。概括起来说，恐怕没有足够证据能证明竖立这类雕像土堆只为安葬。它们的高度很少超过 6 英尺，范围从 30 英尺到 300 英尺不等。建筑中最常见的可识别的动物是蜥蜴、鸟类和几种或多或少比较明显不同的四足动物；蛇、龟也能见到。描绘的动物群类是那些现在或最近在同一地区发现的。很有可能上述土堆的形状是由图腾部落崇拜或部落习俗决定的。

在英格兰，"草皮古迹"类型的图画文字有时是通过砍去天然草皮，然后在裸露的表面填入白垩形成。有时，颜色完全取决于除去草皮后露出的石灰石、花岗岩或其他岩石的颜色。W. C. 普伦德莱斯（Plenderleath）牧师（a）给这种图画文字提供了一个完整记录。

铜

　　铜很可能是北美印第安人用来制作图案的唯一金属。要将其与其他民族在黄铜、其他金属或合金上制作的图案进行对比，那就会进入一个领域，其中最有趣的部分是钱币类，但这样就偏离目前的主题了。北美印第安人将纯铜用于不同的目的，但一般用于装饰，这一点已被确认，并且在赛勒斯·托马斯（Cyrus Thomas）教授（a）的《坟堆》一书中有专题介绍。刻在黄铜上的真实图画文字记录，其最清晰同时也是最令人惊奇的，是由一位绝对的权威 W. W. 沃伦（Warren）（a）提供，概要如下：

　　奥吉布瓦族克兰分支（Crane）保存有一个纯铜圆盘，上面粗糙地刻着凹纹和象形文字，标记着自从这个分支最初在尚瓦乌姆依贡湾（Shang-a-waum-ik-ong）支搭帐篷并占据周围地区包括拉波因特岛（La Pointe）以来，已经过世的几代人的数量。

　　当我在 1842 年亲眼看见这个奇特的家谱时，这块铜盘正向我父亲展示。那位老酋长小心地把它埋藏在地下，很少给人看。这次他拿出来示人，只是由于我母亲的恳求，而他们是舅舅和外甥女的关系。

　　在这块铜盘上，刻着八条很深的凹纹，标示着自从他们的祖先第一次在尚瓦乌姆依贡湾点燃篝火以来，已经去世的先人的数量。他们都很长寿。

213　　紧挨着一个头戴帽子的男人，在其中一条凹纹的对面，标记了白人首次在他们面前出现的时间。这个记号出现在第三代，自从这一重要的历史时期之后，已经有五代人过世。

W. 鲍威尔（Powell）先生（a）是印第安人事务主管，他在1879 年给加拿大印第安人事务部副总监的年度报告中，介绍了西北沿海的一些部落，尤其在报告中提到纽依提（Newittees）印第安人，一个属于瓦卡什语族（Wakashan）的部落，现在被称为纳科姆基利斯人（Naqómqilis），他们把特别定型和标记的铜片视为宝物。它的形状是一个底部朝上、没有尖头的棱锥面。在宽的一头出现类似眼睛和嘴巴的小孔标记，这在人脸面具上很常见。在窄端有一个略似装饰项圈。这些铜件是由印第安人自己用当地的铜制成，而在 1879 年的时候，酋长们拿出了几件在冬节或捐赠盛宴上用于捐赠。这些小铜件的附加值总的来说很低，这一点令人震惊。其中一件，有人为此支付 1,200 条毛毯，这在当时当地价值 1,800 美元。有时，一位酋长在捐赠其中一件时，为了显示他完全无视财富，会把它碎成三、四块，然后献出，每个碎块可能被以极高的价钱收买。这种奢侈炫富的竞争，却在慈善和谦逊的幌子下进行；你可以在美国白人的银砖和面粉桶拍卖会上见到类似情景。除了这样的公开展览外，铜币似乎既是货币，又是护身符。

木头

这一部分包括以下内容：

（1）活树，使用它们来展示图画文字，这在本书中有许多描述和图示。除此之外，值得注意的是德施魏尼茨主教（De Schweinitz）（a）在《蔡斯贝格尔（Zeisberger）的生平和时代》一书中的评述。他说，在 1750 年的卡尤加湖（Cayuga）东岸一处地方，有大量的树雕，卡尤加印第安人了解其含义并予以翻译。

这种记录或通知的模式是如此容易理解，所以它遍布世界各地。例如，达尔贝蒂斯（*a*）（DAlbertis）所描述的新几内亚的"象形文字"，就是一幅用黑色颜料画在白树上的画。

（2）树皮。——阿布纳基人和奥吉布瓦人过去和现在都习惯于在桦树皮上刻划图画文字符号和记忆记号。本书对这种风格的图画文字有许多描述和插图，而在《民族学局第七届年度报告》中的第 19 幅整页插图里有精美的彩色图示。线条有时似乎是用一种利器（很可能是骨头）刻在小树的里层皮上，但在其他的案例中，图画则是直接在树皮上扎成。长条树皮的长度从一英寸到数尺不等，干后卷起，通过加热拉直，以便查看。

阿布纳基人在桦树皮上绘画的另一种独特模式似乎是在外表面画写，因而在树皮的最外层和第二层之间显示颜色的差异，这种差异就形成了图形。整页插图 16 下半部的图形就展示了这种绘画模式。它精确复制于缅因州阿布纳基人制作的古老树皮记录的片段。

他们还使用雕刻的方式，本书列举了许多实例，但他们的画写模式产生的效果比单纯的刻划更生动，如图 659 所示。

（3）制作的木头。西北海岸的印第安人常以木头为材料，在上面制作图画文字。图腾柱、船、船桨、构成房子前壁的木板和木制面具，都是使用的对象。

人们也发现了很多美国内陆地区印第安人在木制烟斗上作的画，常用的木材是白蜡树。阿里卡拉人（Arikara）使用的船桨上刻着用于区别的标记，其复制画如图 578 所示。

丧葬记录也画在木板上。（参见图 728 和 729。）助记方式、离开的通知、哀悼等内容也都画在木片上。

对利用木材制作图画文字的描述和插图数量众多，本书例子更是不胜枚举，不过，我们也许可以添加威尔克斯（Wilkes）（a）所著《探索远征》中的例子，参见图160。

在华盛顿州普吉特湾（Puget Sound）附近，靠近奇科里河（Chickeeles）边的宿营地，发现了一些粗糙的雕刻画板，埃尔德先生（Eld）对此画了一幅临摹。这些木板被竖立着，对它们的来源，无从考证。它们的颜色异常鲜艳，使用的是一种红色颜料。

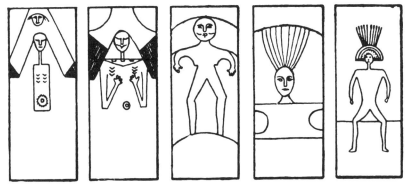

图 160　华盛顿州木头上的图画文字

詹姆斯·O. 帕蒂（James O. Pattie）先生（a）记述了1824年一位波尼族（Pawnee）酋长赠送给他一个木制通行证。他纯粹用文字来描述它，说它是一块小木头，画了一些奇特的符号，好像"象形文字"。这位酋长告诉帕蒂先生，如果他们遇到他的武士，就给他们看这根木棍，如此，他们就会得到善待。几天以后，当一行人在途中遇到同一个部落的大队人马时，此事果然应验。

第三节 人造物品

与本书密切相关的人造物品可以分为两类：一、陶制品；二、编织品。

陶制品

带有图画文字的陶器制品图片大量呈现在詹姆斯·史蒂文森先生的《民族学局第二届年度报告》以及史蒂文森先生和威廉·H.霍姆斯先生的《民族学局第三届年度报告》中的图集中。带有图腾图案和所有权标记的管子也很常见。

陶器艺术最初仅限于容器制作。在文化的早期阶段，瓶子只作为容器使用，但随着文化的成熟，它们被赋予礼仪和宗教用途，在其上绘制与祭礼有关的彩色图案和浮雕。在有些部落中，大型葬礼瓶被塑造来存放或覆盖尸体。人们用陶器制作各种各样的物品，如管子、口哨、摇铃、玩具、珠子、铲子、日历牌、面具以及小雕像。使用不同纯度的黏土，有时还与石英粉、贝壳或类似的材料混合。容器常常通过旋转定型。表面被手或定型工具抹平，或用石头和其他光滑工具弄平。对表面的装饰极为重视。指甲和各种尖头工具被用来刻划，雕刻出精心制作的图画和图案。有时会在软质黏土上盖上系统设计好的印章。还用绳子和编织物来使表面丰富多样。尽管更发达的部落也使用这些简单的制作工艺，但他们还会雕刻、浮雕和全面建模以及彩色绘画。

编织品

编织品包括的艺术产品有丝织物，主要利用它们的柔韧性来加以组合。采用的工艺有编条、交织、结绳、结网、横织、缝纫和刺绣。早期原住民所使用的材料一般都是柔韧的植物，如枝、叶、根、茎、灯心草，以及青草，还有毛发、豪猪刺、羽毛，以及动物的筋。

不像石头和黏土作品，编织品很少能长期保存。不过，根据历史记录和对现存印第安部落制作的众多美丽物品的研究，当地编织品的类别和总体特征还是相当清楚的。在很多情况下，埋入地下的此类编织品通过在其周围遍撒防腐盐而得以保存，有些裹 216 在埋葬器具四周的编织品或铜器饰物也没有受到严重腐蚀。焦炭也是保存布品的一种手段，通过印在陶器面上的印痕，可以了解到很多古代织工的编织技艺，这是他们在黏土仍然柔软时，将纺织品的纹理印到上面而完成的。这种织造方式很简单，但在平整而带图的织物上、挂毯上、花边般的刺绣品和羽毛工艺品上的效果却令人赞叹。

对这一主题，W. H. 霍姆斯先生在他的论文《编织品艺术研究》中有所讨论（该文刊登在《民族学局第六届年度报告》中）。他谈论的非常全面，涉及的领域包括图画文字与编织品的关系。

本书也列举了此艺术手法的几个例子。参见图 821、图 976 和图 1167。此外，还有下列几个例子。

加州的一些部落擅长用草和树根编织篮子，其上的图案不仅 217 仅具有装饰作用。美国东南部图利河（Tule）管理处的约库特人（Yokut），有时还编入各种人体形状，手臂悬在身体两侧，双手各指一边。头上是一条很粗的水平线。

以下节选自 O. T. 梅森（Mason）教授（a）有关编篮工艺品的论文，是对图 161 的描述：

图 161　海达人编篮织品的帽子

　　图 a 是海达族印第安人用云杉树根编织的雨帽。这是俯视图，显示了用红色和黑色颜料画的装饰图。上面的图案是一只鸟的缩影图，也许是一只鸭子。除了顶部的红十字外，可以看到鸟嘴、爪子和鼻孔；眼睛在靠近顶部的两侧，紧随其后的是两只耳朵。翅膀、脚和尾巴，包括一张人脸出现在帽檐。海达族人以及从弗拉特里角（Flattery）到圣伊莱亚斯山（Elias）沿海的其他印第安人，在所有用品上都描绘和雕刻了图腾图案。

　　图 b 是图 a 的侧视图。这些帽子上的彩绘纹饰是以常规的黑色和红色的纹饰手法做成，它在海达族人中很流行，用来在所有房屋上、木头和石板雕刻上，以及工具上复制各种图腾。

美洲印第安人的图画文字

尼布拉克先生（b）在描述图162时说：

奇尔卡特人（Chilkat）的雪松树皮披风是所有礼仪舞蹈和集会的重要元素。其他式样的礼仪披风或斗篷都是由哈得孙贝（Hudson Bay）公司制造，上面有各种方式编织的图腾图案。通常的方法是，用红布剪出图腾图案，然后以嵌花工艺缝到衣服上（饰以珠子镶边和钮扣）；另一种方法是用数片璀璨的珍珠壳、鲍鱼壳或珍珠钮扣在衣服上缝制成图腾图案。该图是一件法衣的绘图，展开的是背面，画着图腾或佩戴者的顶饰。

这个样品是英属哥伦比亚辛普森角（Point Simpson）钦西安人（Tsimshian）的工艺品，描绘的是大比目鱼。

图 162　钦西安人的披风

第八章　制作图画文字的器具和材料

到目前为止，古老的图画文字作品究竟是用什么器具和材料制作的，尽管有时成功地应用了显微镜检查和化学分析，但只能根据它的外貌来推断。有关该主题的几个例子列举如下。当然，本书其他章节也有相关描述。

第一节　雕刻器具

使用这个标题，意在包括切削、雕琢、刮擦，以及摩擦。希多特萨人（Hidatsa）在石头或岩石以及木头上刮擦时，会用一块尖锐的石头，通常为石英石片。本书作者效法密克马克人，在加拿大新斯科舍省克吉姆库吉克（Kejimkoojik）湖畔，成功地用石箭尖头在岩石板上刮擦作画。

阿拉斯加州的伊努伊特族人（Innuit）主要使用弓钻雕刻骨头和象牙。他们现今切削人物和其他图形的方法是使用一个小钢刀片，很厚，但很尖锐，类似刻刀。

许多岩画，例如在马里兰州的克纳温戈（Conowingo）、缅因州的马柴厄斯波特（Machiasport），以及加利福尼亚州的欧文斯谷（Owens），都有确凿的证据证明，那里的岩画即使不是用一张木砂纸或一块尖石来制作，那至少是用它们来打磨而增加了深度。

为了在桦树皮上雕刻或刻画，渥太华的奥吉布瓦人以及其他阿尔冈琴部落的人都使用尖锐的骨片。不过，他们现在更喜欢用铁钉。在树皮外表面刮擦作画的例子在其他章节也有提及。

本书列举了几个用另一块石头在石头上凿刻图形的案例。马里兰州埃利科特市（Ellicott）的 J. D. 麦奎尔（McGuire）先生（*a*）已经用普通的印第安石锤非常成功地制作了岩画。他取得的一些成果发表在《美国人类学家》（American Anthropologist）杂志上。

第二节　绘画器具

在奥吉布瓦人中所发现的画在小木板上的画，是用一根烧红的铁丝或一根锤尖的细铁棒制作的。这些图案现在被熏黑了。

在匆忙之时或手头没有更好的材料时，希多特萨人有时会从火中取一块燃烧的木炭，或用一块红粉笔或红赭石，在一块木头上或野牛的肩胛骨上作画，而这些材料几乎每一个武士都随时具备。

A. W. 豪伊特先生在《澳大利亚图画文字手稿》中说：有些原始部落没有任何软化兽皮的工艺，所以对这些毯子坚硬性的补救办法是在上面标刻线条和图案，这样会部分穿透兽皮，使它具有一定的柔韧度。过去，在白人还未使黑人伙伴掌握文明先进的工具时，库迈人（Kumai）是利用蚌壳尖利的边来刻画这些图形。如今，他们却是用金属勺子的锋利边缘，这部分原因是因为它形成了一个便利的工具，也许还有部分原因是，勺子边缘的形状与他们熟悉的祖先的工具很相似。

第三节　颜料及其应用

袍子或兽皮上的图画是利用细木条或细骨头制成的。羚羊毛也被采用，方法是：把它们绑到棍子上做成一把刷子，但这显然是一个现代的创新。木块，把它一端弄碎，形成一个松散的纤维刷，有时也用于作画，正如达科他州（Dakota）蒂顿人（Teton）所一直做的那样。

希多特萨人及其他西北地区的印第安人通常使用一块野牛肋骨或一块椭圆形的硬木头，将其浸在胶汁溶液中，有的带颜色，有的不带颜色，画出线条，随后通过重复以相同浓度的颜色溶液或更强浓度的颜色溶液进行填充并加深。

近些年来，印第安人在美国很容易得到现代文明生产的颜料用于绘画和装饰。但是，每当买不到颜料时，他们还会制作和使用土产颜料。棕色、红色和黄色等各种色调的铁质黏土在自然界的分布如此广泛，因此它们成为最常见和最主要的颜料。黑色是通过把木炭碎片磨成很细的粉末。在有些部落里，如同从亚利桑那州废墟中发现的"古代"陶器那样，黏土显然被混入木炭以制作更好的形体。有些伊努伊特部落制作的黑色颜料是将血和木炭充分混合，然后用于在象牙、骨头和木头上雕刻。

在达科他人中，给豪猪刺染色的颜料主要是从植物中提取。可溶解的植物颜料比东部地区生产的矿物颜料更均匀、更精美地穿透硬刺的物质。

某些普韦布洛陶器的黑色形成过程，首先是烘烤，随后在其冷却时放入粉状肥料中，再加以烧制而成。染色物质——烟灰——被吸入陶器的气孔中，颜色就不会像刷到表面那样容易脱落。

在装饰兽皮或长袍时，阿里卡拉印第安人会煮河狸的尾巴，从而得到一种黏性液体薄胶。首先将图形的轮廓绘到一块牛的肋骨上，或别的扁平骨头上，其边缘仅在浸入白酒后才被使用。然后，用于绘画的各种颜料在各自的容器中与一些相同的液体混合，之后，用一块削尖的木头或骨头将各种颜色涂到陶器上。彩色混合物就被薄胶牢牢粘在原来的轮廓里。

当类似的颜料用到木头上时，其表面经常被挖凿或轻刻以便更容易吸收颜料。

在哈克路特（b）的著作中，雅克·卡蒂埃（Jacques Cartier）报告说，沙勒尔湾（Chaleur）的印第安妇女用炭灰和油脂涂抹面部。

1873 年，有人在黄石河畔发现了一个小袋子，这是当年战败逃跑的苏人落下的，里面有几块黑云母铁的碎片。它的外形和硬度几乎与石墨一模一样，如此柔软和发黑是因为用它摩擦的结果。它显然被用于出征前的彩绘抹脸。

威廉·H. 多尔（William H. Dall）先生（a）曾经处置过在乌纳拉斯卡岛（Unalaska）上的阿马夸克洞穴（Amakuak）内哺乳动物层中发现的遗物，他说：

在一个山洞里的最上层，发现了一个女人的工作篮，里面的遗物有一些树脂［取自松树皮或云杉树皮］，显然是用一个小桦树皮盒仔细珍藏（树皮也取自漂移木）的，盒子里有柔软的赤铁矿石、钠硼解石以及铜蓝碳酸盐，古代的女裁缝就是用它们来装饰她的手工艺品。

同一作者还报告说（f）：

用土制颜料给木制品着色的历史很久远，但我所了解的所有更详尽的图形实例，其历史相对较短。所使用的颜料有铁和铜蓝碳酸盐；绿色真菌或盘菌，见于腐烂的桦木和桤木上；赤铁矿石和红色粉笔；白色硅藻土或白垩土；黑木炭、石墨、铁云母矿石。有时候，会从松树皮中或垂柳的形成层中提取一种红色颜料。

斯蒂芬·鲍尔斯（Stephen Powers）（a）指出，沙斯蒂卡族（Shastika）妇女"每天在脸上涂抹苦樱桃汁，给人一种血腥和凶悍的感觉"。

221　　民族学局的 A. S. 加切特先生报告说，俄勒冈州西南部的克拉马斯人（Klamaths）使用李子核与蒲草烧制的黑色颜料 Lgú，在脸颊上抹成小圆点，在舞蹈时使用。用于涂抹面部和身体的红色颜料，是从云杉树（pánam）中提取的树脂。也采用黄色的矿物颜料，主要成分很可能是赭土或铁质黏土。他还表示，克拉马斯人使用的 spál，是一种黄色矿物颜料，浅黄色，但燃烧后变红，之后就可以在脸上涂成小圆点。他们用白色硅藻黏土在全身涂抹成条纹。克拉马斯人使用木炭（lgúm）来纹身。

温纳贝戈人（Winnebago）用泥巴和白黏土装饰人体和马匹。有些图莱里河（Tulare）附近的加州印第安人则用当地的硅藻黏土用作白色颜料。而在旧金山湾北面间歇泉附近的部落是从硫化汞块中提取朱红色颜料。同一份报告很可能还介绍了在今新阿尔马登矿（New Almaden）的印第安人，这里是穆森（Mutsun）部落过去的居住地。在加州圣巴巴拉的一些图画文字里的黑色颜料，据分析含水氧化锰。莫哈韦（Mojave）的颜料是赭石、黏土及掺入油脂的木炭。

民族学局的 J. 欧文·多尔西牧师报告了欧塞奇人（Osage）的情况，他们获取抹脸的黑色颜料的方式之一是燃烧一些小柳树。在树枝烧焦后，将其打碎，放入锅中，加入少量的水。用手反复搅拌，最后抹到要着色的身体部位。

霍夫曼博士报告说，生活在亚利桑那州科罗拉多高原西部边界的华拉派部落（Hualpai）中，有些人似乎从额头到腰部出现了竖条状的纹身，但仔细观察后发现，自然皮肤上的深浅竖条是以下述方式做成的：在杀死一只鹿或羚羊之后，动物的血被抹在脸上和胸部，之后，弯曲张开的手指从额头一直向下划到脸部和胸口，从而抹去一部分血；剩下的血很快凝固，形成黑色的条纹。皮肤的暴露部分保留了天然的深褐色，而被凝固的血所覆盖的皮肤因免受光线和空气的影响而颜色变浅。这些人对上述涂抹物保留不洗，稍后不久，抠去干血，就留下了较浅的斑点和线条，像纹身标记一样保留一、两个星期。世界上有几个地区的人们都自创类似的血纹作为纹身图案，用以记录狩猎或战争的胜利，但这样的进化在上述案例中似乎并不是源自临时的装饰。

众所周知，祖尼族人在他们的宗教仪式中，普遍使用称 222

为"kunque"的玉米饭来给人体和物品进行礼仪着色。而"hoddentin"就鲜为人知了，这是蔍草地花粉，一种生长在美国西南各地池塘中的香蒲草。阿帕奇人将这种黄粉装入小鹿皮袋，然后将小鹿皮袋系到武士的腰带上。部落成员还把它当作护身符佩戴。在治病的舞蹈中，巫师将此粉末敷到病人的额头上，然后在他胸口抹一个十字形，接着，在他的躺椅周围洒一圈，随后撒在吟唱者们的头上和围在一起的病人朋友的头上，最后撒到自己的头上和自己的嘴里。

埃弗拉德·F.伊姆特恩（c）在下文中详细介绍了有关英属圭亚那的情况：

> 印第安人用来进行人体彩绘、偶尔也在工具上绘图的颜料，有红色的"faroah"，紫色的"caraweera"，蓝黑色的"lana"，白色的长石黏土，另外还有一种很少用的不知名的黄色植物颜料。
>
> "faroah"是一种灌木（胭脂树）的深红色果肉，这种树野生于一些河流的两岸，印第安人也在他们的空地栽种。果肉与大量的油混合。使用时，用手抓一把抹在皮肤上或其他物体的表面进行着色；或者用棍作笔，沾着它绘制细纹图案。
>
> "caraweera"是一种类似的颜料，紫红色，用得较少。它是用一种黄花紫葳（B. chicka）的叶子与另外一些次要配料制成的。首先，蒸煮干叶；然后，把锅从火上拿开，将锅内之物倒入碗中，待其冷却，把上层的清水倒掉，留下的就是漂亮的紫色颜料。
>
> "lana"是一种小树（美洲格尼帕树）的果汁，不用进一步

加工，就可以用它描画蓝黑色的线条图案，或在皮肤上进行大面积的着色。这样使用的染料一个星期都不会掉色。

保罗·马柯伊（Paul Marcoy）（*a*）在《南美游记》中说，巴西的帕斯人（Passés）、尤里人（Yuris）、巴里人（Barrés）和查玛那人（Chumanas）在纹身时，使用槐蓝或格尼帕树制成的颜料。

医学博士 F. S. 莫瑞特（Moreat）在《皇家地理协会学刊》1862 年第 32 期第 125 页中说，安达曼岛民用泥土抹头顶，很可能出于装饰的目的。

理查德·安德烈博士（*b*）说：

远在欧洲人来到澳大利亚之前，澳大利亚的黑人就知道用一种图画方式，惟妙惟肖地真实再现他们的生活场景。有人在一块树皮上发现了那种图画的一个有趣的标本，它原是蒂勒尔（Tyrell）湖畔一间棚屋的屋顶。制作这幅画的黑人之前与白人有交往，但没有受过任何绘画的指导。树皮的内侧被烟熏黑，这位原住民就用他的拇指指甲在此熏黑的表面作画。

第九章　助记术

　　图画文字最明显同时很可能也是最早的用途就是帮助记忆。发明代表事物的图画，用以铭记事物本身或概念、事实，或与其相关的其他事物，最初是人类的个体实践，而且在众多民族中具有最悠久的历史和文化。在采用符号作为纯粹的记忆目的后，那些起初表形的常常转化为表意或象征，也许随着时间的推移，在极大地约定俗成后，所要表达的事物形象仅靠想象已无法理解。

　　不过，人们相信，使用这种形式的图画，要晚于利用物体之后将其用绘画、刻划和雕刻的形式重现。在本书中，有许多例子展示了这样使用的物体，并且对以同样目的制作的图形据实加以解释。列举的其他例子与图画文字的演变有关，它们或许可以解释某些尚未理解的图画文字的形式。

　　本章分为（1）结绳和系挂物体；（2）刻记的棍子；（3）贝壳串珠；（4）歌曲的顺序；（5）传说；（6）条约；（7）约定；（8）计数；（9）记账。

第一节 结绳和系挂物体

霍夫曼博士报告说，过去居住在加利福尼亚州洛杉矶北部山谷的印第安人，使用一种设置，他们把毛毯、兽皮和长袍带到或派人送到白人定居点出售。他们会交给受委托运送和出售货物的男子一些用柔软的植物纤维做的线，一根代表一种货物，都系在腰带上。每个委托人都会向代理人确定一件货物的价格，当他卖掉一件货物后，就在相应的绳子上打一个结，表示收到的货款；或打两个结表示一个比索（货币单位）。因此，每一根特定的线都标明已出售的货物种类以及总货款，然后根据货主们的账目数量分钱。

乔治·特纳（George Turner）先生（*a*）说，以前在南太平²²⁴洋岛民中，由于没有文字，在一条绳子上打一些结是记数和记事的常见方式。

秘鲁安第斯山区的印第安牧人仍然在使用一种奇特和巧妙的方式表达思想而无需语言或文字，虽然它只涉及羊群的数目。该系统由各种细绳巧妙地编织成网状编织物，而不同的结绳方式就形成了记录，绳结和绳圈表示特定的含义，而它们的排列就是把这些含义联系起来。古代秘鲁人所实行的这套记忆方法，称为结绳文字，虽然类似的结绳记事法也见于中国、鞑靼、亚洲东部、太平洋众多岛屿，甚至非洲的一些地方，但在秘鲁，在印加帝国时代，它发展得如此精妙，甚至用于政府的官方统计工作。当然，由于这种文字没有给出词语的图像，也不能提示语音，但是，就像刻划的棍子一样，只是使人回忆起已经存在的想法，这种文字只有那些掌握秘诀的人才可以理解，但值得注意的是，当耶稣会布道团开始他们在秘鲁的工作时，他们能够用结绳文字使印第安人学会背诵拉丁文祈祷词。

在冯·楚迪（Von Tschudi）博士（*a*）的《秘鲁游记》中，对古老的结绳文字有更详细的介绍，摘要如下：

这种方法就是在细绳上巧妙地进行纵横交错的打结，从而使它们帮助记忆。这样的工具构成，首先是一根粗绳或顶线，隔一段距离，系上更细的线。顶线比这些悬挂的线要粗得多，由两根双曲线组成，上面缠绕着两根单线。分支，或称悬挂的线，由一个单环固定在顶线上；在悬挂的线上打结。有的是单结，有的是多结。线的长度各不相同。横线或顶线常有几码长，有时只有 1 英尺；分支很少超过 2 英尺长，一般都很短。

细绳常常带有不同的颜色，每个都具有独特的含义。表示战士的是红色；黄色表示金子；白色代表银子；绿色代表玉米，等等。结绳文字专门用来计数和统计；每一个单结代表十；每个双结代表一百；每个三重结代表一千，等等；两个单结连在一起表示二十；两个双结表示二百。

就是以这种方式，古代秘鲁人保存了他们军队的账目。在一根线上，记录着掌握投石器士兵的数量；另一根线上是拿长矛的士兵数；第三根线上是那些拿大棒的士兵数量，等等。以同样的方式，提供军事报告。在每一个小城，都有一些专家受命结绳记事，并解释其意。这些人被称为 *quipucamayocuna*（字面义为结绳军官）。获委任的官员需要熟练解读结绳的含义。然而，他们在解读结绳文字时，常常需要一些口头解说，如果结绳文字来自一个遥远的省份，往往就需要添加说明，解释它是否涉及人口的数目、贡品，或战争，等等。这种计算方法在高原地区的牧羊人中仍然通用。在第一根分线上，他们通常标记公牛的数量；第二根线是奶牛的，后者又被分为挤过奶的和未挤过奶的；下一根线是牛犊的数量（根据其年龄和尺寸）。再往后是羊的数量，细分成几个部分。接下来是捕杀的狐狸数，所消费的盐的数量，最后是已屠宰的牲口数目。还有的结绳文字显示牧民生产的牛奶、奶酪、羊毛等农产品的数量。每一类都根据特定的颜色来区分，或根据独特的打结方式来区别。

其他的记录告诉我们，基切人（Quiches）的后代仍在使用结绳文字，或许如他们自己所宣称的那样，只为记数。他们用不同颜色的线将豆子串挂起来，其中每一个代表十进制算术中的一位。一根绿色的线表示1000；一根红色的线代表100；一根黄色的线表示10，一根白色的线指9以下的数。因此，如果7颗豆子挂在一根绿线上，2颗在红线上，8颗在黄线上，6颗在白线上，整个连在一起，这一串就表示数字7286。

在掌握结绳文字之前的时代，秘鲁人以同样的方式利用各种颜色的鹅卵石或玉米粒来记数。史前时期的欧洲也有同样的做法。在文明国家，许多人习惯于在手帕上打个结以帮助记忆一个想法或事实，这是人们熟悉的例子，证明这种行为本身多么自然地表明了它的目的，也许表明是对前述做法的继承。

安德烈博士（b）提供了一幅结绳文字图（见本书整页插图16），他临摹自佩雷斯（Perez），并指出，这幅图是在结绳文字工具从一个古老的秘鲁坟墓中发掘出来后不久画的。

伯克（Bourke）上尉（a）对阿帕奇人的各种医疗绳做了说

明和图示。他的话摘要如下：

> 这些绳子非常漂亮，隔一段就饰有珠子和贝壳，还有数块神圣的翡翠，它们在美洲印第安人的心目中具有神秘的地位——无论是阿兹特克人、秘鲁人、基切人，还是更原始的部落，如阿帕奇人和纳瓦霍人。另外还有硅化木、水晶石、老鹰绒毛、鹰或雏鹰的爪子、熊爪、响尾蛇的响环、装有香蒲草花粉的鹿皮袋、鹿皮圈、里面放着被雷电击中的树枝、取自太平洋海岸的鲍鱼壳碎片，以及许多其他类似的神圣之物。
>
> 我很快就了解到，这些细绳只有在最神圣和重要的场合才使用。平常是看不到的，只在跳战舞、医病、召唤神灵时才拿出来，每位巫医出场时都会披挂此绳，从右肩斜跨到左臀。
>
> 这些细绳将保护出征之人。许多阿帕奇人坚信，如果身上系一根线，子弹就不会伤到武士。这当然不是它们的唯一功能；佩戴者可以知道是谁偷了他本人或朋友的矮种马或其他财产；可以帮助种庄稼，还可以治病。如果把连接到其中一根线上的一个圆圈放在头部，就会立刻缓解疼痛，而连接到另一根线上的十字环会防止佩戴者迷路，无论他身在何方；换句话说，它与交叉小径和东南西北方位点有关联，阿帕奇人对此极为在意。
>
> 我一开始就推测，这些细绳与秘鲁人的结绳文字以及大西洋沿岸原住民的贝壳串珠有关联，调查结果证实了这一猜测。

佛教徒和许多东方人的念珠，使用历史非常悠久，与结绳文字非常相似，它们的形状更加接近于罗马天主教的念珠。在没有机器生产的情况下，细绳上所需要的材料很容易得到。干果、坚果、豌豆或蚕豆可以随意系在绳上，满足记事需要。中国人和希腊人的算盘的出现也与此有关。

E. F. 伊姆特恩（*d*）谈到圭亚那的尼卡瑞卡鲁族（Nikari-Karu）印第安人：

> 最后，在住了四天后，我们动身离开。陪同我们的两、三个人来自尤瓦里马纳库罗（Euwarimanakuroo），他们给妻子留下打结的绳子，每个结代表他们出门在外的一天，对他们的妻子来说，整个绳结就成了可使用的日历，直到她们的丈夫返回。

发明结绳文字的总体思路是为了以形象的方式帮助记忆，这一点在 S. 哈贝尔博士（*b*）介绍危地马拉圣卢西亚（Santa Lucia）科苏马尔瓦帕城（Cosumalhuapa）的雕刻时有所阐明。他说：

> 常有人断定，美洲原住民的文明程度不够高，所以没有文字和数字符号，但圣卢西亚的雕刻所显示的符号表明，已有一种超越纯粹象形文字的密码文字。从大多数活人或死者的口中，引出一种棍状物，有不同的弯曲程度，两边附有节点。这些节点的大小和形状各不相同，分布在棍状物两边的不同位置，或单独一个，或二、三个一组。三个一组时，有的分开，有的像三叶草形状。这种文字不仅显示此人正在说话或祈祷，而且也显示所说词语以及说话或祈祷的内容。可以确定的是，每一个棍状物，根据不同的弯曲和点缀，代表着一个众所周知的祈求。祭司可以轻松认出，就像熟悉密码

急件的人明白它的意图一样。而且，我们有理由推测，棍状物的各种曲线起着指示强度和节奏的作用，正如诗人选择不同的韵律一样。

以下对古代结绳记事的使用以及它在世界各地的遗存所做的评述摘录自泰里安·德·拉克伯里教授（d）的论文：

于阗（Yang tung）人住在和阗以南，西藏以北，公元641年开始与中国交往，他们没有文字。只在棍上刻记符号和绳上打结记事。

据称，西伯利亚的布拉特人（Bratyki）和布里亚特人（Buriat）使用结绳记事。

日本人也以使用结绳记事或结草记事而闻名。

海南黎族没有文字，使用结绳或刻木记录借债或协议。

在19世纪上半叶，结绳记事仍在（东）印度群岛和波利尼西亚各地普遍使用。夏威夷岛上的税务官用这种方式记录他们从居民收来的所有物品的账目。长400英寻（1英寻=6英尺）的绳子被用作税收簿。对应着岛上不同地区，它被分成众多部分；各部分都由不同的税收员各负其责，他们根据不同形状、颜色和尺寸的环、节与簇，能够准确地记录每个人被征收的大猪、小猪和沉香木等的数目。

根据中国1618年的记载，帝汶岛民没有文字。当他们想记录一件事的时候，他们利用平坦的石头，一根线表示一千块石头。

美洲印第安人的图画文字

秘鲁的结绳记事和桦树皮上的画

结绳的使用源于西藏，但我们没有关于其使用体系的信息。只有来自中国史书的宣称。

下文是欧内斯特·法伯尔（Ernest Faber 中文名"花之安"）（a）对中国人使用结绳的评述。他说："在远古时代，通过结绳记事，政府顺利运转。后来，先贤用文字取代了这些。依靠它们，可以规范所有官员的行为，精确检查全体人民的事务。"

第二节　凹刻或标记的棍子

单纯的刻木记数很常见，但也有特殊意义的实例。

有人观察到，达科他人、希多特萨人和肖肖尼人在从一个地方出行到另一个地方时，会通过在棍子上刻线条或 V 形记号以记录天数。

达科他武士随身携带的打击棒上常常刻有一些小小的 V 形记号，这是指他们用棒子打伤或打死敌人的数量。

在达科他州伯特霍尔德堡（Berthold），几个部落的年轻男子和男孩经常随身携带一根棒子，每次出征时，每打死一只鸟，都要在上面刻一个记号。

根据西弗（Seaver）（a）的《玛丽·杰米森（Mary Jemison）传记》所记载，易洛魁族每个部落的作战头领都有一根战争柱子，为的是纪念重大事件，记录年度大事。这根柱子是一棵去皮的树干，高 10 到 12 英尺，竖立在村里。关于每场战斗，他们（更确切地说，是头领）会刻一个垂直的红色标记，大约 3 英寸

　　　　　　　　　　　　　美洲印第安人的图画文字

长，半英寸宽。在其反面，每获取一个敌人的头皮，他们刻一个这样的红十字：╪；另一方面，每活捉一个俘虏，他们就刻一个上面带点的红色交叉符号：╳。以这种方式把这些表意符号刻在显眼的地方，他们就能确知已往事件的时间和细节。

有人认为，上面提到的第一个符号表示将头皮从头上剥离，而第二个符号指的是俘虏夜晚被囚禁的方式，即以所谓的老鹰展 228
翅式捆绑。

理查德·泰勒（Richard Taylor）牧师（a）指出，毛利人（Maori）既无结绳文字也没有贝壳串珠，但只有一种状如锯子的木板，称为"he rakau wakapa-paranga"，意为家谱板。其实，它是一块记号板，每个记号代表一个名字，一个空白区表示一个男性系列中断，被一个女性系列接续；年轻人通过复述记号所标记的每个祖先的名字来学习家谱。

据推测，面包师使用记号棒或所谓的记数器，这种情形在一些文明地区仍然存在。很有意思的是，直到前不久，英国财政部还在使用同样的木制计数器记账。更近的例子以及不同的用途，是鞑靼首领通过刻木传令，要求各营提供的人和马的数量。

第三节　贝壳串珠

罗伯特·E. C. 斯特恩斯（Robert Stearns）教授（a）说，贝壳串珠由两种主要颜色的珠子组成，为圆柱形，大约四分之一英寸长，直径或厚度通常为长度的一半。贝壳串珠的颜色决定了它的价值。术语 wampun、wampon 或 wampom 及 wampumpeege 显然指串在一起的珠子，或以其他方式连接、紧固或者编织在一起。他提供的图示，现在复制如图 163。

图 163　贝壳串珠绳

在《耶稣会对外关系，1656 年》第 3 页，描述了一位易洛魁酋长在协商会上赠送给耶稣会传教士们的第一件礼物。这是一幅大型太阳图，由 6,000 颗贝壳串珠组成，他还向他们解释说，在协商会上，黑暗将不会影响他们，即使在黑夜之时，太阳也会照耀他们。

在易洛魁和阿尔冈琴部落中，贝壳串珠带子被普遍用来记录条约。约翰·朗（John Long）先生（a）介绍了其中一条：

> 赠送给威廉·约翰逊（William Johnson）爵士的贝壳串珠带子，是对印第安人的永恒纪念，它们排列成数排，各边为黑色，中间是白色。白色置于中央，表示和平以及双方之间的行动是公平、公开的。在带子中心有一颗用白色贝壳串珠构成的钻石，印第安人称之为协商会之火。

229　　在《耶稣会对外关系，1642 年》第 53 页中说道，在北部阿尔冈琴部落中，送给俘虏的礼物是三串贝壳串珠，可以用它们割断三根绑他的绳索：一根绑腿，一根绑手臂，还有一根绑腰。

在同一本书的 1653 年第 19 页，举了一个很好的例子，是分发贝壳串珠礼物所具有的含义等。它发生在 1653 年休伦镇的和解会上，此地距魁北克 6 英里：

　　　　　　　　　　　　　　　美洲印第安人的图画文字

第一串是为了抹干人们听到勇士战死而流出的泪水。

第二串充当和解酒，以消解法国人心中因战友牺牲而留下的痛苦。

第三串是为死者提供一块树皮或遮盖物，以免因看见他们而使原先的冲突再起。

第四串是要埋葬他们，并把他们的坟墓平整好，以免从他们的坟墓中露出东西来，使他们的朋友伤心，导致他们产生复仇之心。

第五串表示包裹，收拾武器，从此以后不再使用。

第六串表示要洁净被大量鲜血玷污的河流。

最后一串是劝告休伦人同意法国总督有关和平的决定。

一般而言，贝壳串珠的带子（法国人有时称为围巾）并没有固定的含义。只有那些赠送和接受的人才明白它的含义。这在德·拉莫特·卡迪拉克（de Lamothe Cadillac）上尉（a）1703年所报告的一段对话中有很好的体现：

［庞恰特雷恩堡（Ponchartrain）休伦人的议事会，1703年6月3日。］

QUARANTE-SOLS（休伦族酋长）：我顺路来告诉你我去蒙特利尔的目的。这是渥太华人捎来的易洛魁人赠送给我们的围巾，可我们不知道它的含义。

拉莫特：你既然接受了这条围巾，怎么会不知道它送给你的意图呢？

QUARANTE-SOLS：我们收到它已经有很长时间了。当时我不在场，而我们的老人们已经忘记了它的含义。

拉莫特：你们的老人不是小孩子，不该这么健忘。

QUARANTE-SOLS：我们不想要这条围巾，但我们打算把它带到塞尼卡镇（Sonnontouan），请人破解它的含义；因为收到围巾不回复是很严重的事情；这是我们之间的习俗。渥太华人可以告诉你它是什么意思，而我们的人都忘记了。

拉莫特：渥太华人会回答说：你们收了它，就应该记住它的含义；既然围巾现在沉默不语，不会告诉你们它的含义，那我也不得不保持沉默。

在《底特律围困日记》（a）中有记载，波塔瓦托米酋长（Pottawatomi）在收到指挥官送来的贝壳串珠带子以后，把它称为指挥官的"嘴"，并说，那些收到带子的人，当"他们看到他的嘴"以后，就会信以为真。

但是设计贝壳串珠的意图，除了作为单纯的凭证外，正如澳大利亚的消息棒那样，也有助记功能，而且在一定程度上有约定俗成的含义。白色珠子为主表示和平，紫色或紫罗兰色则意味着战争。

根据丹尼尔·威尔逊（Daniel Wilson）爵士（a）的著作，一种黑色贝壳串珠曾经在定居点之间传送，它今天在六个印第安民族中仍然用作酋长去世的通知。

易洛魁人的带子有一种贝壳串珠的排列，分别表示在他们和阿尔冈琴人之间沿路的湖泊、河流、高山、峡谷、通道以及瀑布，因为双方在 1653 年商定了条约。

根据帕克曼（a）引述的圣安热（St. Ange）在 1764 年 9 月 9 日写给达巴迪（D'Abbadie）的信，庞蒂亚克人（Pontiac）的巨型贝壳串珠带子长 6 英尺，宽 4 英寸，从一头到另一头编织了 47 个与之结盟的部落和村庄的符号。

在贝壳串珠的图案中，除了已经约定俗成的以外，也许随着工艺的精进，在其后的发展中，展示出表意文字的特征，以下选自彼得·琼斯（Peter Jones）牧师（*a*）的《奥吉布瓦印第安人史》的有关描述就是一个实例：

> 约翰逊随后解释了耶洛黑德（Yellowhead）所带来的贝壳串珠带子上的标志，他说，他们确认这是记录他们祖先的行为。首先，在苏圣玛丽城（Sault Ste. Marie）的议事会之火现在没有标示，因为那时议事会正在举行。第二，在马姆图尔尼（Mamtoulni）的议事会之火有一个美丽的白鱼标志；它代表纯洁，或一颗洁白的心——我们所有人的心都应该彼此坦诚。第三，河狸的标志放置在佩内坦吉申湾（Penetanguisheu）的一个小岛上，表示智慧——我们祖先所行皆有智慧。第四，一个白鹿标志放置在锡姆科湖（Simcoe），表示优越；盘子和勺子放在一起表示猎物和食物很丰富。第五，刻在克雷迪特（Credit）河畔高大松树上的鹰表示观察并迅速传递消息。老鹰会密切关注六个民族与奥吉布瓦之间的所有议事会之火，它可能远远地盯着，一旦出事，它就会把消息通报给远方的部落。第六，太阳悬挂在带子的中央，表示他们的行为都是光明磊落；他们对日发誓，他们此后将永远遵守双方订立的条约。

在同一部著作的第 119 页，描述了一条贝壳串珠带子，上面 ²³¹ 记录了奥吉布瓦部落与易洛魁六部联盟之间的第一份条约。在带子的中部有一个盘子或碗的图形，表示奥吉布瓦与六部联盟同吃一个盘子里的食物，它以表意文字的方式显示，该地区的一切猎物都应共享。

图 164　佩恩贝壳串珠带子

W. H. 霍姆斯先生（c）提供了一幅著名的佩恩贝壳串珠带子的绘画，本书复制如图 164，其评述摘要如下：

据信，这是 1682 年在沙卡马克森（Schackamaxon）榆树下签订那部著名的条约时，莱尼-莱纳佩族（Leni-Lenape）（又称德拉瓦族）首长们送给威廉·佩恩（William Penn）的带子原件。直到 1857 年，这条带子一直由佩恩家庭持有。1857 年 3 月，威廉·佩恩的曾孙格朗维尔（Granville）·约翰·佩恩将其赠送给宾夕法尼亚历史学会。佩恩先生在赠送仪式的讲话中指出，有一点毫无疑问，这就是定约时所使用的同一条带子。他用以下的话语提出了自己的看法：

"首先，它的尺寸大于那些普通场合使用的带子（这样的带子我们还有一条）。它由 18 根贝壳串珠组成，证明这是一个非常重要的谈判记录。其次，在由白色贝壳串珠构成的带子中央，有深色珠子勾画的两个人物，虽然简单，但很生动：一位印第安人友好地握着一位显然穿戴着欧式衣帽之人的手，这只能解释为威廉·佩恩与印第安人面商，双方达成和平友好条约，然后以象

　　　　　　　　　　　美洲印第安人的图画文字

形文字的形式，用他们自己简单却生动的方式记录下来。"

第四节 歌曲的顺序

印第安歌曲，或者更准确地说，咏唱，与图画文字有关，通过使用图画符号，被完整地保存下来。它们一般与宗教仪式有关，主要用于引导新入会成员了解秘密的宗教规则。不过，其中有些歌曲用于社交聚会或宗教团体的礼仪。其实，我们很难区分社交或其他一般团体与那些被归类为宗教的团体。宗教就是这些部落的实际生活，渗透到他们所有的活动和习俗中。

这些歌曲的歌词是不变的，甚至在某种程度上，由于它们被使用了好几代，不少词语已经过时，在现代日常用语中已不复存在。事实上，即使最好的现代巫师歌咏者也不能完全认识，这种情形使人想起东方人通过祭司代代相传，记下了吠陀经的礼仪，他们因而无意之间，保存了一种语言。语音被记录下来，虽然图形是表示（或更准确地说，使人回想起）语音，但图形并不是表示语音，而是概念。实际上，歌词——或者语音（被误认为词语），不论是否 232 理解——还有音符，都被歌唱者熟记，而那些图记则有助于他们以及担任指挥或领唱的巫师进行记忆。对于图记中任何表意符号以及对那些固定的或纯粹随意的符号的通俗解释，其模糊性也许可与翻译的歌剧歌词相比较，它或许可以暗示歌咏的总主题或总目的，然而，却不能标明咏唱语言的确切词语，或者可以说，任何词语。

在歌咏顺序的示意图中，包含了一定数量的必要符号，解释这种现象的一个简单方法，就是将它们与最近发表在流行杂志上的图示歌曲和歌谣相类比，其中的每一节都至少有一个相应图示。假定歌曲的文本已永远消失，事实上，阅读的技艺已经失传，而示意图却保留下来，同时，有些人还记得民谣的歌词。示意图保持着原来的顺序，这将始终保证诗节的顺序，以及每一特定诗节的主题内容，而主题内容将使人想起歌词。这就是桦树皮卷所能提供给首创此法的奥吉布瓦人的。斯库克拉夫特假定（在歌咏示意图中）所使用的图形有内在的象征意义，这或许暗示：歌咏中的歌词是对那些图形的解释，而不是图形使人想起歌词。但是，人们只有在学会真正的歌曲和歌咏的词汇以后，才能明白助记图形。毫无疑问，图形的表意性越多、随意性越少，就越便于人们学习和记忆，在长期实际使用助记方法的过程中，人们发明或选定了许多表意系统和符号系统。

在整页插图 17 中，A、B、C 和 D 形象地表现了礼仪歌曲。这是霍夫曼博士取自明尼苏达州怀特厄斯（White Earth）的奥吉布瓦族巫师，内容涉及接纳新成员进入大巫医协会（Midē′wi-win）。其语言现在已失传，在一定程度上不同于现在的口语。歌曲和仪式代代相传，虽然现在被吸收入会的印第安人出于职业需要，可以自己创作歌曲，但他不会使用现代奥吉布瓦人的词语，只要可能，他就会尽量使用古语。因为如果改变古老的形式，会使这种歌曲所拥有的魔力丧失。

歌曲由奥吉布瓦歌手翻译，而稍后以较小的图形对短语的含义做进一步说明的，则来自巫师。

这些图形都画在桦树皮上，如同以往奥吉布瓦人的"巫医之歌"那样。树皮雕刻画所暗示的词语用于咏唱。巫师解释说，有些乐句不完整是因为它们正被人们逐渐遗忘。现在很少举行那些仪式，这似乎证实了上述说法。

233

整页插图 17

奥吉布瓦人的歌曲顺序

有一首歌画在一张桦树皮上，其实，里面的每一个助记符号都是一首歌。每个乐句对应于一个符号，被重复多次；重复的次数越多，歌手体内灵感的力量就越大。因此，一首歌曲或一个乐句可能延续 2—10 分钟，甚至更长。

当伴有舞蹈时，这首歌就需要更多的时间，正如下面第一个案例所示。舞蹈通常在暂停后开始，由一根竖线表示。

以下符号取自整页插图 17 中的 A，并在此分别重现，以便于解释：

我是大地之灵，我从地下取出药来。

图形的上部表示手臂朝下伸向大地，寻找隐藏的治病之药。

我的儿，（因为）我是精灵。

从圆圈中浮出的无头人形是一个神秘的生命，代表说话者所拥有的力量。他在和一位比较年轻、缺乏经验的巫师谈话。

竖线或休止符。

垂直线表示歌曲中的一个暂停，之后在舞蹈伴随下，吟唱继续。

他们怜悯我，所以就叫我们去大药房。

内圈表示说话者的心脏；外圈是巫师们聚集的地方，而短线表示巫师来自的不同方向。

我想见你，巫医。

在描画的脑袋上，有从眼睛处向下（和向前）的线条，表示视线。说话者在寻找巫师，或者说，要使他出现在圣屋之内，巫师仪式即将举行的地方。

我的身体是一个精灵。

这个符号用来表示一个熊的身体，其中一条线穿过全身，表示它是"大巫医协会"（Midē′wiwin）中一个最强大的精灵（Man′idos）。

你会［知道］，它是一个精灵。

显示的图形是一个脑袋上有从两耳处向上和向下延伸的线条，表示他通晓上述精灵王国的事情，以及地下的奥秘。

我就是这样打扮。

水獭正从神圣的巫师圈中显露；水獭表示神圣的精灵收到了来自伟大的神灵与奥吉布瓦人的中介者 Mi′nabō′zho 给人们的指令。

234

这正是困扰我的，我担心我的巫师兄弟们。

手臂伸入一个圆圈表示从精灵 Kitschi 那儿得到神秘的支配力量，但此象形符号与话语之间的关系很模糊，除非说话者担心其他人拥有的这种力量。

下面是另一首巫师之歌的顺序。原曲的总体风格类似于挖药（植物或树根）时所使用的特定类型的歌曲。这首歌见整页插图17B，如同树皮上的符号。

当我从〔睡眠〕中醒来。

图中显示说话者从双圈（睡觉的地方）中升起。

我发现了什么？

说话者发现了一个熊精灵，如图所示，用两只手抓住那头动物的背部。

熊倒了下来。

看来熊的四肢被巫师屋的轮廓切断了，标志着他已经无能为力，因为他已在巫师的掌控之下。

伟大，我很伟大。

说话者自认很伟大；他的手臂伸出接到一个从上面传下的物体，显示出他从超级精灵处获取恩赐的能力；此外，他还征服了熊精灵，可以利用它。

你们鼓励我。

图中两只手臂伸向内含数个神圣贝壳（mi'gis）的圆圈。手臂代表说话者的朋友们的援助，他们以援助来鼓励他。

　　　　　　　　　　　　美洲印第安人的图画文字

我可以飞落到药杆^①里。

老鹰或雷鸟栖息在巫师圣屋附近的药杆上。说话者自称能像雷鸟一样飞行，他可以飞到任何自己想去的地方。

下面是另一个图示巫师歌曲的例子，复制画见整页插图17C。

我知道你是一个精灵。

图中人物有波浪线从两眼向下伸向大地，表示在搜寻隐藏在地下的奥秘。向上伸出的双手表示该人声称拥有超自然的力量，据此认定他"与精灵同等"。

我向儿子撒了谎。

这句话的含意无法用说话者的话语来解释，尤其是它与图形的关系，这是一只手臂，伸到天空，从精灵Kitschi那儿获取力量。手臂上的波浪线表示神奇的力量。

我是狼精灵。

说话者自称是狼精灵，拥有特殊的力量。所画的动物身上有一条线穿过，表示其精灵特性。

① 药杆（medicine pole），印第安巫师治病时求神的器具。用树干制成，上面刻有神灵和巫师等图案。——译者

最后，我成为精灵。

圆圈表示说话者所占据的场所，他的双手伸向他的力量来源。

我给你圣贝壳。

上半部图形表示手臂向下给人一个神圣的贝壳（mī'gis），即"大巫医协会"的神圣象征。"给人圣贝壳"表示它"正射入"协会一个新成员的身体，给予他生命及与精灵（Man'idōs）沟通的力量。

你跟我说话。

一只手臂伸向一个内含小圆圈的圆圈，小圆圈代表巫师的朋友们所占据的场所。

236　　下面带说明的图形选自整页插图 17 系列画的最后一行图 D。说话者似乎对自己作为巫师的魔力有很大的信心。

我是精灵，我进入屋内。

水獭，即说话者声称所代表的精灵，正在进入神圣的巫师木屋内。

巫师朋友们，你们听到我了吗？

两个圆圈表示巫师们聚集的位置。波浪线表示在倾听，在本图中它们贴在耳朵上。

我第一次听到你。

说话者声称，在他第一次经历入会仪式时，他听到了精灵的声音。他仍然扮演着水獭。

精灵，他确实听到（？）

这个解释很模糊，但又无法做其他解释。从两耳伸出的线表示听到。

他们，巫师朋友们，已经付了足够的钱。

手臂做出向精灵 Ki′tshi 付钱的姿势，表示巫师们已经供奉了足够价值的礼物，以便能够拥有秘诀作为回报。

巫师长们怜悯我。

精灵 Ki′tshi 的手臂伸到巫师的小屋，表示应其恳求而给予帮助。

在整页插图 18A 中，以助记形式描画的歌曲（复制于《民族学局第七届年度报告》整页插图第 10 幅图 A）由奥吉布瓦教师吟唱，他一直在指导候选人学习入会仪式。这首歌赞扬教师的努力以及他传授知识的美德。它的传唱是为了使歌曲尽可能长久地传续下去。

助记图形由 Sikas′sigĕ 所画，它们是一幅古老的桦树皮卷的复制画，多年来一直为他所有，以前则是他父亲 Baiedzik 的一个抄本，而他父亲是明尼苏达州米尔湖县（Mille Lacs）的一位重要巫师。

我的手臂几乎全部张开挖药。满是药材。

短的锯齿线表示魔力的影响，但却被误解为"药材"。

简直快哭了，因为巫术失传了。

从眼睛向下延伸的线条表示哭泣；图中下方的圆圈，是"巫术"本该存在的地方。"失传"的含义表示一些信息由于拥有者的去世而被遗忘。

是的，有很多巫术你可以哭求。

指的是尚未教授的巫术。

是的。我看到有很多的巫术。

巫师拥有的知识比他已传授的更多，但却保留那种知识以备将来之用。"视力"之线通向各种他了解或知道的巫术。

休止符。

当我出来时，天空变得明亮。

当水獭皮的巫师袋做好后，天空变得明亮，因此，仪式可以继续进行。

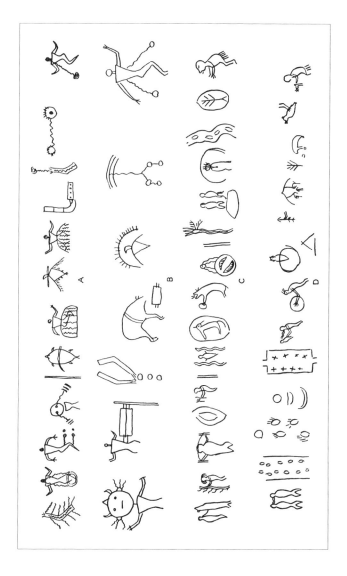

整页插图 18

奥吉布瓦人的助记歌曲

精灵给了我远眺的力量。

巫师坐在一座山上，所以能更好地和精灵沟通。

我带来了复生的巫术。

巫师之灵——雷神在通过降雨带来一些药材后，又返回天空。短线表示圆环线的一部分，它常被用来象征想象中的穹苍。

我也看到很多。

雷神的法力把巫师提升到了精灵的位置，从那儿，他察觉到许多隐藏在地下的奥秘。

238

我要去作法屋。

垂直的左图记示一条腿正向巫师作法屋走去。

我从天上带来生命。

巫师能够上天，从精灵 Ki'tshi 那儿获得延长寿命的方法。顶部的圆圈表示神圣的贝壳。

让我们彼此交谈。

圆圈表示说话者（巫师）和听者（精灵 Ki'tshi）所在的位置，短线表示魔力的影响，巫师处在左边较小的位子。

精灵在我的身内，我的朋友。

精灵 Ki′tshi 赐予的圣贝与巫师的身体相连，所以他就拥有了生命和力量。

在整页插图 18 的图 B 中（此插图复制于《民族学局第七届年度报告》中的整页插图 9 图 C），根据其歌曲的顺序，可以看出，师父似乎很满意，因为该候选人已为入会仪式做好准备，所以他告诉这位候选人，巫师长已宣布接受他。因此，师父鼓励他的徒弟说，他会实现其最高愿望：

我听到精灵在对我们说话。

这位巫师歌者具有超然的力量，正如他头上的双角和指针所示。从两耳伸出的线条表示听力。

我要进入作法屋。

图中作法屋有一条线穿过，表示在想象中，师傅正穿过该屋，如同在入会仪式上那样。

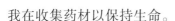

我在收集药材以保持生命。

这些圆盘代表正被寻求的圣物，它们被说话者依次得到，而后者代表主持礼仪的巫师。

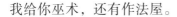

我给你巫术，还有作法屋。

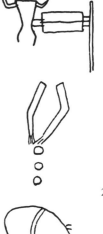

239

巫师作为精灵 Makwa 的装扮者，有权将这种特权授予候选人。

我在飞入我的作法屋。

表示雷鸟神飞入精灵的居所——穹苍。分割曲线的短线是精灵线。

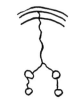

精灵已从空中降下巫术来，落在我们可以得到的地方。

从空中垂下的线条，又分成几个圆点，表示这些圣物分落到不同的地方。

我将巫术记在心中。

歌者的心中已充满与地上圣物有关的知识。

在整页插图 18C 中描绘的歌曲，是由"小个子法国人"绘制，他是奥吉布瓦族的第一等级的巫师，此图复制于他师父的树皮记录。"小个子法国人"没有得到这些图形含义的指教，因此不能吟唱这些歌曲，但是因为他熟悉有关巫医协会理念顺序的助记图示，所以他能够说出图形含义的大致内容，并能理解其表达方式。在下面的描述中，第一行是有关图形的客观描述，第二行是相应的解释。

还有一点需要说明的是，对这幅图记和随后对图形的解释与规则相反，是从右边开始，而不是从左边起。这首歌复制于《民族学局第七届年度报告》中的整页插图第 22 幅图 A：

在我所坐之处。

一名男子坐着，正在说话或唱歌。

大树在大地的中间。

被圈起来的树表示从一个确定的水平线地点所看见的世界。

我要随着奔流的河水顺流而下。

河流；斑点表示行者在前进，可能是粗略地象征独木舟或脚印，这是表示旅行的常用图画文字。

我所居住的地方很可怕，河水湍急。

一条环绕精灵的线表示河岸。

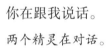

你在跟我说话。

两个精灵在对话。

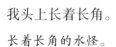

我头上长着长角。

长着长角的水怪。

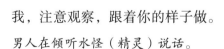

休止符；下一个图形之后，舞蹈开始。

我，注意观察，跟着你的样子做。

男人在倾听水怪（精灵）说话。

你是我的身体；你看到任何人；你瞧，我的指甲都因为抓石头而破损了（从石头处抓取药材）。

熊在用爪子抓挠；爪下的线条表示抓痕，正是抓挠之处。

我在和你们（指在场的精灵）说话。

美洲豹之精灵。

241

我在平稳地向下漂流。

水獭精灵正在游泳，两侧的线条是河岸。

休止符。

我已经完成了击鼓。

精灵握着鼓；鼓声上扬。

我的身体就像在你们的旁边。

这是圣贝壳——巫师协会的特殊符号。

听我说，你们这些对我说话的。

倾听，并希望别的（精灵）听他说话。

瞧我在取什么。

精灵（巫师）正在取"草药根。"

瞧我，脑袋露出了水面。

两个水獭精灵，左边的是"说话者"。

整页插图 18 的图 D 是巫师之歌，也是由"小个子法国人"复制于一片桦树皮上的画，这原属于他师父，可惜他没有得到仔细的指导，所以他的一些翻译不完整。本图复制于《民族学局第七届年度报告》中的整页插图第 22 幅图 B。

我拿着烟斗坐下。

男子坐着，手握一根烟斗。他被召来"制药"。身体下方的短线表示他已坐下。他手握一根装满烟丝的烟斗，但还没有抽。

我是精灵，猫头鹰之灵。

猫头鹰，由巫师握着；手臂在鸟儿之上。这个图形出现在雷德湖的大巫医协会的图记上，表示从巫师作法屋传送到幽灵小屋。

242

这幅图记表示，我正在跟随。

树；还有表示熊精灵留下的脚印。说话者把自己等同于这个精灵，并表示自己在寻找药方。

我在飞。

药袋在飞翔。这幅图像是雷鸟（鹰）的皮被用来制做袋子。下方的树显示此鸟已飞越树顶。

我用的是魔箭（Kibinan）。

一只箭，由手握着。

我来到地上。

水獭精灵。圆圈表示精灵所在的周围的天空。地面由一根水平线表示，其上是一个印第安人的小屋。说话者把自己比作水獭精灵，后者首先接受了巫师的入会仪式。

我正在搜寻它。

这个人（精灵）正在寻找隐藏的药。圆圈表示地上的一个洞。

我正在对它说话。

用猫头鹰皮做的药袋正由巫师握着；后者正在和袋内的魔法力量谈话。

他们围坐成一圈（"围绕一排"）。

巫师作法屋；巫师们围坐成一圈。十字形代表出席的人士。

你这新月，你这半月，还有你这满月。

满月，半月和新月。

我要取我的菜。

脚印通向菜肴（幽灵团体的菜肴）。此处的圆形物体每个代表一场"盛宴"，通常由一盘"菜"表示。

我穿过作法屋。

大巫医作法屋；众多的脚印正在穿过它。说话者在做好了盛宴后，被允许参加入会仪式。

243

让我们彼此交谈。

两名男子在交谈；两个巫师。

整页插图 19a 里的歌曲助记顺序，是来自雷德湖的又一个例子，由上文提到的奥吉布瓦人所作：

"雕刻的偶像。"

雕刻的偶像。这些表示说话者说，他制作了表现狩猎、爱情等的偶像。

我拿着大药袋。

男子手持"药袋"。

"想要一个女人。"["小个子法国人"不敢翻译这句话。]

听我说，伟大的精灵。

从两耳伸出的线表示倾听。

我要爬上去。

大木屋旁的药树。两边的标记是熊迹，熊精灵
的脚印——说话者就代表他。

我进入大作法屋。

巫师屋，显示的熊精灵脚印被自夸的巫师模仿。

我在路上留下脚印。

小道上的脚印。

我在家中休息。

人物轮廓，发出"声音"——正在唱歌。

整页插图 19b 是类似的歌曲，也是由"小个子法国人"制
作，涉及神奇的疗法和咒语的魔力：

星星。

星星，之前有休止符或起始符。值得注意的
是，一颗星有八道光线，而另一个只有六道光线，
这说明它们的数量并不重要。

奔跑的狼。

狼；带状的尾巴使其有别于水獭。

整页插图 19

奥吉布瓦人的助记歌曲

瞧我拿着什么；我拿着（在巫师作法屋得到的物品）。

男子持弓。

看，我要做什么。

双手握着枪。

河狸的房子。

河狸，在他的房子里。

我，发出响声。

一只青蛙在呱呱叫，以数条"声音"线表示。

我的白发。

头上有发。白头发表示高龄，不过，如果没有歌者的口头声明，就无法确定这一点。

水獭的房子。

水獭在它的洞穴中。

你听我说，我在和你说话。

圣贝壳，男子在对它说话，两条线表示倾听。他在恳求巫师协会的神圣标志帮助实现他的愿望。

美洲印第安人的图画文字

我弯腰行走。

一位老人。年龄通过用拐杖行走表现。

我站在树旁。

站在药树附近。说话者知道宝贵的疗法，他希望以钱换药。

我举起石头。

男子带着石头朝巫师作法屋走去。携带石头进巫师作法屋，以便让病人背靠着它。

我提着桶。

盛药的容器；手臂向下够到它。

我的箭头是铁制的，要用它杀死一只公熊。

熊在箭头之上。弓在其下方。

我要和苍天说话。

向"苍天"说话。有能力与伟大的神灵 Ki'tshi Man'ido' 交谈。

我即将离开；我将自己当作一只熊。

熊，脚印和小路。

我走在坚硬的沙滩上。

水体和猞猁。椭圆形表示一个湖泊。

类似性质的另一首歌曲，复制于整页插图 19c 中的桦树皮卷，解释如下。它也是"小个子法国人"所作，内容是有关搜寻并预备巫术中使用的物品。

　　　　　它在燃烧，我所给你的东西。

　　　　　容器，顶部有火焰。包含强烈的汤汁，一种神奇的汤剂。

　　　　　树在生长。

　　　　　巫师作法屋，四周的树木都在生长。

　　　　　我全身覆地。

　　　　　蛇；一级守护者。

　　　　　熊在我体内。

　　　　　熊精灵在男人的体内——即说话者。这表明他拥有熊精灵的能力，而后者是巫师协会最强大的的守护者之一。

　　　　　他的嘴里含有精灵。

　　　　　拥有从患者体内"吸出"恶灵而治病的能力。这是较低等级巫师的行为，被称为 Jes'sakkid。

246　　　　一种鹰。

　　　　　从这种鹰获得了"巫术"。

我要开口说话。

男人的头；从嘴里分出的线表示说话。

以下的解释又再次从右至左。

我即将行走。

熊精灵在说话。背上的线条表示他的精灵属性。

我要爬走。

圣贝壳。巫师协会的神圣象征。

休止符。

由此看来，我希望能够行走。

取"药"小路（在男人背后）。说话者正抓着精灵说话。

我被召唤去那里。

神圣的作法屋，内有精灵。

我要走了。

脚印，通向小屋。

休止符。

用于注解《追寻巫术之歌》的奥吉布瓦图记，取自坦纳（Tanner）（*a*）的叙述，复制图见图 165。应当指出的是，下文坦纳对"巫术"的注解与前述巫师的注解是一样的：

a. 现在，我听到它了，坐在我旁边追寻巫术的朋友们。

这幅图与以下三幅都是由追寻巫术的首领随着鼓的节拍而吟唱。图中头部两侧的线条表示倾听。

b. 谁使这条河水流动？是神灵，他使河水流动。

第二幅图是用来表示一条河，还有一只河狸在向下游去。

c. 好好看看我，我的朋友；考考我，我们要明白，我们都是同伴。

这种翻译绝对不是根据图画本身得出的。这几句话体现了一个男人的自夸，他自认为是同伴中最能干的。

d. 谁使众人行走？一只鸟使众人行走。

巫医把这只鸟比作自己；他说，他的声音把众人召集到一起。在 "weej-huh nish" 或 "weeja-nish-a-nau-ba" 这个词语中，其第一个音节似乎来自表示"陪伴"的动词。在这幅图和下幅图之间画的两条线，表示从这里开始跳舞。

e. 我飞来飞去，如果在哪儿看到一个动物，我就可以射中他。

画中的鸟（可能是鹰或隼）似乎意在唤醒感官和活动，以保证狩猎成功。随后画的驼鹿，意在提醒歌者，它是狡猾和极度警觉的动物，是最难猎杀的。

f. 我射中你的心脏；我打中了你的心脏，哦，野兽——你的心脏——我打中了你的心脏。

这种呼喊纯粹是为了夸胜，边唱边做手势和怪脸。

g. 我让自己看起来像火。

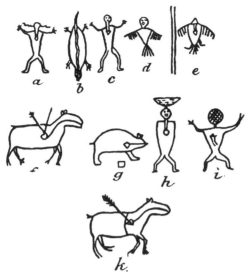

图 165　追寻巫术之歌

这是一位披着熊皮的巫医。熊下方的小平行四边形表示火，而巫师们，通过使用某种火药或其他手段，设法从熊皮的嘴巴和眼睛里往外喷火。他们就在深夜披着熊皮在村里四处走动，热衷于做一些恶作剧，常常带血。当我们得知，这些人是行巫术的头领时，我们觉得，这些迷信行为实在荒唐。他们就这样伪装成熊，在各村庄四处游荡，以便对睡梦中的对手发泄仇恨，或吓唬不知情的对手。但印第安人的习俗规定：如果有人发现巫医这样游荡，可以立即要他命，任何人这样做都可视为无罪。

h. 我能够从上面、下面和四周呼唤出水。

此处的巫医自称拥有召唤自然的能力，而且他既能伤人也能救人。里面带点的圆圈部分代表水，两条连接人物脑袋的短线表示他可以把水吸引到身上。

i. 我使一个男人看起来像死人。

我使一个女人看起来像死人。

我使一个孩子看起来像死人。

在这个人物脸上画出的交叉线条表示贫穷、痛苦和疾病；此人可能因为惹恼了巫医而遭受痛苦。这就是印第安人的宗教。其引以为豪的是，可以虔诚地采用超自然的手段，对他的仇敌实施报复，不论仇敌是强是弱；无论仇敌是本部落的人还是本村的人。这种巫术受到他们如此的重视和崇敬，似乎只是诡诈者掌握的工具，用于征服弱者和轻信者，而这些人自然占族群的大多数。

k. 我就是这样，我就是这样，各位朋友；任何动物，任何动物，各位朋友，我都能射中他，各位朋友。

这种对狩猎成功的吹嘘，是他希望抬高自己在听众中名望的另一种方法。他告诉他们，他具有把他们全部弄死的能力；接着，他谈到自己一贯狩猎成功，这对于那些小心翼翼要确保他没有恶意的人来说，将始终使他成为一个有价值的朋友。

下面是"河狸追寻巫术之歌"的图示，取自前引书同一作者，复制图见图166，解释如下：

a. 我坐在巫术屋里，精灵小屋里。

这幅图是为了表示作法屋的范围，也叫精灵小屋，两个人已经坐在里面。这首歌的内容似乎只是引子。

b. 你必须静坐两天，我的朋友；你必须静坐四天，我的朋友。

人物胸口的两道垂直线读作"ne-o-gone"（两天），但应理解为两年；所以，画在腿部的四道斜线，就是四年。心思必须放在这件事上达两年，腿的固定姿势表示对这件事情的重视和认真考虑。

c. 女人，脱掉你的衣服，脱掉。

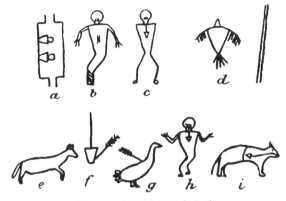

图 166　河狸追寻巫术之歌

　　他们的巫术和法术咒语的力量，不仅对所捕猎的动物有影响、对男人的生命和健康有影响；而且还能控制所有人的意志，改变妇女的端庄以及反感。印第安人坚信，很多过去没有被男人征服的女人，现在不仅被巫术征服，甚至会癫狂到脱衣，去追求之前所鄙视的男人。它们的魅力之大，比英国人迷信时代的小精灵能力更厉害：那时的小精灵需要把植物放到不幸被选中之人的身上以改变他；而巫医则在远处就可以通过一种手段操纵人。

　　d. 谁使人们四处行走？是我，邀请你们。

　　这是在赞美热情好客的美德，那人是他们中间最受尊敬的，经常款待左邻右舍。

　　e. 我可以用它（这种巫术）射杀任何东西，甚至一只狗，我也可以用巫术杀死它。

　　f. 我射中你的心脏，伙计，你的心脏。

　　也许，他的意思是指一头雄驼鹿（e-nah-ue-wah）或男人。

　　g. 我可以杀死一只白潜鸟，我可以杀死。

　　白潜鸟（raraavis nigroque similimo cygno）无疑是一种罕见

的，同时也是最难射杀的鸟；因此，我们可以推断，这位自夸者可以杀死任何东西，这就是最后五幅图画记录的他所吟唱的全部含义。根据这首歌，我们可以断定，他们把狩猎成功看为更高价值的品格，超过承受痛苦的忍耐力或拈花惹草的能力，甚至超过前文提倡的热情好客的美德。

h. 我的朋友们——

这幅图似乎在描述一名男子坐着，举起双手在和朋友讲话；但他讲话的余下内容并没有记录。这足以表明，这种图画文字的图形含义还没有确定下来，因此需要依惯例来解释。

i. 我打开我的狼皮，死亡之争就得开始。

这是用作药袋的狼皮。他吹嘘说，无论何时，只要他打开它，就有人或动物得死。

在坦纳的叙述（*b*）中，提到奥吉布瓦人画在树皮上的乐谱：

其中许多歌曲都是以印第安人特有的方式记录下来，写在桦树皮上或平整的小木块上：以象征性的图形表达思想，有点像那些……传达普通信息的方式。

P. J. 德斯梅牧师（De Smet）（*a*）介绍了基卡普人（Kickapoo）和波塔瓦托米人（Pattawatomi）的歌曲助记规则。他描述了一根宽 1.5 英寸、长 8—10 英寸的木棒，上面有一些特定的符号，他们在歌唱祈祷等时候会用手指顺着点。这些符号有五类。第一类代表心，第二类表示心和肉体（椅子），第三类表示生命，第四类表示他们的名字，第五类表示他们的家庭。

A. W. 豪伊特（*b*）说：

澳大利亚歌曲的作者，或歌舞的作者，都是部落的诗人或吟游诗人，受到极大的尊崇。他们的名声被周边的民族所熟知，他们的歌曲从一个部落传到另一个部落，直到最后，歌词的内容被遗忘，歌曲的来源也失传。

这样一首歌的例子见一根涂成红色的雕刻木棒，由首席歌者掌握。它从某个未知源头顺着墨累河（Murray）而下。同样一首歌，刻在这样的木棒上，多年前从墨尔本来到吉普斯兰（Gippsland），甚至可能就是上文提到的那根木棒回到原地。

第五节　传说

自从哥伦布发现新大陆以来，有些部落竟然开始使用一些比最原始的图画方式还要原始的方法来做记忆符号。其中之一的记述见温斯洛（Winslow）的《关系》（公元 1624 年），马萨诸塞州历史学会 1822 年第 2 系列集刊第 9 卷，第 99 页，内容如下：

> 他们不是以记录和编年史的方式，而是以下列方式：在发生了重大事件的地点，为了加以纪念，他们要么在当地、要么在附近毗邻的路上，在地面打一个约一英尺深的圆孔，孔口直径也是同一尺寸，这样，当别人路过见到时，他们就会打听其原因以及相同圆孔的缘由，一旦了解之后，遇到类似情形，他们就会详细告诉所有的人。为了防止这样的圆孔被意外填塞或覆盖，人们路过时，他们会经常把圆孔恢复如初。通过这样的方式，人们对许多重大的古老事件会记忆犹新。所以，当一个人旅行时，如果他能理解向导的介绍，他的旅程就不再那么单调乏味，因为他可以听到许多历史故事。

251

与本节相关的内容，学生们可以参看布林顿博士（f）的《莱纳佩人（Lenâpé）及其传说》。

图167是精确复述传说的图记范例，由 J. 欧文·多尔西（Owen Dorsey）牧师注释如下：

这幅图涉及欧塞奇人部落一个秘密社团成员所吟唱的一个传说。它由一位名叫红玉米的欧塞奇人绘制。

顶部的树表示生命之树。旁边有一条流着水的河。树与河稍后会详细介绍。当一个女子被接纳入会时，氏族首领会要求她呷四口水（象征那条河），然后他用双手摩擦雪松，并用雪松从头到脚触摸她。如果她的氏族在部落圈的左侧，首领就从她的头部左侧开始，来回三遍，并且宣告圣名

图167　欧塞奇人的图记

三次。之后，他从她的额头向下重复这一过程；然后在她的头部右侧；再然后在她的后脑勺；四次，三次，甚至总共要十二次。

河流下方有以下物体：1、Watse tuka（雄性杀人动物？），也许是晨星，一颗红色的星星。2、六颗星，即印第安领地内的白人所称的"榆树棒"。3、黄昏之星。4、小星星。在这些物体的下面是月亮、七颗星和太阳。七星之下是和平烟斗（peace pipe）和战争之斧；后者接近太阳，而前者和月亮在图的同一侧。在

　　　　　　　　　　　美洲印第安人的图画文字

图中央延伸的四条平行线表示四重天或以上的世界，齐翁人（Tsion）的祖先就是穿越其间而降临到地球上。最低一层天靠在一棵橡树上：其余各层天的两端似乎由柱子或梯子支撑着。这个传说故事从最下一层天的下方开始，在图记的左侧，和平烟斗的下方。柱子上的每个空间对应一行吟诵诗：每一小节（在传说歌谣的开头）包括四行。第一节发生于第一重天的到来之前，所表示的时代是该种族"前一阶段最后一代"的孩子们还没有人的身体以及灵魂的时候。盘旋在拱门上的鸟表示变成人形的过程；之后，他们得到了鸟的身体和人的灵魂。接着，是从第四重天到第一重天的过程，再往后是降落到地面的进程。上升四重天和下降三重天，构成数字七。

他们下凡的那天是一个美丽的日子，当时地球上覆盖着茂密的植被。从那时起，欧塞奇人就分道扬镳了：有些向右行，成为战争氏族，而那些向左行进的则是和平氏族，包括齐翁人，这幅图就是他们的。

252

之后，齐翁人在远方遇到了黑熊，传说中所称的"Káxe-wáhü-sa'"（乌鸦-骨-白）。他主动提出要成为他们的使者，所以他们就派他去不同的星球寻求援助。根据那幅图记，他按下列顺序去了各处：晨星、太阳、月亮、七星、黄昏之星、小星。

然后，黑熊去找"Waɔiñka-oüɬse"，一只坐在巢里的红色雌鸟。这位女祖先答应了他的请求。她赐给他们人的身体，是从她自己的身体内取出做成的。

在图记末端的地球小屋表示Hañɤa utaca'tsi族的村庄，这是一个非常好战的民族。野牛头骨放在小屋顶上，他们食用后的动物骨头放在地上，已经发白。这些腐烂的尸体和残留物显出一种咄咄逼人的气氛。

　　整个绘图是用于帮助记忆。它的某些部分，如四重天和梯子，被纹在有身份的老人喉咙和胸部。

有关兔神 Minabōzho 的传说和从大神（Kítshi Man'idō）收到的圣物参见图 168 的图示。它复制于保存在怀特厄斯的一份记录（为原件尺寸的三分之一）。这份纪录由左向右读，简介如下：

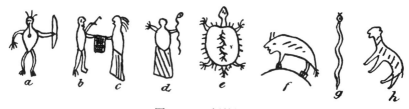

图 168　巫师的记录

　　a 代表兔神，他谈到相邻的、表示精灵成员的形象："他们正是那些，他们正是那些把生命放入我心中的精灵。"兔神左手握着神圣的巫术袋。

　　b 和 c 表示鼓手；随着鼓声，大家都起立，受到激励，因为伟大的神灵此时现身作法屋。

　　d 表示女性也有权成为巫医协会的成员。这位女性人物左手提着蛇皮"巫术袋"。

　　e 画的是乌龟，善良的精灵，他赐予了礼仪中所使用的一些圣物。

　　f 中的熊，也是一个仁慈的精灵，但是受尊崇的程度不如乌龟。他的脚印现于作法屋中。

　　　　　　　　　　　　　　美洲印第安人的图画文字

g 神圣的巫术袋 Bín-ji-gú-sân，内含生命，巫师可用它延长一个病人的生命。

h 表示一条狗，是神灵们赠予兔神作为伴侣的。

图 169 提供了两幅记录的复制画，为实际尺寸的三分之一，原画属于雷德湖（Red Lake）地区的两位巫师。两幅图形几乎完全相同，似乎是一个记录复制了另外一个。但是，下方的图多了一个图形。下面是对这些图形的不完整注解，排序字母同时适用二者：

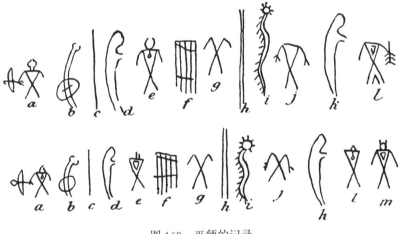

图 169　巫师的记录

a，Esh′gibŏ′ga，是神药接受者 Unish′-in-ab′-aig 的大伯父。

b，鼓和鼓槌。

c，一道竖条或休止符，根据观察吟诵与记录有关的词语时所得出。

d，bin′-ji-gu′-sân，即巫术袋。它由一张水獭皮制成，是巫师作法屋的神圣象征。

e，一位巫医手握圣贝壳，正在图 *f* 中的大作法屋中吟唱巫

师之歌。他得到灵感，正如图中从心口连到嘴巴的那条线所示。

f，表示作法屋。这种图形，略为增添后，通常被奥吉布瓦南部分支的人用来表示"施法"（jĕssakkī'd）小屋。

g，一个女人，表示女性也可以进入巫师作法屋，如同前图所示。

h，吟唱中的停顿或休止。

i，神圣的蛇皮包，拥有通过蛇皮给予生命的能力。这种能力由蛇头和蛇背发出的放射状线条表示。

j，表示一个女人。

k，巫术的另一图示，由神圣的水獭表示。

l，表示一位得到灵启的女人，如下图中一条从心到口的线条所示，而上图中只简单地用一颗心表示。在下图中，她也被授权用神奇的植物治病。

m，代表巫医，但我们没有获得对此特殊图形的解释。

254

图 170　兔神

图 170 显示了图 169 中 *a* 的一个变体。表明了可用植物治病的能力，这一事实似乎表示，有一种比用弓箭图示更古老和更适当的形式，并且更符合对传说的总体描述。

图 171 是一个复制图，为原作尺寸的三分之二，放在这里是为了比较和解释一幅记录巫师能力的示意图。

a，作者是巫师，被请求除灭远方营地内一个人的性命。从巫师延伸到 *i* 图的长线，如下所述，意味着他的能力至少达到那么远的距离。

b，巫师的一位助手。

图 171　巫师念咒

c、d、e，和 f 表示巫医协会的四个等级，这两个巫师都是成员。成员级别也通过每个小屋图形上方的垂直线体现出来。

g，是用于仪式中的鼓。

h，是受害者的轮廓。一个人像画在一块桦树皮上，咒语就施法其上，而为了确保致死对方，一小点红漆被涂在其胸口，并用锐器刺入其中。

i，外线代表一个湖，而内圈则是一个小岛，受害者就住在其上。

上文描述的仪式实际上发生在 1884 年秋季的怀特厄斯，巧合的是，这位"被施咒"的印第安人因冬天感冒而于次年春天死于肺炎。这被视为巫医施法的结果，自然使他得到许多新的追随者和信徒。

图 172 表示在施法，称为"Ne-wik′-ki"，通过骨管吸出恶魔，从而治愈一个病妇。在此介绍是为了做比较，但同样适用于第十四章第三节。左边的图形表示巫师手握拨浪鼓。围绕他的头还有一个圆圈，表示大量（知识）（也

图 172　施法治疗
妇人

就是说，知识渊博），从那儿向右边伸出的短线表示所用的管子。右边的图形是正被治疗的患者。

巫医在禁食后，通过管子吸出病魔来作法，并伴随着许多仪式。

印第安人的起源

在明尼苏达州怀特厄斯的奥吉布瓦人巫师协会的主持祭司之一，Sikas′sigé，对图 173 做了如下解释。这幅简图复制于一张对一种传说的图示，它解释了印第安人的起源：

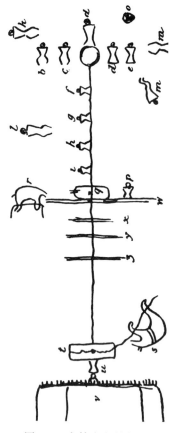

图 173　印第安人的起源

起初，主神 Ki′tshi Man′idō——图 *a* 中的 Dzhe Man′idō——创造了巫师。他首先创造了两个男人，*b* 和 *c*，以及两个女人，*d* 和 *e*，但他们没有思考能力。之后，主神 Dzhe Man′idō 使他们成为有思辨力的人。接着，他把他们放在自己的手上，让他们繁殖；并使他们婚配，从此产生出印第安人。当出现了人群之后，他把他们放到地上；但他很快发现，他们遭受疾病、痛苦和死亡，除非他给他们神药，否则他们很快就会灭绝。

在主神 Dzhe Man′idō 居住处和地球之间，有四个较小的神灵，*f*、*g*、*h* 和 *i*。主神决定和他们交谈，并传授对印第安人有益的奥秘；所以他首先对神灵 *f* 说话，告诉他自己要说的一切话，后者则将同样的内容转告 g，g 又告诉 h，h 再告诉 i。随后，他们聚会协商，决定召来四位风神 j、k、l 和 m 咨询，在讨论了什么对印第安人的健康和幸福最有益之后，这些神灵一致请求主神把神药的奥秘告知人们。

接着，主神去找太阳神（o），要求他去地上按众神通过的方法指导人们。太阳神化身小男孩来到地上，和一个女人（p）同住，后来，她又生了自己的小男孩。

一家人在秋天出外打猎，可在冬天时，这个女人的儿子死了。他的父母十分悲伤，决定回村埋葬遗体，并为回乡做了准备。在回去的路上，他们每天晚上都会竖几根杆子，把遗体放在上面，以防野兽吞食。当死去的孩子这样架在杆上时，养子（即太阳神）就在宿营地自娱自乐，最后他告诉养父，他很同情父母的悲伤。这位养子说，他可以使弟弟死而复生，他的父母极为惊奇，想知道怎么实现。

养子让全家人赶紧回到村里后，他说："让女人们做一个树皮小屋（q），用桦树皮罩住死去的男孩，然后把他的身体放在小屋中间的地上。"第二天早晨，当这些事完成后，全家人和朋友们走进小屋，围坐在尸体周围。

众人悄悄地坐了一段时间后，他们透过门口看到一只熊（r）走过来，慢慢走近小屋，进入后来到尸体面前，嘴里发出"呼，呼，呼，呼"的声音，全身抖动，围着尸体向左转。因着他的动作，尸体开始颤动，随着熊的继续动作，尸体的颤动加速。在熊绕了四圈之后，身体复活，并站了起来。然后，熊 256 招呼远远坐在右边角落的父亲，对他说了下面一番话：

Nos　Ka-wi′-na　ni′-shi-na′-bi　wis′-si a-ya′wi-an′ man′-i-do　nin-gi-sis.
我父亲　不是　一个印第安人，不，　你是　一个神灵的　儿子。

Be-mai′-a-mi′-nik　ni′-dzhi　man′-i-do　mi′-a-zhi′-gwa　tshi-gi′-a-we-an′.
　　　因此　　我的同伴　神灵　　现在　　　像你们一样。

Nos　　a-zhi′-gwa a-se′-ma tshi-a′-to-yek′. A′-mi-kun′-dem　mi-e′-ta
我父亲　现在　　烟叶　你应该放下。　他说道　　仅仅

a-wi-dink′　dzhi-gSsh′-kwi-tot′ wen′-dzhi-bl-nia′-di-zid′-o-ma′　a-ga′-wa
　一次　　有能力做这种事　　　为什么他要生活在此　　　既

bi-ma′-di-zid′-mi-o-ma′;　ni′-dzhi　man′-i-do mi′-a-zhi′-gwa tshi-gi′-we-an′.
然他活不成了;　　我的同伴　神灵　现在应该回　　家。

　　　这位小熊男孩（r）就是做这事的人。此后，他留在印第
安人（s）中间，教给他们巫术（t）的奥秘。完成之后，他告
诉自己的养父，他的使命已经完成，所以他要回到他的同类
神灵中去；印第安人没有必要害怕生病，因为他们现在拥有巫
术，可以帮助他们存活。他还表示，他的神力可以使人死而复
生，但只能一次，他现在要返回太阳，他们会从太阳那儿感受
到自己的影响。

　　　这就是所谓的"Kwi′-wi-sens′ wed-di -shi-tshi′ ge′-wi-
nip"——"小男孩，他的工作。"

　　　从随后的信息获知，中间那条线（w）表示大地，并且是进
入巫师协会的第一阶段，另外还要经过三个阶段，候选人方能入
会。这些阶段，或称为休止符，由四个截然不同的实用礼物来表
现，它们必须在仪式举行前送给巫师主祭。

　　　图形 s 和 t 是传奇故事中提到的图形（q 和 r）的复制图，表
示该候选人在加入巫师协会（t）时，必须扮演 Makwa′ Man′i-
do——熊精灵；t 是巫术精灵，巫医主祭称其为 Ki′tshi Man′ido。

附在头部的两只角是代表超凡能力的常用符号，常见于巫医之歌和其他记忆记录中有关人物和神灵的图形身上；v 代表大地表面，类似于 w 所代表的。w、x、y 和 z 代表巫医的四个等级。

第六节　条约

图 174 是一片桦树皮记录的复制画，这是为了纪念奥吉布瓦人和阿西尼博因（Assinaboin）人签订了和平条约。树皮画是明尼苏达州怀特厄斯的一位奥吉布瓦酋长所绘。

图 174　条约记录

左边的人物拿着一面旗帜，代表奥吉布瓦酋长，而右边的则是阿西尼博因酋长。后者在谈判时左手握着烟斗，可以看到，他嘴里冒出烟。他的右手也拿着鼓，以便为歌曲伴奏。

奥吉布瓦人手握旗子，当作和平的象征。

在本书的不同章节内，有相当数量的有关条约的图画文字记录（参见第九章第三节"贝壳串珠"；第十一章"通知"；第十六章"历史"；第十章第二节《冬季年度大事记》）。

第七节　约定

勒帕热·杜普拉茨（Le Page Du Pratz）（b）在描述导致 1729 年那切兹人（Natchez）战争的密谋议会时说道：

一位年长的议员提议，在所有部族都被告知采取这种暴力行动的必要性之后，每个部族都应收到一捆棍子，数量相等，用以标记离同时开战还有多少天；为了避免出错，就必须每天小心地抽出一根，把它掰断，然后扔掉；应该派一个智慧之人负责这件事。长老们一致同意他的建议，并加以实行。

尼古拉斯·佩罗特神父（Père Nicholas Perrot）（a）说：

有一位休伦人说，在此情况下，他收到了一小把一英尺长的草，他用此来推测数量，帮助记忆，根据不同的事情，抽出分发它们。

在南美洲，生活在阿马库罗河和奥里诺科河一带的加利比人（Galibis）使用同样的助记方式，但更加高级。德拉皮埃尔教授在《帕里亚海岸航行记》一书第15页写道，加利比人酋长和我进行了一次重要的谈话。我问他，他想要在巴里姆（Barime）做什么？他回答说，他要通知其他河畔的所有酋长，他们必须同时去攻打敌人。为了让我明白他使用的方式，他给我看了20根绑在一起的小木棍，木棍都被削成长圆形。头6根带有一种特殊的颜色；他解释说，在这6天内，他们要准备木薯作口粮；后面4根是另一种颜色，表示他们要去通知众人。接下来6根又是一种颜色。这些小木棍做成秸秆形状，表示每位酋长都要命令本部落的民众同时做好准备。这些工作必须在20日内完成，因为只有20根木棍。

伊姆特恩（e）谈到圭亚那的印第安人，内容如下：

当举行paiwari（一种饮料）盛宴时，住在周围各定居点的同一部落的所有印第安人都会收到邀请，准备饮食。他们会准备一些细绳，每根绳上所打的结数等同于宴会开始前的天数。其中一根细绳由宴会举办地的头领掌握；其余的细绳都分发出去，每一个准备赴宴定居点的首领人手一根。每一天，每根绳上的结都会被解开一个，当最后一个结被解开之时，宾主们就知道，宴会的日子到了。

有时候，他们不在绳上打结，而是在木头上刻记号。这种打结的方法——秘鲁人的结绳记事法，在世界各地几乎都存在相同的方式，不仅像上述事例那样用作记事日历，而且也用于记录任何种类的物品；例如，如果一个印第安人欠另一人一定数量的棉花或其他物品，借方和债主就会各自保留一个相应的细绳或木棍，系上或刻上所借物品的数量，每还一个就除去一个，直至债务还清。

波斯王大流士（Darius）（希罗多德《历史》第4卷第98页）就做了一件这样的事：他取了一条鞭子，在上面打了60个节，把它交给爱奥尼亚（Ionian）的首领，告诉他们，他们可以每天解开一个结，如果所有的结都解开而他还没有回来，他们就可以返回自己的领地。

尚普兰（Champlain）（*a*）介绍了加拿大阿尔冈琴人备战的模式，它具有军事演习的性质，并且有等级和军衔的任命。其内容就在它的要点备忘录中。他叙述如下：

首领们用许多一英尺长的树枝，还有一些更长的，来指示他们所处的位置。然后他们走进树林，整理出一个五、六平方英尺的空间，在那里，首领（如军士长）按他想要的方式排列树枝。然后他招集所有带着武器的同伴，向他们显示他们必须执行的命令，去攻打敌人。

作者添加了有关纵队排列、变换横列，以及恢复队列的细节。

第八节　计数

D. W. 埃金斯（Eakins）在斯库克拉夫特著作的第 1 卷第 273 页中描述了穆斯科卡（Muskoki）人的记数标记，见下文：

> 每一条竖线代表一个，每加一条表示增加一个。死者的年龄、他们所夺取的敌人头皮的数量、他们征战过的敌方数量，都按照这种刻划系统记录在他们的墓碑上。十字形符号表示十。点和逗号从来不表示一天、一个月亮、一个月，或一年。时间顺序的排列记号过去和现在都是用几根细棍组成，通常用藤条制作。有时，采用的另一种方法是在木板上钻些小孔，再插入木钉以记录一周的天数。

伯克上尉（b）的如下记载，介绍了有人试图折中一下原住民计算天数、星期和月数的方法与文明的入侵者所用的计算方法，印第安人认为有必要使其一致。

阿帕奇（Apache）族的探子们坚持记录他们缺席战斗的时间。有几种方法很盛行，其中最好的是系在细绳上的彩珠，六颗白色的表示一周的六天，一颗黑色或其他颜色的代表星期日。这

259

种方法引起了混乱，因为印第安人被告知，每个月有四周，或四个星期日，但他们很快就发现，自己依据新月出现来判断时间的方法更令人满意。在祖尼人中间，我见过小小的计数棍子，在狭窄的边缘刻着天数和月数的记号。而在阿帕奇人中，另一种表示时间飞逝的方法是在一张纸上做记号：在一条水平线上，一些圆圈或直线穿过水平基准线来表示已过去的日子，一条粗直线表示一个星期天，一个小小的新月表示一个月的起始。

这里没有必要讨论那些在图画文字中显而易见的方法：用重复的笔划、点、节、人头或人体、武器和图腾图案等来表示人数或物品的数量。

第九节　记账

阿布纳基人（Abnaki），尤其是缅因州帕萨马库迪分支的人，他们近年来在从事文明的行业时，发现有必要记账。这些都很有意思，因为体现出原住民对表意方式的使用，只是模仿欧洲文明的特有符号作为部分补充。本书作者于 1888 年得到了几个这样的表达方式，图示如下：

一个捕鹿的猎人带来了 3 张鹿皮，为此，他每张换得 2 美元，共计 6 美元；30 磅鹿肉，每磅 10 美分，共计 3 美元。之后，他购买了 3 磅火药，每磅 40 美分；5 磅猪肉，每磅 10 美分；还有 2 加仑蜜糖，每加仑 50 美分。根据这位印第安店主的记账，共计 3.30 美元，但似乎在计算时多收了 30 美分；多收钱，显示了帕萨马库迪商人的"文明进步"。 260

图 175　商店账目

　　下面的解释将有助于理解图 175 所复制的图形。*a* 行首先显示的是猎人的形象，而他捕鹿者的身份，通过他背着的撑皮架得到进一步证实，同时，他在射鹿的场景也体现了这一点。在 *b* 行中，有前文提到的三张皮撑开在架内，总数也由三道竖线体现出来，在这两者之间，有两个圆圈，各有一条直线穿过，表示美元，总额 6 美元由 *b* 行的最后一组美元标记所显示。

　　c 行标示出 30 磅鹿肉，三个交叉线表示 30，T 形字符代表一个磅秤，以磅为单位，而鹿肉是以后腿部分或火腿的图形表示。价格由 X，即数字，结合 T，即重量单位"磅"的符号，构成总值 3 美元，以此结束 *c* 行。

　　d 行表明购买了 3 磅火药，表达如下：3 道竖线，T 是重量单位"磅"，装火药的牛角，其价格是 4 个 X，或每磅 40 美分，或T；3 磅火药，接下来的三道竖线及之后的一些小点，表示火药粒，可以看出是每磅 10 美分，分别由交叉线和 T 来表示。其下 *e* 行所标示的项目，是 5 磅猪肉的收费，一只猪的轮廓代表猪，价

　　　　　　　　　　　　　　　　　　美洲印第安人的图画文字

格由 X 或 10 和 T（磅秤或重量单位磅）来表示；接着，是两条短线，其后是一个小的长方形或计量单位夸脱，表明 2 夸脱蜜糖，如黑点所示，耗资每夸脱 5 个交叉线，或 50 美分，购货的总金额由 3 个带竖条的圆圈和 3 个交叉线表示，相当于 3.30 美元。

另一位印第安人，其职业是提供做筐子的木材，他给商家带来了一些，以此获得了 1.15 美元的进账，作为交换，他领取了等值的猪肉。

在图 176 中，可见这位印第安人带着一捆做筐子的木材，其价值由随后的图形标出：一个带纵贯线的圆圈表示 1 美元，一个交叉线代表 10 美分，而五根短竖线表示附加的 5 美分，合计 1.15 美元。从商家收到的猪肉以猪的轮廓图表示，而右边的交叉线条表示该"账目"被抹去。 261

图 176　商店账目

另一位主顾，如图 177 所示，是一个老妇人，一个古代名人的后代，在白人到来之前就很出名。因此，她被称为"猫头鹰"，画在下面的"帐目"中。她赊购了 1 小包吸食烟草，一条竖线表示数量，一个长方形代表包裹的形状，它可用于吸烟，上方的螺旋线表示吸烟。她还购买了 2 夸脱煤油，两条竖线表示数量，其后的小方块表示度量单位夸脱，一盏煤油灯的简单轮廓表示煤油。之后是两个交叉线，代表 20 美分，作为她购物的金额。这笔帐因她给了一个筐子而结清，正如靠近猫头鹰身下的图案所示，其中一半被打上交叉线，并以一条长虚线连接到最右边的销账标记。

图 177　商店账目

另一位帕萨马库迪族印第安人，是个文盲，他做生意是靠自己发明的方法记账。图 178 复制了他的一笔账。从画中可以看出，这是一位身材修长的印第安人，他从事"运货"，拥有一匹马，这头动物由简图画出来，并有两条线与主人连接。通过运输服务，他获得 5.45 美元的报酬。这笔款项由下面一行的符号表示：5 美元的记号是 5 个带纵贯线的圆圈；4 个交叉线或数字表示每个 10 美分；5 条短竖线代表 5 美分。日期由上面一行的符号体现：马前的 4 条短线代表 4，紧挨着的右边的椭圆形，意为圆圈，表示月亮，合起来表示第四个月，或四月份；而 10 根短竖条表示该月的第十天。也就是说，到 4 月 10 日，已全额支付给他 5.45 美元的劳务费。

图 178　往来账户

还有一笔账目涉及一位十分纤瘦的年轻女子，如图179所示。女孩带了一只篮子来到商店，为此她获得20美分。但要扣除10美分，因为她之前赊购了一块烟草。

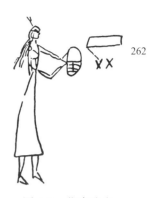

在该图中，这个女孩的体型显然画得很苗条，她的双手捧出自制的篮子。那条未连线的交叉线表示10美分，这很可能是她收到的现金，而另一条交叉线由一段虚

图179　往来账户

线连接到一块烟草，这是她欠的10美分。那块烟草与所欠10美分的连接是很有趣的表意方式。

另一位印第安人，是史前印第安人的后裔，名叫"Lox"，意为邪恶的或淘气神，表现为一只动物，体长、尾长、腿短，很可能是一只狼獾，帕萨马库迪人通常以它来描绘恶神"Lox"。他与店家的账目见图180，其中显示，他带来了1打斧头柄，获利1.50美元。

图180　往来账户

在Lox图形的下面，是2把斧子，12条短线表示提交的斧柄数量，而右边的虚线将它们与收到的金额相连，后者的表达方式是一个1美元的符号加5个交叉线或10美分的符号。

霍夫曼博士在加利福尼亚州洛杉矶发现了一些有刻痕的木棒，是在圣加百列（San Gabriel）布道所的印第安人发明和使用的。他们有牧人头领，属下有监管几类雇工和牧民等人群的监工。牧人头领得到一根硬木棒，宽度和厚度约为1英寸，长度是

20—24英寸。把手的各边都削成了斜角。木棒的一般形状见图181的上方图，不过，该图画被有意缩短，以便显示两端。

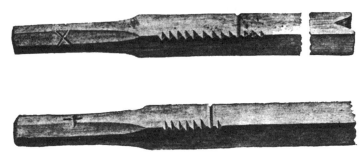

图 181　有刻痕的木棒

在把手每边的斜面上，刻有记号，标明牛群的种类。交叉线表示，在它所刻的木棒这一角，与小母牛有关，每个凹口代表一头，那道长长的横切线表示十头，加上另外三个切口，表明这位牧人负责十三头小母牛。在另一个斜边上，出现了一个箭头标记，是类似的表达方式，表示这一边的凹口代表小牛。在第三个斜面上，有一道横切线，是用来记录畜群中公牛的数量，而在把手的第四个斜面上，有两个凹口，记录的是奶牛的数量。

在把手的另一端，这根木棒有切割的凹口，表示它只涉及有角的牲口。用于表示马匹的，只从两边削尖，从而使一端变尖，或与最初提到的那个木棒恰好相反。把手上的标记是相同的，但是，有一个例外：一道刻口表示一匹种马，二道为母马，交叉线表示一匹骟马，箭头图形表示一匹小公马。木棒也有标记表明几种家畜，并记录那些已被分类的家畜。

监工们还使用另一类木棒，其复制件也同样由雇工和牧民保存，用以记录他们干活的天数，并记录工人收到的报酬金额。

图181下方的图画是一根木棒，其把手处的斜边上有一个交

叉线，表示工作。木棒边缘的短切口表示天数，每个第七天或一周由刻在木棒上的一道横线表示。

在把手相反的一边，有一个圆圈或内有一个交叉线的圆圈，表示所支付的雷亚尔（real）（早年西班牙货币名）的数目，木棒边缘上的一道切口表示一雷亚尔，而每十个雷亚尔或比索通过一道横越木棒表面的刻线来表示。

多尔先生（*a*）说，伊努伊特族人常常通过在细绳上打节或在木棒上刻印来记账。伯克上尉（*c*）报告说：

> 大约二十年前，在墨西哥的索诺拉州（Sonora），有人给我看了一块鹿皮，上面记着奥帕塔族（Opata）或雅基族（Yaqui）印第安人工作的天数。我不能确定到底是哪族人，但这一点并不重要，因为他们都是勤劳而诚实的。和前文一样，有一行平行的数据，其中完整的圆圈表示整天，半个圆圈表示半天，一条又长又粗的黑线表示周日和节日，一弯新月表示新的一月。这些账目的记账人是对牧场的印第安人雇工进行监管的监工，他们要在印第安人每晚回家之前，把天数画在上面。

泰里安·德·拉克伯里（*e*）提到孟加拉的桑德尔人（Sonthal）：

> 他们的记账要么是在木棒上刻记号，像以前英国的村民用树枝记录板球赛的比分那样，要么在一根草绳上打结，或者将几根草绑在一起。我清楚地记得，我在第一次给一个贪心的马哈琼人（Mahajun）和桑德尔人判案时的惊讶之情，当时，我命令他们出示自己所记的账。……那位桑德尔人从他后面的头发中取出

一根肮脏的、打了结的细草绳，我猜想，它本来是件装饰品，这时却把它扔到桌上，请求法院据此计数，因为它太长了。每一个结代表一个卢比，二个节之间较长的空间，代表一年时间。

很多以图画方式记账的模式在欧美文明人中很出名。其中有些很奇特，但因篇幅有限，不能在此细述。M. 阿尔芒·朗德兰（Armand Landrin）（a）对在布列塔尼（Brittany）保留下来的体系进行了很有价值的描述，翻译并摘要如下：

> 菲尼斯泰尔省（Finisterre）的农民在记账时，用不同颜色的旧袜子和衣袖做成袋子，每种颜色代表农场内的不同收支，如母牛、黄油、牛奶和玉米。每一笔收入的硬币都放入适当的袋子。当取出一定的硬币后，就会放入相同数量的小石子、豌豆或蚕豆，用以代替硬币。还有一些农民不用袋子，而是用不同长度和厚度的小木棍，在上面刻下记号，标示收入。
>
> 在涉及雇工和农场技工的账目中，妇女们被标示为三角形，意在表示布列塔尼人的帽饰 á grandes barbes。所从事的工作种类通过与其相关的工具来表示，例如，马蹄铁代表铁匠，镰刀代表收割工，斧头代表木匠，马鞍代表马具匠，木桶代表制桶匠。一个兽医的账单是通过描绘几只治疗过的动物被一条线连在一组而加以呈现的。

直到最近，英国财政部的重要账目仍然用木签记录，而美国的一些面包师也坚持用同样的木签记录与顾客的来往账目，其中之一呈现为一个账单，而且得到另一个账单的证实。

第十章　年度大事记

　　考察美洲印第安人的几套年度大事记体系并不是本书的研究范围，本书只对那些带图片展示的年度大事记进行探究。墨西哥的体系比北方部落所采用的更科学、更详细，在图形记录或细节展示上很相似，而与达科他人的《冬季年度大事记》形成了非常有趣的对比。虽然表示年代的规则完全不同，但表达模式往往相似，正如将梵蒂冈抄本（Codex Vaticanus）和特莱利亚诺-雷曼西斯（Telleriano Remensis）手抄本与后文的孤狗（Lone Dog）和巴蒂斯特·古德（Battiste Good）的《冬季年度大事记》进行比对所显示的一样。同时，也需要留意布林顿教授（e）对《契兰·巴兰》（Chilan Balan）丛书的评述。在玛雅人每个大的时代分期结束时（即所谓的"katum"），一位"契兰"，即受感应的预言者会预言即将开始的一年或时代的特点。对该年的预示就像萨基尔（Zadkiel）的年历那样，而达科他人的方法则是选择过去一年所发生的最重要的事件。

第一节　时间

美国陆军外科医生威廉·H.柯布西耶博士提供了以下信息：

达科他人使用圆圈作为时间周期的象征；一个小圆圈代表
一年，一个大圆表示一段较长时期，如一个老人的一生。也有
圆形表示小屋，或七十年，如在巴蒂斯特·古德的《冬季年度
大事记》中的那样。时间的延续有时在纸上通过从右到左的延
伸线表示，而年度圆圈则以固定的间隔以短线悬在线上，如图
182上排图形所示，其年度表意符号放在每一条短线的下面。
但另外一些时候，那条线是不连贯的，但被年度圆圈以固定间
隔所隔开，如图182下排图形所示。

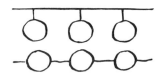

图182　达科他人表示时间延续的方式

在本书其他标题下，展示了时间的图形表达方式——月、日、
夜、早晨、中午和晚上。其中部分内容可见于第二十章第二节。

266　第二节　《冬季年度大事记》

在最初的论文《北美印第安人的图画文字》（发表于《民族
学局第四届年度报告》）中，其中58页文字和46幅整页插图
是专门论述达科他印第安人的《冬季年度大事记》。解释的微小
细节，系统比较，以及概要介绍现在似乎不必重复以确定这种

发明的真正特点。这包括对事件的选用，它在一定程度上是一段历史，形成一个年度大事记体系。事件的记录只是一种手段，通过它以记事图的形式来完成连续介绍年度大事。在某种程度上，与称为年历的有序时间排列相一致。它的首次公开，是出于笔者一篇题为"达科他族的日历"的论文，发表在 1877 年4 月《美国地质与地理调查》第 3 期公报第 1 号。其标题已改为达科他人自己的名称，即《冬季年度大事记》，原文为 wan' iyetu wo' wapi。

　　与那篇论文一道，还公布了平版印刷的记事图，与整页插图 20 ——孤狗的《冬季年度大事记》——基本相同。展示的图比以前好多了，很多达科他人在使用，或至少知道跨越七十一年的《冬季年度大事记》，它始于公元 1800—1801 年的冬天。

　　平版印刷图所依据的复制画，原是画在一条棉布上，面积在 1 平方码，其中的图形几乎把布面完全填满，颜色有两种：黑色和红色，用的是原始材料。不过，它是一个复制画。整页插图上展现的是一幅图，和野牛皮毯上的一样。它拍摄自一条亚麻布上的复制画，而不是直接摄自野牛皮毯。这幅画是一位名叫孤狗的人画在皮毯上的，他是印第安达科他族扬克顿部落（Yanktonais）的人，1876 秋天时住在蒙大拿的皮克堡（Fort Peek）附近。他的达科他名字用普通英语字母拼写，就是 Shunka-ishnala，这些词对应里格斯（Kiggs）词典的词汇，意为狗孤独。孤狗声称，在请教了本部落的老人们之后，由他判定过去的每一年哪件事值得宣扬，再用适当的符号或图形记在野牛皮毯上加以纪念。在合适的时候，皮毯会向本部落的其他印第安人展示，这样，他们就明白了其中的含义，以及表示这几年内容所使用的符号。

整页插图 20

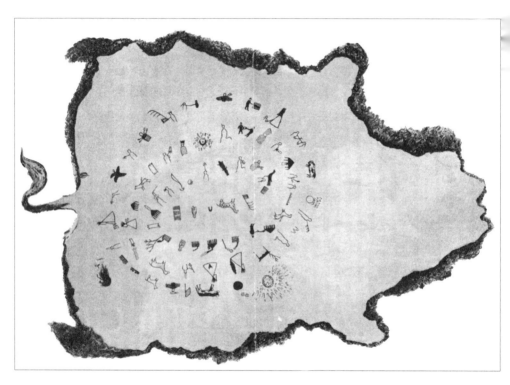

孤狗的《冬季年度大事记》

然而，这并不是说，孤狗从 1800 年就开始这项工作了。他要么是从一位前辈那儿接收了早些年的记录，要么就是他在成年后，从长辈们那儿收集了传说，然后进行追记，记录的人和事都是当时的或之前的，用以建立某种年度大事记体系，供部落使用，或首先更可能是供本分支使用。

就目前对《冬季年度大事记》系统的了解来看，孤狗并不是其首创者。它们至迟在这一代人之前就开始了，并且由一些各自独立的记录者持续记录着。这种想法特别适合印第安人的天赋，其特有的记录模式是一种发明，它不太可能是一个非常古老的发明，因为它的使用没有超过一定区域和人民。如果该图形的发明非常古老的话，它一定早就在部族之间传开了，而不是仅限于达科他人的分支或部落，只有他们拥有并理解。

事实上，孤狗的《冬季年度大事记》，在首次出版时是人们所知的唯一一份，开始的日期几乎与 19 世纪第一年同步，大多数文明国家的人民普遍认为，有理由推测，这可能是出于文明之间的交往，而不是一个巧合。如果传教士或商人的影响引发了年度大事记的计划，那么，值得注意的是，他们并没有建议采用一种在某些方面类似于一种长久而广泛使用的体系，也是他们所知道的唯一一种，即从一个时间开始记事，如基督的诞生，穆罕默德的流亡，罗马建城纪年，或第一届奥运会。但记事图没有显示这种性质。最早的一幅图只是表现一小批达科他人被他们的敌人所杀，这件事与记事图中所显示的七十一件中的许多其他事件相比，既不重要也无趣味。确实，有不止一个事件被选中，很可能是作为一个显著的固定点，在此之前或之后，用简单的数字符号来标记这些年份。文明的顾问们并没有自然而然地介绍任何方

267

法，实际采用的方法是用一个特定的记录符号使每年各不相同。很多人都保存和理解表意的记录，可以方便而准确地使用和参考。对天花首次出现以及首次捕获野马所确定的符号，其标示的日期既符合达科他人的要求，其相应的表达方式——公元1802年和1813年也符合基督教世界的要求，远比年度大事记史中用A. M. 和 B. C. 等术语表达更加确定。各幅图画以一种从中心点向外的螺旋形排列，这是一个聪明的权宜之计，可以不必用数字来计算年份，但又允许从任何已知的日期向前或向后确定每个日期。整个概念似乎具有明显的印第安人的特征，因为他们在其他情况下也显示了对象形（表意）文字的娴熟使用。之后，发现了其他几幅记事图，它们开始的年代不同，结束的年代与孤狗的不同，彼此也各不相同，因而排除了像上文那样始于19世纪初的任何推测。下面的记事图复制画，大致与孤狗的相同，现在都在本书作者的手中：

1. 由 Bo-i'-de（意为火焰）制作和保管的记事图，他是一位达科他人，1877年时住在达科他州萨利堡（Sully）附近。

复制图是画在一块棉布上，大约一平方英码，有黑红二色，因此和孤狗的记事图很相似，但排列不同。第一年中提到的图形出现在左下角，记录向右延伸直到布的末端，然后又横着向左延续，接着，再向右通往布的边缘，自始至终就这样交错，这种风格称为右行左行交互书写法。因此，它符合有序排列的相同目的，可以不断添加内容，就像更加螺旋状的孤狗记事图。这个记录涵盖了1786—1787年直到1876—1877年，因而比孤狗的记事图开始得早，结束得晚。

2. 一位明尼孔朱（Minneconjou）部落的酋长，名叫天鹅，保存了另一份画在羚羊皮或鹿皮上的记录，据他说，已在家族内保存了七十年。

图画以螺旋形排列，类似于孤狗的记事图，但形状更像长方形。螺旋的方向是从左到右，而不是从右到左。

3. 另一幅记事图是名誉少校约瑟夫·布什（Joseph Bush）慷慨地借给作者的，他是美军第二十二步兵连上尉。这幅图画是他于1870年在夏延族（Cheyenne）事务局获得的。它是复制画，尺寸为一又四分之三码，螺旋形，从中心开始，自右至左。图形基本上与孤狗的记事图相同，时间也一致，只是结束于1869—1870年，但对它的解释在几处细节上有所不同。

4. Mato Sapa（意为黑熊）的记事图。他是一位明尼孔朱族的武士，1868至1869年期间住在密苏里河旁的夏延族居留地，靠近夏延河口。

此复制画的尺寸比孤狗的小，是一种扁平而细长的螺旋形，尺寸为2.6英尺×1.6英尺。螺旋形的读法是从右向左。这个记事图的开始时间和孤狗的差不多，但结束于1868—1869年。

5. 一幅最重要而有趣的《冬季年度大事记》是一位布鲁尔（Brulé）达科他人巴蒂斯特·古德所制作，并由美国军医威廉·H.柯布西耶博士慷慨捐赠。它以独特的循环方式，从公元900年开始，在十三个图形中，包含的时间直到公元1700年，所有的绘图都与神话有关，其中一些显示出欧洲的影响。从1700—1701年到1879—1880年，每一年都有单独的图画以及解释，其方式与其他几幅记事图相同。有几位印第安人和混血儿 269 说，这幅记事图以前和其他几幅所包含的年数相同，但后来巴蒂斯特·古德从老人那儿收集了很多年的名人名事，并将它们按时间顺序编排，往前推了很多年。

另外一幅《冬季年度大事记》，据柯布西耶博士介绍，掌握在一位名叫美洲马的奥格拉拉达科他人手里，1879年时，他住在派恩岭（Pine Ridge）管理处，自称这是从他祖父开始，是他的祖父、父亲和自己制作的。

第三幅《冬季年度大事记》也是经由柯布西耶博士介绍，保存在一位名叫云盾的人手中。他也是一位奥格拉拉达科他人，住在派恩岭管理处，但和美洲马分属不同的分支。这两幅年度大事记几乎包含相同的年份，即从公元1775年到1875年。一幅图有两个日期，因为达科他人的一年包含文明世界常用年历中第二年的一部分。

柯布西耶博士还看到了第四个《冬季年度大事记》的抄本，由派恩岭管理处名叫白牛杀手的人保存。他没有得到一份抄本，但了解了大部分冬天名称的来历。

关于所有的《冬季年度大事记》，以及上文所述达科他人的一年覆盖两个日历年的一部分，下面的解释可能是必要的：达科他人以冬天来纪年（这很自然，因为在他们生活的高原和高纬度地区，冬天几乎持续超过六个月），他们会说一个男人有过这么多的雪年，或者说，此后已过了那么多的雪季。他们没有把时间分成几个星期，而他们的月份完全以月亮为周期，只有十二个月。然而，它们的名称是根据一些反复出现的突出的自然现象。例如，包括部分二月的时间被称为"浣熊月"；三月，"眼睛疼的月份"；四月，"鹅下蛋的时候"。当浣熊冬眠后出现时，会引起眼睛红肿，而鹅的产卵每年因气候不同而有变化，由于估算的十二个阴历月在记事开始时没有算准时间节点，达科他人在冬天快结束时，经常在帐篷内争论当时的准确日期。在仔细考察了几幅《冬季年度大事记》后，往往令人怀疑某个事件是发生在冬天，还是冬天即将开始的月份，又或者是冬天刚刚结束的月份。在这些细节上，看不出规律性或准确性。

考虑到孤狗记事图被人理解和使用的程度，也许应该指出，当作者让每一位聪明的达科他老人观看记事图时，他们知道它的含义，而且其中很多人明白大部分的年度大事记图画。当了解较少时，有可能被比喻为一个没有受过教育的成人或儿童在被考问美国地图时，尽管以前让他看过并解释过，但只能理解或记住一部分。他会指出，这是一张美国地图；他很可能会比较准确地指出他所居住的城市或州；也许是国家的首都；或许是一些特殊形状或位置的州名，如缅因州、特拉华州、佛罗里达州。所以，被考问的印第安人经常会在孤狗的记事图中指出他出生的那一年，或者他父亲去世的年份，或者某年发生了一件令他印象深刻的事件，但那件事与当年图示的意义没有任何关系。有人过去向他指出过，他也记得，可他却忘记了记事图的其余内容。

在比较所有的《冬季年度大事记》时会发现，它们经常彼此相似，但有时会有所不同。在少数情况下，只是事件的顺序不同，但通常是由于某个事件被删除了，或选择了另一个事件。如果在所有的记事图中，某一年的名称都一样，则很可能是当年所有的家族都在一起扎营，或者是选定的事件是大家普遍关心的；当名称不同时，则是家族群散开了，或是没有共同关注的事件发生。族人们对许多新近发生的事件记忆犹新，如武士们努力建功立业，使其载入部落的史册，并在所有的典礼上宣扬他们的功绩，这被称为"数点成就"。这种宣告包含有乞求某个神灵降临的特性。战衫上记录了所消灭敌人的数量，并且准确地代代相传，这样，就有助于使其中一些事件常忆常新。

对所有记事图的研究有助于澄清一些疑点，因为孤狗的记事图过去是唯一已知的例子。显然，展现年度图示的连续顺序没有固定或统一模式。它们被排成螺旋形或直线形，或是蜿蜒的曲线形，以左行右行交互排列的方式，或直接从所显示的最后一年向后排列，又或者是从选定或记忆的第一年开始一直向前。任何以常规添加方式实现这一连续目标的模式似乎都可以接受。因此，有人认为，在孤狗记事图中，从右到左的圆圈有一种象征手法，但被人弃用了，尤其是当一位印第安人以螺旋反转式复制那幅记事图时则更为明显。同样明显的是，有些复制画在制作时，其中一些很可能出自记忆，并没有尝试中国式的精确。给出象形的或表意的符号就足够了；常见的情况是，对于相应的一年，在一幅记事图上的图形往往比其他记事图上标示得更精确。一种解释往往会帮助理解另一种。还有一种可能是，当不同体系的记录者选择不同的事件时，有时会为同一年、有时为第二年选择相同的事件，这种情况在记录饥荒或疫情的进展时很自然，对于一件在幅员辽阔的地区逐渐传开的事件也是如此。

对于《冬季年度大事记》选择事件模式的检验，可见于本书作者在 1877 年出版的介绍孤狗记事图中的一条建议，具体如下：

> 1876 年为记录者提供了很多可选择的事件，令人感兴趣的是，他是否选择大胜卡斯特人（Custer）作为最重要的事件，或更有意思的是，他是否选择矮种马瘟病的大发作事件，各部

271

　　　　　　　　　　　美洲印第安人的图画文字

落像（《圣经》中失去儿女的）拉结（Rachel）那样，哭泣而不愿受安慰，因为他们都不在了。

现在看来，其中两幅关于 1876 年的记事图（本书作者几年后观察过），都选择了矮种马瘟病大发作事件，却根本没提打败卡斯特人的事。

在考查了所有记事图后，可以明显看出：图案不是叙事性的，所记录的事件要依附于当年的标记，图形的系列排序有时很琐碎，但总体来说，所选择的事件都是众所周知的，特别适用于年历。在几件渺小的个人事件实例中，例如，记录者把自己的出生或家庭成员的去世记录下来，可能会被视为插入或擅自加入记事图中。如果在其所包含的年份里展现出一个完整的民族史或部族史，它们的存在在某些方面就会更有价值，但对人类学家来说，这些事情非常有意思，因为它们显明，出乎人们意料的是，美洲印第安人的北方部落曾经试图构建一个年度大事记系统。

如前所述，虽然现在不必概括以前出版的大量有关达科他人《冬季年度大事记》的内容，但笔者决定以概要形式介绍孤狗记事图的图形及其诠释，因为它是最早发现的体系，而它的出版导致了上文提及的所有其他记事图的发现。巴蒂斯特·古德的《冬季年度大事记》迄今还没有出版，它不仅是大事年表，而且具有特殊的重要性和意义。因此，它被插入到本书中，详见下文。

发表在《民族学局第四届年度报告》上的火焰、天鹅、美洲马以及云盾等人的几个记事图，都被省略，但从中节选的内容呈现在下列标题之内：表意文字、部落和个人的名称、宗教、习俗、历史、传记、习俗化、比较。总之，散布在本书各处合适的地方。

孤狗和巴蒂斯特·古德记事图的读者可能会发现，了解下列经常提到的部落名称的简介将很有帮助：

　　有一个大的语系或语族，不仅包括苏人或正宗的达科他人，而且包括密苏里人（Missouri）、奥马哈人（Omaha）、蓬卡族人（Ponka）、欧塞奇人（Osage）、堪萨人（Kansa）、奥托人（Oto）、阿西尼博因人（Assinaboin）、格罗文特人（Gros Ventre）、克罗人（Crow）、艾奥瓦人（Iowa）、曼丹人（Mandan），以及其他一些部族，通常被称为达科他语族。J. W. 鲍威尔，民族学局局长，出于优先考虑，最近已采用苏族（Siouan）作为该语族的名称，把它的大分支——俗称苏人（Sioux）称为达科他人，而这是他们对自己的称谓。

　　"达科他"这个词在里格斯词典里被翻译成"结盟"或"联盟"。苏人（Sioux）这个称呼，遭到该族人的愤怒拒绝，根据发音，它其实是单词"Nadowesioux"的最后一个音节或最后两个音节，这个词是法语里阿尔冈琴人对达科他人的称呼"Nadowessi"的复数形式，意为"讨厌的敌人"。奥吉布瓦人把达科他人称为"Nadowessi"，其意为响尾蛇，或像其他人翻译的那样，意为猪鼻蛇，带有蔑视或轻视的语气；其复数形式为"Nadowessiwak"或"Nadawessyak"。法语里用了复数形式，旅行者和猎人则把它简化为"Sioux"。

　　目前，达科他人更重要的部落和有组织的分支，是散居的"七部联盟"的余部，如下所示：

　　扬克顿人（Yankton）和扬克托奈人（Yanktonai），二者都取自一个词根，意思是"在……尽头"，暗指过去他们村庄所在的位置。

西哈萨帕人（Sihasapa），又名黑脚人（Blackfoot）。

乌赫农帕人（Ohenonpa），又名两壶人（Two-Kettles）。

伊塔齐普科特人（Itaziptco，意为无弓）。更常用的是法语里的同义词"Sans Arc（桑萨克人）"。

明尼孔朱人（Minneconjou），意为"那些种在水边的植物"，这是他们老家的自然特性。

希特卡古人（Sitca'gu），意为烧伤的屁股；又名布鲁尔人（Brulé）。

桑提人（Santee），下分瓦佩顿人（Wahpeton），意为叶中人，即林中人；以及西塞顿人（Sisseton），意为草原湿地人。另外两个分支，现在已经灭绝，以前属于桑提人，它的正确拼法应该是 Isanti（伊桑提）部落，它的词根是"Issan"，意为短刀。在他们过去的领地内，有制作石刀的材料，因为这种生产，他们被称为"刀人。"

昂克帕帕人（Uncpapa），曾经是所有分支中最好战、也可能是最强的，但不是最大的。

奥格拉拉人（Oglala）。这个名字以及昂克帕帕人的含义和起源一直是争论的主题。

黑尔、加勒廷和里格斯指出，有一个"提顿部落"，居于密苏里州西部，是达科他人中最大的分支，而达科他人正式细分成布鲁尔人（Brulé）、伊塔齐普科特人、西哈萨帕人、明尼孔朱人、乌赫农帕人、奥格拉拉人和昂克帕帕人，共七个部落，而他称之为分支。"提顿（Titon）"（源自单词 *Tintan*，意思是"在无树或无草之地"），原是一个部落分支的名称，但现已成为所有 273

草原部落的名称，因此，它是临时区分属地的，而不是区分部落的。在赖斯堡（Fort Rice）的一位达科他人曾经对本书作者说，"Titons"就是"恶劣"的意思，这显然是指地域，"行走在大草原上"。众所周知，他们是几个部落的组合。

孤狗的《冬季年度大事记》

图 183，1800—1801 年。——三十个达科他人被克罗族印第安人所杀。该图形由三列共三十条平行黑线组成，最外边的线连成一条。在这个记事图中，这样的黑线总是标志着达科他人被他们的敌人杀死。

图 183

阿柏萨罗卡（Absaroka，意为乌鸦）部落，虽然属于苏族，但自从白人来后，几乎一直与正宗的达科他人处于交战状态。他们以奇特的长发而闻名，在图画文字中，常以此来区分他们。

图 184，1801—1802 年。——许多人死于天花。天花在部落中爆发。此图是一个男人的头部和身体，布满红色斑点。在这里，如同在所有其他情况下一样，当提到这幅记事图的颜色时，都可以在整页插图 20 中找到所对应的，但与文字图形不一致，因为它们没有着色。

图 184

图 185，1802—1803 年。——一个达科他人偷了套着马掌的马。换言之，他要么直接偷自白人，要么偷自其他印第安人。后者之前从白人那儿得到这些马，因为印第安人从来不给马套马掌。这幅图是一个马掌。

图 185

　　　　　　　　　　　　　美洲印第安人的图画文字

图 186，1803—1804 年。——他们偷了克罗族人的一些"卷鬃马"。其中一些马目前还在平原上，马毛长得紧密卷曲。这幅图画的是一匹带黑色卷毛标记的马。众所周知，克罗族人很早就拥有马。

图 186

图 187，1804—1805 年。——达科他人跳完一支烟斗舞，然后就去打仗。此图画的是一个长长的烟斗柄，用羽毛和彩带装饰。羽毛是白色的，带有黑色的尖头，显然是成年金鹰（Aquila chrysaëtos）的尾羽，平原印第安人视如珍宝。古时的彩带是彩色的皮条或柔

图 187

韧的树皮，现在使用的是华美的彩色布条。calumet 这个词是法语 chalumeau 的变体。卡弗（Carver）（c）上尉在他的《三年穿越北美内陆地区》一书中，在苦苦思索了"calumet"的词源之后，把这种烟斗描述为"大约 4 英尺长，红色大理石的斗钵壁，轻木口柄，上面描画着不同颜色的奇特的象形文字，并且装饰着 274 羽毛。每个部族都以不同的方法装饰这些烟斗，所以可以一眼看出它属于哪个分支。它被用于导入所有条约，也类似于欧洲人的休战旗"。在印第安部落中，当把烟斗交给一个陌生人或敌人时，通常是和平的象征，然而，当同一部落的成员在礼仪中自己使用烟斗时，它其实是即将开战的象征。对这一点的进一步评述，请看此《冬季年度大事记》1842—1843 年的内容。

图 188

图 188，1805—1806 年。——克罗族人杀死了八个达科他人。再一次出现了短的平行黑线，这次是八条，由一道长的粗线相接。翻译菲尔德（Fielder）说，这种带黑道的图形只用于死亡标记。

图 189

图 189，1806—1807 年。——一个达科他人杀死了一个阿里卡拉（雷族）（Ree）人，如图，他正要射杀一只鹰。图中画了一名男子的头和肩，脖子上有红色血点，一只手臂伸出，还画了一条线连到一只金色的鹰。

这幅图表现了一个印第安人正在抓住一只鹰腿，因为阿里卡拉人惯于藏在地下陷阱里捕鹰。他们在这些洞里放诱饵吸引老鹰，同时，自己也隐藏其中。他们很少或从不射杀战鹰。正当这个阿里卡拉人伸手抓鸟时，他被射死在陷阱内。

图 190

图 190，1807—1808 年。——穿红外套的酋长被射死。该图显示红外套被两支箭射穿，血从伤口滴下。

图 191

图 191，1808—1809 年。——那位曾经在1806—1807 年记录中杀死了阿里卡拉人的达科他人，这次也被阿里卡拉人所杀。画中，他在奔跑，被两支箭射中，鲜血滴落。将这两幅图连起来看，就很好地说明了记事图所追求的方法：不是记录一个连续的历史，也不是记录每年最重要的事件，而是展示某件独特的事情。有一个关于一个阿里

美洲印第安人的图画文字

卡拉人被射杀的事件：当时他以为很安全，正在取鹰，却被杀死，第二年他的弟兄们就为他报了仇。确实不可能以图形分别介绍众多的战斗、条约、盗马、大狩猎，等等，所以大多数事件被忽略不计，而其他更具特色和更适合描述的事件被选作当年的要事，标准并不是因为它们是历史性的时刻，而是因为它们众所周知，或者对记录者来说，它们具有特殊的意义。

图 192，1809—1810 年。——一位酋长，人称小河狸，放火烧了一家商品交易店，被人杀死。图形只用了他名字的图腾来表示。还有人解释说，他是一个冬天捕兽者，但或许他在印第安人中间已有一个新名字。

图 192

图 193，1810—1811 年。——黑色的石头做成的药。药这个词用的太普遍了，所以很难消除不用，实际上完全是一种误导。"巫医"与治疗毫不相干，既不号脉，也不施药，或者，即使他们有时指导使用一些神秘的制剂进行内服或外服，它也只是迷信仪式的一部分，而且主要依赖这些仪式。他们的咒语不仅要驱除疾病，而且还有许多其他用途，如

图 193

获得战争的胜利、避免灾难的发生，并经常用于招来野牛，因为达科他人以此为食。那些仪式被称为萨满教仪式，在野蛮部落时期很突出。在"制药仪式"中，一只野牛头，尤其是一只白化的野牛头，在平原部落中有突出的地位。许多与此有关的内容可见于《韦德王子北美内陆旅行记》。也可参看后面的第十四章。记事图中是一个男人的形象，他的头上是一只白化变

异的野牛头。

图 194，1811—1812 年。——达科他人在与格罗斯文特人的一次交战中，杀死了对方许多人。这幅图是一个圆圈内含三个圆形物体，底部是平的，像是几颗从躯干上砍断的脑袋，由于图形太小，因此不能断定这些物体代表什么；但它

图 194

们在 1864—1865 年的纪录中似乎更清楚，就是在战斗中砍下的敌人脑袋。在草原人的手势语里，达科他人都以手横在脖子上，表示他们切断敌人的喉咙。达科他人用手指计数，这和大多数民族相同，但他们有自己的特色。当他们用完了双手的手指后，一根手指会临时朝下表示一个十。等十根手指又数完后，另一根手指回转，表示一百。*Opawinge*（*Opawinxe*），意为一百，来自 pawinga（pawinxa），意为转圈、旋转。其含义是，所有的手指圆圈表示各自的十位数。所以，使用圆圈时从来不小于一百，但有时表示一百以上的某个数。因此，在这种情况下，圆圈起初被认为是表示在战斗中杀死的许多敌人。但另外一些解释排除了所有的象征意义，认为圆圈只不过是粗略勾画的土屋，格罗斯文特人被赶进里面。本书作者根本没有专门研究过象征法，最初自以为是地认为这是一个符号，但这种假设被更多的相关信息证明是错误的。

图 195，1812—1813 年。——被达科他人最早驱赶和捕捉的野马。这幅图是一个套马索。这个日期很有价值，因为它显明：这些草原上的马群，要么是西班牙人引入墨西哥的动物的后代，要么是他们留在得克萨斯州沿海和其他地点

图 195

　　　　　　　　　　　　　　　美洲印第安人的图画文字

的动物的后代，此时已大量繁殖，深入到遥远的北部地区。达科他人毫无疑问学会了驾驭马，或许也从与他们接触的南方部落人那儿学会了使用套索；值得注意的是，尽管他们通常会坚守古老的习俗，然而，在他们熟悉马不过两代人之后，他们已经彻底改变了他们的习惯，以至于一旦失去了马，他们在战争和捕猎时就会束手无策。

图 196，1813—1814 年。——百日咳很普遍而且致命。这幅简图显示一个人咳出一股气流。

图 196

图 197

这种病所特有的断断续续的咳嗽在火焰的《冬季年度大事记》同一年的描绘里有更清楚的表现，见图 197。而在天鹅的《冬季年度大事记》中表现得更好，见图 198。

图 198

图 199，1814—1815 年。——一个阿拉珀霍人在自己的小屋里被一个达科他人所杀。这幅图画了一把战斧（tomahawk），红块表示从砍破的头盖骨里流出的血。

图 199

图 200

图 200，1815—1816 年。——桑萨克人（Sans Arcs）首次尝试搭建小土屋。这是在达科他州的皮奥里亚低地（Peoria Bottom）。名叫乌鸦羽毛的人是他们的酋长，其实，在缺乏其他记事图的情况下，似乎惟妙惟肖地图示了乌鸦的羽毛从屋顶伸出，但现在我们必须承认，这是画得很糟糕的一张弓，暗指桑萨克（意为无弓），但是，没有任何否定的迹象。由于解图人解释这个图形是一根乌鸦羽毛，而乌鸦羽毛又确实是酋长的名字，所以孤狗记事图的解释可能是唯一正确的。

277

图 201

图 201，1816—1817 年。——"野牛肚子很大。"这幅图粗略地描绘了一头野牛的侧面。

图 202

图 202，1817—1818 年。——拉·弗朗布瓦斯（La Framboise），一位加拿大人，用干树枝建了一个贸易商店。死树显示了当地的干燥。弗朗布瓦斯在达科他人中行商多年，曾经在明尼苏达州的山谷一带很有名气。各路旅行者都知道他的大名。

图 203

图 203，1818—1819 年。——麻疹爆发，许多人死亡。这幅复制图与 1801—1802 年的相同，与天花有关，只是红斑稍有不同，而且，尽管孤狗的艺术技巧还不足以区分两种病人的外貌，但这两种疾病都是急性暴发，而记事图为数不多的

　　　　　　　　　　美洲印第安人的图画文字

严重缺陷就是，这两年的图形几乎相同，因此，如果没有连续记录，人们很难区分这两者。将记录当作一个纯粹的备忘录，不会有什么麻烦，可能众人都知道，天花的流行早于麻疹。但总体来说，绘图者还是认真地对两者做了区分，尽管很微小。另外值得注意的是，印第安人对天花和麻疹的诊断几乎没有区别，所以不能指望在图形上有大的差异。这个人物的脑袋与1801—1802年的那幅有明显区别。

图204，1819—1820年。——又一个贸易商店建成了。这次是由路易斯·拉孔蒂（Louis La Conte）建在达科他州皮埃尔堡（Pierre）。他的木头，据所请教的一位印第安人特别指出，是朽烂的。

图204

图205，1820—1821年。——商人拉孔蒂给一位名叫双箭的人一件战衣，以褒扬他的英勇。一位翻译就是如此翻译的，而图中显示的两个箭头表示那位武士的名字图腾；与此相似，房子的山形墙代表这位商人；同样地，一个尖头为红色的黑色长条，从屋顶流下，很可能代表那块用来做战衣的杂色布料。这个长条不是用来表示火花和烟雾，虽然乍一看好像是，但其实不是，否则的话，红色部分应该在离屋顶最近的位置，而不是离屋顶最远处。

图205

图206，1821—1822年。——这幅图表示一颗非常明亮的流星落地。

图206

图 207

图 207，1822—1823 年。——又一座商店建成了，这是一个名叫大绑腿的白人盖的，它在小密苏里河（又称坏河）的河口。该图与 1819—1820 年的那幅有区别。

图 208

图 208，1823—1824 年。——白人士兵首次出现在这一地区，翻译克莱门特（Clement）如此说。但根据其他人的一致解释，这幅图描绘的事件是美国军队在达科他人的陪同下，攻打阿里卡拉人的村庄，有关事件的历史记录，详见后文的第十六章。

这幅画描绘了阿里卡拉人的一座带栅栏的村庄以及进攻的士兵。不仅由于这幅独特的画和征战胜利的结果，而且和达科他人本身有关，所以使其自然成为当年的图腾主题。

所有的《冬季年度大事记》都提到了这次征战。

图 209

图 209，1824—1825 年。——两壶人部落（Two-Kettle Tribe）的酋长天鹅，命人杀了所有的马。这幅图画的是一匹马被长矛刺穿，血从伤口处流出来。

图 210

图 210，1825—1826 年。——密苏里河发了一场大洪水，淹死了一些印第安人。运用想象，这个符号可能表示浮在水面上的脑袋，这在其他一些记事

　　　　　　　　　　　　　美洲印第安人的图画文字

图中更加清楚。

图 211，1826—1827 年。——"一个印
第安人死于浮肿。"巴兹尔·克莱门特（Basil
Clement）说。起初，有人认为，这种情况
受到关注，是因为这种疾病在 1826 年非常罕
见，所以引人注目。拉洪坦男爵（La Hontan）

图 211

（c），一位真正的权威，专注西北印第安人在与白人交往而大受
影响之前的状况，特别提到，浮肿是印第安人未知的疾病。前文
的卡弗也指出，这种疾病极其罕见。不过，其他记事图的解释说 279
道，有一些达科他人在征途上几乎饿死，此时，他们发现并吃了
一只狼群的猎物——老野牛的腐烂尸体。之后不久，他们就肚
痛、腹胀，气体从嘴里喷出。这种疾病称为鼓胀，引起的症状更
像浮肿。

图 212，1827—1828 年。——一个名叫死
胳膊的人被一个曼丹人用刀或匕首刺中。这幅
图很形象，显示出长柄匕首刺入流血的伤口以
及枯萎的手臂。

图 212

图 213，1828—1829 年。——据报告，一
个名叫沙德朗（Shadran）的白人，在前不久
的 1877 年，仍然住在原来的地区。他建了一
个小土屋。戴着帽子的头出现在屋顶下。这个
名字应该拼写成 Chadron（沙德伦）。1832 年
时，卡特林（Catlin）曾经与他一起在该地区
打猎。

图 213

图 214

图 214，1829—1830 年。——一个扬克顿达科他人被坏箭印第安人射杀而死。

坏箭印第安人是译自达科他人对黑脚印第安人一个分支的称呼。

图 215

图 215，1830—1831 年。——与克罗族人的血战。据说该族有二十三人丧生。这幅图没有显示数量，它只是一个男人的形象，身上有红色或鲜血，还有红色战帽。

图 216

图 216，1831—1832 年。——一个名叫拉博（La Beau）的白人，杀了另一个白人克梅尔（Kermel）。1877 年时，拉博还活着，住在萨利堡（Fort Sully）以北 30 英里处的小本德（Little Bend）。

图 217

图 217，1832—1833 年。——据翻译解释，名叫独角的人腿被"灭"了。人物头上有一只角，而一条腿画得好像骨折了或扭了，不像 1808—1809 年的那幅图，画的是人在奔跑。

280

图 218

图 218，1833—1834 年。——"星星坠落"，印第安人都同意这个说法。就在这一年的 11 月 12 日夜晚，全美国都观测到大流星雨。在记事图中，月亮是黑色的，星星是红色的。

图 219，1834—1835 年。——名叫藏药者的酋长被杀。这幅图显示的是流血的人体，而不是战帽，它与 1830—1831 年的那幅有区别。

图 219

图 220，1835—1836 年。——名叫瘸鹿的人用箭射杀了一名克罗族人；后者将箭拔出来，又以同一支箭射他。图中，那只手正从第一个伤口处拔箭。这是选择事件原则的另一个实例。有许多更重大的战斗时刻，但没别的事件如此精确。在 1876 年时，瘸鹿在敌军中是名震遐迩的酋长。他的营地有 510 座小屋，这使迈尔斯将军感到震惊，他命人将其摧毁，并缴获了 450 匹马、骡子和矮种马。

图 220

图 221，1836—1837 年。——班德（Band）的父亲，两壶人部落的酋长，去世了。这个图形几乎与 1816—1817 年的那幅完全一样，表示硕大的野牛肚子。

图 221

翻译菲尔德揭示了它的含义，指出：这个图形是用来表示在那一年，班德的父亲——大胸膛，一位明尼孔朱人，去世了。而班德本人也于 1875 年在保德河（Powder）边去世。他的名字是 O-ye-a-pee。因此，这个图形是野牛胸膛，代表一个人的名字。

图 222

图 222，1837—1838 年。——纪念一次非常成功的狩猎，据说此次捕杀了 100 头驼鹿。画中的驼鹿清晰可辨，与记事图中的其他四足动物截然不同。

图 223

图 223，1838—1839 年。——为一个名叫铁角的人建了一间土屋。另外一间土屋（1815—1816 年）有屋主的记号，而这间没有。哈尼（Harney）将军在 1856 年的报告中提到一位明尼孔朱酋长的名字，叫一只铁角。

在此情况下，翻译成"铁"的这个词在记事图中出现了好几次，但它并不总是表示那个名称的金属。根据 J. 欧文·多尔西牧师所述，它有一种神秘的含义，与水和水神有某种关联。在图画文字中，称为铁的物体都被涂成蓝色，如果能够得到那种颜料的话。

281

图 224

图 224，1839—1840 年。——达科他人杀死了整个村庄的蛇人或肖肖尼印第安人。这幅图画的是一顶普通的圆锥形帐篷被箭射穿。

图 225

图 225，1840—1841 年。——达科他人与夏延人讲和。和平的象征很常见，就是两个人的手在靠近。两只不同颜色的胳膊和手显示它们属于两个不同的人，事实上，属于不同的部落。在欧洲人引入之后，印第安人才以不合礼仪的握手表示友谊。

图 226，1841—1842 年。——一个名叫耳中羽毛的人偷了 30 匹斑点矮种马。斑点显示为红色，这样，它们与 1803—1804 年图中的卷鬃马就有所区别。

图 226

盗马成功，需要技巧、耐心和胆量，通常被平原印第安人看为等同于夺取敌人头皮的功劳。确实，因为这给部落带来了财富，成功的盗马贼比纯粹的武士更受欢迎。直到最近，财富一般都以矮种马作为估算价值的单位。

图 227，1842—1843 年。——一位名叫一根羽毛的人养了一大批战士以对抗克罗族人。画中，这位酋长头顶一根长长的红色鹰毛，手握一只黑杆红烟锅的烟斗，它暗指出征之前的常规仪式。如果想进一步了解相关信息，请看第十五章。那位红色战鹰羽毛当时是桑萨克族的一位酋长。

图 227

图 228，1843—1844 年。——桑萨克人制药以吸引野牛。制药帐篷上画着一只野牛头，在这个例子中，它不是一只白化变异的野牛头。

图 228

图 229，1844—1845 年。——明尼孔朱人建了一座松树堡垒。这幅图画的是一棵松树连着一座锥形帐篷。另外一幅记事图解释说，他们在树林里搭起了帐篷，用以保护自己免受罕见的深雪之害。这就解

图 229

释了出现松树的原因。

图 230

图 230，1845—1846 年。——野牛肉很多，画中，野牛肉挂在杆上和树上以便风干。这种图形已成为几个记事图中表示许多的常规符号。

图 231

图 231，1846—1847 年。——一个名叫断腿的人死了。牧师威廉森（Williamson）博士说，他认识这个人。他是一个布鲁尔人。这幅图与 1808—1809 年的和 1832—1833 年的有明显区别。

图 232

图 232，1847—1848 年。——名叫双人的被杀。画的是他的图腾，两个小人肩并肩。另一种解释说，这幅图表示双胞胎。

图 233

图 233，1848—1849 年。——驼背被打死。一个带装饰的长矛刺穿了弯曲的背。其他的记录称他为断背。他是明尼孔朱族的著名酋长。

图 234

图 234，1849—1850 年。——克罗族人偷了布鲁尔人的一大群马（据说有八百匹）。圆圈表示一座营地或畜栏，从那儿踏出一些马的脚印。

图 235，1850—1851 年。——这幅图清晰地画了一只野牛，肚内还有一个人。克莱门特翻译道，"那一年，有一只野母牛被杀，在它的肚内发现了一个老妇人。"印

图 235

第安人也都相信这件事。古德伍德询问过另一位翻译，他也无法解释，只能说，这"有关他们的宗教信仰"。达科他人一直相信，时不时地，会出现一只吃人的怪兽。这种迷信可能受到乳齿象骨的暗示：在印第安人的领地内，这种骨头经常可见；野牛是他们所知道的最大的活物，它的名字与传说中的怪物挂上了钩，他们的这种命名也不全错，因为巨型野牛化石的牛角有 10 英尺长。283 布什少校认为，也许某个老妇人把野牛尸体当作隐蔽所，在里面等死，然后死了。据他所知，这样的事发生过。

图 236，1851—1852 年。——与克罗族人和好。两个印第安人，留着不同的发型，代表两个部落，正在交换烟斗抽烟，以示和好。

图 236

图 237，1852—1853 年。——内兹佩尔塞人（Nez Percés）在午夜来到独角家的小屋。这幅图显示一个印第安人在用一根烟斗触碰一顶帐篷，帐篷的顶部为黑色或不透明，表示夜晚。

图 237

一位明尼孔朱人，名叫触云，是独角的儿子。当本书作者向他展示这套记事图时，他指出，他特别了解这幅图，因为这就是他"父亲"的小屋。与此有关的事他都记得，家里人曾经提起，说来的是内兹佩尔塞人。

图 238

图 238，1853—1854 年。 —— 西班牙毯子第一次带到这个国家。一个白人商人正展开一条画得惟妙惟肖的条纹毯子。

图 239

图 239，1854—1855 年。 —— 勇士熊被杀。他张开的手臂上垂挂着条纹饰物。

图 240

图 240，1855—1856 年。 ——哈尼将军，达科他人（Dakota）称他为 Putins-ka（意为"白胡子"），与达科他人的一些部落或分支讲和。图中显示一个穿着制服的军官与一个印第安人握手。

第 34 届国会参议院第一次会议第 94 号执行文件中，包含一份"1856 年 3 月 31 日在内布拉斯加州皮埃尔堡（Pierre）会议记录，报告人是美国陆军名誉准将威廉·S. 哈尼将军，他指挥了苏族远征军，成员来自苏族的九个分支，即：两壶人、下扬克顿人、昂克帕帕人、黑腿苏人、明尼孔朱人、桑萨克人、扬克托奈人（两个分支），以及普拉特的布鲁尔人。"

284

图 241

图 241，1856—1857 年。 —— 一位名叫四角的人成为持烟斗者或巫医。一个头长四角的男人举起一根带装饰的烟斗柄，它与 1804—1805 年的那幅相

同，这是他职位的象征。四角是昂克帕帕人的副首领之一，在 1856 年的议会期间，部落首领熊肋将他介绍给哈尼将军。

1874 年春，翻译克莱门特说，四角和坐牛是同一个人，坐牛这个名字是他成为持烟斗者（和平使者）之后得到的。其他权威人士都没有提到这一点。

图 242，1857—1858 年。——达科他人杀死了克罗族的女人。她身中四箭。看来，1851—1852 年与克罗族人的和好并没有持续多长时间。

图 242

图 243，1858—1859 年。 —— 独角，图中出现了他的独角，他用野牛"做药"，毫无疑问，这种动物很稀缺。又是白化变异的野牛头。单角，可能是同一个人，被记录为当年明尼孔朱人的头领。

图 243

图 244，1859—1860 年。——大乌鸦，一位达科他酋长，被克罗族人所杀。他得此名称，是因为他曾经杀死一个大块头的克罗族人。

图 244

图 245，1860—1861 年。——这幅图画的是一头驼鹿的头部和颈部，类似于 1837—1838 年所画动物的一部分，从它嘴里伸出一条线，线的末端是白化野牛的头。"驼鹿在行走时让你听懂声音。"翻译坚持这种神谕似的翻译。本书作者起初

图 245

对这幅图及其解释一头雾水，直到研读了前文提到的哈尼将军的报告才明白，原来，这是明尼孔朱族一位著名酋长的名字，意为"行走吼叫的驼鹿"。那么，这幅图可能只表示上述的酋长以野牛做药。据推测，该记事图发表于1877年，也得到了随后发现的其他记录的证实。

翻译拉瓦里（A. Lavary）在1867年说，人称"行走吼叫的驼鹿"当时是明尼孔朱人的酋长，住在斑尾营地。他的父亲名叫红鱼。他是独角的哥哥。他名叫A-hag-a-hoo-man-ie，直译就是：驼鹿的声音行走；由几个词组合而成：he-ha-ka，驼鹿；omani，行走；这是根据拉瓦雷的拼写。达科他语中表示驼鹿一
285　词的正确拼写是heqaka；声音是ho；行走是mani。它们组合在一起，就是heqaka-ho-mani，译文与上面相同。

图 246

图246，1861—1862年。——野牛是如此之多，以至于它们的脚印已接近尖顶帐篷。此马蹄形脚印与1849—1850年记事图中的马蹄印截然不同。

图 247

图247，1862—1863年。——一个名叫红羽毛的明尼孔朱人被杀。他的羽毛为全红，而1842—1843年图中的"一根羽毛"的尖头是黑色的。

值得注意的是，根本没有提及1862年8月的明尼苏达大屠杀。熟悉这些记事图的许多达科他部落参与其中。小乌鸦是头领，他逃到英国人的领地，但在1863年7月被杀。也许略去所有反映大屠杀图形的原因，是随后

可怕的惩罚。

图 248，1863—1864 年——八位达科他人被杀。又是几条黑色平行短线与一条长长的粗线相连。就在这一年，坐牛与萨利将军在布莱克山交战。

图 248

图 249，1864—1865 年。——达科他人杀死了四个克罗族人。四个相同的圆形物体很像 1825—1826 年图中的几个人头，但这些都是流血的，从而区别于前述溺水事件。

图 249

图 250，1865—1866 年。——许多马因缺乏草料而死。这匹马画得完全不同于记事图中其他所有的马。

图 250

图 251，1866—1867 年。——天鹅的父亲——明尼孔朱人的酋长天鹅，于 1877 年去世。根据他的名字，以及表示其图腾的物体，可以看出是一只天鹅在水面上游弋。

图 251

图 252，1867—1868 年。和谈委员会给他们许多旗子。这面旗子表示和谈专员们的来访，其中有谢尔曼（Sherman）将军、特里（Terry）将军，以及其他重

图 252

要的军官和地方官员。他们的报告发表在《1868 年印第安事务专员年度报告》上。他们于 1867 年 8 月 13 日在莱文沃思堡（Leavenworth）会面，在 8 月 30 日和 9 月 13 日之间与印第安达科他人的各个部落多次举行会谈，地点分别在萨利堡和汤普森堡，以及扬克顿人、蓬卡人和桑提人的居留地，结果签署了 1868 年达科他条约。

图 253

图 253，1868—1869 年。——得克萨斯牛群被引进这一地区。这是威廉·A. 帕克斯顿（William A. Paxton）先生的壮举，他是一位著名的商人，1877 年时住在达科他。

图 254

图 254，1869—1870 年。——一次日食。这次日食发生在 1869 年 8 月 7 日，以达科他地区为中心，跨越整个地区。这幅图受到批评，因为印第安人普遍认为日食是因为龙或空中的怪物要吞食太阳。所以，他们认为，应该这样描绘。一种解答是，这幅图画得相当好，太阳被涂成黑色，好像被遮蔽了，而星星画成红色，表示闪闪发亮，在整个记事图中，插图占据了主要篇幅，因为这种方式可取。

华盛顿·马修斯博士是美国陆军外科医生，他提供了以下事实：达科他人有机会在全境得到有关日食真实特性的信息。日食期间，他正在赖斯堡，至今他还记得，早在日食发生很久以前，贸易站周围的官员、男人们以及市民都告知印第安人即将发生的事件，并且与他们详细谈论，以至于他们都翘首以待那日子。双熊和他的部落当时住在赖斯堡，他和几位头领透过熏黑的玻璃，

美洲印第安人的图画文字

与白人一道观看日食。就在当时当地，白人一遍又一遍地向他们全面解释了日食现象。毫无疑问，在那一天沿河的众多贸易站和管理处，都有人在做类似的解释。日食的轨迹几乎与密苏里河的河道相一致，绵延一千多英里。在赖斯堡，日全食持续时间近两分钟（1分48秒）。

图255，1870—1871年。昂克帕帕人与克罗族打了一仗，据说，前者伤亡了14人，后者30人中被杀29人，不过，图中没有显示这些数目。中间的物体不是一个表示许多数目的圆圈，而是一个不规则的圆形物体，可能是印第安人，尤其是克罗族人经常建立的木围笼或堡垒。图中显示，克罗族人的堡垒几乎被完全包围，子弹在飞，而不是弓箭或长矛。这是本记事图中描绘战斗或屠杀事件时，第一次明确显示了印第安人在使用火枪。这与下列事实并不矛盾：达科他人熟悉热兵器已有些年头了。最近标示的武器，是1857—1858年图中那些射中克罗族女人以及1854—1855年射杀勇士熊的弓箭，而之前的最后一种武器是1848—1849年所使用的长矛。在选择的所有事件中，使用的很可能都是这些武器，尽管步枪和火枪已很常见。显然，确实很难用一幅简图描绘用一颗子弹杀人，而用弓箭、长矛、匕首和斧头则很容易。在记事图中，所有这些武器都可以从它们造成的伤口处凸出显示。在其他表现战斗的图形中，子弹由连续的虚线表示，有时，也标示出它们产生效果的位置，而它们击中目标的事实则用一个专门发明的符号来表示。不过，需要注意的是，在（1806—1807年）图中，阿里卡拉人肩上血淋淋的伤口处没有任何凸出的武器，似乎是一颗子弹造成的。

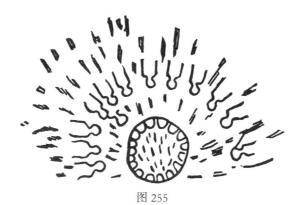

图 255

　　有关这场战斗更清楚的信息，由科罗拉多州加菲尔德县（Garfield）的卢瑟·凯利（Luther Kelly）先生慷慨提供，我们就以他的记录结束原汁原味的孤狗记事图：

　　　　昂克帕帕人的作战队伍提到，克罗族人曾经进攻上密苏里河边、马瑟尔谢尔（Musselshell）河口的一个小交易站。通常，这个交易站只有几个拓荒者驻守。但是在那天，碰巧有一个相当大的货船卫队，还有一批猎人。印第安人向前行进，以灌木蒿丛为掩护，进入堡垒的射程之内，然后才被发现。他们很快就被打退，走了一小段距离后，躲进一个圆形的冲积洞里避雨，根本没想到白人会跟踪追击。与此同时，白人组队尾随而来。完全出乎预料的是，领头的白人男子被打死。印第安人唱着歌，数次突围，但他们从岸边一站起就被击倒。29 人丧生。

巴蒂斯特·古德的《冬季年度大事记》

美国陆军外科医生威廉·柯布西耶博士，1879 年和 1880

年驻扎在内布拉斯加州谢里登营地（Sheridan），靠近达科他州派恩岭印第安人居留地，在此期间，他从记录者巴普蒂斯特（Baptiste）那儿得到了一份《冬季年度大事记》的复件，后者通常被人叫做巴蒂斯特·古德，一个达科他族布鲁尔人，他的达科他语名字是 Wa-po-cta"-xi，意为棕色的帽子，当时住在达科他州罗斯巴德（Rose bad）居留地。他向当地的威廉·J. 克利夫兰（William J. Cleveland）牧师解释了这些图形的含义，后者将其译成英文。

这份复制画是巴蒂斯特·古德根据他的原始记录所作，据说是一幅临摹，除了黑色，还用其他五种颜色绘制。其中，轮廓一般用笔描画，但这些颜色，除了红血标志外，通常并不重要。这份由柯布西耶博士慷慨捐赠的复制画，是画在普通纸张的绘画册上，其中最后一页包含第一个记录，如图256所示，这些图画是用作启示性的介绍。下一页要倒着读，它与整页插图21相对应，据说记录了一个周期年份（据推定是基督教纪年）公元901年到930年。类似的十一页和周期将记录延续到1700年。这些画页只有依据它们提到的神话和传说才有趣，而且必须根据难以理解的传教士教导的无聊话语来理解。从1700年到1880年纪录结束，每一年，或者说，每一个冬天，都根据前面介绍的达科他人的体系，由一个特殊的图形来表示。

根据巴蒂斯特·古德自己在当前记录中的说法，他出生于1821—1822年。仔细检查他亲手修改的图形，可以看出，他受过良好的英文教育和写作教育，这促使他在获得记事后，对图画文字做了不必要的增加和自以为是的修改；也许他保存了原件，只是画了最近年份的图示。他在一些相关的达科他图形上面写了英语词句和阿拉伯数字，并留下了一些图形，混合了现代文明的方法和原住民的体系。为了避免巴蒂斯特爱管闲事的虚荣心给读者带来困惑，这些插入的标志一般都从整页插图和图形中删去了，如同现在呈现的那样。但是，作为这种干扰的类型和数量的样本，1700—1701 年、1701—1702 年和 1707—1708 年图形的复制图在下文中按原样呈现。

所陈述的事件发生在很久以前，最早的在 18 世纪初，所以往往不能得到证实，但巴蒂斯特提到的较晚的事件得到了其他记录最充分的证实，也就是说，依据的是独立的图画，不是复制画。因此，尽管巴蒂斯特有些神化的圆圈和英语文字，但他记录的整体构成了真正的《冬季年度大事记》，应该当作真实可靠的记录。他只是一个好作品的坏编辑。但事件的发生是否像图示的那样，其图画文字独具趣味。可以看出，巴蒂斯特的记录在奥格拉拉人和布鲁尔人中更为熟知，而孤狗的《冬季年度大事记》在明尼孔朱人中更有名。

应当指出，文中暗示，图释《冬季年度大事记》的图 256 和其他图形都着了色。因此可以说，原始的图案也是如此。巴蒂斯特·古德提供的整页插图 21、整页插图 22 和整页插图 23 是彩色复制图，但尺寸缩小了。

图 256 是图示巴蒂斯特·古德的介绍。他应该是叙述自己的经历："1856 年，我去了黑山，哭喊、哭喊、哭喊，突然，我看见一只鸟在我的上方，说：'不要哭喊；我是一个女人，但我要告诉你一件事：我伟大的父亲，父神，他创造了这个地

方，赐给我为家，告诉我要守护它。他把一片蓝天铺在我的头顶，给了我一面蓝色的旗帜，以及这个美丽的绿色国度。[巴蒂斯特在他的复制图中，把山地、穹苍和旗子都画成了蓝色。]我伟大的父亲，父神（或伟大的父亲，神我的父）生长，他的肉体一部分成为土地，一部分成为石头，一部分成为金属，一部分成为树木，一部分成为水；他为我从中各取了一些，安放在这里，吩咐我照看它们。我是鹰女，告诉你这件事。白人知道存在着神的四面黑旗，也就是说，地球的四个分支。他首先湿润大地使其柔软，然后把它切成四部分，其中之一包含了黑山，他给了达科他人。因为我是女人，所以我不会同意血灌酋长之家（或居所），即黑山。时候将到，你会记住我的话；因为多年以后，你们会壮大并合一，与白人合作。'然后她绕了一圈又一圈，最后逐渐从我眼前消失。我还看到，在岩石上，有一个男人的手印和马蹄印（此时他拿出岩画），二千年，和一亿美元（100,000,000 美元）。我哭喊着离开，像我去时一样。我将这件事告诉了许多达科他人。他们一致认为，这意味着我们要谋求与白人保持和好。"

（柯布西耶博士注：奥格拉拉人和布鲁尔人说，他们与达科 290 他民族其他部落的人以前都住在密苏里河的另一边。在他们搬到河边后，他们一开始住在东岸，只在打猎时过河。有些狩猎团体最后远离其他人，留在远处，成为最西边的部落。）

整页插图 21A。这幅图显示，记录始于天女的出现，即公元 901 年；但达科他民族早在之前就存在。这一圈帐篷表示三十年的一个周期，从 901 年到 930 年，并附有一个"传

图 256 巴蒂斯特·古德的启示

奇"，这段时期因此而闻名：达科他族所有的部落都驻扎在
一起，因为这是当时的习俗。突然，一个美丽的女人出现在
两个小伙子面前。其中一人对另一个说："我们来抓住她，让
她做我们的妻子。"另一个说："不可以。她可能是一个神灵
（wakan）。"那女人对他们说："我从天而降，来教达科他人如何
生活，并告知他们的未来。"她的腿和腰上好像缠着数条蛇，但
其实是编织的草辫。她说："我赐给你们这根烟斗；你们要长久
保存。"与此同时，她送给他们一个小包裹。他们发现里面有四

粒玉米，一白、一黄、一黑，还有一粒杂色。烟斗在野牛上方。她说："我是一只野牛，白色母牛。我要把牛奶洒满大地，好让人们生存。"她说的牛奶是指玉米，图中可看出，正从她的乳房往下滴落。圆圈四边的彩色条块是天的四方（罗盘的方位基点）。母牛的前方是黄色和红色条块。她指着这个方向说："当你看到一片黄色（或褐色）的云往北，那就是我的呼吸；看见它，你们就应该欢喜，因为你们很快就会看到野牛。红色是野牛的血，你们可以靠此存活。指向东［值得注意的是，巴蒂斯特将东方摆在页面的顶部］，她说："烟斗与天堂有关，你们要与它一同生活。"从烟斗伸出的一条线连到蓝色条块，表现了它们之间的关系。达科他人一直以为，她这样说的意思是，烟斗 291 发出的蓝烟与蓝天有关；因此，在晴朗的日子，他们吸烟之前，经常用烟斗杆向上指一指，以纪念她的吩咐。她向南一指，说："许多彩云会从南方上来，但你们看看烟斗，看看蓝天，要知道云彩很快就过去，一切将再次变得蔚蓝而清澈。"指向西，即圆圈的下方，她说："当西方变蓝时，要知道，它与你们密切相关，通过烟斗和蓝色天堂，你们会变得富足。"然后，她站起身来说："我是白色奶牛；我的牛奶有四种；我把它洒在地上，你们可以赖以为食。你们该称我为祖母。如果你们年轻人跟着我翻山越岭，你们会看到我的亲属。"她这样说了四次，每次都从他们面前退后几步，第四次以后，正当他们站在那儿盯着她时，她神秘地消失了。［众所周知，四是印第安各部落最喜欢的或最奇幻的数字，也指四个方位基点。］年轻人沿着她离开的方向翻山越岭，发现了一大群野牛。

巴蒂斯特·古德的周期圆圈
A　901－930 年　　　B　931－1000 年

巴蒂斯特·古德的周期圆圈
A　1141—1210 年　　　B　1211—1200 年

巴蒂斯特·古德的周期圆圈
A 1421—1490 年 B 1631—1700 年

（柯布西耶博士注：克利夫兰先生说，他听说过有关这个传说的几个不同版本。）

在圆圈内外都画出了那位第一个告诉人们这个女人情形的男人。他当时三十岁。他说，她的到来，就像上文叙述的那样，是在他出生那一年的七月。在圆圈外，他站立着，手握烟斗；在圆圈内，他蹲着，双手摆出握住烟斗的姿势。榆树和丝兰，或西班牙丝兰，这两棵树都出现在帐篷的上方，表示在那些日子里，达科他人取火的方法，是通过用丝兰树的干枝头在朽烂的榆树根钻洞并快速旋转而获得。人们使用弓和磨尖的石箭，如图的右边所示。自远古以来，他们一直保留大量的树枝，如烟斗的侧面所示，每一根的长度和厚度与一支铅笔相似（原文如此），用于记事和记录数量；为了同样的目的，他们在较大的树枝上刻记号。

（柯布西耶博士注：他们通常用手指计数，而罗马符号系统的 V［5］可见于拇指和食指构成的形状，一只手举起来表示五，拇指交叉构成 X［10］，双手举起表示十。）

画中的一把树枝与礼仪烟斗相连，表示这是一位官方的记录员。

整页插图 21B，公元 931—1000 年。整页插图 21A 中的男人当时是七十岁，即从 931 年开始，时间过去了七十年的周期，直到 1700 年。这幅图描绘了女人出现前后猎杀野牛的方式。达科他人发现了野牛之后，他们搬到了牛群附近，在牛群周围安营扎寨，将野牛围在中间。这位称为梦见一只狼的男人（见圆圈的上方），手里拿着弓和箭，然后用巫术箭或神箭射中了头牛；见此情景，女人们都高兴的叫了起来，"他杀死了头牛！"听到她们的呼喊，对面手拿弓箭的男人，称为梦见雷霆（wakinyan）并得到雷鸟赐箭的人（wakinyan，准确的翻译是"飞行者"），他射中了一只母牛，妇女们再次欢呼起来。随后，所有的男人都开始呼喊，他们随心所欲地杀死了许多野牛。众多野牛的头和血迹斑斑的脚印显示出屠杀数量之多。他们切下头牛的脑袋，把烟斗放在旁边，直到完工。他们祈求那个女人保佑并帮助他们，因为他们听从了她的教诲。没有铁或刀，他们就用锋利的石头和贻贝贝壳剥皮和切割野牛。他们擦净牛皮上的血，用鞣料将牛皮软化。他们没有马，只好背负所有的物品。

涵盖1001—1140年的圆形图画没有描绘什么有趣的事件。只有细微的差别出现在圆圈中，以便区分，但意义不大，所以不值得复述。

整页插图22A，1141—1210年。当时，在一群野牛的包围中有一些马。所有的人都在大声呼喊："牛群中有大狗！"因为他们以前从未见过马，所以把马叫做sunka（狗）tanka（大的），或sunka（狗）wakan（神奇的）。杀死所有的野牛后，他们说："我们来捉大狗。"所以他们用一块利石从牛皮上割下一片做皮带，用它抓了八匹马，打断了其中一匹马的腿。这些年来，他们一直用削尖的鹿角做锥子，用骨做针，搭帐篷不用铁工具。［有关最早捉马的事情，根据报告，所有别的达科他人的传说都把这个重要的事件放在更晚的时期，在西班牙人将马带入美洲很久以后。参见本记事1802—1803年的记录，也可参看孤狗《冬季年度大事记》同一年的记录。］

整页插图22B，1211—1280年。在这段时期的某一次，有一队敌军隐藏在一群野牛中，被达科他人发现、包围并消灭。没

美洲印第安人的图画文字

人知道他们是哪个民族、有多少人；但达科他人把他们全杀了。红色和黑色的帐篷表示战争，也表明达科他人得胜了。

包含1281—1420年期间的复制篇幅的内容因没有价值而省略。

整页插图23A，1421—1490年。"在野牛群中再次发现了马，捉了六匹。"其中五匹马以马蹄印代表。图中显示在使用套索。记录者的手里拿着一把树枝。

巴蒂斯特记事中涵盖1491—1630年的内容略去，原因如前。[293]

整页插图23B，1631—1700年。表现的是第一次骑马杀牛。这是在1700年，在排列于牛群周围的帐篷圈内，有一位名叫帐篷内打猎者，用皮带将自己绑在马上，杀死了牛。他们当时只有一匹马，喂养了很长一段时间。同样，记录者手握计数棒。

这是所记录的明显是神话传说部分的结尾，巴蒂斯特在其中犯了一些历史错误。从此时往后，每年都由一个名字来区分，其中的解释是符合事实的。

必须再次指出，在描述文本图形、提到颜色时，巴蒂斯特所使用的语言（译文）保留不变，以显示原始的色彩，以及他对着色的解释，这需要想象，因为不能再现其过程。

图257，1700—1701年。——"这一冬天（或年）：两人在回到猎场时被杀。"一天，两个达科他人狩猎后回到猎场，被未知部落的敌人杀害。男人侧面带血的箭头象征被杀；他头上方的数字2表示死亡人数；而野牛的头、野牛的尸体被丢下，因为它太糟糕，无法下咽；同时，还有

图257

箭头指向它们和猎场。数字 2 下方的圆点，以及许多连续的点，表示：这就是它。这与表示告白的相同概念的手势语相一致，竖直的食指用力连续向前指，好像一直点击同一点。

有关男人头部上方数字 2 的评述，请参看第 420 页。

图 258

图 258，1701—1702 年。——"冬天。三个去钓鱼的人被杀。"箭头指向数字 3，表明他们受到攻击；男人手臂上的箭和血迹，表示他们被杀；男人拿着的竿、线和鱼，表明他们当时的工作。

294

图 259

图 259，1702—1703 年。——"冬天。扎营，破冰。"在达科他人扎营的附近，向东有一长湖，湖面都结了冰。他们在发现了大约一千头野牛后，将其全部赶到冰面上，结果牛群把冰踏破，落入湖中，很快就冻死了。每当人们想吃肉，他们就切开冰，取出一头野牛。在图中，波浪线代表湖水；直线表示湖岸；黑线外的蓝线代表树；里面的蓝色斑块，表示透过这片冰可看到野牛头；中间的横线表示驱赶野牛的方向。牛肉供应持续了一年。（柯布西耶博士注：亚利桑那州的阿帕奇人、奥吉布瓦人和渥太华人也用波浪线表示水。）

图 260

图 260，1703—1704 年。——"冬天。掩埋"或"冬天。许多洞。"——他们在夏季杀了许多野牛，把牛肉弄干后，将其保存在坑洞内，以备冬天使用。这够他们享用一冬，他们发现

牛肉保存良好。帐篷前环绕牛头的圆圈表示一个坑洞。叉状的木棒是肉类的象征，标出坑洞的位置。〔其他专家认为，巴蒂斯特所称的坑洞，更普遍地称为"储存物"，有一大堆之意，表示很多。〕

图 261，1704—1705 年。——"冬天。杀死十五个来犯的波尼人。"达科他人发现一群波尼人打过来。他们迎击对方，杀死十五个人。在这本年度大事记中，上密苏里的波尼人（阿里卡拉人或雷族人）、内布拉斯加州的波尼人和奥马哈人的腿都被描绘得像玉米，但玉米穗只是雷族人

图 261

的象征。内布拉斯加州的波尼人可以根据后脑勺的一束头发来辨认，而奥马哈人是剪发，或光头顶上没有一束头发。头上没有任何记号的就是达科他人。W. 马修斯博士在《希多特萨印第安人的人种和语言研究》中声称，在一个多世纪以前，阿里卡拉人就与普拉特山谷（Platte）的波尼人分开了。〔为了避免混淆，翻译者巴蒂斯特·古德给出的部落分支的缩略语保留不变，尽管并不准确。〕

图 262，1705—1706 年。——"冬天。他们来杀了七名达科他人。"不知道是哪来的敌人杀了他们。

图 262

图 263

图 263，1706—1707 年。——"冬天。打死穿雪鞋的格罗文特人。"一个格罗文特人（希多特萨人）在穿着雪鞋捕猎野牛时，被达科他人追杀。他不小心掉了一只鞋，因而不能快速穿过雪地。他们逼近他，伤了他的腿，然后杀了他。格罗文特人和克罗族人是同一民族的不同部落，因此两者都被画成带斑纹或斑点的头发，表示他们抹在头发上的红粘土。

图 264

图 264，1707—1708 年。——"冬天。许多水壶。"有一个男人（1 man）名叫玉米，杀死（3）他的妻子（1 woman），就跑了。他在外漂泊了一年，然后返回，随身带了三支枪，他告诉人们，这些枪是英国人给他的。这是达科他人第一次见识枪，他们要他把他的朋友们带来见一见。于是，有十五个人与他同行。当他们回来时，带回家很多水壶或锅。这是他们第一次见到水壶。图中的一些数字提示符号和文字保留未变，也许是巴蒂斯特将欧洲文明方式与原住民图文系统混合的最糟糕的范例。参见前面第 420 页的评述。

图 265，1708—1709 年。——"冬天。把奥马哈人的马带回家。"马的上方剪过发的头型表示奥马哈人。

图 265

图 266，1709—1710 年。 ——"冬天。把阿西尼博因人（Assiniboin）的马带回家。"达科他人表示阿西尼博因人的符号，（该族人又称霍赫（Hohe），这是一种声音，或像众人所说，是麝牛的声音），是发声器官的轮廓，所以按达科他人的设想，画出上唇和上颚、舌头、下唇和下颏，以及颈部。

图 266

图 267，1710 至 1711 年。——"冬天。交战双方相遇，或双方各伤亡三人。"阿西尼博因人的一支队伍遭遇达科他人的一支队伍，在随后的交战中双方各伤亡三人。

图 267

图 268，1711—1712 年。——"冬天。四座帐篷被淹。"夏天，当雷电再次出现时，达科他人仍住在他们冬天的营地里，位于一条大溪的低处。大雨降下，溪水猛涨，低处都被淹没了，四座帐篷里的人被冲走，淹死了。像以前一样，水由波浪线表示。帐篷的下方被淹没。帐篷门口的人物表示居民根本没有意识到危险。

296

图 268

图 269，1712—1713 年。——"冬天。杀死猎鹰的波尼人。"一个波尼人（雷族人）正蹲在他的捕鹰陷阱里——在地上挖的一个洞，上面覆盖着树枝和草——不料，被达

图 269

科他人发现并杀死。在这套记事图中，这种事件在1806—1807年又重现了一次。

图 270

图 270，1713—1714 年。——"冬天。前来把他们射杀在帐篷内。"波尼人夜间来袭，拨开一座尖顶帐篷的门，射杀一个睡着的人，从而为猎鹰人之死报了仇。

图 271，1714—1715 年。——"冬天。骑马来攻击，但没有伤亡。"骑马人手握松木长矛。不知来自哪个部落。（柯布西耶博士注：很可能当时印第安各部落都没有多少马，这是布鲁尔人的第一次骑马作战经历。）

图 271

图 272，1715—1716 年。——"冬天。骑马来攻击，在帐篷附近刺杀一男孩。"长矛的后端挂着鹰的尾羽。

图 272

图 273

图 273，1716—1717 年。——"冬天。很多干肉饼。"一年的和平与繁荣。在整个秋季和冬天，野牛都很多。用干肉和骨髓做了大量的干肉饼（wasna）。在帐篷前可看到一只野牛的脊椎骨，其中的骨髓用作干肉饼；下方是野牛的

胃，用来存放干肉饼。

图 274，1717—1718 年。——"冬天。
把阿西尼博因人的十五匹马带回了家。"阿
西尼博因人的符号在马的上方。

图 274

图 275，1718—1719 年。——"冬天。
把波尼人的马带回了家。"雷族人的标志是
玉米穗，在马的前面。

图 275

图 276，1719—1720 年。——"冬天。
穿雪鞋。"雪非常深，人们穿着雪鞋猎杀野
牛，大获成功。

图 276

图 277，1720—1721 年。——"冬天。
三个帐篷里的人饿死了。"那人裸露的肋
骨表示饥饿。[贫穷或瘦弱的肢体符号显
示肋骨清晰可见。在奥吉布瓦人和渥太华
人的图画文字中，胸前横列的线条表示
饥饿。]

图 277

第十章　年度大事记

图 278

图 278，1721—1722 年。——"冬天。穿着雪鞋，晾干很多野牛肉。"这一年得到的野牛甚至比 1719—1720 年更多。

图 279

图 279，1722—1723 年。——"冬天。雪很深，只能看见帐篷的顶部。"那些斑点代表雪。

298

图 280

图 280，1723—1724 年。——"冬天。许多用作晾晒的木棒竖立起来。"他们竖立起超过平常数量的木棒作支架等，因为他们要晾干野牛的头、皮、内脏，以及牛肉。这个图形在 1745—1746 年再次出现，但有所区别。

图 281

图 281，1724—1725 年。——"冬天。涂黑者自己死了。"这个人惯用木炭涂黑全身。他死于某种肠道弯曲（原文如此），如图所示，胃和肠子在他前面，表示内脏紊乱不堪，或绕了一圈又一圈。

美洲印第安人的图画文字

图 282，1725—1726 年。——"冬天。带回家十匹奥马哈人的马。"奥马哈人的标志是头，如前所述。

图 282

图 283，1726—1727 年。——"冬天。在帐篷中间杀了两个波尼人。"波尼人（又称雷族人）攻打达科他人的村庄，这两个人在帐篷间奔跑，却没有带箭。雷族人的标志像往常一样，是玉米穗。

图 283

图 284，1727—1728 年。——"冬天。杀了六个阿西尼博因人。"在这里，阿西尼博因人的标志有两个。不太确定他们到底是阿西尼博因人还是阿里卡拉人，所以两者的标志都列了出来。

图 284

图 285，1728—1729 年。——"冬天。把格罗文特人的马带回了家。"格罗文特人的脑袋显示在马的前面。

图 285

图 286

图 287

图 288

图 289

299

图 286，1729—1730 年。——"冬天。杀了单独与妻子安营的波尼人。"两个波尼人和他们的妻子独自捕猎野牛，住在一个帐篷里，不料被一队达科他人所杀。

图 287，1730—1731 年。"冬天。来自相反的方向，驻扎在一起。"出于奇异的巧合，达科他族的两个分支选中了同一个地方做营地，而且在同一天到达。他们分开已有很长时间，对彼此的迁移一无所知。圆锥形帐篷的罩子彼此相对。

图 288，1731—1732 年。——"冬天。打死一个奥马哈人凯旋，舞蹈。"盛宴欢迎凯旋的队伍是惯例。直立的箭头表示"一个"，描绘了这个奥马哈人的全身，以及坚硬的短发和彩绘的脸颊。

图 289，1732—1733 年。——"冬天。把阿西尼博因人的马带回家。"阿西尼博因人的标志和以前的一样，在马的上方。

图 290，1733—1734 年。——"冬天。杀了三个阿西尼博因人。"这里又一次不能确定他们是阿西尼博因人还是阿里卡拉人，所以使用了两者的标志。

图 290　　300

图 291，1734—1735 年。——"冬天。腹痛夺去他们的生命。"大约有五十人死于一种爆发性的疾病，伴有腹部疼痛。爆发显示在图中男人的身上。这很可能是达科他人第一次遭遇天花，这是毁灭印第安人的一个重大因素。

图 291

图 292，1735—1736 年。——"冬天。五人被追杀。"一队达科他人被一些敌人追赶，五人遭杀害。从后面射中男人的箭表示追赶，所射中的箭的数量是五，似乎每一支都有带血标记。

图 292

图 293，1736—1737 年。——"冬天。把波尼人的马带回家。"这个日期必须与本套记事图中的 1802—1803 年的图形联系起来看。在野马和套马掌的马之间有一点区别，但部落间的差异是巨大的。在这套记事图中，带皮的玉米穗既常用来代表波尼人，也常代表阿里卡拉人。

图 293

图 294

图 294，1737—1738 年。——"冬天。把七个阿西尼博因人带到河岸下的一处平地，杀了他们。"在蹲着的人物身下涂抹的色块，原图为蓝色，代表河岸。

图 295

图 295，1738—1739 年。——"冬天。四个出征的人饿死了。"饥饿的表达像前面一样。

301

图 296

图 296，1739—1740 年。——"冬天。发现许多马。"这些马的脖子上缠着皮带，显然是其他某个部落丢失的。马的上、下方都画着马蹄印，表示周围都是马。

图 297

图 297，1740—1741 年。——"冬天。这二人杀了一个敌人凯旋。"他们取了他的整个头皮，用杆子顶着带回了家。只有一部分头皮是常规剥下，即从头顶剥下。

　　　　　　　美洲印第安人的图画文字

图 298，1741—1742 年。——"冬天。她们在挖萝卜时遭到攻击。"一群妇女在营地附近挖萝卜时，遭到一队敌人的袭击。把她们打倒后，他们就跑了，没有做进一步的伤害。在骑马者的前面有一颗萝卜和挖棍。

图 298

图 299，1742—1743 年。——"冬天。在打猎回家的路上杀了他们。"男人们外出打猎，大约100名敌人骑着马来攻打营地，将营地包围。这时，一个女人从帐篷里探出头来，对他们说："他们都去打猎了。听到你们的声响，我以为他们回来了。"她指向猎场，敌人就朝那个方向走去，遇见了达科他人。达科他人用长矛杀了其中的许多人，其余的落荒而逃。马蹄印环绕着帐篷圈，在通往猎场的小道上也有马蹄印。

图 299

图 300，1743—1744 年。——"冬天。奥马哈人夜间来袭，杀了他们。"他们打伤了许多人，但只杀了一个。达科他人当时都驻扎在一起。

图 300

图 301，1744—1745 年。——"冬天。把奥马哈人的马带回家。"

302

图 301

图 302

图 302，1745—1746 年。——"冬天。许多晾肉架。"这一年捕获的野牛比 1723—1724 年更多。

图 303

图 303，1746—1747 年。——"冬天。杀了一个格罗文特人，凯旋。"

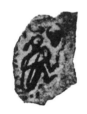

图 304

图 304，1747—1748 年。——"冬天。打猎时冻死。"指向野牛头的箭表示他们在打猎，蹲着的男人形象，以及在他上下的雪，表示他遭受了严重的冻伤甚至被冻死。

图 305

图 305，1748—1749 年。——"冬天。吃冻鱼"。他们在冰中发现了大量的冻鱼，整个冬天就以此为食。

图 306

图 306，1749—1750 年。——"冬天。许多坑洞。"这里的解释与 1703—1704 年图 260 的一样。两处的图形有所不同，但概念相同。然而，要区分这两个相隔四十六年的狩猎

美洲印第安人的图画文字

大丰收季节，还是有点困难。

图 307，1750—1751 年。——"冬天。杀了两个白色母牛。"（柯布西耶博士注：在一个季节杀死两头白色野牛很少见，所以这一事件被认为值得记录。大多数印第安人极为尊崇白化动物。奥吉布瓦人把黑色潜鸟看得一钱不值，却将白色潜鸟视为神圣。）

图 307

303

图 308，1751—1752 年。——"冬天。奥马哈人来袭，射杀了帐篷里的两个人。"一队奥马哈人趁夜偷袭他们，朝帐篷内射箭，伤了两人，然后逃走。两位中箭的人伤重而亡。

图 308

图 309，1752—1753 年。——"冬天。消灭了三座帐篷里的奥马哈人。"达科他人去报复，找到了三座帐篷里的奥马哈人，把他们杀了。值得注意的是，在这幅画里，奥马哈人的标志与帐篷相连，而在前面的图中是与箭头相连。

图 309

图 310，1753—1754 年。——"冬天。射杀两个打猎的阿西尼博因人。"

图 310

图 311

图 311，1754—1755 年。 —— "冬 天。波尼人叫喊吓唬众人。"波尼人（雷族人）夜间来袭，站在悬崖上，俯瞰达科他人的村庄，朝村里射箭，杀死一人。他们大声叫喊，吓唬全村人。

图 312

图 312，1755—1756 年。 —— "冬 天。杀了两个波尼族猎人。"一队达科他人袭击了一些波尼（雷族人）猎人，杀了其中两个。

图 313

图 313，1756—1757 年。 —— "冬 天。全族人被追赶，两人被杀。"一个不知名的部落，攻击并追赶整个部族。图中的男人正在撤退，他的姿势显示了这一点；他弓上的箭背对着敌人，他正在步步后退。他身上两支沾血的箭表示被杀的人数。

304

图 314

图 314，1757—1758 年。 —— "冬 天。骑马出征，攻打敌人的营地，但一个敌人也没消灭。"没有取得成功，可能是由于缺乏骑马作战的经验，因为这很可能是达科他人第一次获得足够数量的马匹组织一队骑兵。

图 315，1758—1759 年。 ——"冬天。杀了两个来攻打营地的奥马哈人。"

图 315

图 316，1759—1760 年。 ——"冬天。交战双方相遇，两边都有几人被杀。"交战双方——达科他人和格罗文特人——的姿势和脚印表明双方相遇；相对的箭头表示他们在交战；各人身上带血的箭头表示双方都有一些人被打死。

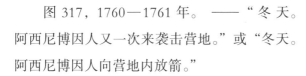

图 316

图 317，1760—1761 年。 ——"冬天。阿西尼博因人又一次来袭击营地。"或"冬天。阿西尼博因人向营地内放箭。"

图 317

图 318，1761—1762 年。 ——"冬天。杀了六个波尼人。"除了射入体内的箭头之外，另一支箭正在飞近这个人的脑袋，他具有波尼人或雷族人的部落标志，如本套记事图前面所记。

图 318

图 319

图 319，1762—1763 年。——"冬天。许多人被烧死。"他们当时住在现今所在地的东面，不料，一场草原大火烧毁了整个村庄。许多孩子和一对夫妻已徒步逃离村庄一段距离，但还是被烧死，很多马也被烧死。所有设法逃到附近一座长湖的人都跳进湖中，保住了性命。许多人的大腿和小腿被严重烧伤，这种情形产生了一个名词 Sican-zhu，意为烧伤的大腿（或者按照法语翻译，就是"Brulé"——布鲁尔，意为烧伤）。从此以后，他们就以此为人所知，并且被人以下述手势语表示："张开右手，手指朝下，在右大腿的上部和外部揉小圈。"

图 320，1763—1764 年。——"冬天。许多晾干牛肉的杆子。"他们要晾干那么多的肉，村里遍布杆子和架子。

图 320

图 321

图 321，1764—1765 年。——"冬天。趁他们打猎时，偷了他们的马。"一队达科他人碰巧见到一队阿西尼博因猎人睡着了，就偷了他们二十匹马。当时风雨交加，马儿还驮着包裹，所以很疲乏。马背上所描绘的可能是欧洲式马鞍的标志，表示包裹或负载。狩猎的符

号像前面的一样，即野牛头被一支箭射中。

图 322，1765—1766 年。——"冬天。杀了波尼人作战队伍四人。"这四个波尼人（雷族人）对达科他人营地发起了攻击。

图 322

图 323，1766—1767 年。——"冬天。带回家六十匹阿西尼博因人的马（一匹有斑点）。"这些是阿西尼博因人所拥有的全部马匹，在密苏里河中的一个小岛上。达科他人巧妙地趁着暴风雪偷了回来。

图 323

图 324，1767—1768 年。——"冬天。带着弓箭出去解手。"达科他人总是担心遭到敌人的攻击。当一个人天黑后离开帐篷时，即使去大小便，他也随身带着弓箭，小心翼翼，决不远离帐篷。这位靠近帐篷蹲着的人，形象地说明了这种情况。

图 324

图 325，1768—1769 年。——"冬天。两匹马杀了某物。"一个男人刚出村，走过一座小山，被两个骑马的敌人撞倒。他们用长矛刺中他，要留下他受伤而死。其中一人把他的长矛留在那人的肩膀内，如图所示。不过，他却恢复了健康。（柯布西耶博士注：他

图 325

们经常提到某些人已经病得很重，但却死而复生。有一个手势符号就用来表达这个意思。）

图 326

图 326，1769—1770 年。——"冬天。从两边攻击营地。"一队骑兵——部落名未知——从两边攻打村庄，各杀了一个女人。这座帐篷（代表全村）的两边都有敌人的马蹄印和箭头，显示出攻击的模式。

图 327

图 327，1770—1771 年。——"冬天。来灭了帐篷。"敌人骑马来攻击达科他人搭在一起的帐篷，他们用长矛扎破了一些牛皮覆盖物，毁坏了帐篷，但没有杀人。他们只用了长矛，但图中也画了箭，因为它们象征攻击。箭头没有带血，因为只有帐篷被"灭"。

图 328

图 328，1771—1772 年。——"冬天。下水捉野牛。"春季时，达科他人获得了大量的牛肉：一群野牛试图踏过薄冰过河，掉进了河里。漂过村边河道时，村民们游过去，把野牛拖上岸。

307

图 329

图 329，1772—1773 年。——"冬天。杀了一对阿西尼博因人夫妻。"

图 330，1773—1774 年。——"冬天。杀了两个玩耍的波尼族男孩。"一队达科他人突然出现在两个正在空地摔跤的波尼族男孩面前，杀了他们。

图 330

图 331，1774—1775 年。——"冬天。阿西尼博因人来袭。"不过，他们很胆怯，很快就撤退了。也许阿西尼博因人的两支箭与受到攻击的达科他人的一支箭相对比，表示他们的胆怯。

图 331

图 332，1775—1776 年。——"冬天。阿西尼博因人回家后又愤怒地返回，再次进攻。"这一次，他们被彻底激怒，表现很勇敢。他们只用弓箭作战。

图 332

图 333，1776—1777 年。——"冬天。持棍战士被射杀。"一位达科他族的持棍战士被敌人的箭射入身体。

图 333

图 334

308

图 335

图 334，1777—1778 年。——"冬天。没有特定地方过冬。"他们没有永久营地，从一个地方迁移到另一个地方。

图 335，1778—1779 年。——"冬天。剥了皮的阴茎被用于哈卡（haka）游戏中。"一个达科他人在一场与波尼人的交战中被杀，他的同伴把他的尸体留在一个他们认为不会被发现的地方，但却被波尼人发现。因为尸体已冻僵，他们就把它拖进营地，用它玩哈卡（haka）游戏。哈卡游戏就是将一根棍子投中一个圆环，如图中人物右边的图示。这一事件在美洲马《冬季年度大事记》的 1777—1778 年年度大事记中以及云盾《冬季年度大事记》1779—1780 年年度大事记中都有记载。这种侮辱和羞辱引人注目。

图 336，1779—1780 年。——"冬天。天花耗尽他们的生命。"在胃部和肠道的发作和疼痛显示如前。

图 336

　　　　　　　　　美洲印第安人的图画文字

图 337，1780—1781 年。 ——"冬 天。天花再次耗尽他们的生命。"这个人物没有疼痛的迹象，但只显示了斑点。可以看出，画者试图使这两年的图形有所区分。

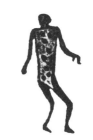

图 337

图 338，1781—1782 年。 ——"冬 天。最后一次骑马来袭。"部落的名称未知，但这是他们最后一次攻击达科他人。

图 338

图 339，1782—1783 年。 ——"冬 天。杀了披着猩红色斗篷的人。"不知道是哪个部落杀了他。

309

图 339

图 340，1783—1784 年。 ——"冬 天。战士被冻死。"落雪，以及男人双腿蜷缩到腹部、一只手放在腋窝、另一只手放在嘴里的姿势，是严寒的象征。

图 340

图 341

图 341，1784—1785 年。——"冬天。奥格拉拉人拔出雪松。"在一次盛大的宴会上，有个奥格拉拉人自称具有神力（wakan），可以拔起一棵雪松。在此之前，他用一根牛皮筋把一根棍子的中部绑在一棵雪松的下端，然后把树种了下去，棍子横在树的下部。他走到这棵树跟前，把树周围的泥土挖开一些，然后将树从地里拔出一部分，再让它弹回去，说："我从地里拔起的雪松又回窝了。"他走后，一些年轻人挖出这棵树，发现树坑很浅，原来是骗人的把戏。

图 342

图 342，1785—1786 年。——"冬天。夏延人杀了影子的父亲。"雨伞表示影子；与之相连的箭表示攻击；箭下的三个记号表示夏延人（这幅复制图没有显示）；男人身中的沾血箭头表示杀死。图中影子的名字和伞暗示，他是达科他人中第一个带伞的。伞的好处很快得到他们的认可，他们极为珍视从白人那里得到的第一批伞。现在，在苏族人的行装中，伞是不可或缺的一件。他们之前是戴着一圈绿树叶或绿树枝来遮挡阳光。夏延族的标志以其手臂上的疤痕或袖子上的条纹来表示，这也催生了表示这个部落的手势符号，参见后面的图 495。

310

图 343

图 343，1786—1787 年。——"冬天。铁头绑带在征途中被杀。"他们过去都是用后背驮重物，用一条带子系着，绑在额头上。翻译解释说，在这个男人的头上，可以看到一条铁绑带，但绑带很可能不是金属铁。这个词如此翻译有双重含义，它与宗教观念中的水、精灵以及蓝色有关。

　　　　　　　　　　　　美洲印第安人的图画文字

图 344，1787—1788 年。 ——"冬天。丢下疯子。"有一个人很反常（heyoka）——

图 344

也就是说，他的头脑紊乱。他在村里四处游荡，用羽毛装饰自己，自吟自唱。尽管如此，却加入了作战队伍。看到敌人后，这支队伍开始逃跑，也叫他往后跑；由于他是反常人，所以他对别人说的一切话都是反着理解。因此，他没有回头跑，而是向前跑，结果被杀。如果他们对此有清楚的认识，告诉他向前，他就会向后逃，但这些人考虑不周，对他说话像对正常人一样，当然要对他的死负责。这个人的精神状态以及有关这一事件的另一幅图，请参看其他记录的解释（见图 651）。

图 345，1788—1789 年。 ——"冬天。许多乌鸦死了。"其他记录中同年的年度大事记解释了这幅图和选中它的原因：因为严寒，乌鸦被冻死。

图 345

图 346，1789—1790 年。 ——"冬天。在冰上杀了两个格罗文特人。"

图 346

图 347，1790—1791 年。 ——"冬天。他们随身带着一面旗帜。"翻译解释说，他们去周围各部落时都带着这面旗帜，但目的不明。不过，火焰的记事解释如下："美国军队带到这个国家的第一批美国国旗。"

图 347

图 348

图 348，1791—1792 年。——"冬天。看见一个白人妇女。"这个女人穿的衣服表明她不是印第安人。这件事显然值得关注，因为这是达科他人，或至少是与这份记录相关的部落第一次看到一个白人妇女。

图 349

图 349，1792—1793 年。——"冬天。扎营在格罗文特人附近。"在这段时间，他们卷入不断的战争中。图中画的是一间格罗文特人的小土屋，前面是入口，屋顶上是一个格罗文特人的头。

图 350

图 350，1793—1794 年。——"冬天。在洛海德（Rawhide）孤丘杀了一个长发男人。"达科他人攻打一个有 58 座帐篷的村庄，杀了里面所有的人。战斗结束后，他们发现了一个人的尸体，他的头发用鹿皮包裹着卷起，把它们割开后，发现都是真头发，很厚，像帐篷杆子一样长。[备注：卡特林提到一个名叫长发的克罗族人，根据实际测量，他的头发长达 10 英尺 7 英寸。] 这场战斗发生在洛海德（意为生皮）之丘（这是白人现在对它的称呼），但达科他人则把它称为布法罗海德（Buffalo Hide）（意为野牛皮）之丘，因为他们在帐篷里发现了那么多的野牛皮。根据云盾记事，长发于 1786—1787 年被杀，而根据美洲马的记录，长发是一个夏延人，于 1796—1797 年被杀。

图 351，1794—1795 年。 ——"冬 天。
杀了小脸的波尼人。"波尼人的脸又长又扁又
窄，像一只男人的手，但身体却很高大。

白牛杀手把这件事称为："冬天。小脸波
尼人被杀。"

图 351

图 352，1795—1796 年。 ——"冬 天。
雷族人立起冻僵的男子，让他手挂野牛的
胃。"一个达科他人在遭遇雷族人（即波尼
人）时被打死，被同伴丢下，尸体冻僵。雷
族人把它拖到自己的村里，用一根棍子把它
支起来，将一个装满冰的野牛胃挂在死者的
一只手上，然后戏弄它。野牛胃当时普遍用
作水壶。

312

图 352

图 353，1796—1797 年。 ——"冬 天。
戴战帽者去世。"他这年冬天并没有死，但腹
部受伤，箭头无法取出。多年以后，他死于
"腹痛"。

图 353

图 354，1797—1798 年。 ——"冬 天。
俘获神的女人。"达科他人的一支队伍抓获了
一个女人——部落名未知。为了得到他们的尊
重，她叫喊道："我是 Wakan Tanka！"意为
她属于天神，于是，他们让她安然离去。这就

图 354

是他们天神名字的来源（Wakan Tanka，意为伟大的圣神，或超自然的神灵）。他们以前从来没有听说过一个超自然的存在，他们只向太阳、地球和许多其他物体祈祷，相信它们被赋予了灵魂。〔这是巴蒂斯特·古德的说法，但只对了一半，无疑他受了传教士教导的影响。这个词其实很早以前就存在，表示神秘和未知。〕

图 355

图 355，1798—1799 年。——"冬天。许多妇女死于分娩。"他们死于腹痛。腹部疼痛的卷曲符号前面已经出现过。云盾的《冬季年度大事记》在同年的记录中，记载了同样的妇女死亡情形，这也许是产褥热的发病流行。

313

图 356

图 356，1799—1800 年。——"冬天。不吃野牛心举行了一个纪念死者的仪式。"一颗野牛的心画在男人的上方。通过一个否定的手势表示不吃，可以看到部分手势，还有一条线将牛心和那人的嘴巴相连。用于仪式的红旗是用来象征礼仪的。"不吃野牛心"是指这个男人。对他来说，这种食物是禁忌的，这可能是某种宗教教规，也可能是个人观念。纪念死者的宗教仪式在本书其他地方有所涉及，参见第十四章第六节。

图 357

图 357，1800—1801 年。——"冬天。善良的白人来了。"这年春天，七个白人饥肠辘辘地来到他们村庄，村民们热情款待他们，让他们平安地离开了。达科他人（本记录者的分支）以前听说过白人，但从来没见过。这年秋天，来了更多的白人，

画中的这位善良的白人和他们一同到来，他是第一个与他们交易的白人。他们非常喜欢他，因为他买卖公平。他的手势语类似于祝福，并暗示了表示"好"的印第安手势语的一部分。

图 358，1801—1802 年。——"冬天。天花又一次耗尽了他们的生命。"图中男人的形象正在用常见的手势符号表达"死亡"，主要是将食指从垂直位置变为水平位置，然后再指向地面。

图 358

图 359，1802—1803 年。——"冬天。把波尼人钉了马掌的马带回家。"达科他人过去从未见过马掌。这与孤狗的《冬季年度大事记》同一年的图示一致，也是对它的解释。

图 359

图 360，1803—1804 年。——"冬天。把波尼人鬃毛粗糙卷曲的马带回家。"弯曲的标记表示卷曲的鬃毛。孤狗的《冬季年度大事记》在同一年记录了相同的事件，但指出，卷毛马是从克罗族人那儿偷来的。

314

图 360

图 361，1804—1805 年。——"冬天。出征时彼此对唱。"一支队伍在出征时，制作了一只大烟斗，彼此歌唱赞美对方。有关把一只带装饰的烟斗用在组织作战队伍的典礼上，第十五章将有叙述。

图 361

图 362

图 362，1805—1806 年。——"冬天。他们前来杀了八个人。"敌人杀了八个达科他人，如箭头和其下八个标记所示。

图 363

图 363，1806—1807 年。——"冬天。猎鹰时杀了他们。"一些达科他猎鹰者被敌人杀害。参见孤狗《冬季年度大事记》的同年记录。

315

图 364

图 364，1807—1808 年。——"冬天。来杀了一个穿红衬衫的人。"其他记录说，这年被杀的红衣人属于达科他人昂克帕帕族，杀他的是阿里卡拉人。

图 365

图 365，1808—1809 年。——"冬天。波尼人（雷族人）杀死了蓝毯子的父亲。"一条毯子，在原始记录中为蓝色，画在箭的上方，横过那个人的身体。

图 366，1809—1810 年。——"冬天。小河狸的房子被烧毁。"小河狸是一个英国商人，他的商店是木屋。

图 366

图 367，1810—1811 年。——"冬天。带回一匹尾巴缀有鹰毛的马。"他们在南普拉特偷了一群马，其中一匹跑得飞快，尾巴带有文中所描述的装饰。

图 367

图 368，1811—1812 年。——"冬天。第一次猎马。"达科他人在沙丘用编织的套索抓获了野马。

图 368

图 369，1812—1813 年。——"冬天。雷族人杀了大腰的父亲。"其他的记录称这个武士为大腹，大肚子。

316

图 369

图 370

图 370，1813—1814 年。——"冬天。杀了六个波尼人（雷族人）。"箭的下方有六道线，但这幅复制图没有显示。

图 371

图 371，1814—1815 年。——"冬天。敲碎了一个卡奥瓦人（Kiowa）的脑袋。"所用的战斧劈入这个卡奥瓦人的脑袋里。

图 372

图 372，1815—1816 年。——"冬天。桑萨克人盖了一些大房子。"

图 373

图 373，1816—1817 年。——"冬天。又一次住在他们的大房子里。"

美洲印第安人的图画文字

图 374，1817—1818 年。——"冬天。肖兹（Chozé）用枯木建了一所房子。"房子是用来做买卖的。这个法国人的名字显然是一个变体。

图 374

图 375，1818—1819 年。——"冬天。天花又一次耗尽了他们的生命。"这段期间，他们住在小怀特河边，位于罗斯巴德（Rosebud）居留处以北约 20 英里处。两根手指举起可能表示这种致命的流行病第二次出现在记录中提到的这群印第安人中间。

317

图 375

图 376，1819—1820 年。——"冬天。肖兹用烂木头建了一座房屋"。又建了一家商店。

图 376

图 377，1820—1821 年。——"冬天。他们做了有带子的条纹毯子。"这些带子的颜色是混搭的，从肩部拖到脚跟，他们还用一些鹿蹄制作摇铃，做法是将它们用镶着珠子的细绳系在细棍上。这个人双肩披着肩带，手里拿着一个摇铃。

图 377

图 378

图 378，1821—1822 年。——"冬天。流星呼啸而过。""冬天。大量的威士忌酒。"以及"冬天。耗尽了奥马哈人的生命。"图中显示了流星、它的轨迹以及它所来自的云层。他们第一次得到威士忌，而且没有限量。这给他们带来了一种新的死亡方式。从那以后，许多人死于过度饮用此酒。红云的父亲就是其中之一。这一年，巴蒂斯特·古德，别名 Wa-po'stan-gi，更准确地叫 Wa-po-ctan-xi（意为棕色帽子），历史学家、酋长，出生了。他说，他母亲生他时，奥马哈人的子弹呼啸着穿过村庄，击中并穿进他家的帐篷。红云也出生了。在美洲马的记录中，他在这年并没有提及流星，但着重把威士忌记作当年最重要的形象。

图 379

图 379，1822—1823 年。——"冬天。皮勒（Peeler）冻坏了一条腿。"皮勒是一个白人商人，他的腿在往返密苏里河的路上冻坏了。白牛杀手的记录对这个名字的解释如下："冬天。白人手握一根削了皮的棍子，摔断了腿。"他可能是北方人，喜爱切削木头。

318

图 380

图 380，1823—1824 年。——"冬天。将军首次露面，达科他人协助攻打雷族人。"以及"冬天。很多玉米。"枪和箭与玉米穗相连，表示白人和印第安人共同与雷族人交战。这是指利文沃斯将军在 1823 年征战阿里卡拉人，当时数百名达科他人与他并肩作战。在本书中，数次提到这次征战。

　　　　　　　　　　　　　美洲印第安人的图画文字

图 381，1824—1825 年。——"冬天。杀了两个摘李子的人。"一队达科他人袭击了两个采集李子的波尼人，杀了他们。

图 381

图 382，1825—1826 年。——"冬天。许多扬克顿人淹死了。"他们扎营在密苏里河一处弯道的河底，突然被淹没。当时冰破了，许多妇女和儿童被淹死。所有的《冬季年度大事记》都提到这次洪水。

图 382

图 383，1826—1827 年。——"冬天。吃了哨子死去。"六个达科他人出外打仗（如图中弓和箭所示），几乎要饿死。这时，他们发现并吃了一头老野牛的腐烂尸体，而之前它是狼群的食物。他们很快就觉得肚子痛，腹部膨胀，从嘴里和肛门喷出气体。结果，他们死于口哨声或因吃了哨子。从嘴中发出的气体声音如图所示。

图 383

图 384，1827—1828 年。——"冬天。穿了雪鞋。"雪非常深。

图 384

图 385，1828—1829 年。——"冬天。杀了二百个格罗文特人（西多特萨人）。"

图 385

图 386，1829—1830 年。——"冬天。老麻子脸抱着女婿。"麻子脸的女儿与丈夫发生争吵，落了下风，所以离家出走，向父亲求助。后者跑去抓住他女婿的腰，吼道："那是我女儿！"接着，用刀捅了他。女婿倒地，老人倒在他身上。他紧挨着女婿，恳求旁观的人们也结束他的生命，因为他希望陪心爱的女婿一道去另一个世界。然而没有人愿意助他上路，他只好继续活着。

图 386

图 387，1830—1831 年。——"冬天。射杀了许多白色母牛。"

图 387

图 388，1831—1832 年。——"冬天。他在山上观望时被杀。"一个达科他人在黑山野牛谷寻找野牛时，被克罗族人用箭射杀。这个人被画在山上，山上点缀着松树和一片片的草。巴蒂斯特把草画成蓝色。

图 388

美洲印第安人的图画文字

除他之外，其他印第安人也常常弄混蓝色和绿色。有些部落对这两种颜色只有一个名称。

图 389，1832—1833 年。 ——"冬天。戴着战帽的瘸子被杀。"他在普拉特（Platte）河边与波尼人的交战中被杀。其间，布鲁尔人杀死了一百个波尼人。

图 389

图 390，1833—1834 年。——"冬天。流星雨。"所有的《冬季年度大事记》都提到了这次大流星雨现象，它出现在 1833 年 11 月 12 日的夜晚，在美国大多数地区都能看到。

320

图 390

图 391，1834—1835 年。——"冬天。杀死了来到营地的夏延人。"一个夏延人夜间偷偷进村，被人发现并杀死。这座村庄位于现在的派恩岭居留处附近。

图 391

图 392，1835—1836 年。——"冬天。杀死了敌军的两个头领。"一支达科他人的队伍遭遇了波尼人的一支队伍，杀死了他们两个头领，剩下的逃跑了。

图 392

图 393

图 393，1836—1837 年。——"冬天。在冰上交战。"他们与波尼人在普拉特河的冰上交战，杀死了对方七人。两个垂直的记号表示河的两岸；两个相对的箭头表示这两个部落在河的两边。

图 394

图 394，1837—1838 年。——"冬天。摊手者被杀。"一个桑蒂族男人，他的名字由摊开的双手表示，被战士们杀死。

321

图 395

图 395，1838—1839 年。——"冬天。前来杀了五个奥格拉拉人。"他们被波尼人所杀。图中的人披着斗篷，头上戴着兜帽。这件衣服用在这里表示战争，因为达科他人通常在出征时穿这种衣服。

图 396

图 396，1839—1840 年。——"冬天。饿得要死，从战场上回家。"所有的达科他部落联合起来对抗波尼人。他们杀了一百个波尼人，而自己差点饿死。

图 397，1840—1841 年。——"冬天。前来杀了小雷霆的五个兄弟。"以及"冬天。巴蒂斯特独自返回。"在与波尼人的遭遇战中，五人被杀，巴蒂斯特·古德是队伍中唯一逃脱的人。又一次显示了斗篷。

图 397

图 398，1841—1842 年。——"冬天。指点者举行了一个纪念死者的仪式。"又称"深雪的冬天。"伸出的食指表示男人的名字，圆圈和斑点表示厚厚的积雪。

图 398

图 399，1842—1843 年。——"冬天。杀死四个帐篷里的肖肖尼人，带回家许多马。"

图 399

图 400，1843—1844 年。——"冬天。把魔法箭带回家。"这支箭原本属于夏延人，后被波尼人偷走。这年冬天，达科他人从波尼人手中缴获过来。之后，波尼人用一百匹马将其赎回。

322

图 400

图 401

图 401，1844—1845 年。——"冬天。克罗族人来袭，杀了三十八个奥格拉拉人。"斗篷表示奥格拉拉人在作战。

图 402

图 402，1845—1846 年。——"冬天。破脸喉咙痛，安营在山崖下。""肚子也痛。"图中显示了营地的位置，以及那人带暗示性的姿势。

图 403

图 403，1846—1847 年。——"冬天。名叫冬天营的人摔断了脖子。"他在打猎时从马背上摔下来。他脖子上的红色是伤口。

图 404

图 404，1847—1848 年。——"冬天。名叫水鸭的人腿断了。"他的手臂伸长以引人注意他的腿。可以比较一下汉字表达同一概念的偏旁部首和发音（见后面的图1193），以及前面的图231。

美洲印第安人的图画文字

图 405，1848—1849 年。——"冬天。杀了男扮女装的家伙。"以及"冬天。大偷马。"他们抓住了一个装扮成女人的克罗族人，但他被证明是一个男人，他们就杀了他。这在印第安人部落中可能并不罕见，他不过是其中之一。当一个男人未能通过考验或表现懦弱，就会被强制穿上女人的衣服，干女人的活。达科他人被偷了八百匹马，但找回七百匹。箭头与马蹄印中的红点相连，表示克罗族人杀了一个达科他人。

图 405

图 406，1849—1850 年。——"冬天。把克罗族人赶到一处平台。"这事发生在内布拉斯加州鲁滨逊堡（Camp Robinson）附近的乌鸦丘。据说，一队克罗族人逃离了达科他人，傍晚时躲在孤丘上，而达科他人把他们包围起来，自信第二天早上能抓获他们。但克罗族人却趁夜脱逃，使达科他人非常懊恼。克罗族人的头在山顶隐约可见，而身体仿佛已经下去了。

图 406

图 407，1850—1851 年。——"冬天。天花大爆发。"

图 407

图 408

图 408，1851—1852 年。——"冬天。第一批分发的物品。"圆圈外的彩色小块位于四个方位基点上，圈内的彩色条块代表毯子和其他分发的物品；圆圈四周的线条代表坐着的人群。达科他人被告知：在这次分发五十五年后，他们才可以种地。他们明白，在此之前，他们不允许耕地。

图 409，1852—1853 年。——"冬天。厚雪使马精疲力竭。"在马儿周围的点点代表雪。

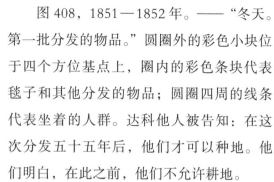

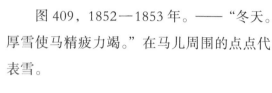

图 409

324

图 410

图 410，1853—1854 年。——"冬天。暴躁熊在打猎时死去。"雪橇（travail）表示他们在移动；野牛，表示猎杀野牛；张开嘴的熊和向前伸出的爪子，代表暴躁熊；胃和肠子，表示腹痛而死。表示熊的手势符号如下：稍稍弯曲两只大拇指和小指，其他手指几乎合上；然后，手背向上，两手向前伸出一点，或向前伸出几英寸，快速地抖动几次。有时仅用一只手做这个手势。

"travail"这个词是指印第安人用几根帐篷杆做的雪橇，参见图 764 及其评述。

图 411，1854—1855 年。 ——"冬天。杀了五个阿西尼博因人。"达科他人对自己卷入下述可悲事件感到很耻辱，因而没有记在记录中，尽管它确实是这一年的突出事件。事情源于一场误会：一头伤了脚的老母牛被一些移民丢弃在路上，达科他人不知

图 411

就里，就把它收留了。为此，美军第 6 步兵团陆军少尉格拉顿（Grattan）于 1854 年 8 月 19 日在拉勒米堡（Laramie）以东约 10 英里处枪杀了征服熊（Mato-way 'uhi，准确的意思为惊人的熊）。达科他人为了报复，屠杀了陆军少尉格拉顿以及随同的美军第 6 步兵团 G 中队的三十人。

没有上述说明的图画讲述了一个杀死五个阿西尼博因人的简单故事，该族人用通常的部落标志显示，数量由弓箭下面的五条竖线表示。

图 412，1855—1856 年。 ——"冬天。小雷霆、巴蒂斯特·古德和其他人被囚禁在布卢溪边（Blue-creek）的阿什霍尔（Ash Hollow）"，还有一百三十名达科他人被白人士兵杀害。也称为"冬天，许多祭奠的旗帜。"这年冬天的后一个名称得到

图 412

其他记录的解释，也得到第 34 届国会参议院第 1 次会议第 94 号行政文件的解释，这份文件提到 1850 年 3 月 18 日，由美国陆军名誉准将 W. S. 哈尼将军与达科他人的九个部落举行了协商会议。

图 413

图 413，1856—1857 年。——"整个冬天。坏四熊与巴蒂斯特·古德交易毛皮。"坏四熊是一个白人商人。画中，他坐在山丘下巴蒂斯特的帐篷前抽烟斗，这里位于内布拉斯加州鲁滨逊堡。

图 414

图 414，1857—1858 年。——"冬天。只捕猎到公牛。"他们发现的母牛屈指可数，野牛中大多是公牛。图中可见雪橇。

325

图 415

图 415，1858—1859 年。——"冬天。很多纳瓦霍人的毯子。"纳瓦霍人的毯子如图所示。关于当时这些毯子的来历，有几个记录的解释相互一致。

图 416

图 416，1859—1860 年。——"冬天。前来杀了大乌鸦。"箭下的两个标志表示两人被杀。

图 417

图 417，1860—1861 年。——"冬天。皮疹爆发，胃部疼痛，死亡。"

美洲印第安人的图画文字

图 418，1861—1862 年。——"冬天。杀了斑点马。"另一个克罗族人骑着一匹斑点马到来，从达科他人那儿偷走了许多马。达科他人追了上去，杀了人和马，夺回自己的马。

图 418

图 419，1862—1863 年。——"冬天。男孩在营地被刀杀。"克罗族人来到帐篷区，趁着人们不在，把男孩砍死。他头上的刀表示他被碎尸。

图 419

图 420，1863—1864 年。——"冬天。克罗族人来袭，射死八人。"其中有几个是夏延人。箭头下方的标记表示被杀的人数。

图 420

图 421，1864—1865 年。——"冬天。烤肉者纪念死者。"图中，那人手里的棍子上有一块烤肉。达科他人在火堆前举棍烤肉。

图 421

图 422

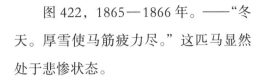

图 422，1865—1866 年。——"冬天。厚雪使马筋疲力尽。"这匹马显然处于悲惨状态。

图 423，1866—1867 年。——"名叫河狸耳朵的人被杀。"

图 423

图 424

图 424，1867—1868 年。——"冬天。巴蒂斯特·古德为了民众与哈尼将军签订和约。"这是指著名的1868年达科他条约。谈判中，除了哈尼将军之外，还有其他一些将军也积极参与，而其他一些比巴蒂斯特重要得多的印第安酋长也参加了谈判。他居间调停的说法不过是吹牛的表现。

图 425，1868—1869 年。——"冬天。杀了名叫长鱼的人。"还有"冬天。杀了十五人。"克罗族人杀死十五个桑萨克人，以及一个下布鲁尔人。如图所示，长鱼遭受连到男人嘴巴的

图 425

一条线的攻击，在本书中，人的名字常以这样的方式描绘出来。

　　图 426，1869—1870 年。——"冬天。树要了他们的命。"一棵树倒在一个帐篷上，压死了一个女人。

图 426

　　图 427，1870—1871 年。——"冬天。敌人来杀了驼背。"他是一名酋长。克罗族人和肖肖尼人在远处射杀了他，他佩戴的手枪并没有帮上忙。

图 427

　　图 428，1871—1872 年。——"冬天。灰熊去世。"他死于腹痛。

图 428

　　图 429，1872—1873 年。——"冬天。分发物品年。"毯子显现在帐篷附近。毯子经常被用作美国政府发放物品的象征。

327

图 429

图 430

图 430，1873—1874 年。——"冬天。麻疹和疾病耗尽了人们的生命。"

图 431

图 431，1874—1875 年。——"冬天。犹特人偷走了马。"他们偷走了五百匹马。犹特人被称为"黑人"。因此，那人在图中被画成黑色。他正将套索扔向马蹄印的方向。

图 432

图 432，1875—1876 年。——"冬天。公牛头举行了纪念死者的仪式。"

图 433

图 433，1876—1877 年。——"冬天。一位名叫'边走边吼的母驼鹿'的人去世。"对于这幅图的一些解释，请参看孤狗《冬季年度大事记》的 1860—1861 年年度大事记。

美洲印第安人的图画文字

图 434，1877—1878 年。——"冬天。疯马来讲和，手伸出被杀。"这是指一位名叫疯马的酋长在监狱中被杀的著名事件。

图 434

图 435，1878—1879 年。——"冬天。把夏延人带回，在屋里杀了他们。"图中显示，夏延人被囚禁，周围都是血迹，有枪对着他们。这些夏延人是指那些在 1878 年离开印第安领地，下定决心要去与北方的同胞汇合。他们在犯下许多暴行后，被抓获并被带到内布拉斯加州鲁滨逊堡。1879 年 1 月 9 日，他们从牢房内冲出，试图逃亡。其中许多人被杀；当时在达科他人中传说，他们是在监狱中被军队屠杀。

328

图 435

图 436，1879—1880 年。——"冬天。送男孩女孩们去上学。"图中画着一个男孩手里拿着一支笔。

图 436

第十一章 通知

这是有关使用图画文字目的的一个重要部分。在此标题下，图画文字和之前的实物图画可以分类如下：第一．访问、离开和方向的通知。第二．通过描绘地形特征指引方向。第三．状况通知。第四．警告和指路。

第一节 访问、离开和方向的通知

美国地质调查局的 G. K. 吉尔伯特先生于 1878 年在亚利桑那州亚瓦帕伊县（Yavapai）的奥克利泉（Oakley）旁发现了一些绘画。他说，一个奥赖比（Oraibi）酋长向他解释说，"莫基人跋山涉水去科罗拉多州奇基托（Chiquito）峡谷中的一个地方取盐。在返回途中，他们在奥克利泉边停留，每个印第安人都在岩石上作画。每个印第安人都画了纹章或图腾，他所属氏族的标志（？）。每次经过时，他都画一次，只画一次。"吉尔伯特先生进一步补充说——

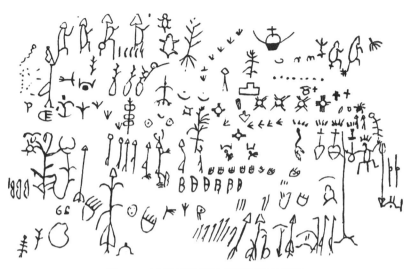

图437　亚利桑那州奥克利泉旁的岩画

　　或许有些例外，但是这些图画显示了普遍的真实情况。有许多重复的相同标志，一排经常出现二到十个。有几处，我看 330 到一行中最后几幅画很新，其他的则不是如此。大部分的图画似乎用坚硬的尖头器具敲出，但有几幅画是刮擦而成。许多画因为风雨侵蚀而面目全非，其他的是那么新鲜，甚至工具敲下的尘土还没有被雨水冲走。奥克利泉在红崖的底部，这些蚀刻画刻在掉下的砂岩石块上，这一块同质的大而软的砂岩。上述奥赖比酋长图比说，他的图腾是雨云，但以后再没有人画它了，因为他是这个氏族的最后一位幸存者。

　　图437是取自奥克利泉旁的组画复制图，由吉尔伯特先生提供，长6英尺，高4英尺。对其中几个图形的解释见后面的第二十一章。

尚普兰（b）报告说：

有些信号和标记放在他们的敌人或朋友经过的地方，这些首领将他们熟知的某些标记彼此告知，而这些记号是有所变化的；一旦有变，就是一种警告；通过这种方式，他们就能够辨认出，究竟是朋友还是敌人经过此地。

阿尔冈琴人于 1810 年在圣劳伦斯河边做了离开、方向和目的的通知。对此，约翰·梅里克（John Merrick）在缅因州历史协会（a）的专集中有描述，以下内容是其摘要：

这是用木炭画在一块云杉树的断片上，然后牢牢地楔入一根木桩的顶部。上面画了两个印第安男子在用力地划着独木舟；独木舟里有成捆的行李，还有一个妇人和婴孩；上方是一只鸟，根据翅膀可认定是潜鸟。一名圣劳伦斯河的印第安导航员解释了它的大意：这是一份信件（Wickheegan 或 Awickheegan），是一小群印第安人留给朋友的信息。用力划桨的姿势表示，由两个男人、一个女人和一个孩子组成的团体要去上游。他们打算留在那里，度过此时的整个狩猎期，因为他们所有的家具和家人都在独木舟上。潜鸟象征他们马不停蹄直到猎场，因为潜鸟腿短，行路非常困难，所以从来不会在中途降落。

下文是选自纽约历史学会（a）的记录：

当他们去打仗时，如果希望告知过路的人们，他们就画出他们部落的动物图腾，动物的右爪握斧；有时是军刀或木棒；如果在一起的有几个部落，就各自画出自己部落的动物以及参与的人数。都画在去皮的树上。领头部落的动物总是画在最前面。

    下面三幅画显示了最后一代阿布纳基人实际使用 wikhegan 的情况。wikhegan 是帕萨马库迪语，相当于信件或书信之意，用来给远处的人传递消息，方法是在一片桦树皮上做记号。这片树皮可以派人送给想要告知的个人或团体，或者留在显眼的地方，让这些人在路过时可以看到。在下列这些案例中，留下的是离开和去向的通知。他们是在不同时间由大乌鸦的兄弟刻划的。此人已去世，教名是诺埃尔·约瑟夫（Noel Joseph），[331] 他独自一人生活在长湖岸边，距缅因州的普林斯顿（Princeton）数英里。他没有受过任何文明熏陶，靠着以古老的方式打猎捕鱼为生，他也一点不懂法语或英语。当他出远门时，他习惯于在自己棚屋旁一根醒目的棍子上，系一小卷桦树皮，上面留下给朋友们的信息。

    图 438 上图表示，我要过湖去捕鹿。

    中间的图表示，我要向湖边走去，在到达湖边之前，在一个有箭头的地方拐弯。

    下图表示，我要去打猎——要去整个冬天。最后这个信息通过雪鞋和带行李的雪橇表现出来。

    以下对太平洋沿岸的一个图画文字的描述选自吉布斯（Gibbs）博士（a）的记述：《华盛顿州西部的部落》，此文见《北美民族学》第 1 卷第 222 页论（普吉特）海湾部落的文章。

图 438　打猎通知

　　一群蛇人准备出去捕猎离群的马。一个男人的形象，光头顶上一绺长长的头发直拖到脚跟，表示肖肖尼人；这个部落习惯于以那种方式将马毛或其他毛与自己的头发编织到一起。之后是一些记号，体现出这群人的力量。一个脚印，指向他们去的方向，显示他们的行进路线，一个向后转的马蹄印，表示他们期望捕回猎物。如果武装齐全，并预计会遭到攻击，就画一些带沙子的火药，表示他们已准备就绪；或在人物的四周点缀正方形，表明他们已做好防御。这些图画文字经常是研究的对象，用以破译其真正的含义。更精明的或更有经验的老人借此获得帮助。不是每个人都很精通这些内容从而得出正确的理解。

332

　　1882 年，W. J. 霍夫曼博士在旧金山从阿拉斯加人瑙莫夫（Naumoff）手里获得了图 439 的原画，同时得到了相关的解释。

　　这幅图是模仿类似原住民的画，目的是告知客人或朋友们他们因一特定目的而离开。它们被画在木条上，然后放在住屋门旁显眼的地方。

图 439　阿拉斯加人打猎通知

以下是对这些图形的解释：a，说话者，用右手指着自己，左手指向要去的方向；b，举着船桨，表示划船去；c，右手指着头部一侧，表示睡觉，左手抬起，竖起一根手指，意为一个晚上；d，一个圆圈，中间有两个记号，表示一个岛，上面有小屋；e，同 a；f，一个圆圈表示另一个岛；g，同 c，再加上另一根手指竖起，意为两个晚上；h，说话者拿着鱼叉，用左手摆出一个海狮造型：四根手指伸直向前，大拇指朝上，然后手臂伸出，手掌略向下弯；i 画的是一只海狮；j，用弓箭射击；k，小船上有两个人，船桨伸向下方；l，说话者冬天的或永久的住房。

下图 440 与上一幅图的性质相似，获得的情形也相似。

图 440　阿拉斯加人外出的通知

上图的说明如下：

字母 a、c、e、g 代表说话的对象。

b. 表示说话人用右手指向自己的侧面或胸口，意为自己，左手指向他要去的方向。

d. 据提供信息的人所说，双手抬高、手指和拇指张开表示很多。当双手这样举起时，在手语里表示十，但手掌一只向前、一只向后时，表示许多。

f. 右手指着头，表示睡觉——睡很多觉，或者，换句话说，许多个日夜；左手向下指，表示就在那个地方。

h. 右手指向出发点，而左手抬起指向脑袋——表示回家，或回到他原来的地方。

333　　图 441 是一位阿拉斯加原住民所画，表达信息如此精妙，就像画家构思猎鹿之旅一样。这幅图是画在一个狭长的木片上，放在房屋的门口或附近，使来客一眼就能看到它。

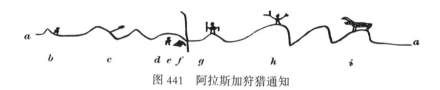

图 441　阿拉斯加狩猎通知

在这幅图中曲线 *a a* 表示这个地区的等高线和山峰；*b*，当地人离家出行；*c*，插在小山顶上的棍子，上端有一束草，指向他去的方向；*d*，另一定居点的当地人，旅行者和他留此过夜；*e*，小棚屋；*f*，表示第一天结束的分隔线，也就是说，分隔两天之间的时刻；休息；*g*，旅行者再次上路；*h*，发出信号，第二天（右手举起、伸出二指）在小山顶发现了猎物（鹿，图 *i* ），他很确定，所以不再前行；*i*，鹿。

图 442、图 443 和图 444 由瑙莫夫所画，表示"已经回家去了"。

他对这幅图的解释如下：

当一群猎人中的一位准备回家，并且希望通知他的同伴自己已经动身了，他就登上距他们分手地点最近的小山顶，将一束草或其他浅色的材料绑在一根长棍或杆子顶端。棍子的末端牢固地插入地下，朝去的方向倾斜。登上另一座小山时，另一根带类似材料的棍子被竖起来，再一次朝去的方向倾斜。这些棍子以适当的间隔安放，直到村庄出现在视野中。阿拉斯加南部的印第安人都使用这种方法。

图 442　阿拉斯加人的去向通知

他对图 443 的解释如下：

海豹猎人是这样通知同伴他们已返回定居点的；第一个返回到常规登陆点的人有时把一块木头插到地里，朝向村庄，在木头上描画或刻出皮筏子（baidarka）的轮廓，朝向一个或多个棚屋的轮廓，表示船上的人已经在返家路上。

图 443　阿拉斯加人的去向通知

334

这种方法为南阿拉斯加海岸和科迪亚克（Kadiak）的当地人采用。他对图 444 的解释如下：

当猎人们分开时，第一个返回到岔路口的人把一根木头插入地里，在顶部切开一个口子，往里面横向插进一块短木，固定后

图 444　阿拉斯加人的去向通知

将其指向前行的方向。

朗少校——见基廷的著作（a）——说：

当我们停下来吃饭时，白雷（陪同我的温纳贝戈族酋长）估计他的团队其他人就在附近，就要了一张纸、一支笔和墨水，想告诉他们他已经赶上我了。于是，他坐了下来，画了三幅简图。在我的要求下，他向我做了解释。第一幅画的是我的船，带有桅杆和旗帜，还有三个划桨手和一名舵手。为了表明我们是美国人，我们的头由一个简略的十字架表示，表明我们戴着帽子。他自己则被简略地画成一只熊在一组表示猎场的密码之上。第二幅画是要表明他的妻子与他随行；画了一个女人坐在船上；在她的头上方，画了一些之字形的线条，表明她是白雷的妻子。第三幅画了一只熊坐在船头，显示一个这样名字的印第安人［或熊氏宗族］已经被人看见沿河而上，而且留下信息，告知这个团队的位置。他将这张纸立在基卡普溪溪口，而这支打猎队伍就是从此处向上，已经开始狩猎之旅。

据最近住在魁北克省皮埃尔维尔（Pierreville）的阿布纳基族酋长 H. L. 马斯塔（Masta）报告，该部落使用一种巧妙传递消息的方法。他们在树林里时，如果想告诉别人"我要去东边"，就会将一根棍子插到地上，指向这一方向，如图 445a 所示。"我不会走远"，另一根棍子就和前一根棍子交叉而立，接近地面，如图 445b 所示。"去远处"则相反，如图 445c 所示。预计出行的天数由相同数量的棍子与第一根棍子交叉而立来表示；因此，

美洲印第安人的图画文字

图 445*d*，表示五天的旅程。

图 446 是画在桦树皮上的画，1888 年 8 月在新不伦瑞克省（New Brunswick）弗雷德里克顿（Fredericton），由加布里埃尔·阿奎恩（Gabriel Acquin）赠给本书作者。他是阿玛利基特人（Amalecite），当时 66 岁，英语说得相当好。制作这幅图的情景和使用方式用阿玛利基特语介绍，内容如下：

"在我大约 18 岁时，我住在弗雷德里克顿以北 11 英里的一个村子里。我带着独木舟和枪出门。我划着独木舟到弗雷德里克顿以南大约 40 英里的瓦沙德梅奥克（Washademoak）湖；然后沿河而下，直到窄得不能划独木舟；随后，扛着独木舟来到巴克图什（Buctoos）河；顺河而下来到沙勒尔湾（Chaleur）；再往上到达米里马奇（Mirimachi）西北，带着独木舟进入内皮西圭河（Nepisigiut）。在那里度过了夏天。我在那条河上遇到了一位当时的朋友，我们在那里宿营。

"有一次我外出时，我的朋友已经独自顺流而下，没有给我留下任何信息。我准备出发，就给他留下这封信，告诉他我要去哪里、去多久。左下角的窝棚表明是我们所使用的，附近有条河。窝棚门上的六道刻槽表示我要出外六天。独木舟和离窝棚最近的人是我的朋友，他去的地方与我要去的地方方向相反。接着，是我坐在独木舟里，雨水在落下，表示我出发的那天雨很大。然后，我扛着独木舟，沿着小路，穿过树林，显示'扛着'来到尼克陶湖（Nictau），旁边是一座大山。我在湖边待了六天，包括出发和返回的日子。因为我出发之前在窝棚里留下了信息，我的朋友回去后就明白我所做的一切，知道从下雨那天算起再过六天，我就要回来，所以就会等着我。"

335

336

图 445　阿布纳基人去向的通知

　　这份通知最有趣的一点，是确定出发日期的巧妙方式。下雨的标记几乎磨灭了，但雨水从那人的头发上流下。地形也描绘出来了。

图 446　阿玛利基特人的旅行通知

　　下文选自詹姆斯的《朗的远征》(b)：

　　　　在普拉特河岸边，有半圆形的一排十六颗野牛的头骨，它

　　　　　　　　　　　　　　　　　　　美洲印第安人的图画文字

们的鼻子指向下面的河。在圆圈（这一排如果继续排列的话，会形成圆形）的中心附近，是另一个头骨，标有一些红色线条。

我们的翻译告诉我们，在此处发现的这种头骨的排列和其他标记的目的是传达以下信息：这个营地已被 Skeeree 即波尼洛普（Pawnee Loup）印第安人的一支队伍占有，他们刚从与库曼西亚（Cumancias）、伊旦（Ietans）等一些西部部落的征战回来。连接到所画头骨的红色线条的数量表示这支队伍的人数是三十六人；头骨摆放的位置表示在返回家乡的途中。两根小竿子插在地上，每根顶上都绑了两个小包，包里有几根头发，表示已取了四个敌人的头皮。

希多特萨人的猎队每到一个临时露营地，其中一些人就出外做短期侦察探险。当剩下的人需要离开时，他们就立起一根杆子，让它倾向他们去的方向。在杆子的脚下，放一只野牛的肩胛骨或别的扁平骨头，上面画出离开的原因；例如，发现野牛或羚羊，动物是用一块木炭或红铅绘制。

当希多特萨人的一支队伍出外与敌征战时，其中一批人被挑 337
选派往另一个方向，分手的地点也被定为会合处。当第一队人回到会合处时，如果第二队人没有在合理的时间内到来，他们就在地面插上一些棍子，朝他们要去的方向倾斜，在棍子的上端刻一些凹槽，表示等待方在那儿度过了多少夜晚。

一队希多特萨人无论为何目的而离家出行，都会指定一个会合地点，他们会从这一点回到各自的小屋。如果其中一人比别人先回到会合点，又想做一个特别的旅行，为了让别人知道这个信息，他就将一根约 3—4 英尺长的棍子插到地上，在上端切开一个口子，或将其劈开，以便楔入一根约1英尺长的细树枝。这根水平状树枝的一头被插入垂直的棍子顶端，于是，两者被用来指向前往的方向。如果他想告知出发路线会在某处向一边直角转弯，他就在整个旅程的半道上，将一根树枝水平弯向那个方向，或选一根天然弯曲的树枝在其中段转向，从而相应地指向道路的转弯处。任何方向都可以由树枝顶端的曲线表示。

图 447　奥吉布瓦人的去向通知

目前，奥吉布瓦人没有固定的图形系统用于指示方向或行程。当有人为了打猎或采摘浆果而离开营地或家时，会按照只有相关方才明白的商定方式，在树皮上刻路标或去向记号。

在明尼苏达州雷德湖（Red Lake）边的森林里，在一些大松树的树皮上发现了三幅图画，如图447所示。使用这种标记的奥吉布瓦人将离家继续沿着一条路前行，直到他离开这条路。此时，他会选择一棵显眼的树，如果此处没有树，就选一块木头或树皮，在上面刻画一个人物，一只胳膊抬起，指向要去的方向。这些图形高约18英寸。在这幅复制图两边的图形是刻在"杰克松"（短叶松）的树皮上，没有着色，中间的一幅是剥去树皮刻好图以后，再用红铅粉涂刮在树干上。中间的图形以横轴指示方向，不过指示的方式不同。

338　　奥吉布瓦人有时用平整的棍子指示方向。根据各人的爱好和情况的需要，这些棍子的长度各不相同。它们被插进地里，向着要去的方向倾斜。

预先设定以后，他们会使用成卷的桦树皮，在上面描绘重要的地理特征。因此，看到的人就很容易明白旅行者选取的路线。例如，一位猎人在出门时，在门口放一卷树皮，上面所做的记号如图 448 所示：

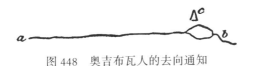

图 448　奥吉布瓦人的去向通知

a 是一条小河，通向标为 *b* 的湖，猎人将在湖边搭一座帐篷 *c*，用于停留期间休息。再加上用于个人或团体之间沟通的图腾（do-dém），显明画图的人是谁。它具有签名的性质。

图 449 显示了一位佩诺布斯科特印第安人（Penobscot）与他侄子的信息交流，这种方式目前仍在使用。这是复制图，原件刻在桦树皮上，作者是住在缅因州奥尔德敦（Oldtown）的佩诺布斯科特族印第安人尼古拉斯·弗兰西斯（Nicholas Francis），由波士顿的 A. L. 阿尔杰（Alger）小姐收藏并慷慨赠予本书作者。

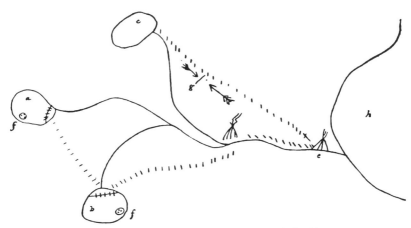

图 449　佩诺布斯科特族印第安人的去向通知

皮泰罗（Pitalo，意为咆哮的狮子），英文名字是 Noel Lyon（诺埃尔·莱昂），与他年过 70 的老叔父在 1885 年去捕捉河狸，宿营在 d 处，靠近穆斯海德湖（Moosehead）h，将他们的物资放在 e 处的帐篷里。他们去看过池塘 a 和 b，知道那里有河狸，就在 f，f 处设了两个捕狸夹子。还可以看到两道河狸水坝拦在小河的出口处。一天，诺埃尔从池塘 b 回到宿营帐篷，发现了他叔父在这张桦树皮上留下的信息，所使用的仍是图画文字的方法，因为他不会写字。根据这幅图，诺埃尔得知他的叔父已经前往池塘 c 看那儿有没有河狸。之后，将在一天夜晚离开那里。后面这层意思是通过两个相对箭头之间的一条线 g 来表示，说明来去都走同一条路。

上列描述中最值得注意的部分是，信息由绘有地理特征的图形构成，而且是在两个捕兽者进入此地之前绘制的，又增加了一些两位印第安人非常熟悉的新的地形特征，但他们在此次探查之前并不熟悉。增加的内容包括离开、目的、去向和停留时间。

帕萨马库迪部落的一位酋长萨皮尔·赛尔默（Sapiel Selmo），在 1887 年赠给本书作者一份通信的复制画，如图 450。他当时已经老迈，不久后就去世了。他住在缅因州的普莱森特角（Pleasant），在东港城（Eastport）以北 7 英里。他的父亲是一位著名酋长，名叫 Selmo Soctomah（这是 St. Thomas 圣托马斯的变体）。正如一份证书所示，他曾统帅 600 名帕萨马库迪印第安人参加了美国独立战争。萨皮尔年轻时，曾经与父亲在马柴厄斯湖（Machias）边的 a 处建了一个临时营地。他离开父亲前往位于普莱森特角的永久之家 b 取些肉，然后返回临时营地（图中显示往返为两条路），却发现父亲已经离开，但父亲在临时帐篷内，在桦树皮上留下了信息，显示他已经杀死了一头驼鹿（萨皮尔在雪地里发现了驼鹿肉），而且他父亲要去另一座湖边（东马柴厄斯湖）猎杀驼鹿，并在那里宿营三天，由 c 处相同数量的竖道所知。所以他就在原地等他回来。 340

图 450　帕萨马库迪人的去向通知

乔赛亚·格雷格（Josiah Gregg）（a）谈到平原部落：

　　旅行时，他们也将成堆的石头堆在土丘或突出显眼的地点，排列的方式是路过的同伴所能明白的；有时他们摆放发白的野牛头，因为它们在这些平原上到处可见，表示他们前行的方向。许多别的情形也可以用那些简单的信号传达给别人。

帕特南（Putnam）（a）举了一个这样的例子：

在临近北方的某处，一家五口人被杀：一个高个子男人、一个矮胖的女人和三个小孩。五根棍子被截成不同的长度。最长的那根被劈开，表示那个男人，又粗又短的那根表示那个女人，三根较小较短的代表孩子。他们都被剥了头皮，如剥了皮的树枝所示。根据棍子上的条纹和十三道刻痕，我们知道有十三个印第安人；他们带着两个俘虏向南逃，我们做此判断的根据是指向棒和似乎绑在一起的几片小树皮。有时，所有的暗示都在一根棍子或一块树皮上。一个探子在众所周知的地方找到其中一些物品后，会把它们带到驻地，在那里进行商讨，破解其中的含义。一个探子或猎人会向朋友暗示他需要火药或子弹、其他需要以及他想取货的地方。

欣德（Hind）（a）提到拉布拉多（Labrador）半岛的原住民所使用的一种特殊的通知方式：

> 为了表明他们出行的速度和方向，拉布拉多半岛的纳斯夸皮人（Nasquapee）把一根棍子扎到地里，一簇草放在顶部，指向他们的路线，而以棍子倾斜的大小来显示他们行走速度的快慢。这类向后来者传达信息的模式在印第安人中很普遍，但据我所知，用这种高超而简单的方法来表示行进的速度，在其他民族中还不多见。

查尔斯·利兰先生（Charles Leland）在一封信中介绍，英国的吉普赛人在十字路口处，会画一个普通的拉丁十字架，其长臂指向要去的方向。另有一些人连根拔起三束草，用绿色尖端指示所去的方向。目前还有一些人，拿一根小棍子插到地上，以 45 度角倾斜向着要去的方向。

乔治·M. 道森博士（George M. Dawson）（a）报告了英属哥伦比亚舒斯瓦普人（Shuswap）的情况——

一块破布，特别是一小块或多块色彩鲜艳或其他容易辨认的女装衣料，留在一根分叉的树枝上，表示一个人或一群人已经过此地。如果这根棍子直立，意味着经过的时间是中午，如果倾斜，它可能是指向当时太阳所在的位置，或指向一个人或一群人所去的方向。如果要表达这两种意思，一根较大的棍子就指向太阳所在的位置，一根较小的指向去的方向。如果那些信息通报的对象可能在几天后到达，一把鲜草或带叶子的树枝就会留下，根据其状况，可以估算已过去的时间。这种记号通常都放在营火所在地的附近。

表明制定通知时间的方式可与图 446 进行比较。

第二节　通过绘制地形特征指路

图 451 是密克马克族的探子做的通知，当时这个部落正在与帕萨马库迪人交战，通知立在一棵树上，是要警告本部落的其他人：已发现有十个帕萨马库迪印第安人，在湖上划着独木舟奔向湖的出口，很可能要沿河而下。图中有帕萨马库迪部落的图符，整个地形绘制准确。

在有关北美印第安人的著作中，介绍他们描绘地理特征技巧的很常见。下文就选自其中：

尚普兰（c）在1605年介绍了沿海的原住民如何用木炭描绘海湾、海岬与河口，图示如此精确，连马萨诸塞湾和梅里马克河（Merrimack）都能辨认出来。

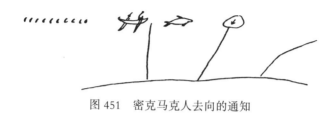

图451　密克马克人去向的通知

拉菲托（d）谈到东北部的印第安人部落时说——

他们简略地将地图精确地画在树皮上或沙滩上，只是没有经纬度的区分。他们甚至把这种地形图存放在他们的金库里，以便在需要时可以查阅。

1793年，亚历山大·麦肯齐爵士（Alexander Mackenzie）（a）谈到阿萨巴斯卡部落（Athabascan）的人以熟练的方式制作图记，绘制哥伦比亚河。

有一张很有趣的地图复制画，是1875年由切罗基人绘制，它与霍普韦尔（Hopewell）条约有关，出现在《美国国家文献印第安事务》第1卷第40页。

欣德（b）写道：

在拉布拉多的Tash-ner-nus-kow湖边，发现一封"信"，

　　　　　　　　　　　　　　美洲印第安人的图画文字

插在一根立在岸边的木杆缝中。它写在桦树皮上，包括一张当地的小地图，有一些箭头显示画者所去的方向，一些十字形表示他宿过营的地点，还有一个大十字形，显示他打算用作第一个冬天宿营地。它很可能是某个纳斯夸皮人（Nasquapee）所写，目的是为其他路过此地下河或在乡间打猎的人们引路。

新墨西哥州特瓦·普韦布洛人（Tegua Pueblos）"在地上绘制所在地的略图，包括普韦布洛人在新墨西哥所占据的各处位置和名称"，其复制图"稍有修改"，由惠普尔上尉（c）赠予。 342

尤马族人（Yuma）画的一张科罗拉多河地图，包含河谷中各部落的名称和位置，也出现在前述文献中的第19页。这幅地图最初画在地面上。

海军上尉惠普尔获得的派尤特人（Piute）所绘科罗拉多河地图，也出现在前述同一文献中。

希多特萨人瘦狼画了一幅图，图452是其复制图，描绘了一次徒步旅行：从达科他州的伯特霍尔德堡（Berthold）到比福德堡（Buford），去达科他人在那儿的营地偷盗一匹马。回程的马蹄印显明他已经得手，因为他是骑着马回家的。以下是他对这幅图的解释：

> a代表瘦狼，画了一个男人的头与简笔画的一只狼相连；b，希多特萨人的几座圆形土屋，其中的黑点代表支撑屋顶的柱子——这是达科他州伯特霍尔德堡印第安人村落；c，人的脚印，记录者所走的路线；d，在比福德堡的政府建筑群，方形；e，希多特萨人的几座小屋（圆形），其中的居民已与达科他人通婚；f，达科他人的小屋；g，一个小方形，一个白人的房子，

上面标了一个叉形，表示它是一座达科他式小屋，表明其主人，一个白种人，娶了一个达科他女人，他们住在那里；h，返回伯特霍尔德堡的马蹄印；i，密苏里河；j，图利河；k，小奈夫河；l，怀特厄斯河；m，马迪河（Muddy Cr.）；n，黄石河；o，小密苏里河；p，丹辛比尔德河（Dancing Beard）。

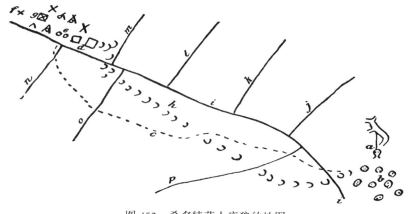

图 452　希多特萨人瘦狼的地图

下面的图 453，是奥吉布瓦人与苏人交战的图记及其说明。这幅插图是由前面提到的那位奥吉布瓦印第安老人画在桦树皮上，而描述的细节是口述的。相关的地点在明尼苏达州索克急流（Sauk rapids）附近的克罗河（Crow）口上游。

图记涉及 1854 年战争的一个片段，当时，三个奥吉布瓦人受到五十个达科他人的追击。许多湖泊的名称似乎有重名，这只343 是因为没有人知道它们的专有名称。

霍夫曼博士谈到，在 1871 年的内华达州格雷普韦恩泉地（Grapevine springs），住在当地的派尤特人如何通知相关伙伴们到达目的地——拉斯维加斯。印第安人坐在沙滩上，双手压出一个长椭圆形的山脊，代表斯普林山及其东南边的另一个缓坡，它在东边突然中断；他用手指在其上方划过，表示向东延伸的几道山谷。然后，他拿起一根棍子，划出越过前述山脊低处东西方向的西班牙古道。此后，他混杂着英语、西班牙语、派尤特语和手势语告诉听者，从他们现在所处的地方，他们要向南面斯普林山以东的方向走，直到派尤特·查理营地，在那里他们将过夜；然后，他指出，沿着一条通往东南方向的路线，来到另一个泉水处（斯坦普泉水（Stump）），结束第二天的行程；之后，他沿着一条代表西班牙小道的路线来到上面提到的第二条山脊分界线的东面，在此，他离开这条路，向北来到第一道山谷，他将短棍插到地上说，"拉斯维加斯"。

344

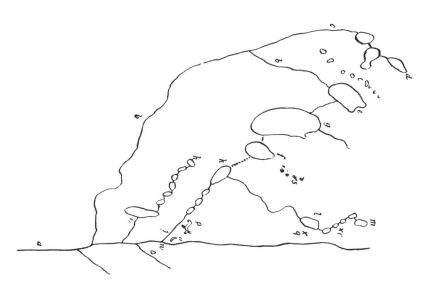

图 453　战场图记

在描述中，a 是密西西比河；b，克罗河；c，克罗河支流；d、e、f，克罗湖；g，赖斯湖；h，克利尔沃特湖（Clear Water）；i，克利尔沃特河；j，索克河（Sauk）；k，大索克湖；l，大普雷里湖（Prairie）；m，奥塞基斯湖（Osakis）；n，索克险滩；o 和 p，独木舟和捕鹿与捕鱼场；q，1 个男人和 2 名妇女被杀（奥吉布瓦人）；r，索克森特；s，杂树林（人称普雷里湖边的树林岛）。

得克萨斯州地质调查局的W. 冯·斯特里鲁维茨先生（Streeru-witz），捐赠了一幅地图的复制图，这显然是印第安人所作，但因收到得太晚，本书来不及印制此复制图。这幅地图被粗略地刻在一个大型花岗岩石平坦的表面，大致正确地描绘了一道山口和周边的情形。岩石坐落在所谓的响尾蛇或云母水槽之上的山口中，处于得克萨斯州埃尔帕索县（El Paso）范霍恩山（Van Horn）西侧的一个山口里。一条印第安小道从这块非常粗糙而风化的岩石背面附近穿过，就在这一面，上面刻了一些模糊的画，几乎风化掉，这些画无疑是为了吸引过路人到岩石的另一边去看上面所绘制的地图。一条古道沿着里奥格兰德越过伊格尔山（Eagle），来到这座山口，以最短的线路从格林河谷通到范霍恩山的北主脉，从此向东，通到戴维斯山（旧称阿帕奇山），自此穿过瓜德罗普山（Guadeloupe）的南部延伸部分，来到这条山脉，再进入新墨西哥州；同样，穿过卡里索山（Carrizo）到达迪亚夫洛山（Diablo）；因此，这条小道肯定被视为穿过里奥格兰德的最佳突袭兵道之一。在小道上部尽头的箭头指向水（表示少量或未定的供应物资），这是根据阿帕奇人的画所确定。

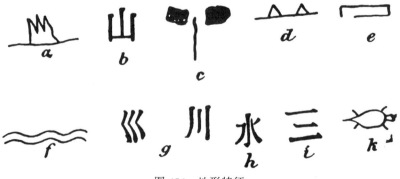

图 454　地形特征

　　　　　　　　　　　　　　　　美洲印第安人的图画文字

下面是以图画文字形式表现地形特征的模式，如图454所示：

a，选自柯普韦（Copway）的《奥吉布瓦族》，第136页，表示"山"。

b 是汉字"山"，选自艾约瑟（Joseph Edkins）的著作，第14页。"一幅物体的图画。更古老的写法是，两座或三座直立的山与底部相连"。

c 是达科他人所画，表示两座山中一道裂口，取自红云的统计册。

d，选自柯普韦的著作，第135页，表示"海岛"。

e 选自柯普韦的著作，第134页，表示"海"或"水"的图形，很可能是一个大的水体，如奥吉布瓦人所熟悉的湖泊之类。

f 选自柯普韦的著作，第134页。它表示"大河"或"小河"。

g 提供了两个表示"河"与"川"的汉字，选自艾约瑟的著作，第14页。三条平行向下的线在所有的情况下都表示"流水"。

h 是表示"水"的汉字，选自艾约瑟的著作，第23页。"在 345 中文里，向下的三划表示如同在河中看见的流水。外面的两划在中间断开。"

i 同样选自艾约瑟的著作，在第155页给出了另一个汉字，与上一个字意思相同。作者说："它应该被竖起来。旧的书写形式更好，因为是三道向下的竖线，就像一幅向下流水的图画。"

k 选自柯普韦（*a*）的著作，表示"陆地"的图形。这是一 346 只乌龟，指的是一个普遍的宇宙神话，涉及大洪水之后陆地重现的故事。

G. 霍尔姆（Holm）（*a*）提供了以下介绍、翻译和概述，描述了图455的内容，这是格陵兰岛东海岸原住民的木制地图：

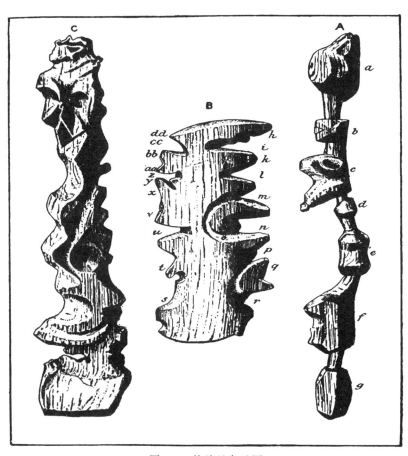

图 455　格陵兰岛地图

　　谈到地图制作，我只能说，很多人在涉及更知名的地方时，倾向于放大尺寸，这确实很自然，因为不如此他们就没有足够的空间展现所有的细节。作为一个自然的结果，地图绘制以地面绘图的形式进行对他们来说很新鲜。他们表现大地的模式是将其刻在木头上。这样做的好处是，不仅可以描绘大地轮廓，而且可以在一定程度上表现大地外貌和岩石形状。

　　带回的那块木头上，绘制了位于塞米利加克（Sermiligak）

　　　　　　　　　　　　　　　美洲印第安人的图画文字

湾以东康克鲁斯卡吉克（Kangerdluarsikajik）湾和康克鲁斯瓦格（Kangerdlugsuatsiak）以北西拉利克（Sieralik）之间的地貌。从木块的一边到另一边都是陆地，而群岛位于另外一块木片上，没有考虑它们与陆地之间的距离。所有存在古旧房屋废墟的地方，也就是便于储物之处，都标志在木制地图上，地图也显示，如果海冰封住了外面岬角的话，哪些地点可以扛着单人划子走过两个峡湾之间的地面。这种模式用来表示所谈论之人所走的路线，因为他在讲述期间，移动了木棍，以便显示群岛都在各自相对位置。另外一幅木制地图，是受人定制，展示了位于塞米利加克（Sermiligak）湾与康克鲁斯卡吉克（Kangerdluarsikajik）湾之间的半岛。

A 和 B 描绘的是位于康克鲁斯卡吉克（紧挨着塞米利加克的东面）和西拉利克（在康克鲁斯瓦格稍北）之间的区域。B 展现了大陆的海岸，从木块的一边到另一边都是，而离岛是绘在木块 A 上，对其上各岛屿之间连接木片必须想象成不存在。当讲述者解释这幅地图时，他把棍子来回移动，以便使群岛相对陆地处于正确的位置。

库尼特（Kunit）给我解释了这幅地图。在图 A 上的岛屿名称是：a，萨德勒米特（Sardlermiut），在其西侧是一个老定居点的旧址；b，内皮内基特（Nepinerkit）（源自 Napavok），具有金字塔形状；c，阿纳纳克（Ananak），在其西南角有一个老定居点的旧址。（注：还有人将阿纳纳克用来称呼正对面的陆地海岬，而把这座岛称为 Kajartalik。）d，阿普蒂泰克（Aputitek）；e，伊蒂夫德苏克（Itivdlersuak）；f，库朱提利克（Kujutilik）；g，斯基维提克（Sikivitik）。

至于图 B，我得到了以下名称（如前述群岛一样，从北面开始）：h，伊提夫德克（Itivdlek），那里有一座房子的遗址；i，西拉克（Sierak），一个小峡湾，其中有鲑鱼；k，沙卡密特（Sarkarmiut），那里有一座房子的遗址；l，康克鲁斯瓦格，一个很长的峡湾，用皮划子甚至一天内都不能从入口到峡湾尽头走完一个来回；m，厄瑟里斯克（Erserisek），小峡湾；n，努图加特（Nutugat），底部有一小溪的峡湾；o，墨克里克（Merkeriak），皮划子的陆上通道。当厚冰封住两个峡湾之间的岬角时，可以沿着小溪岸边从努图加特到厄瑟里斯克；p，伊克拉沙基特（Ikerasakitek），一个海湾，陆冰在此可以直接入海；q，康格拉吉克（Kangerajikajik），一处海角；r，卡夫德伦克（Kavdlunak），一个海湾，有一条小河流入其中；s，阿普辛克（Apusinek），一片狭长地带，在此，陆冰涌入大海；t，塔托里西克（Tatorisik）；u，伊里塔里克（Iliartalik），有一条小小溪的峡湾；v，努里卡特（Nuerniakat）；x，库格帕特（Kugpat）；y，伊格鲁斯克（Igdluarsik）；z，索格米克（Saugmilek），有一条小溪的峡湾；aa，努图卡特（Nutugkat）；bb，阿马格特（Amagat）；cc，康克鲁斯卡吉克（Kangerdluarsikajik），一个较小的峡湾；dd，克纳图阿尔西克（Kernertuarsik）。

　　C描绘的是位于塞米利加克湾和康克鲁斯卡吉克湾之间的半岛。

第三节　情况通知

　　大约在1818年，吉迪恩·林斯肯（Gideon Lincecum）用带有罗马文字特色的查克托族（Choctaw）语言写了一部奇特的手稿，谈到那个部落的古老习俗，其中出现下面一段话（原书第 276 页）：

> 他们有一种非常了不起的巧妙方法在树桩上做标记，这样，一旦他们看到为他们设立的树桩，每个伊克萨（Iksa）宗族就可以知道各自的位置。每个宗族都有一个名称，为其他宗族所熟知。它是一种纹章，每个伊克萨宗族都有自己的盾形纹章。所有的伊克萨宗族都取一个动物的名称——野牛、美洲豹、狗、水龟等各种动物——不论这种动物是什么，都将它的图形刻在树上或木桩上，表明它所属的氏族。在他们即将离开营地、旅行期间或出外打猎时，他们会在树上用一套象形文字做记号。以便其他路过的猎人或旅行者能够知道，他们属于哪个伊克萨宗族，他们在那个营地停留了多长时间，这支队伍有多少人，是否有人生病或死亡，狩猎成功还是失败。就这样，相应地在营地附近一棵去皮的树上清楚地描绘出：一只水龟；五个男子排成一排前行，手里的弓已经拉开，背上扛着大包袱，一个男人走在后面，没扛包袱，弓未拉开；一个圆圈，半个圆圈，在半个圆圈前面有六个短标记；下面是一只熊头，一只野牛头和一只羚羊头。它们的含义就是："伊克萨水龟宗族，同伴六人，一人生病；狩猎成功，捕杀了熊、野牛和羚羊；他们在营地停留了一个半月又六天，他们已经回家去了。"

在魁北克省的阿布纳基人中，根据他们的酋长马斯他（Masta）所述，在一棵树的底部附近分别在一面、两面、三面或四面切下一块树皮，分别表示"遇到了糟糕的运气、更糟糕的运气、最糟糕的运气"。把一圈树皮都剥去，意味着"我很饿"。把一片树皮熏黑后挂在树上，表示"我病了"。

坦纳的《记事》（c）中谈到奥吉布瓦人，当传信人要传达他们快饿死的信息时，有时就画一个男人的形象，把他的嘴巴涂成白色，或将白色颜料涂到动物的嘴巴四周，如果这种动物恰巧是他的图腾的话。

图 456 是一复制图，原件是刻在桦树皮上的一幅画，由帕萨马库迪的老酋长萨皮尔·赛尔默所作。他对此的介绍如下：两个猎人沿着 a 河行走，直到支流 b、c 才分手。印第安人 d 选取了一条河及其湖泊和支流，而另一个猎人（没有画在图中）沿着另外一条支流前行，也选取了该河的小溪和湖泊。有时在冬天期间，他们会彼此拜访。如果不巧对方离开了他的棚屋 e，而来访的猎人想给朋友留个话，通知他自己的运气，他就会在一片桦树皮上画个图，描述所捕杀的动物及其数量，如 f 和 g 所示（驼鹿的头像），每个图旁两个交叉符号，代表 20 头驼鹿。他每次狩猎共猎杀 40 头。h 是一头完整的驼鹿，旁边也有两个交叉符号，表示 20 头，i 是一头驯鹿的画像，旁边一个交叉符号，表示 10 头驯鹿；还有一头熊的画像和四个交叉符号 j，表示 40 头熊；k 显示一头熊的画像和一个交叉符号，表示 10 头熊；一头紫貂 l 与五个交叉符号，表示 50 头紫貂。如果他想告诉朋友，他的运气不佳，饥肠辘辘，他就会画一个印第安人一手拿锅，而锅是头朝下；这表示饥饿。一个躺着的印第安人表示生病了。

图 457 也是由萨皮尔·赛尔默刻在桦树皮上，并由他讲述。

两个印第安猎人顺河打猎。他们同行一直走到河的汊口才分开。一个向 c 河走去。另一个沿 e 河前行，捕杀了一头驼鹿。他们搭起冬天棚屋。

图 456　帕萨马库迪人的传信

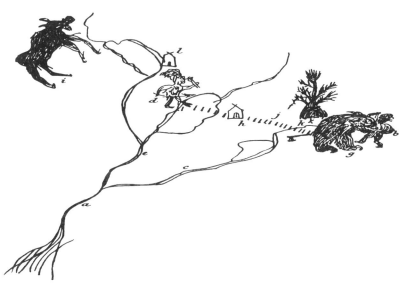

图 457　帕萨马库迪人的传信

印第安人 b 去打猎，在一棵大树下发现了熊窝。他企图刺杀熊，但没有击中要害部位。熊抓住他，凶狠地咬他，使他受了致命的伤。他走到自己的棚屋 h，以为要死了，所以他在桦树皮上刻下记号或信息。他在树皮上刻了一些凹槽 j，显示他走过的脚印，他还刻画了一棵树 f 和一只熊 g。他的朋友 d 来看望他，发现他躺在棚屋里死了，还发现了刻在那片桦树皮上的记号，他看后立刻明白他的伙伴被熊所杀。他跟踪这只熊的脚印，发现熊也死了。

349　　a. 河的干流。b. 其中一位印第安人，去了河的支流 c。d. 另一位印第安人，沿另一条支流 e 前行。f. 熊窝上方的树。g. 熊。h. 印第安人 b 的棚屋。i. 印第安人杀死的驼鹿。j. 印第安人 b 的脚印。k. 树下的熊窝。l. 印第安人 d 的棚屋。

图 458 的原图是刻在桦树皮上，内含独特的故事，而此画的作者萨皮尔·赛尔默则叙述如下：

两个印第安猎人 b 和 c 沿着 a 河去打猎。他们一道前行直到河的支流 d。印第安人 c 选了东边的支流 e。他一直走到 f 湖，在湖边搭起棚屋 g。印第安人 c 非常不幸；他没有杀死一只熊或驼鹿，所以他很饿。印第安人 b 沿着北面的支流前行，搭了一间棚屋 l，在 k 湖附近。他去看望印第安人 c，可对方当时不在家，但 b 在桦树皮上发现了记号：一只倒置的锅，h；这意味着饥饿。他也刻下自己的记号，i，一只鹿头，显示打猎成功。他指向 j 湖，他在那里打死了驼鹿。他邀请 c 去他家，b 的棚屋 l。

350　　o，低处的湖，与上述故事无关，但画出它无疑完成了地形图。两条小道，m 和 n，是切刻而成，显示出脚印或雪鞋的脚印。阿布纳基人在有 kelhign sisel（意为紫貂死亡跌倒）的路上会留下步行道或雪鞋小道，在两座湖泊或河流之间，从一个狩猎营地延伸到另一个。

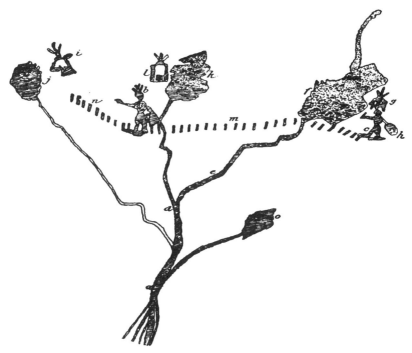

图 458　帕萨马库迪人的传信

　　渥太华和波塔瓦托米（Pottawatomi）印第安人表示饥饿和饿死的方式，是在人物形象的胸口或胃部画一条黑线。（见图1046）这幅画是刻在一块木头上，或是用木炭粉和胶水或红土的混合物画在木头上。然后将这块木头绑到一棵树上或一根杆子上，立在帐篷附近的路上，过路人就会看见，前来救助这位发出求救信号的受难者。

　　图459阐释了另一个村庄的不幸信息，这是那群人在离开时发出的。这幅图是阿拉斯加人瑙莫夫（Naumoff）在1882年所画，模仿的是他家所用的画。该图画在一块木片上，然后贴在作画人家的房顶上。

a，夏天的居所，显示一根棍子向着要去的地方倾斜；*b*，皮筏子，上面坐着那家人；可看出第一个人指向前方，表示他们"乘小船去另一个定居点"；*c*，立在墓地的棍子，表示定居点有人去世；*d*、*e*，夏天和冬天的居所，表示一个村庄。

图 459　阿拉斯加人的噩耗通知

　　图 460 这幅画也是一位阿拉斯加原住民在 1882 年所画，是模仿他所熟悉的阿拉斯加当地画而作，打算放在定居点显眼的地方，因为这里遭到敌人的武力攻击而最终丢弃。最后一个撤离的人在一块木条上作了这幅画，为的是告知朋友们来救助幸存者。

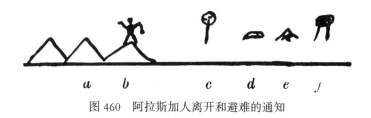

图 460　阿拉斯加人离开和避难的通知

　　a 代表三座山冈或山坡，表示在他们行走的路途中，需要翻越山冈的数量；*b*，绘画者在指示方向，左手指着脚下的一座山，右手显示数目二，表示仍需翻越的山冈数目；*c*，一块圆形木头或皮革，画着一张人脸，放在杆子上，面朝离开定居点而前往的方向；在此情形下，画的是敌人对村镇的攻击，反映这种厄运的图示有时会被竖立起来；*d*、*e*，冬天和夏天的住处；*f*，仓

库，架在直立的杆子上。这种方式为阿拉斯加沿海的原住民所普遍使用。

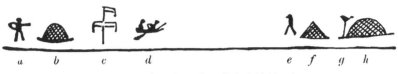

图 461　阿拉斯加人表示外出哀悼的通知

图 461 中的画是模仿阿拉斯加南部的原住民的画，目的是向看画者传达这样的信息：作画者已经去了另外一个定居点，那儿的居民处于哀恸中。这幅图画在一块木条上，放在房子门口，以便来客或询问者可以看见。

瑙莫夫给出了下面的解释：a，一位原住民用右手做出了表 352 示自己的手势，用左手指向要去的方向；b，原住民的居所；c，用于晾鱼的架子；在杆子的顶上绑了一块木头，其最长的一头指向哀悼人群要去的方向；d，搭载众人的皮筏子；e，将去探望的原住民定居点；f，夏天的居所；g，"萨满棍子"或死亡之棍，为纪念一个最近去世的人而立，是这次旅行的原因；h，冬天居所。它与 f 合起来，表示一个定居点。

图 462 也是瑙莫夫所画，意为"需要弹药"。

当一个猎人追踪猎物、耗尽弹药时，他会返回离他最近的小道，在最显眼的地方，将 ihúnǔk 插到地上，顶部向所去的方向倾

图 462　阿拉斯加，需要弹药

斜。ihúnŭk 是一对棍子，造型像字母 A，用来作枪的支架。这种向第一位过路人传递需求的方法为阿拉斯加南部沿海的人们所采用。

图 463，也是瑙莫夫所画，含义是"发现了熊；需要援助"。

当一个猎人发现一只熊，需要援助时，他将一束草或其他纤维物质系在一起，扎成这种动物的形状，把它放在一根长棒或杆子上，竖立在一个显眼的地方。所编织的动物头部朝向最后一次看到这头动物的位置。

图 463 阿拉斯加，
狩猎时的求助

这个方式为大多数阿拉斯加印第安人所使用。

图 464 也是瑙莫夫所画，表示"饥饿的猎人"。

一无所获的猎人们饿得饥肠辘辘，便在一块木头上刻上或画上与前面类似的图画，把棍子的下端插到最容易发现的小路路段。棍子向他们住所方向倾斜。下面就是图中所包含的信息细节：

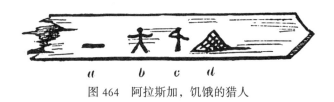

图 464 阿拉斯加，饥饿的猎人

a，一条水平线表示独木舟，显示有几个人要去打鱼；*b*，一个男人张开双臂，表示一无所获，对应于否定的手势；*c*，一人将右手放到嘴边，表示吃饭，左手指向猎人们的住所；*d*，住所。

353

总体含义是屋子里没有吃的。这是阿拉斯加南部原住民所使用的方法。

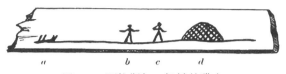

图 465　阿拉斯加，饥饿的猎人

图 465 具有相同的含义，出自同一个人之手，总体图形与前一幅画相似。它被插在地上，距离乘独木舟之人的登陆点不远，它的顶部指向小屋。以下是对这些图形的解释：

a，一只皮筏子，显示船头有两个突出物，以及两个主人在船上；*b*，一个男人做出没有的手势（参见图 983 相关的图画）；*c*，所画的姿势，右手表示吃东西，左手指向小屋；*d*，冬天的住所。

这是阿拉斯加沿海原住民所使用的方式。

第四节　警告和指路

以下介绍的是奥吉布瓦人关于一个杀人犯逍遥法外的通知，选自坦纳（*d*）的叙述：

> 一天早晨，当我路过一个我们平常扎营之地时，我在岸上看到一根小木棍插在岸边，顶上附着一片桦树皮。仔细一看，我发现上面画了一只响尾蛇和一把刀，刀柄靠着蛇，刀尖扎入一只熊，熊头朝下。离响尾蛇不远处是一只河狸。这是一只母狸，它的一个乳头挨着蛇。这是留给我的信息，我从中得知：一个名叫 Wa-me-gon-a-biew 的人，其图腾是 She-she-gwah（响尾蛇），他杀死了一个图腾为 Muk-kwah（熊）的男人。凶手只能是 Wa-me-gon-a-biew，因为画中认定他母亲的图腾是河狸，据我所知，河狸就是 Net-no-kwa。

有一个很有趣的"禁止通行"的通知或警告实例，呈现在图466。这是美国地质调查局的摄影师 J. K. 希勒斯（Hillers）先生1880年摄自新墨西哥州谢伊峡谷（Chelly）的一幅岩画。

图 466 禁止通行

左边的画无疑是一种警告通知：虽然山羊能爬上这条岩石小道，但马却会摔下来。

在西经100度进行地理调查时，霍夫曼博士观察到，在内华达州的蒂瓦蒂凯（Tivátikai）肖肖尼人中有一种习俗：沿着道路或道路附近立起一些石头堆，用以指示去向，以及通往泉水的小道。或放在略高于地面的地方，或在道路交叉处，放一堆石头，根据吸引注意力所必需的高度，堆放的高度各不相同。在石堆的顶上，会固定一块细长的石头，摆放的方式是将最显眼的尖端指向所走的路线。有时，这种情形每隔几英里会重现一次，除非有些路段分不清或交叉口需要更短的间隔。了解这种风俗证明对于早期探矿者和拓荒者非常有帮助。

图 467 是一个复制图，为实际尺寸的十六分之一，一幅彩色岩画，由霍夫曼博士于 1884 年在圣加夫列尔河（San Gabriel）的北岔河边发现，这里也被称为加利福尼亚州洛杉矶县阿祖瑟（Azuza）峡谷。

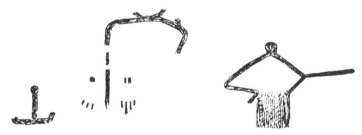

图 467　加利福尼亚州洛杉矶县阿祖瑟峡谷的岩画

这块带有岩画的大圆石长 8 英尺，高 4 英尺，宽度相同。图在岩石的东边，因此人像的左臂在右边，指向北面。

图 468 是一幅地图，绘制的范围在 1000 码到 1 英寸之间，显示了带有岩画的岩石群的相对位置及其周边的地形。

小河被陡峭的群山环抱，只有两处例外，标示为 cc，有一条古老的印第安小道经过此河。这条小道从北面的莫哈韦沙漠通往南面的圣加夫列尔峡谷，这条路是到达圣加夫列尔布道定居点和洛杉矶最近的路线。如果要沿着水路走，路程将大大延长，而且会经过更艰难的路线。图 467 那幅图就画在地图上标为 b 的岩石上：在一块几乎为白色花岗岩的大圆石上，显示有淡黄色的图形，部分已被风吹雨打和每年的洪水所损坏，但仍然可以

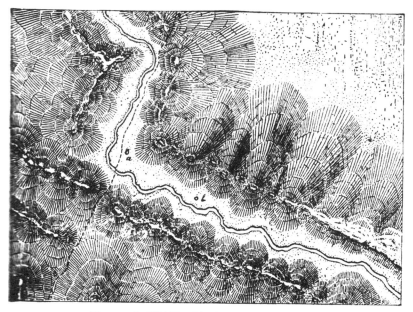

图 468　加利福尼亚州阿祖瑟峡谷岩画的位置

看出，右边的图是指导看图人向东北方向走，不过，选取那条道
需要向西绕点圈子。这幅图可能是用来为那些未走常规路线而来
到峡谷的印第安人指路的。再往西，在地图上标为 a 的地点，是
一个花岗岩大圆石，上面有许多图画，其中一部分几乎已经消失
殆尽。这些画都是用红赭石（氧化铁）画的。选取的部分图形见
图 469。

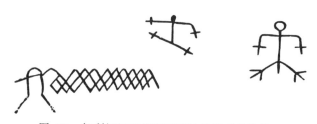

图 469　加利福尼亚州阿祖瑟峡谷岩画的临摹画

　　　　　　　　　　　　　　　美洲印第安人的图画文字

这幅画位于岩石西边几乎垂直的表面。这些图形似乎也在指路，因为这条小道很容易消失在崇山峻岭之中。左边的人物图形似乎把它的手放在一系列的山脊上，好像在无声地向人展示在群山之上崎岖不平的山道。

在此情景下，中间的人物所做出的一个姿势，可能在指路，即，向左，或向北上山的小路，如同手臂和腿部所显示的；向南，或向下，如同画的右边向下倾斜的腿和下垂的前臂和手。

这些图形，以及同一块岩石上其他的图画文字（这里没有展示），与肖肖尼人图画的总体类型有明显的相似之处，从目前所得到的这种证据看，它们很可能源自切梅惠维人（Chemehuevi），因为那个部落一度迁移到遥远的西部。尽管他们居住在群山以北，但也来到峡谷及洛杉矶的定居点进行交易。同样众所周知的是，直到 1845 年，莫哈韦人（Mojaves）都定期来到洛杉矶，而这幅地图中标为 a 点的小路似乎是他们最可行和最方便的路线。有强有力的证据表明，莫基人有时也造访太平洋沿岸，很可能也选取了这同一条道路，在沿路的重要位置，像画路标一样，做出标记。

下列有趣的记录取自在卡莱尔（Carlisle）出版的《红种人》1888 年 10 月号的文章：

一位牧场主在探访一处派岗族人（Piegan）废弃的营地时，发现了如下通知：

我们在晚餐时间探访了这个牧场。他们对我们很不友好，没给我们吃饭就把我们打发走了。有一位头人，养了两只狗，其中一只没有尾巴。有两个大块头的劳工。他们有两对大马和两匹高大的马驹，他们还有一对块头较小的马，两匹矮种马和两匹矮种马驹。

通知的内容如下：一圈圆石代表大马和矮种马，后者用较小的石头代表；圆圈外的石头表示有很多小马。中心附近是一块长而窄的石头，在其尾端放有一块小石头。这表示头人或主人，他的两只狗由两片树皮代表，其中一片的尾端为方形，而另一片上扎了一根小树枝做尾巴。另外两块狭长的石头，比第一块更大，代表两个劳工；这些石头上都没有小石头。一些木棍，上面放了一小堆野牛的碎骨头，表示晚餐已做好；翻过来的空贝壳表示，他们什么也没吃就被送走了。

查尔斯·W. 坎宁安（Charles W. Cunningham）先生以前住在亚利桑那州的凤凰城，他报告说，在罗伊（Rowe）峡谷发现了岩画，这里距亚利桑那州布拉德肖山（Brad Shaw）底部一英里半。图形被凿刻在垂直的坚硬斑岩石壁上，涵盖的空间为12—15英尺长，从地面往上大约30英尺。图中有张开双臂的人物，显然是在驱赶形似绵羊或山羊的动物，在队列的前头，出现了一只熊。对此的解释似乎是通知印第安牧民，在通过峡谷时，他们要小心防范熊或其他危险的动物，因为小道或峡谷向下通往一些贮水池，牧民们可能会习惯性地把羊群赶到那里。

达尔贝蒂斯（b）谈到巴布亚人时说，当他们想警告别人不要进入住宅时，就在屋外立起一根木棍，顶上是一片树皮或一个椰子壳，在尤尔岛上，这些警告或禁忌的木棒顶上装有石头。

当一个鞑靼人萨满巫师希望不被干扰时，他就把一个带两只突出羊角的干山羊头放在帐篷外面的木栓上，然后放下门帘。这样没人胆敢进去。

下文引自弗朗茨·凯勒的著作（*b*）：

在无边无际的原始森林里，在伊瓦希（Ivahy）河与巴拉那帕内马河（Parana-panama）之间，在帕拉南河（Parana）与蒂巴日河之间，有很多科罗阿多（Coroado）游牧部落丰沃的猎场，在那里，人们经常会遇到（主要在被遗弃的棕榈棚子附近）一些奇怪的物体挂在两树之间的细绳或藤条上，诸如小木片、羽毛、骨头和不同动物的爪子和下颌。

根据那些精通印第安口头传说专家的观点，这些神秘符号是用来向部落的其他成员传达有关信息，诸如打猎的收获、猎人的数量和停留情况、驯养动物的信息，等等；但这种奇怪的组合，使人想起古老的、尚未破解的秘鲁结绳，然而令人欣慰的是，森林中的天真之子有时竟然用它与白人交流。

早晨，这个国家的外来移民在出来到自己小屋附近照看非常原始的磨坊时，经常发现它们运转良好，但破碎的是卵石，而不是玉米粒；而在露天棚子的地上，这些不受欢迎的夜间访客的名字及其目的已经清楚地写在沙上。在画的很好的曲折线中，插入了华丽的红色和蓝色金刚鹦鹉的长尾羽毛，它们通常是科罗阿多人用来装饰弓箭的；另外，因为这些是战争和夜间攻击的符号，合起来很可能表示一种警告，人身攻击的警告："拿走你们的东西走人，否则小心我们的箭"。

第十二章　传信

　　在这个标题下，对传达信息的图画所做的解释和说明进行了分类，这些图画过去是当书信用，现在则由那些拥有写作艺术的人用文字写信。对用作同一目的的图画，添加了一些对其中物体的描述。这些有时是明显的表意文字，但也常常是常规的或随意的。很可能这种物体的传送或交换要早于用图画传达信息的尝试。因此，应将前者与后者联系起来考虑。根据通信的目的，可以恰当地分为以下主题：（1）宣战；（2）昭示和平与友谊；（3）挑战；（4）社交和宗教信件；（5）索债或征用。

第一节　宣战

勒帕热·杜普拉茨（Le Page du Pratz）(a)在1718年做了如下报告：

那切兹部落（Natchez）的人表示宣战的方式，是在敌人领地的树旁留下一个象形文字图画，在画的前面，十字交叉地放两支红箭。在画的上部右边，是代表宣战民族的象形符号；其次，是一个裸体男人，很容易看出他手握大棒。接着是一支箭，正向一个女人射去，而她正在逃跑，头发散开，在空中飞舞。就在这个女人的面前，是一个标志，代表被宣战的民族；这些图形都在同一行。下面的图形不太清楚，或主要取决于解释。这一行以月亮的符号开始（表示一个月）将很快到来。随后的日子以直线表示，月亮以一张没有光束的脸表示。还有一个男人，在他的面前似乎有许多箭正射向一个飞逃的女人。所有这一切宣示：正如一个月有这么多天，他们也有很多人来攻击指定的民族。

拉洪坦（Lahontan）（a）写道：

加拿大阿尔冈琴印第安人宣战的方式是这样的：他们向该民族送回信息，他们要和该民族的一个奴隶争斗，命令他将一把斧头带回本族的村庄，斧柄涂成红色和黑色。

加拿大休伦湖一带的易洛魁人送出一串黑色贝壳表示宣战。

物品常被用于宣战，其中一些有助于理解图画文字。以下是几个例子：

洛多尼埃（Laudonnière）上尉（a）说："在1565年，佛罗里达的印第安人将长发缚在箭上，然后立在小道或大路旁，表示宣战。"

格奥尔格·施维因富特（Georg Schweinfurth）博士（a）做了以下记述：

我在此要提一下，在旺多人（Wando）领土的边界地区，出现了一种向我们宣战的奇特符号。……紧挨着道路，在每一位路人都能清楚看见的地方，有三样东西从一棵树的树枝上垂下来，即，一个玉米穗、一根鸡毛和一支箭。……我们的导游完全明白并乐意解释其象征意义，它们所表达的意思是：无论谁碰一下玉米穗或抓一下鸡毛，肯定会成为弓箭的靶子。

MM. V. 雅克（Jacques）（*a*）和 E. 斯托姆斯（Storms）在《东赤道非洲记事》一书中说，当一位酋长因心怀不满而要对另一部落宣战时，他就打发一位使者携带一颗铅弹和一把锄头去见对方酋长。如果后者选择子弹，战争随之而来；如果选择锄头，则意味着他同意进行谈判，维持和平。

前述泰里安·德·拉克伯里所著第 420—421 页报告说：

下面是中国西藏的例子，具有混合的特征。除了使用物品，还加上有切口的棍子。当傈僳族人打算起义时，他们派人给木氏土司（代表中国政府管辖他们的人）送去一样东西，汉人称之为木片信，西藏人称之为 shing-tchram。这是一根棍子，上面有刀刻的凹痕。一些象征物拴在上面，例如：一根羽毛、烧过的木头、一条小鱼，等等。捎信人必须解释凹痕和象征物的含义。凹痕可能表示即将打来的成千上万的士兵数量；羽毛表示他们像鸟一样飞快到达；烧过的木头表示他们会烧毁沿途的一切；鱼表示他们会将每个人都扔进水里，等等。这一习俗主要是在该地区所有的野蛮部落间沿袭。这也是头领传送命令的常规方式。

　　　　　　　　　　　　　　　美洲印第安人的图画文字

第二节 昭示和平与友谊

下列有关图示和谈信件的叙述是刘易斯·卡斯（Lewis Cass）州长所写。1820 年之前，他多次因公前往西部部落，这是其中的一次：

几年前，由于双方都厌倦了战争，奥吉布瓦人和达科他人的首领们进行了会谈，同意停战。但苏人却不顾已达成的严肃契约，在某种突如其来的冲动驱使下，攻打奥吉布瓦部落，杀了很多人。

当我们到达桑迪湖（Sandy L.）后，我向奥吉布瓦人首领提议，他们应该派几个代表陪我们去圣彼得斯（St. Peters）河口，以便在他们与苏族人之间建立永久和平。奥吉布瓦人欣然同意，他们的十个头领与我们一道沿密西西比河而下。从桑迪湖到圣彼得斯河估计距离有 600 英里。当我们接近这个地区时，我们发现我们的奥吉布瓦朋友们非常拘谨和紧张。

奥吉布瓦人偶尔也上岸检查苏人最近是否来过那个地区。在其中一次探查中，一个奥吉布瓦人在显眼的地方发现了一块桦树皮，被拉直固定在两个木棍之间，大约 18 英寸长，2 英寸宽。

这块树皮上含有苏族人的回复。由于两个部落之间的较量如此血腥，面对面的交流已不可能进行。无论是政府的威望还是消息的重要性都不能保证各自的信使免遭对方的报复仇杀。

一段时间之前，奥吉布瓦人因渴望和平，曾经派一些年轻人带着一块类似的树皮进入这些平原，在树皮上表达了他们的愿望。这块树皮挂到树上，很容易发现，结果被一队苏人看到取走。

苏族各村对这项提议进行了议论，这块树皮上就有他们的回复。奥吉布瓦人非常熟练地向我们解释苏族人的意图。

树皮上画了密西西比河与圣彼得斯河的交汇处，这里是苏族人的主要居住区，也是美国人的要塞，还画了一个值勤的哨兵和一面飘扬的旗帜。

苏族的大酋长名叫六个，我认为，这暗示他掌控着6个村庄的部落分支。为了表明他没有出席审议和好问题的会议，他被画在一块较小的树皮上，挨着另一块树皮。为确定他的身份，他被画有六个头，一枚大勋章。另一个苏族酋长站在前面突出的位置，右手拿着和平烟斗，左手握着武器。即使我们也能看懂；就像我们国徽上的鹰，既有橄榄枝，又有箭；他渴望和平，但也做好了战争准备。

苏人的队伍有五十九个武士，由画在树皮一角的五十九支枪表示。

我军的营地已从圣彼得斯河的低地转移到密西西比河边的高山上。因此，树皮上画了两个堡垒，而直到我们到达圣彼得斯河之后，才找到这个回复。

这块树皮的发现对奥吉布瓦人思想的影响是明显而直接的。

这块奥吉布瓦人的树皮画具有相同的常规方式，他们的主要居住地——桑迪湖画得非常准确。为了消除对它的怀疑，还画了坐落在岸边西北的老建筑远景图，该建筑现在是美国皮毛公司的财产。

　　　　　　　　　　　美洲印第安人的图画文字

他们在描绘的时候，没有略去任何部分。一英里的密西西比河，包括圣彼得斯河口，占据的空间直到桑迪湖，也没有显示一部分比另一部分更接近旁观者。

上面形象地展示了或战或和的态度，它可与尚普兰在《旅行记》（*d*）中的记录相媲美：其中一位酋长名叫马里斯顿（Mariston），但他自称 Mahigan Atticq，意为狼鹿。因为他宣称，和平时他温和得像一只鹿，但打仗时却野蛮得像一只狼。

戴维斯在《新墨西哥征服记》（Davis）（*a*）中指出，瓦尔加斯（Vargas）率领的远征军在 1694 年受到尤特人的迎接，他们举起鹿皮表示和好。

下列"1806 年奥吉布瓦酋长与苏人和谈时的讲话"，取自派克（Pike）少校（*a*）的《探险记》，展示了图画文字中利用烟斗宣示和平：

我的神父，请告诉圣彼得斯河上游的苏族人，让他们在多棵树上刻下烟斗图形；如果我们雷德湖人路过时看到，就会与他们讲和，因为我们看到树上的烟斗标记，我们就确信他们的和好意愿。

在马格里（Margry）所汇编史料的第 4 期第 153 页中，伊贝维尔（D'Iberville）在 1699 年说，他在密西西比河口附近遇到了印第安人，他们高举一根发白的小木棍，表达和平友好的愿望。同一位编者在同一期第 175 页告诉我们，乌玛人（Ouma）手举白色十字架作为类似目的的宣告；在另一份刊物的第 4 期第 239

页描述了一根同样举着的棍棒，其形状像烟斗。实际使用烟斗宣示和平与友谊的例子在本书中数次提到。参见第 299 页提到的通行证和第 322 页的贝壳串珠。

伍德索普（Woodthorpe）中尉在英国人类学协会期刊第 6 期第 211 页中谈到印度东北边疆的纳盖山（Naga）野蛮部落：

> 在通往尼奥（Niao）的路上，我们在地面上看见一个奇特的浮雕人物形象，手拿一面锣，朝向森纳（Senna）的方向。有人认为，这表示尼奥人愿意与色奴阿人议和，因当时双方正在交战。另一种向入侵之敌表达希望对方息怒并引诱他展开谈判的方式，是在他必经之地绑一对山羊，有时还带有一面锣，同时将普遍象征和平的标志——棕榈叶插在旁边的地里。

以下是 G. W. 布洛克沙姆（Bloxam）(*a*) 对图 470 的描述：

> 这幅图表述了吉布（Jebu）国王在 1851 年 12 月 28 日恢复王位后，向拉各斯（Lagos）国王传达的和好喜讯。看上去很复杂，但解释起来相当简单。首先，我们看到八个贝壳成对排列，表示世界上四面八方的人民，还可以观察到，其中三对面朝上摆放，而第四对最重要，处于最重要的位置，是面对面摆放，从而表明通信的双方，即吉布和拉各斯人民受到彼此友好感情的激励；因此，其他所有物体都是成双成对，意为："你和我""我们俩"。两粒大种子或棋子（warre）*a*、*a*，表达的愿望是："你和我"应该像密友一样一起玩名叫"Warre"的游戏。这种游戏是该国很常见的游戏，而这些种子的用途，就像我们

的国际象棋或跳棋中的棋子一样；两粒扁平的种子 b、b，是一种名叫 "osan" 的甜果。这个名词来源于动词 "san"，意为 "令人高兴"［提示：请留意画谜］，因此，它们作为传达信息者，表达了与对方和好的愿望，最后，两个香料 c、c，意味着相互信任。以下是此图画文字的全部含义：

图 470　西非人的传信

生活在世界各地的民族中，拉各斯族和吉布族人民是离得最近的。

因为 "warre" 游戏是全国通行的游戏，所以，吉布族和拉各斯族应该始终同乐，彼此友好。362

彼此快乐是我的愿望；我对此感到愉快，所以也希望你因此觉得愉快。

不要欺骗我，因为香料只向天神发出甜美和纯正的芳香。我与你打交道决不会耍诡计。

第三节　挑战

H. H. 班克罗夫特（a）在《土著民族》一书中说，沙美尔人（Shumeias）若挑战波莫人（Pomo）（居于加利福尼亚中部），就将三根中间和两端有切口的小棒放在两个部落分界处的土丘上。如果波莫人接受挑战，他们就在中间切口处系一根绳子。双方使者随后见面，安排时间和地点，决斗就将照计划进行。

在听觉和视觉之外，传递实物是低级文明部落最早、最自然的交流信息的方式。当塞西亚人（Scythian）的领土遭到大流士王入侵时，他们使用的就是这样的系统。希罗多德对此故事的叙述受到普遍引用，但希罗斯的费雷西底（Pherecydes of Heros）有另外一种记述，他说，塞西亚国王伊当提尔苏斯（Idanthuras）在大流士王渡过伊斯特尔河（Ister）之后，向他发出宣战威胁。他没有给他送信，而是送去一套复合象征物，其中包括一只老鼠、一只青蛙、一只鸟、一支箭，和一把犁。在对这个信息含义进行大量讨论时，千夫长奥伦托帕加（Orontopagas）认为这是表示投降；他推测老鼠代表他们的住所，青蛙代表他们的水域，鸟代表他们的天空，箭代表他们的武器，犁代表他们的国家。但西福德雷斯（Xiphodres）提出了相反的解释，意为："除非我们能像鸟一样飞在空中，或像老鼠一样钻入地下，或像青蛙一样钻到水里，否则，我们决不能逃避他们的武器，因为我们不是这个国家的主人"。

第四节　社交和宗教信件

图 471 是一封信，为实际尺寸的一半，由一个奥吉布瓦女孩、一位巫师的女儿，写给所爱的情人，要求他去拜访她的帐篷。这个女孩没有巫师头衔，但在家中通过观察，学会了图画文字的写法。

图的解释如下：

a，这封信的作者，熊图腾分支的女孩，由那头动物 b 表示。

e 和 f 是 a 的伴侣，十字架符号表示三个女孩都是基督徒。

c 和 g，女孩们所住的帐篷。帐篷在一个大湖 j 的旁边；一条小道从 g 通往 h，而 h 是一条交通要道。

363

这封信是写给一个泥狗图腾族的男人，如 d 所示。

i，这条路通往收信人所住的帐篷。

k 和 l，所搭帐篷附近的湖泊。

仔细观察 c，可以看见写信人的手从开口处伸出，表示召唤并指明要拜访哪座帐篷。清楚地指明位置就好像在一个城市里，一个姑娘向一个小伙子发出邀请信，请他来访问某街某号。

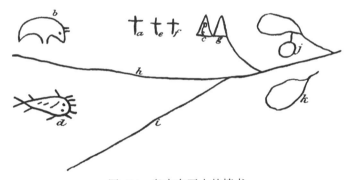

图 471　奥吉布瓦人的情书

图 472 是一位名叫乌龟随妻的南夏延族人从印第安领地夏延族和阿拉珀霍（Arapaho）族居留地邮寄给住在达科他州派恩岭居留地的儿子小个子的信。

它画在半张普通信纸上，没写一个字，封在一个信封里，地址上写着："派恩岭居留地夏延人小个子"。这是由前述第一个居留地的某个人以普通的方式书写。小个子显然明白这封信，因为他立即前往派恩岭管理处的印第安人事务官员 V. T. 麦吉利卡迪（McGillycuddy）博士，并且知道那笔 53 美元已放入他的账户，以便使他能够支付回印第安人领地父亲家的长途旅费。在同一邮件中，麦吉利卡迪博士收到了事务官员戴尔的一封信，内含 53 美元，信中解释了寄信的原因，这使他也明白了这封图画文字的信。上述解释很清楚地表明，在左面人物的头部上方，乌龟随妻由一条线与人物的脑袋相连，在另一个人物的头上，也有一条线将他与小个子相连。同时，在刚才提到的人物右臂上，也有一个
364 小个子正在跳向或迈向乌龟随妻，从后者的口中伸出两条线，在末端弯曲或呈钩状，好像正把小个子拉向他。有人认为，上述图画文字的最后一部分是通信的实质内容，即"到我这里来"，带有姓名图腾的两个较大人物图形是收信人和寄信人。在以上两个人物之间，有 53 个圆形物体，代表美元。两个印第安人都缠着腰布，与有关他们的信息相一致，即，他们是夏延族人，未受到完全开化或教育。

萨加尔德（Sagard）（a）谈到渥太华河畔的阿尔冈琴人：如果要举行一场盛宴，主人就会给每一位受邀请的人发送一根独特的小木棒（很可能有不同的标记或颜色），长度和厚度如小拇指一般。客人在进入帐篷时，必须出示小木棒，就像带上一张邀请卡和入场券一样。这种预先安排似乎很有必要，以便主人预备食物，也使客人满意，正如一个名叫好兄弟的人提到的一次宴会，每个客人都得到一大块鲟鱼和大量的玉米肉粥。在这种场合下，选择图腾或宗教团体可能有某种规则，但叙述者没有说出
365 来。印第安人的普通习俗是，房门大开，来者不拒，其中很多人是原住民，因浪费及之后的饥荒而成为流浪者。

图 472　夏延族人的信

彼得·琼斯牧师（*b*），一位受过良好教育的奥吉布瓦族传教士，在谈到奥吉布瓦东部部落时说：

他们祈求神灵祝福或息怒的方法，是按下列顺序向神灵献祭：当印第安人在狩猎时遭遇不顺，或在途中遇到不幸时，他就想象是自己疏忽了某项职责而惹怒了神灵；为了止息神的愤怒，他献出所捕获的第一份猎物，举行一次宗教宴席，邀请很多其他棚屋管事的男女参加。通常是派一个小伙子作为信使去邀请客人，随身带一批彩色翎毛或 4 英寸长的棍子。进入棚屋时，他会喊道："Keweekomegoo！"意为"请你参加宴会"。然后，他分发翎毛给受邀人；这些就像白人的请帖一样。当客人们到达设宴人的棚屋时，会将翎毛还给他；翎毛分红、绿、白三种颜色；红色给老年人，或那些属于上等地位的人；绿色给中等地位的人（media order）；白色给普通百姓。

大卫·博伊尔先生（b）谈到以上的习俗时，引用了彼得·琼斯牧师的叙述，也对琼斯博士提供的翎毛和棍子的复制图做了解释。而这些物件是琼斯博士的父亲、前述作者五十年前从西北带回的。复制画见图473。

图473　奥吉布瓦人的邀请信物

当奥吉布瓦人的大巫医协会即将举行盛典时，巫师长就派出一位信使给每个成员传递邀请信。这些邀请信由雪松枝或其他替代树枝组成，长度约4—6英寸，厚度与普通铅笔相等。它们可能没有着色，而过去的习俗是将一头涂成红色或绿色，所以有些仍然着色。上色木棒的宽度是木棍长度的五分之一。据说在古代，这些邀请木棍饰有彩色豪猪刺或成串的珠子，而不是用颜料。

派出的信使还要说明聚会的日期和地点。受邀人必须亲自展示邀请木棍并将其放在聚会所在围场的地上；假如他被剥夺了参会的特权，他必须归还木棍并解释缺席的原因。

366

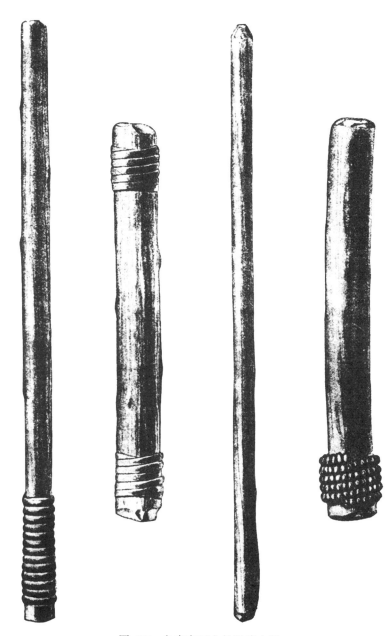

图 474　奥吉布瓦人的邀请木棍

图 474 展示了没有着色的棍子。

　　另一种为同一仪式发请帖的方式是传发一片带图画的桦树皮，其图形类似于图 475（取自柯普韦所著书第 136 页）。

图 475　召唤参加巫师典礼

图形从左手开始，含义如下：作法房；大帐篷；棚屋；树林；湖泊；河流；独木舟；过来；伟大的神灵。

柯普韦评论如下：

"在上面的图画中，棚屋和作法屋围栏（表示崇拜），表示巫术的保存、记录和功用。帐篷里画有一些人；其上的小点表示天数。

"整个故事可以这样解读：

　　请听 Sa-ge-mah 的话：作法屋将在八天内准备就绪。你们这些住在树林里、湖旁和小溪边的人们，请乘独木舟或步行过来朝拜伟大的神灵。"

上述解释采用了太多的基督教思想和语言。更简单、更准确的表述应该将翻译的"朝拜"和"伟大的神灵"换成简单的大巫医协会举行会议的通知。

图 476 是一位帕萨马库迪人所画，它显示了这个部落的印第安人现在如何向美国总统或缅因州的州长求助，而过去则是向统辖他们的大酋长传递求助信物。他们如此说道："您在杆子的

顶上，因此无人高过您。从这根杆上，您可以看到国家最远的地方，能看见您所有的子民。当任何一位子民前来见您时，他们必须努力工作才能到达您所在的高杆之顶。他们必须攀登此杆才能到您面前。您应该怜悯他们，因为他们长途跋涉来见您——高杆之上的掌权之人。"老人们将这种信称为 *kinjemeswi waligoh*，意为给大酋长的致敬信。在过去，它总伴有一条贝壳串珠。

图 476　帕萨马库迪人的信件

一幅非常有趣的来自特苏基（Tesuque）的普韦布洛人的外交包裹的图示及其说明出现在斯库克拉夫特（*g*）的书中，在同一部丛书（*h*）中，有一幅源自加罗林群岛（Caroline）的图画文字则更能说明问题。

A. W. 豪伊特（*c*）报告说：

> 在澳大利亚中部，信使被派出去召集人们到一起跳舞，有些人甚至在 100 英里之外。这些信使们被涂上红赭石颜料，头上装饰着羽毛。
>
> 在召集人们参加成人礼时，使者们被涂上黄赭色的斜线条，他们的胡须被紧紧地绑在一起。他们带着一个令牌，形状像一个威尔士亲王的羽毛装饰，这是将一些鸸鹋羽毛用绳子绑得紧紧的。

368

发送几个绑在一起的红赭石表示举行隆重的成人礼或和平庆宴。在发出打算"给一些人举行成年仪式"的通知时，信使会带一把木炭，一言不发地往每一个在场的人嘴里塞一块木炭。在成人礼的仪式上，人们完全明白，这种举动是"长大成人"的意思。

以下是对一封土耳其人的情书内容的描述，该信由玛丽·沃特利·蒙塔古（Wortley Montagu）女士（a）在 1717 年获得：

我有一封土耳其情书给你。……字面的翻译如下。你从钱包里拿出的第一样东西应该是一颗小珍珠，必须以这种方式理解：

珍珠 ·················· 最美丽的年轻人。

丁香 ·················· 你有丁香般苗条的身材。

你是永不凋谢的玫瑰。

我早就爱上了你，而你却不知道。

长寿花 ·············· 怜悯我的激情。

纸 ······················ 我一直心力交瘁。

梨 ······················ 给我一些希望。

肥皂 ·················· 我因爱生病。

煤块 ·················· 我一生一世属于你。

一朵玫瑰 ·········· 愿你快乐，让我分担你的悲伤。

一根稻草 ·········· 让我做你的奴隶。

布 ······················ 你是无价之宝。

肉桂粉 ·············· 我的财富就是你的。

一根火柴 ········· 我在燃烧，燃烧！爱的火焰要耗尽我。

金丝线 ·············· 不要不理我。

头发 ·················· 我头顶的王冠。

葡萄 ·················· 我的两只眼睛。

金线 ·················· 我要死了；快来。

还有附言：

胡椒 ·················· 给我回信。

您瞧，这封信完全是诗歌体，而且我可以向您保证，在选择诗句中所显示的想象力可以与我们书信中最精妙的用词相媲美。我相信，有千千万万的诗句为此目的而写。每一种颜色、花卉、野草、水果、草本、卵石或羽毛都有相关诗句；您不用写一个字，就可以争辩、责备或发出激情、友谊或致敬信，甚至信息。

众所周知，土耳其人和波斯人使用花语传信，其含义是通过选择和排列花卉而组成。因此，由花卉构成的信件被称为花语（sélam），但细节太过矛盾和模糊，以至无法为花语词典提供准确的素材，尽管有关的词典和专著已经出版。[见马格纳（Magnat）所述。]看来，个人的爱好和地方习俗决定了其含义。

一个日本女孩决定劝阻一个情人继续献殷勤，就寄给他一样东西，不是众所周知的新英格兰"露指手套"，而是一片枫叶，因为叶子的变色甚于其他任何事物。在这方面，据说日语里表示"爱"的词语也表示颜色，因此，就突出了树叶变色的意义。

369

澳大利亚的信息棒

下文摘录自柯尔（Curr）（a）所著《澳大利亚的种族》：

我相信，澳大利亚的每个部落都有它的信使，而他的生命，在履行职责时，无论是和平时期还是战争期间，都被邻近部落视为神圣。他的职责是将本部落希望发出的信息传递给邻近部落，并安排交战或歌舞会的地点。许多部落有这样的习俗：在打发信使外出时，给他一根雕刻的小木棒。他会将信息与木棒同时交给对方部落最有影响力的人。在旅行途中，他经常把木棒插在网状带中，而黑人是将此网状带扎在头上。我见过许多这样的木棒，并现场目睹它们被接收和发送，目前我拥有一些来自昆士兰州的木棒。它们一般是扁平的，长4至6英寸，宽一英寸，厚三分之一英寸；另外一些是圆的，长度相同，厚度如同一个人的中指。扁平木棒的边缘往往有刻痕，表面总有或多或少的凹雕、横向线和方格子；事实上，在整个澳洲大陆，黑人用类似的图案装饰他们的武器；而圆形木棒的四面或纵向刻有奇异的线条。目前我手头有一个微型回飞镖，两边有雕刻，边缘有凹刻，用红赭石上了色。每个黑人都可以在一、两个小时内做成这样的木棒。有些与我通信的人认为它们是一种文字，但向他们深入追问这个话题时，考虑到所有情况，他们承认自己的猜测是站不住脚的。尤其是扁平的木棒，具有壁纸那样的规则和重复模式。我毫不犹豫地认为，它们不具备文字或象形文字的功能；而且我可以说，在我观察到的所有情形下，信使都是先传达信息，然后才递交雕刻的木棒。随后，受信人会试图向周围的人解释这根木棒上所描绘的信息。不过，这种非常幼稚的程序令人猜想：最野蛮人的思想是否没有文字的基因。伯纳尔·迪亚兹·德尔卡斯蒂略（Bernal Diaz del Castillo）在他的《发现和征服新西班牙》一书中说，当他的国家打发墨西哥人信使去遥远的部落传递口头信息时，那些见过西班牙人写字的信使总是要求让自己带一封信，尽管他们自己和接受信息的人们都看不懂。

图 477 复制了上述著作中信息棒的插图。

第 1 卷第 306 页——在马扬纳（Majanna）部落，信使派出时都带上一根凹刻或雕刻的木棒，送信人要解释它的含义。如果它是一个挑战，而对方接受了，则回复一根木棒。

第 2 卷第 183 页——重要信息的传信人从一方到另一方时，经常随身携带信息棒。他在递交信息时，会提到木棒上的刻痕和线条。这一习俗，南北沿海都很盛行，令人称奇。没有一个黑人会假装读懂刻痕木棒上的信息，但却往往认为它确实带有信息。

第 2 卷第 427 页——使用中的信息棒，上面雕刻的记号是信使的担保，如同过去我们使用戒指那样。

第 3 卷第 263 页——马拉诺亚（Maranoa）河部落所使用的信息棒。一位提供消息的人有一根芦苇项链，套在一块 5 英寸长的扁平木头上；木头上雕刻着直线和曲线，这块木头被信使从部落的一处送到另一处，两者相距约 60 英里。对刻图的解释是，"我的妻子被偷了；我们得决斗；带上你们的长矛和回飞镖。"直线解释为长矛，而弧线代表回飞镖；但妻子被偷一 370 事似乎是留给信使去说。

图 477　澳大利亚人的信息棒

A. W. 豪伊特（ａ）就此话题做了进一步的解释：

　　作为使命的标记，信使随身携带一套完整的男性服装，以及神圣的蜂鸣器，它包裹在一件皮革里，决不让妇女小孩看见。因此，在这种情况下，它集合了全体成员的图腾。

　　在澳大利亚南部的埃德亚杜拉部落（Adjadura），首长下令举行典礼，而信使则将此令传遍整个部落。他携带一根信息棒，上面刻着说明此信息的记号，同时还传送一个神圣的蜂鸣器。

乌泽（Houzé）博士和雅克（Jacques）博士（ａ）对信息棒上所刻记号的含义提出了不同的看法：

　　事实证明，很难揭示信息棒上所刻记号的含义。欧洲人尚未破解它们。有些记号可能表现了整个历史。以下有关这一主题的趣闻由 M. 科万（Cauvin）报告（根据 J. M. 戴维斯（Davis）《维多利亚的原住民》第 1 卷第 356 页注释）：一位欧洲人在完成建立一个新安置点的计划后，带着一群牲口和一些印第安人从爱德华河出发。当一切安排妥当以后，这位殖民者就准备回家，这时，其中一位年轻黑人请求他给自己的父亲捎一封信。得到同意后，他给了他一根大约 1 英尺长的棍子，上面覆盖着刻痕和记号。到家以后，这位殖民者去了黑人的营地，把信物交给那位年轻人的父亲。令这位欧洲人惊讶的是，那人把整个营地的人都召到面前，并且从这根木棒上读出了他们这群人的日常活动，从离开爱德华河直至到达新的安置点，讲出了他们经过地区的情形以及他们每晚宿营的地点。

对于自己的信息棒，昆士兰人没有给乌泽和雅克博士这么长的翻译，但他们告诉二人，其中一根木棒讲述了从澳洲到美洲的事情，由此信息的作者坦博（Tambo）详细叙述。前引乌泽和雅克著作第 93 页上有一幅相关插图，但不够清晰，无法复制。

西非人的象征符号信

G. W. 布洛克萨（b）提到西非吉布部落所使用的 aroko，即象征符号信，详见图 478 的描述：

这个信息是当地的吉布军队的将军发给身在国外的本族王子的。它由六个海螺组成。六在吉布语中是"E-fa"，源自动词"fa"，意为"亲近"。海螺是成双成对地排列，面对面，系在一根长绳上；成对的海螺面对面表示友好的感情和良好的关系；数量表示渴望亲近受信人［请留意画谜］；而长绳表示相当长的距离或长路。总起来的信息是："虽然我们之间的路途遥远，但我要亲近你，将我的脸朝着你。所以我希望你把你的脸转向我，亲近我。"

图 478　西非人的象征符号信

在第 298 页他补充说：

在西非吉布人中，奇数在他们的信息中是"祸害"之意，而偶数是表达善意。因此，给对方的请求或信息回复一个贝壳就表示敌意。

同一位作者在第 297 页介绍了图 479：

这条信息是吉布国王奥尼亚莱（Awnjale）陛下发给他在国外侄子的；在此我们可以看到，在这个象征符号信中，除了海螺以外，还有其他物品。从绳结开始，将各种物品按顺序看下去，我们观察到：四个海螺面朝同一方向，它们的背对着绳结；这表示一致。接着是一串香料 *a*，燃烧时会产生芳香的气

　　　　　　　　　美洲印第安人的图画文字

味，总是令人愉快；其后是三个海螺，面对同一方向；再往后是一卷席子 b；其后是一根羽毛 c；最后是单个海螺，朝向其余所有的物品。对它们的解释是：

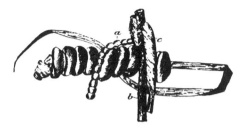

图 479　西非人的象征符号信

"你的方式与我的很一致。你的方式令我愉快，我喜欢它们。

"不要欺骗我，因为香料只向神发出芳香和纯正的气味，别无其他。

"我一生都不会以欺诈待你。

"你对我说的话重要无比。

"因为这是我们一家共同坐卧的席子，我把它送给你。

"因此，我焦急地等待着，希望能得到你的消息。"

下面所记录的"非洲象征性的信息"，摘选自 C. A. 戈尔默（Gollmer）牧师的论文，它刊登在《大不列颠及爱尔兰人类学研究所学刊》第 14 期第 169 页及以后。非常有趣，因为它显示了附加在所传递物体上的图形文字。对这些物体的图形描绘被真实物体所取代，因而使图画文字的进化步伐耽延，这很可能只是因为缺乏实用的材料，如桦树皮、羊皮纸，或其他便于携带、用来勾画或描画的原始纸张，或者至少缺乏对所需材料的简单发明：

西非约鲁巴国（Yoruba）的原住民在没有文字的情况下，作为替代物，通过各种有形的物体传递信息，诸如贝壳、羽毛、胡椒、玉米、石子、木炭、木棒、弹药、子弹、剃刀，等等，通过这些东西，他们以一种明白无误的方式，传达自己的思想、感情，以及善意和敌意。传递的物体是看得见的，其含义是众所周知的，还要派出信使口头传达信息，并由一个或多个在信使旁边的人复述，正如该信息的重要性所需要的。

　　海螺壳在象征语里用来表达的含义，根据它们的数量和串联的方式，多种多样。一个海螺可能表示"蔑视和失败"；因此：一个海螺（在后面有一个小洞，以便绳子能穿过）被串在一根草上或细绳上，送给一个称为对手的人，或者一个人要伤害另外一个人，传达的信息是："正如一根手指不能拿起一个海螺（至少两根手指），所以你是我所鄙视的人；你伤害不了我，你邪恶的目的不会得逞。"

　　两个海螺可能表示"关系和相识"；因此，两个海螺穿在一起，面对面，送给一个不在身边的兄弟或姐妹，传达的信息是："我们是一母所生，一奶同胞"。

　　两个海螺也可能表示"决裂和敌意"；因此：两个海螺背靠背地串在一起，送给一个离开的人，传达的信息是："你和我现在决裂了"。

　　两个海螺和一根羽毛可能表示"速速见面"；因此：两个海螺面对面串在一起，用一根小羽毛（小鸡或其他鸟的）绑在两个海螺之间，送给远方的朋友，传达的信息是："我想见你，所以请你像鸟（由羽毛代表）一样笔直地快飞，尽快赶来"。

以下五重痛苦的象征信息是被囚禁在达荷美（Dahomey）的 D 发给他妻子的，当时她正巧在巴达格瑞（Badagry）拜访戈尔默先生。象征物是一块石头、一块木炭、一颗辣椒、一根玉米和一块破布。1852 年 3 月，达荷美国王率领强大的亚马 373 孙（Amazon）战士和其他士兵攻打阿贝奥库塔（Abeokuta）。D 是当地一名基督徒，他和同伴们在保卫家庭和家乡的战斗中被俘，被押往达荷美，在那里他遭受了长期的折磨。他的妻子在等待了几周后，得到了消息，她收到了象征信，信中传达了以下信息：

石头表示"健康"（这是街头一块普通的小石头）；因而信息是："正如石头是坚硬的，因此我的身体是强壮的，强壮——即健康"。

木炭表示"暗淡"（这是一小块木炭）；因此，传达的信息是："正如木炭是黑色的，所以我的前景暗淡无光"。

辣椒表示"焦虑"（这是一种辛辣的辣椒）；因此传达的信息是："如同辣椒是热辣的，我的心情也很焦虑，因为前景暗淡——不知道哪一天会被卖或被杀"。

玉米表示"干瘦"（玉米棒上只有几粒干瘦的玉米粒）；因此，信息是："正如玉米是干瘦的，我的身体也变得干瘦，或者因焦虑和痛苦而消瘦"。

破布表示"破损"；因此（这块破布是一小块磨破的土布，那几样东西就是用它包裹）传达的信息是："如同破布一样，我的外衣——即土布衣服，已经穿坏像破布一样"。

牙刷可能表示"想念"；因为一个众所周知的事实是，非洲人普遍拥有比其他大多数民族更细更白的牙齿。和他们生活在一起的那些欧洲人通过长期不断的观察，发现他们是多么留意保养自己的牙齿：不仅在每天早上，而且白天也经常如此。使用的牙刷只不过是一根长约 6 到 9 英寸的木棍，厚度如一根手指。木棍的一端用唾液润湿，在牙齿上来回摩擦，过一段时间后，这一端就变得柔软。这种牙刷经常送给朋友，作为一种普遍接受的礼物，时不时也用作象征性的信。在这种情况下，所传达的信息是："正如我在早晨首先想到的是牙齿，包括白天，所以我一起床就想念你，之后也是如此"。

蔗糖表示"和平与爱"；在战争时期，这种美好的愿望以下列象征方法从一方传递到另一方：一块白砂糖由使者从 A 地的本土教会送到 I 地的本土教会，传达的信息是："如同糖是白色的，所以我们心中对你们没有黑暗（即敌意）；我们的心是白的（即纯真无伪）。正如糖是甜的，所以我们对你们没有苦毒；我们是甜的（即与你们和好），我们爱你们"。

一束柴把表示"火灾和毁灭"；当一束柴把（即一小捆竹杆，一头烧过）被发现绑在院子或房屋的竹篱笆上，它传达的信息是："你的房子将被烧毁"——即毁灭。

火药和子弹常被用作象征符号信送出；信息是送给一个人或一个民族，即："既然我们不能解决争端，我们必须一决雌雄"（即，"我们要向你们开枪，或与你们交战"）。

剃刀表示"谋杀"。一个人被怀疑和被指责以某种方式使一个家庭成员死亡，那家人的代表会通过传送象征物要求偿命，即，将一把剃刀或匕首放在被指控的凶手和肇事者的屋门外，明白无误地表达这样的信息："你杀害或导致 N…死亡，所以你必须自杀以偿命"。

　　　　　　　　　美洲印第安人的图画文字

以下例子显示出进化的新阶段，在此，物体的名称或数量同音，如同语言中的词语，其含义构成了真正的信息。这种实物谜与墨西哥图画文字中常见的画谜相似；众所周知，它是埃及和其他古老文字发展过程中的一个重要部分。

三个海螺加辣椒表示"欺骗"；因此：3个海螺面朝一个方向串在一起（如前所述）再与一个鳄椒绑在一起。在当地语言中，"Eru"是辣椒的意思，在英语里表示"欺骗"。其信息可能是"小心不要彼此背叛"，或更常见的意思为，指摘对方对大家的欺骗和欺诈。

六颗海螺可能表示"依恋和喜爱"；因此，"Efa"在当地语言中表示"六"（由6颗海螺暗示）；它还表示"吸引"，源自动词"Fa"（吸引）。"mora"总是暗示与"Efa"相关；它表示"紧随你"，源自动词"mo"（紧随），其名词为"ara"（身体）——此处意为"你"。6颗梭螺串起来（如上所述），送给一个人，传达的信息是："我被你吸引，我爱你"。这可能是一个小伙子送给一个姑娘的，表达希望订婚之意。

理查德·泰勒（b）说：

毛利人使用一种象形或象征的方式传递信息；一位酋长邀请另一位酋长联合作战，就将一个刺花的马铃薯和少量烟叶绑在一起，派人送去。这其中的含义是：根据刺花，敌人是毛利人，而不是欧洲人；根据烟草，它表示抽烟；因此，收信人把土豆烤熟吃掉，把烟叶点燃抽掉，这表明他接受了邀请，将带着枪支弹药与他一同作战。另一位酋长派人送出一件防水外衣，衣服的袖子由各种颜色的布拼缀而成，有红色、蓝色、黄色和绿色，表示他们必须等到所有的部落都联合起来后，他们的武力才能防水，即能够对抗欧洲人。还有一位首长派人送出一个大烟斗，它可以放入一磅烟叶，在众人聚集时点燃，信使首先吸一口，然后递给周围的人；凡是吸烟的人都表示他要参战。

第五节　索债或征用

斯蒂芬·鲍尔斯（b）指出，加州尼西南人（Nishinam）有如下的收债方式：

> 当一个印第安人拖欠另一个人的债务时，会令人不齿，债主如果不像野蛮的撒克逊人那样正面羞辱欠债人，他会设想一个更巧妙的方法催债。根据债务的数额，他准备相应数量的小棍子，在每根棍子的末端涂一个圆圈。他带上这些棍子，一声不吭地把它们投入赖账人的棚屋里，随后走开；对方一般会接受暗示，还清债务，然后销毁棍子。

加州旧金山《西部柳叶刀》1882年第11期第443页有这样的报告：

> 当一个病人忘记付报酬给治病的巫师［他们属马里波萨语系（Mariposan）的维克丘尼（Wikchumni）部落］，后者会准备一些短木棍，将一把彩色豪猪刺缠在棍子的一头，每次他路过欠债人的帐篷时，就朝里面扔一些，作为欠债的提醒。

　　　　　　　　　　　　美洲印第安人的图画文字

G. W. 布洛克萨（c）对图 480 的描述如下：

在西非的吉布人中，两个海螺彼此面对象征着两个人的血缘关系；然而，将两个海螺背靠背地送出，却是责备对方拖欠债务的意思："你一直不理我；在我们解决你欠我的债以后，我也不再理你"。

图 480　吉布人的抱怨

同一位作者在第 299 页描述了图 481：

它由两个面对面的海螺组成，相邻的还有一个面朝上的海螺，这是一位债主给一个恶意欠账人发出的信息，意为："你在欠我的债以后，就和我作对；我也会与你断绝来往，因为我不知道你会这样对我"。

图 481　吉布人的抱怨

安东·施里弗纳（Anton Schrifner）教授（a）在描述图482时说道：

　　在这块木板上，刀刻的记号 b 表示所需驯鹿的数量。在这些刻痕的对面设置了手的标记 a，表示必须提供驯鹿的各处萨摩耶德人（Samoyed）。在底部可见官印 c，代表萨摩耶德酋长，是他向各处萨摩耶德人定居点传送此板以代替文字通信。

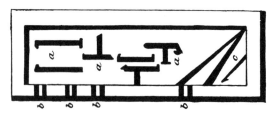

图 482　萨莫耶德人的征用令

　　　　　　　　　　　　美洲印第安人的图画文字

第十三章 图腾、标记和名称

　　使用图画文字标明部落、部落内的团体以及个人，是图画文字所有用途中最常见的。的确，恒定地需要这些图形来表达被文法家称为专有名称的术语，应该明白无误地为人识别，正是由于这一原因，它保持并促进图画文字的艺术性，而且在世界的某些地区，从它演变出音节和之后的字母。从同一个起源，还产生了部落分支的象征符号，最终，绝对准确地标示出个人和分支，这对没有文字的民族大有好处。商标有着同样的历史。

　　从最早的时候开始，人们就使用象征符号以指明他们的部落或宗族。荷马在描述围攻特洛伊城的诗中没有清楚提到他们使用象征符号；尽管他的希腊同胞没有，但当时的其他民族确实这样做了。之前的埃及人带着公牛和鳄鱼的画像投入战斗，可能最初具有宗教情感。以色列十二个支派中的每一个支派都有自己独特的军旗，现在普遍认为它具有图腾的性质。（亚述国）塞米勒米斯（Semiramis）女王的臣民用小鸽子和大鸽子以示他们对女王的敬意，因为女王名字的意思就是"鸽子"。

再往后，雅典选择猫头鹰作为城市的标志，以示对智慧女神密涅瓦（Minerva）的敬意；科林斯（Corinth）选用一匹飞马，以纪念珀加索斯（Pegasus）和他的涌泉；迦太基（Carthage）是一颗马头，用以向海神致敬；波斯，太阳，因为它的人民崇拜火；罗马，一只鹰，致敬宙斯神。这些物体似乎被雕刻在木头或金属上。尚无证据表明，有任何类似现代旗帜的，也许在亚洲一些地区有例外。罗马人直到恺撒时代才开始使用类似旗帜。但是这些小的标志没有全国性或者公共特征，无法与古罗马标准的鹰状标志相媲美，也没有任何飘扬的旗子与统治权相关，直到康斯坦丁大帝给军旗赋予一种宗教的含义才改观。

象征符号也常常被政治和宗教团体采用，例如，法国投石党（Fronde）运动时期，玉米秆和吊索分别代表支持马萨林（Mazarinist）的人和反对马萨林的人；在1788年的瑞典食谱中，无檐帽和大礼帽；阿马尼亚克人（Armagnacs）的围巾以及勃艮第人的十字架。象征符号的主题将在第十八章中进一步讨论。

随着文化的发展，宗族和部落成为民族，所以分支和阶层 377 旗帜的演变过程被中止，取而代之的是民族的标志。弗雷德里克·马歇尔（Frederic Marshall）（a）说：“动物的形象、标志、作战标语、帽徽、制服、盾徽、令牌、纹身，事实上都被民族的象征符号所取代。”这种变化迈向了更高级、更高尚的意义和应用，共同体内的所有成员都受到保护，并由单一的象征符号简单地展现出来。

这一章自然分为（1）图示部落标志；（2）氏族和宗族标志；（3）纹身的含义；（4）个人名分的标志。

第一节　图示部落标志

德拉莫特·卡迪拉克（de Lamothe Cadillac）上尉（*a*）在1696年写到大湖地区麦基诺（Mackinac）附近的阿尔冈琴人，描述了他们独木舟上的象征符号，内容如下：

我们看到了象征战争的编织物，上面有乌鸦、熊和其他动物，这些是引领这个部落的精灵。

然而，就记述时的情形来说，这种说法是错误的。动物作为象征符号最初可能是当作超自然的图腾神灵，但此时很可能已经成为部落的象征符号。

易洛魁印第安人的部落标志

巴克维尔·德·拉·波特里耶（Bacqueville de la Potherie）（*c*）说，大约在1700年，印第安人在加拿大与法国人签订的条约被以"适当的纹章""封印"，以图画描绘了参与缔约的印第安各部落，下文是该条约古体形式原文的抄本：

卡里埃（Callieres）、尚皮尼（Champigni）和沃德勒伊（Vaudreüil）先生签署了该条约，印第安各部落用各自的纹章盖了印。塞尼卡人（Seneca）和奥农多加人（Onondaga）以一只蜘蛛代表；卡尤加人（Cayuga）以和平烟斗代表；奥奈达人（Oneida）的象征是一块雕刻着叉子的木头，中间有一片石头；一个奥农多加人以一只熊代表阿尼兹人（Aniez），尽管他们没有出席。拉特人以河狸代表；阿布纳基人以野羊代表；渥太华人（Ottowa）以野兔代表，诸如此类。

从中可以看出：

塞尼卡人和奥农多加人部落由"蜘蛛"代表。[这无疑是一棵分叉的树，画得如此糟糕，竟被误认作一只蜘蛛。]

卡尤加部落由长烟斗来代表。

奥奈达部落由一根分叉的树枝所代表。分叉内有一块石头。[分权的枝子确实是表示一棵树权。]

莫霍克人（Mohawk）由一只熊代表。

瑞特族（Rat）是休伦湖沿岸麦基诺部落（Huron of Mackinaw Abnaki）的代表，由一只河狸代表。

阿布纳基族由一只鹿代表。

渥太华族由一只野兔代表。

另外几个有关易洛魁人部族标志的记录已经出版，通常附有插图，例如，在有关纽约殖民历史的文件中（a），有以下评述：

> 当他们去打仗时，如果希望告知那些可能经过他们行走路线的人们，他们就画出代表本部落的动物，右爪握一把斧头；有时是一把剑或一根大棒；如果有许多部落在一起共同参战，每个部落都要画出象征本部落的动物和参战人数，都画在一棵剥去树皮的树上。带头出征部落的动物总是位于最前面。

另一个有趣的记录似乎尚未出版，由费城的威廉·扬（William Young）先生书写并赠送。这是一份六族（当时塔斯卡罗拉族（Tuscarovas）被纳入）代表给大不列颠国王立的转让契据，日期为1768年11月4日，在费城记录员办公室记录，在契约文书（1）第 5 卷，第 241 页。几乎所有这些记录和插图都是混乱和不完美的。一个令人深思的失误出现在上述契据中代表莫霍克族符号的翻译上。它被称为"钢铁"，这几乎不可能是一个古老部落的名称，但经过探究以后，人们才想起，莫霍克人有时被人称呼的名称，正确的翻译应该是"打火石人"。有些人将打火石和钢铁弄混淆了，在 18 世纪中期，打火石仍然被用来产生火花，也许需要用双手击打两块打火石，因此，原意表示打火石的图形被理解为另一物体——钢铁，所以，这些词被写在这幅图之下，图画得如此粗糙，可能被人当成一块打火石或钢铁，甚至被看作任何别的东西。

东阿尔冈琴人的部落标志

图 483 中的插图是 1888 年由一位住在加拿大边境附近的缅因州帕萨马库迪印第安人所画。帕萨马库迪，佩诺布斯科特人（Penobscot）和阿玛利基特人（Amalecite）是阿布纳基部落的分支，该部落以前也被更南部的新英格兰部落称为 Tarrateens，被易洛魁人称为 Owenunga。密克马克人与阿布纳基人属于同一部落，但没有归类为部落分支。四个部落都属于阿尔冈琴语系。

图 483 *a* 是帕萨马库迪部落的象征符号。图中显示两个印第安人坐在一只独木舟内，两人都在使用船桨而不是竿子，跟在一条鳕鱼后面。在美国缅因州、加拿大新不伦瑞克省、新斯科舍省等地，代表阿尔冈琴部落的标志出现船桨和竿子的不同，据说起因于四个部落所在水域性质的差异，有的地区是浅滩，有的地区是深水，有的是缓流，有的是急流，因而分别需要使用竿子和船

桨，他们的图腾如下所示。

这些动物图形在所有情况下都始终重复几个图案之一，在所有情况下，四个独木舟的图案都有一点差异，要么是船的结构不同，要么是划船的方式不同，但这些图案并不总是一致。因此，很可能是那几只特定的动物构成了真正古老的图腾标志，而伴随的独木舟只是现代的变异。

b Maresquite 人即阿玛利基特人的象征符号。两个印第安人坐在一只独木舟内，两人撑着竿子，跟在一只麝鼠后面。

c 密克马克人的象征。两个印第安人手握船桨，坐在中间凸起的独木舟内，俗称"驼背"，跟在一只鹿后面。

d 佩诺布斯科特族的象征。两个印第安人坐在独木舟内，一个人划桨，另一个人撑竿，跟在一只水獭后面。

图 483　东阿尔冈琴人的部落标志

苏族人和其他部落人的标志[①]

在马格瑞编写于 1722 年的书中（*a*），有一个记录，提到"苏族的主要分支和区分他们的符号"。翻译如下：

---

① 原书缺此小标题，根据目录增补。——译者

苏族人有20—26个村庄，组成了大草原上的众民族：

（1）瓦塔巴通哈（Ouatabatonha）人，即沿河苏族人，他们住在圣克罗伊河畔或下面的弗勒–阿瓦纳湖边（de la Folle-Avoine），距蛇河有15里格（1里格＝4公里）。他们独特的标志是一只颈部受伤的熊。

（2）梅内苏哈托巴（Menesouhatoba），即湖区苏人，他们的标志是一只颈部受伤的熊。

（3）马塔托巴（Matatoba）人，大草原上的苏人，他们的标记是一只嘴里叼着一支箭的狐狸。

（4）希克托巴（Hictoba）人，即狩猎苏人，他们的标志是驼鹿。

（5）提托巴人（Titoba），即大草原上的苏人，其标志是鹿。鹿角上有一张弓。

除了这五族，我们和其他部族还没有贸易往来。提托巴人住在圣安东尼瀑布以西80里格的地方。

上述的早期记录，尽管内容贫乏，但将为下面一系列图示部落标志起到引导作用，它们都是苏族印第安人所画，其中许多表现了苏族语系的分支部落。几部《冬季年度大事记》的历史和作者在前面第十章第二节中提到过。下文还要介绍红云的统计册和奥格拉名册。增加了对一些图形的解释，它们和当前的主题无关，但似乎很有必要；除非不恰当地增加图形和文字，否则也不能分离并转移到更合适的章节中去。

阿布萨拉卡族或克罗族

图 484　阿布萨拉卡人

图 484——达科他族和克罗族，云盾的《冬季年度大事记》，1819—1820 年。在一场交战中，达科他人和克罗族人双方都消耗了所有的箭，然后朝对方扔泥块。一个克罗族人画在右边，以他编织的发型为特征。希多特萨人和阿布萨拉卡人（Absaroka）则以带条纹或斑点的头发为特征，他们在头发上还抹些红黏土。

有一种习俗普遍存在于这些部落中（据说起源于克罗族）：把马毛做的假发附在枕骨部，使其像自然生长的头发一样，但长度大大增加。这些假发被编成股，每股有一根手指粗，共有 8 到 15 股，每隔一段，以交叉的细股分开，因而就像粗略的网络。在每股横竖头发的交叉处，都粘了松脂块，以免头发散乱，由于松脂块本身也是一种装饰，所以富裕阶层会在这些松脂块上抹点干的朱红色黏土，而穷人则抹上红赭土或粉状黏土。

有些达科他北方部落的人所画的图画显示了一个克罗族印第安人独特而鲜明的特点：他用红色战前颜料涂在前额上。

图 485　阿布萨拉卡人

图 485——云盾的《冬季年度大事记》，1830—1831 年。克罗族人正在接近一个村庄，当时，大雪覆地，他们原打算给达科他人一个措手不及，却不料被几个牧民发现，达科他人出来，埋伏着严阵以待，反而出其不意地袭击了克罗族人，并杀死了多人。图中画了一个

克罗族人的头。

克罗族人的特征不仅有之前提到的后面头发的发型，而且头发从前额向上延伸，往上捋，稍微向后。请参阅后文奔跑的羚羊所做记录中的坐像，见图820。

图486——达科他人包围并杀了十个克罗族人。云盾的《冬季年度大事记》，1857—1858年。

头发在某种程度上弄短了，但并不是故意缩短的，因为这超越了画家的技巧。

图486　阿布萨拉卡人

图487——达科他人杀死了一个克罗族人和他的妻子，他们的尸体在一条小路上被人发现。云盾的《冬季年度大事记》，1839—1840年。

这是一张正面图。连线表示他们是丈夫和妻子。

图487　阿布萨拉卡人

阿拉珀霍人

图488——阿拉珀霍人，达科他语称为"magpiyato"，意为蓝色的云，这里以一个圆形的云表示，原画为蓝色，环绕着一个男人的头。红云的统计册。

图488　阿拉珀霍人

阿里卡拉人或雷族人

图 489　阿里
卡拉人

图 489 是阿里卡拉部落的标志，由达科他人所画，取自巴蒂斯特·古德的《冬季年度大事记》1823—1824 年，他称之为"冬天，将军第一次露面，达科他人协助攻打雷族人"。也叫"大量玉米的冬天"。

枪和箭与玉米穗相连，显示白人与印第安人合力攻打雷族人。玉米穗表示"雷族人"或阿里卡拉印第安人，在手势语中，他们被表示为"玉米的庇护者"。

图 490　阿里
卡拉人

图 490——一个达科他人杀了一个雷族人。火焰的《冬季年度大事记》，1874—1875 年。在这里，作为阿里卡拉人通用符号的玉米穗，已经被简化了。

阿西尼博因人

图 491　阿西尼
博因人

图 491 是达科他人画的阿西尼博因人或霍赫（Hohe）部落的标志，取自巴蒂斯特·古德的《冬季年度大事记》1709—1710 年。

Hohe 表示声音，或者像某些人所说，是麝牛的声音。依据达科他人的概念，这个图形是发声器官的轮廓，表现了上嘴唇和上腭、舌头、下嘴唇、下巴和脖子。这是一幅侧面图，好像是嘴巴和舌头部位。

382

布鲁尔人

图 492——一个布鲁尔人头天夜里离开了村庄，第二天早晨却被人发现死在村外，群狗在吃他的尸体。云盾的《冬季年度大事记》，1822—1823 年。

图 492　布鲁尔人

大腿上部的黑色斑点表明他是一个布鲁尔人。

图 493——一个布鲁尔人被发现死在一棵树下，原来是树倒下砸在他身上。云盾《冬季年度大事记》，1808—1870 年。

黑色斑点再次暗示了烧伤的大腿。

图 493　布鲁尔人

这两个图形的含义，如果用手势语表示布鲁尔人，就如下所示：右手张开，手指朝下，在右大腿的上部和外侧摩擦一小圈。这些印第安人曾经陷入一场草原大火，许多人被烧死，其他人的大腿严重烧伤；因此产生了"Si-can-gu"这个称呼，意为烧伤的大腿，以及上述手势语。据布鲁尔人的年度大事记，这场大火发生在 1763 年，他们称之为"冬天，众人被烧伤"。

夏延人

图 494——这位自夸刀枪不入的夏延人被白人士兵射死，地点在内布拉斯加州罗宾逊堡附近。当时夏延人在逃离堡垒后，躲在

图 494　夏延人

堑壕里防守。云盾的《冬季年度大事记》，1878—1879年。

手臂上的记号构成了部落的图形标志。用手势语表示如下：伸出右手食指反复穿过伸开的左手指和左手背。

图495 夏延人

图495图示了这一手势语。然而，通常是右手食指穿过左手腕或前臂；或者右手掌心向上，食指伸开，穿过左手食指几次（掌心向内）；左手固定，右手伸向身体，直到食指碰到身体；然后重复。有些夏延人相信，这是表示过去切断手臂向神献祭的习俗，而另一些人认为它是指一个更古老的习俗：切断敌人的手指做项链；有时砍掉敌人整只手或前臂作为战利品来炫耀，而更常见的是剥下敌人的头皮。

383

图496 夏延人

图496取自巴蒂斯特·古德的《冬季年度大事记》，1755—1756年。在那份记录中，这是唯一一例箭头下方垂直短线表示夏延人。在所有其他情形下，这些符号代表数字，表示死亡的人数。前面的评述对这些短线表示夏延人做了解释。

图497 夏延人

图497——名叫尖桩的人去和夏延人交战。一根尖桩画在他的面前，有一根普通的线与他的嘴相连。云盾

的《冬季年度大事记》，1790—1791 年。

他脸上的黑疤表示他很勇敢，杀了许多敌人。交叉线是夏延族的象征符号。这个符号代表手臂上的疤痕或袖子上的条纹，同时也是这个部落的手势语符号。因此，交叉线是象征符号和手势语的固化形式。

达科他人或苏人

图 498 ——立牛是此时立牛的曾祖父，是他发现了布莱克山。见美洲马的《冬季年度大事记》，1775—1776 年。他带回家一棵过去从未见过的一种松树。在这部记事中，达科他人的特征是剃光的头顶上编饰的一绺头发和戴在头

图 498　达科他人

顶的羽毛，或者是将头发往后梳，然后用装饰带将头发扎起来。本书提供了许多插图，对这种发型有更清楚的展示。

关于这个部落用涂色表现自己，现在看来，北达科他人在描绘自己的画中，本族区别于其他印第安人的方式，是将眼睛下面直到下巴涂成红色。但这很可能是一种特殊的战前涂画，而不是一个部落的图案。

希多特萨人，格罗文特人或米尼塔里人（Minitari）

图 499 显示了达科他人所画的格罗文特人的部落标志，根据巴蒂斯特·古德的记事，1789—1790 年。

图 499　希多特萨人

两个格罗斯文人在冰上被达科他人杀死。冰上的两滴血点代表二人，沾血的箭头顶住上面的男人表示被杀。长长的头发，红色的前额，表示格罗文特人。在其他达科他人的记录中，同样风格的涂红额头表示阿里卡拉和阿布萨拉卡印第安人。水平带在原画中是蓝色，表示冰。

卡奥瓦人

图 500　卡奥瓦人

图 500 显示了达科他人所画的卡奥瓦（Kaiowa）部落的标志，取自巴蒂斯特·古德的《冬季年度大事记》，1814—1815年。他称之为"在冬天，打碎了卡奥瓦人的脑袋"。砍人的战斧与卡奥瓦人的头连到一起。

图 501　卡奥瓦人

美洲印第安人的图画文字

有时，表示卡奥瓦人的手势语是将一只或两只手自然张开，在头的一侧划出平行小圆圈，同时晃动脑袋，其概念是"摇晃脑袋"或"疯狂的脑袋"。这幅画表现的就是这个人正在做这个手势，而不是因受到击打而无意识地举起双手。这样的姿势在巴蒂斯特·古德的体系中没有出现过。

图501展示了这个手势。

曼丹人

图502——两个曼丹人被明尼孔朱人杀死。独特的发型标明了这个部落。火焰的《冬季年度大事记》，1789—1790年。

图502　曼丹人

曼丹人和阿里卡拉人

图503——曼丹人和雷族人攻打达科他人的村庄。一根鹰尾戴在头上，代表曼丹人和雷族人。美洲马的《冬季年度大事记》，1783—1784年。

圆顶帐篷代表一个村庄，但它上面的标记乍一看像一把斧头，但其实是表示"击中"的通用符号。参看图987和相应的评述。

图503　曼丹人和
阿里卡拉人

奥吉布瓦人

卡弗（a）在写于1776—1778年的书中，提到一个奥吉布瓦人画了本部落的标志——一头鹿。这位诚实的地方部队的上尉可能误将一个宗族的标记当成一个部落的标志，但这个记录值得一提，而其上下文则支持了这一说法。

奥马哈人

图 504　奥马哈人

图 504 是达科他人画的奥马哈人的部落标志，取自巴蒂斯特·古德的《冬季年度大事记》，1744—1745 年。图画文字画的是一个人头，留着短发和红色的脸颊。这是一个正面图。这个部落的人头发剪得很短，脸颊上涂着大片红颜料。这个特征在巴蒂斯特·古德的记事中经常出现。

图 505　奥马哈人

图 505 —— 达科他人在夜里杀了一个奥马哈人。云盾的《冬季年度大事记》，1806—1807 年。

这是同一图的侧视图。这个插图没有显示脸颊的颜色。

图 506　奥马哈人

图 506 —— 达科他人与奥马哈人和好。云盾的《冬季年度大事记》，1791—1792 年。

奥马哈人在右边，达科他人在左边。

波尼人

图 507 是达科他人所画波尼人的部落标志，取自巴蒂斯特·古德的《冬季年度大事记》，1704—1705 年。

他说：小腿饰有轻微的突出物，类似玉米穗底部的苞叶。

图 507　波尼人

图 508 ——布鲁尔人杀了一些波尼人。火焰的《冬季年度大事记》，1873—1874 年。

这是前述图形的简略形式或固定形式。

图 508　波尼人

图 509 ——他们在里帕布利肯河边杀了许多波尼人。云盾的《冬季年度大事记》，1873—1874 年。

在这里，发型显示出特点。

在此，有必要引用邓巴（Dunbar）（a）的叙述：

图 509　波尼人

在图画文字或历史绘画中，波尼人的部落标记是剃光的头顶上一绺头发近乎直立或略向后弯曲，有点像号角。这样，为了使头发定型，上面涂满朱红色或其他颜料，有时巧妙地缀上一束马毛使头发加长，形成一条辫子披在肩上。这种用法无疑是波尼（Paw-nee）一名的来源。……最有可能源自"pá-rik-ĭ"一词，意为号角，似乎曾经是波尼人自己用来表示其独特的发

式。因为这是他们装束中最明显的特征，所以这个名字自然成
了波尼族的名称。

蓬卡人

图 510　蓬卡人

图 510——尽管双方刚刚讲和，蓬卡人
却来攻打对方的一个村庄。美洲马的《冬季
年度大事记》，1778—1779 年。

有些驼鹿毛被用来做成一个大约长 8 英
寸、宽 2 英寸的发脊，套在头上，从前额
直到后脖。发脊再加一根羽毛，就代表了蓬卡人。马蹄印用
来代表马。代表子弹的记号用于表示攻击，所传达的意思是，
子弹击中了。这个记号源自手势语"击中"。请参阅第十八章
第四节。

387

图 511　蓬卡人

图 511——一个印第安妇女，对与之结
婚的白人不忠，因而被一个名叫蓬卡的印第
安人杀死。美洲马的《冬季年度大事记》，
1804—1805 年。

蓬卡的象征符号是笔直的驼鹿发脊。

图 512　蓬卡人

图 512——一个蓬卡人被奥格拉拉人俘
虏，因为他们的一个男孩在村外被一队蓬卡人
打死。美洲马的《冬季年度大事记》，1793—
1794 年。

此处再次描绘了用驼鹿发脊做的人工
头饰。

肖肖尼人

乔治·吉布斯（*b*）博士记述了俄勒冈和华盛顿州一个印第安部落所作的一幅图画文字，里面"有一个男人的形象，他有一根长辫子，或头顶发绺直垂到脚后跟，显示他是一个肖肖尼人，因为那个部落习惯于以那种方式将马毛或其他动物的毛发编入自己的头发里"。

涉及西北端的肖肖尼人印第安部落，这可能是正确的，但识别标志不能依据这种将自己的头发与动物毛发编到一起以增加辫子长度和外观的习俗，因为这种习俗也普遍存在于阿布萨拉卡族、希多特萨族和阿里卡拉族印第安人中间，正如本书前文所述。

由于该部落的标志没有人物图形，因此，坦纳的叙述（*e*）为这一主题提供了更多的信息。

这同一个部落的人都普遍熟悉属于每个人的图腾，如果在任何这种记录中，人物图形以没有任何特定的标志出现，则人们立即明白，他是一个苏族人或至少是一个陌生人。事实上，在大多数情况下，根本不用人的图形，只用所赐予的图腾或姓氏。……可以看到，阿尔冈琴人相信其他的印第安人都有图腾，但是一般来说，他们并不需要了解那些敌对氏族的图腾。他们在图画文字中略去图腾，是为了指明敌人。因此，那些与达科他人（Dahcotah）（即苏人）比邻而居的奥吉布瓦族群总是认为，没有图腾的男人图形意味着是那个敌对民族的一员。

在《西北蒙古图记》（*a*）中，有吉尔吉斯（Kirghise）部落的 tamga，意为印记，图 513 是复制图。

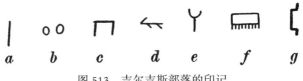

图 513　吉尔吉斯部落的印记

　　对其符号的解释如下：a. Kipchak tamga：信件。b. Arguin tamga：眼睛。c. Naiman tamga：（门）柱子。d. Kongrat, Kirei, tamga：藤条。e. Nak tamga：撑竿。f. Tarakti tamga：梳子。g. Tyulimgut tamga：长矛。

第二节　氏族和宗族的标志

　　宗族和图腾体系，以前被称为氏族体系，无疑在古代欧洲和亚洲很普遍，但最初对它的了解，却是得自于观察它在美洲和澳洲原住民中所起的实际作用，而它的典型代表现在仍然存在他们中间。在澳大利亚，它被称为"kobong"（可朋，图腾之意）。一种动物或植物，有时，最初是一个神话中的天体，但最后却世俗地与某个支派的所有成员相关联。他们相信，或曾经相信，这是他们的保护神，而他们承受了它的名字。

　　每个宗族或氏族选取其保护神的图像作为标志或有形图腾，并以它的名字给本氏族命名。因为大多数的印第安部落崇拜动物神，所以他们献祭的对象一般是动物。例如，一只鹰、一只豹、一头野牛、一只熊、一只鹿、一只浣熊、一只乌龟、一条蛇，或是一尾鱼，但有时是四风之一、一个天体，或其他令人印象深刻的物体或现象。

　　美洲印第安人曾经普遍遵守禁杀与本族图腾相对应的动物，

　　　　　　　　　　　　　　　美洲印第安人的图画文字

也不吃它的任何部位。例如，大多数的南部印第安人禁忌杀狼；纳瓦霍人不杀熊；欧塞奇人过去从不杀河狸，直到河狸皮售价昂贵之后才破戒。从此以后，原先一些奉为神圣的动物被杀；但杀的时候要向它们道歉，而几乎在任何情况下，根据提喻法的原则，仍然有一些禁忌，禁止吃那些动物的某些部位；但享用此种食物的诱惑太强，无法完全禁食。切罗基人禁止食用鹿舌和熊舌。他们割下这些器官，投入火中以行圣礼。在奥吉布瓦人中，仍然存在如下习俗：在熊图腾宗族的成员中，有一条正式禁忌，不许吃熊这种动物，然而，同一宗族内的某个分支却有这样的一个安排：他们的分支可以分吃整只动物。当一只熊被杀后，熊图腾宗族的一个分支吃熊头和爪子，剩余的留给其他分支。还有一些印第安部落发明了一种变通，有些族人可以吃某些动物的后腿肉，但不能吃前腿肉，其他人可以吃前腿肉，但不能吃后腿肉。

因此，有时整只动物被定为一个宗族的图腾，但有时只是动物的一部分被选作图腾。本书中，在个人名字的标题下给出 389 的许多图形就有这样的起源。下面的图形显示了对动物部位的选择，它可以进一步说明这个主题。然而，我们必须要记住，有些案例可能与个人的想象或个人的冒险有关，但和宗族体系没有直接关系。在缺乏详细信息的情况下，是不可能区分每个实例的。

斯库克拉夫特说，奥吉布瓦人总是将图腾或宗族的图形标记 390 放置在 *adjedatig*（坟墓柱子）上，而将没有表明图腾的个人名字放在下面。在其他部落中也发现了同样的做法。普韦布洛人在风格各异的陶器工艺品上描绘氏族或图腾的图形标记。

图514提供了取自达科他人的画为例，它们似乎是氏族或宗族的图腾标志。即使不是每个例子都是名副其实，但也说明它们与下文提到的纯个人标记有不同的表现模式，然而，由于每个案例没有确切的信息，所以不能确定将它们放在本章的这一节是否正确。

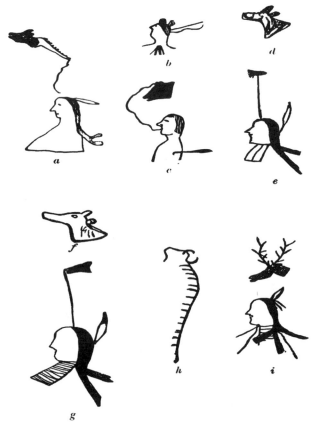

图514　达科他人的氏族标志

a. 熊背。红云的统计册。

　　此图和之后的六个图形分别显示了熊的各个部位，即后背或脊骨、耳朵、头、爪、脑袋、鼻子或鼻口，这些很可能是禁忌的主题，是宗族或宗族分支的标志。

b. 熊耳，一个布鲁尔人在奥格拉拉村中被克罗族人杀死。美洲马的《冬季年度大事记》，1785—1786 年。

c. 名叫熊耳的人在与雷族人的交战中被杀。云盾的《冬季年度大事记》1793—1794 年。

这是另一个对这种动物耳朵更形象的描绘。391

d. 熊头。红云的统计册。

e. 熊掌。红云的统计册。熊爪被认为是一种美味佳肴。

f. 熊脑。红云的统计册。

g. 熊鼻。红云的统计册。

h. 后背。红云的统计册。野牛的后背肉常被誉为美味佳肴。

i. 驼鹿头。红云的统计册。

图 515 表现了英属哥伦比亚一个夸扣特尔（Kwakiutl）印第安人家里的雕刻立柱，取自弗朗兹·博厄斯博士（*b*）的著作。

作者说，这些立柱总是根据房主的宗族饰章雕刻而成，表现的是男子站在动物的头上。使用"饰章"一词，在纹章学上并不正确，因为从字面上来说，它需要男子站在自己脑袋的遮盖物上，但这里的想法很简单，所使用的这个词表示一种图案，其在性质上和意义上与纹章相似，由夸扣特尔氏族的祖先所采用，这与他们的某些探险有关。这两个人物图像的脸上都有绘画，很可能也有纹身。

左手边图像的胸部有一个图案。而右手边的图像则显示出一种奇特的雕刻技巧：双腿和一只手臂展示出来，同时保持了立柱的稳定性。

图 515　夸扣特尔人的雕刻

第三节　纹身的含义

纹身本身是将颜料渗入皮肤表皮之下，从而在皮肤上留下永久标记。但在通俗的说法和文学作品中，常常包括用切入或扎入的方式穿过皮肤，有时还用烧灼的方式，但不加入颜料，留下的瘢痕往往比人们的正常皮肤要白，通常比黑人的皮肤要白，而他们有纹身的习俗。这种图案制作法称为瘢痕法，后文将给出一些例子。不过，出于本书的需要，这两种纹身放在一起考虑，而且与人体绘画也有关联，后者在早期与前两者的差异只是持续的时间不同。

赫伯特·斯潘塞（Herbert Spencer）（a）认为，所有形式的纹身都起源于部落的标志，并依据这一假设，为自己最中意的已故部落酋长神圣化理论找到额外的证据。A. W. 巴克兰（Buckland）小姐（a）在她关于纹身的文章中，遵循着相同的途径，不过认识到现代的纹身与这个规则有偏差。与此主题有关的文献中，有一篇很有价值的文章，题为"文明人中的纹身"，作者是罗伯特·弗莱彻（Robert Fletcher）博士，值得一读。另外，罗查·佩肖托（Rocha Peixoto）的《葡萄牙人的纹身》，也是如此。392

C. N. 斯塔克（Starcke）博士（a）对此规则做了更清晰的定义：

> 纹身标志可以使宗族之间发现彼此久远的关系，这个记号对人们思想的影响如此强大，以至于有同样纹身的部落之间不会发生争斗。……纹身也可能在部落内部促成一个小集团。

弗雷德里克·斯塔尔（Frederick Starr）教授（a）发表了如下评论：

> 作为英勇作战的标志，非洲黑人武士（Kaffir Warrior）的瘢痕值得一叙。在做出一次勇敢的壮举之后，祭司会在英雄的大腿上切开一个深口。愈合后变为蓝色，成为一个珍贵的荣誉记号。只要想一想野蛮人与外部世界的关系，你就可以体会一个部落标记的价值。他是一个被驱逐的人。只要他待在自己的部落领地之内，就是安全的；一旦踏入另一个部落的领地，遇见他的第一个人就可以合法地杀死他。对于处在这种社会关系

里的男人们来说，部落标记是家里唯一的保险；没有它，他可能会被同部落的人误杀。肯定有一个时期，年长的希伯来人知道所有关于部落标记的事。只有了解这一风俗，我们才能充分理解该隐的故事（圣经《创世记》第四章第 14—15 节）：他担心被打发离开自己的领地后，会被碰到的第一个陌生人所杀，但是他身上所刻的当地部落的标记，使他在那儿流浪时免受伤害。但是瘢痕，如同许多其他情形一样，最初的本意往往失去，标记仅仅成为一种装饰。这在妇女中尤其如此。男性则更多地保留了其部落的意义。

经过认真研究这一专题，我们发现，考虑到普遍的认可度，对于纹身的这种解释，持肯定和确定态度的权威比预期的要少。

纹身的悠久历史可从旧约圣经，以及希罗多德、色诺芬、塔西佗、阿米亚诺斯（Ammianus）和赫罗狄安（Herodian）的著作中得到印证。相关主题的论著是如此之多，有关的记录简直介绍不尽。但我们主要指北美的印第安人部落，再加上其他地区相对最近的报告加以说明。

北美的纹身

G. 霍尔姆（b）谈到格陵兰岛的伊努伊特人，他们用线和点组成的几何图形纹在女性的胸口、手臂和腿上。

H. H. 班克罗夫特（b）说：

> 因纽特女人在下巴上纹线条；某些分支的平民女性在中间

纹一条垂直线，在一侧纹一条平行线。较高阶层的女性则在两边嘴角纹两条垂直线。……科迪亚克岛（Kadiak）的年轻妻子在胸口纹身，用黑线条装饰脸部。库斯科金（Kuskoquim）一带的妇女在下巴缝两条平行的蓝线。

威廉·H. 吉尔德（William Gilder）(a) 报告说：

> 因纽特人的妻子用灯烟在脸上纹图后，在社会中就被认作家庭主妇。前额装饰着双线的字母 V，角度很尖，从双眼之间垂下，几乎到达鼻梁，然后优雅地向左右倾斜，直到发根。两边的脸颊上各装饰着一个蛋形图案，从鼻翼附近开始，斜向眼角；这些线条都是双线。然而，装饰最多的部位是下巴，那儿纹有格状图案；这些线条成双地从下唇边缘到达喉咙，再连向 393 嘴角，最后向外倾斜到下颌角。这都是风俗所规定要求的，但一些美女还不止于此。……男人们却没有一个纹身的。

在哈克路特（d）的著作中，提到一个地区（现属美国）有关纹身的早期记录，是佛罗里达的酋长萨图瑞纳（Satouriona）在 1564 年去拜访勒内·洛多尼埃（René Laudonnière）。他的纹身图案由勒穆瓦纳（Le Moyne）描摹下来，见该书图 8、图 9。

约翰·史密斯上尉（a）提到弗吉尼亚的印第安人：

> 他们主要用铜珠和颜料装饰自己。他们的女人，让人在自己的腿上、手上、胸部和脸上巧妙地绣着各种图案，如兽，蛇，以人工方法将黑色斑点嵌入肉里。

托马斯·哈里奥特（Thomas Hariot）（ *a* ）在其著作的整页插图第23幅中展示了1585年的发现，见本书复制的图516所示。在谈论"弗吉尼亚酋长们的各种标志"时，他说：

> 该国的大部分居民都在背上刻着标记，由此可以判定他们是哪个亲王的臣民，或者他们来自哪里。因此，我们在这幅图中记下标记，并附上各地的名字，这样就可以更容易识别。这一行业是神引导他们去做的，尽管图案很简单，也很粗糙。坦白地说，我从来没见过比他们更好或更宁静的民族了。

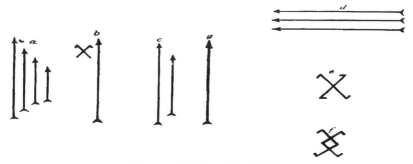

图516　弗吉尼亚的纹身图案

我在其中所观察到的标志，在此以下列顺序排列。

标为A的标记属于罗阿诺克（Roanoac）部落的大酋长温吉诺（Wingino）。

标为B的标记属于温吉诺的姐夫。

那些标为C和D的标记属于赛克屯（Secotan）一带不同的大酋长。

那些标为E、F、G的标记属于波美奥克（Pomeiooc）部落和阿夸斯科戈茨（Aquascogoc）部落的酋长。

加布里埃尔·萨加尔德修士（Frère Gabriel Sagard）（b）谈到，大约在 1636 年，休伦人的纹身是用鸟骨或鱼骨在身上刻划，然后用黑粉敷在流血的伤口处。纹身不是一次完成，而是需要几次更新。目的是通过承受巨大的痛苦来展示勇敢，同时恐吓敌人。 ³⁹⁴

在《耶稣会对外关系（1641 年）》第 75 页，提到纽特族（Neuter），说他们的身上从头到脚刻有一千个不同的图形。方法是，先在身上划线，然后用木炭刺入肉内。

在马格瑞（b）的书中，勒穆瓦纳·伊贝维尔（Lemoyne D'Iberville）在 1649 年谈论道，在巴约格拉斯（Bayogoulas）部落中，有些年轻的妇女在脸上和胸部用黑色颜料刺入做记号。

在《耶稣会对外关系（1663 年）》第 28 页，记录了一个易洛魁人的头领，法国人称其为尼禄，他亲手杀死了 60 个敌人，他将此事记在自己的大腿上，因此，上面似乎覆盖着黑色的字符。

在马格瑞（c）的书中，茹泰勒（Joutel）在 1687 年谈到得克萨斯印第安人的纹身。有些妇女从额头到下巴纹一道条纹，有些则在两个眼角各纹一个三角形，有些在胸部和肩膀纹身，还有一些刺穿双唇。这些标记都是无法消除的。

巴克维尔·德·拉·波特里耶（b）谈起易洛魁人：

> 他们在脸上涂上几种颜色，如黑色、白色、黄色、蓝色和朱红色。男人们从额头到鼻子画了几条蛇，但他们在身上的多数部位用针刺，扎出血来。火药粉末使第一层皮吸收其他颜色，他们就制成自己想要的图案，而这些图案是抹不掉的。

M. 博苏（Bossu）（a）在 1756 年谈到欧塞奇人（Osage）的纹身：

这是一种骑士般的荣誉，他们只有做出了英雄壮举后才能获得；他们乐意受苦，以便被认可为男子汉大丈夫。

如果一个人在之前的战斗中没有突出表现，却给自己纹身，他就会被人瞧不起，被人看成胆小鬼，不配获得荣誉。……

我见过一个印第安人，他从来没有在保卫民族的战斗中建功立业，但却在身上做了一个标记，以欺骗那些以貌取人的人。公议会一致同意，为了避免这种滥行造成无法区分勇士与懦夫，那个人不正当地在皮肤上装饰了一个木棒图形、却没有在战场上用木棒打击敌人，他应该把标记除去；也就是说，必须剥掉那块皮；任何做出同类冒犯行为的人，应该同样处置。

印第安妇女被允许在全身做记号，不用承担任何不良后果；她们像男人一样，坚强地忍受痛苦，为的是取悦他们，并且在他们面前显得更漂亮。

詹姆斯·阿代尔（James Adair）（a）在 1720 年谈到契卡索人（Chikasa）：

根据胸部和手臂上的蓝色标记，他们很容易就知道战斗成就，清楚得就像字母符号之于我们一样。他们的墨水是用含脂松树根制成，放在一个抹油的砂锅内；然后他们用长嘴硬鳞鱼的牙齿刺穿皮肤，在身体部位上画出图形，再将那种墨水抹到上面，这样就为勇士们做了标记，这印记是持久不褪的。契卡索人告诉我，他们以前曾经去除过战士们自豪地私下给自己刻的所有虚假标记，以便他们在被法军及其印第安盟友包围时，展现英勇作战的精神而留下真正的记号；他们当众去除那些自刻的标记，命令他们张开做了记号的身体部位，用绿色玉米汁刮擦，把印记基本除去。

395

亚历山大·麦肯齐（Alex Mackenzie）爵士（b）说，阿萨巴斯卡（Athabaskan）语系的奴隶和道格瑞伯族（Dog Rib）印第安人都实行纹身。男人们在两边脸颊上各纹两个双线条，或黑或蓝，从耳朵直到鼻子。

在詹姆斯的《朗的远征》中（c），有这样的报告——

奥马哈人往往整齐地以直线和角线在胸部、颈部和手臂上纹身。酋长和那些富裕的印第安人女儿通常在前额上纹一个小圆点。纹身手术由以盈利为目的的人来施行。

J. 欧文·多尔西牧师（a）说：

为了使幽灵能够安全地行走在幽灵之路上，每个达科他人有必要在活着时在前额中间或手腕上纹身。这样，他的灵魂将直接进入"许多小屋"。

奥吉布瓦族的女巫师常常在头痛和牙痛患者的太阳穴、额头或脸颊上纹身，她们相信，各种疼痛都是某个恶灵引起的。通过这种方式，可以赶出恶魔，仪式还伴随着唱歌和驱魔手势。通过纹身的抗刺激作用，有时确实能减轻痛苦，这是通过使用一小束细针产生效果，而以前是将几根骨针绑在一起或单独使用。

1887年，有人观察到，一个奥吉布瓦老妇人在两边的太阳穴上各纹了一个圆点，为的是治头痛。圆点是蓝黑色，直径约八分之五英寸。另一个人在鼻尖上有一个相似的圆点，还有一行小圆点从鼻孔平行通往两边的脸颊，离耳朵还有三分之二的距离。

威奇托族（Wichita）的男子纹有从嘴唇向下的线条，一个重要的事实是，他们部落的标志意为"纹身的民族"。在临近的几个部落语言中，也有同样的说法用来指定他们。这就暗示着，纹身在这一地区不常见。不过，卡奥瓦族（Kaiowa）的妇女常常在自己的额头上纹一些小圆圈，而查克托族（Choctaw）西克坦部落的人（Sixtown）仍以纹在下巴上的垂直线作为自己的特征。

约翰·默多克先生（b）记录了因纽特人的情形：

纹身的习俗几乎遍及所有妇女，但标记的位置几乎仅限于下巴，而且图形很简单。它由一、三、五，或至多七条垂直线组成，从下嘴唇直到下巴尖，如果超过一条线时，则有轻微的辐射状。当只有一条线时（这相当罕见），通常很粗，中间的那条线有时比其他线条粗。作为一项规则，女性直到适婚年龄才可以纹身。但在这两个村庄里，有几个小女孩在下巴上纹了一条线。我记得在其中一个村庄，只见到一个结了婚的女人没有纹身，因为她来自一个遥远的定居地——霍普角，所以我们可以理解。

一个男人身上的纹身是一种识别标记。那些捕过鲸鱼的

美洲印第安人的图画文字

捕鲸船船长，会在身体的某个部位纹出这样的标志，有时形成一个明确的记录。例如，阿诺如（Añoru）从两边嘴角到两边脸颊各纹一条宽带，由许多模糊的线构成，表示"许多鲸 396 鱼"；阿麦云（Amaiyun）在胸前将七头鲸鱼尾纹成一行；穆涅鲁（Mu'nialu)在一只小臂上纹了一对小标记。阿诺如的妻子尼亚克撒拉（Niaksara）也在嘴角两边各纹了一个小标记，据她说是"鲸鱼的标志"，表明她是一个成功的捕鲸者的妻子。根据珀蒂托（Petitot）（专题论文等，第 15 页）所说，在麦肯齐地区，常见图案的一部分就是——"在嘴角两边"。在努瓦克，有一、两个男人在脸上各有一条横越鼻梁的窄线，这很可能也是"鲸鱼的标志"，不过，我们对此不能得出一个确切的答案。

纹身用针和线进行，上面涂着烟灰或火药粉，使线条看上去有奇特的麻点。手术相当痛苦，产生严重的炎症和肿胀，持续好几天。在因纽特人中，给妇女纹身几乎是普遍的习俗，从格陵兰岛到科迪亚克岛，包括西伯利亚的因纽特人。唯一的例外是史密斯海峡一带的原住民，他们废弃了这种习俗，因为这里的因纽特人与白人有广泛交往。

这种纹在下巴上的简单图案：直线再加轻微的叉线似乎从麦肯齐地区直到科迪亚克都很盛行，下巴上类似的线条似乎总是构成更复杂图案的一部分，有时延伸到手臂和身体的其他部位。在东部因纽特人以及在西伯利亚、圣劳伦斯岛和狄俄墨得斯（Diomedes）的因纽特人中都很流行。

太平洋沿岸的纹身

1884 年夏日期间，霍夫曼博士在华盛顿州的汤森港口（Townsend）遇到一队来自夏洛特皇后群岛（Charlotte Queen）的海达族印第安人，他们在那儿宿营了一小段时间。他们中的大多数人都以海达人的方式在胸口、后背、小臂和腿上纹了身，带有与图腾或神话相关的部分或完整的动物图案。例如，其中有些人只纹了部分图案在小臂上，尚未完成，因为在之前的"赠礼节"期间进行的纹身手术，由于需要的时间很长，或者由于感染的部位过度发炎而不得不中止。

在这一队海达人中，有一个人名叫麦克得格思（Makdē′gos），是部落的纹身师，他的工作真是了不起。他制作的图案是对称的，线条的宽度一致，各方面都很规则和优美。在那些人的前胸或后背所做的纹身，操作程序首先是在前胸的胸骨中间或是后背的脊柱骨中间画一条虚直线将其分成两半。这类的图案都画成一对，背向中间的虚线。先在一边作画并完成，而另一边只不过是这幅画的反向图，紧接着一边之后立即完成，或是在纹身手术可以恢复后才进行。

颜色是黑色和红色，前者由细粉状的木炭、火药或印第安墨水组成，后者是用朱砂形成。手术在过去使用尖刺、某些鱼刺或骨针；但最近开始使用一小束细针，达到的效果更好。

397　　众所周知，黑色颜料在进入人体皮肤时会变蓝，而当它进入印第安人浅黄色的表皮之下时，它的色彩会呈现橄榄色或蓝绿色的阴影。这些颜料在纹上人的皮肤以后，立刻保留或多或少的蓝黑色阴影；但通过吸收颜料以及颜料膜的持续作用，浅绿色很快出现，随着时间的推移，逐渐淡化。所以，在一些最年长的印第安人身上，他们的纹身图案颜色已大大褪色。

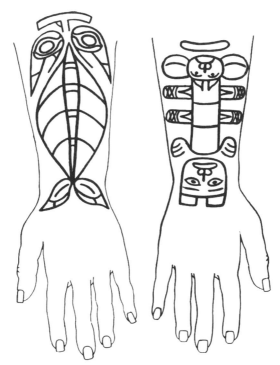

图 517 海达人的纹身，杜父鱼和蜻蜓

在有些人的身体上，可检查出有明显的溃疡。这一人体组织的破坏是纹身引起炎症的结果，如此巨大数量的刺激性异物进入皮下，以至于图案的颜色不是彩色的，而是有明显清晰的白色图形或近白色的疤痕，颜料膜则被溃疡完全摧毁。

如上所述，我们遇到的几个印第安人身上的图形并不都具有图腾的含义。比如，一只胳膊上有此人所属部落的图腾像，而另一只手臂上画着一个神话精灵的轮廓，如图 517 所示，它复制于一个女人的双臂。左图取自左前臂，画的是 kul（杜父鱼），一种图腾动物；而右图取自同一个人的右臂，画的是 mamathlóna（蜻蜓），一个神话中的昆虫。

398

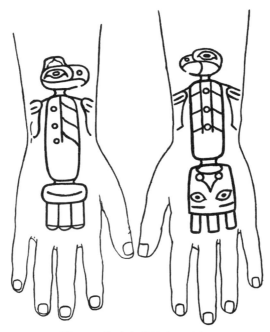

图 518　海达人的纹身，雷鸟

在图 518 中，表现了两种形状的雷鸟，分别复制于一个海达族女人的左右前臂和双手。右手的图案是完整的，但复制于左前臂和左手的图案却不完整，预计全部图案将在 1884 秋天举行的"赠礼节"完成。在已完成的图案中，尾巴上的横向曲线是红色的。同样，从鸟儿身体中央垂直线向外朝向手部桡侧的三条对角线也是红色。头部装饰内的曲柄形线条也被纹成红色。

399　　　　在某些情况下，图腾和神话中的生物会显示在同一个人身上，如图 519 所示。这个纹身复制于一个女人的左臂，在前臂和手上的完整形象是雷鸟，而手指上的四个头是希莫（tshimō）的头，这是一种神兽。在手臂上的雷鸟纹好几年后，才加了四头，很可能是因为这么大图形的纹身手术持久而痛苦，使得纹身者打消了一鼓作气的念头。不过，有时这种手术的延迟或中止是由于纹身者无力支付费用。

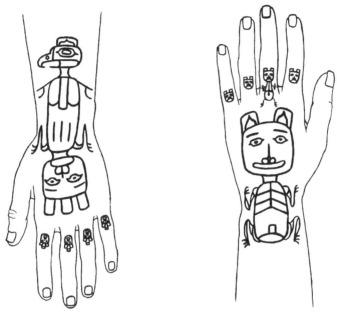

图 519　海达人的纹身，雷鸟和神兽　　图 520　海达人的纹身，熊

　　纹身图案中断情况的另一个实例见图 520。前臂和手上的图形是熊图腾，是最早纹上的。在随后的节日期间，四颗熊头被纹在四根手指上，最后，熊身纹在中指上，剩下三个待完成。

　　图 521 显示了腿上的纹身。这些是 mēt（山羊）的形象。　　400

　　在四肢上很少有双重图案，因为这样的图案是留在胸部和背部，但有一个实例值得注意，如图 522 所示，画的是 hélinga（雷鸟），纹在一个男人的左臂上。

图 521　海达人的纹身，山羊　　图 524　海达人的纹身，狗鲨

在前述那支海达人旅行团队中所观察到的最突出的艺术例证，是一双纹在 Makdē'gos 胸口的大乌鸦，如这里复制的图523。

在这个印第安人的后背上，还有 kahatta（狗鲨）的图画，如图524所示。除了这些标志外，他的四肢上还纹有图腾和神话动物。

有时，纹身时所用的简单图案轮廓会画在属于不同人们的财物上，如小船、房屋的正面等。在这样的情况下，会采用一些纹身所不能使用的颜色。这样的一个范例可见整页插图24，另一个更精心制作的图案见整页插图25。

402　　詹姆斯·G. 斯旺（James G. Swan）先生对于英属哥伦比亚夏洛特皇后群岛和阿拉斯加威尔士亲王群岛（Prince of Wales）海达印第安人纹身标记的研究，做出了宝贵的贡献，他的文章发表于《民族学局第四届年度报告》，经大量压缩后，转载如下：

整页插图 24

海达人的双雷鸟

整页插图 25

海达人画的狗鲨

图 522　海达人的纹身，双雷鸟

图 523　海达人的纹身，双乌鸦

第十三章　图腾、标记和名称

图 525　纹身的海达人

　　在属于海达语族的所有部落或宗族中，纹身的习俗在某种程度上很普遍；但最突出的是生活在夏洛特皇后群岛上的正宗海达人以及阿拉斯加威尔士亲王群岛上的凯加尼人（Kaigani）。

　　根据自己二十多年对沿海部落的观察，我的看法是，无论是在温哥华岛上，还是沿海各地直到哥伦比亚河，甚至直到加利福尼亚，印第安女性几乎都在手上、胳膊上或脚踝上纹有某种图案，不是圆点就是直线；但在上述所有部落中，海达人在纹身方面是最出类拔萃的，似乎不仅仅优于南太平洋的斐济群

美洲印第安人的图画文字

岛或金斯米尔群岛（King's Mills）上的原住民。海达人的纹身标志是部落纹章图案或分支图腾，或是配戴者的分支饰章，类似于酋长家四周柱子上和纪念碑上的雕刻，粗心的观察者原以为是偶像。

图 526　纹身的海达人

这些图案位于男人身体的不同部位，如后脖下面的两肩之间、胸口、两条大腿的前部和膝盖下面的腿上。而在妇女身上，图案是纹在胸口、双肩上、两条前臂上，从肘部经手背直 404 到手指，以及膝盖以下的两条腿上直到脚踝。

　　几乎所有的西北海岸的印第安妇女都在手上和手臂上纹

身，有些是在脸上；但一般来说，这些标记只是单纯的圆点或直线，没有特别的意义。而对海达人来说，每一个标记都有含义；那些纹在妇女手上和胳膊上的标记表示分支的名称，表明他们是否属于熊、河狸、狼或鹰图腾家族，或是属于某个鱼家族。正如其中一位神秘地对我说："如果你纹了一只天鹅的图案，印第安人就会知道你家族的名称。"

为了尽可能正确地解释这个纹身，同时附上两个女人和她们丈夫身上纹身标志的临摹，这是我在汤森港（Townsend）所画。

图 525 左边的男人是一个纹身的海达人。他胸口是条鳕鱼（kahatta），从头部到尾部分开；每条大腿上有一条章鱼（noo），在每个膝盖下是只青蛙（flkamkostan）。

图 527　海达人的两种杜父鱼

在同一幅图中，女人的胸口上纹着河狸（tsching）的头和前爪；在每只肩上纹着鹰头或雷鸟（skamskwin）；在每只手臂上，延伸到并覆盖着手背的是比目鱼（hargo）；右腿上的是杜父鱼（kull）；左腿上是青蛙（flkamkostan）。

　　　　　　　　　　　　　美洲印第安人的图画文字

图 526 中的女人有一只熊头（hoorts）纹在她的胸部。在每只肩上是鹰头，她的双臂和双腿上是熊的图形。

在同一幅画中的男子后背上有只狼（wasko），分成两半，纹在双肩之间，其放大的图形见图 531。瓦斯科（Wasko）是神话中狼的代表，类似于马卡哈族（Makah）印第安人神话中的咄咄-赫梅塞尔（chu-chu-hmexl），传说它是生活在山中的古老恶魔。

405

图 525 中女人右腿上的杜父鱼，其放大的图形见图 527；左腿上的青蛙放大图见图 528。图 525 中男人身上的鳕鱼放大图见图 529；章鱼或鱿鱼的放大图见图 530。

海达族男女的肤色都非常浅，其中一些妇女也是纯正的印第安人，她们的皮肤和欧洲人不相上下，所以纹身的标志非常明显。

图 528　海达人画的青蛙

图 529　海达人画的鳕鱼

同一作者继续说：

这个纹身不是一次完成的，也不是每一个人都可以纹身。某些人，几乎全是男性，有一种天赋，很擅长做这种工作。有一位年轻的酋长，名叫吉尼斯科洛斯（Geneskelos），是我所认识的最好的纹身图案设计师，也跻身于本部落的纹身师之列。

他告诉我，他采用的计划是先用一种黑色颜料将图案精心画在人身上，之后用针刺穿，然后用一种更鲜艳的物质在伤口刮擦，直到获得合适的色度。他有各种器械：由整齐地系在棍子上的细针组成。他最喜欢的是一个扁平的象牙条或象牙骨，上面牢牢地系着五、六根针，针尖穿过末端，长度足够能挑起皮肤而不会造成危险的伤口，但这些针尖扎得相当深，使手术令人非常痛苦，尽管他使用了一些物质来麻醉皮肤，但对有些人还是有影响，使他们疼痛好几天；因此，纹身的全过程不是一次完成的。由于纹身是荣誉的标志，它通常是在酋长房前竖立纹章柱之时，在巫医表演期间或之前进行。纹身在开放的小屋内进行，由聚在一起的众人做见证。有时需要好几年才能完成全部纹身，但一旦完成并装饰好以后，他们就非常快乐，因为可以和长老们并肩而坐了。

406

图 530　海达人画的鱿鱼

图 531　海达人画的狼

有关北美太平洋沿岸印第安人纹身的其他记录补充如下。

斯蒂芬·鲍尔斯（c）说，（加利福尼亚）卡罗克族（Karok）女人在下巴上垂直地纹了三片蓝色窄蕨叶图案，两个嘴角各一片，中间一片。

同一位作者在第 76 页报告说：

几乎每一个（加利福尼亚胡帕族（Hupâ））的男人都在左小臂内侧中部横着纹十道线；在数贝壳货币时，他用右手提着钱串，把一端拨到左手大拇指指甲上方，如果另一端达到纹线的最上方，5 个贝壳就值 25 美元的黄金，或者说，1 个贝壳值 5 美元。当然，只有万分之一的可能，才有足够多的贝壳达到这么高的价值。

在第 96 页还有：

　　（加利福尼亚）的帕塔瓦族（Pátawāt）女人在下巴上垂直地纹着三片蓝色的羽状叶图案，她们还在双手背上纹有小圆点构成的线条。

在第 148 页，谈到卡斯特尔（Kástel）的波莫人（Pomo）：

　　沿岸山区的这个部落和其他部落的妇女常常简略地纹一棵树或其他物体的图案，几乎覆盖了整个腹部和胸部。

在第 233 页，他谈到温顿人（Wintūn）："女人们都纹有三条窄线，嘴角两边各垂下一条线，中间一条线。"
同一位作者在第 109 页说：

　　加利福尼亚的马托人（Mattoal=Mattole）与其他部落的人不同，因为男人纹身。他们独特的标记是前额中心的一个蓝色圆点。而妇女们在脸上几乎纹满了图案。

关于纹身，一些过去的拓荒者有一种推测，可能值得一提。他们认为，之所以所有其他部落只有女人纹身，是因为如果她们被敌人掳去，一旦有赎回的机会，自己人就可以认出她们。有两件事实为这种推理提供了一定的佐证。第一，加利福尼亚的印第安人分裂成许多很小的分支，其中一支可能随时与另一分支成为死敌，而他们方言中的细微差异不足以区分俘虏的女人。第二，女人们几乎从不尝试任何装饰性的纹身，但严格坚持纹上简单而有规则的部落标记。

如果一个莫哈维族女人的下巴上纹了蓝色标记，则表示她已经结婚了。参看惠普尔（*f*）的著作。

加切特先生报告说，现在克拉马斯（Klamath）男人很少在脸上纹身，所观察到的少数男人脸上的图案，只有一条黑线从下唇中部到下巴。混血女孩似乎只在下巴上纹一条垂直线，而纯血统的妇女在下巴上纹四条垂直线。

班克罗夫特在《土著民族》（*c*）一书中说，莫多克族（Modoc）妇女纹三条蓝线，从下唇中间和两边垂直延伸到下巴。

同一位作者在同一卷书第 117 页和 127 页说：

407
奇珀瓦人（Chippewa）在脸颊和额头上纹身。男女都纹有蓝色或黑色线条，或一至四条直线来区分他们所属的部落。他们纹身的方法是，用一根锥子或针穿入皮下，然后取出，紧接着将木炭粉抹伤口。……在育空河（Yukon）沿岸的库钦人（Kutchin）中，男人们从额头到鼻子画一条黑色条纹，他们还常常以红色线条横过额头和脸颊，在下巴上交替画红色和黑色条纹，而女人们则用黑色颜料在下巴上纹图。

斯蒂芬·鲍尔斯（Stephen Powers）在《陆路》月刊1874年第12期第537页提到诺马克人（Normocs）：

> 我看见一个女人在两边脸颊上纹了一个活物形象，这在我所见过的纹身中独一无二。这是一对鸟的翅膀，两边脸颊上一边一只，蓝色，底边向上，翅膀的尾端在嘴角，前端靠近耳朵。形状逼真，制作精美，做工相当精致。不仅每根羽毛，甚至羽翼的细毛，都刺得很精巧。

弗朗兹·博厄斯博士（c）说：

> 在海达人的手臂、胸部、背部、腿上和脚上，在钦希安人、夸扣特尔人和比尔库拉人（Bilqula）的手臂和脚上，在努特卡人的胸部和手臂上，在沿海萨利希（Salish）妇女的下巴上，都可以看到纹身。
>
> 在努特卡人身上，常常可以看到一些疤痕，很规则地从肩膀向下到胸部再到腹部，并以同样的方式出现在腿上和手臂上。……
>
> 部落成员在举行巫师（Hamats'a）仪式时，会露出明显的被咬过的疤痕。在某些节日上，巫师有责任从男人的手臂、大腿和胸部咬下一块肉。

南美洲的纹身

伊姆特恩博士（c）说：

> 以纹身或任何其他对皮肤表面永久性的介入作为装饰，在

印第安人中只处于非常有限的程度；事实上，它只用于制作独特的部落小标记，他们中许多人就纹在嘴角或手臂上。确实，几乎每一个成年印第安人的大腿和手臂上，或身体其他部位上都有或多或少切割的直线；但这些原本都是手术留下的疤痕，不是为了装饰。

赫恩登和吉本（Herndon and Gibbon）(a)，在其著作的第319页报告说：

> 麻胡（Mahué）人仿效巴西其他民族（他们用尖刺给自己纹身，或穿鼻、唇和耳），并且遵循古法，施行这些不同的酷刑，这种血的洗礼，……他们保留了重大的火蚁（Tocandeira）节。

保罗·马柯伊(b)说道，巴西的帕斯人（Passé）、尤里人（Yuri）、巴尔人（Barré）、和查玛纳（Chumanas）人在脸上纹了图腾或他们所属民族的象征。可能在几步之外就可以区分这些不同的民族。

美洲之外的纹身

古代君主采用特殊的记号来区分奴隶；同样，为了报复，作为一个无法磨灭和有辱人格的记号，某种纹身会宣告他失去了君主的宠信。两个僧侣指责西奥菲勒斯（Theophilus）皇帝狂热地摧毁宗教图画和雕像，皇帝因而下令在他们的额头印上十一行抑扬格诗句；一名士兵请求将自己在海难中救下的一个男人据为己有，马其顿国王菲利普愤而下令在他的额头画上记号，显示他卑鄙无耻的贪婪；卡里古拉（Caligula）皇帝毫无理由地命令给罗马贵族纹身。

在罗马帝国的衰落时期，纹身被广泛施行。调控法规定：要采用一些符号，以作为征募入伍和立下军事誓言的凭据。这项实行了很长时间法令的目的，类似于给奴隶做记号，因为人民的战斗精神已经退化，军队由雇佣兵组成，假如他们逃跑，一定会被认出并抓回。直到最近，意大利皮埃蒙特（Piedmontese）地区的军队士兵仍然实行这种纹身，但更多地是作为男子汉气概的标志。

埃利泽·雷克吕（Elisée Reclus）（a）说：

> 纹身在波利尼西亚（Polynesia）很普遍，并且如此发达，其覆盖身体的艺术图案也起到了衣服的作用。在有些岛上，纹身手术持续时间很长，所以不得不在孩子们六岁之前就开始，图案在很大程度上取决于专业纹身师的技巧。不过，传统的主题在几个部落的装饰图案中重复出现，通常可以通过其特殊的图形、曲线或平行线、钻石之类的形状辨认出这些部落。艺术家们被分为不同的流派，就像欧洲过去的艺术大师一样。他们纹身的方法不是像大多数美拉尼西亚群岛（Melanesian）上的那样，切口穿刺；而是用木槌轻轻敲击一个小梳子状的器械进行穿刺。在痛苦、甚至危险的操作中所使用的颜料通常是用石栗制作的细炭粉，这是一种油质植物，在整个波利尼西亚东部用于照明。

409

以下是理查德·泰勒牧师（c）关于新西兰毛伊岛人（Te Ika a Maui）的情形：

年轻人在去打仗前，都习惯于用木炭在脸上画不同的线条，传说这就是纹身的开始。由于他们的战争连绵不绝，为了省去不断画脸的麻烦，他们便通过纹身留下永久性的线条；然而，它是否出于不同的原因，还是一个疑问；从前，去打仗的大批人群是黑人奴隶，当他们与浅色皮肤的主人并肩作战时，后者在这些场合会使用木炭使他们看上去都像一样的人。

男人们在脸上各处纹身，大腿也一样，而女人们则主要在下巴和嘴唇上纹身，不过偶尔也在大腿和胸部纹身，还在身体的不同部位做几个较小的标记。纹身有正式的规则，纹身师总是按部就班地操作：开始在一个点，然后逐步到另一个点，每一个特定部位都有其不同的名称。

图 532 是同一著作中的一幅插图，在原书第 378 页对面。它显示了"澳大利亚原住民的坟墓，他的名字、身份、部落等以象形文字刻在树上"，这些"象形文字"被认为与他的纹身标记有关。

图 533 是名叫霍尼（Hongi）的人雕刻的一个纹身头部的复制图，以及一个妇女下巴上的纹身图，取自上文提到的著作。

图 534 是与之相关的图案，源自一根骨头。它是前美国地质调查局职员 I. C. 拉塞尔教授在新西兰一个土堆中发现的。他说，毛利人过去在敌人的骨头上纹身，但这种习俗现在似乎已经遗弃。图案由尖头浅色线条构成，仿佛用尖锐突出的钢制器械制作，其中的一些黑色颜料已被擦掉，填充了一些标记，而在其他的线条中，几乎没有留下一丝痕迹。

有关在人造物品上使用纹身标志的情况，参见后文的图 734。

　　　　　　　　　美洲印第安人的图画文字

图 532　澳大利亚的坟墓和雕刻的树

图 533　新西兰的纹身头部和下巴上的标志

图 534　新西兰，骨头上的纹身图案

图 535 是拉塞尔教授在新西兰获得的一张照片的复制画。它显示了下巴上的纹身。

图 535　新西兰纹身的女人

拉塞尔教授在他发表于 1879 年 2 月《美国博物学家》杂志第 13 期第 72 页的《新西兰速记》一文中评论说，毛利人对装饰的渴望是如此强烈，他们竟用纹身覆盖了整张脸，将复杂的曲线和螺旋线图案永久地转移到脸上，类似于他们装饰独木舟和房子的图案。

E. J. 韦克菲尔德（Wakefield）（a）报告说，在新西兰看到一个人，是一位圣人（tangata tabu），因此没有用纹身装饰。他在第 155 页补充说，当地人的作为会以精心绘制的图案体现在酋长们的脸上。

乔治·特纳博士（b）说：

希罗多德发现，在色雷斯人（Thracian）中，没有纹身的男子不受尊重。在萨摩亚（Samoa）也是如此。一个年轻人在纹身之前，总被当成未成年人。他不能考虑结婚；他像穷人和出生卑贱的人一样，时常受到奚落和嘲笑；他在男性社会中没有发言权。但一旦他纹身以后，就进入了成年，并认为自己有权得到尊重并享受成年人的特权。因此，当一个年轻人到了16岁时，他和他的朋友们就开始渴望纹身。此时，他会期待着与一位年轻酋长一道纹身。在这些场合，六或十二个年轻男子会同时纹身，可能有四、五个纹身师为他们纹身。在一定程度上，纹身现在仍然存在，是一个普通的职业，就像盖房子一样，而且收入优厚。这种习俗可以追溯到神话时代，并且有它的神灵。

在《民族学》杂志（a）上发表的一篇文章说——

新几内亚的巴布亚（Papuan）男人只有在杀死敌人后，才能在胸口做纹身标志。第101页图26显示了瓦拉（Waara）胸部的标记，他杀死了五个敌人。

在男女胸部以外身体部位上的纹身似乎没有含义。它们根据设计者的想象制成。专业纹身师常常有自己的风格，它们很受欢迎并被普遍应用，成为一个部落的常用图案。

上面提到的插图复制如图536。

图 536　巴布亚酋长的纹身

图 537　纹身的巴布亚女人

在第 112 页同一篇文章中，有如下内容，提到图 537：

在新几内亚的巴布亚人中，在胸部纹身的女性表示他们已经结婚，而身体的其他部位，包括脸部和双腿，可能早就纹过了；的确，女孩可能 5 岁就开始纹身了。第 112 页图 39 提供了一个已婚妇女的图例。……纹身的不同形式取决于几位艺术家的风格。家族的标记无法识别，但确实存在。

德克莱尔（De Clercq）（a）进一步详细叙述了新几内亚巴布亚人的纹身。在瑟盖特人（Sègèt）中，只有妇女才纹身。他们称之为"fadjan"，图形由两行小圆圈组成，从腹部两边直到腋窝，外侧有几个交叉线；这是用一根针刺成，然后用点燃的树脂烟熏这些针眼。据说是作为装饰而取代衣服，姑娘们这样做是因为小伙子们喜欢看它。

在罗姆巴蒂（Roembati）镇，纹身被称为"gomanroeri"；在塞卡尔（Sěkar）称为"béti"。在那一带，他们用鱼骨纹身：他们 412 用鱼骨在皮肤上刺许多孔，直到出血，然后抹上取自锅底和罐底的烟灰。在血止住后，留下不可磨灭的蓝色斑点或条纹。除了胸部和上臂，他们还以相同的方式在小腿上纹身，有时还纹在额头上，只是作为单纯的装饰，包括男人和女人——但孩子们很少纹身。

邦戈斯（Bonggose）人和西里托（Sirito）人大多在胸部和肩上纹身。在萨奥科雷姆（Saoekorèm）镇，一个多尔人（Doré）的定居点，有几位妇女在胸口和脸上纹身。在多尔，它被称作"pa"，他们用刺纹身，然后用木炭抹到流血的斑点；只有在这里和在曼西内姆（Mansinam）镇，它是哀悼的标志；而在其他各处，它仅仅起装饰作用。

在安索斯（Ansoes）镇，纹身并不常见，而且主要纹在面孔；在那儿，纹身被称作"toi"。在诺德贾彭（Noord-Japèn），纹身更加常见，位于肩膀和上臂。在塔非亚（Tarfia）、丹那美拉（Tana-mérah）和洪堡湾（Humboldt），只有极少数人纹身，主要纹在前额上。

纹身总是妇女的工作，一般是家庭成员给男女纹身。首先，用木炭画出图形，如果它符合要求，然后就开始用柑橘树刺或某种动物的细骨穿刺。这让人非常疼痛，只要纹身者能够忍受，一次只能刺一个小点。要是疼得太厉害，就用一片加热的树叶轻轻按压伤口，以减缓疼痛，过三、四天后再继续纹身。图形没有特定的名称，他们选择那些适合自己喜好的名称。孩子们从来不会按照父母的意愿去纹身；它完全是个人的选择。

福布斯（Forbes）先生在《大不列颠及爱尔兰人类学研究所学刊》1883 年 8 月第 10 页上说，在帝汶海的马来群岛（Timor Lawt）上——

男女都将几个简单的图案：圆圈、星星、尖头十字形纹在胸口、眉头、脸颊和手腕上，他们用炽热的石头在自己的手臂和肩膀上留下疤痕，形状像大型天花的瘢痕，目的是抵御这种疾病。……然而，我没见到一个人有天花瘢痕，也没听说他们中间有这种传染病。

德国哈雷（Halle）市的布劳恩斯（Brauns）教授在《科学》杂志第 3 卷第 50 期第 69 页报告说，亚左（Yazo）的阿伊努（Aino）妇女在下巴上纹身，以模仿男人的胡子。

413　　卡尔·博克（Carl Bock）（*a*）说：

在这里，所有的已婚妇女都在手上和脚上纹身，有时也在大腿上。装饰是婚姻的特权之一，未婚少女是不可以的。

在伦敦 1870 年出版的《南太平洋地区的神话和歌谣》一书第 94 页中说，在曼格亚岛（Mangaia）的赫维族（Hervey）中，纹身花纹是模仿两种鱼（avini 和 paoro）身上的条纹，其颜色为蓝色。这种传说还保留在依那人（Iná）的歌谣中。

埃利泽·雷克吕（*b*）说：

大部分达雅克人（Dayak）在胳膊、手、脚和大腿上纹身；

偶然也在胸部和太阳穴上。图案通常是漂亮的蓝色，纹在古铜色的身体上，展现了很高的品味。正如其他许多民族一样，几乎总是设为奇数，因为奇数被看成幸运数。

在《人类学》杂志（a）1890年第1卷第6期第693页报告说：

传说安南人（Annamite）的祖先交趾（Giao chi）是渔民，受到海怪的威胁。为了避免水鬼带来的灾难，国王下旨，让百姓在身上纹出海怪的样子，后来又要纹龙、鳄鱼等的形象，以阻止它们的迫害。这种风俗变得很普遍，甚至国王都在大腿上纹龙，作为权力和高贵的标志。同样的想法也体现在安南人在船头画的眼睛等图案上，因为它们非常像海怪。

欧赖利（O'Reilly）先生是纽约的专业纹身师，他在一封信中说，他熟悉缅甸的纹身系统。缅甸人的纹身主要是一种惩罚，但也用特别的纹身图案来增加魅力，带来爱情。他们还相信，给全身纹身可以刀枪不入。

在《民族学》杂志（a）中，有文章描述了印度尼尔吉里（Nilgiri）山区的巴达加人（Badaga）：

所有的妇女都在前额上纹身。下面［图538］中的 a 是最常见的形状：

除此之外，还有同一图中的 *b*、*c*、*d* 和 *e*：

妇女们除了必须在额头纹身之外，身体其他部位经常纹身的地方是双肩（如图 538 中的 *f*）。其他常见的形状是多组黑点，还有那些如图 538 中的 *g* 所显示的图形，纹在前臂和手背上。

图 538　巴达加人的纹身标记

414

诺登舍尔德（Nordenskjöld）（*a*）提供了以下有关西伯利亚楚科奇人（Chukchi）纹身的记载：

　　纹身者主要是妇女。纹身手术用针和烟灰进行；楚科奇人也可能使用收集的石墨。从谢拉茨科伊角（Shelagskoy）到白令海峡，整个楚科奇海沿岸妇女的纹身似乎是相同的。常见的纹身模式可见于诺登舍尔德所著《维加号亚欧环行记》第二部分第 104 页的图示。其他地区脸颊上的纹身很少有比这儿更复杂的。如下所示的图 539 显示了脸颊上的一个纹身图案。

　　九岁或十岁以下的女孩从来不纹身。过了这个年龄后，她们逐渐接受两个横条的纹身：从鼻尖到头发根；然后是下巴上的垂直条纹；最后在脸颊上纹身，其图案的前面弧线先做，后面部分最后完成。其实，刚才提到的最后部分是图案中时常缺失的。

附图（图 539 左面）显示了来自台普卡（T'ápka）镇一个妇女双臂上的纹身。图案上自肩关节上的三环，下至手关节。从画上看，左、右手臂上的纹身是不同的。

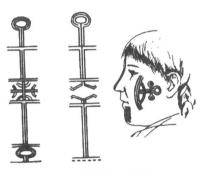

图 539　楚科奇人的纹身

维加号冬天驻地的男人们给自己的纹身，只有两条短横线划过鼻根。而在佩尔卡伊皮亚（Rerkaypiya）（大约在北面），有些男人在两边面颊骨上各纹一个十字形；还有一些人只是用红色模具画出类似的图案。前述地区的一些楚科奇人也在上唇纹身。

楚科奇人的图案比因纽特人的要简单得多。

巴赞博士在《人类学》杂志（b）《法属突尼斯的纹身研究》一文中提到，纹身的习俗在突尼斯非常普遍和复杂，但主要是阿拉伯民族。他们中有游牧民，有城镇工人、劳工，以及农民。另一方面，一直生活在山地的柏柏尔人（Berber）、沿海城镇的商人和富裕的业主很少或根本不纹身。从最后这个阶层的情况来看，它证明纹身不过就是一种装饰，因为这个阶层的成员都是衣冠楚楚，双腿和双臂被完全遮盖，所以纹图毫无用处，因为根本看不见或几乎被完全遮盖。他补充说，名门望族（du Tinge）不会纹身以免损伤自己的外形。下层阶级的独特标志就是脸部的切纹，三道在太阳穴上，三道在脸颊，还有三道在脸的下部。

有关东赤道非洲的记录，在布鲁塞尔人类学研究会（a）简报中包含以下备忘录：纹身由四处漫游的艺术家进行。也许起初它显示了部落的特征，但现在很难区分，只能通过推测。唯一的例外是瓦温巴（Wawenba）部落的人在脸上纹身。当地的神物成为纹身的图案。

戈登·卡明（Gordon Cumming）（a）说：

> 贝专纳部落（Bechuana）巴拉特拉斯（Bakatlas）族国王摩斯利（Mosielely）的一个"将军"，在战斗中亲手杀死了大约二十个人，每杀一个人都纹一个荣誉标记。这个标记就是一条线，纹在他的肋骨上。

大卫·格雷格·拉瑟福德（Greig Rutherford）（a）曾论述热带西部非洲巴坦加地区（Batanga）的民族，摘要如下：

> 纹身的起源，显然是为了区分各部落的成员而刻在脸上和身体其他部位的某些标记。男女可能使用相同的标记，但一旦趋向于装饰目的后，他们会遵循一些艺术手法来纹身。在杜艾尔（Dualle）族人中，曾经有一段时间，男女都流行纹身，而妇女占多数。男人们并不总是认为必须让自己受不必要的痛苦，但妇女们则有一个精明的打算，要增添自己的魅力，所以

坚持纹身。值得注意的是，在有些地区，男人们已不再纹身，但他们继续给妇女纹身。他们在自己的孩子年幼时就给他们纹身。但是，当女孩们达到结婚年龄后，她们会根据自己的意愿，在原有的纹身图案上，增加各种装饰性的图案。纹身在后期只是为了增加美感，作为这方面的例子，我可以提一下当地一位传教士妻子告诉我的一个实例。一个邻近部落的女人住到了布道所，有人送她一条色彩艳丽的裙子，以便使她脱下惯常围着的腰布，引导她养成文明生活的习惯。然而，她坚决不穿这条裙子，理由是，如果她穿了，就会掩盖她的美丽。显而易见，做了精美纹身的未婚女子最能捕获男人的心。

奥斯卡·佩舍尔（Oscar Peschel）（*a*）叙述了纹身作为服饰的另一种替代物，他说："所有见过全身纹身的阿尔巴内斯（Albanese）的人都说，他根本不像是裸体的。"类似的说法，可见于达尔文先生的《贝格尔号航行记》。他在书中说，在新西兰时，见到在室内做仆人的年轻妇女都很干净、整洁，外表健康，"传教士的妻子们试图说服她们不要纹身，但一名著名的纹身师已从南方赶来。她们说：'我们真的需要在我们的嘴唇上纹几条线，不然的话，当我们老了以后，我们的嘴唇会萎缩，我们就会非常难看。'"

1891 年 9 月，一位自称是已故国王塞奇瓦约（Cetewayo）之子的祖鲁族人，向《孟菲斯雪崩报》的记者提供了以下信息：

当有人表示怀疑他是否来自祖鲁国时，他立即卷起袖子，露出右臂上的部落标志。它就在肘关节下方，是鲜红色的，清楚地显示它已烙进肉里。图案主要是一个双心，中间有一个十字形贯穿其中。相同的图案也烙在他的左眼之上，不过形状较小。在被问及这些标志时，他说：

"在我们国家，所有男人都得将部落纹章的标志烙在自己的皮肤上，这样他们就永远不能背叛我们，无论什么时候发现他们，你都可以根据标志认出一个祖鲁人。总能在左眼上方和右臂内侧找到它。烙印时痛吗？噢，不；你瞧，他们只是用手指捏住皮肤，等纹章赤热时在皮肤上按一下就完成了，而纹章烙印将永不磨灭。"

划痕法

以下介绍的是划痕法：

爱德华·M. 柯尔（*b*）在其著作的第 94 页说：

在澳大利亚各地，常见的主要装饰是由皮肤上隆起的一些瘢痕组成。它们是用燧石或贝壳切刻而成，表面敷上木炭粉或灰烬。伤口保持敞开三个月左右，之后，被皮肤覆盖，有时，隆起在天然皮肤表面上的瘢痕几乎与中指一样厚、一样长。切口成排地划在身体的不同部位，主要在胸部、背部和大臂肌肉上，在大腿和肚子上比较少见。女性的胸部常被小瘢痕所包围。在有些部落，在皮肤上刻划圆点以取代瘢痕。手术非常痛苦，常常在遭受酷刑般的叫喊声中进行。男女都以这种方式做标记，但男性比女性更普遍。

在同一卷书的第 338 页，有下列描述：

美洲印第安人的图画文字

正如经常发生的那样，当澳大利亚的瓦德佳克（Whajook）部落里的一对青年男女私奔离开部落一段时间后，他们自然会在此期间彼此刻下瘢痕，以纪念他俩的不伦之情；这是一次性的操作过程，一个人会记得手术造成的痛苦和伤愈需要的时间长度。而在丈夫们的眼中，这种做法是罪上加罪。

在该书的第 2 卷第 414 页，同一位作者说：

> 开普河（Cape River）部落的男人们都以这种方式在后背和肩膀上留下瘢痕。查特菲尔德（Chatfield）先生接着说道，男女都普遍将瘢痕刻在左大腿上，但偶尔也会在右边，用以显示他们属于独特的阶层；但众所周知，在该大陆，这些标志仅仅是为了装饰，所以，后一种做法就与普遍的风俗相冲突。因此，如果没有进一步的证据，我们不能接受这种说法。

托马斯·沃斯诺普（Thomas Worsnop）在《澳大利亚原住民的史前艺术》一书中说：

> 这种瘢痕纹身的做法在整个大陆很常见，各个部落都有各自不同的特点，都有自己独特的标志。不过，所有的图案都基于一个雷同的想法。

有关部落的不同标志还严重缺乏证据，其中的细微差异可能只是各地方或部落的风尚。

艾尔弗雷德·C. 哈登（Alfred C. Haddon）（a）在其著作的

第 366 页说：

> 　　他们不知道纹身，但他们在身体上用隆起的瘢痕进行装
417　饰。……托雷斯（Torres）海峡的岛民以大而复杂的椭圆形瘢
> 痕作为自己的特征，略微隆起，结构整齐。有人告诉我，这与
> 乌龟有关，刻于右肩，偶尔也在左肩重现。我怀疑，一个年轻
> 人是否在他杀了第一个乌龟或海牛后才被允许烙上瘢痕。

同一作者在前述著作中谈到托雷斯海峡的马布亚格人（Ma-
buiag）：

> 　　这个民族以前被分成几个宗族。……一个宗族的人不会烙
> 另一个宗族的图腾标志。……所有的图腾似乎都是动物——如
> 鳄鱼、蛇、乌龟、海牛、狗、食火鸡、鲨鱼、刺鳐、石首鱼等。

同一位作者在《大不列颠及爱尔兰人类学研究所学刊》上关
于比尔兹莫尔（Beardsmore）先生论文的注释中（a）说：

> 　　新几内亚莫瓦特族（Mowat）许多妇女在胸口上烙一个
> "^"形瘢痕。……来自图得（Tud）的梅诺（Maino）告诉我，
> 当兄弟离开父家去和男人们出外生活时，会刻下标记；另一个
> 提供信息的人说，当兄弟用鱼叉捕获了第一头海牛或乌龟后，
> 会留下标记。马伊诺（顺便说一下，他娶了一个莫瓦特族女
> 人）说道，在脸颊上的一个标记记录了兄弟的壮举。

达尔贝蒂斯（c）说，新几内亚人制作瘢痕的方法是，"刺穿皮肤，然后长时间地用石灰和烟灰刺激它。……他们利用一些瘢痕当作标志，表明他们曾经的旅行，每完成一次旅行，就在右胸上纹一个图形。……尤里岛（Yuli）妇女几乎全身布满标志。孩子们很少纹身；奴隶从不纹身。男人们几乎不纹身，不过他们常常在胸部和肩膀刻下标记，但很少在脸上。部落和家族就靠纹身标志来识别"。

格里菲思先生（Griffith）在他发表于《大不列颠及爱尔兰人类学研究所学刊》关于塞拉利昂（Sierra Leone）的论文中说：

> 女孩们在背上和腰部以这样的方式为自己刻下隆起的瘢痕，它们在皮肤表面凸起约八分之一英寸。随后，她们收到妇女团体（Boondoo）授予的名字。从痛苦的手术中恢复以后，举行隆重的仪式，由扮成 Boondoo 鬼怪的人示意将她们从 Boondoo 中放出。此时，她们被公开宣布可以嫁人了。

霍勒布博士（b）说，南非中部一个科兰纳人（Koranna）在胸口割了三道口子：

> 他们彼此之间有一种默契。其中有些人在自己的胸口割三道口子。当问他们为什么这么做时，他们通常拒绝回答，但取得他们的信任后，他们会承认，他们属于一个秘密帮会，并说，"我可以通过科兰纳人和格里夸族人（Griqua）居住的所有山谷，无论到哪里，只要我打开我的外套，露出这三道口子，我肯定会受到欢迎"。

H. H. 约翰斯顿（Johnston）先生（a）告诉我们，从刚果直到斯坦利瀑布（Stanley），这一带的人都有瘢痕纹身的习俗。所留的记号都是部落标记。因此，巴泰凯人（Bateke）总是以颧骨上的五、六道横条纹为特征，而巴彦斯（Bayansi）人则在前额上留下水平或垂直的粗线条瘢痕。

E. 布吕索（Brussau）在《人类学》杂志上（c）报告了刚果人的瘢痕，主要在背部，目的是治病。

朱利安·托马斯（Julian Thomas）（a）对一位新赫布里底（New Hebrides）群岛的妇女做了以下描述：

> 她在自己的喉咙上和胸口做了一种图案，样子就像一条围巾。这是她在孩童时用鲨鱼牙做的。这位妇女的皮肤起疱形成花朵和植物形状。皮肤被割开，将泥土和灰尘放进深长的伤口里，然后新肉慢慢长成这些形状。他们当然不愿意让衣服遮盖这些美图。

根据曼先生在《大不列颠及爱尔兰人类学研究所学刊》（c）上发表的文章，安达曼人（Andamanese）也通过瘢痕纹身。这样做，第一是装饰，其次是证明个人敢于纹身的勇气，以及忍受痛苦的毅力。

纹身研究综述

关于这一主题的许多记录被略去，尤其是那些主要涉及纹身方法和使用器械的介绍。但从前述内容来看，纹身现在或最近仍然在世界各地盛行，除了专门用以表明一个部落、分支或家族，还有许多目的，也不仅仅是为了一般意义上的个人装饰。那些最值得注意的目的如下：1. 区分自由民和奴隶，与后者的部落无关；2. 区分同一部落内的高低贵贱；3. 作为一个人忍受疼痛折磨的勇敢精神的证明；4. 作为个人英武的标记，特别是 5. 作为战功的记录；6. 显示宗教符号；7. 作为一种治病的方法；8. 作为一种预防疾病的方法；9. 作为一种羞辱的记号；10. 作为一个女人已婚的标志；11. 表明女子已具备结婚的条件；12. 作为个人的身份，不是作为部落或宗族成员，而是作为一个独立的个人；13. 吸引异性的神奇力量；14. 恐吓敌人；15. 使皮肤神奇地刀枪不入；16. 带来好运；17. 作为一个秘密帮会的标志。

在讨论纹身的起源时，使用纹身标志作为英勇作战的记录被认为具有特别重要的意义。一个战士从战场上返回，光荣负伤，身上沾着血，这些伤疤成为他后来炫耀的资本。严格来说，在身体上制造人工伤疤或涂画假伤口作为荣誉的标志，属于表意文字的方式。正是源于此，以及表示图腾的标志，引发了所有其他形式和用途的纹身。例如，可以用它表达男子的活力，类似方法也可以表现女性的成熟。然而，有些纹身习俗的起源可能既不是图腾标志，也不是荣誉标记。纯粹装饰的想法，如同文明人所说的鼻子、耳朵、嘴唇、牙齿甚至身体所有部位的变形，充分说明了纹身起源的多种多样。原始人似乎从不满足于让身体表面保持天然的状态，认识到 419 这种不满足，对服装和装饰的研究就可以找到出发点了。

本书提供了许多例子，介绍了各民族，尤其是北美印第安人对部落标志的使用。他们将部落标志雕刻或画在岩石、树木、树皮、皮肤和其他材料上，并认为这些图案与欧洲的纹章图案之间有一种有趣的关联。因此，很可能早就使用这种图腾和部落标志的北美印第安人，自然会将它们画在或纹在自己的身上。但他们这么做的确实证据却很少，这一点令人惊讶。毫无疑问，有一些早期探险家和旅行家提出了一般的看法，但对其分析后，可看出它常常表达的不过是模糊的观点，也许是基于一种预设的理论。

几乎所有的印第安部落都有独特的发型和服装配饰，据此就可以区分他们。这些都不是图腾标志，也不是部落特征的图形表达。它们属于时尚的范畴，此类服装和发型的时尚在文明的民族中仍然存在，据此可以立即区分各个民族或不同省份的人。在实际观察者的记录中，北美印第安人的纹身标记图形，除了西北海岸的之外，几乎都不过是一个部落的时尚。这样的风格或时尚，没有特定的目的或意图，竟然起到了部落标志的作用，就像在今日非洲和其他一些地区盛行的那样，并且被掌握几种风格的专业艺术家广为介绍。除了一派艺术家的必要影响之外，显而易见的是，生活在一起的人们在皮肤上进行装饰时，会约定并维持相同的风俗和时尚。

第四节　个人名分的标志

这些可分为:（1）权威的标志或标记。（2）个人战功的标志。（3）财产标记。（4）个人名字。

权威的标志或标记

尚普兰（e）在1609年谈到易洛魁人:

那些佩带三根大羽饰的人是酋长，所描绘的三位酋长的羽饰要比属下普通武士的羽饰大许多。

在刘易斯和克拉克的《旅行记》中（a）说：

在苏族蒂顿人（Teton）中，一个村庄的内部治安有赖于酋长任命的两、三个官员，为的是维持秩序。他们会掌权一段 420 时间，直至酋长任命继任者；他们似乎是一种治安官或守卫，因为他们总是在白天留意保持宁静，夜晚守卫营地。……他们的显著标志是后背腰带上固定的两、三张乌鸦皮，其尾巴从身上水平伸出。他们的头上也系有一张分为两半的乌鸦皮，鸟嘴从前额伸出。

詹姆斯在《朗的远征》（d）中报告说——

在奥马哈人中，在所有的公共喜庆、节日、舞蹈或一般狩猎等场合，会预先任命一定数量的果敢武士来维持秩序和维护和平。为显示正在执行公务，他们把自己全身涂黑；通常会佩带乌鸦皮，装备一把鞭子或作战棒，他们会用此当场惩罚那些行为不检点的人，同时兼任法官和行刑者。

来自维德（Wied）的普林斯·马克西米利安（Prince Maximilian）（a）说：

在众多的远征队中，每一队都有四个头领（karokkanakah，意为突击队员），有时会有七个，但只有四个被看为真正的突击队员；余下的被称为坏突击队员（karokkanakah-chakohosch，字面的意思为赖皮突击队员）。所有的突击队员都背着一个箱子，里面是一个巫术烟斗，而其他的武士却不敢背。要成为一名酋长（Numakschi），一个男人必须当过突击队员；而要成为突击队员，他必须先杀死一个敌人。如果他第二次跟随另一个突击队员出征，他必须首先发现敌人，并消灭一个，然后才拥有一张带两只角的完整白色野牛皮，当作酋长（Numakschi）的标志。……所有的武士都在脖子上佩戴小小的作战烟斗，它们常常优雅地装饰着豪猪刺。

整页插图 26 和 27 是关于职位的专门插图，选自奥格拉拉家族一个重要而独特的图示头领花名册，共 84 人，属于大路酋长的宗族。这些图是 S. D. 欣曼（Hinman）牧师 1883 年取自达科他州斯坦丁罗克（Standing Rock）美国印第安事务管理处官员麦克劳克林（McLaughlin）少校，而后者是从大路酋长那儿得到的原件，当时该酋长被带到管理处并被要求提供他手下人的情况。取自这份奥格拉拉人名单的其他选图安排在其他标题下：表意文字、个人名字、比较、习俗、手势语、宗教，以及惯例化。

大路酋长和他的部落属于北奥格拉拉族，当时和坐牛酋长一道，率人多次掠夺和攻打殖民者和美国当局。对他们名字的翻译已经核实，并附有奥格拉拉语的名称。根据花名册上的日期，大路酋长当时 50 多岁。可以看出，他的思想和外貌一样极其蒙昧无知和强硬。

原图是用黑色和彩色铅笔画在一张大页的书写纸上，有几幅是黄赭色的水彩画。它们是在管理处用临时找到的材料画的。

奥格拉拉族的酋长们

奥格拉拉族的小头领

　　整页插图 26 显示了五个大酋长和他们的标志。每一个人面前都有一个带装饰的烟斗和烟袋，造型各不相同。本书多次提到，烟斗是用作首领的标志。五位酋长没有拿军棍，他们的等级由烟斗和烟袋显示。五个酋长每人脸颊上至少有三条横道，形状各异。

　　整页插图 27 显示了该宗族的小头领。三条红道表明他们是士兵队长（Akicita-itacanpi）——战时是军事首领，平时是民政治安队长。他们每个人的脸颊上都装饰有三条红色横道，胸前竖握着一根军棍。

　　其他男子的形象在整页插图中没有显示，他们每人的脸颊上一般都有一条红道；其他人有红色和蓝色两道粗线。这些仅仅是装饰性的，没有特定意义。

　　我们会看到，在这个系列图中，表示名字的图案一般没有用线条与嘴巴相连，只是一种自然的连接。似乎有一条线连到头顶，但有时没有任何连线。

　　整页插图 26 显示了 1883 年时的奥格拉拉族五个大酋长，分别标明如下：

　　a. 大路（Cankutanka）酋长。大路常被称为好路，因为一条宽广而人来人往的路是好的。图中那条线只表示一条路，路两边的脚印显示道路很宽广。飞越黑暗的鸟儿表示好路能使人快速行走。下面介绍的是同一位酋长：

　　图 540，在红云的统计册第 96 号中所显示的大路。在这套系列画的画家笔下，广阔的大路明显标出了两边，而在其间有马蹄印。在这个图例中，如同其他几个一样，表

图 540　大路

意图形显然不是固定的，而是有灵活性，随主题而变化，其目的仅是为了保留这个概念。

b. 矮狗（Sunka-kuciyela）酋长。狗的形象画得很"矮"，因为腿画得很短，所以和下图的长狗形成对比。

c. 长狗（Sunka-hanska）酋长。"长"这个词是苏族部落图画文字的表述，也可以翻译成"高"。在这幅图和上一幅中，狗腿的长度有明显差异。

d. 铁乌鸦（Kangi-maza）酋长。"铁"这个词前文已做过解释。在达科他人图画文字中，蓝色常被用于表示"铁"这个词。

e. 小鹰（Cetan-cigala）酋长。

整页插图27显示了1883年花名册上的奥格拉拉人的小头领，或称突击队员。

422

a. 描绘的是红角公牛（Tatanka-he-luta）。公牛角因抵伤而染血。

b. 画的是冲击鹰（Cetan-watakpe）。这位小头领也出现在红云的统计册中，不过，"冲击"的样子稍有不同，在那里，鸟头向下。

图 541 冲击鹰

图 541——冲击鹰，取自红云的统计册，第 142 号。一眼看去，鸟儿似乎是直立的，但经过仔细观察，可以看出它在向下俯冲。

c. 戴羽毛（Wiyaka-aopazan）。图中有两片常规形状的羽毛，一片由一条线与嘴相连，另一片在军棍之上，这与本系列其他图画中的位置相同。下面画的是同一个人。

图542——头戴羽毛者，取自红云的统计
册，第86号。在这幅图中，羽毛下垂；而在前
一幅图中，羽毛是直立的。对此细微差异的含义
没有说明。

图542 头戴
羽毛者

d. 画的是贝壳男孩（Pankeskahoksila）。
贝壳是一个圆形体，立在小人的头上，这个小
人没有完整数量的腿，也许表示他无法行军，而他两手空空，
没拿武器，说明他不是一个武士，而是一个男孩。译为贝壳的
物体，其实是树干上的一个大树瘤，达科他人常将其砍下，挖
空后当碗用。

e. 熊放过他（Mato-niyanpi）。熊走过几道脚印，表示发生
了一个事件，但没有说明，其间这位小头领遭遇了危险。

f. 画的是铁鹰（Cetan-maza）。这只鸟被染成蓝色，原因如
前所述。

g. 红乌鸦（Kangi-luta）。

h. 画的是白尾（Situpi-ska）。这只鸟很可能是老鹰，下图相
同名称的画表示得更清楚：

图543——白尾；取自红云的统计册，第
190号。插到这里以便与上图进行比较，这是对
同一个人略微不同的图示。

i. 白熊（Mato-ska）。

图543 白尾

图 544　白熊

图 544——白熊；取自红云的统计册，第 252 号。插到这里是为了比较这两幅画。动物的特征在两幅画中都体现了出来。

k. 站立的灰熊（Mato-najin）。同一动物这样的位置差异，使人想起那些标志图形："四脚站立侧视者""头朝后看者""向前直走者"，以及诸如此类。

图 545　站立的熊

图 545——站立的熊；取自红云的统计册，第 140 号。这和上文提到的很可能是同一个人，但因画家的偏好，只画了半只熊。这不过是为方便起见，并没有特殊的意义，因为名称中不显示前肢。但这样做也许很可能是有意为之，如果这个图形确实是图腾标志，而且与禁忌相关的话。一些熊氏族只允许吃动物的前肢，另外一些氏族只允许吃后肢。

l. 画的是站立的野公牛（Tatanka-najin）。

m. 画的是他的奔马（Tasunke-inyanke）。这个人可能是一匹著名赛马的主人。

424

图 546　四角烟斗

图 546——一位达科他族明尼孔朱人，名叫红鱼之子，正在跳和平烟斗舞。取自天鹅的《冬季年度大事记》，1856—1857年。

布什少校说："一个明尼孔朱人，红鱼的儿子驴子，在跳'四角'和平烟斗舞。"

在本书有关达科他人的章节中，常常提到有独特装饰的烟斗，它至少在仪式期间，是领头人的标志。

为了展示烟斗作为权威和等级的标志，下面将以图547和图548进行介绍。

图547由一位达科他族奥格拉拉人绘制并解释，展示了四根直立的烟斗，表明他统领过四支远征队。

图547 名叫"双击"的远征队员

图548是复制于瘦狼的画，他自称是希多特萨人的副首领。他头饰上的角显示他是酋长。战帽上的鹰毛以特殊的方式编排并描绘，也显明他是一位卓越的武士。他作为"突击队员"或远征队长的权威，由高举的烟斗表示。他的名字也加上了，以常见的线从头上伸出。他解释了狼的轮廓特征，身体为白色，狼嘴没有画完，表示它腹中空空；也就是说，它很瘦。动物的尾巴画得很细致，为黑色，以区别于身体。

图 548　远征队长瘦狼

　　"突击队员"的形象也显示在孤狗的《冬季年度大事记》
1842—1843 年。

　　图 549 列举了三个例子，大量类似的实际尺寸的图案刻在加
拿大新斯科舍省克吉姆库吉克湖边的岩石上。它们起初被认为与
425　礼仪或神秘作法屋有关，有许多临摹也出现在那儿的岩石上，后
文的图 717 和图 718 给出了其中的例子。毫无疑问，这些图案
相互之间有某种关联，但我们关注的那些图案，当地印第安人普
遍认为是精致的头饰，有时扩展成面具，现在仍有少数密克马克
族和阿布纳基族妇女佩戴。这些妇女现在或过去在社交和宗教仪
式中拥有特殊的权威和地位。因此，带有装饰图案的遮头物是她
们等级的标志。笔者见过的现代样本，是将珠子、羽毛管和刺绣
精心缝在天鹅绒或缎子一类的细布上，但最初是缝在皮子上。仍
在使用的图案显示与该类岩画图案有某种奇妙的关联，而岩画重
现了一些前述神秘作法屋平面图的临摹画。羽状树枝出现在两类
插图中，而在现代头巾上是真正的羽毛。这三幅图中的第一幅显

示了图案内部的树枝或羽毛，而在另外两幅画中，它们在图案外侧，作法屋外的灌木或树枝的差异显示出类似的比例。第三幅临摹画外侧不但有羽毛，还显示有旗帜或飘带，而目前礼仪上使用的头饰是由丝带替代。

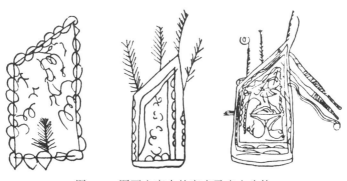

图 549　图画文字中的密克马克人头饰

如果对这一类图画的解释还有任何怀疑的话，那么，像图550 这样呈现的一些明显是当时的连续的示意图，应该可以消除此疑问了。这幅图中的女酋长，也许是女祭司，似乎身穿礼仪长袍，头部完全被一个带帽子的面罩盖住。对此的研究不仅确定了这一类令人困惑的图案的含义，而且显明，这些画的作者是阿尔冈琴语系的阿布纳基分支或密克马克分支的人。

图 551 下方的两幅画，拓印自加拿大新斯科舍省克吉姆库吉克的板岩。那座半岛上的密克马克人认出，这是标志的复制图，他们说，他们的酋长过去经常佩戴它们。这些图案显示的一些记号，使人联想到罗马天主教堂所使用的一些艺术手法，但这种十字架的外形根本不是源自欧洲。使用饰领和其他带有特殊图案的装饰物作为级别和权力的标志，这种形式的建立表明，密克马克

图 550　图画文字中的密克马克人女酋长

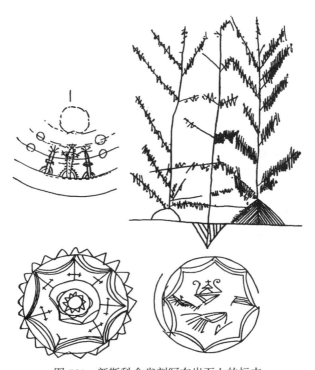

图 551　新斯科舍省刻写在岩石上的标志

　　　　　　　　　　　　　　　　美洲印第安人的图画文字

人的一些图案很可能受到早期传教士的影响，后者确实可能给信徒们的酋长颁发过勋章。勋章总体上采用了原住民的风格，但也添加了基督教的符号。没有确定的证据证明，这些独特的画是否在最早一批法国传教士到来之前就已画好。427

在右上方的画中，有三棵树，在其根部附近有一些独特的图形，它也是拓印自克吉姆库吉克的一块岩石。笔者在考查了缅因州卡利斯（Calais）的华莱士·布朗（Wallace Brown）夫人所拥有的一个银盘后，才理解了这幅画。而在此前不久，这个银盘属于帕萨马库迪部落的首领。首领这个称号已经更新为"总督"。这个银盘的复制图见左上角，它很可能不是印第安人的工艺品，但似乎购自一个银匠，而他是按照帕萨马库迪人的图案制作的。众所周知，它代表前述部落的三位高官，一位前总督曾经佩戴它作为自己地位的珍贵标志。中间的图形代表总429督，左、右两边的图形代表地位略低于他的官员。在这幅画中，树根部的图形明显相似。它们很可能像克吉姆库吉克岩石上的大多数图画一样，也是密克马克人所画。在这种情况下，他们似乎是以标志来指认他们的酋长，类似于同宗的帕萨马库迪部落所使用的标志；也可能是上述部落的一些成员在密克马克人领地的岩石上画了这种标志。无论如何，破解岩画的尝试，得到了令人鼓舞的收获，因为在加拿大新斯科舍省所画的树，似乎没有含义，但在美国缅因州发现的金属刻图却轻易地解开了它的含义，而且这种解释得到了在世的印第安人的证实，不仅限于上述的两个地区，而且得到了新不伦瑞克省阿玛利基特人（Amalecite）的证实。

第十三章　图腾、标记和名称

图 552　奇尔卡特人的礼仪衫

P. J. 德斯梅神父（b）在谈及派岗人（Piegan）和黑脚族人时，描述了一位名叫大尾熊的人：

> 他的尾巴由牛和马的毛做成，大约7到8英尺长，他没有按照常规将其套在背后，而是固定在脑门上，形成一个螺旋形线圈，类似一只犀牛的角。这样的尾巴在黑脚族人中，是较高荣誉和勇敢的标记——很可能是尾巴越大，这个人就越勇敢。

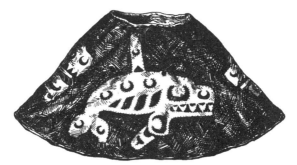

图553　奇尔卡特人的礼仪斗篷

以下是对奇尔卡特人礼仪衫的描述，其插图复制于图552，取自尼布拉克（c）的著作：

上图中画的是海狮，下图是同一件衣衫的背面图，装饰着瓦斯科（wasko）的图案，这是神话中的一种狼。衣衫的边缘和袖筒镶着红布，整件衣衫制作得很整洁。

同一位作者还描述了奇尔卡特人的一件斗篷，其插图复制如图553，内容如下：

画的是一件敞领斗篷，装饰着以红布组成的图腾图案——逆戟鲸。这件斗篷是一个截锥形，没有袖子。

同一位作者在书中描述了相关的整页插图第10幅、图33

430

和图 34 中的礼仪毯子和外套。首先提到的画是这里复制的图
554 所示：

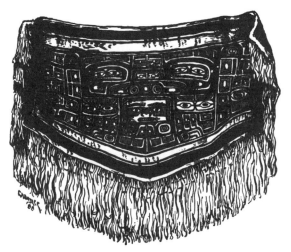

图 554　奇尔卡特人的礼仪毯子

　　它由西北海岸有地位、有财富的印第安人所穿，通常称为
"奇尔卡特毛毯"，因为最好的样本来自奇尔卡特人属地，尽管
其他部落的人或多或少也会编织。经线由扭曲绳或雪松树皮纤
维编织的麻绳构成，纬线则由山羊毛线构成。所用的颜色有褐
色、黄色、黑色和白色，它们巧妙地构成了一个图案，代表了
主人的图腾或图腾传说。

毯子上所显示的图案是熊（Hoorts）。

对图 555 的描述是这样的："以类似工艺制作的礼仪衫或外
套如同上述毯子一样，在其衣领和袖口上饰有海獭毛。"

431　　图 556 复制了《柏林人类学学会研讨会文集》（a）中的一
幅插图。它显示了一群贝拉库拉族（Bella Coola）印第安人。

图 555　奇尔卡特人的礼仪外套

图 556　贝拉库拉印第安人

这幅图令人关注，因为前排中间的那个人穿了一件精心制作的礼仪外套。

S. 哈贝尔博士（c）对图 557 做了如下描述，该图只复制了雕刻的上部：

这个浅浮雕造型是一个直立的侧面人物，他的头和双肩略微前倾。身体显然是赤裸的，只有个别部位被精美的饰品遮盖，其中最突出的是，一只螃蟹覆盖了头部。完全有理由相信，这个人物代表祭司，所以螃蟹可能是作为祭司阶层的象征。

图 557　危地马拉祭司

金斯布罗爵士所著《墨西哥古代文物》第 1 卷关于《门多萨抄本》的整页插图 65 和 66，显示了根据战功，士兵一步步高升为军官的图示和标记。主要标准，也是所提及的升官的唯一标准，是士兵们在战争中各自抓获的俘虏人数。从上述整页插图中大量表示英勇作战的等级和头衔的图画中，本书选取并复制了一些，在图形、尺寸和着色上完全一样［本版本以黑白二色复制］。参见本书整页插图 28 和 29。有关的奇特文字叙述见金斯布罗的著作（p）。

整页插图 28——图 a 中的年轻人，如果他抓获了一个俘虏，他就得到一件方形斗篷，上面有一幅图，画了一些表示英勇的花。他抓着一个俘虏的头发。b：这位勇士获赠一件武器装备，他已披挂在身。另外，他还得到一件带红边的橙色方形斗篷，作为英武的标志，因为他俘虏了两个敌人，他正抓着其中一个的头发。c：这位勇士，他的头衔是如同克丘亚人的（Quachie），他所佩戴的武器装备，证明他在战场上抓了五个俘虏，而在其他的战斗中，他已经俘虏了许多敌人。在画中，他也抓着一个俘虏。d：这位勇士的头衔是将军（Tlacatecatl），他所穿长袍上的图案、他的编发以及高贵的羽毛头饰，以他的仪态表明，他已获得勇士和杰出人士的称号，因为他的功绩超过了前述几人。

在整页插图 29 中——a：一位高级军官（Alfaqui），他因战功得到进一步提拔。他在战斗中又抓了三个俘虏，所以获得英勇作战的奖励，他将获赠的武器装备披挂在身。他抓着一个俘虏的头发。b：同一位高级军官，因为他活捉了四个敌人，所以获赠一套武器装备，作为英勇作战的标志。他已将此披挂在身。他像前面一样抓着一个俘虏。

在金斯布罗著作中，整页插图里余下的每一个人物，都有军官作战而获得的称号，他们据此升到更高的官阶。墨西哥国王任命他们担任军队的首领和将军，或是派遣军的军官〔类似于副官〕来执行国王的命令，不论是有关自己王国的事务，还是关乎他附属国的事务，他们会立即执行命令，不打任何折扣。在本书整页插图 29 中，显示了所挑选的其中两位，即：c，Ezguagua-catl，一位派遣军的军官；d，Tocinltecatl，一位在战斗中英勇卓著的人，在墨西哥军队中担任将军的职务。

韦纳（b）在所著书第 763 页中说：

墨西哥人的军功标志

墨西哥人的军功标志

通过考查秘鲁坟墓中画在不同薄纺织品上的众多人物画像，值得注意的是，总是可以通过一件羽饰认出头领：十夫长有两根羽毛，百夫长有四根羽毛，千夫长有六根羽毛，而这些羽毛的颜色会标明是文官还是武官。

433

A. W. 豪伊特（e）说：

在澳大利亚中部，信使们被派出来传递为死者复仇（Pinya）的信息时，会在头上套一种网和一个白色的额前饰，上面粘着一根羽毛。信使身上涂着黄土和陶泥，一束鸸鹋羽毛插在后面脊柱处的腰带里。他带上死者的部分胡须，或一些陶土球（取自哀悼他的一个人头部的陶土球）。信使在到达目的地后，就展示这些东西，人们立刻就明白其含义。

同一作者在第 78 页报告：

迪埃部落（Dieri）的人派出的第三支队伍是令人畏惧的复仇者。这是死者的复仇者，为那些被认为是巫术害死的人复仇。

在营地出现一个或多个男人，每人头上都绑着一条醒目的白色带子，胸口和肚子上有红白两色的横条纹，胡子被扎起来，夹着人的头发，这就是一个复仇者的标志。这些人不谈论普通的事情，他们的出现是对全营地人的警告，要他们注意倾听，老实回答有关被指控者的下落之类的问题。人们知道复仇者的冷酷无情，所以战战兢兢地回答所有问题。

图 558　达科他人战功标志　　　图 559　达科他人用拳头打死敌人的标记

个人战功的标志

来自维德的普林斯·马克西米利安（*b*）对图 558 和图 559
做了如下解释和说明：

> 苏族人高度珍视个人的勇敢之举，因此总是将自己以战功换
> 来的特别标记披挂在身；其中最特别的是，将几束人发附在胳膊
> 和腿上，把羽毛放在头上。在对手看来，他杀了一个敌人或活捉
> 了一个敌人；因为这个功勋，他就将一根羽毛横着插进头发里。
>
> 他们把这看成一个了不起的壮举，因为很多人为此被杀，
> 之后才有人实现这一目标。用拳头打死一个敌人，他就可以把
> 一根羽毛竖立在头发上。
>
> 如果是用毛瑟枪打死了敌人，就将一小块木头插进头发
> 里，表示推弹杆。如果一个武士立了很多战功，他有权佩戴一
> 顶带牛角的大羽毛帽。这顶帽子由鹰的羽毛制成，用一根红色
> 长布条系牢，从背上垂下，它受到密苏里河沿岸所有部落的高
> 度珍视。……无论谁首先发现敌人到来并通知同伴，他就可以　434

佩戴一根小羽毛，这根羽毛只留顶端羽毛，余下的都拔掉。

下述达科他人的羽毛设定，取自伊斯门（Eastman）夫人的《达科他人》。本书没有提供色彩，但红色无疑占据主导地位，因为这是个人观察得知。

图 560　杀死了一个敌人。达科他人

图 561　切断喉咙，取了头皮。达科他人

图 562　切断敌人喉咙。达科他人

图 560，在较大羽片上的一个斑点表示佩戴者杀死了一个敌人。

图 561 表示佩戴者已切断敌人的喉咙，并取了他的头皮。

图 562 表示佩戴者已切断敌人的喉咙。

图 563　达科他人第三位击打者

图 564　达科他人第四位击打者

图 563 表示佩戴者是在敌人被杀后，第三位接触他身体的人。

图 564 表示佩戴者是在敌人被杀后，第四个接触他身体的人。

435

图 565 表示佩戴者是在敌人被杀后，第五个接触他身体的人。

图 566 表示佩戴者身上多处被敌人打伤。

图 565　达科他人第五位击打者　　　　图 566　达科他人表示许多伤口

下文有关羽毛设定的变异，是 1883 年记录自明尼苏达州斯内灵堡（Fort Snelling）附近达科他族姆德瓦坎坦万（Mdewa-kantanwan）人。

达科他族其他宗族也使用老鹰的羽毛。

一根不加装饰的羽毛是用来表示佩戴者已经杀死一个敌人，但不涉及杀戮方式。

当羽毛的末端被横向截去、边缘染成红色时，表示敌人的喉咙被切开。

一根黑色的羽毛表示一位奥吉布瓦族妇女被杀。奥布吉瓦人被认定是敌人，因为这个部落与达科他族的姆德瓦坎坦万人发生的冲突最多。

一位武士受伤后，就在羽毛的宽边上涂一个红色斑点。如果佩戴者的躯干、手臂或者腿中过弹，就在他的衣服或毯子上涂一个红色斑点，紧挨着伤口处。这些红色斑点有时用豪猪刺沾颜料点上，有时用从商人处买来的棉纤维涂上。

贝尔登（Belden）（a）说：

在苏族人中，如果一个武士在村里佩带一根涂了红色斑点的老鹰羽毛，就表示他在最近的一次战斗中杀了一个敌人；之后每消灭一个敌人，他就可以佩戴另一根涂有红色斑点的羽毛，斑点大约有一个 25 分银硬币大小。

一只红手画在武士的毯子上，表示他被敌人打伤过；一只黑手表示他遭遇过某种不幸。

博勒（Boller）（a）在他的《在印第安人中间》一书第 284 页，描述了一个苏族人将一些染成朱红色的小木屑插在头发里，每一片代表一次受伤。

林德（c）提供了一种做法，与上文所述的都不一样，说明如下：

> 达科他人认为人体有四个灵魂。第一个是身体的灵魂，与身体同时消亡。第二个灵魂总是陪伴或接近身体。第三个灵魂负责身体的需要，在人死后，有些人认为它会去往南方，还有人认为它会去往西方。第四个灵魂总是徘徊在死者的一小撮头发周围，这撮头发由亲戚保留，直到他们有机会把它扔进敌对的国家。于是，它成为一个四处漂流、不得安宁的幽灵，给敌国带来死亡和疾病。
>
> 出于这种信念，产生了一种习俗：为在战斗中杀死的每一个敌人，佩戴四根头皮羽毛，一根代表一个灵魂。

应该注意的是，上述几位作者介绍的所有个人战功的标志，都是同一个印第安人群体所用，即达科他人或苏族人。然而，这是一个很大的群体，分成许多部落，可能在几个部落中，会使用不同的设定。但这些记录如此相互矛盾，令人怀疑是否有观察错误或描述错误，甚至两者都有。

J. 欧文·多尔西牧师（b）解释了达科他族蒂顿人对盾牌的设定：

> ……在布绍特（Bushotter）画的彩色临摹中，盾牌上的三个烟斗，表示在如此多的远征中，他都带着作战烟斗。那些红色条纹显示他打伤了多少敌人，人头显示他杀死敌人的数量。半个月亮表示他在某个夜晚冲着敌人吼叫。有一次，他把武器丢到一边，与敌人徒手搏斗；人的手显明此事。马蹄印表示他带走了许多马。假如他的名字叫黑鹰，那么，一只黑鹰就会画在他的盾牌上。

欧文（Irving）（a）在《阿斯托里亚（Astoria）》一书中谈到阿里卡拉人：

> 如果有人在本土杀死一个敌人，他就有资格把狐狸皮缝在软底鞋上，拖在脚后跟行走；如果他杀了一头灰熊，他就可以佩带熊爪项链，这是猎人所能展示的最光彩的战利品。

来自维德的普林斯·马克西米利安（c）报告了曼丹人对有关主题的指定：

> 曼丹人佩戴大角羽冠，这种帽子用白貂皮条制成，后面垂下数条红布，直到小腿；帽上粘着一排笔直的黑白鹰毛，从头开始，延伸很长。只有战功卓著的杰出武士才可以佩戴这种头饰。

如果曼丹人把视为珍贵的一个或更多的这类头饰送人，他们立即会被人们当作很重要的人。……在牛皮长袍上，他们经常画一顶这样的羽冠在太阳底下。名声显赫的武士在精心装扮时，在头发里插进不同的木片作为受伤和英雄壮举的标志。因此，一个名叫马托托普（Mato-Topé）的人将一把一手长的红色木刀横着系在头发上，因为他用这把刀杀了一个夏延人的首领；另外有六根木棍，涂成红、黄、蓝三色，一端有一颗铜钉，表示他受过多次枪伤。他把一只野火鸡的翅羽系在头发上，表示受过一次箭伤；他在后脑勺上扎了一大束染成黄色的猫头鹰羽毛，羽尖为红色，作为狗图腾宗族（Meniss Ochata）的标志。他的脸一半涂成红色，一半涂成黄色；他的身体涂成红褐色，带有细条纹，这是用指尖沾上颜料，然后洒到身上造成的。在他的双臂上，从肩膀向下，有十七道黄色条纹，表明他交战的次数；他的胸口画了一只黄色的手，表示他抓获了一些俘虏。

　　……一个曼丹人也许已经立了许多战功，但还是不得在他的衣服上佩成簇的毛发，除非他携带了巫术烟斗，或成为远征队的头领。当一个没有立过战功的年轻人在一次远征中最先杀死一个敌人后，他就在手臂上涂一个螺旋线，颜色任选。这时，他可以在脚踝或脚后跟系上一条完整的狼尾巴。如果他首先杀死并触摸了这个敌人，他就画一条线，斜着环绕手臂，还有一条线与它交叉，朝向另一方向，再加三道横条。在杀死第二个敌人后，他就将左腿（指绑腿）涂成红褐色。如果他比同伴先杀死第二个敌人，他可以在脚后跟系两条完整的狼尾巴。在第三次立功后，他在双臂上涂两道竖条纹和三道横条纹。这

　　　　　　　　　　　　　　　　美洲印第安人的图画文字

被尊为最高功绩；第三次立功后就不再做标记了。如果他在队友们都杀死敌人后才消灭一个敌人，他可以在脚后跟系一条狼尾巴，但要切掉尾尖。

霍夫曼博士 1881 年在北达科他州伯特霍尔德堡（Berthold）获知了希多特萨人标示个人功劳的方式，内容如下：

一根羽毛，在羽尖附上一簇羽绒或几缕马毛，染成红色，表示佩戴者杀死了一个敌人，而且是第一个接触他或用棒击打了他。见图 567*a*。

一根羽毛，上面涂一道朱红色横条，表明佩戴者是第二个用棒打击那个倒地的敌人。见图 567 *b*。

图 567　希多特萨人的战功标志

一根羽毛，上面涂两道朱红色横条，表明佩戴者是第三个击打那个敌人身体的人。见图 567 *c*。

一根画了三道横条的羽毛，表明佩戴者是第四个打击那个倒地的敌人，见图 568 *a*。超出这个数量的人就不计功劳了。

一根红色羽毛表示佩戴者在与敌人的交战中受伤。见图 568 *b*。

图 568　希多特萨人的战功标志

第十三章　图腾、标记和名称　　　　　　　　　　645

一根窄窄的生皮或鹿皮条从头到尾与一些染成红色的豪猪刺绑在一起，但有时会插入一些白色以改变单调的颜色。这根皮条是用细皮筋绑在羽茎的内杆上，表示佩戴者杀了一个敌对部落的女人。如图 568 *c* 所示。在有些精致的样本上，豪猪刺直接粘在羽杆上，而没有用皮条。

使用类似的标记显示战功的印第安部落有希多特萨人、曼丹人、阿里卡拉人。希多特萨人声称他们是首创者。

下面的图形标在长袍和毯子上，通常为红色或蓝色，在船桨上也很常见。印第安人常常把这些图形画在大腿上，但通常只是为了参加节日活动或跳舞。

438

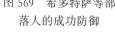

图 569　希多特萨等部落人的成功防御

图 570　希多特萨等部落人的两次成功防御

图 571　希多特萨人抓获了一匹马

图 569 表示佩戴者通过朝敌人投掷一堆泥土或沙子，成功地保护了自己。在人体或衣服上描绘这个标记的方式显示在整页插图 30 下排第三个人物所穿的衬衫上。

图 570 表示佩戴者在两个不同的场合，藏在低矮的土木防御工事里躲过了敌人。这个图形只是将两个前面的标志组合到一起。图 569 和图 570 中的图形都显示在图 575 中间人物的衣服上，该图由一位希多特萨人绘制。

图 571 说明：一个人将这个标记留在他的毯子、护腿、船桨或任何其他财产上，或自己的身上，表明他捕捉了属于敌对部落的一匹马。这个图

形出现在整页插图 30 中几个人物的外套和腿上。这幅画是北达科他州伯特霍尔德堡一位希多特萨人所画。

在图 572 中，图 a 在希多特萨人和曼丹人中表示，佩戴者是第一个用击棒击打一个倒地的敌人。而在阿里卡拉人中只表示佩戴者杀死了一个敌人。

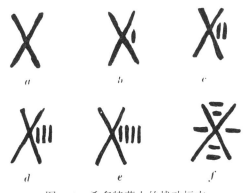

图 572　希多特萨人的战功标志

图 b，在希多特萨人和曼丹人中表示第二个击打一个倒地敌人的人。在阿里卡拉人中表示第一个击打倒地敌人的人。

图 c，根据希多特萨人和曼丹人的说法，这是第三个击打敌人的人；根据阿里卡拉人的说法，这是第二个击打他的人。

图 d，在希多特萨人和曼丹人中，这表示第四个击打一个倒地敌人的人。这是最高也是最后一个数目；第五个这样做的人也被视为勇敢，因为他如此冒险接近敌人的阵地，但无权为此佩戴这样的标记。

在阿里卡拉人中，相同的标记表示这是第三个击打敌人的人。

图 e，根据阿里卡拉人的说法，这是第四个击打敌人的人。

图 f，根据希多特萨人的说法，这一标记的佩戴者已经计有四次迎敌；记录在两侧的标记表示他两次第二个击打倒下的敌人，上下的标记表示他在另外两次第三个击打敌人。

图 573　战功记录

图 572 c 的标志可与图 573 进行比较。在这个例子中，受害者的头是一个白人的。这样的图不是画在英雄的身上或衣服上，而是画在牛皮长袍上或其他用于记录传记事件的物品上。

440

图 574　战功记录

图 572 d 中的标志，以图 574 所显示的模式画在记录中。

上述几种图形的实际穿戴模式图出现在图 575 中，由一位希多特萨人所画。

一只黑手标记，有时是一只真手的黑色手掌印，有时描画的是一只像真手一般大小的手，表示有权穿戴此标记的人曾经杀死一个敌人。

图 575　披戴在身的战功标志

　　　　　　　　　　　　　　美洲印第安人的图画文字

图 576，由一位希多特萨人所绘，表示拥有这幅图的长袍或记录的主人取了敌人的一个头皮。图 577 也是一位希多特萨人所画，表示佩戴者以前述顺序击打了敌人，取了他的头皮和他的枪。

整页插图 30 所复制的画，原是北达科他州伯特霍尔德堡一位希多特萨人所画；它描绘了几个正在跳舞的人，在他们的身上，可以看出几个个人功绩的标志。上排第四个人物显示，佩戴者在四个不同场合第二个击打敌人。下排右边人物的身上有两个明显的标志；佩戴者左腿上的标志表示，他在两个不同的场合第二个击打敌人；右腿上的标志表示，他两次第二个击打敌人，两次第三个立此战功。

图 576　取得头皮

图 577　取得头皮和枪

阿格尼丝·克兰（Agnes Crane）小姐（*a*）在一篇论古代墨西哥人标志的文章中，似乎认为，所夸耀的西半球有关个人功绩记录标志的证据仅限于墨西哥。但本节可以提供所缺乏的证据。

以下关于温纳贝戈人有关符号设定的信息，是一位混血的温纳贝戈人圣西尔（St. Cyr）在 1886 年 4 月提供的。

为了表明佩戴者杀了一个人，将泥手印拍在人体或马身上。任何一种黏土都可以用。杀了 20 个敌人后，可在背上带一块水獭皮。小腿上粘一块黄鼠狼皮表示杀了一个敌人。

带有军功标记的希多特多萨特舞蹈者

香草戴在脖子或手腕上表示抓了一个俘虏，并用草绳把他捆绑，因为没有其他绳子。

为了显示佩戴者受过伤，用白色黏土覆盖身体的受伤部位，并用红颜料标出伤口。

保罗·凯恩（Paul Kane）（a）说，在印第安克里人（Cree）中，用红土粘在腿上表示佩戴者受过伤。

多尔教授（b）提到锡特卡旺人（Sitka-Kwan）：

> 他们在鼻孔穿眼，戴上一个用羽毛装饰的圆环。他们在耳朵边缘扎一连串的孔，装饰以红线、鲨鱼牙或贝壳碎片。每个孔通常是如此装饰者的一次行动或举行宴会的记录。

财产标记

有关这一主题，在世界许多地区和民族区域收集到大量有趣的材料，但在北美印第安人中却很少有相关的实物或图画以作区分的实例。其匮乏的原因是印第安个人的财产很少。几乎所有可以归类为个人财产的物品都属于他的部落，或者更普遍的是，属于他的宗族或氏族。然而，个人制作的物品，如箭，上面经常做标记以区分所有者。

这些记号，其中有许多例子可见于美国国家博物馆收藏的箭头上，但不具有多少普遍意义，所以没有在此复制。它们本身没有价值，除非同时有个人或阶层所使用的标志以标明制作者或拥有者。这样的证据除了极少数例外，都很难找到。大部分提到的图案似乎已经退化成单纯的装饰，但这毫不意外，因为这些箭不是很古老。在最近几年中，这些本可以用于识别身份的记录，已经朽坏，尽管它们仍然留在直系亲属手里，躲过了买卖和抢劫。

在现代意义上，一般来说，没有任何一个人或家庭对土地拥有财产权，因为它属于一个更大的社会组织，但欧洲人在到达加利福尼亚时发现，印第安人使用一些独特的标记来主张不动产的所有权。目前尚不清楚这些标记是个人的还是部落或氏族的。

据来自加利福尼亚州洛杉矶的 A. F. 科罗内尔（Coronel）先生所言，在那一带的塞拉诺（Serrano）印第安人过去实行一种方法，即在树上做标记，用以标明土地边角的分界。印第安人不论拥有多大的土地面积，都会在树皮上刻下线条，也在自己的脸上画出相对应的线条，即在脸颊上画出向外和向下的线条，或只在下巴上纹出彩色线条。这些线条刻在面向领地的树上，并受到整个部落的认可。当克罗内尔先生在 1843 年第一次来到加利福尼亚南部时，这种习俗仍然盛行。

在阿里卡拉印第安人中，流行一种风俗，就是在独木舟边缘上或牛皮筏子的船桨上画一些图案，就像酋长和物主佩戴在身、显示个人战功的图案一样。在很大程度上，是希多特萨人和曼丹人采用这种方式。记号主要是马掌和十字交叉图形，如图 578 所示，指的是缴获了敌人的矮种马和战斗中的功绩。整个部落都非常熟悉所有成员的胆量和行为，谁也不敢伪造任何图形标志，因为这样做肯定会被发现，造假者即使不被驱逐，也会遭人耻笑。

442

图 578　阿里卡拉人的船桨

在美国得克萨斯和其他有很多牧场的地区，牲畜身上的标记显示了财产记号的现代用法。笔者收集了一些这样的标记，并在

　　　　　　　　　　　　　　　美洲印第安人的图画文字

个性特征和表意文字方面将它们与印第安人相似用途的真正标志进行了对比。

以下的译文选自《国外黑人的艺术与幽默》（Ausland）（a），对图 579 做了介绍，插到此处以作比较：

> 每当一个南瓜长得出奇的好看时，就预示着它可以做成一个理想的水瓶，主人会赶来用刀在上面刻一个特殊标记把它标示出来，这个行为可能伴有迷信的感觉。我已经复制了我所能发现的最好的此类财产标志。

图 579　非洲人的财产标记

约翰·卢伯克（John Lubbock）爵士（a）说，在丹麦斯列斯威克（Slesvick）的尼达姆（Nydom）发现的许多箭头，上面有主人的记号，其复制图见图 580 中的 a 和 c，类似于现代因纽特人的箭，见图 580 中的 b。

安东·席夫纳（Anton Schiefner）教授（b）在古北欧文字的字母与芬兰人、拉普人（Lapp）和萨莫耶德人的财产标记之间列出了一个显著的引人关注的对比。

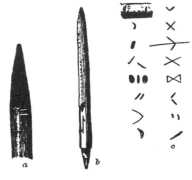

图 580　斯列斯威克
地区主人的记号

个人名字

印第安人的名字像过去一样，所取的名字或彼此称呼的名字一般都有隐含义。它们往往是指某种动物，取其一种属性或部位。由于这些名字有时是客观性的，有时具有表意性，所以它们几乎总是可以用手语表达；而出于同样的原因，他们可以很容易地用图画文字描绘。这种方式通常为达科他部落采用，表示所画的一个与人物相连的物体，是一个图腾或一个人的名字，有一条线将该物体与人物的头部连接，更常见的是与人的嘴巴相连。同族部落会做出区别，用以表明，表示一个物体的手势语是用以表示一个人的名字，而没有引入任何其他目的。方法是，在画好这个物体的符号后，从其口中引出一条直线向前。这表示，"这就是他的名字"，提及这个人的姓名。

一般来说，印第安人在婴儿早期就根据部落体系起名，但在以后的生活中，每个人通常都获得一个新的名字，或依据一些特殊的战功或冒险，先后有几个名字。他们常常会被人起贬义的绰号。随后得到的所有名字以及原来的名字都与客观物体或实际行动相关，因此都可以用一个图画表达，也可以用图形符号表示。在缺乏字母或音节的情况下，他们用同样的方法区分欧洲侵略者。一名弗吉尼亚人被称为 "Assarigoa"（大刀）。马萨诸塞州当局被易洛魁人称为 "Kinshon"（一条鱼）。毫无疑问，这是暗示鳕鱼产业以及悬挂的一条木制鳕鱼这一事实，正如很久以后，在波士顿的州议会大厦里，它作为殖民地和州政府的象征。

决定使用这种具有内涵特征的名字，可见于对欧洲人的名字尽可能形象的翻译上，因为印第安人在交谈中，经常需要介绍这些人名。威廉·佩恩被叫作 "Onas"，在莫霍克方言中，它的意思是"羽毛管"。加拿大第二任法国总督的名字是德蒙马尼（De Montmagny），却被错误地翻译成"伟大的山"，而易洛魁人随之将其准确地翻译为 Onontio（意为大山），这个称谓被用作对所有后任加拿大总督的称呼，但起源已被普遍遗忘。人们认为这是一种隐喻的恭维。

头衔名称的延续性可以下述事实为证：新不伦瑞克省的阿布纳基人现在仍将维多利亚女王称为"詹姆斯国王"，只是加上女性后缀。

总督弗莱彻（Fletcher）被易洛魁人叫作 Cajenquiragoe，意为"大快箭"，不是像人们猜测的那样，因为他在关键时刻快速到来，而是因为他们了解到他名字的词源，"造箭者"（法语 fléchier）。本书在图 919 中提供了一个突出的例子，说明他们如何使用一个与英语名字的声音相近的图形来介绍人名，其中，梅纳迪尔（Maynadier）将军被表达为"many deer"（许多鹿）。

如前所述，有些部落的人给孩子们取名，是根据一个固定的规则，从出生和亲属关系考虑；而其他部落的人则是在深思熟虑后，才给他们起名，即使这些名字并不一定永久不变。出于父母的爱，往往会举行一个小小的仪式。在加入一个崇拜团体时，通常会得到一个名字。直到此事确立以后，一个武士才能在每一场战斗或 ⁴⁴⁴ 狩猎后给自己改名。有时他只承认自己认可的名字，也许它出自一个梦或幻象，尽管别人惯常叫他的可能是一个完全不同的名字。因此，同一个人有时可能有几个不同的绰号。个人的特征、畸形，或遭遇的意外肯定会成为一个人的名字，想摆脱这个绰号是徒劳的。女孩们不常更换童年时起的名字。在同一个部落中，不同的人常会起完全相同的名字，但很少出现在同一个宗族中，因为这样会增加一些麻烦。因此，往往需要指出宗族，有时还需要指出父亲。例如，当笔者请教一位印第安人，在孤狗的《冬季年度大事记》中提到的一位黑石酋长是谁时，这位印第安人首先问，他是哪个部落的；其次，他是哪个宗族的；最后，他的父亲是谁；如果得不到这些问题答案的话，除非是很出名的人物，否则很难确定一个人的身份。在达科他人中，多人一名的突出例子就是"坐牛"这个名字，它既是敌对宗族一个酋长的名字，同时也是一位名气相当、住在红云管理处的友好达科他人武士首领的名字。

东北部落的人有时会正式复活过世者的名字，也就是通过使用它而复活。参看《耶稣会对外关系》1639 年第 45 页和 1642 年第 53 页。

印第安人的名字有太多的特点，无法在此细述，其中之一是他们避免直呼其名，而以亲属关系或相关年龄代称。J. W. 鲍威尔（Powell）少校说，有一次，他让凯巴布（Kaibab）印第安人与他同游。这是亚利桑那州北部的一个小部落，其年轻的酋长被白人称为"弗兰克（Frank）"。有好几个星期，他拒绝透露自己的印第安名字。鲍威尔少校试图通过观察其他印第安人对他的称呼而找出来，但他们总是使用一些亲属称谓。有一天，在夫妻吵架时，他老婆叫他"Chuarumpik"（"丝兰心"）。随后，鲍威尔少校向这位年轻的酋长询问此事，他做了解释，并就他妻子给他的极大侮辱表示道歉，还说，已经原谅了她的大不敬。这种侮辱就在于直呼男人真名。

埃弗拉德·F. 伊姆特恩（Everard F. im Thurn）（g）在下面介绍了圭亚那印第安人的命名系统，而北美的一些部落可能也同样如此：

印第安人的命名系统非常复杂，难以解释。首先，一个名字，可以被称为专有名称，总是在孩子出生不久后就起好。据说，应当由巫医（peaiman）来挑选和赐名，不过，现在似乎更多的是由父母起名。所选的词语通常是一些植物、鸟类或其他自然物体的名称。但这些名字似乎很少使用，因为名字的主人极不愿意告诉别人或使用自己的名字，这显然是因为他们觉得，名字是人的一部分，如果有人知道了这个名字，他就拥有了名字主人的部分能力。

445

　　因此，一个印第安人在称呼另一个人时，往往是根据双方的亲属关系，如兄弟、姐妹、父亲、母亲，等等。所以，这些词语实际上就成了印第安人彼此称呼的名字。但是，一个印第安人不愿意告诉白人自己的名字，就像不愿意告诉印第安人一样。当然，在印第安人和白人之间没有亲属关系，所以不能用亲属称谓叫他。于是，当一个印第安人需要和一个欧洲人打交道时，会要求后者给他起一个名字。有了这个名字后，他会一直使用它。这样起的名字一般都很简短——约翰、彼得、托马斯，等等。

　　图 581 的原画是一位名叫"奔跑的羚羊"的人在 1873 年所画，他是达科他族昂克帕帕人（Unca-papa）的酋长，这幅图具有签名的风格，而不是像该部落标明人名的常用方法那样，由一条线连到他的头上。

图 581　达科他人"奔跑的羚羊"的签名

图 582 提供了一个与图 548 和图 903 令人好奇的对比。它显示了在第十三和第十四世纪德国人画狼的方式,其中,狼总是瘦瘦的动物。该图取自鲁道夫·克罗瑙(Rudolf Cronau)(*b*)的著作,他的评论翻译摘要如下:

a. 我所知道的最古老的"狼"画出现在十三世纪的哥特剑上,收藏于德累斯顿历史博物馆。

b. 更原始的,源自十四世纪后半叶的一把剑,收藏于"柏林军械库大楼";类似于*c*,出自苏黎世军火库的同一时期的一个样本。

d 和 *e*. 收藏在费斯特科堡(Feste Coburg)的两个样本上的签名;*e* 是 1490 年画的一种罕见的狼的形象,收藏于纽伦堡德意志博物馆;*f* 是一幅更复杂的图画,画在德累斯顿历史博物馆收藏的 1559 年的一个样本上。

图 582　索林根制剑者的标记

下面介绍的几个图画文字的名字大多取自红云的《统计册》,其历史如下:

1884 年,在达科他领地派恩岭居留地一位达科他人酋长红云的指导下,人们制作了一份图形类的统计册。共有 289 人参与,其中很多人是分支的族长,他们都是红云的拥戴者,但不代表居留地所有的印第安人。由于意见分歧,管理处的官员拒绝承认这位酋长为当地印第安人的首领，并任命另外一人担任官方认可的酋长。许多印第安人表现出他们对红云的拥戴，以图画形式将自己的名字附在一份文件上，显示出支持他的人数。它填满了七张普通的马尼拉纸，并被送到华盛顿。在该市 T. A. 布兰德博士（Bland）的监管下，由他借给民族学局拍照留存。显而易见，这是由不同的人在不同的纸上所画，因为所画的人头各不相同，各具特色。这种安排似乎暗示有七个宗族或者氏族参与。

V. T. 麦吉利卡迪（McGillicuddy）博士当时是达科他州派恩岭印第安事务管理处的官员，他在通信中给人留下的印象是，在几个人给前述布兰德博士的捐款名录中，几幅表示姓名的图画文字附在后面如同签名。布兰德博士是《公议会之火》的编辑，他支持出版这份名录。根据协议，每个人应该捐 25 美分。据此看来，这份文件是一份捐款名单，但这些捐款者其实是红云的拥护者。无论制作这份图画名字集的动机是什么，其意义在于它们的描绘方式，以及它们确实是相关印第安人自发和真正的作品。

除了下文中个人的名字之外，289 个庞大数量的图画文字的人名还出现在本书其他章节里，但在各种标题之下：如部落标志、表意文字、惯例化、风俗、特殊的对比，等等。

插入到上述名录中人名之间的，还有取自奥格拉拉花名册中的人名，其来源前文已述，以及前面分别介绍的火焰、天鹅、美洲马和云盾等人的《冬季年度大事记》，参见第十章第二节。每个图例都附上原作者，并有对印第安人名的翻译，有些还有名字的原文。

欧文·多尔西牧师在《美国科学促进会会议记录》第 34 卷中，以及《美国人类学家》1800 年 7 月号上，提供了很有价值的有关印第安人名的记录，并且向笔者提出了一些口头的建议。其中有一些和刚才提到的名录相关。他认为，频繁使用颜色做名字，是因为颜色具有神话和象征意义。同样，翻译成"铁"或"金属"的词语，与蓝色相关，因为称作"铁"的物体总是用蓝色描画，而这个颜色与达科他神话中水的力量神秘相关。经常使用"小"和"大"这两个词语，无论有无图形上的差异，也表示年轻和年老、年少和高龄，文明社会的人也使用这种词语。但在其他情况下，这个词语可以表示动物的大小，如在禁食时幻觉所见，这就决定了名字。

447

对于图画文字各部分的解释，与人名并非完全相关，之所以附上，原因如前所述。和名字相关的物体在一定程度上进行了分类。

客观描述式

紧随在图画之后的图形是客观描述。令人感兴趣的是，有时表现同一个物体或概念的模式有所不同。

图 583——罗锅，一个非常勇敢的奥格拉拉人，被肖肖尼人所杀。他们还射中了另一个男人，他到家后死去。美洲马的《冬季年度大事记》，1870—1871 年。

图 583

图 584 ——罗锅在与蛇族（肖肖尼人）的交战中被杀。云盾的《冬季年度大事记》。1870—1871 年。白牛杀手称其为"冬天，罗锅被蛇族印第安人所杀。"

图 584

图 585 ——一个名叫伤背的达科他族明尼孔朱人在布莱克丘陵（Black Hitls）被克罗族印第安人所杀。天鹅的《冬季年度大事记》，1848—1849 年。

图 585

图 586 ——长发者被杀。云盾的《冬季年度大事记》，1786—1787 年。不清楚他所属的部落。在诸如克罗族等部落，有一种部落习俗，头发要披得很长，用人工方法添加头发，并装饰以珠子和飘带。在这种情况下，头发的长度似乎成了一个人的特征，而不是一个部落的标志。

图 586

448

图 587 ——在一次远征夏延人的战斗中，他们杀了这个长发者。这是他们为一年前被夏延人杀害的名叫拥有长笛者而施行的复仇。美洲马的《冬季年度大事记》，1796—1797 年。这与上一幅图中的人物可能是同一个人，翻译者所翻译的"杀了"这一词语并不总是表示重伤致死，而只是

图 587

重伤之意——如爱尔兰语的"kilt"一词。这幅图中的头皮显示了头发的长度，而受害者被称为夏延人。

图 588

图 588 ——刺客。云盾的《冬季年度大事记》，1783—1784 年。这个男人的名字通过他头上一个人身中长矛暗示出来，并有一根线连到他的嘴上。

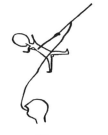

图 589

图 589 ——刺客。红云的统计册。这个人其实和上一幅是同一个人，但画得更粗糙。

图 590

图 590 ——红衫。红云的统计册。这幅图与下图显示的是同一个人，前者只显示了衣服，而后者显示它被人穿在身上。

449

图 591

图 591 ——红衫，一个达科他人，在老妇河汉口附近寻找矮种马时被克罗族人杀死。美洲马的《冬季年度大事记》，1810—1811 年。这人头上的弓和失去的头皮表示被敌人的箭射死。

图 592 —— 酋长红云。红云的统计册。这幅图和下一幅图以两种不同的方式表示同一位著名酋长的名字——红云。

图 592

图 593 —— 三星（克鲁克（Crook）将军）率领红云的年轻人帮他攻打夏延人。云盾的《冬季年度大事记》，1876—1877 年。

图 593

图 594 —— 抓敌者。红云的统计册。敌人似乎是被抓住了头发。

图 594

图 595 —— 黑石被克罗族人杀死。他的兄弟三年前被克罗族人所杀，而他的名字就取自这个兄弟的名字。美洲马的《冬季年度大事记》，1809—1810 年。

图 595

450

图 596 —— 鸟儿，一个白人商人，被夏延族人烧死。云盾的《冬季年度大事记》，1864—1865 年。在画中，他被火焰包围。他的名字可能是鸟儿，所以像往常一样用图画表示。

图 596

图 597

图 597 —— 雷德湖（Red-Lake）的房子，他最近刚建成，就毁于大火，他也因某种火药的意外爆炸而丧生。美洲马的《冬季年度大事记》，1831—1832 年。在此介绍这幅图是要与前一幅图中简单的大火进行比较，显示出对于稳定的火焰和猛烈的爆炸在艺术描绘上的差异。

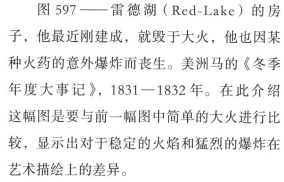

图 598 —— 双脸，一个奥格拉拉人，因火药筒爆炸而严重烧伤。美洲马的《冬季年度大事记》，1860—1861 年。这是火药爆炸的又一情形。

图 598

图 599

图 599 —— 一位达科他双壶族人，名叫胸膛，死了。天鹅的《冬季年度大事记》，1836—1837 年。

马托·沙巴（Mato Sapa）说：一位双壶族人，名叫胸膛，死了。同样的图形在别处表示大量的野牛。但这里完全是个人的用法。

图 600 —— 左撇子大鼻子被肖肖尼人杀死。美洲马的《冬季年度大事记》，1839—1840 年。他的左臂画得超长，他的鼻子显然很奇特。

图 600

美洲印第安人的图画文字

图 601 ——罗马人的鼻子。红云的统计册。表现了一只大鹰钩鼻，非常恰当地翻译成"罗马人的鼻子"，这个词语成为一位著名的达科他酋长的俗名。

图 601

451

图 602 ——破肚皮。红云的统计册。

图 602

图 603 ——麻脸。红云的统计册。

图 603

图 604 ——舔舌者。红云的统计册。舌头画得很夸张并突出来，如果不加以解释，可能会误以为在贪婪地吞咬一个大物体。

图 604

图 605 ——脑袋敲个洞。红云的统计册。

图 605

图 606

图 606 —— 断腿鸭，一个奥格拉拉人，去一个克罗族的村里偷马，被打死了。美洲马的《冬季年度大事记》，1786—1787 年。一条线将一只残腿的鸟与男人头上的嘴相连，他的头上没有头皮。

图 607

图 607 —— "羚羊粪"在围攻野牛时断了脖子。美洲马的《冬季年度大事记》，1853—1854 年。

452

图 608

图 608 —— 羚羊粪在追赶羚羊时摔断了脖子。云盾的《冬季年度大事记》，1853—1854 年。他的头是所显示身体的唯一部位，正在大量流血。如果没有前面那幅图，这幅图就无法理解。

图 609

图 609 —— 断箭在追赶野牛时，因坠马而摔断脖子。美洲马的《冬季年度大事记》，1859—1860 年。

图 610 ——坐如女人者。红云的统计册。这个人也被画在最近的达科他记录中，但只画了一个"坐着的女人"。这个人的名字不是"坐如女人者"，而是"高狼"（shunkmanitu= 狼；wankan-tuya= 高高在上）。这是一个实例，显示在图画文字中，如何表达一个人的正确或正式的名字，同时还保留营地内的同伴们所熟知的另一个名字。

图 610

图 611——拥有长笛者被夏延人杀害。美洲马的《冬季年度大事记》，1795—1796 年。笛子画在他面前，发出声音。他的脖子上有一颗子弹的标志。有关这个图形，可参看第二十章第二节。

图 611

453

图 612 ——吸烟熊。红云的统计册。这头熊似乎没在抽烟斗，而是烟斗里的烟雾升到了动物的脖子，所以熊是在被动地吸烟。

图 612

图 613 ——咬树熊。红云的统计册。这头熊似乎正在咬一棵大树枝上的树皮，可以看见熊爪。众所周知，这种动物爱吃某些树皮。

图 613

隐喻

图 614

图 614 ——狼耳朵。红云的统计册。选用一只狼耳朵，很可能是指它的尺寸，实际上和"大耳朵"是一样的意思。

图 615

图 615 ——战斗者。红云的统计册。这个武士似乎只有一把长矛，却成功地打败了一个拿枪的敌人。

454

图 616

图 616 ——吃心者。红云的统计册。没有得到有关这幅图含义的信息，但据推测，这个武士吃了一个或多个敌人的心，这种事经常发生。这并不是吃人习俗，而是一种迷信的、有时是一种礼仪的表演，吃心者可以因此获得受害者的能力。在这种情况下，就应该不止一颗心，因为勇气源自那些心。

图 617 ——取枪者。红云的统计册。从名字看来，那个男人不是在处置自己的枪，而是正在取走另一个人的武器。

图 617

图 618——吹哨者约拉（Jola）。奥格拉拉花名册。这个例子，说明它打破了奥格拉拉花名册通常将名字画在头上的规则，因为它必须连到嘴上以表达口哨之意。如果不这样安排，就无法暗示乐器。

图 618

图 619——美洲马的《冬季年度大事记》（1872—1873 年）提供了"吹哨者"的图画文字，他又叫小牛。他的两个名字都出现了；"吹哨者"这个名字由口里吹出的声音表示。他吹口哨没有使用乐器。

图 619

图 620——饶舌者。奥格拉拉花名册。这个人不一定是一个演说者，却很可能是别人起给他的讽刺性的绰号，可能就是人们常说的"饶舌者（话痨）"。在此，也是有一根线从头顶连到伸出的舌头上。

图 620

图 621——黑路（Canku-sapa）。奥格拉拉花名册。这条路，上面显示有马蹄印，它有别于对大酋长大路的描绘（见整页插图 26a），因为这条路比较窄、比较模糊，所以称为黑路。

图 621

455

动物

下面的图形是从大量的图画中挑选出来的，显示了各种动物。可以看出，标记和姿势各有不同，这是表示名字所必需的。通过不同的着色显示增加动物，但不能在此文本图形中重现色彩。

图 622 —— 短尾马。红云的统计册。对这个印第安人名字的翻译相当随意，但图画很形象。

图 622

图 623 —— 双鹰。红云的统计册。

图 623

图 624 —— 名叫天鹅的达科他族明尼孔朱人酋长死了。天鹅的《冬季年度大事记》，1866—1867 年。这只鸟可能是在水面上游泳，看不见它的腿。

图 624

图 625 —— 回望熊。红云的统计册。

图 625

美洲印第安人的图画文字

图 626——老鼠。红云的统计册。

图 626

图 627——獾子，一个达科他人，被敌人杀死，通过他的头皮缺失表现死亡。云盾的《冬季年度大事记》，1796—1797 年。

图 627

图 628——蜘蛛在与波尼人交战时被杀（被刺死）。美洲马的《冬季年度大事记》，1861—1862 年。画中，大股的血正从伤口流出。

图 628

图 629——斑点驼鹿，红云的统计册。

图 629

图 630 ——斑点马。红云的统计册。

图 630

图 631 ——白鹅被进攻的敌人所杀。云盾的《冬季年度大事记》，1789—1790 年。白牛杀手称它为："冬天，鹅毛被杀。"

图 631

图 632 ——斑点黄鼠狼（Maka-gleska），奥格拉拉花名册。暗示出动物的特性。

图 632

图 633 ——抱獾（Hoka-qin）。奥格拉拉花名册。图形内容不言自明。动物的尺寸很夸张，它的部分特征被强化。

图 633

图 634——四只乌鸦（Kangi-topa）。奥格拉拉
花名册。这可能出自幻觉，四只乌鸦"呱呱"叫着
解释为什么它们被用来当作奥格拉拉人的名字。

图 634

植物

达科他人不常用植物王国的产品作为自己的名
字。不过，下面三个图形是这种用法的实例。

图 635——脸上的树。红云的统计册。这个人
可能在脸上画了一棵树。

图 635

图 636——叶子。红云的统计册。这幅图和下
面的图形表现了两个不同的人使用相同的名字，两
幅图各具特色。

图 636

图 637——叶子。红云的统计册。

图 637

至于拙劣的翻译所产生的错误，有例为证：它涉及一个人名，对此名字的解释经常受到质疑。有一位奥格拉拉前任酋长，被白人称为"担心自己马的老人"，而他的儿子则被称为"担459 心自己马的年轻人。"对于"担心自己马"的通常解释是，那人如此珍视自己的马，以至于他害怕失去它们。不过，这个名字的拥有者对笔者说，正确的名字是"Ta-shunka kokipapi"，其真正的含义是"他们担心他的马"；字面的意思就是："他的马，他们担心它"。

大量附在契约和条约上的图示印第安人名已经出版，例如，在有关纽约殖民地历史的文件中（b）。但其中很少有令人感兴趣的，因为它们大多是在熟练的画家们帮助下完成的。在前文提到的图集中，有一些荷兰人的标志与印第安人的标志在总体风格上相同。

已故民族学局的 P. W. 诺里斯（Norris）先生有一件牛皮长袍，上面有战功记录，是一位达科他武士黑乌鸦所画。这位战功卓著的武士每一次都被画成巍然挺立，伴随的人物总是处于倾斜的姿势，表示这是一个被杀的敌人。这些图画文字的特点是，它不是描绘受害者的名字，再加上连线，而是每次都把表示得胜者名字的物体放在他的头部上方，并用一条线将图形与他的嘴巴相连。这位得胜者似乎在宣告受害者的名字。在得胜者和被征服者之间还画了一根烟斗，显示他有权抽烟庆祝胜利。

1883 年，一份完整的记录被展示给明尼苏达州斯内灵堡附近的达科他族姆德瓦坎坦万（Mdewakantanwan）分支的人。图 638 中复制的图形，被解释为表示"多言多语"，或高声说话者。

图 638 高声说话者

从那人的口中引出一条线，在线的末端有一个圆圈，里面有一些矛尖形，其中的一半都是半黑半白。他们看上去像羽毛，但也可能表示舌头，象征说话声，从口中发出的声音，在某些方面与墨西哥人表达此意的图画相一致，这样的例子见本书第二十章第二节。相当数量的舌状图形暗示了强度，表示洪亮的声音，或者照字面意思，"高声说话者"，这就是受害者的名字。

不过，值得注意的是，一位达科他族奥格拉拉人"盾牌"认为，这个图形表示羽盾，是一位武士的名字，他过去住在达科他州派恩岭居留地。

在金斯布罗（a）的书中，提到通过一条连线指定一个物体为人名。佩德罗·德阿尔瓦拉多（Pedro de Alvarado）是科尔特斯（Cortz）的一位同伴，名叫红头。为了指定他，墨西哥人叫他"Tonatihu"（太阳），在他们的图画文字中，他的名字用他们惯常表现太阳的图形来表示，并由一条线连到他本人身上。

现在再举几个例子，介绍古代墨西哥人既用线条连接，也用人物图形表示人名。

第十三章 图腾、标记和名称 675

在金斯布罗（b）的书中，有一幅表示奇马尔波波卡（Chimalpopoca）的象形文字，这名字意为冒烟盾，在此复制为图639（a）。这个冒烟盾由一条线连到头上，烟的形状值得注意，它与同一类画家所画的火焰形状和声音图形形成对比。

图 639　墨西哥人的名字

同一作者在同一卷书第135页（插图在该书第1卷第4部分，整页插图第5幅），给出了"伊图浩特"（Ytzcohuatl）这个名字和图解（复制图见本书图639b），这个名字的含义是带刀蛇。刀是指伊兹利石（Itzli，黑曜石，又有石神之意）。

在同一卷书第137页，是人名"水脸"，相应的插图在第1卷第4部分，整页插图第12幅，（本书为图639c）。大量水珠从脸上落下。

　　　　　　　　　　　　美洲印第安人的图画文字

文字与文明
译丛

美洲印第安人的图画文字

第二卷

Picture-writing of the American Indians

〔美〕加里克·马勒里 著

Garrick Mallery

孙亚楠 译

商务印书馆
创于1897 The Commercial Press

第十四章　宗教

　　如同生活在神权政治之下的古代以色列人一样，北美印度安人的生活也跟宗教密不可分。然而由于早期传教士和探险者无意的疏忽或者明确的否认，这一令人惊讶的事实直到近来才为人所知。当地土著的宗教并非传教士和探险者们的宗教，因此就被视为不存在，或者干脆说成是异端邪说。本章提供图画所呈现的一些超自然概念，具有现世的实践性；在尚未被诟病为迷信之前，这些超自然观念便是普遍流行的宗教。那些来自苏族支系的图画文字的示例大都得到解读；相对而言，奥吉布瓦和其他部落图画文字的示例尚未得到充分研讨。有一点需明确，即现在仍有印第安人生活，且较少受到现代文明影响的地方，宗教实践在他们生活中依然不可或缺，举足轻重。对这些印第安人的生活深入研究已经为这些事实提供支持，近年来库欣先生（Mr. Cushing）对祖尼人的研究、马修斯博士（Dr. Matthews）对纳瓦霍人的研究也引起世界的广泛兴趣。

就本章讨论的这一主题而言，最全面、也最重要的著作，当属民族学局局长约翰·威斯利·鲍威尔少校（Maj. J. W. Powell）的研究论著。从 1876 年的《北美印第安人哲学大纲》问世至今，他的这些著述多次以不同的形式为世人所知。

关于宗教的具体讨论集中在本书第九章的第四、第五节。

美洲部落的宗教与宗教实践的讨论同本研究并无密切关系，除非它们能够阐明图画文字的意义。在这个关联中，有可能会提及一点，即在美国的印第安部落（他们接受了基督教的洗礼），印第安人通常并不会自发地应用其图画文字技能来展现基督教内容。这或许可以这样解释，印第安人被教会使用他们牧师的语言和文字来学习基督教教义，就不再使用图画文字。这个解释具有合理之处，但是，在不涉及基督教的方面，他们应该是，也被鼓励保持和使用自己的语言以及他们所习惯的历史传承下来的特殊方式的书写。事实也是如此。比如，密克马克（Micmac）印第安人至今都很乐于在树皮上书写关于他们的英雄神格卢斯卡普或者洛克斯的故事，又或者他们传统信仰的神话；他们却极少会刻写基督教内容的图画，除非有人出钱购买。这一点同第十九章第二节的"密克马克象形文字"中的论述并不矛盾。印第安人学习基督教教义内容时，常常使用图画来帮助记忆。他们所做的这些图画符号，又被欧洲传教士模仿借鉴，来帮助他们学习基督教内容。此类的样本大都是欧洲人所为。有一点需要注意，有些部落为方便起见在他们自己的仪式性图画文字中吸收了部分基督教符号（见图 159）。

为方便起见，本章内容分为以下部分：（1）超自然的符号；

（2）神话与神兽；（3）萨满；（4）符咒与护身符；（5）宗教仪式；
（6）丧葬习俗。

第一节　超自然的符号

本节这一组图画表达了超自然、圣洁、神圣的概念，或者
更准确的说是神秘或未知（抑或是"未可知"）等思想概念的模
式。达科他（Dakota）语的"灵力"（waka^n）是对这些超自然概
念的最贴切表述。"疯癫"，尤其是因超级力量影响或者激发而致
的"疯癫"与之类似。不仅在北美的印第安人部落，在亚洲和非
洲的许多部落，也都认为精神错乱的人具有某种神性，因而不可
亵渎。螺旋形线条不过是对灵力符号的图画表征，在手势上是这
样的：食指伸开、指尖向上，或者五指伸开、手背向外，从左向
右将右手由额前螺旋形向上伸展至臂长位置。

图 640 ——"疯狗"（Crazy-Dog），达科他印
第安人，手持烟斗，走向战场。云盾《冬季年度大
事记》，1838—1839 年。

463

图 640

就像前面解释的，此处的波纹线或者说是螺旋
线表示疯癫或者神秘。

图 641 ——"疯马"（Crazy-Horse）边出言祷
告边走向战场。云盾《冬季年度大事记》，1844—
1845 年。

图 641

此处波纹线也表示疯癫。"出言祷告"是口译
者的解读，应该是指组织战队的仪式。

图 642

图 642——疯马在鲁滨逊堡被杀后，其余部离开斑尾（Spotted-Tail）印第安人事务处（位与内布拉斯加州的谢里登营地）北上。云盾《冬季年度大事记》，1877—1878 年。

马蹄印和营杆印由表示事务处的房屋向北而去。马身上的波浪线、螺旋线经由鼻子、蹄子与前额向外引出，表明这是"疯"马。疯马部落以故去的领袖"疯马"为名，使用他的个人徽章，明显有别于与其他印第安部族徽章，后者更趋向于益发异质于外来系统的发展。

464

图 643

图 643——巫医（Medicine）。《红云统计册》。全图应该是巫医或者萨满。头上的波浪线表示神秘或者神圣，同时做出与前文所述相似的手势，不同在于区分祷告还是诅咒。需要注意紧闭的或者半闭的眼睛。

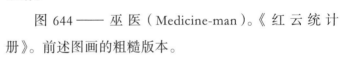

图 644

图 644——巫医（Medicine-man）。《红云统计册》。前述图画的粗糙版本。

图 645

图 645——"疯头"（Crazy-Head）。《红云统计册》。头顶的波纹线形成一圈，表明此人名字及其特性：疯头。

图 646 ——水牛巫医（Medicine-Buffalo）。《红云统计册》。指白化的水牛，或指因拥有白化水牛而被崇拜的人。见本书第十三章。

图 646

图 647 ——坎吉灵力（Kangi-waka^n），神圣乌鸦。《奥格拉拉花名册》。如前所述，鸟头上的线条表"神圣、神秘"义，有时也做"巫医"。

图 647

图 648 —— "白麋鹿"（White-Elk）。《红云统计册》。

图 648

白化的麋鹿也跟白化的水牛一样具有神圣性。尽管不像水牛那样提供稳定的食物来源，麋鹿也仍然是一个重要部分。因此发生在水牛身上的宗教实践自然也会应用到麋鹿之上，事实即是如此。

图 649 ——达科他人的可饮用的迷你灵力（灵水或者威士忌酒）。美洲马《冬季年度大事记》，1821—1822 年。带有一条波纹线或者螺旋线的

图 649

桶表示威士忌，波纹线表示灵力，或者精神，取这个英语词（"spirit"精神）的双重意义。

图 650

图 650——"云熊"（Cloud-Bear），一个达科他人徒手扔出一颗子弹击中很远处的另一个达科他人的心脏将他杀死。美洲马《冬季年度大事记》，1824—1825 年。螺旋形线条表示灵力。

466

图 651

图 651——明尼孔朱（Minneconjou）小丑，为印第安人所熟知。他们奇装异服，行为古怪。火焰《冬季年度大事记》，1787—1788 年。在巴蒂斯特·古德同年的《冬季年度大事记》中亦对此有所叙述：

"将嘿尤卡（heyoka）人留下的冬天。"嘿尤卡系确定的人物，是一个心智结构失常、身上装饰羽毛、在村落里游走吟唱的人。有时他也会加入战争团队。当看到敌人过来时，他所在战队四散逃离，并且叫他也转身逃跑。然而，他是嘿尤卡，将一切接收的信息反向理解，因此，他不仅没有转身逃跑，而是冲向前去，最终被杀。这种在超人类力量影响下所作所为跟事实相悖的人物的概念在印第安人中并不罕见。参见利兰（Leland）（a）《阿尔冈琴传说》（Algonquin Legends）。

图 652 奥吉布瓦人的"梦"

图 652，转引自柯普韦（Copway）（b）的研究，是对"梦"的再现。斜躺着的人形表示在睡觉的状态，头上波纹线表示灵魂的、神秘的梦的概念。

图 653 中的 a 是引自斯库克拉夫特（Schoolcraft）所列的奥吉布瓦图画文字，表示"巫医""麦达（Meda）"。此图中的角和螺旋线与 b 中的形象相对照，该形象是头上长有一

对公羊角的埃及公羊神克奴姆（Knuphis，或者 Chnum），b 中，克奴姆立于太阳船上的神龛内，女蛇神（Ranno）覆盖在神龛上，也同时处于克奴姆的对面。该图是来自库珀（Cooper）（a）的《蛇的神话》（Serpent Myths）。同样的这些神祇形象在商博良（Champollion）（a）的论述中也可以看到，这里的 c 图即是来自商博良论著里的形象。

d 引自斯库克拉夫特（i）所列的奥吉布瓦图画文字，意为"神力"。这跟阿布萨拉卡表示"巫医"的手势类似：右手伸展分开的食指和中指由前额开始螺旋向上，以此表示"超级知识"。奥托人（Oto）中也有表达此类意思的手势，即双手举起置于头两侧，双手的食指按压太阳穴。

e 同样来自斯库克拉夫特（i）所列的奥吉布瓦图画文字，与 d 出自同一卷书，为图片 59，据说是表示"麦达的能力"，其他印第安部族，比如阿布萨拉卡（Absaroka）、科曼奇（Comanche），也有类似表示"巫医"的手势：将手在额前向上举起，食指舒展。这个手势同表示"天空"的手势相结合来表示超级物质的知识或者精神力量。

美国和加拿大很多地方都发现了画有装饰图案的岩石和大石块，这些石头常被视为具有超自然能力。然而，日前为止未能确定它们与印第安神话里的任何人物有关。阿贝·德·加里内（Abbé de Gallinée）发表于马格里（Margry）（d）的报道，是467最早关于这些带有图画石头的记录之一。1669 年，阿贝与拉萨尔（La Salle）的一队研究者在底特律河上——伊利湖（Lake Erie）上游六里格（24,000 米）处——发现远远地竖立一块人形巨石，画有纹饰，脸部涂红。这一地区的所有印第安人——阿尔冈琴人和易洛魁人——都相信如果安抚得当，这个刻画岩石能够护佑人们在伊利湖的出入平安。因此他们总是先以毛皮、食物、烟草之类贡品献祭，然后再由湖上通行。运气不佳的拉萨尔这一队人，因过度忧心这块石像的邪恶力量故而将它打碎。

基廷在《朗的远征》（e）中说：

> 在圣彼得河的一个停靠点，在苏族的土地上，我们看到一块重达 80 磅的花岗岩。这块岩石被涂上红色，盖着草片，草片上有献祭的烟叶。岩石周围的地面插着一圈儿羽毛。

伊斯门（Eastman）（a）也描述过这样的一块涂红的石头，达科他人称之为"祖父"。为表尊重，他们在石头周围摆满宝贵的物品献祭；他们还在石头前杀狗、杀马作为牺牲。

图 653　宗教符号

《民族学局第八届年度报告》中，维克多·明德列夫（Victor Mindeleff）的《普韦布洛建筑研究》旨在揭开普韦布洛（Pueblo）人以建筑和特色图案为象征的宇宙观，如下：

> 起初，众人聚居，生活在最低的深处，那里黑暗潮湿。

他们的身体畸形丑陋，十分可怕；他们终日受苦，饱受折磨，不断呻吟恸哭。直到 Myuingwa（内部神的模糊概念）和 Baholikonga（巨大的冠蛇，掌管水的精灵）出手干预，才得到改观。"老人"（the old man）从两位神灵那里得到一颗种子，神奇生长，长成藤蔓。藤蔓穿过头上房顶的裂缝，人们顺藤而上，到了高处的一层。这里略有微光，植物可以生长。藤蔓继续神奇生长，为人们提供了又一次机会来到更加光明的一层；这里不仅植物可以周而复始，动物王国也开始创立。最后一次上升就到了现在的这一层，即第四层。这一次不仅借助藤蔓的神奇生长，还经由一对虚构双胞胎的带领，众人才能抵达。一些版本里双胞胎爬上大松树；另一些版本里是爬上芦苇秆，以交替生长的叶片为梯；还有一些版本说是一次由内而外的大冲击，把人们推到表面上来。双胞胎一边歌唱一边把人们从下边拉上来，当他们的歌声停止了就不再拉人上来了，因此留在下边的人比带到上边的人要多。但是，让人们上来的出口并没有关闭，内部神（Myuingwa）经由这个出口不断把一切生物的萌芽送上来。基瓦会堂的天窗的特殊结构，地下室的砂坛设计，陶器上不相连的圆形图案，篮筐和纺织品的纹案等至今都仍象征着这种宇宙观。

第二节　神话与神兽

本书第二章第一节提到，位于新斯科舍省昆斯县的克吉姆库吉克湖边以及周边岛屿上发现了大批岩画。在这些岩画上的数百人物和形象中，有一类雕刻图形能够阐明历史上居住此地的印第安部落的宗教性神话和民间传说。或许在美洲其他的地方，事实上，在所有的地方，人们使用图画文字的冲动和习惯诱发他们在岩石上再现神话中的场面和人物。跟树皮、兽皮及其他物体一样，岩石逐渐成为图画文字的书写介质。毫无疑问，这些以岩画形式来展示他们喜爱的或者流行的神话故事确实存在；然而，这些岩画却很少能被当代的学习者理解和破译。有时是因为有些岩画原本就不够清晰明朗，或者年代混淆难辨；更常见的情况是这些艺术家们的语言、宗教和习俗都跟目前或者后来居住在该地的部落不同，因此在后来居住的部落中间寻找岩画的意义显然徒劳无功。我们提到的克吉姆库吉克岩画的人物或许别具一格。这些岩画刻画清晰，文字技巧娴熟，笔者在查看这些岩石的时候，一下子就想到了阿布纳基部落的神话和传说。缅因州加来（Calais）的 W. 华莱士·布朗（Wallace Brown）女士是这个方面的最高权威，她以及其他那些到过缅因州、新不伦瑞克省和新斯科舍省，布雷顿角和爱德华王子岛等地，且熟知佩诺布斯科特（Penobscot）、帕萨马库迪、阿玛利基特和密克马克的人最近给笔者讲述了关于阿布纳基的神话。查尔斯·G. 利兰（Charles G. Leland）（a）就曾收集过这些神话和传说的不同版本。重要且让人信服的事实是，那些岩画形象的印象打印出来，很快就能被阿布纳基不同部落的印第安人识别出来。这一点具有相当大的意义，后面会讨论。还要注意的是阿布纳基人有用刻画和刮挖的方式在桦树皮上用图画阐述故事的习惯。笔者见到过几个在

　　　　　　　　　　　　　　美洲印第安人的图画文字

树皮饰品或用具上出现的这样的图案，展示了部分的那些岩画上 469
的神话，却不如岩画上描绘的场面和人物那么精确。这些图案在
主题和表现方式的选择上并非墨守成规，而是在设计和操作上显
示出一定的原创性和个体性。从岩石绘画的外观和环境探讨可
见，它们相当古老，并且显示了密克马克人的艺术成就。他们已
经产生为艺术而实践艺术的思想，不再仅仅将图画文字的图案用
作实际用途，比如记录过去或者传递信息。

图 654　波金斯库思的神话

图 654 就是这样一幅图画，这是关于格卢斯卡普（Glooscap）
无数次历险中的一个情节。格卢斯卡普是阿布纳基的英雄神。他
的很多历险都跟一个法力高超的女巫有关，利兰称她为 Pook-
jin-skwess 或者"邪恶水罐"，W. 华莱士·布朗叫她波金斯库思
（Pokinsquss）或者罐子女巫。因为她能变形为蟾蜍，所以也被称

为蟾蜍女。当她为女性时，向格卢斯卡普示爱却被藐视拒绝，因而变成男性同格卢斯卡普作战。在这同一主题的众多故事中，有一个是这样的：格卢斯卡普一度是波古姆克（Pogumk），或者是小型动物鼬鼠家族中的一员——鱼貂（加拿大鼬鼠），也被翻译成黑猫。他是一个印第安村落的酋长，这个村子里的印第安人都是黑猫，而他的母亲是熊。无疑故事里动物名称和分配都指向阿布纳基图腾分类的起源。波金斯库思也在黑猫村子里，但是她仇恨酋长，一直图谋杀害酋长并取而代之。一天，全村准备去旅行，波金斯库思就叫上酋长波古姆克一起去采集海鸥蛋。他们划独木舟到了很远的一个岛上，那里是海鸥繁殖和栖息的地方。女巫躲起来窥探，发现波古姆克就是格卢斯卡普，于是她就跑向独木舟，一边划船离开，一边唱：

Nikhed-ha Pogumk min nekuk，
Netswill sāgāmawin！

470　　从帕萨马库迪语翻译过来就是

我把黑猫留在岛上，
现在我就是鱼貂的首领了！

这个故事后续有很多版本，其中一个说，格卢斯卡普的朋友狐狸赶来救援。通过格卢斯卡普的"马图林"（m'toulin）或者说是神力，狐狸隔着森林和高山在几英里之外听到了格卢斯卡普的求助之歌。另一个版本是这样的：听到英雄神的召唤，海蛇出现了，他带着一袋石子坐在蛇背上，一旦蛇游慢了，他就用石子投掷蛇角。图中，岛屿用右下方的大圆表示，圆中有格卢斯卡普在里面。左边的小圆圈可能是海鸥蛋，也可能是前面提到的用来击打蛇的石子。波金斯库思愉快地站在独木舟的船尾，正对着由小岛离开的水波。女巫左边图案大概是黑猫村子拆除的营地，右边或许是隔着森林高山听到格卢斯卡普悲伤求助歌声的狐狸所在之处。

471

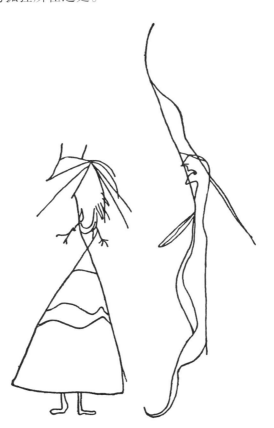

图 655　奥托希斯的神话

图 655 是同类的另一个样本。这是关于奥托希斯（At-o-sis）的故事。他是一条蛇，爱上了一位美丽的阿布纳基女子。他以年轻猎人的形象由湖面出现在这位女子面前，在他心脏位置有一个亮闪闪的银盘，上面盖着白色的胸针，就像鱼身上布满鳞片。他送给这位女子一切动物做食物。图上半人头上的弓可能是显示他擅长追逐。女子形象的头部被等级和权力标志（见第十三章第二节）遮挡覆盖，她成为黑蛇之母。

图 656 鼬鼠姑
娘的神话

图 656 也是来自同一地点。图中仅有一只鹤和一个手持两根树枝的姑娘，却足够充分显示这是关于鼬鼠姑娘的故事。鼬鼠姑娘们借由缩小的铁杉树从星之地下来，飞离小獾洛克斯（Lox）来到一条大河边，大河太宽，她们过不去。这时，摆渡的鹤（Tum-gwo-ligunach）就一动不动站在水边。

"这可真是世上最不好看的鸟儿了，也许正因为这样，他们渴望被赞美，想要被奉承。要论世上谁拥有最多的熊油来涂抹每个人的头发——即时刻准备着夸赞别人——鼬鼠可是当仁不让。看到摆渡的鹤，她们就唱：

> Wa wela quis kip pat kasqu',
> Wa wela quis kip pat kasqu'.
> 鹤的长颈真是美啊，
> 鹤的长颈真是美。

"这个歌声让摆渡的老鹤心花怒放，当鼬鼠姑娘们唱到'老爷爷，请快点过来'的时候，他立刻就去了。见此情景，如七颗星星的她们又开始甜美和唱：

> Wa wela quig nat kasqu'，
>
> Wa wela quig nat kasqu'.
>
> 鹤的长腿真是美啊，
>
> 鹤的长腿真是美。

"听到这些，这只好鹤想要更多赞美；当她们要他帮忙渡河时，他慢慢回答，那可是需要不少钱。当然，赞美夸耀可以抵付渡河费。鼬鼠姑娘们当然不缺溢美之词，也不吝将之付诸任何人。鹤问：'我的身形不美吗？'她们齐齐大声喊道：'噢，大叔，您的体态可真是美！'

'我的羽毛怎么呀？'

'噢，美极了（pegeakopchu）！''真是又直又美的羽毛啊！'

'我的脖子不是又直又长，魅力无比吗？'

'大叔的脖子当真又直又长！'

'哦，姑娘们，你们不认为我的腿很漂亮吗？' 472

'噢，大叔，您的腿当真是完美！我们从来没有见过这么漂亮的腿！'

听了如此夸赞，心满意足的摆渡鹤渡她们过河，两只小鼬鼠像老鼠一样窜进矮树丛。"

尽管图中只画了一个女子图像，她手中两根树枝点明了有两个鼬鼠姑娘，一起从铁杉树上下来；她们也曾是水中仙女，可是貂偷了她们的外衣，她们因此失去法力，不再是仙女。这个部分跟老套（Old World）的天鹅姑娘的故事异曲同工。

图 657　巨鸟卡鲁

　　图 657 是巨鸟卡鲁（Kaloo），在利兰的论述中称他为库鲁（Culloo）。他是所有生命中最邪恶的一个。他用爪子抓住顽皮的小獾洛克斯，飞着把他带到高高的星空，再把他抛下，小獾从黎明开始掉落，到黄昏才算落地。洛克斯在密克马克故事中常常是獾，多为无害的小精灵；在帕萨马库迪的故事里常常是狼獾，有时是山猫，总带有一些邪恶的特点。图中卡鲁在星星中间翱翔，拥有另外一对带爪子的腿。其喙下的物体可能就是洛克斯或者其他被他从高空抛下的受害者。还有一个故事关于

洛克斯的两只脚能够独立说话和行动，这两只脚或许就象征着顽皮的小仙子。

图 658 是基瓦赫（Kiwach），他吹力强劲，是一个用吹气来杀人的巨人。他的传说更贴近现代，在阿玛利基特人中保存的要比阿布纳基人更加完好。

图 658　吹力巨人基瓦赫

图 659 是缅因州帕萨马库迪印度安人桦树皮珠宝盒上图案的精准复制。这是和蔼可亲的 W. W. 布朗女士所提供的资料，她还讲述了盒子上阐明的神话故事的一部分。这个神话有不同版本的变体，与之最接近的是 J. 沃尔特·菲克斯研究的版本（J. Walter Fewkes）（a）。

黑貂和黑猫都想要枫糖，他们就去了枫树林。夜幕降临时，他们却迷了路，于是决定分头找路，约好了如果找到路就用马图林（m'toulin）神力召唤彼此。这些动物可以在人的形态和动物形态之间来回转换，他们人的形态是依据他们名字确定的。黑猫就是后来的格卢斯卡普，但是就目前所有的神话来看却不能确定黑貂是表征哪一个英雄神。话说回来，黑貂漫步走入一间棚屋，屋里生着火，火上的水壶正在沸腾，有一条蛇在屋里料理这一切。蛇对黑貂的到来表示开心，因为这条蛇正饿着，正好拿他饱餐一顿。为了答谢他的到来，可以用尽可能不痛的方式将他吃掉。蛇让黑貂到树林里找一根直的小棍，这样，当他被刺穿时不会扯破内脏。黑貂跑到外边，用马图林神力呼唤黑猫来帮他。黑猫听到就赶来了。黑貂告诉黑猫那条蛇如何要吃掉他，黑猫让他不要怕，他会帮他除掉那条蛇。黑猫说他将躺在那棵倒下的铁杉树的树干后面，让黑貂假装听从大蛇的命令去找一根小棍，但却要找一根弯曲不直的。黑貂若把这样一根弯曲的小棍交给大蛇，大蛇一定会抱怨这根棍不直，黑貂就告诉大蛇，可以用火烤让它474 变直，即把小棍放火上烤，直到蒸汽从一头散尽。当大蛇查看这种新的取直方法时，黑貂就拿小棍戳向蛇的眼睛。黑貂听了就去找最弯曲不直的棍子，然后带回大蛇的棚屋。大蛇说棍子太弯，黑貂就按照黑猫的指示回答，然后拿着棍子在火上烤。当棍子烤着了的时候，他拿它刺向大蛇的眼睛，把他戳瞎，夺门而逃。大蛇在后面追黑貂，当他经过铁杉树干的时候，黑猫便将他杀死。他们把大蛇切成小块。

图 659　格卢斯卡普的故事

　　图中左边的两个人形指在森林中以人形出现的两个动物，他们告别彼此开始寻找正确的出路。他们缩小的身形表明从主场景到那里的距离。接着是大蛇的棚屋，外边的星星表示夜幕已经降临，屋里的火上悬挂着水壶，右边有个大开着的罐子和蛇头的标示，另一边有一根特别弯曲的棍子。远处黑猫收到黑貂的呼唤走来。接下来是在铁杉树旁边的黑猫和黑貂，他们还是人形。事实上，铁杉树的倒下通过树枝的去除和树干较粗的地方倒置来表示，完全不用借助透视的技法。最后是黑猫坐在大蛇上，抓起碎片向四处扔去。

上述这幅图画充分证明了帕萨马库迪人在桦树皮上用简单刻画绘图的艺术性。

图 660 中的形象转引自斯库克拉夫特（*k*）。

图 660　奥吉布瓦的萨满符号

左起第一个图案，是奥吉布瓦人用来表示接受来自至高启示的精神或者人，有一个太阳的头。

第二个图案是奥吉布瓦人画的"瓦博侬"（wabeno）或者萨满。

第三个是奥吉布瓦符号，表示邪恶、单边"麦达"（meda）475或者高级萨满。

第四个是奥吉布瓦表示"麦达"的通用符号。

民族学局的威廉·H.霍姆斯（William H. Holmes）提供了下面这个关于西弗吉尼亚悬岩（见整页插图 31）的叙述（根据《美国人类学家》1890 年 7 月刊登的论文缩写）。原件是一行，复印图上是两行，即在标记 *a* 的地方重合。

西弗吉尼亚的哈里森（Harrison）县有一条小溪——双舔溪，流向小卡诺瓦（Kanawha）河的分叉口，汇入莫农加希拉河（Monongahela）的西叉支流，在克拉克斯堡-韦斯顿（Clarksburg-Weston）铁路洛斯特溪（Lost Creek）站的西四英里处。缘溪向上攀登大约两英里，右转经过一条名为坎贝尔（Campbells）流的小溪，便有一个岩石凹处。露出的砂石表面根基损蚀，以及顶盖的毁损造成了这一典型的悬岩。开口处大约 20 英尺长，及至最深处向后延伸 16 英尺。

岩雕（整页插图 31 是岩雕的简化轮廓）占据了凹处后墙的大部分地方，大约 20 英尺长，4 英尺高。左边人物的线条超出了岩石的表面，而右边结束在岩洞深处，再向里岩面太低且不平，不能使用。在岩雕的上下也各有雕刻，但是纹路不清难以识别。

最清晰的图案包括三个头（代表死者的头）、一个人头或者人脸、模糊的人形，三只代表鹤或者火鸡的鸟（其中一只伸展翅膀）、三只山狮或者类似动物、两条响尾蛇，一只乌龟、一个鸟头乌龟身的图形、一些难以识别的生物的部分（其中一个是鱼）、四个常规图案分别表示手、星星、马蹄印以及麋鹿、水牛、鹿或者家牛的蹄印。

图中上面向右的蛇明显要比实际大许多，其他动物基本再现了实际的大小。面朝两个死者头的动物形象在创作中充满力量，毫无疑问代表黑豹。最明显的一个特点是黑豹肩上的两条背脊或者是背脊状的毛发簇，这或许表明这种动物的神性。这两个动物形象跟印第安人广为流传的生活实践相符合，展示了心与生命线，生命线联结着嘴与心。这些图画，毫不例外，用红色来描画。

人头或者人脸比实际略大；这个图案统一挖空 1/4 英寸成为中空的雕塑，表面的大部分都经过轻微打磨。左右两边可见耳垂，拱形的线条可能是羽毛，从头的左边升起。脸上的红色新月形状占了较大部分，眼睛就在其中，不过标记得却不明显。嘴巴是圆形，用深色线条勾勒，还有六颗牙齿，余下部分用红色填充。

这个系列最引人注意的是中间部分的三个死者的头。他们想呈现的是骷髅而不是头或脸的想法十分明显，这种处理方法显然跟更加文明的南方部族的方法相似。眼眶大且深，颧骨投射，鼻子压低，嘴巴弱化成中间的一个结点。

所有的形象都清晰而深深地雕刻，除了蛇之外的所有形象都是凹纹雕刻，在轮廓之内全都挖掘了 1/8 英寸到 1/4 英寸的深度。蛇的轮廓刻画较深却不均匀，线条宽度从 1/4 ⁴⁷⁶ 英寸到 1 英寸不等，有的部分竟深达 1/2 英寸。左边的蛇是精心雕琢的，而另一个则有些粗鄙。明显可以看到，在大蛇的身上还有一个翼型图像，构成部分的拱形罩着大蛇。这个翼型是由不规则的凿痕构成的较粗的线条刻画，看起来比较新，应该不是原来岩雕中的部分。另外，种种迹象表明，尽管挖掘凹纹时确实会用到尖利硬质的工具，在整个雕琢过程中这些工具的使用并不多。大多数情况下，线条和表面是通过摩擦完成的。砂岩表面粗糙，质地柔软，具有易碎性。这使得摩擦这种雕刻手法变得容易，同时节省了后期打磨的工作。

大的脸、生命线的勾勒、动物图像的心脏上用的红颜色是来自红色赭石和赤铁矿石。用剩的石块留存在岩石凹处的地面上，也展示了摩擦的效果。具体的操作方式不得而知（或许仅仅摩擦就足够了），岩雕上的颜色附着结实牢固，如果不铲除岩面，不可能去掉着色。

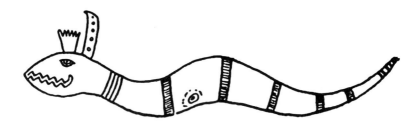

图 661　Baho-li-kong-ya 神，亚利桑那州

考虑到这些雕塑的起源和用途，它们极有可能与宗教活动和神话相关。如果这些刻画用作记录和提示之用，那么，它们如此设计就很合理，因为它们是给其他人看的，而不是那些创作者或熟悉这些雕塑的人。可是这些岩雕藏在山洞里，就算是外边的森林被清理干净，周围的山坡都种上庄稼，无论从哪儿看，也依然不会发现这个偏僻的石凹，因此，这个地方明显是为数不多被拣选的人——像某些宗教组织——的据点。这隐世的艺术正为某种神秘用途辅以佐证。

就这点来看，亚利桑那州塞基峡谷（Segy）的岩画（图 661）也值得一提。他是水精灵之冠蛇（Baho li-kong-ya）神，结子实的精灵，莫基人（Moki）祭司崇拜该形象。这是一只有乳房的大冠蛇，这乳房是一切动物血液之源，也是地上一切水的源头。

整页插图 31

西弗吉尼亚悬崖上的图画文字

整页插图 31 和图 661 中的蛇或可与斯库克拉夫特（l）发表的关于奥吉布瓦两种蛇的形式加以比较。

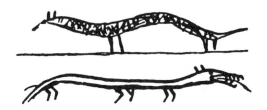

图 662　伊努伊特人的神蛇

图 662 的上图无疑表示神兽，是某些伊努伊特（Innuit）神话中的形象，这个图从海象牙雕上复制而来。这个海象牙来自阿拉斯加的克拉伦斯（Clarence）港，博物馆藏编号为 40054；这个图形跟通常描绘的图形不是很接近，下图则是对同一形象的更全面描摹，从一个驯鹿角制的钻弓上复制而来。这个驯鹿角钻弓来自阿拉斯加，编号 24557，为 L. 特纳收藏。

恩赛因·尼布拉克（Ensign Niblack）（d）刊登在《美国海军》的文章就图 663 的内容给出了下面的描述：

图 663　海达人的风之灵

　　　　　　　　　　　　　　　　美洲印第安人的图画文字

风之灵特库（T'kul）和卷云解释了海达人关于天气变化的信仰。中间的人物是特库，即风之灵。他的脚在左右两侧，用长串流云表示；上面有翼，左右的云都不同，每种云都对应一只眼，由卷云块表示。特库决定吹哪种风时就说出风的名字，另外的风就退下了。天气变化总是伴有雨水，在特库眼睛两旁流出的泪水就表示雨水。

图 664　海达人的虎鲸

下面依然是来自恩赛因·尼布拉克的描述，关于图 664：

　　这个图画是虎鲸或者杀人鲸，海达人相信他是魔鬼斯卡那（Skana）。斯旺法官根据海达人的信仰，给出下面的解读——他可以幻化成任何样貌，很多传说都与他有关，其中一个跟我也相关。多年以前，印第安人外出捕猎海豹，这天风和日丽，海面平静。一只虎鲸就跟着他们的独木舟，这只虎鲸，或是叫黑鱼，实际上是海豚的一种。年轻人们就用独木舟里压舱的石子砸这只虎鲸的鳍来自娱自乐。被狠狠地砸到几次后，这只虎鲸就上岸搁浅在海滩上。不一会儿海滩上升起一股烟，人们好奇就上岸探看。当他们到岸上时，惊讶地发现压根儿没有斯卡那，只有一只独木舟，旁边有个年轻人在做饭。这个年轻人问他们为什么拿石头砸他的独木舟，他说，'独木舟被你们砸破了，你们去树林里找些雪松枝子来修理吧。'他们就这样做了。他们修完独木舟，这个男子又说，'转过去背对着海，用皮毯盖住你们的头，我不让你们看时不要看。'他们也这样做了，听到在海滩上拖拽独木舟下海的摩擦声，然后听到男子说，'可以看了。'他们就看了，但是当第二个浪头打来，独木舟随波而下，当海浪涌起，浪头出现的不是独木舟，而是虎鲸，那个男子或者恶魔就在它的腹中。这个寓言在西北沿海的所有部落都普遍流行，就是内陆的部落也有流传，不过把虎鲸换成了鲑鱼，鲑鱼从不离开淡水。奇尔卡特（Chilcat）和其他的阿拉斯加部落会雕刻鲑鱼形象，其内放一个裸体印第安人全身像。***许多人泛泛一看，就说这是约拿在鱼腹中。其实不然，这个有远古渊源的寓言在时间上要远远早于白人到来的时间，或者说是远远早于传教士在此传教的时间。

图 665　海达人的熊母

　　还是同一位作者解释了图 665。这是来自海达人黏土板雕刻的复印画，讲述"熊母"的故事。

　　海达版本的熊母故事是这样的：

　　一群印第安女子在树林中采浆果，其中一个是酋长的女儿。她一边采浆果，一边说着对整个熊类不逊的话语。熊就降到她们中间，把这些女子杀害，却掠走了酋长的女儿，让她做熊王的妻子。她给熊王生了一个半人半兽的孩子。这个雕刻就是展现熊母在哺乳这个野蛮粗鲁的孩子时的痛苦。一天，一对印第安捕熊猎人在一棵树上发现了她，以为她是熊，就要杀了她。她让这些猎人相信了她是人，他们就把她带回家，她后来就成为所有以熊为图腾的印第安人的祖先。他们相信熊是人暂时变成的。这个雕刻是海达人斯阔沃斯·凯伊（Skaows-Ke'ay）所做，美国国家博物馆分类号 73117；现在不列颠哥伦比亚省夏洛特皇后群岛的斯基德盖特（Skidegate）村，为詹姆斯·G. 斯旺收藏。

博厄斯博士（Boas）（*d*）讲了夸扣特尔（Kwakint）印第安
479 人的一个神话，由面朝阿勒特（Alert）湾的一座房子图画来解
读，见图 666。

　　房子的正面显示，雷鸟昆基利克亚（Kunkunquilikya）
要将一条鲸鱼提起。传说他偷了乌鸦之子，乌鸦为了报仇，
带着雪松做成的鲸鱼，上面涂满了树胶，里面装着各种动
物，来到雷鸟之地。雷鸟看到鲸鱼，就让他的小儿子去捉。
他却提不起这个鲸鱼，自己也被树胶黏住，那些动物就把他
打死。用这个方法，整个雷鸟家族遭到杀戮。

图 666　雷鸟捕鲸

　　　　　　　　　　　　　　　　美洲印第安人的图画文字

海达人的瓦斯科与神鸦

整页插图 32 是海达本地绘画的副本，展现了瓦斯科（Wasko）——一个具有熊和虎鲸或杀人鲸特点的神兽，是海达的图腾之一。

同一图片上的另一个形象是神鸦胡耶（Hooyeh）。这个形象也是来自海达印第安人的描绘。这两个图片形象均来自于 1884 年夏到访华盛顿汤森（Townsend）港的海达印第安人。

接下来这个图画是选自伊斯门女士（b）的《达科他人》。图 667 是豪卡（Haokah），他是反自然的神，达科他巨人之一。这个图是苏族勇士白鹿所画，他 1840 年左右住在斯内灵（Snelling）堡。

　　图画的解释：a，巨人；b，青蛙，巨人用来做箭头；c，大鸟，巨人养在他的庭院；d，另一只鸟；e，通往庭院的门上的装饰；f，门上的装饰；g，庭院带有绒毛的部分装饰；h，庭院带有红色绒毛的部分装饰；i，熊；j，鹿；k，麋鹿；l，水牛；m，n 焚香献祭；o，鹿爪做的拨浪鼓，唱歌时用；p，长笛；q，r，s，t，巨人发出用来防御或者保护自己不受侵扰的流星；u，v，w，x，环绕巨人的闪电，他用来杀死所有干扰他的动物；y，系在庭院栏杆上的一小束红绒毛；z，同样。庭院里有动物死去，就会有一束这样的红绒毛束消失。aa，bb，火绒，和长在树上的大个菌子。进入庭院的动物都可以食用这些菌子，它们也因此丧命；cc，从巨人帽子里出来的闪电条纹；dd，巨人的头和帽子；ee，他的弓和箭。

480

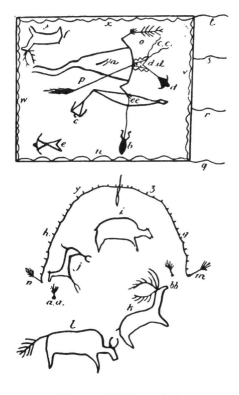

图 667　达科他巨人豪卡

如果她能多了解一些神秘法屋，伊斯门对这幅图的解释会更好。目前她只能用自己的语言进行解释。

图 668　奥吉布瓦精灵

图 668 来自柯普韦（c），显示这种再现，从左边开始，天上的神灵，水中的灵魂，以及地上的动物，这些统称为精灵（Ma'nido）。

481　　图 669 是由梅诺莫尼（Menomoni）印第安酋长尼埃皮（Niópet）的画临摹而来。这是一个白熊精灵，守护着苏必利尔（Superior）湖的自然铜矿。据神话传说，这个动物精灵全身银色毛发，尾巴极长，可绕身体一圈，由闪烁铮亮的铜构成。精灵住在地下，守护这种金属，以免被发现。

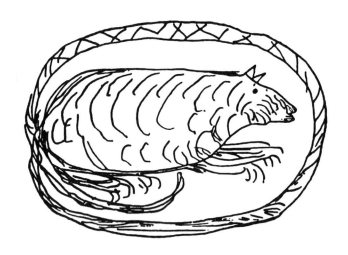

图 669　梅诺莫尼人的白熊精灵

在詹姆斯·坦纳（James Tanner）提供的"巫医之歌"里有跟后面图 670 中间动物相似的一个动物形象，标有奥吉布瓦词语和说明，请看：

Che-be-gau-ze-naung gwit-to-i-ah-na maun-dah-ween ah-kee-ge neen-wa-nah gua-k waik ke-nah gwit-to-i-ah-na.

我来改变这大地，这片大地；我让它每个季节都各不相同。

这是一个精灵，尾巴巨大，还有其他一些特质，并没有原型。他说他是季节的主宰，或许他就是 Gitche-a-nah mi-e-be-zhew（地下的大野猫）。

图 670　奥吉布瓦的神性野猫

"地下野猫"在同一本书的 377 页也有提及，图 670 的左边图像就是来自其图示，跟上图略有差别，来看下面的描述：

A-nah-me be-zhe ne-kau-naw

地下野猫是吾友。

在第四节诗里，他展示了他的法物，据他说是用灌木的根和 We-ug-gusk-oan，或者药草制成。他从中汲取能量，至少是部分地汲取能量；为了显示他的宣言举足轻重，他在第五节和第六节继续说到，蛇和地下野猫是他的帮手与朋友。凶残、狡猾以及其他猫科动物的行为都没有逃过印第安人的观察。通常，他们将猫科动物的形象赋予这种假想的动物，因为在他们看来，这些假想动物具备猫科动物的一些品质。他们大都听说过狮子——对白人而言最大的猫科动物；同时所有人都听过恶魔，他们认为二者一样。野猫这个形象是长角的，其栖息所在地下，他还有主子，就是 Gitche-a-nah mi-e-be-zhew（地下的大野猫）。如一些人所想，地下大野猫就是 Matche-Manito 本尊，他们的邪恶精灵，或者恶魔。最后这一点他们很少提及。

坦纳这本书的 345 页还有另一幅画，这幅画是记录了一支
₄₈₂ 歌，只有巫医能唱。这幅画上类似的动物有一个短棒穿过脖颈
处，毫无疑问是用来显示他是从地面出来的。

Nah-ne-bah o-saaun neen-no ne-mah-che oos-sa ya-ah-ne-
no.（重复两遍）

我在夜晚游荡。

第一个形象是野猫，因其警觉，得以守护治愈疾病的
法物。其意义或许如此，如野猫这般精明、灵敏又有智慧的
形象往往会被赋予那些强有效疗法的知识，在印第安人观念
中，这些不仅掌管生命，疗愈治病，还赋予了这些动物和飞
禽无限的能力。

斯库克拉夫特书的第二部分，在 224 页，描述了如图 671 的
内容：

图 671　温纳贝戈神兽

这是位于密西西比河上游西边的温纳贝戈部落的酋长小山（Little Hill）所画，这是他们的法术动物。他说这种法术动物并不常见，只有巫师在严格斋戒之后方能见到。他有一根取自这个法术动物的骨头，视之为强力有效的法物，把这个骨头锉下一点儿粉末放到水里来使用。他还有一小块自然铜，也是如此使用。他认为这些法物具有极高的功效。

下面的四个插图可以跟皮阿萨（Piasa）岩石上的图片加以比较，参见本书前文中的图40、图41。

图672是明尼孔朱达科他人杀死一头母水牛，发现在这头牛肚子里有一个老妇人。天鹅《冬季年度大事记》，1850—1851年。

图672 神性
水牛

阿托塔卡（Atotarka）和大头的图画在厄米尼·A.斯密斯（Erminie A. Smith）女士的《易洛魁神话》一文中有所展示，该文发表在《民族学局第二届年度报告》上。关于神话和神兽还有一些图示可以参见本书第九章第四节和第五节。

483

雷鸟

下边给出雷鸟的一些形象：

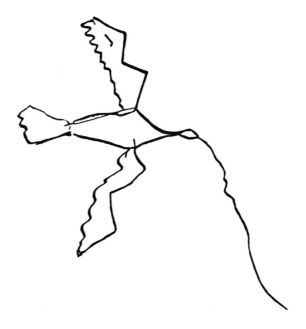

图 673　达科他人雷鸟

图 674　达科他
人雷鸟

484

图 675　达科他
人图画中没有翅
膀的雷鸟

　　图 673 和图 674 是达科他人雷鸟的形象。这是在斯内灵堡附近的达科他人中发现的，由他们绘制并解释。这两个图中的雷鸟都有翅膀，都有波纹线从嘴巴向下引出，意指闪电。值得注意的是图 673 中的形象如果竖立起来，就像一个站立的人形，这跟斯库克拉夫特提供的一些奥吉布瓦巫医或者神性形象几乎一模一样，他所拥有的奥吉布瓦树皮记录里也有这样的形象。

　　图 675 是另一个更潦草些的雷鸟形象，跟前面两个形象是在同一时间和地点发现的。这个形象没有翅膀，如果换个方向或者观察角度，很像一个无头的人的形象。

　　　　　　　　　　　　　　　美洲印第安人的图画文字

图 676 中的雷鸟全身蓝色，胸口和尾巴为红色。由明尼苏达州门多塔（Mendota）的一个珠编上的图像摹写而来。

图 676　达科他的雷鸟

苏族人认为雷鸟是巨鸟，也如此呈现雷鸟形象，如图 677。伊斯门女士（c）对此有具体叙述，择要记录如下：

图 677　达科他的雷鸟

这一形象通常以豪猪刚毛加以装饰。U-mi-ne wah-chippe 是一种舞蹈，害怕打雷的人们通过跳这种舞蹈来尽力娱神以求保全性命。

把树苗竖直固定在地上，树苗顶部拉弯以便把它们彼此串连起来，围成一个周长 60 英尺的圆圈。圆圈的中间立一根高约 15 英尺、涂成红色的柱子，柱子上悬挂一片桦树皮表示"雷"。柱子下站着两个男孩和两个女孩。两个男孩代表战争，脸上涂成红色，手持战棍；两个女孩代表和平，脸上涂上蓝色黏土。

圆圈的一边立起亭子，距此大约 20 英尺是一个棚屋。圆圈有四个入口。当一切准备就绪，举办此次酬神舞的人就从他的棚屋出来了，身穿丑陋可怕的服装，以四肢向亭子方向爬行，在他抵达柱子之前要唱四个曲调。

同时，坐在棚屋里的巫医法师敲击鼓点用以计时，男人们、女子们按照鼓点的节奏单脚跳来跳去，并且在圆圈中快速移动。这个场面大概持续五分钟，音乐停止。稍事休息，音乐再起，第二节曲调开始了，同样持续五分钟左右，然后第三节、第四节。此时，那个印第安人依然在爬向柱子。每个曲调结束的时候，那些跳舞的男人们就发出呐喊。

当此人行至圆圈里的亭子，他还得再唱四个曲调。当他唱到第四个曲调结束的时候，所有参加跳舞的女子都要尽速离开，必须从她们入场的那个入口离去。其余三个入口则留给携带武器的男人们进出，防止他们的武器偶尔会被某个女人碰触。苏族武士的武器自远古以来就要远离女性的触碰，也因此，那些男人在圆圈中围着柱子形成一个较小的圈在跳舞，因为他们的武器都放在柱子下。

当最后的曲调结束后，男人们就朝着挂在柱子上的雷的形象射击，当"雷"被击落，武士们一哄而上去争抢它。柱子下放着一碗用蓝色黏土染色的水。武士们一边争抢象征着他们的神的桦树皮，一边竭力去喝那碗里的水，一滴不剩地全喝光才行。

随后，这些武士们就开始抓那四个孩子（分别代表战争与和平），方式极尽粗暴。将烟斗和战棍从他们手里夺下，把他们放在土地上翻滚，直到他们脸上的涂色被抹去为止。尽管他们不喜欢舞蹈的这一部分，他们仍小心翼翼地完成，相信表演之后，雷的能力就被破坏了。

詹姆斯编辑的《朗的远征》(*f*) 中写道：

堪萨斯印第安人认为，战斗中死去的人是被雷带到某个未知的地方。因此，在上战场之前，每个人要在地上描摹想象的雷的形象，画得不对的人就会被雷杀死。

图 678 是雷鸟（Skam-son），从海达部落拉斯克（Laskeek）村的一个印第安人背后的纹身摹写下来，该村位于夏洛特皇后群岛。此图来自詹姆斯·G. 斯旺。

图 678　海达人的雷鸟

图 679 是塔南（Twana）印第安人的雷鸟，伊尔斯（M. Eells）牧师将其发表在《美国地质地理调查公告》第三卷，112 页。

在埃涅托伊（人）（Eneti）的保留地（华盛顿境内），
有一块占地 3 英尺乘以 3 英尺 4 英寸、高 1 英尺 6 英寸的不
规则玄武岩。岩石的一边用锤头打造出一个脸的图像，据说
是雷鸟的脸，而雷鸟是可以发动风暴的。

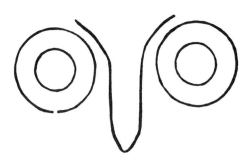

图 679　塔南人的雷鸟

两只眼睛大约直径 6 英寸、相距 4 英寸，鼻子长约 9 英
寸。据说很久以前，有个人非常难过，就来到这块岩石这
里，用另一块石头作为锤头打造出了眼睛和鼻子。长久以
来，人们相信如果岩石摇动，就会下雨，很可能是因为雷鸟
发怒了。

486

下面三个图都是来自《红云统计册》，均
跟雷鸟神话有关。

图 680　达科他人
的法物鸟

图 680——法物鸟（Medicine bird）。《红
云统计册》。前面解释过，"医药"这个词在
印第安意义中有"神圣的"和"神秘的"意
义，又由自口中引出的波纹线表示。

图 681 —— 五雷（Fivethunders）。《红云统计册》。这里的雷鸟画了五条线（表声音）从嘴巴引出，表示许多声音或者很大的声音，使用的是上面提到的波纹或者螺旋线，这是常规表示灵力的符号。

图 681　达科他人的"五雷"

图 682 —— 雷烟斗（Thunder Pipe）。《红云统计册》。这是一个添加了雷鸟翅膀的烟斗。

图 682　达科他　487
人的雷烟斗

图 683，来自新斯科舍省克吉姆库吉克湖岩石上的岩画之一，可以跟其他的雷鸟形象做比较，也可以跟奥吉布瓦女子的图案比较。这个图像的头部，并未显示出人头的形态，可以与第十三章"图腾、标记和名称"中的图腾标志相比较。

图 683　密克马克雷鸟

马尔卡诺（d）这样描述图 684：

> 在地狱之口的平原上，有一些石头，彼此之间相距 7 米。石头上发现一些刻画，深度大约一厘米。其中有一块石头的刻画上再现了一只大鸟，与奥扬

图 684　委内瑞拉雷鸟

帕斯（Oyampis）（克雷沃 Crevaux）的此类形象相似，后者习惯于绘画。在这个大鸟的左肩上有三个同心圆的图形，如此设计的形象很像是卡尔卡拉（Calcara）美洲虎的眼睛。这种形象常出现在委内瑞拉、圭亚那以及埃塞奎博（Esequibo）以外。这只鸟在右边通过两根线条跟另一个小很多又没完成的另一只鸟的形象相连。此外，三个小的圆圈在左边的翅膀下；另外三个小圆圈更为分散地画在右边翅膀下，将右翅和小鸟图像的脖颈分开。构成两只鸟的胸脯和尾巴的三角形值得引起关注。

A. 厄恩斯特（b）先生也描述了类似的形象：

在同一个地方（"地狱之口"，奥里诺科（Orinico）河湍急之处，考拉（Caura）河口下游的 35 公里）很容易可以识别出两只鸟的图像；大鸟的羽毛上往下滴水，右上是太阳的图像。这可能是象征性的，就像中美洲遗址的风神和雨神的形象。

图 685 是费城自然科学学院收集的印第安人工艺的四个标本的摹写画。这是用豪猪刚毛在桦树皮上描绘的不同雷鸟形象。这些标本据说来自西北的印第安部落，大概可以确定是奥吉布瓦，原因在于，其一，这些形象跟奥吉布瓦最重要的一个神兽有关；其二，这个标本使用桦树皮作为载体材质，在雷鸟具有重要宗教地位的苏族那里，桦树皮极为稀有。

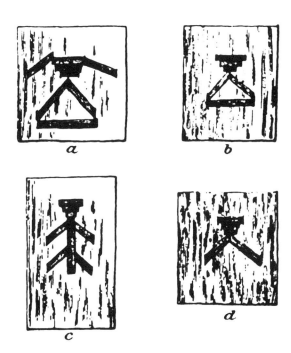

图 685　奥吉布瓦雷鸟

　　图 a 使用中性色的刚毛在黄色桦树皮上制成，跟图 b 同样，只是图 b 中的图像没有伸展的部分表示翅膀。图 c 则是用黄色刚毛在褪色的红色桦树皮上制作，鸟头通过其下的翅膀和腿来显现，而前边的两图中，鸟的头占据了身体的位置。图 d 是省略版，鸟的身体和腿都缺省，只留下头和翅膀。这是在淡黄色桦树皮上用中性色的刚毛做成。

　　图 686 是一个罐子上的画，或许是古代莫基人所做。在 T. V. 金（Keam）先生手稿目录中给出如下描述：

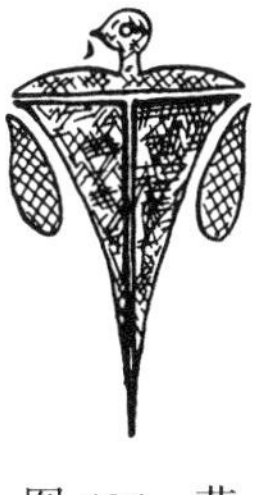

　　　　这是"雨鸟"（Tci-zur），上部围绕着云

488

图 686　莫基的雨鸟

的符号，表征具备造雨能力符号的萌芽思想。翅膀的阴影部分——仍旧是水——表示雨量。鸟的身体或者尾巴分成两个延长的锥形部分是极为常见的表达方式。作为现代用具上云的象征符号，雨鸟不像雷鸟（Um-tokina）那样作为神秘产物，而是妇女们用来指称小鸟的统称。这些小鸟作为雨的象征是基于这样一个事实：雨水丰沛的季节，成群的这种小鸟聚集在村落和花园里，当旱季到来，他们就飞到远方水多的地方。

图 687　亚威
佐特

图 687 来自金斯布罗（Kingsborough）（c），表示亚威佐特（Ahuitzotl），这是墨西哥神话里著名的水生动物。通常表示水的符号都跟这个动物有关，布林顿先生称之为刺猬。

威纳（c）提供了一个临摹画，即图 688 左边的图像。这是在秘鲁卡巴诺（Cabana）发现的一个浅浮雕，表现一个寓言中的动物，四足兽，毛发飘扬，舌头悬在嘴外，其末端是蛇头的形象。临摹画按 1∶6 的比例对实物缩小。

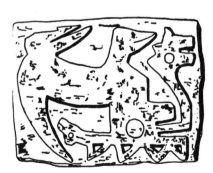

图 688　秘鲁寓言中的动物

　　　　　　　　　　　　　　美洲印第安人的图画文字

上例的同一个作者提供了另一幅临摹画，在图 688 的右边。这是在秘鲁卡巴诺发现的另一个花岗岩浅浮雕，表现的是一个寓言中的动物，或者是阿尔科塞（alcoce），像狗一样坐着。临摹画按 1∶6 的比例对实物缩小。

489

　　托马斯·沃斯诺普（Worsnop）先生（a）对图 689 进行了描述，择要如下：

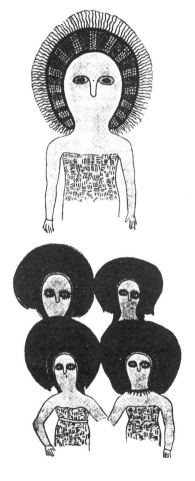

图 689　澳大利亚神话人物形象

　1836 到 1839 年间，乔治·格雷（George Grey）爵士在一个砂石岩上发现了一幅特别巨大的图画。经考察发现这是一个洞穴的入口处的画，洞里还有其他的重要图画。主要人物形象，即图689 的上图，画在一个斜顶之上。为了凸显效果，岩石涂成黑色，人像则使用鲜红和白色，如此一来，这个形象在岩石上就非常突出。乔治·格雷爵士说，当他第一次看到这个巨大的人头和上半身形象时，着实吓了一跳，这个图像仿佛是俯身凶狠地盯着他一般。他还说，很难用语言准确描述这个粗犷野性的形象，他只能如此简要描述。

这个图像的头部环绕着鲜红色的射线，就像是旅馆布告板上画的太阳光线那样。在这一圈射线里边是亮红色的粗条纹，有白色线条交叉穿过这些粗条纹。在红色部分的内部和外部都画有深红色的细线条，应该是标记其边界。整个面部着色生动，全脸是白色；眼睛为黑色，用红色和黄色的线条勾勒轮廓。身体、手和胳膊用红色勾勒轮廓，有趣的是，身体上涂有红色条纹和短线。

一进洞穴就能看到的是洞穴左手边充当墙面的岩石。这块岩石上画着单独的一幅画，即图689 下面的这个图画。这幅画用色生动，四个人头形象连在一起。其温和的面部表情表示她们的女性身份，而且她们的位置是面向前面提到的主要形象，这样的绘画方式和位置也透露出这个信息。她们每个人都带着宝蓝色的头饰，其中一个还戴着项链。下面两个人身上的衣服画着红色条纹和短线，跟主要人物的衣服一样的处理方式，其中一个人腰间有腰带。在乔治·格雷爵士看来，这四张人脸像都有明显不同的面部表情，还都没有画上嘴巴。

第三节　萨满

"萨满"一词来自梵语，表示"苦行"；但这个词已被滥用。最初，萨满只在南亚某些部落宗教中使用，现在，那些建立在假定超自然物之上，并受其影响，可以通过神秘操作与之共享的宗教形式均可称为萨满。萨满或者祭司假装能够以咒语和仪式来掌控那些能招致死亡、疾病和其他不幸发生的邪恶精灵。事实上，上述这样的宗教形式和生活状态在北美印第安人中普遍流行，故而采用"萨满"一词实质上是正确的，既避免 491 了目前文献中使用的"巫医"这个乏味的表达，又有别于"祭司"这个含糊的表达；"祭司"跟印第安宗教实践者之间委实不同。认为印第安人崇拜，或者崇拜过一个"至高精灵"或者一个统领一切的个人神的说法是错误的。这种哲学观念超出了他们的文化阶段。他们实际的哲学观是更为具体客观的，也因此是图画性的。

本节集中讨论跟萨满相关的评述与活动，随后两节"符咒与护身符""宗教仪式"也与此密切相关。必须承认，目前这样的章节安排主要出于操作方便，此种方便在本书的其他部分也同样存在，唯有希望，科学的分类不会破坏行文表述的通畅。也恳求具有批判性和鉴赏力的读者，能够进行单个图画的互相比较，不管有没有交叉参考都是弥足珍贵。

那些独立而有智识的印第安见证者，而非实践者，通常是上了年纪的人，常常跟笔者讲述关于萨满的活动。这些杂耍的戏法或者假扮的神迹，足以媲美甚至超越最佳的唯心主义降神会。累积的证据为唯心主义者提供了机会来论证他们自己展示和操纵的真实性，与其信誉度相一致，因此得以风格化。其他人则会认为，在哥伦布发现新大陆——与东方印度相对的西方——之前，这个半球上，这种非凡表演的资源相对丰富，这实则属于一种较低文化状态的文明。他们将会发现蒙昧初民的神迹时代远没有终止，至今仍然存在；那些表面上文明开化的人仍然受制于迷信，这个迷信使用的是其词源学的意义："从过去保留至今"。

所有故事中，最翔实也最有趣的一个是发生在 40 年前，就在达文波特（Davenport）兄弟和福克斯（Fox）姐妹激起美国文明世界的兴趣之前不久，部落里关于神秘戏法的展演依然存在，不过都是秘密进行的，怕印第安代理者和传教士们发现。重要的是，首批到达加拿大的法国传教士和新英格兰最早的定居者在他们第一次见到印第安人时，也描述过与此本质相同的表演。他们遇到的这些印第安人都属于阿尔冈琴和易洛魁部落。这种戏法如此与众不同又频繁出现，以至于 1613 年时法国人称渥太华河流域的所有印第安人为"巫士"。法国人是在很早时期遇到这些印第安人的，他们的部落后来被称为尼皮辛（Nipissing）部落，是典型的阿尔冈琴部落。最早的法国和英国作家们对这些戏法和其他形式的蒙骗并不怀疑。严格的清教徒和热情的天主教徒都认为这种展示是真实的，是魔鬼撒旦在做法。还有一点值得一提，"密克马克"的这个名字的衍生跟表示"巫士"的词有关。早期了解的此类行为，对人们生活有着重要影响，从美洲大陆的最东边扩展到五大湖地区，后来又发展到南部地区，处于一种较高的进化阶段。

美洲印第安人的图画文字

对阿尔冈琴部落的老人进行交叉询问就能发现，戏法的表演就是冒险者假定的神奇能力的展示。他击败对手赢得声誉，通过售卖符咒和偷得天机得以生存并建立权威。至今为数不多的萨满仍然拥有轻信的客户，向他们购买符咒和神物。这些符咒和神物分为三类：给敌人招致疾病和死亡的，诱导敌人中埋伏的和激发性能力的。

奥吉布瓦存在三个明确的神秘组织，其组织成员依据其重要性有着专属称谓，分别是巫医（Midē'）、法师（Jěs'sakīd）和瓦博侬（wâbĕnō）。最古老且影响最大的组织是"大法物"，该组织举行仪式的地方是"大法物法屋"。

下面是怀特·厄斯巫医萨满就仪式起源与仪式相关的物品提供他自己观点，他还谈到跟医疗符咒巫术有关的实践：

> 当始祖（Minabō'sho）出现在大地上，两个大精灵告诉他，他们给他几个礼物以侍奉他的后人。这些礼物可以用来延长生命，并为他人提供帮助。
>
> 第一个礼物是神鼓，在病人身边使用，唤出精灵并提供帮助。第二个是神圣沙锤，可以用来延长病人的生命。第三个礼物是烟草，是和平的象征。同时，他还得到一只狗，作为陪伴。然后，他们叫他建一个法屋，在那里他可以操作仪式，并得到进一步指导。
>
> 巫医拥有所有知识，甚至更多，始祖都从精灵那儿得到。他就开始建一间长形法屋，就像精灵要求他的那样。就是现在，当举行大法物仪式的时候，他就会出现在神圣法屋里。

仪式吸收保留了大部分的古老形式，歌唱和传统都流传了下来，不仅仅有口头形式，还有图画文字的形式，长久以来代代相传。在仪式中还保持了他们最纯洁最古老的语言习语，都不同于日常的用法。

亟需解释的是奥吉布瓦使用巫医之歌和其他树皮记录的模式，还有本书提到的其他部落的那些记录。泰勒博士曾把教孩子的图画性字母跟这些相比较，比如"字母 A 就是一个弓箭手（archer）"等。这种比较似乎跟这里的情形不符。图画文字里的图案不仅有助记功能，还具有表意性和描述性。他们不仅仅是创造出来表达和记忆主题，还参与其中。对于熟悉这些神秘组织的人，那些表格名单就跟共济会秩序使用的大图板一样，印刷发行甚至公开展示，当然并没有公开展示任何秩序的秘密。不过象形文字的作用在于不仅能帮助组织的成员记忆仪式的细节，还能防止既定仪式有所偏差。

图 690，来自柯普韦（d），奥吉布瓦人表示大法物法屋的符号

图 690　奥吉布瓦的巫医棚屋

前述图 171 是对一个桦树皮记录的复制还有描述；这个记录显示法师所谓的能力，这个法师也是巫医，即整个四等级中的巫医。

前面的图 172 则展示并说明了一个叫 Niwi'kki 法师通过骨管吸走恶魔来治疗一个病妇。

当巫医的流程方法超出常规仪式，如施咒和敲鼓、使用拨浪鼓、实施魔药和驱魔，那么就把巫医的操作法则跟法师的仪式重合起来。

图 691 是巫医的法屋，图中萨满坐在法屋里。

图 691　巫医的法屋

图 692 则展示法师的法屋和他的法术，萨满坐在法屋外面。法师的法屋有一个主要特点，就是竖直的柱子中的一个顶上有发散出来的树枝，这是图画记录中其他宗教场所没有的一个特点。

图 692　法师的法屋

下列从图 693 到图 697 提供了图示说明达科他人和其他大平原部落"制作水牛法物"的不同模式。这个仪式的主要目的是把水牛引到他们容易狩猎成功的地方，需要借助咒语，伴随着舞蹈和不同的仪式来完成。水牛不仅是这些部落的主要食物来源，还是他们日常生活中的必需品和便利品。这个话题在本书中随处可见，1810—1811 年度孤狗的《冬季年度大事记》中有更多论述。

494

图 693 —— 明尼孔朱酋长，名为"独角"，用白色母水牛的皮制成法物，天鹅《冬季年度大事记》，1858—1859 年。

动物带角的头与人形图像相连。白化的水牛在仪式性上的价值更胜于其他水牛。"独角"，明尼孔朱酋长，于 1874 年在其大夏延的露营里去世。

图 693　达科他人在制作法物

图 694 达科他人在制作法物

图 694——明尼孔朱达科他人"小尾"（Little-Tail）首次使用白色母水牛的皮制作法物。天鹅《冬季年度大事记》，1810—1811 年。此处仍然是白化水牛的头。

图 695 达科他人在制作法物

图 695——"白牛人"（White-Cow-Man），《红云统计册》。仅仅是拥有白化的水牛就能带来体面和荣耀。曾经拥有过这样的动物，即使这个动物已经死去，也依然能带来特定的等级。

图 696 达科他人在制作法物

图 696——"独角"制法物，"这样的时候，印第安人以小马为牺牲并斋戒禁食。"火焰《冬季年度大事记》1858—1859 年。这个图中的水牛头是黑色的。

图 697 制作法物

图 697，水牛稀少。一个印第安人制法物并把牛群带到受难的人那里。火焰《冬季年度大事记》，1843—1844 年。

咒语表现在画有水牛头的圆锥形帐篷上。这是"法物"或者举行仪式的神圣帐篷。

美洲印第安人的图画文字

在查克托人（Choctaw）中间，存在用歌声驱走疾病的巫术形式，相当有趣。这些歌曲曲目分别跟某种草药或者治疗形式有关，每首歌都用实物或者图画再现出来，与萨满念唱对应歌曲同时。选择何种疗法决定于不同歌曲带给患者的愉悦程度或缓解情况。

图698，拥有猫的人被一个达科他人用蜘蛛网掷到他脸上而死。云盾《冬季年度大事记》1824—1825年。图上可以看到，蜘蛛网从投掷者的手中扔到受害人的心脏，有两条螺旋形的灵力线。受害人的鼻子在流血，原图此处涂了

图698　神力杀人

红色，表示他流血而亡。印第安人中普遍有一种观点，某些"巫师"拥有一种能力，射出针、稻草、蜘蛛网、子弹或者其他物件来取人性命，且不论他们针对的人距离有多远。

需要注意，两个形象底部有一个连接线把他们连在一起，这说明他们是同一个部落的，左边形象的头发表明他属于达科他部落。受害人没有被剥去头皮，只是没有头发和其他标志，仅有轮廓。

图699，"拥有战棍"（Cannaksa-Yuha），《奥格拉拉花名册》。此人的父亲名叫"战棍"，因此被鬼怪使唤作为武士。他坚不可摧，一切世间的武器都不能伤害他，孩子们甚至妇女们如同害怕鬼怪一般害怕他。他手持战棍在面前，这个战棍带有荣誉的性质。原图中，这个人的整个脸涂

图699　手持鬼屋

成红色。这显示他拥有一间鬼屋，即他建起一个鬼怪帐篷。J. 欧文·多尔西牧师讲述了很多相关的复杂仪式和细节，发表在《美

国人类学家》第二卷，145 页及以下等等。

约翰·坦纳（John Tanner）（g）提供了一个奥吉布瓦巫术的叙述，图 700 是其复制图。这跟最近霍夫曼博士发现的一个描述几乎完全相同，后者的成果发表在《民族学局第七届年度报告》上，标记为图 20 和图 21。

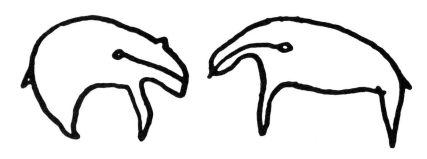

图 700　奥吉布瓦人的动物偶像画

拥有捕猎法物的资源很有必要。法物制作者给我和 O-ge-mah-we-ninne——我们这群人中最好的两个猎手——每人一小皮袋法物，由碾成细粉的某些植物的根和红色颜料混合而成，用在我们想要猎杀的动物的小图像上。在这种捕猎形式中，同样的做法以精准的方式进行，至少就使用法物捕猎而言，如同一个印第安人试图给另一个人带去疾病和痛苦的那样做法。这幅画或者小的形象用来表示法物能力将要施加其上的男人、女人或者动物，表示心脏的地方要用尖锐的工具凸显出来，如果是要导致死亡，就用一点儿法物。这种情况下的动物图像就称为偶像画（muzzin-ne-neen），人的图像也是这个名称，这些图像有的

496

在桦树皮上草草画成，有的则在木头上仔细雕刻。不管是精心雕刻还是在破布、树皮上潦草勾画，甚至画在沙子上，这些图像都是同样的名称，都在阿尔冈琴部落中广泛使用。他们的用途不局限在捕获上，还延展到产生爱意，满足仇恨、报复，以及一切的恶毒情感。

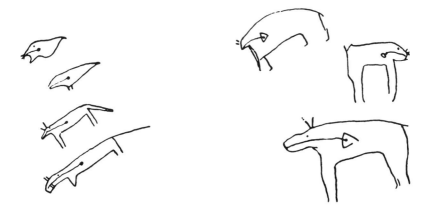

图 701　奥吉布瓦人的动物偶像画

人们普遍相信，巫师，即掌握法物的人，或者那些熟知灵力隐藏力量的人，在偶像画上做法，就可以无限操控此人。一个印第安女孩把她最珍贵的饰物——或者她拥有的其他财富——送给一个会做法的老妇，来换取心仪男子的爱慕。这个老妇通常在旧木头或者破布上做一个人像，写上她要控制的人的名字；时常把法物点撒到这个人像的心脏、眼睛或者其他部分。当她觉得有必要哄骗或者煽动那些有所怀疑的客户时，她也会讲述如此的操作。

图像的影响和法术通常用在相反的情况，并非出于爱慕，而是出于仇恨，是为达到致命报复的满足。这种情况下操作的方法跟前面提及的一样，只是使用的法物有所不同。有时还会用针或者钉子扎在偶像画的身体部分，这样被施法的人就会在相对应的身体部位感到疼痛或产生疾病。有时，他们还涂黑图像的手和嘴，这样那个人就会接近死亡。

要知道，在中世纪的欧洲有着类似——几近相同——的做法，甚至在有些地区至今都还存在。

坦纳在同一著作的 197 页、198 页，讲了奥吉布瓦占卜的问题，这是出自一个萨满的叙述，如图 702 所示。

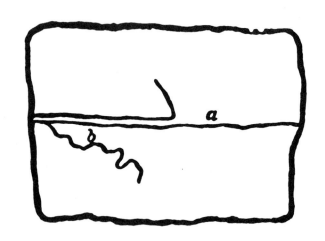

图 702　奥吉布瓦占卜

497　　　　我的朋友们啊，你们要遵从大精灵的指令，他们是经我沟通而赋予你们每个人的，跟你们同生共死：这条长的直线 *a* 是你们的几个生命线。对你，Shaw-shaw-wa ne-ba-se 而言，你走向歧路，并且无视你收到的警告，曲线 b 就代表你的生命，你只能活到常人年岁的一半。从另一边出去的那条线显示出与 Ba-po-wash 的年轻妻子关系的决定因素。他如此说的时候，还给我们看了他在地上做的标记，如下图。就像他说的，又长又直的横穿中间的线是叫作 Sha-gwaw-koo-sink、Wau-zhe-gaw-maish-koon 等印第安人的生命。下面弯曲的线展现了我生命的不正常轨迹和短命；上面突然终止的线显示了 Ba-po-wash 最钟爱妻子的生命。

图 703 是复制的一幅海象牙的雕画。这个海象牙作品收藏在加利福尼亚州旧金山的阿拉斯加商业公司博物馆。霍夫曼博士 1882 年对它进行复制，并从当地阿拉斯加人那里得到阐释。

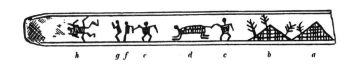

图 703　阿拉斯加人的萨满驱鬼

a 和 b，是萨满的夏季居所，附近有树木生长。c 是萨满，他以抓着一个"鬼"的形象出现。这些"鬼"是由萨满掌控的，他用他们来从病人体内驱赶其他鬼。d 是鬼或者助手。e 同一个萨满把导致疾病的鬼驱除。f 和 g，正在接受治疗的病人，体内的"邪恶东西"或疾病已被驱除。h 是两个"恶鬼"，已经离开 f 和 g 的身体。

图 704 是霍夫曼博士在同一个博物馆的一个象牙弓上的刻画复制而来。该图的解释也在当时来自同一个阿拉斯加人。

弓臂木杆上的形象分别呈现在 A、B 和 C 三个部分。A 是叙述的开端，仅占木杆长度的一半。雕刻在木杆中间部分继续讲

述，可以从两个方向来读（B 和 C 部分），向着两队接近的动物。B、C 两部分占据了另一边的全部空间。

下面是对图画的解释：

A：*a*，海豹皮船或皮船，正挂在柱子上；*b*，冬季居所；*c*，树；*d*，冬季居所；*e*，仓库；*f*，树。从树到仓库架着一根木条，上面挂着晾晒的鱼。*g*，仓库。从 *a* 到 *g* 的形象中展现出住所，这表明这里是居住地，是跟这段历史有渊源的那个人的家园。*h*，猎人坐在地上寻求帮助，并做祈求的手势。*i*，萨满，猎人就是对他祈求能成功追捕猎物。萨满刚刚念完咒语，他的左臂还保持着仪式中的动作，右手指向那个猎人，允诺他求祷的捕猎成功。*j*，萨满的冬季木屋；*k*，树；*l*，萨满的夏季居所；*m*，萨满房屋旁边的树。

B：*n*，树；*o*，站在他房子上的萨满，驳回正在接近的、而他不想施法的诉求。猎人也向这个萨满求助能捕猎成功，不过被他拒绝了，所以就有了驳回的行为。*p*，听从萨满命令离开的鹿；*q*，在河里游泳的鹿的角；*r*，幼鹿；可以从其较小的体型和异乎寻常的长腿看出。

C：*s*，树；*t*，猎人的木屋（A：*h*），在他祈求捕猎成功获允诺时就把他的图腾放在屋顶上以示满足，并且确保他的行动能获得更多好运；*u*，正在射击的猎人；*v*—*w*，狩猎所捕杀的，包括五只鹿；*x*，萨满（A：*i*）派出的鬼，将猎物向猎人方向驱赶；*y*—*bb*，鬼的助手。

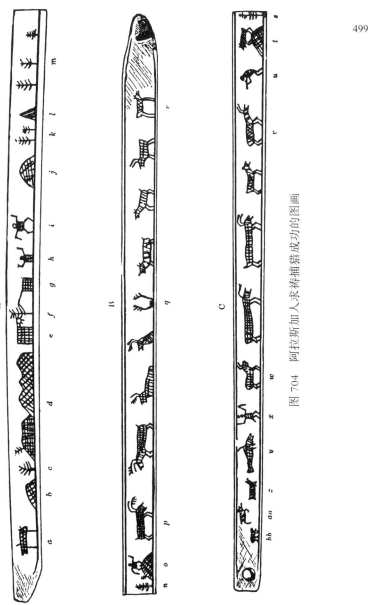

图 704　阿拉斯加人求祥捕猎成功的图画

图 705　斯科克米希的咒语

伊尔斯牧师提供了图 705 的图画以及下面的描述，均出自华盛顿的斯科克米西（Skokomish）部落：

你的这个阿拉斯加萨满法屋（本书图 714）让我想到了一幅类似的画，是这个保留地里受教育程度最高的一个男孩子画的。他是这样向我讲述的：当我在查理博士（萨满或者巫医）的房子里，他们对（我的弟兄）弗兰克施咒（念咒语），他们看到他正在经受一种疾病的困扰。查理博士把疾病拿走，不一会儿，弗兰克摇晃起来，然后全身挺直，我坐在那儿听到我父亲说，他停止呼吸了。我就走了出去，因为我不想看到我的弟兄死在我的面前。当我回来的时候，他闭着眼睛，有了微弱的呼吸。查理博士用他自己的咒语（tamahnous）（守护精灵）在照料弗兰克的呼吸，并等待更多人的到来，以便有足够的人能在他念咒语时敲打棍子，看一看弗兰克到底招了什么在他身上。他继续施法发现除了他之前取走的那个病，还有一个病。这个病遍及弗兰克全身，差点儿害死他。查理博士把第二个也取出来，并且跟随另一个咒语去找（精神上的寻找）弗兰克的魂。在（18或者20英里外的）的胡麻胡麻（Humahuma）找到了弗兰克，他们（早些时候）曾在那里露营。在更厉害的咒语之下，弗兰克慢慢好转。通过这个图，可以看到查理博士是如何治病的。*b*是查理博士第一次取走的病，它有尾巴，当它接近病人时可以让他病得更严重。*a*是它的路线，它一旦害死一个人就住在这个人家里。*c*是第二个病，它在弗兰克（*d*）身上延宕不去。*e*是弗兰克身上的另一个病。

金斯布罗（*d*）提供了另一个案例："十一所房子（Eleven Houses）的那年，即1529年，就是努诺·德·古兹曼（Nuño de Guzman）启程去哈利斯科（Yalisco）去征服那个地方的时候。他们假造蛇从天空降下的景象，宣称要有灾难降临在当地人身上，基督徒将要来此指引他们。"与此相关的图示参见本书第二十章"特别的比较"中的图1224。

第四节　符咒与护身符

这个标题之下使用物质实体来实现神迹目的的操作众所周知。尽管人们都认为此类实体会在跟宗教有关的图画文字中以图像形式再现，可这些图像的再现却并不为人所熟知。

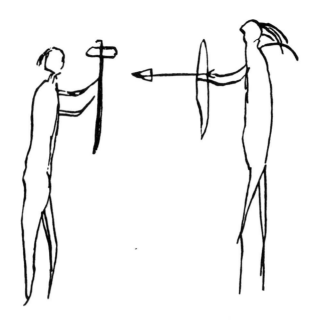

图 706　战棍（Mdewakantawan）神物

　　图 706 是明尼苏达州斯内灵堡附近的达科他印第安人所画，展示的是模仿战棍的一个工具作为符咒或护身符来使用，当然并非作攻击之用。护身符的顶部是一个长约 1 英寸半到 5 英寸、表面有沟槽的石锤。在石锤中间凹槽处用细柳条将其系到手柄上，手柄长约 2 到 4 英寸。手柄常用鹿皮或者生牛皮包裹，使其更加结实，同时也起到装饰作用。护身符饰有羽毛，羽毛上有表示区别性符号的图案，或一些无法理解的拜物图案。

　　他们相信，如果将它竖直拿在身体前面，此物就具有法力，能挡住敌人投掷的武器。这个解释是制作者本人提供的。

　　边疆居民所谓的"法物袋"同样可以佩戴作为护身符。有时候主人遵照幻象指导来装填自己的法物袋；更常见的情况是萨满为他们准备法物袋。这些法物袋用线或者鹿皮绳挂在脖子上，就

　　　　　　　　　　　　美洲印第安人的图画文字

像图 707 显示的那样。这是一个叫"无胫骨"（I-teup'-de-tǐ, No-Shin-Bone）的克罗族印第安人在 1889 年为展示他的荣耀标记而画。这来自 R. R. 霍尔登（Holden）医生提供的记录。霍尔登医生是蒙大拿克罗族部落贸易所的医生。

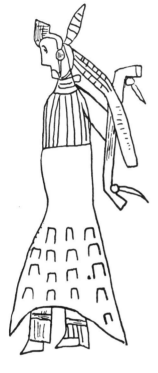

502

图 707　戴着的法物袋

图 708　悬挂的
法物包

　　图 708 仍是"无胫骨"所画，展示同一个法物包会暂时性地悬挂在有叉的木棍上。如果是战争团队携带这样的法物包，是不允许它接触到地面的。同样，在奥吉布瓦人那里，一些法物袋是不能放在屋里的，因为它们具有非常强大的迷信力量，放在室内太危险，只好挂在树上。

伯克（Bourke）上校（*d*）讲了这样一个阿帕奇（Apache）族法物帽事情：

有一个叫 Nan-ta-do-tash 的阿帕奇巫医（法师），他又老又瞎，拥有一顶法物帽。这顶帽子是鹿皮制成，煤烟弄得这顶帽子脏兮兮，长久的使用让它污秽不堪。然而，它却自有神奇，戴它的人会变得活力无限，它的主人能够看到将来，能够获知谁是盗马贼，能够预见敌人的临近，还能够治愈病患。*** 还是这个老人向我解释了帽子上描绘的所有象征符号，以及关于法师这个行当的宝贵信息，他们的特异之处，他们背诵的祷告词等等。这顶帽子的材质是鹿皮，在前面提到过。他们怎么得到鹿皮，我无法确定断言，但是从我个人在墨西哥马德雷（Madre）山脉地区的偶尔观察可以提供一些参考。在 1883 年，印第安人侦察员和跟随他们一起的法师围住了一只成年幼鹿，他们想活捉这只鹿，这种情形很多见，这里不再赘述。这个事件让我持有这样的观点，即阿帕奇族用作神圣目的的鹿皮——只要有机会——应该是来自勒死的动物。根据马修博士的研究，在纳瓦霍人中也是如此。

Nan-ta-do-tash 帽子的主体部分没有涂色，其上的图像有两种颜色——棕黄色和大地蓝，后者接近脏脏的普鲁士蓝。装饰物有鹰的软毛和带黑尖儿的羽毛，鲍鱼壳和绿宝石，蛇的响尾尖。

Nan-ta-do-tash 还解释了法物帽上的形象分别代表什么：A，云；B，彩虹；C，冰雹；E，晨星；F，风神，以及他的

　　　　　　　　　　　　　美洲印第安人的图画文字

肺；G，黑色"kan"；H，大星或者太阳。"kan"是他们主神的名字，kan 本身的形象以及法物帽尾都看起来像是蜈蚣，这是阿帕奇的重要动物神。老人说这些形象就代表着那些他在法物上寻求帮助的力量和 kan，他就是向 kan 寻求帮助。

还是伯克上校，在上引书的 587 页，还有这样的叙述：

> 在阿帕奇，无论男女，都佩戴护身符，叫作"tzidaltai"，是用闪电劈裂的木头制成，通常是山顶的松树、雪松或者冷杉。这些护身符有着很高价值并且不能出售。这些木头被刮成薄片，粗陋地切成人的形象。事实上，它们是被小规模地复制成菱形。这些护身符常常是挂在孩子身上，或者摇篮上。

本书提到过的四种《冬季年度大事记》（1843—1944 年）都记录了有关夺回神物大法物箭的事。

503

图 709 ——在跟波尼人的一场大战中，达科他人获得大法物箭。这个大法物箭是夏延人所制，被波尼人夺走。云盾《冬季年度大事记》，1843—1844 年。

箭头从装箭的袋子中投射出来。精致的波纹线或者螺旋线表明这支箭的神性。

"白奶牛杀手"（White-Cow-Killer）称它是"冬天里到来的大法物箭"。

巴蒂斯特·古德的记录提供了同年的下面这件事：

图 709　魔箭

图 710　魔箭

"把魔箭带回家的冬天。这支箭最初是为夏延人所有，却被波尼人偷走。这个冬天达科他人又从波尼人那里获得，然后夏延人用 100 匹马的代价把这支箭赎回。"古德在这一年使用的图画符号是图 710。试图用纹章学方法来分辨这幅画里的颜色，却并没有成功。人像的上面部分是黑色或者深灰色，箭上的羽毛是蔚蓝色或者蓝色，箭杆是红色。其余部分的颜色无法确定，也不需要详述。

图 711——奥格拉拉和布鲁尔人从波尼人那里夺得大法物箭，并将它还给原本的主人——夏延人。美洲马《冬季年度大事记》，1843—1844 年。在这个记录中，这支箭上画满了线条，表示它的神圣性。

图 711　魔箭

第十五章还有关于魔箭的叙述和其他拜物迷信物品的图例。

图片 33 是一件鹿皮斗篷的临摹画。这件斗篷上画满了不同的神秘图画。这是阿帕奇人的隐身斗篷，也就是说，这是探子们的魔法衣，他们穿上它就能没有顾忌地在全国通行，甚至在敌营行走。这个案例中，这种拜物迷信的力量来自斗篷上画的那些图案。类似又不完全相同的另一个图画物神和符咒的案例来自伯克上校（e），他也对此进行了描述和阐释。此物为一个阿帕奇 Chicarahua 人所有，能告诉他什么时候他的小马会丢失，什么带来了雨。那些符号主要是雨云、蛇形闪电、雨滴和四面来风。

刘易斯和克拉克（b）说，在奇努克（Chinook）部落的一支奇鲁基特夸（Chilluckittequaw）人在屋子中间挂着一个红色、长

504

约 2 英尺的法物袋。这个法物袋是神圣的，里面装着泥土、根茎和其他神秘物质的粉末。酋长的法物袋里还装着十四个食指，来自他杀死的敌人——蛇（部落名称）。

根据乔治·格雷（Grey）爵士的描述，在前面提到过的沃斯诺普（Worsnop）的澳大利亚洞穴里有一幅值得一提的画。这幅画是椭圆形的，长 3 英尺，宽 1 英尺 10 英尺。这幅画的边线是深蓝色，椭圆部分是亮黄色，上面点缀着红色的点和短线，还有两条蓝色的线穿过整个椭圆。上述这些构成整幅图的底色或者是主要部分，在底色之上画着一只正在吃草的袋鼠，两个矛头和两个黑球；一个矛头正飞向袋鼠，而另一个则从袋鼠的方向飞走。可以推断，这幅画的主题可能就是参与狩猎的人祈求好运某种符咒。这幅画的临摹画见图 712。

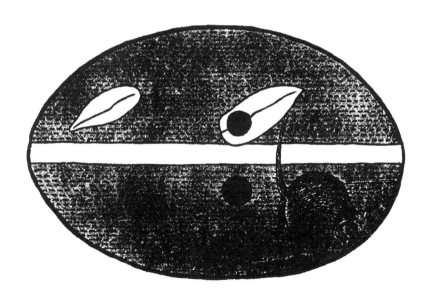

图 712　澳大利亚猎人的符咒

乔治·特纳（c）讲述了他所谓的"象形文字禁忌"，跟当前的这个主题也有相关。

梭鱼禁忌。如果有人想要梭鱼穿过那些试图偷他面包果的人全身，就用椰子叶折叠成梭鱼形状，挂在一棵或者更多他要保护的面包树上。

白鲨禁忌也是吓唬偷盗者的一种手段。用椰子叶折叠成鲨鱼的形状，带有鱼鳍，并挂在树上。这相当于诅咒，意为偷窃者在钓鱼时会被鲨鱼吃掉。

交叉棒禁忌。把任意一根小棍水平方向挂在树上，这样做，主人的愿望是任何碰到它的小偷都会被疾病遍体折磨，直到死亡。

溃疡禁忌。这是把蛤蜊壳埋在地下，在这个地点立上三、四根芦苇，把芦苇的顶端绑在一起，仿佛人头的样子。这个表达的愿望或者祷告是小偷因全身的溃疡之痛而躺倒在地。

死亡禁忌。往一个小葫芦里倒上油，把它埋在树旁边。这个地点通过一个小白沙堆来标记。

雷的禁忌。如果一个人想要闪电击倒任何要偷他东西的人，他就把椰子叶折成一个小方垫挂在树上，再加上当地土布的彩带。小偷认为如果他侵占了这些东西，他或者他的孩子就会被闪电击到，又或者他自己的树会被闪电击毁。他们不习惯说闪电的影响，认为是雷在作怪，所以他们称这种禁忌为雷的禁忌。

整页插图 33

隐形衣

第五节　宗教仪式

在《民族学局第二届年度报告》中，库欣（Cushing）、霍姆斯（Holmes）、史蒂文森（Stevenson）等诸位先生都提供了关于仪式中使用的面具、舞蹈装饰和其他物神的报告和阐释。关于这些物品的图画或者绘画也都能在陶器、贝壳，甚至岩石上找到。

J. 沃尔特·菲克斯先生（b）关于图萨延（Tusayan）图画文字的一篇有分量的文章中解释道，这一地区的许多岩画都是关于舞蹈和仪式中所使用的物品。

图713是舞蹈中使用的不同面具的图画。这些形象是G. K. 吉尔伯特先生从奥克利（Oakley）泉岩得到的，图比（Tubi）——奥赖比（Oraibi）的普韦布洛酋长——给他提供了解释。这些图画再现了莫基人、祖尼人和里奥格兰德普韦布洛人使用的面具。

来自美国军队的 W. H. 柯比意（Corbusier）博士从亚利桑那州的贝尔德（Verde）营写来的信提供了下列关于尤马（Yuman）仪式的论述，其中沙画的制作非常突出：

> 所有的法师有时集会举行所谓的"制作法物"仪式。他们在1874年的初夏举行了一次这样的表演，主要目的是为了免遭前一年夏天折磨他们的那种疾病。在一个村子的中间，他们用树枝搭起一间圆形棚屋，直径大约10英尺，棚下的沙地上画着跨度有7英尺的画，标志着精灵之地。这幅画上用树叶和草研磨而成的粉末、红色黏土、煤炭和沙土打磨出的灰尘等涂色。这幅画的中间是一个直径10英寸的红色黏土画的圆点，在它外部用红色和绿色交替延续

了数个圆圈，每一个圆圈比前一个宽 1.5 英寸，在最外圈的外边有四个三角形的图形，每一个都跟指南针的方位基点相对应。因此整个图像看起来像是一个马耳他十字。在这个十字的周围以及十字轴线之间画着脚向中心方向的人形，这些人的形象使用煤炭画的，他们的眼睛和头发是沙灰所画，其他部分使用红色黏土和沙灰等所画。这些形象都是 8、9 英寸长，几乎每一个都缺少身体的某个部分，有的是少了一只胳膊，有时是少了一条腿，还有的没有头。法师们围着这幅画坐成一圈，来自不同分支的印第安人挤在他们周围，年老的蹲在法师们旁边，年轻人则在老人们后面。唱念完毕那些能激发精灵保守的歌谣，他们中间就有人——通常是最年长、牙齿掉光、头发花白的老人——面容沉重地起身，仔细地走在地上的人像之间，用之前交给他的鹿皮袋里的黄色粉末撒在每个人像上。他把粉末撒在一些人像的头上，一些人像的胸部和一些人像的其他身体部位，有时其他人还会告诉他要撒在哪儿。他如此边走边撒粉末，除了三个人像之外，所有人像都被撒上了粉末。这样一圈之后，他就把袋子放下，再去走一圈，这次他是从每个人形上捏起一大撮粉末，也包括黄色粉末在内，这样逐个人像下来，他收集了一大捧粉末。然后，他就走回去；此时，另一个法师也用同样方式搜集一把粉末，其他人也跟着这样做。一些特别渴望得到粉末的新手就使劲儿往里挤，却被喝令退到后面。当所有的法师都按程序完成之后，树枝搭起来的圆棚就被拆除，这时候男人们和男孩子们就一哄而上，抓起一把土抹在他们身上或者带走。然

506

507

后，等候在一旁的妇女和孩童被招呼进来，她们冲到中心位置，抓起泥土撒向空中，这样这些泥土就能落在她们身上；也有的用泥土涂抹身体，母亲们将泥土撒在孩子身上，并涂抹他们的头。至此，整个表演就结束了。

图 713　画在岩石上的莫基人面具，亚利桑那

美洲印第安人的图画文字

斯蒂芬·鲍尔斯（Stephen Powers）（载《北美民族志》第三卷，140页）指出，在加利福尼亚州的波特瓦利（Potter valley）的上端位置，"有一个红土丘，塔鲁人（Tatu）或者胡奇农人（Hūchnom）认为这个红土丘为郊狼人的兴盛提供了物质材料。他们把红土与橡果面包混合在一起用来涂抹身体，以出席各种神秘场合。"

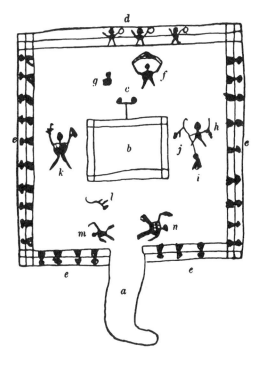

图 714　阿拉斯加萨满的法屋

关于法屋仪式和秘密协会入会仪式的描述屡有发表，有的有图例，有的则没有。这其中最让人震惊的是印第安人自己画的图画仪式表，除了接下来就要提到的这几个之外，本书的其他章节也有涉及。

图 714 是 1882 年在加利福尼亚州旧金山由一个名叫瑙莫夫

的卡迪亚克（Kadiak）当地人所画，他还提供了解释。这是萨满法屋的地面平面图，萨满正在医治一个病人。

下面是具体的解释：

508 a，法屋的入口；b，火塘；c，一个立柱，上面挂着横木，横木两端各有一个灯；d，乐师在高凳子上敲鼓给萨满念咒语驱"鬼"的活动配乐。他们认为这个病人是招了"鬼"才发病的；e，围观的人和亲友坐在法屋的墙边；f，萨满，他正在念咒语；g，病人，坐在法屋的地上；h 是仪式中另一个状态的萨满，他正在驱赶病人身上的"鬼"；i，病人的另一图像——从他的头部伸出一条线与 j 相连；j，引起病症的"鬼"；k，萨满正在把"鬼"赶出法屋——他手持某种圣物，即他个人的物神，其一切能力的仰仗；l，飞着的"鬼"；m、n，萨满的助手，守在门口来击打和加速恶灵的离开。

笔者在威斯康星的三个印第安保留地观察获得了关于巫医仪式的资料，结合霍夫曼博士（a）的细致描述，还有本书引用的其他作者的叙述，在此道来。巫医法屋完整仪式——使用英语的南方奥吉布瓦人把它翻译成"大法物"——每年举行两次，分别在春、秋两季。春季的这次仪式以欢快的气氛为主调，欢迎好的精灵回归；秋季的就显得忧伤，善意的好精灵即将离去，同时恶意的坏精灵就要到来。长达一整天的舞蹈之前是四天四夜不停歇的击鼓，舞蹈之后，十二个精选的人就建造一个木屋，木屋中间摆上一些加热了的石头。舞蹈继续进行，他们围着这堆石头舞蹈，直到舞者的汗水把石头打湿使它们冷却。歌唱，更准确的说是吟诵调节着舞蹈的节奏。这些仪式是全体人们都参加的仪式，不同于某些秘密组织的入会仪式。对于那些经过了入会仪式的会众，他们毫无疑问变得更强大更美好。这可能是因为只有那些在身心两方面都非常强大的人才能经受住不同的神圣考验并通过检验。在图画文字中，春天和秋天、鼓和冒热气的石头、舞蹈形式和张合念诵的嘴都有体现。

卡特林（Catlin）(a) 提供了关于"重要的人"（Kee-an-ne-Kuk）的叙述。他是基卡普人（Kickapoo），却被称为"肖尼人先知"。他还提供了跟图 715 相关的描述，并在 1831 年绘制了这幅图：

> "公火鸡"（Ah-tón-we-tuck）是另一个小有名气的基卡普人，他也是（肖尼人）先知的信徒。他祷告时是手持刻有文字的木棒，读出这些内容。部落里的贸易商给我讲述了下面这件事（尽管我无法确保这些讲述的真实性）：卫理公会派的牧师来到"公火鸡"的村子，请求他允许这个牧师在这里传教。这个先知拒绝了牧师的请求，但却偷偷把牧师带到一边并对他表示支持。他跟牧师学习了他的信条 509 和传教方法之后就把牧师打发走了。然后，他自己开始在村子里传教，并假装是跟某个超人力的代表或者得了神启的人物有了沟通。他巧妙地融会贯通，如果此前有任何与他传播的内容有关的荣耀、回报和影响，那他不妨就再换个人。就这样，他开始传教，并且自创了祷告话语。他把祷告内容精心地刻在一根宽约 1.5 英寸的枫木条上，这些文字看起来跟中文有些相像。在他影响之下，这些刻着祷告内容的木条遍布村子里的每户人家，并且人手一个。当然所有这些木条都必须他亲手制作，他以自己的价格卖给村

民，如此一来，名利双收，更加能以这两个必要且有效的方式来影响他的部落。部落里的男女老少——至少是我所见到——都有一个习惯，就是每晚睡觉前和每天起床后都要拿着木条读出他们的祷告。祷告时，他们用右手食指放在上一个字符上，背出它所代表的一、两个句子之后，手指就移动到下一个字符下，然后再下一个，如此直到木条的底端。整个过程大概需要10分钟，他们用一种念诵的方式从头唱到尾。

图716是从上面同一本书中第100页得来的图画，这是名叫"囊"（On-sáw-kie）的一个波塔瓦托米人（Pottawatomie）在使用

图715 "公火鸡"

美洲印第安人的图画文字

祷告条的图像。他是从肖尼先知那里买来的这个祷告条。

图 715、图 716 及其描述展示了土著记忆术方法跟基督教祷告模式之前的一种中间状态。这可以与第十九章第二节的"密克马克象形文字"的评论加以比较。

图 717 是刻在新斯科舍省克吉姆库吉克湖岩石上的图画，显示的是一间奥吉布瓦的巫医木屋，有时也称作法屋，前文有所叙 510 述，不再赘述。地面平面图显示这个图用分割线分开，再根据人的形象和设计可以推断，这可能是入会仪式和庆祝活动。有些密克马克人还隐约存在这样的仪式，在欧洲人发现北美东北部的时候，这些仪式正当流行，并且延续下来，还传播到内陆的地区，那里主要是阿尔冈琴部落生活的地方。

图 716 "囊"

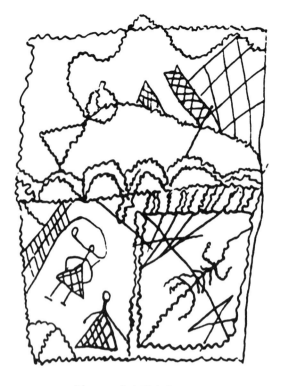

图 717　密克马克的法屋

　　图 718 也是来自新斯科舍省克吉姆库吉克湖附近，是另一个叙述里的仪式棚屋或木屋的地面平面图。这种木屋跟奥吉布瓦的"法屋"（jessäkăn），其最典型特点在于室外的树带有树枝，这是法师的法屋，不是通常巫医施法的木屋。法师以法术为名耍一些戏法把戏，跟现代唯心主义的展示差不多。当他们描述新法兰西省和新英格兰省的时候，法师的这种法屋经常出现在法国和英国作家的笔下。如果没有比较，图 718 就不具有讨论的意义；如511果没有现存的密克马克印第安人和阿布纳基印第安人的权威解释，也不会选择它在这里讨论。对密克马克人和阿布纳基人而言，这幅图具有重要性。

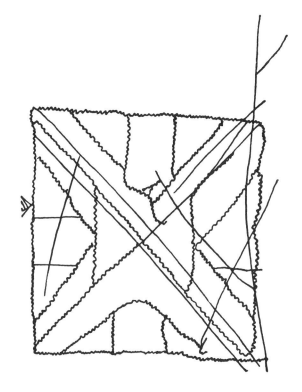

图 718　密克马克法师的法屋

仔细研究图 717、图 718，就会想起在描述房子时树枝和祷告羽毛的使用，特别是普韦布洛人的基瓦会堂与他们献祭的形式。这些都是维克托·明德列夫（Victor Mindeleff）在《普韦布洛建筑》里的研究内容，刊登在《民族学局第八届年度报告》中，如下：

　　要从基瓦会堂或其他建筑里举行的巴霍（baho）和祷告仪式上得出有见地的理论解释非常困难。巴霍是祷告符；当诉愿人不满足于仅仅说唱出他的祷告时，就必然会诉求于有形的事物作为凭借来传递祷告。他认为自己的祷告是他的实体里神秘无形的部分，因此需要找到一个实物来体现，而这个实物也因此变得神圣。把一根6英寸长的嫩柳条，剥去外皮，涂上颜色，就成了巴霍，通常塞在基瓦会堂的房顶。用四根短棉线分别把四根小羽毛依次系在巴霍上，每根羽毛之间保持相同距离。为了引起祷告特定能力对象的注意，会把这些羽毛涂上不同颜色，或者给它们缀上木头和不同的线以使它们能够突出。

图 719　莫基仪式

图 719 中的形象是临摹自塞基峡谷（Canyon Segy）岩石上
512　的画。这幅图送到最有学识的老莫基祭司那里，据说它展示的是原始太阳祭司。他们每日清晨观察日出，大祭司还要记录昼夜平分点。大祭司每天要用撒圣餐献祭，在太阳升起时还有歌唱祝祷。与此同时，他的助手 b，点燃一杆烟，分别喷向东、西、南、北、上和下诸方向。其余三个是芦苇竖笛祭司，不同颜色的狐狸皮分别系在他们的竖笛上。c 对晨星吹笛，以灰狐狸皮为标志。d 对黎明吹笛，以红狐狸皮为标志。e 对日光吹笛，以黄狐狸皮为标志。

弗朗兹·博厄斯博士（e）这样报道：

钦西安人（Tsimshian）有四个秘密组织，很明显是从夸扣特尔人、奥拉拉或者维哈拉特（Wihalait）、诺特尔姆（Nōntlem）、梅尔特拉（Mēitla）和塞姆哈莱特（Semhalait）等部落学来的。

要入会的人被带到他父母的房子，房门上绑着一捆雪松树皮，表示这是禁忌之地，不允许任何人进入。往门上捆雪松皮时，酋长要唱歌。下午神圣之屋就已经准备好，可以开始跳舞了。以帘子把屋子的后面隔出来，用作舞台，舞者和新入会的人就出现在这里。当一切准备就绪，报信人就拿着带有雕刻的大粗棒四处去召唤会众，首先是酋长。妇女们坐成一排，穿着带纽扣的毯子，脸涂成红色。酋长穿着amhalait，前额有个雕刻的凸起，装着海狮倒钩和貂皮幔帐；其他人则戴着会众的雪松树皮环。***

梅尔特拉人戴的是红色头环和红色鹰绒，诺特尔姆人的是用白色和红色雪松树皮折成的项圈，奥拉拉也差不多，不过个头要大些。会众每参加一次仪式就得到一个头环，每次他们都要把新的系在旧的之上。

詹姆斯·林德（James W. Lynd）（d）先生这样说：

就崇拜神的方面，颜料形成重要特点。鲜红或者红色是表示牺牲的宗教色彩，蓝色则是妇女使用的颜色，在她们参加的许多仪式上都涂蓝色。不过，这并不是固定的性别特点，妇女也经常使用红色和鲜红色。达科他人宣称用色是天神教给他们的技能。天神（Unktehi）教给第一个法师在敬拜他的时候涂什么颜色、如何涂色。运动神（Takushkanshkan）会低声告诉他所青睐的人他最喜欢什么颜色。嘿尤卡（Heyoka）（表演者）徘徊在他们梦中，告诉他们身体上要涂多少条纹，还要使用浅色。不适用灵力和神圣颜色的敬拜仪式是不完整的，母天鹅的绒毛被涂成鲜红色构成牺牲的必要部分。

威纳（d）描述了秘鲁的仪式，图720提供了图示。

这个花瓶上的图画是马塞多（Macedo）博士在帕查卡马克（Pachacamac）遗址挖掘时发现的，它主要展示了世俗的太阳崇拜。这幅画中有三组完全不同的人物形象。中间的一组里有带九条射线的太阳形象，射线末端是象征繁衍的符号。太阳左右各有一个人的形象，这两个人好像在吹牧笛。左边这一组由四个人物形象构成，其中两个人戴着头饰，以皇室羽毛为装饰，他们在跳舞。第三组展示的是同样的太阳圆面以及伴随着音乐给它献祭牺牲。此处有不同形状的花瓶，或许装着圣水。主持仪式的人一只手伸向大的罐子，另一只手里则拿着一个瓶子或者碗，他正要喝里面盛着的chica，这是敬拜太阳的圣物。王子打扮的人有权利接近太阳，他戴着装饰着皇室羽毛的头盔，穿着紧身衣，衣长过

513

腰，腿和脚上有装饰。乐手有四个（两个在吹奏牧笛，两个在使用 henna），他们戴着没有羽毛装饰的软帽，用带子把斗篷系在颈间，脖子后还系着一个浮漂。另外，牧师——其中一个是主持仪式的人——和另外那些跳舞的人（他们戴着跟乐师一样的软帽，很可能是因为他们是同一个阶层的），他们脸上都有涂画。

图 720　秘鲁仪式

A. W. 豪伊特在《澳大利亚图画文字笔记》中写道：

　　土著人使用的图画标记中最有意思的当属是那些跟入会仪式有关的内容。以新南威尔士南部沿海的莫瑞部落（Murring）为例，我曾在其他地方也描述过他们的仪式。那种嗡嗡响的器具——英格兰叫作吼板的一种玩具——在所有澳大利亚部落里都具有神圣性。莫瑞人称它叫穆迪吉（Mudji），当它一端用绳子甩起来就会发出吼声，被认为是达穆伦（Daramulun），超自然的大神，根据他们的传统，这些仪式都是为了敬拜这个神。

　　在这个器具上有两个凹口，各在两端，代表新入会的人上颌上缺牙的豁口。在仪式中，这些新会众的牙齿会被敲掉。另外这个器具上还有一个粗陋的形象用来表示达穆伦。

类似的还有一个跳神圣舞蹈的形象，也是达穆伦。这是仪式上一个老人（巫师）在树皮上刻画的，就在他们敲掉新会员牙齿的地方进行。然后仔细把它剪下来，等仪式结束后，就抹去这些刻画痕迹。

随着仪式活动的推进，他们还在地上用黏土塑造出达穆伦的形象，周围放着本地的那些武器。据说，是达穆伦发明这些武器。在向新会员展示之后，这个形象也被毁掉。会员不得以任何方式让"妇女和儿童"这些没入会的人知道这些形象，他们以性命为担保来守住这些秘密。

穆迪吉没有被毁坏，但是要由大头领仔细收藏起来。大头领也是发起仪式的人。

新南威尔士维拉朱里（Wirajuri）部落的仪式本质上跟莫瑞的仪式一样，尽管两个部落相距数百英里。不过，在一些细节上，二者还是有一些区别的。

比如，仪式的一个环节，在跟仪式地点关联的树上刻画形象以及在地上塑造形象，如下：

（1）从树枝上剥下一片树皮，它以螺旋的形状从树枝上掉落到地面上，这代表着达穆伦从天上降下来到入会仪式地点的路径。

514

（2）在地上刻画达穆伦的形象，对应莫瑞人在仪式中敲掉新会员牙齿的地方用树皮画画。这是一个裸体的黑人形象，正在跳舞，他的胳膊微微向外伸展，两腿在膝盖处向外弯曲，就像众所周知的"狂欢"状态。

（3）在地上刻画他的战斧形象，就在他让战斧降下落地的地方。

（4）鸸鹋的足迹，达穆伦正在追捕鸸鹋。

（5）鸸鹋伸展在地上的形象，它在这里被达穆伦击中落下来。

A. W. 豪伊特进一步评论说：

总体看来，我们有充分理由指出，这样那样的入会仪式都具有其基本特性，是整个澳大利亚土著部落普遍流行的做法。***

在入会仪式上，新会员第一次见证了老人们神奇能力的真实展示，而这一切都是他们自小就听过的。他们听过，这些人如何能够在自身产生某种致命的东西，并能将其无形地投射到那些他们想要伤害或杀死的人身上。现在，这些男孩们通过让人难忘的神奇舞蹈亲眼看到了这一切，如他们所说，巫师"把他们拉了出来"。

图 721、图 722、图 723 是鞑靼人和蒙古人鼓的临摹画。这些图画来自 G. N. 波塔宁（Potanin）（b）。这些是用在宗教仪式上的鼓，人们相信，从这些做了标记符号的鼓面发出的声音能把意念带到更远的地方，同时从这些符号上发出的声音本身也有特殊的影响和能力。这些鼓面的图案跟美洲发现的鼓面图案惊人地相似，本文都会展示。

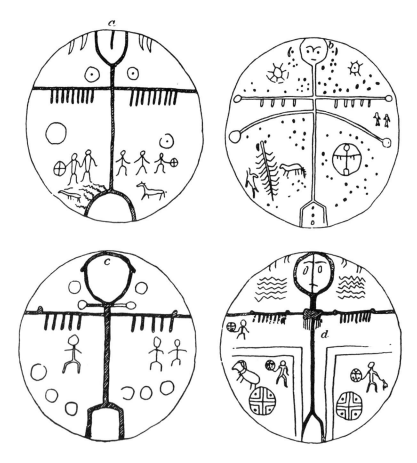

图 721　鞑靼人和蒙古人的鼓

图 721 上面左手的图案（a）是在鼓的外面，用圆圈中心点一个黑点表示月亮和太阳。十字形横线下面还有两个这样中间有点的图形。另外，左下方有两个萨满，他们下边是一只野山羊和画成波纹线的蛇；右下方有三个萨满和一头鹿。

右上的图案（b）则是一群人带着马去献祭，在彩虹之下的那些小点儿表示星星。有两个仙女，据萨满说是马儿根（Ulgen）

　　　　　　　　　　　　　美洲印第安人的图画文字

的女儿，她们在玩耍。她们能降落到山上，也能飞到空中。

两端有节点的弓形表示彩虹，在萨满的鼓的底部。

左下的图案（c）是铁列古特（telengit）萨满的鼓，这个图案就只是一个人头的外部轮廓，没有眼睛、鼻子。头之下是短横线，像伸展的胳膊。在从一边延伸到另一边的长横线，上面有两个圆圈，下面有六个，都是空心的。根据鼓的主人说，这些圆圈 515 表示鼓，三个人形图像表示当地的主宰和精灵。

右下的图案（d），上面部分有五条曲折线，跟常用来表示闪电的标志相像，据萨满说，这些是蛇。

图 722 的左上图案（a）是在鼓的里面，画着两棵树。每棵树上都有一只鸟 karagush，鸟喙朝左。树的左边是两个圆圈，一个颜色深（月亮），一个颜色浅（太阳）。水平线的下面画了一只青蛙，一条蜥蜴和一条蛇。

右上的图案（b），上半部分有两个圆圈，表示太阳和月亮；左边有四个马夫；他们下面是弓箭手，也骑在马上。图画的中间部分是网和用来给雪松果和种子扬场的筛子。右边有两棵树，是桦树（baigazuin，油桦树），树上飘着两只 karagush 鸟。分界 516 线的下面的左右两边各有一个椭圆形的物件，上面有格子或者鳞片状的表皮。这是两条鲸鱼。在两条鲸鱼的中间有一只青蛙和一只鹿，下面是一条蛇。上边对着鼓箍的地方系着猫头鹰的羽毛。

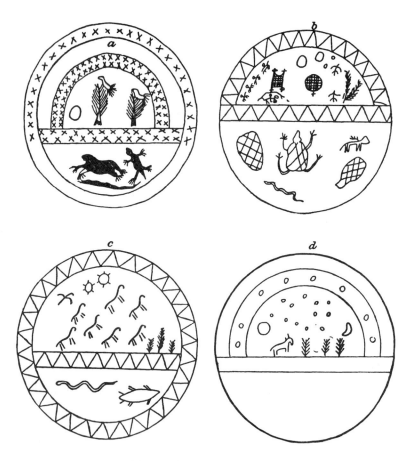

图 722　鞑靼人和蒙古人的鼓

　　左下的图案（c），上一半有七个表示马的图形，记录要去天堂的马——圣物（bura），即他们的牺牲。其上是两个发出光线的圆圈，太阳和月亮；右边是三棵树。在水平线的下面，左边是一条蛇，右边是一条鱼（kerbuleik），据韦尔比茨基（Verbitski）所说是鲸鱼；字面的意思是"湾鱼"。

　　右下的图案（d）是在鼓的外面的图画。水平线把圆圈分成两个部分。上半部分又分成三层，第一层是天堂，第二层是彩虹，最下边的一层是星星。左边是太阳，新月在右边，下面是羊、树，还有一个没有画出来的未知图像。金（Kam），萨满称之为圣物（bura）。有人说，这个表示云，其他人则认为这是天堂的马。 517

图 723 的左边图案（a）上有交叉的四条竖线和四条横线。横线表示彩虹，竖线则是萨满树（borsui），有三个部分有三个中心带圆点的圆圈，第四个部分只有一个这样的圆圈。

右边的图案：上面部分有几个人的形象，根据萨满自己的解释，这些人是天堂的女仆（土耳其语是 tengriduing kuiz）。在彩虹——用三条拱形的线表示——之下是两条蛇，每一条体内都有一个十字形。这些都是精灵们的鼓（Kurmos uing tyungurwy）。"kurmos"是阿尔泰语"精灵"的意思，萨满都听命于它。

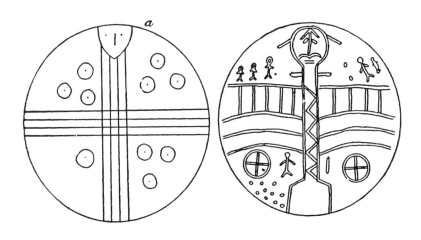

图 723　鞑靼人和蒙古人的鼓

巴斯蒂安（a）就阿尔泰地区萨满的魔鼓做过如下评论，在此有必要纳入考虑范围。

萨满认为（在整个宇宙 Yakuts 间）有三个世界：天堂
（hallan jurda）、人间（outo-doidu）和地狱（jedän tügara）。
天堂是光明之所，地狱是黑暗之地，而人间由造物主（Jüt-
tas-olbohtah Jürdän-Ai-Tojan）交给魔鬼或者恶魔掌管，人死
之后，根据他们在世时的德行，灵魂或去天堂，或去地狱。
然而，当人间走到终点，天堂和地狱的灵魂就会发起一场大
战，最终良善灵魂的这一方必将取得胜利。

第六节　丧葬习俗

尚普兰（ƒ）在 1603 年的《旅行记》中谈到过东北阿尔冈琴
人的墓地。他们的墓地用大块木头盖住，木头上竖着一个顶端涂
成红色的柱子。

1613 年，尚普兰写到阿米特岛（Isle des Alumettes）渥太华
河的阿尔冈琴人时，对他们的墓地立柱的图案进行了翔实描述：

> 墓柱上简略刻上墓地所埋之人的形象。如果是男子，
> 就刻上圆盾、长矛、战棍和弓箭。如果此人是酋长，就会
> 在他头上缀上羽毛和其他装饰物；如果是小男孩，则就只
> 有弓和箭。如果是妇女和女孩的墓柱，就刻上水壶、土罐、
> 木勺以及桨板。木坟大约 6、7 英尺长，4 英尺宽，涂成黄
> 色或红色。

据《耶稣会记事》（a）记载，一些北方部落（或许是克里
部落）把指示逝者名字的物件挂在旅人们的必经之路上，以此来

给不在场的亲朋好友通知此人的死讯。比如，死者如果叫帕特（Piré，Partridge 松鸡），他的死讯就通过悬挂松鸡皮表示。另一主要目的还在于，看到死讯的人，在知道这个消息后是不能回到这户人家或者村子询问逝者的事。这或许能解释人们把带有人名和图腾标记的图画文字放在显眼的地方或者没有事故的小路上的这个习俗。

这个《记事》还描述了同样的这些印第安人的另一个习俗，如果逝者是显耀人物，他们就用木头雕刻出逝者的肖像，并把木头肖像塞在他们的墓穴上，随后取出涂上颜色和油脂，宛如是活人那样对待。

基廷在《朗的远征》（g）里，讲述了萨克印第安人（Sac Indians）如何在朋友逝去后显示他们的悲伤。他们用煤炭把脸涂黑，斋戒禁食，不穿朱红色的衣服，不戴饰品等。他们还在自己的胳膊、腿或者身体其他部位划出伤口，这样做不是为了禁绝欲念，也不是通过身体的痛苦来转移失去友人的痛苦，而是出于一种理念，即他们的痛苦是如此深切以至于只能提供一个这样的渠道才能驱散。

民族学局的田野调查证实了这种解释。他们排出疾病或者痛苦也是通过这样的方式，划出的小伤口能让想象的引发不幸的入侵实体由此出来。

基廷在这本书的第 332 页还讲述了达科他人的墓葬台：

在这些 8 到 10 英尺高的墓葬台上，放着破独木舟做成的尸盒，里面装着尸体。挂着一些头发，我曾误认为是头皮。我们的向导告诉我们，这是亡者的亲友，为证明他们的悲痛从头上拔下来的头发。这些头发绑在一起结成头发锁。支撑墓葬台四根柱子的中间，在地上立起大约 6 英尺高的棍子，呈人的形状；其中有五个装饰有裙子，表明她们是女子。其余七个裸露的仪表男性。这七个男性中有四个是没有头的，这说明他们是被杀死的。其余三个是完整的形象，但是手里都拿着什么东西。我们的向导告诉我们，这标志他们是奴隶。通常支撑勇士遗体的墓葬台都带有墓柱，墓柱上面并不是展现亡者的成就，而是那些在他的遗体前集合，大跳墓柱舞，讲述那些武士们的赫赫战功。

维德河王子马克西米利安（d）讲到，苏族人给自己涂抹白色黏土表示哀悼和忧伤。

鲍尔斯（d）说，"尤凯亚（Yokaia）寡妇有一种特别的悼念形式。除了通常表达悲伤的方式，她还把亡夫的骨灰和上沥青，做成白色柏油或软膏。在她头发边际周围涂上大约 2 英寸的一圈（她的头发此前就剪成短发），这样，稍微远处看，她仿佛戴着一个白色发冠。"

多尔西先生的报道说，在欧塞奇人中的战争集团圣袋组织中，哀悼人使用泥巴涂抹。关于使用颜料和花纹来表示哀悼的不同模式在本文"颜色和纹身"中有讨论，可以参考。其他跟当前丧葬文化有关的行为活动在 H. C. 亚罗（Yarrow）医生的《北美印第安人丧葬习俗》里有所讨论。亚罗是美国军队的医生，他的这篇文章发表在《民族学局第一届年度报告》上。

图 724 是加利福尼亚州旧金山的阿拉斯加商
业公司博物馆里象牙雕刻的临摹画。1882 年旧金
山的一个阿拉斯加印第安人对它做出解释。

首先是一个许愿献祭，或叫"萨满之棒"，
用来纪念逝者。"鸟"的雕刻被认为是典型的
"好精灵"，这一切都是那个充满悔恨的人来操办的，因为他杀了
一个人，被他杀的那个人也在这幅图中。

无头的身体就是被杀的人。这里表示被杀的人的方法跟奥吉
布瓦的方法类似。

右手边的人就是那个杀人的印第安人，是他立起这个"墓
柱"或者说是"圣棍"。他的胳膊向地上指，这跟黑脚和达科他
表示"死"的手势一样。

南加利福尼亚的考武亚（Kauvuya）部落的印第安人也叫普莱
桑诺斯（Playsanos）或者低地印第安人（lowlanders），过去他们
在墓碑上刻上符号，讲述逝者的追求和美好品质。1884 年夏天，
W. J. 霍夫曼博士在加利福尼亚州洛杉矶附近找到几块打磨得很好
的砂岩片。这些石片也是用作同样功能。石片上刻画的是有鳍背
的鲸鱼，还有拿着鱼叉追捕鲸鱼的人。图画的周围是离得很近有
横线连接的平行线，很像阿拉斯加南方伊努伊特人的象牙雕技法。

图 725 到图 727 是 1882 年霍夫曼博士从阿拉斯加印第安人 520
那里得到的，他们还向他解释了这是画在墓柱上的图画。

图 725 是纪念一个猎人，图上可见，陆地的动物是他主要的
狩猎对象。下面是对这些形象的解释：

a，海豹皮船，或者船，载着两个人；船上的人和船桨都能

看到，船桨通过船体水平线下方的倒影表示。

b，晾晒兽皮和鱼的架子，在它上面还有一个杆子，上面有飘扬的布条或彩带。

c，一只狐狸。

d，一只陆地水獭。

e，猎手的夏季居所。这是临时居所，通常建在离家较远的地方，这也表明了此人的身份是猎手，靠猎取兽皮为生。他们永久的居所称为冬季的房屋，通常是圆顶房子，位于海边。夏季房屋只有他们到离家比较远的地方，用较长时间打猎时才会用到。

图 725　阿拉斯加墓柱　　图 726　阿拉斯加墓柱

下面是对图 726 的解释，这是另一个墓柱的设计，不过它是为了纪念一个渔夫而立：

a，双人海豹皮船，或者是皮制独木舟。

b，用来捕射海豹和其他海洋动物的弓箭。

c，一只海豹。

d，一只鲸鱼。

在这个墓柱图画里并没有夏季居所，因为渔夫并不离开海岸去捕猎陆地动物。

图 727 是一个村庄和旁边的墓地的图画。这是一个阿拉斯加印第安人准备的，展示的是他见过的内陆阿拉斯加印第安人（特别是阿加卢阔穆 [Aigalúqamut]）的村庄和墓地格局。这个通常刻在海象牙上，有时也刻在木片上。图中的 g 是立在原位的墓柱，上面的刻画就跟前两个图所展示的内容差不多。

图 727　阿拉斯加的村庄及旁边墓地

此图细节的解释如下：

a，b，c，d 是不同风格的房屋，表示这是一个定居的地方。

e，抬高的建筑，用来存储粮食。

f，包裹了的盒子，盛放孩子的尸体。系着球的短线是装饰性的附属物，包括有魔力的布条、皮条，有时是流苏。

g，墓柱，上面粗略地刻着武器或者逝者生前使用的用具。

h，墓葬台，盛放成人尸体。除了跟 f 里提到的装饰性附属物，还有一个"萨满之棒"立在尸盒上，表达悲伤的幸存者对亡者的美好祝福。见图 724 的 *a* 物。

斯库克拉夫特（*m*）对苏族和奇珀瓦族（Chippewa）使用的墓柱有着富有洞察的叙述，还带有图例。此例引用颇为频繁，此处无需展示。这些墓柱最值得一提的特点就是上面的图腾是倒着刻画的，标示所埋葬人的死亡。

图 728 展示的是梅诺莫尼印第安人的熊图腾墓柱。这根棍是一块松木板，顶部宽 2.5 英寸，逐渐变窄直至一点；3/4 英寸厚，大约 2 英尺长。墓柱一面有两套符号，旧的那一套符号是用尖头钉刻画的，其上又有新的图画，这套符号是用红赭石涂上的，在图例上用阴影来表示。熊的形象是头冲着地，表示逝者是这个图腾的一个成员，其他刻画的形象讲述的是他的功绩，不过这些功绩的意义却不明确。墓柱上的红色标记是举行追悼会时涂上的。因为他的去世，萨满就有了空缺；他的父亲就被吸纳进入萨满协会。在他父亲进入萨满协会之前宴请了那些萨满法师。红色的十字图形表示在这个场合中做了多少次演说，最上边的横杠代表仪式的主人，在请求之下，

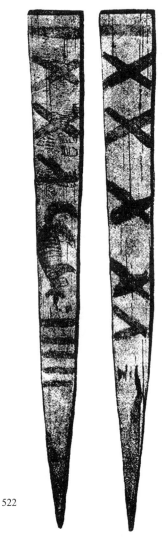

522

图 728　梅诺莫尼印第安人的墓柱

美洲印第安人的图画文字

他才安排了这场法术仪式和入会仪式。周围的梅诺莫尼人也如此解释。但是后来那个实际上涂画红色十字符号的印第安人本人来到华盛顿，他解释说红色十字符号表示这个逝者参加过战斗集团的数量。

图 729 是墓柱正面刻画的图案，这是在涂色之前的样貌。图 730 则展现了把墓柱立在坟头的方式。左边是奥什科什（Oshkosh）的坟墓，他是威斯康星梅诺莫尼印第安人后期的酋长，奥什科什的城市名就是以他的名字命名。

坟墓前面是一个小木板，上面放着烟草以满足逝者的喜好；在蔗糖时节，还会把小块的蔗糖顺着坟墓的头板的小缝隙塞进去。他们这样做是希望逝者的灵魂能满意，并护佑供奉人下一季的收成。

右边的坟墓盒是奥什科什一个家庭成员的。这个坟墓上，也有放着烟草的小木板和墓柱。不过这个墓柱并没有刻画什么符号，也可能是被雨水冲洗掉了。

树皮、石块、小棍都放在坟墓盒上，只是这样做法的意义却不得而知。

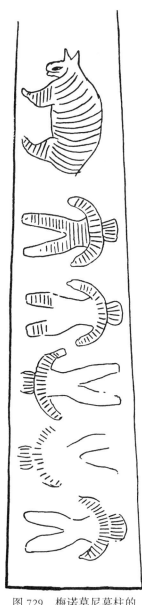

图 729　梅诺莫尼墓柱的刻画线

图 730　坟墓盒与墓柱

图 731　悼念逝
者的仪式

图 732　达科他
人的纳骨仪式

图 731 ——悼念逝者的仪式。云盾《冬季年度大事记》，1826—1827 年。仪式性的烟斗和颅骨标明这是丧葬习俗，图 732 将继续深入解释。

图 732 ——白人用疯马兄弟的颅骨制作法物。云盾《冬季年度大事记》1852—1853 年。他的手里拿着烟斗，这表示周期性地收集逝者放在墓葬台尸骨并掩埋起来。这个白人因在这个场合操作仪式而为人所知。

刘易斯和克拉克（c）提到奇鲁基特夸（Chilluckittequaw），哥伦布河奇努克印第安人的一个分支，在埋葬逝者的时候用松树或雪松板紧实接在一起建成一个底为 8 平方英尺、高为 6 英尺的拱顶屋。墙和门上都装饰着刻画、涂色的奇怪形象。除此之外，还有几个木质的人物形象，有些年代久远，都已损毁地失去 524 了原来的形状，这些都放在拱形屋的边上。这些应该不是崇拜的物品，或许是作为逝者的肖像。

据温珀（Whymper）（a）的报告，阿拉斯加卡洛驰（Kalosh）印第安人建造墓盒或者坟墓仅是盛放死者的骨灰。他们总是火化死者。在其中一个墓盒上，画着几个人脸图像，还有几缕长发粘在上面。每一个头代表着一个死者生前杀戮的受害者。因此，这些图画不是火化者的肖像或者他的图腾标志，而是他所杀死的敌人，带有战利品或者证明其英勇的性质。图733是复制的一个图例。

图733　卡洛驰印第安人坟墓

多尔（Dall）（c）是这样描述育空（Yukon）印第安人的：

一些育空人在脖子和手腕上戴着桦木环，上面刻有不同的图案和形象。据说这是悼念死者的标志。

弗朗兹·博厄斯博士（*f*）对萨利希（Salish）部落斯纳奈穆克人（Snanaimuq）的葬礼习俗做了如下描述：

逝者的脸上涂上红色和黑色的颜料。***酋长的尸体放在雕刻的盒子里，支撑其棺木的前柱也要雕刻。他的面具就放在这些柱子之间，伟大勇士的坟墓是由一个手持战棍的勇士雕像来标记。***丈夫或者妻子去世后，未亡人则要把他的腿和毯子涂成红色***仪式结束后，把红色的毯子交给长者，他们去把它丢在树林里。

迪杜（Didron）（*a*）谈到墓碑的标志：

在君士坦丁堡，即使是现在，亚美尼亚人的墓地里，每一块墓碑上都有长眠于此逝者的职业标记。如果是一个亚美尼亚裁缝，那么就有剪刀和针线；如果是一个泥瓦匠，就有锤子和泥刀；如果是鞋匠，就有鞋楦、皮子和皮革剪切机；如果是杂货铺老板，就有天平；如果是银行家，就有钱币。其他行业也都一样。在中世纪的法国，于格·利贝热尔（Huques Libergier）的墓碑上有指南针、规矩和方形等图案。在巴黎的东方（L'Est）墓地，调色板表示画家的坟墓，凿子锤子则表示雕塑家的坟墓。动物拟人化地说话行动，还有做鬼脸和微笑的面具，来标示拉方丹和莫里哀在这个墓地的坟茔。罗马人也一样：渔夫的坟墓上有船；牧羊人，羊；矿工，鹤嘴锄；航海员，锚和三叉戟；园丁，木桶；建筑师，

525

城市或者他的艺术工具。

豪伊特（g）讲述了戴利人（Dieri）的情形，他们是澳大利亚中部的部落：

> 派去传递死讯的信使全身涂上白色黏土。他一进村，妇女们就夸张地大叫大哭。很快此人的死讯就传遍村子。至亲好友只是默然流泪；老人则更夸张地嚎啕痛哭，他们的朋友像劝慰孩童那样劝慰他们。第二天，至亲穿起丧服，全身涂上白色黏土。鳏夫寡妇依照习俗在服丧期间不得出声，不管白色黏土会在身上保持多长时间，直到它全部剥落，他们才能说话。他们也不能黏土搓下来，这被视为是坏征兆。黏土必须自己磨损脱落。在这期间，他们只能用手势来交流。

费迪南德·冯·霍奇斯特（Ferdinand von Hochstetter）博士（a）这样讲述：

> 路上看到带有雕刻的毛利人形象是他们酋长的纪念柱。他在去修复罗托鲁阿（Rotorua）浴池的路上死于疾病。有些这样的雕像穿着衣服或者披着方巾，其中最具特色的一个带有跟逝者一样的纹身图案。毛利人一看这个纹身图案就知道这个纪念碑为谁而立。纹身上的一些线条代表部落，另一些线条表示家族，还有一些代表个人。对毛利人而言，高度

模仿的面部纹身就像是我们使用相似图片一样，能够确定身
份，不需要再说姓名。

图 734 就是这样一个雕刻纪念柱的复制本。

图 734　新西兰雕像

图 735　新西兰
墓柱

526　　　另一个类似的雕像是图 735，就这个雕像，费迪南
德·冯·霍奇斯特在他书中第 338 页写道："我的帐篷旁边，芒
阿普（Mangapu）右岸的塔瓦胡（Tahuahu），有一个奇怪的、腐
烂了一半的木雕肖像。当地人告诉我，这是提基（Tiki），酋长
坟墓的标志。"

鲍尔（Ball）在《尼科巴象形文字》（载《大不列颠及爱尔兰
人类学协会会刊》）中指出，图 736 中的形象跟丧葬仪式有关：

图 736 尼科巴停尸板

图 736 是尼科巴（Nicobarese）的图画文字。这是 1873 [527]

年我在孔杜尔（Kondul）岛找到的。当时这个东西挂在一个不久前刚去世的人家里。***

这件物品的材质应该是竹子的颖片或者棕榈的佛焰苞片，压平之后用竹条编制而成。

就像是所有尼科巴图画那样，日、月、星占据了显眼的位置。了解尼科巴文化的人都知道，日、月是特别的崇拜物，所以，这幅图画具有宗教意义。

最初我看到这个物品的时候，认为它是逝者的财产清单，但是，上面画的一些物品却并不是应该出现在财产清单上的，比如蜥蜴。同时，人的形象貌似表达某种特定情感，因此，这些形象应该是或多或少体现传统习俗的意义。我们这里的文本跟埃及象形文字的符号一样友好并可译。

然而，我自己在当地向当地人寻求解释的努力却并不成功。***

德·罗普斯托夫（Röepstorff）先生是安达曼和尼科巴的特别助理负责人，他有可能收集关于这个主题的资料，我就向他询问相关信息。他在1873年回信给我，确定这个隔板具有宗教意义，当地人用它来驱鬼。但是，他并不认为这些图画是可译的。

下面是这个隔板上画的动物和物品，这些大都是尼科巴家庭里常见的用具：

（1）太阳和星星；（2）月亮和星星；（3）燕子或者（？）飞鱼；（4）人脚的前部形象；（5）蜥蜴（帆蜥？）；（6）四个姿态不同的人；（7）砍伐森林的两个刀具（dás）；（8）两个泥土制的煮饭器具；（9）两只鸟；（10）一把斧子；（11）两

条矛;(12)一个梯子（？）;(13)盛饭的碟子;(14)椰子盛水容器;(15)棕榈树;(16)一条独木舟;(17)三头猪;(18)凉棚;(19)家禽;(20)海员的箱子;(21)狗;(22)不同种类的鱼;(23)乌龟。

第十五章　习俗

本章内容分成如下三个部分（1）崇拜团体；（2）日常生活与习惯；（3）游戏。

第一节　崇拜团体

宗教特征并没有那么显著的志愿组织，在绝大多数印第安人部落里都普遍流行；而且，在那些跟文明社会联系极少的地方，这样的组织至今依然存在。民族学局局长鲍威尔少校称这些志愿组织为崇拜团体。这些组织的成员，通常会有特别的涂色和标记，完全不同于他们宗族集团、氏族和个人的标记。这些复杂多样、不同类型的标记常会把外来的游人弄糊涂。

苏族部落里有名为"勇敢的夜晚心""猫头鹰羽毛"以及"狼与狐狸"等的这类团体。他们不仅帮助管理部落内部事务，还深刻影响部落对外关系的政策，具有维持日常军事和政治活动的作用。一般来说，年轻人要想成为勇士必须先要加入一些这样的组织。虽然这些组织不同于纯粹的萨满仪式，但也并不意味着宗教崇拜的缺失，因为没有宗教崇拜的组织在印第安人中是不现实的。因此，他们的活动中常常包含萨满的仪式。

下面是关于黑脚或者西克西恰人（Satsika[①]）的此类组织，以及他们图画性、客观性的图案，这些材料来自维德河王子马克西米利安的《北美内陆游记》（e），减缩如下：

跟其他美国印第安部落一样，黑脚印第安人也有所谓的团队、联盟或者协会这样的组织。这些组织都有自己的名称、固定的规则法律以及特定的歌舞。他们在部落的营地内、在部落行进中、甚至在狩猎队伍里负责维持秩序。我听说过七个这样的组织：（1）蚊之队。这个组织并没有维护治安的工作去做，由 8—10 岁为主的年轻人组成。有时也有几个青年人加入他们，有时甚至也有老人，不过这些成年人的作用主要在于监督他们遵守规则。这是个总是搞年轻人疯狂恶作剧的组织，他们随时随地在营地乱跑，见人就抓，见人就挠，不论男女老少，就像蚊子那样令人生厌。年轻人首先 529 加入这个组织，慢慢成长，他们就能加入其他的团体了。他们这个团体的徽章鹰爪，用皮绳系在手腕上。像其他团体一样，他们也有特别的身体涂画方式和独特的歌舞形式。（2）狗。我不知道他们的徽章是什么。这个团体主要是年青的已婚男子，对成员人数没有限制。（3）草原狗。这是一个警察

---

① 英文版为 Satsika，疑为 Siksika 误。——译者

组织，只接受已婚男子为会员，其徽章是用水獭皮包裹的长弯棍，并在两端用白色水獭皮打上结，再各缀上两根鹰的羽毛。（4）带乌鸦的人。他们的徽章是一个覆盖着红布的长东西，从一头到另一头绑上厚厚一排乌鸦羽毛。他们负责充当警察维持秩序。（5）带薄角的水牛。他们跳舞的时候在帽子外边戴上角。如果有动乱发生，他们必须帮助那些在第一时间守卫在最外围的军士们。（6）军士。他们是维护治安最醒目的勇士，特别是在营地和行进的时候。在公共审议的时候，他们拥有对是否狩猎、更换住所、发起战争、达成和议等的投票权。手柄处挂着母水牛蹄子、巴掌宽的木棒是他们的徽章。他们的成员有时能达到40到50人。（7）雄水牛。这是所有组织里首要的，即最重要的一个，也是级别最高的。他们手持法物徽章，上面悬挂水牛蹄子，当他们随着其独特音乐跳舞的时候，会摇晃这个徽章发出咔嗒声。他们年龄太大，不再参与维护治安，历经了所有的团体组织，就被视为退休了的人。在他们的法术舞蹈中，他们头戴用雄性水牛的长额毛和鬃毛制成的帽子，这些额毛和鬃毛垂下相当长的长度。

图737 警察

图737——"警察"被敌人杀害。云盾《冬季年度大事记》，1780—1781年。

此处这个人或许是团体里最为活跃的成员之一，如前所述，其职责是维持秩序和执行酋长的命令。

这些志愿组织未必一定古老，也未必永久

存在。图 738 对解释图画文字具有示范意义。这是渥太华印第安人所使用烟杆上图画的临摹画。每一面有四个区间，每个区间里都有不同的刻画符号。其中有一面上的四个区间中有三个刻画的是人的形象，这些人物形象的头上都有向上呈发散状的线条，表明他们的社会地位：酋长、勇士和法师。

靠近烟嘴的地方画着火的图案，火焰从其下的水平面延伸过来。横向条纹部分是隆起的木头（烟灰）——制作烟斗杆的木头。这些特别设计的开口可以贯通整个烟杆，又不会跟烟管里的烟道相干扰，体现出相当高超的机械技艺。

烟杆每一面的区间都在长度和位置上与相对一面的相应区间呼应。烟杆最下区间里画的是熊，这表明相对的那一边相应区间里的两个人是熊族人。稍往上区间里是海狸，对应三个人，表明这三个人是海狸族的；再往上是鹰，表示对应的三个人是鹰族的。最上边区间里是一个点着篝火的木屋图像，木屋的顶部在与其相对的那一面。

有意义的是这两个熊族人、三个海狸族人和三个鹰族人联合在一起形成一个社团，住在同一个木屋里，围坐在同

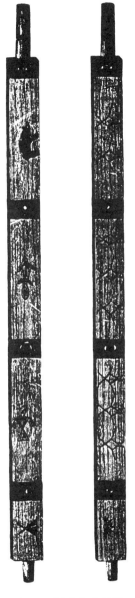

530

图 738　渥太华人的烟斗杆

一个篝火边，从同一个烟杆里抽烟。

还可以参考多尔教授关于这些团体或特殊阶层使用面具情况的述评。

第二节　日常生活与习惯

图 739 是从新斯科舍省克吉姆库吉克湖岩石印制而来，展现的是两个印第安人坐在独木舟上，他们正在追捕一条鱼，其中一个人正向鱼射击。这个图画不属于单纯图腾纹案一类。坐在船上的两个印第安人都有桨板，而桨板是密克马克部落的纹样，但是在密克马克人那里，猎人捕杀的是鹿，而非鱼；他们坐在驼背上，而非独木舟。在帕萨马库迪部落的图画文字里，他们是捕鱼的，并且需要两个人一起乘坐独木舟去捕鱼，因此，这幅画里独木舟上的两个印第安人可能是帕萨马库迪人。但是图上一个人放下桨板用枪去射击鱼，这就跟图腾纹案就有所不同。同时，这幅

531 图也显示了它是在欧洲人将枪炮传到这个地区之后才出现的。要知道枪炮是在三个世纪之前传过来的，这给予印第安人充足的时间在岩画上展示狩猎情景时使用枪，而不是弓箭。

这种用枪射击来捕鱼的方式应该是这一地区在适宜季节的日常生活场景。

图 739　密克马克族人射击捕鱼

美洲印第安人的图画文字

图 740 来自同一地点，用了更加表意的表达方式。夸大并拉长了枪杆的线条，以至于它几乎要碰到鱼了，这表示这次射击很有胜算。猎人画得就很粗糙，这次捕鱼是发生在夜晚，因为图上有点着火的炉子和挡风的屏风。这似乎是普通的日常活动。

图 740　密克马克族人射击捕鱼

图 741 还是来自克吉姆库吉克，年代较为久远，有些不清楚。鱼画得较大，捕鱼的工具好像是长矛，不是枪。

图 741　密克马克人用长矛捕鱼

图 742 是海象牙钻弓上图案的临摹画。这个海象牙钻弓来自阿拉斯加的达利角（自然博物馆编号 44211），展示的是伊努伊特人捕鲸的方式。鲸鱼上面和鱼叉线下面的十字形图案是海鸟，鱼叉线上画的椭圆形图案是支撑它的浮标，可以显示被击中鲸鱼的行进路线。

图 742　伊努伊特人捕鲸

532

图 743 是差不多的独木舟捕鱼场面，不过这里捕猎的对象是鹿。这是一个奥吉布瓦的印第安老人在桦树皮上刻画的捕猎场面。这位老人目前住在明尼苏达的怀特厄斯，他是后来部落酋长"日之洞"（Hole-in-the-Day）的亲密朋友和伙伴。奥吉布瓦人是天生的演员和画家。图中，他的木屋在 a，这里他住了很长时间；b 是一个湖；四个标记 c 的是鹿，一共四只鹿，其中一只仅在湖边灌木丛上露出了两只角；e 是坐在独木舟上的奥吉布瓦人；d 表示在河面上漂着；h 为h；g 是立在船首松枝火把，发出光亮和烟，光亮通过桦树皮曲面薄片 f 向前方照射；f 这个曲面薄片明亮的内面充当了反射器。整个这幅图讲述了在一次夜晚的狩猎中，讲述者在这个地方捕获了四只鹿。

图 743　奥吉布瓦人乘独木舟打猎

图 744 也是来自奥吉布瓦人在桦树皮上画的图画。这幅图讲的是他的父亲跟两名同伴组成的捕猎队，他们用左手边靠近顶部的人形图像表示。左边圆圈是明尼苏达的红雪松湖；一条河从红

雪松湖向北流去，另一条河向东，向东的这条河向上穿过或者蓄积出一些湖泊。红雪松湖里的圆圈是个岛，捕猎队在这里宿营，这个可以从人形图像到小岛的踪迹推测。湖的四周有很多短线，这些是树，表示这个湖岸植被丰富。在人物形象右边的第一个动物是豪猪；接着是麻鸦。右上角的两个小棚子是这些猎人的另一个宿营地，他们中间有一个人正在拖着一只鹿向这里走去，棚子 533 左边就是正在做这个动作的一个人。

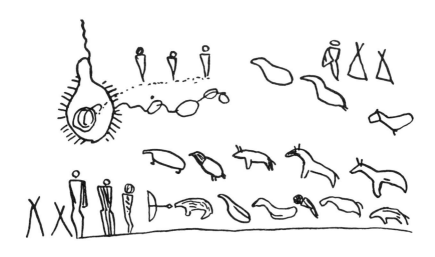

图 744　奥吉布瓦人的捕猎记录

左下角是这三个人的另一个宿营；指向右边的弓箭表示他们捕获了浣熊、鱼貂、鸭子（一个躺下用叫声诱骗这些鸟）、貂和水獭。在这一排动物之上还有一排，从左到右分别是：熊、猫头鹰、狼、麋鹿和鹿。

图 745　采集果实的人，希多特萨

图 746　希多特萨人猎捕羚羊

　　　　　　　　　　　　　　美洲印第安人的图画文字

图 745 是对"瘦狼"（Lean-Wolf）所画草图的临摹画，他是希多特萨（Hidatsa）部落的二酋长。这幅图画展示出妇女们带着篮子采集野生李子、野生浆果和其他小型水果的方式。这种篮子通常是 534 由薄木片编制而成，制作方式跟东部农民使用的蒲式耳圆篮类似。

图 747　希多特萨人猎捕水牛

图 746 也是瘦狼绘制，阐明猎捕羚羊和鹿的古老方法。猎人们用羚羊的头和皮盖在身上来伪装自己，以便于足够近距离地接近猎物，能够使用弓箭射杀。

同样的，希多特萨人用狼头和狼皮遮盖自己以接近水牛进行捕猎。图 747 是这个场景的图示，也是上面提到的这个酋长所画。

下面一组图是关于斩获和记录军功的习俗。"counting coups"（清点数量）是来自法语的表达，有时被游客写成"coo"，也被广泛接受了。这是通过杀敌——不管是死是活——获得的荣誉，要有外显的标志，他们带着一根装饰性的长矛或者小棍，作为勇士武器的一部分。这些棍杖大约 12 英尺长，由去掉树叶和树皮的柳树制成。每一个这样的棍杖上面都带有区别性的物件，比如羽毛、铃铛、色泽艳丽的布块或者涂上不同的颜色纹案。关于这种习俗的深入探讨可以参见第十三章的第四节。

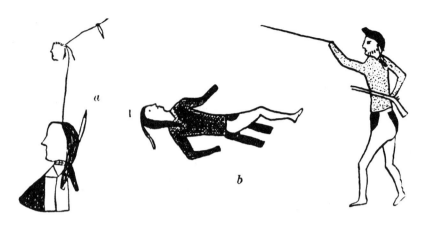

图748 达科他人记录军功的图画

图748的图 *a* 是"杀敌"（Kill-the-Enemy），《红云统计册》，展示了一个带有敌人首级的荣誉棒。图 *b* 是来自"血刀子"（Bloody-Knife）衣袍上的图案。一个印第安人正要击向已然倒在地上的敌人。

535

图749是"杀敌第一"（Killed-First），《红云统计册》。情况是这样的，一个勇士在杀敌时使用他的荣誉棒打了敌人第一下，这是一个极其荣耀的成就，远比实际杀死敌人要重要得多。这里的"杀"或者"杀死"并不总是指立即毙命，而是指施以致命伤害。

图749 达科他人的军功记录

击打死去或者受伤的敌人，不管有没有致死，远比实际造成的伤害本身荣耀得多。这是因为在试图去击打的时候，敌人会竭力反抗，这些幸存者们聚集在一起来阻挠击打，不让他们成功。相对而言，单纯的击毙常会在较远距离时进行，也

美洲印第安人的图画文字

就会安全一些。

图 750——"敌人打他"（Enemies-hit-him），《红云统计册》。这个达科他人被敌人用长矛或者荣誉棒击打。

下面一组是关于落基山脉以东地区印第安人展示头皮的习俗。

图 750　达科他人的
军功记录

图 751——奥格拉拉（Oglalas）的一队勇士杀死了一个波尼（Pawnee）人，把他的头皮剥下来挂在柱子上。美洲马《冬季年度大事记》，1855—1856 年。图 751 跟图 752 都是关于取得成功的战斗团队回到自己村子里展示他们获取的头皮。这种展示也是一种特殊仪式的场合。图中脚上的标记表示在他们返回时，这些勇士们冻伤了脚。

图 751　达科他
人展示头皮的
图画

536

图 752——"拥有柱子"（Owns-the-Pole），奥格拉拉战队的首领，他带回来许多夏延人的头皮。美洲马《冬季年度大事记》，1798—1799 年。图上的十字形状表示夏延人，前面做过解释。

图 752　达科他
人展示头皮的
图画

图 753　达科他
人展示头皮的
图画

图 754　剥头皮

图 755　达科他
人捕猎羚羊

图 756　达科他
人捕猎羚羊

图 753——一个名叫"黑岩"（Black-Rock）的达科他人被克罗族印第安人杀害。美洲马《冬季年度大事记》，1806—1807 年。岩石，或者更准确的翻译是大石头置于他的头上。他被箭射杀然后剥去了头皮。这里这幅图展示了剥去头皮的头的标记，能够用颜料的时候，通常会涂上红色——表示血淋淋的。在达科他人的《冬季年度大事记》里屡有出现。

图 754 是在明尼苏达门多塔（Mendota）的一个达科他印第安人所画，展现了这个人一只手拿着头皮，另一只手拿着用来杀敌的枪。头皮外围下边的竖线表示垂下的头发，而这个印第安人腿上的横线仅是指示他所站立的地面。

下一组图画文字跟捕猎羚羊有关。

图 755——他们把很多羚羊赶进围栏并猎杀它们。云盾《冬季年度大事记》，1828—1829 年。此图跟下面两个图都展示了捕猎羚羊或者其他动物使用的古老方法，即把猎物都赶到一个围栏里来捕获。

图 756——他们为自己提供了充足的羚羊肉作为食品供应，他们狩猎的方法是把它们赶进围栏，以便于捕杀。美洲马《冬季年度大事记》，1828—1829 年。

美洲印第安人的图画文字

图 757 ——他们把一大群羚羊赶
进围栏并成功地捕获。云盾《冬季年
度大事记》，1860—1861 年。

图 757　达科他人捕猎羚羊

图 758 ——一名达科他印第安女
子被杀死。这名女子是达科他人送给
一个白人的，被杀的原因在于她从这
个白人身边逃跑。云盾《冬季年度大
事记》，1799—1800 年。这名女子作
为礼物送人其实就是一种买卖，因此

图 758　对妻子
的惩罚

就在她个人婚姻不忠实的罪名之外，以不履行合同的罪名把达科
他部落也牵涉进来。图上两个人物形象下面的连线表示夫妻，前
面部分提到过这种表示方法。至少从图画方面上，这幅图展示了
达科他印第安人在婚姻和与之相关的惩戒方面的习俗。

下面几幅图分别跟几种不同形式有关：

图 759 ——他们买了一匹尾巴上
系着羽毛的好马。云盾《冬季年度大
事记》，1810—1811 年。"白奶牛杀
手"（White-Cow-Killer）称它为"带着
马尾的法物在冬天到来"（Came-with-
medicine-on-horse's-tail winter），强调了
特别钟爱或者有价值的马身上的装饰。

图 759　带装饰的马

此装饰不仅是装饰，还带有情感色彩，或者是具有宗教特点的符
号，跟图腾一样；换个角度来看，则可以被视为具有宗教的性质。

图 760　达科他
人表示自杀的
图画

图 761　阿里卡
拉人捕鹰

538

图 762　奥吉布
瓦人捕鹰

图 760——一个感染天花的男孩独自在圆帐篷里为自己唱丧歌，并开枪自杀。美洲马《冬季年度大事记》，1784—1785 年。印第安人中间自杀的现象远比大家想象的严重得多，甚至小孩子有时也选择自杀。一个达科他男孩在贸易战开枪自杀，原因是他被母亲鞭打之后无颜面对他的同伴；在内华达州麦克德米特（McDermit）营有一个派尤特（Paiute）印第安男孩，因为自己没有别的男孩子优秀强壮而试图吃欧防风毒杀自己。派尤特印第安人常选择服用欧防风自杀。

图 761——一个用地上的洞捕获鹰的雷（Ree）部落印第安人被"两只壶"（Two-Kettle）印第安人杀害。天鹅《冬季年度大事记》，1806—1807 年。这幅图显示，此人用腿抓鹰，这正是阿里卡拉人（Arikara）惯常使用的在地上设陷阱捕鹰的方式。他们极少或者说从不用枪射击战鹰。达科他人很可能就在陷阱附近将阿里卡拉人击毙，那时他正要把手举起来抓住那只鹰。

此处引入关于图 762 的讨论颇为适宜。这是一个奥吉布瓦猎人画的草图，用来说明其捕鹰方法。鹰的羽毛在所有印第安部落都有极高的价值，一则作为个人的装饰，二则是作为战帽的组成部分。

图中上面的形象是鹰，右边的曲线代表这个印第安人在地上藏身的洞穴上临时搭盖的树枝和树叶。这个人画在搭盖的树枝和树叶之下，在对着鹰的方向，画着一条线，末端有一个椭圆形的东西，意在表示从掩藏的地方伸出的吸引鹰的诱饵。诱饵常是幼鹿、野兔或者其他体型足以吸引到鹰注意的活物。当鹰猛冲下来攫取猎物时，这个人就抓住鹰腿，等待援手到来。随后，鹰就被带回去拔下羽毛，之后再被放掉。

图 763 ——雷族（Ree）印第安妇女在采集甜菜根（pomme-blanche）的时候被达科他人杀害。火焰《冬季年度大事记》，1797—1798 年。甜菜根是一种根茎为白色的植物，很像是白萝卜，也叫作草原萝卜，植物学上称之为食用补骨脂（Psoralea esculenta）。这是印第安人最喜爱的一种食物，常跟浓粥或玉米糙煮在一起食用。采集这种植物根的工具是一种带叉的棍。

图 763　采集甜菜根

图 764 ——"屋卷儿"。《红云统计册》，第 101 期。这幅图显示了怎样把建造圆锥帐篷的皮子卷起来以便迁移。皮子是连在四根屋柱上，并拖到地面。通常卷帐篷这个苦力是由狗来完成的，现在是用马来完成，同时帆布代替了兽皮。

图 764　移动的圆顶屋

图 765 ——在一次吃圣餐的时候，一个敌人来到"独角"（Lone-Horn）的木屋却没有被杀死。天鹅《冬季年度大事记》，1852—1853 年。图上，烟斗杆并没有在这个人手中，也仅只画了人头，烟斗杆在头和圆顶屋的中间。

图 765　宣布为圣所

印第安人跟圣所仪式有关的一个有趣习俗，英国作家们称之为"遭受层层攻击"。如果俘虏们成功地快跑穿过一排打他们的人，到达议事厅附近的柱子，他们就可以免受新一轮的击打。在东北地区的部落里，这种仪式带有考验的性质，以检测这些俘虏是不是身体强健，并且足够勇敢，以便择优纳入他们的部落之中。但在其他部落，却是不同的类型。任何敌人，不论是否是俘虏，只要能到达中心的柱子，他们就能免遭伤害。如果没有柱子，就以酋长的木屋或者圆顶屋代替。阿里卡拉人那里也有类似的习俗，他们把一根特别的烟斗杆放在一个"鸟盒"里。如果罪犯或者敌人成功地吸了烟斗里的烟，他就不会受到伤害了。这个跟抓住以色列圣坛的牛角就能保平安正好一致。

烟斗的位置很有讲究。烟嘴要对着圆帐篷的入口处。来访者并不提出和议，而是希望被访的部落能够向他承诺和平。

接下来的四幅图是关于一些平原部落组建战队的仪式。现将那些跟烟斗有关的仪式简要叙述如下：

一个勇士如果想要组建一支战队，他就到他的朋友们家中，向他们递上满满一杆烟，作为邀请，让他们跟随他。如果他的朋友接受邀请，就点燃并吸烟。在达科他人中间，这种组建战队的邀请是通过宴请和跳战舞实现的。任何一个已被证明有胆识勇气的人都可以担当战队首领。"首领"一词常被翻译成"党羽（partisan）"，这是最早由法国游客采用的一个表达。在阿拉珀霍人（Arapahos）那里，"准"首领并不邀请任何人跟他一起，而是公开宣布他要发动战争的意图。他决定自己出发的日子，在出发的前一天告诉村里，他要在某个不太远的地方露营第一晚。出发的这天早晨，他先召唤祈求他的守护图腾，然后上马出发，手里拿着他的空烟斗，上面小心地系着一个碗，防止它从烟斗杆上滑下来。如果这个碗在任何时候意外地滑落，就被认为是凶兆，他就要立刻回到村子里，不再提出兵打仗的事情，因为他如果那么做了，只会招致厄运。有时，他会把鹰的羽毛系在烟斗杆上，离开村子之后就来到一个山顶，把烟杆上的羽毛取下来，系在一根柱子上，这个柱子被他立在一堆石头上。用这种方式，他把羽毛献祭给太阳，那些要跟随他加入战队的人会带齐远征的装备，跟他一起参加第一次露营。更经常的情况是，大家会等他走得更远一些才加入他的队伍。在离开村子前，他什么也不吃，整日也不吃不喝，直到日落抵达宿营地，他才开始进食。第二天，他又开始新一轮的禁食，至少至日落。他清点队伍人数，给他的马装上马鞍，说出一个 6、7 英里远的地方，告诉他的跟随者们他会在那里停顿修整，然后又一次骑上马独自一人出发，手里依然拿着他的烟斗。不一会儿，他的队伍也开始出发，他们排成一队，跟着他的方向前进。当他们到达他停下来的地方，他让他的队伍下马，并放马去吃草。他们就都坐在他的左边，围成半圆，面对太阳。首领填满他的烟斗，他们都低下头，并且将烟斗杆指向天空。他向太阳祷告，祈求能发现丰盛的猎物；并且弹无虚发，这样就能节约下弹药对付敌人；他们能轻易就找到敌人，并且能杀敌制胜；他们自己能免受伤害，性命无虞。他如此祷告祈求四次，然后点燃他的烟斗，吸上几次，把烟雾 540 吐向天空，就像是给太阳进香。之后，他把烟斗递给他旁边的人，此人依样吸烟，再继续把烟斗传给再旁边的人，如此一直到所有人都吸过了烟，首领要尽可能频繁地装满烟斗。这一个阵营抽完烟之后，就把烟斗传到下一个阵营，因为会有其他人继续来加入他们。这样的活动大概持续三、四天，战队就算是准备好了。

第十五章　习俗

图 766　达科他
人筹建战队

图 766——"大乌鸦"（Big Crow）和"打败熊"（Conquering-Bear）大飨宴饮，互赠礼物。美洲马《冬季年度大事记》，1846—1827 年。这两个人的酋长身份由他们头上的名字符号就可以轻松看出。他们中间是特别的鹰战棍，却被很多作者认为是标志和平的和平柱。

图 767　达科他
人筹建战队

图 767——"耳上有羽毛"设宴招待所有勇敢的达科他青年，想要他们跟随他。天鹅《冬季年度大事记》，1842—1843 年。后面还有个补注，说到他并没有成功。

图 768　达科他
人筹建战队

图 768——夏延人拿着烟斗到处去游说部落里的人加入他们去对付波尼人。美洲马《冬季年度大事记》，1852—1852 年。

图 769　达科他
人筹建战队

图 769——跳着和平柱之舞走向战场。天鹅《冬季年度大事记》，1804—1805 年。这种特别装饰的烟斗成为组织战队的常规标志。

图 770 展示了阿拉斯加人在水里捕杀一只海象。这幅图来自一块海象牙片，这块海象牙片收藏在旧金山的阿拉斯加商业公司博物馆。

图 770　阿拉斯加猎捕海象

图 771 是雕刻在海象牙上的图画，也是来自上面提到的这个博物馆。这幅临摹画是 1882 年在那里制作的。关于它的解释得到了瑙莫夫的核实，他有一半科迪亚克（Kadiak）部落的血统。

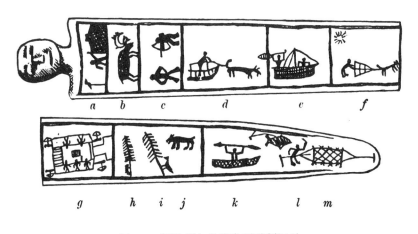

图 771　阿拉斯加的海象牙雕刻记录

图 a，一个当地印第安人，他的左手放在屋子上，右手垂向地面。他右手边是"萨满柱"，其上停着一只鸟，代表"好精灵"，这是用来纪念逝去的朋友的方式。此处这个墓柱纪念的是他的亡妻。

b 是一只驯鹿，在这幅图里的重要性尚不清楚。

c 是一个人——设计者——用箭射杀另一个人。

d 表明叙述者坐着雪橇去远途贸易。

e 是一艘帆船，举高的桨板表示这是航行最佳的方式。

f，要外出的狗、雪橇和拖着的动物。左上角人头上的呈辐射状的线是阳光。

g，圣屋。方形外围四角的图形表示站岗的男子，他们都手持弓箭，阻挡那些非本组织成员的靠近。从图画上看，这个组织正在跳舞。房子中间小的方形是火塘。屋子右边跟竖直部分之间的折线是通向屋子秘密通道的轮廓。

542

h，一棵松树，一只豪猪正往上爬。

i，一棵松树，一只鸟（啄木鸟）正在捉幼虫吃。

j，熊。

k，在船里的设计者高举他的双边桨板将鱼赶进他撒下的渔网。

l，一个助手帮助他把鱼赶进渔网。

m，渔网。

这个人（*l*）上面的图形是一只被鱼叉叉中的鲸鱼，还有一条线连着，表明叙述者抓住了它。

在金斯布罗勋爵的《墨西哥文物》第四卷的 45 页及其后是跟门多塔搜集的这些图画文字相关的文本。这套书第一卷的整页插图 58—62，全部转载在本书的图片 34—38，原书叙述的文字稍做缩减。

整页插图 34 展示了墨西哥男婴和女婴诞生的习俗，取名的权利和仪式；以及后来将他们奉献给他们的庙宇或者部队。

　　婴儿甫一出生就被放在摇篮里。到第四天，产婆把这个不穿衣服的婴儿抱在怀里，带到新生儿妈妈的庭院里，这时的庭院里摆上了芦苇或者灯芯草，他们称之为香蒲。香蒲上有一个装水的盆，产婆就在这个盆里给这个婴儿洗澡。在这些灯芯草旁边坐着三个孩子，吃着掺着煮豆的烤玉米，这种食物他们称之为 yxcue。他们把这种食物放在这三个孩子面前，让他们吃饱。待产婆给这个新生的婴儿洗完全身，她希望那三个孩子能大声说出一个名字，给新洗过的婴儿使用一个新名字。那三个孩子给这个婴儿的名字恰是产婆希望的。她们先给婴儿洗澡，如果是个男婴，她们就让他手中拿着他的象征物，是他父亲职业中使用的工具，不管他的父亲是在军队还是从事商业活动，比如金匠、珠宝匠或者其他行业。这个仪式完成之后，产婆就把新生儿交给他的母亲。如果是女婴，她们给她洗澡时带的物品就是纺车和卷线杆，还有一个小篮子和一把扫帚。这些都是她长大后会用到的物品。

在经常发生战争的地方，她们把男婴的脐带、盾牌、弓箭，还有给他洗澡时带去的标志象征物都埋在地下。对女婴也一样，把她们的那些物品埋在磨盘地下。

墨西哥人对新生儿的照料

整页插图 35

墨西哥 3—6 岁儿童的教育

墨西哥 7—10 岁儿童的教育

墨西哥 11—14 岁儿童的教育

墨西哥人职业与婚姻的安置

这个仪式过后，二十天期满的时候，父母带着新生儿来到庙宇里，或者寺庙（mesquita 清真寺），他们叫作宗祠（calmecac），在神职人员的见证下，把新生儿和斗篷等覆盖物，以及一些事物的献祭呈上。父母将他养到一定年龄就把他送到寺庙执事那里，他在那里受教导，将来也可能成为 543 神职人员。如果父母决定让他从军，等他长到合适的年龄就要进入军队。他的父母就会把他带到军队首领面前，给他许诺。这些青年和孩童的军事首领叫作教官（Twachcauh 或 Telpuchtlato）。他们也带着食物和其他东西作为庆祝的礼物，等这个婴儿到了合适年龄，父母就把他送到之前说的那位教官那里。

图片中，a，刚刚生产的妇女；b，四朵玫瑰花，表明四天。四天期满，产婆就带新生儿去洗浴；c，摇篮和摇篮里的婴儿；d，产婆；e，象征物；f，g，h 三个给新生儿取名的男孩；i，芦苇，上面放着一个小水盆；j，扫帚、卷线杆、纺车和篮子；k，婴儿的父亲；l，寺庙执事；m，摇篮里的婴儿，他的父母带他在寺庙献祭；n，女婴的母亲；o，青年和孩童的教官。

金斯布罗书中的图片 59 是本书的整页插图 35，讲述了墨西哥人指导孩子们在生活中如何看待时间和礼仪。

第一个部分是父母如何通过好的建议纠正 3 岁孩子的行为，他们每餐的食量是半个面包卷。

三个圆圈，a，表示 3 岁的年纪；b，孩子的父亲；c，3 岁的男孩；d，半个面包卷；e，女孩的母亲；f，半个面包卷；g，3 岁的女孩。

第二个部分父母以同样的方式教导孩子，这是他们在教导 4 岁大的孩子。这时候，父母会让他们帮忙做一些小事，也会增加他们的食量，每顿饭已经可以吃一个面包卷了。

h，男孩的父亲；l，4 岁的男孩；j，一个面包卷；k，女孩的母亲；l，一个面包卷；m，4 岁的女孩。

第三个部分是父母仍旧以同样的方法教导孩子，并且教 5 岁大的男孩们通过做体力活来得到锻炼，比如，让他们帮助搬运轻一些的木头，或者让他们拿着小捆的东西去集市（tianquez）。这个年纪的女孩子就要开始学习使用纺车和卷线杆。他们的食量还是一个面包卷。

这里，n 是男孩的父亲；o，两个 5 岁大的男孩；p，面包卷；q，面包卷；r，女孩的母亲；s，面包卷；t，5 岁的女孩。

第四个部分是父母如何在劳动上训练教导他们 6 岁大的孩子，他们很快就是父母的助手了。在集市上也是如此，他们会把去集市的人散落地上的玉米粒、豆子或者其他小的谷物捡拾起来。这个年纪的女孩子就要开始纺纱，并且做一些将来对她们有用的劳作。通过让 6 岁孩子们开始做这些劳作，刻意避开懒散，有效地阻断懒散容易带来的坏习惯。此时孩子们的食量增加到一个半面包卷。

u 是男孩子们的父亲；v 是两个 6 岁男孩；w，一个半面包卷；x，女孩的母亲；y，一个半面包卷；z，6 岁的女孩。

金斯布罗书中的图片 60 是本书的整页插图 36，阐释了当地墨西哥人指导和纠正孩子们在生活中对待时间和礼仪的方式。孩子们要学会避免一切可能的懒惰，积极参与任何有益的活动。这幅图也同样分为四个部分。

544

第一部分是父亲给他 7 岁的儿子渔网让他们去捕鱼；母亲则让女儿们纺纱，并且给她们一些忠告。此时孩子们的食量是一个半面包卷。

a 是 7 个圆点，表示 7 岁；*b*，男孩们的父亲；*c*，一块半面包卷；*d*，7 岁男孩的父亲正在教他如何用网捉鱼，男孩手里拿着渔网；*e*，女孩的母亲；*f*，一块半面包；*g*，7 岁女孩的母亲正在教她如何纺纱。

第二部分讲明了父亲如何惩罚不听话的 8 岁孩子，如果他们粗心大意又不听话，就拿芦荟的刺扎他们。男孩被吓哭了。此时他们的食量是一个半面包卷。

h 是表示 8 岁的 8 个圆点；*i* 是男孩的父亲；*j*，一块半面包卷；*k*，8 岁男孩，他的父亲告诫他，如果做错事就会当众拿芦荟刺扎他；*l*，芦荟的刺；*m*，女孩的母亲；*n*，一块半面包卷；*o*，8 岁的女孩，她的母亲警告她如果做错事就会拿芦荟刺扎她；*p*，芦荟的刺。

第三部分是父亲用芦荟刺惩罚 9 岁的男孩，因为他们屡教不改，不听父母的话，就用芦荟刺扎在他们的肩头和身上。他们也会用芦荟刺扎在女儿们的手上来教导纠正他们。此时他们的食量是一个半面包卷。

q 用 9 个圆点表示 9 岁；*r* 是一块半面包卷；*s*，男孩的父亲；*t*，9 岁男孩，因屡教不改，他的父亲就用芦荟刺扎他的身体；*u*，女孩的母亲；*v*，一块半面包卷；*w*，9 岁的女孩，她粗心大意，她的母亲就用芦荟刺扎她的手。

第四个部分是父亲惩罚 10 岁男孩。当他们不听话时，父亲就会用棍子打他们，并且警告他们还有其他的惩罚方式。此时他们的食量是一个半面包卷。

x 是 10 个圆点，表示 10 岁；*y*，一块半面包卷；*z*，男孩的父亲；*aa*，10 岁的男孩，他的父亲正拿着棍子教导他；*bb*，女孩的母亲；*cc*，一块半面包卷；*dd* 是 10 岁的女孩，她的母亲正拿着棍子教导她。

　　金斯布罗书中的图片 61 是本书的整页插图 37，这幅图分为三个部分。

　　第一部分解释了当男孩子们到 11 岁时，如果不听父母的责备，就会用植物枝腋（axi）燃起的烟从他们鼻子里灌进去。这是一种非常残忍严厉的惩罚方式，孩子们会为此感到悔恨，这种方法不是没有用处，相反，受过惩罚之后，他们就把时间用在有意义的事情上。这个年龄的孩子就可以吃有很多条卷的面包了，不过要经过许可。他们要学会不要狼吞虎咽暴饮暴食。女孩们犯了错也受到一样的惩戒。

　　a，表示 11 岁的 11 个圆点；*b*，一块半面包卷；*c*，男孩的父亲；*d*，11 岁的男孩，他父亲惩罚他从鼻孔吸入干植物枝腋燃烧的烟；*e*，植物枝腋的烟雾；*f*，女孩的母亲；*g*，11 岁的女孩，她的母亲惩罚她吸入植物枝腋燃烧的烟；*h*，一块半面包卷；*i*，植物枝腋的烟。

　　第二个部分是对 12 岁孩子的惩罚。当 12 岁的男孩不听父母的教导和建议时，父亲就把这个男孩的手脚绑起来，脱光他的衣服，把他丢到某个潮湿处的地上。他被丢在这样的地方一整天，以使他改过并且害怕这样的讨厌的境地。对待这个年龄的女孩子，母亲要求她们整夜做工直到天亮，她们清扫家里和户外的地面，还要做各种劳作。这个时候的食量基本按照他们的需求提供，但要在允许的范围内。

　　　　　　　　　　　　　　　　美洲印第安人的图画文字

j，表示 12 岁的圆点；*k*，一块半面包条；*l*，男孩的父亲；*m*，12 岁的男孩，手脚被绑，在潮湿的地上待一整天；*n*，此处的图画表示夜晚；*o*，女孩的母亲；*p*，一块半面包卷；*q*，12 岁的女孩，整夜扫地。

第三个部分是 13 岁的男孩和女孩，他们整日帮父母劳作。男孩们到山上去拾柴，从独木舟里把芦苇草和其他东西拿回来以备家用；女孩们则磨面、做面包、为父母准备其他食材。他们给男孩们每餐两个面包卷，这是在允许范围内的。

r 是男孩的父亲；*s* 是表示 13 岁的圆点；*t*，两个面包卷；*u*，13 岁的男孩，背着一捆芦苇草；*v*，独木舟里的男孩，旁边有几捆藤条；*w*，女孩的母亲；*x*，13 岁的女孩，做蛋糕并准备食物；546 *y*，两个蛋糕；*z*，一个碗；*aa*，烤盘；*bb*，煮饭的锅和两个蛋糕。

图片的第四个部分是父母如何支使 14 岁的男孩和女孩学会做工。男孩乘坐独木舟去捕鱼；女孩则完成织布的任务。他们的食量是两个面包卷。

cc 是表示 14 岁的圆点；*dd*，两个面包卷；*ee*，男孩的父亲；*ff*，14 岁的男孩，乘坐独木舟去捕鱼；*gg*，女孩的母亲；*hh*，两个面包卷；*ii*，14 岁的女孩，正忙着织布；*jj*，织布和织布网。

金斯布罗书中的图片 62 是本书的整页插图 38，这幅图分为两个部分。

第一个部分是讲述男孩的父亲带领现在已经成年的男孩到两个房子那里去。一个房子是教官的，他负责指导训练年轻人；另一个是宗祠。已经长大的青年根据自己的意愿决定要去哪一边，是跟随教官还是宗祠执事接受之后的教育。一般来说，只有到了 15 岁的男孩子才能进入这个阶段。

这里，*a* 是一个 15 岁的年轻人，他的父亲送他去宗祠执事那里，他就会被寺庙接受成为神职人员。*b* 是 Tlamazqui，他是宗祠执事；*c*，寺庙，叫作"宗祠"（Calmecac）；*d*，两个年轻人的父亲；*e*，一个 15 岁的年轻人，他的父亲送他去教官那里，教官将教导他；*f*，教官或者长官；*g*，学校，教官在这里教导这些年轻人（cuincacali）；*h*，15 岁。

第二个部分是婚姻中他们要遵守的规则和做法。这个仪式是这样的，一个女性中间人（媒人）——也是负责安排婚礼的人——在婚礼的第一个晚上把准新娘背到准新郎的家里。还有四个妇女跟她一起，她们拿着冷杉树脂做成的火把，火光明亮，给媒人照路。来到这名女子许配的人家，那家的父母就出来将她们迎进院子，把这名女子带到一间屋里，那里她许配的男子正等着她。这两个有婚约的年轻男女就被安排坐在垫子上，垫子上有座位，他们俩坐在火炉旁边。他们的衣服被系在一起，并且焚烧柯巴脂香给他们的神。两个老年男子和两个老年妇女分别跟新婚的夫妇交谈，然后在他们面前摆上吃食，让这对新婚夫妻吃。当他们吃完，那四位老人就向他们提供一些宝贵建议，告诉他们应该怎么做事、怎么生活，怎样才能安稳地度过一生。

547 *i* 是一个方形围墙，表示房间；*j*，老人；*k*，火炉；*l*，妻子；*m*，柯巴脂（后者没有出现在图上，但是柯巴脂是在这对新婚夫妇中间的）；*n*，丈夫；*o*，老妇人；*p*，老年男子；*q*，食物；*r*，垫子；*s*，食物；*t*，老妇人；*u*，一罐龙舌兰酒；*v*，一个杯子；*w*，*x*，妇女们在路上用火把为新娘照亮，这是婚礼的第一个晚上她们陪伴她去新郎家；*y*，媒人；*z*，新娘；*aa*，*bb*，妇女们在新婚第一个晚上为新娘和新郎照亮。

第三节　游戏

关于印第安人游戏的叙述有不少，不过将游戏跟图画文字联系在一起的却并不多见。跟本节图画相关的只有三种游戏形式。

图772——用在"环和柱"（ring-and-pole）游戏中的一个死人。美洲马《冬季年度大事记》，1779—1780年。

图772　达科他人的哈卡游戏

这个图形表示哈卡（haka）游戏中使用的棍和环，前面有一个人头表示这个尸体代替了通常使用的棍子。这幅图跟下一幅图都是关于这个游戏的。

图773——这是一个酷寒的冬天，一个达科他人被冻死。美洲马《冬季年度大事记》，1777—1778年。

冬天或者下雪的标志是此人头上一块正在落雪的云。游戏中使用的哈卡棍就在这个人的前面。巴蒂斯特·古德的记录进一步解释了这幅图，这个达科他人在一次与波尼人的战斗中被杀死，他的队友们将他的尸体留在一个他们以为波尼人找不到的地方，然而波尼人却找到了，这个尸体已经冻僵了，他们就把他拖回营地用他来玩哈卡游戏。

图773　达科他人的哈卡游戏

图 774 的 *a* 和 *b* 是两根海达人的博彩棍，实际大小。这两根
博彩棍是用杜松或者类似的木材制成，上面仔细雕刻着不同的图
形。这个游戏不限定参与人数，雕刻的博彩棍上的数字也是任意
的。庄家坐在地上，面前有一堆雪松树皮碎块，仪式之后，他会
一个接一个地抽出小棍，并不去看直接递给他面前的人，参与的
玩家轮流坐在他的面前。

　　小棍上不同的图案代表着不同的数字，就像日常使用纸牌上
548 的图案。赢家是根据小棍上数字的大小或者具体的价值来确定，
这是根据不同的游戏规则来确定的。这些小棍是圆柱形的，*c* 展
示了 *b* 上面的完整图案，很典型的海达风格的图案。在美国国家
博物馆里收藏着很多这样雕刻纹样的小棍，编号是 73552。

a　　　　　*b*　　　　　*c*

图 774　海达人的博彩棍

　　　　　　　　　　　　　　　美洲印第安人的图画文字

菲克斯博士提供了以下报告：

霍皮（Hopi）印第安人游戏中，有一个跟早期研究墨西哥的西班牙历史学者描述的一个游戏相关，这个游戏也吸引了民族学家们的兴趣。这个游戏叫做 to-to-lós-pi，跟西洋棋（跳棋）游戏很像，由两人或者两队人进行。要玩这个游戏，先要在岩石上画一个长方形的图形，里面分成很多小方格，可以用尖锐物体划痕，也可以用彩色石子画线。（这个游戏的图画之前都集中在 Wál-pi 村附近的岩石上）一条对角的斜线 tuh-ki-o-ta 从西北向东南贯穿这个长方形。下棋的双方就各坐在这条斜线的两端。

如果是两队在对战，则选一人作为棋手，其他人充当智囊。通过掷一面涂黑的叶子或玉米皮来决定哪一方先行。棋盘上使用的棋子是标上颜色的大豆、玉米核、小石子、小木块或者其他任何的小东西。双方各把棋子摆在斜线的一端，他们沿着这条斜线移动棋子，但却不会越过斜线。下棋的走法很是复杂，棋手执一子或多子，连续走多步。一些位置给他这样的权利。一局比赛中，棋手还可以捕获——按他的说法是杀死——一个或者几个对方的棋子。从这一点来看，这个游戏跟跳棋又不一样，捕获对方棋子是这个游戏的主要目标，而跳棋的主要任务集中在不断向东南方向行进。 ⁵⁴⁹

现在转向古墨西哥，我们在《西班牙编年史》中看到了一个关于墨西哥游戏 patolli 的描述。这个游戏使用彩色石子在棋盘上玩，棋盘上的方格是十字图形，根据扔豆子的结果来决定怎么走棋。扔的豆子是在一面做了标记的。

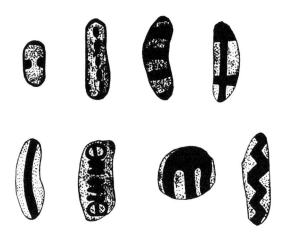

图 775　马斯达济勒的卵石

　　关于"鬼赌"（ghost gamble）及其图示的讨论发表在题为"北美印第安死亡习俗的研究"的文章里，作者是美国军队的H.C.亚罗医生。其中那些标记，在宽泛意义上可以归类为图画文字的范围内。

　　在法国阿列日（Ariege）省的马斯达济勒（Mas d'Azie）一个洞穴里发现了彩色卵石，最近引起了一些讨论。这些卵石显然经过挑选，几乎没有例外都是狭长扁平的，不超过9厘米长。它们上面的颜色是用红色的氧化铁涂就。很多图案是用指尖沾色涂在石头上的，另外一些是用小的铅笔完成的。涂色的颜料浓稠，或许加了油脂或者胶水加固，时间久了，皆有损坏。现在轻轻一碰，颜色就会掉落下来。这些卵石上的颜色能保存至今，都是因为它们被置于煤渣层而无人问津。卵石只有一面有图案，周边用550 红色细纹装饰，仿佛是这个图案的边框，涂色的方式也是一样的。图 775 提供了卵石的示例，但却没有颜色。这是选自《人类学》杂志（d）刊登的图片，阐明了埃米尔·卡尔塔哈克（Emile

Cartailhac）的论述，不过他并没有提供关于这些卵石用途的任何假说。然而熟悉北美印第安人博彩游戏的观察者一眼就看出这些涂色扁平石头的用途。在北美印第安人那里，他们使用梅核或者类似的东西。在他们看来，通过其不同的图案以及抛起落下时是否是有图的一面，这些石头可以在游戏中决定价值。

第十六章　历史

从图画文字或者从印第安人的口述中，很难辨别那些声称具有历史性的材料是否具有真实性基础，或者是纯粹跟神话有关的传统。在这个角度看，本章跟第九章第五节的内容相关，那一节讲的是用图画帮助记忆的传统。下面的论述都是针对真实事件的，或者是解释在真实事件中使用的图案。

布林顿博士（Dr. Brinton）（c）关于特拉华（Lenni-Lenape）红色记录（Walum-Olum）或者树皮记录的论述，还有斯库克拉夫特提供的一些图画文字图例解释，都是关于历史的；然而，他们的讨论和解释都广为人知，此处实在没有必要赘述。

不同于图拉真纪功柱（the Column of Trajan）和贝叶挂毯（Bayeux tapestry）那样同时兼具卓越的艺术性和自我诠释性，也有别于埃及和亚述那些能记录战斗命令、围攻工事、宿营计划和首领战术部署的雕塑，美洲的印第安人并没有创造出具体的记录历史的图画。像埃及和亚述的那些雕塑也描绘了不同国家居民的生活全貌。在这个方面，墨西哥人在技艺上接近了这样的图像细节，接下来会有所讨论。然而，就三个美洲的分区而言，历史总是以表意的方式记录和保存来补充艺术技巧的不足。

关于墨西哥人在这个方面的先进性，已经有所提及；对于小亨利·菲利普（Henry Phillip jr.）（a）的论文和尤金·博班（Eugene Boban）里程碑式的研究成果，也都多有引用，只是遗憾大量引用在本书还实现不了。学生们不难发现，表意文化跟与之伴随的约定俗成不断地出现在图画文字的历史发展中。最初的作者在艺术性上并未走得太远，但是他们并没有丧失思想性语言的诉求，这一点显然超越了艺术。

本章分为四节：（1）远征记录；（2）交战记录；（3）迁徙记录；（4）重大事件记录。

552

第一节　远征记录

下面是拉菲托（Lafitau）（a）解释关押囚犯的图画，前面第九章第二节"标记的棍子"有所提及：

> 对他们而言，夜晚是最痛苦的时候。每个晚上，他们赤膊躺在地上，床是不会有的。在地上给每个囚犯立四根柱子，把他们的胳膊和腿分别绑在柱子上，像是一个圣安德鲁十字架的形状。第五根柱子上栓了一条绞索，系着囚犯的脖子，并且缠了三、四圈。最后还有一条绞索或是腰带系在他们的腰上，这根绞索的两端由看守掌握，他睡觉的时候会把

绞索末端放在头下，如果囚犯有任何要逃跑的举动，他就能醒来。

同样出自解释图画纹案的目的，下面是摘录詹姆斯的《朗的远征》（h）的内容：

返程的一支奥马哈战队将剥下一棵树的树皮，在剥去树皮、清晰明显的树干上用朱砂或者煤炭画上象形的图画文字。具体使用朱砂还是煤炭，则取决于他们战队的对敌行动的成败。这些图画画法粗陋简单，但却足以向可能接续他们的战队队友传递信息情报。在这个粗略的图画中，参战的士兵就用短直线表示，每一个直线的上端都画一个圆点表示头，以使他们彼此分明。如果需要记录某些表演的动作或者展示伤口则画出胳膊或者腿的部分。伤口用血从这个地方滴落来表示，要是箭伤，就加上一条线表示箭，印第安人能够根据这条线来推断箭射出的方向与刺入身体的深度。被杀死的人用一条短横线画出倒卧的状态，要是骑兵就要特别着力，突出细节。如果他们受伤或者被杀就能看到喷出的血和跌落马下的动作过程。囚犯通常都是被别人牵着，马是用表示其踪迹的半圆形表示，俘获马的数量就用半圆形的数量来表示。枪是用曲线表示，曲线的角度凸显出枪栓的部分；枪的数量跟曲线的数量一致。女性则画上裙子并突出胸部，未婚的女孩则在耳边有短的发辫。

马格里（e）描述过拉萨尔（La Salle）于1683年在一块树

皮上发现的通蒂（Tonty）领航队的记录。图上有一个从衣着和外表看都像是领航员的人，他被遗弃了；另一个被拴着的人是俘虏，还有四张头皮。这跟后来了解的事实吻合。领航员被释放，另一个人是活着的，其余四个人都死了，恰好构成失踪的六人小组。这是捕获者所做的记录。

下一组图都是来自几个关于达科他印第安人的《冬季年度大事记》，用图画记录了一些重要的远征，全都为人所知，其中一些载入美国国家官方文件。

553

图776，奥格拉拉、布鲁尔、明尼孔朱、圣弧（San Arcs）和夏延印第安人联合起来组成一个远征队同克罗族印第安人作战。他们突袭并且攫取了一个村子的30户人家，把所有男人杀死，俘虏了妇女和孩子。美洲马《冬季年度大事记》，1801—1802年。

图776

图中的三个圆顶屋表示30，旁边的圆点在原图中是红色的，表示血。

图777，奥格拉拉人跟明尼孔朱人去跟克罗族印第安人打仗，偷了他们300匹马。克罗人尾随他们并杀死战队的8个人。美洲马《冬季年度大事记》，1863—1864年。这里画了八个剥了头皮的头。

图777

图778，达科他人袭击并夺取克罗族印第安村子的100个房子，他们杀死很多人也俘虏了很多。美洲马《冬季年度大事记》，1820—1821年。

图778

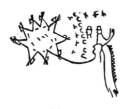

图 779

图 779，奥格拉拉人帮助麦肯齐将军（Gen. Mackenzie）鞭打夏延人。美洲马《冬季年度大事记》，1876—1877 年。印第安人头上戴着装饰的战帽，表示此人是第一个进入夏延人村子的人，夏延村子由一圈圆顶屋表示。举起三根手指、戴帽子的白人形象是麦肯齐将军。据解释，他的图像在达科他印第安人的头上，表示达科他人支持帮助他，也可能表示他指挥整个战队，是战队的领袖。另一个白人是克鲁克将军（Gen. Crook），或者"三颗星"（Three Stars），以其上三颗星作为标识，他在其他记录中叫作这个名字。这个标志或许来自他的制服，但并不准确。克鲁克将军的军衔是志愿军总司令，或者军队名誉总司令，他的肩章上最多有两颗星；或许图上有一颗星属于麦肯齐将军的。

图 780

图 780，达科他人加入白人的远征队，沿密苏里河上行去跟雷族作战。云盾《冬季年度大事记》，1823—1824 年。

"白奶牛杀手"（White-Cow-Killer）称之为"老玉米丰裕的冬天"（Old-corn-plenty-winter）。

印第安人跟白人之间的连线表示在这个场合下，双方的结盟。

图 781

图 781，美国军队跟雷族印第安人作战。天鹅《冬季年度大事记》，1823—1824 年。

图 781，跟前一幅图都是关于特别有趣

的远征行动，下面是减缩美国战争部长 J. C. 卡尔霍恩（Calhoun）在 1823 年 11 月 29 日所做年度报告中相关的内容：

威廉·H. 阿什利将军，亦是有执照的贸易商，在密苏里河西岸阿里卡拉人村子附近遭到他们的致命袭击。该村位于萨利堡跟赖斯堡（Sully Rice）之间。23 人的贸易队或死或伤，幸存下来的人退回到他们的船上，向阿特金森（Atkinson）堡的指挥官发出救援的信号。阿特金森堡的现址在康瑟尔布拉夫斯（Council Blufts）。当时的守军长官是 H. 莱文沃斯（Leavenworth）上校，美国第六步兵团的陆军上校。他于 6 月 22 日，带领军团 220 名士兵和 80 名贸易商，还有两门六磅加农炮、一门五又二分之一英寸的黄铜榴弹炮以及一些小型重武器，奔袭 700 英里，穿过充满敌意且不可靠的印第安人居住地区，终于在 8 月 9 日抵达雷族的村庄。达科他人加入了对抗雷族和阿里卡拉族的这场战争，他们出动 700—800 名勇士在莱文沃斯行进的路上加入到美军队伍，其中有 500 人是扬克顿人，其他的达科他人没有明确标识部落名称。雷族有两个村子，低处的村子有 71 个泥屋，高处的存在有 70 个。这两个村子都有栅栏和壕沟环绕，很多房屋里面也有壕沟穿过。他们知道远征军的到来，事先加强了防御工事并且做好了抵抗的一切准备。他们的军事力量包括 700 多个勇士，大多数持有从英国商人那里购得的步枪。8 月 9 日，达科他人首先发动进攻，却被雷族人击退；之后美国正规军赶来，一起发动进攻，不过此时的战局并不明朗。直至 8 月 10 日，美国军队使用大炮进攻，很多雷族勇士被打死，也包括他们的首长——灰眼（Grey Eyes）。最终，雷族人撑不住了，在 8 月 10 日午后，雷族的残兵求和。他们被加农炮的威力吓坏了，看起来不大，却杀伤力惊人。在战场上激战时，达科他人正忙着尽一切可能搜集玉米谷物。

可以参见图 452 关于孤狼远征的记录。

第二节　交战记录

拉菲托（b）提供了如下的记录，从易洛魁和东北阿尔冈琴印第安人的远征与战斗记录翻译简缩而来：

印第安人在脸上和身体上纹身的图案包括图画、文字和记录。但一个印第安人打了一场胜仗，得胜返乡的他想让他沿途经过的部落也都知道他的丰功伟绩的时候；当他选中一块猎场，希望别人知道这是他的领地，任何人不得侵犯的时候；没有字母文字可以借助，他就借助那些有区别性的符号来表明他的身份。他在树皮上涂画，将它挂在路边的杆子顶上；或者他用手斧砍去树皮露出光滑的树干，在整个光滑的表面画上他自己的肖像，并加上一些符号，以提供他想传达的任何信息。

555

我说"他在树干上画自己的肖像"时，一定要记住，他并非娴熟的画家，并不能把他的脸画得可以辨识。事实上，他们的技法有限，不过是单一语法或者线性的绘画，比仅仅勾勒身体影子的轮廓多不了几笔，更别说是身体了。这样画出来的肖像实在是需要在其下加上名字，来说明这样的图要表现什么。

所以这个印第安人在画自己肖像时，就是简单画出头的轮廓，加上寥寥几笔表示眼睛、鼻子、耳朵或者其他面部的特点。然后他仿照自己脸上和胸前纹身的图案，画在这个肖像对应的位置。这些纹身都是他所独有的图案，画上这些纹身图案，他的肖像不仅让见过他的人能一眼识别出来，让那些仅仅听过他的声名的人也能熟识这些象形的符号。这就像是在早期的欧洲，个人通过其所带有的图案来识别；如今，我们也会根据家族徽章来分辨一个家族。在他肖像的头上，他会画上一个能表达他名字的物体；比如，如果这个人叫做"太阳"，他就画上一个太阳。在肖像的右边，他要画上一个象征他所在部族和家族的动物形象，表示部族的动物形象画在表示家族的动物形象之上，并且前者的嘴巴要到他肖像的右耳位置，仿佛表示他所在部族精神的象征性符号在激励着他。如果这个印第安人是从战场凯旋，他就在自己的肖像下画上组成他领导的战队的勇士，勇士的下面再画上那些他亲手俘获的战俘和杀死的敌人。肖像的左边则是关于他的远征和他的战队俘获的战俘以及取得的头皮。那些勇士用他们的武器或者就是一条线条表示；俘虏则用带羽毛的小棍或者乌龟壳的拨浪鼓（chichikoue）表示，这些是表示奴隶的符号；

头皮或者死去的男女老少都不画上头。远征的次数是由垫子来表示。他也区分参与远征还是领导远征，如果是领导远征，就在垫子上画上线条（或者贝壳念珠）。如果这个印第安人是作为议和的外教使节而来，所有的象征符号都要带上和平的性质。他的肖像下面是他手持和平柱（calumet）的形象；左边是放大的和平柱，他要去议和部落的象征性符号，以及此次出使随从他的人数。

同一个作者，在同一本书的第 194 页，解释了垫子如何开始用来表示战争的：

> 易洛魁人和休伦人（Huron）称战争为 n'ondoutagette 和 gaskenrhagette，这两个词后面都有动词 gagetton，表示承受或者携带，因此表示某物跟某事（比如战争）相连，是其（比如战争）象征，到了某种程度，它（比如战争）就接受其（这个标志）作为标记。Ondouta 一词是指从香蒲（狼尾草）的穗上取下的绒毛状（像羊毛的物质）东西，也指整个植株，他们用香蒲这种沼泽里的芦苇来编卧席。他们用席子来表示战争，或许是因为远征的勇士们需要每人自己带一块席子。事实上，直到现在在他们表意的图画文字中，席子还在用来表示战役的次数。

J. N. B. 休伊特（Hewitt）先生在 1892 年 4 月 1 日的《科学》杂志上进行了更深入的讨论，讨论所引词语的词源问题。无独有偶，他的研究跟拉菲托神父的解释不谋而合。拉菲托指出他们是指示易洛魁勇士有带着垫子上战场的习俗。

图 782 和图 783 是对拉菲托（c）的图例进行临摹，下面是拉菲托的解释：

图 782 显示了一个叫作"两根羽毛"（Two-feathers）的印第安人（a、b），他的部落是鹤族（c），其家族是水牛族（d），跟他一起远征的是 15 个勇士（h），他们俘获了一名战俘（f），取得三块头皮（g），他领导了第六次（k）和第四次（i）的远征。

图 783 是关于一个叫"两支箭"（Two-Arrows）的印第安人（a），部落是鹿族（c），家族是狼族（d），他拿着和平柱出使熊族议和（e），跟随他的是 30 名随从（h）。这两幅图中，两个印第安人不仅以图画标志再现，还突出了一些特点，第一幅图中特别完整地画了他的武器；第二幅图中则是突出他所持的和平柱和拨浪鼓。

图 782　战斗记录　　　　　图 783　战斗记录

图 784 呈现的是九十一年前奥吉布瓦跟达科他之间的一场战争。下面是画这幅图的奥吉布瓦人自己的陈述：

九十一年前（公元 1797 年），25 个奥吉布瓦人在一个叫作 Zi'zabe'gamik 的小湖（*o*）扎营，这个湖在明尼苏达州米尔湖（Mille Lass）的西边。酋长的木屋（*a*）在距离湖（*m*）不远的地方，这些印第安人在那里狩猎。因为苏族人的敌意，酋长感到不安全，他就命令几个勇士去勘查下面的湖南边地区。在那里，他们很快就发现了 300 个敌人组成的战队，勘查队的首领（*b*）就赶紧捎话回去让妇女和儿童都搬到安全的地方。有三个老妇人拒绝搬走，她们的小屋分别是 *c*、*d* 和 *e*。五个奥吉布瓦人从西北方向的灌木丛逃脱（*f*）。

苏族保卫了这个湖，战斗在冰面上进行。20 个奥吉布瓦人被杀害，最后一个死亡的是这队奥吉布瓦人的头领，从外表上看，他是被战斧打死的。*g* 表示熊皮；*h*、*i* 和 *j* 分别表示鹿、松鸡和乌龟，都是这个地区常见的猎物。独木舟（*k*）显示沿着湖岸捕猎的方式，溪流则连接着 *l*、*m* 和 *o* 这三个湖。

奥吉布瓦人常在中间的湖 *m* 度过部分的狩猎季；另外的时间，他们跟苏族在更往北的地方——即较小的湖 *o* 那里——有一些小的冲突。奥吉布瓦人并不聚集居住，而是散居在周围。但是一旦苏族发动进攻，他们就立刻乘船（*p*）或者步行（*q*）赶来救援，这样就逐渐把敌人赶走。

在前面提到的战争中，苏族死了 70 个人，他们砸开冰面把这些人的尸体埋在湖里。冰的开口在 *r* 处，这些线条表示这些尸体即将被投入湖中。

557

图 784　奥吉布瓦人记录的 1797 年战斗

巴伦·拉洪坦（Baron Lahontan）（*b*）这样讲：

一队骁勇的（阿尔冈琴）战队无论在哪儿都能击溃敌军，凯旋的胜利之师会在返乡途中的任何一个地点，找到那些高约五、六英尺的树，剥去树皮，用混合油脂的煤炭在光裸平滑的树干上画画以纪念他们的胜利。这些画在树干上能留存十到十二年，就像是刻在树上的一样，雨水并不能对其有所损毁。

在他同一本书的第 86 页及其后，巴伦提供了一幅加拿大阿尔冈琴人图画记录的图例、描述和解释。对于阐明北美印第安人在记录此类内容时使用的图画技法，他的解释能为揭示图画文字原则方面提供帮助。然而，此处再现这个图例却并不合适，因为它几经临摹复制，在艺术细节上具有误导性，很明显是欧洲艺术家根据语言描述的记录，将自己的理解用图画形式再现出来。

下面将巴伦的阐释中最具价值的部分扼要摘录出来，保留了早期译本的古雅风格：

法国人的军队，上面画着一把斧子。在野蛮人中，斧子作为战争的象征，而和平柱（烟斗）则是缔结和约的标志。这表示法国人拿起了斧子，或者说是发动了具有攻击性的远征。这个图像旁边的圆点或者标记表示十倍于此的人数，这些标记有 18 个，就表示法军有 180 人。

图上的山表示蒙特利尔，展翅的鸟儿表示即将出发。牡鹿背上的月亮表示这是七月的第一个 1/4（上旬），也称为牡鹿月。

独木舟，表示他们从水路出发；图上有小棚子，这表示他们要行进的天数，可以看出来是 21 天（棚子是他们夜间住宿之所，21 天就有 21 个棚子）。

一只脚，表示结束水路航行登陆之后，他们就行军前进，小棚子的数量表示行军住宿的天数，可见他们走了七天。每天大约行进 5 法国里格，在某种程度上约合 20 英里左右。

一只手和三个棚子，表示他们再有三天就能到达塞尼卡

美洲印第安人的图画文字

（Iroquese Tsonnontouans），而塞尼卡人的武器由带有两棵树的小棚子表示，这两棵树向下斜着，他们就是这样画的。太阳表示他们接近村子的东边。

12 个标记，表示 10 倍于此的数量，有两棵树的房子是塞尼卡人的武器所在，表示他们在这个部落；躺着的人表示他们被突袭而惊讶。

这一排有一个棒子和 11 个人头，表示他们杀死 11 个塞尼卡人，5 个站立的人表示十倍于此的人数在战争中被俘获。

拱形线条（弓）上的 9 个头表示进攻方或者胜利方死了 9 个人，拱形下面的 12 个标记表示 12 人受伤。

空中飞着的箭，两个方向都有，表示双方在交战。

箭都朝着同一个方向，这表示一方落败，四散逃离。

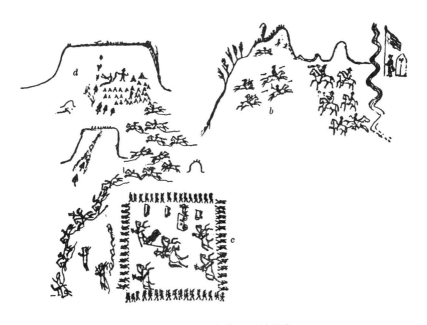

图 785 哈德河之战，温纳贝戈

整体上，这个解释就是说：七月的第一个星期，180个法国军人的队伍从蒙特利尔出发，航行21天之后登陆，又在陆上行军35里格，在村子的东边奇袭塞尼卡人，杀死11人，虏获50人。同时在鏖战中，法军9人死亡，12人受伤。

559 　　图785是温纳贝戈印度安人图画的临摹画，讲述了哈德河之战。这是萨利（Sully）将军指挥的军队联合温纳贝戈人跟苏族武装展开的一次大战。

　　　　a，萨利将军的营地，驻扎在哈德河的左岸；一队温纳贝戈人正在渡河。

　　　　b，温纳贝戈人跟一队苏族人发生小规模战斗。两个温纳贝戈人一马当先，冲在队伍前面，首先迎战30个苏族勇士。苏族人立刻驱赶他们，这两个温纳贝戈人看起来正在奋力躲避对方射来的箭，其中一人的马受伤了，血流到地上。其他温纳贝戈人正在赶来救援。

　　　　c，萨利将军的全军渡过哈德河之后，遭到几个苏族人的攻击。萨利将军的军队形成一个中空的方阵驱逐苏族人。苏族人口中发出大声的吆喝在他们身边疾驰而过，目的是惊吓他们的战马，把骑兵抛下马去，陷入混乱。

　　　　d，苏族营地，妇女和儿童正在向山上逃离。一个妇女留在她的帐篷里没有离去，可以看见她的婴孩跟她在一起。一个此前受伤的苏族人死了，他的头皮被剥下，绘图的人也把这个过程表现了出来。

　　图786是桦树皮记录的临摹画，是远征的首领所画，对这幅560 图的解释也是他提供的。

图 786 奥吉布瓦跟苏族之间的战争

1858 年，米尔湖奥吉布瓦印第安人部落的一个战队（a），在 Shahash'king（b）的带领下，去进攻位于圣彼得河（d）苏族人 Shakopi（e）的营地（c）。奥吉布瓦人在圣彼得河的战斗中失去了一个人（f），杀死了五个苏族人，但却只得到其中一个人的一只胳膊（g）。

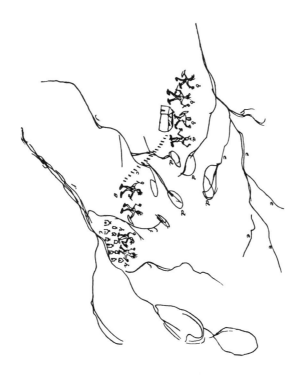

图 787 默加克的最后一役

h 是米尔湖跟 Shákopi 营房之间的小路，*c* 是木屋所在的地点，带有短线向外延伸的竖线（*i*）表示营地附近长着树的草原。

图 787 是关于默加克（Magaque）最后一役的图画，帕萨马库迪酋长萨丕尔·塞尔蒙（Sapiel Selmo）在一块桦树皮上画了这幅图，下面是他的阐述：

561

从前，有一个印第安首长，他还是善战的猎手。他打仗骁勇凶狠，杀敌无数，取得了为数众多的敌人的头皮，就被称作默加克（Megaque）或者"取头皮的人"。狩猎季的时候，他就带领他的勇士们到他的猎场，保护猎场免受其他猎人的侵犯。他的勇敢以及对战俘的残暴无人不知。他俘获了很多勇士，对那些他痛恨的人就施以酷刑折磨，他的敌人们就想活捉他。其他部落的几个勇士集合组成一个军队，行进到他的猎场附近，满怀信心，这次默加克难以逃脱。当他们到他的猎场附近，就给他发出信息，告诉他有军队要进攻他。他们到达他的营地时，默加克正外出打猎。这队勇士就在一块桦树皮上给他留下了记号，上面画着一个印第安人一手拿着战斧，另一手拿着长矛，正如图 *g* 所画。他们把这块桦树皮挂在村子里的木屋（*i*）上。当默加克打猎归来，他发现有人趁他不在来过他的营地，也发现了那块树皮，表示有一队勇士来挑战。一方面，他没有时间逃走；另一方面，他是那样地勇敢和骄傲，也并没有打算逃走。一、两天之后，那队勇士跟他开战。他一贯骁勇，杀敌不少，不过最终他被俘虏，并被带到敌人的部落等待酷刑惩罚。给他行刑

美洲印第安人的图画文字

时，他勇敢地承受一切酷刑，并且高唱着他的战歌。最后，敌人们杀了他。

　　下面是对细节的解释：a，默加克；b，他的勇士；c，敌人到来的路径；d，e，f，默加克的河与湖；g，敌人；h，他的勇士；i，他们的村子；j，河的界线。

接下来的这些图画是来自《冬季年度大事记》里记录战争的图画。这些图画之所以引起广泛兴趣在于其所记录的事件具有重要性和名气，或者其绘制的模式比较独特：

　　图 788 ——奥格拉拉人杀死了三间木屋里的奥马哈人。云盾《冬季年度大事记》，1785—1786 年。奥马哈人俯卧在地，被剥去了头皮。

图 788

　　图 789 ——奥马哈人袭击了一个达科他村子。云盾《冬季年度大事记》1802—1803 年。图中可见子弹在空中飞来飞去，用单骑来表示一队人马。马上的勇士以盾牌和马脖子遮挡自己，他以印第安人惯常的姿态骑乘。盾牌上的装饰图案是一只鹰，长矛上以鹰的羽毛作为旗帜，唤起对骑士的装备的回忆。

图 789

562

图 790

图 790 —— 达科他人跟波尼人在北普拉特河的冰面上打仗。美洲马《冬季年度大事记》，1836—1837 年。达科他人在北边（图中右手边），波尼人在南边（图上左边）。左边的骑兵和步兵跟右边的步兵相对。根据图上画的箭和子弹的标记可见，双方都有火枪和弓箭。冰面上有血迹。

图 791

图 791 —— 达科他人跟波尼人在北普拉特河的冰面上打仗。云盾《冬季年度大事记》，1836—1837 年。左边的人是波尼人。这是图 790 的变体，图形表达上更为简约。

图 792

图 792 —— 达科他人跟夏延人打仗。云盾《冬季年度大事记》，1834—1835 年。前面解释过，胳膊上有条纹的是夏延人。

图 793

图 793 —— "白公牛"（White-Bull）跟其他 30 个奥格拉拉人被克罗族印第安人跟肖肖尼（Shoshoni）印第安人杀掉。美洲马《冬季年度大事记》1845—1846 年。

美洲印第安人的图画文字

图794——"战胜熊"（Mato-wayuhi，Conquering-Bear）被白人士兵杀掉。在拉勒米堡（Fort Laramie）下9英里处，30名白人士兵被达科他人杀死。美洲马《冬季年度大事记》1854—1855年。排

图794

成三行的30个小黑点表示士兵，从图上画出的枪射击到线条尽头的红色血迹，表示杀死。图中人头上的士兵便帽进一步显示 563 他是白人士兵。印第安士兵通常用圆形或者半圆形来表示。表示白人士兵的手势语意思是"排成一队"，把握起来的手两个大拇指靠近，掌心向前，放在身体前面，然后双手分开大概2英尺。

图795——达科他人在菲尔卡尼堡杀死一百个白人。美洲马《冬季年度大事记》，1866—1867年。戴着帽子的人头表示白人；红色斑点是被杀死的人；围绕他们一圈的符号是射击的步枪或者箭，再外边的黑色线条是达科他步兵，马蹄印代表达科他骑兵。菲尔·卡尼堡

图795

的屠杀发生在1866年12月21日，包括官员、平民和军人在内的82个白人被杀。W. J. 费特曼（Fetterman）上校是这队人的指挥官。

比格霍恩河之战

美国军方的助理医师查尔斯·E. 麦克切斯尼（McChesney）曾提供了关于1876年6月25日蒙大拿的战役最具价值和别具一

格的叙述。他的这份叙述既有详细标注的手势语，又有图画文字的记录。这次战役通常被愚蠢地称作"卡斯特大屠杀"。如果这次意在尽可能多地杀害印第安人的突袭取得成功，而不是灾难性的失败，那么任何幸存下来的印第安人称它为"卡斯特大屠杀"就恰如其分。此处提供的这份讲述是其中"红马"（Red-Horse）的版本。红马是苏族酋长，同时也是战役中杰出的领袖与勇士。这份图画记录关于手势语和手势语句法的讲述比任何现有的叙述都要全面，所以将它纳入本书，为笔者将来在民族局的发表做准备。这个叙述，已经被翻译成简单的英语，下面就会给出。除了对手势的描述记录，还有 41 张马尼拉纸的记录，都是红马画的，其中一张是战斗的地形图之外，其余都是对交战的记录。这些马尼拉纸都是 24*26 英寸大小，大部分是涂了色的。这些图画可以视为手势语的阐释，或者说手势语是对这些图画的描述。现在创作出这么大量的图画简直不可能，也势必会因为详尽而有失艺术性。精简之后，此处仅展示那幅地图和其他九幅具有代表性的图画，分别是整页插图 39 到整页插图 48。如果不考虑空间的问题，把所有图片都展示在这里，其实也并不是大有裨益，反而会造成重复与单调。

下面就是红马的故事。整页插图 39 是比格霍恩河战地及周围的地图，包括蒙大拿和达科他的部分地区。该地图是于 1881 年在南达科他的夏延河贸易站绘制。本书呈现的这幅地图按照原图以 1/16 的比例缩小。原图是在马尼拉纸上用彩色颜料绘制的，缩小的图增加了字母，为了便于描述文本讲述时的指称，叙述的内容如下：

a，温德河岭（Wind River），苏族称之为"敌人山"。

b，比格霍恩山（Bighorn）。

c，密苏里河（Missouri Ri）。

d，黄石河（Yellow Stone）。

e，比格霍恩河。

f，比格霍恩河，苏族称为油脂草溪，或者草油脂溪。

g，印第安人营地。

h，战场。

i，德赖溪（Dry Creck）。

j，罗斯巴德河（Rosebud r）。

k，汤河（Tongue r）。

l，保德河（Powder r）。

m，小密苏里河。

n，夏延河，苏族称为大水河（Good river）。北福克斯跟南福克斯均在地图上，却并没有标注字母。

o，贝尔峰（Bear butte）。

p，布莱克（Black）丘陵。

q，夏延贸易站。

r，莫罗溪（Moreau）或者奥尔（Oul creek）。

s，瘦峰（Thin）。

t，雷尼（Raing）峰。

u，怀特（White）峰。

v，格兰德（Grand）河或者雷河（Reer）。

w，雷村。

x，怀特厄斯（White Earter）河。

y，比福德（Fort Buford）堡。

五个春天之前，我跟许多苏族印第安人收拾行装，拔起我们的圆顶屋，离开了夏延河。我们先到了罗斯巴德河，在那里宿营几天，继续往前走，到了比格霍恩河，那里有苏族的大营地，我们就不再继续走了，在苏族的大营扎营住下来。

苏族各部落在比格霍恩河扎营的勤快是这样的：昂克帕帕人（Uncpapa）在河最上游，紧挨着悬崖；然后是桑提人（Santee）的营地；奥格拉拉在桑提人之下；再下面依次是布鲁尔、明尼孔朱、桑斯阿克斯、黑脚、夏延。少数阿里卡拉印第安人也跟苏族住在一起（他们没有自己的小屋），还有图凯特尔斯也住在他们中间（没有自己的小屋）。［图片40显示了印第安人安营的情况。］

我是议事厅的苏族酋长。我的木屋在营地的中央。他们进攻的那一天，我正和四个妇女在营地外边挖萝卜。突然一个妇女叫我看营地那边有一阵烟尘扬起，我很快就看清是士兵们在攻击我们的营地。［图41就是士兵在进攻印第安人营地。］我跟那几个妇女就往营地跑。当我到了营地，就有人让我立马赶到议事厅。但是那些士兵攻势太猛，我们根本没能在议事厅商议什么。我们出了议事厅，朝各个方向喊话，苏族男人就骑上马，拿起枪，去跟敌人战斗；妇女和孩子骑上马赶紧离开，退到安全的地方去。

整页插图 39

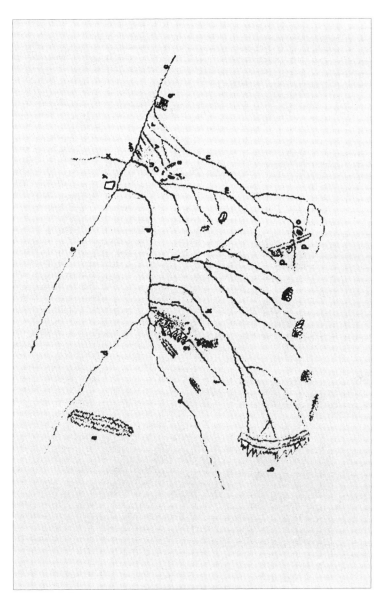

比格霍恩河之战战场

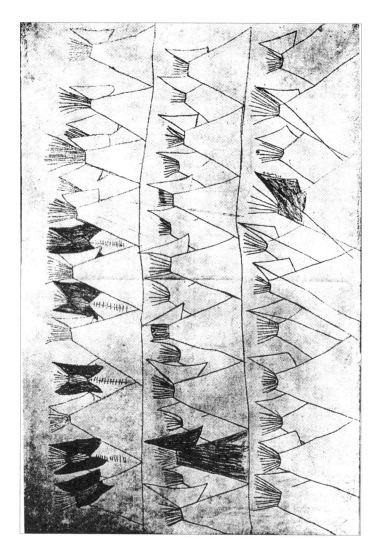

整页插图 40

比格霍恩河之战——印第安营地

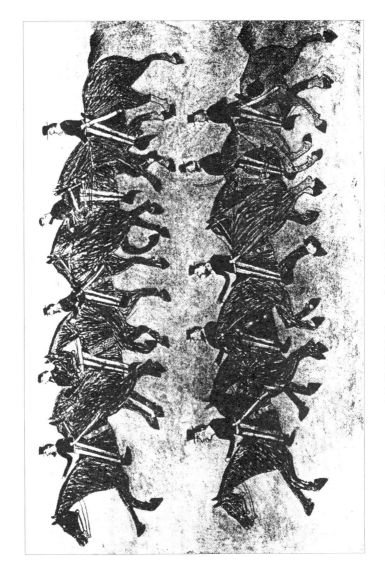

整页插图 41

比格霍恩河之战——美军士兵进攻印第安营地

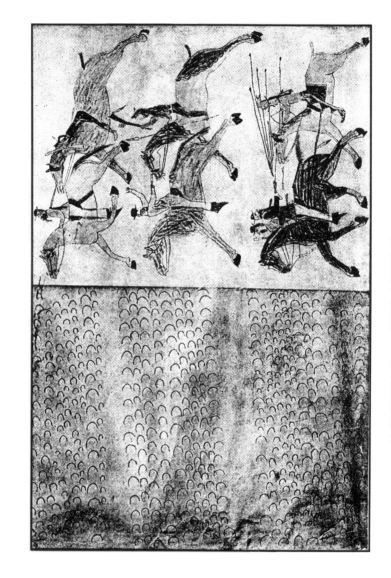

整页插图 42

比格霍恩河之战——苏族进攻美军士兵

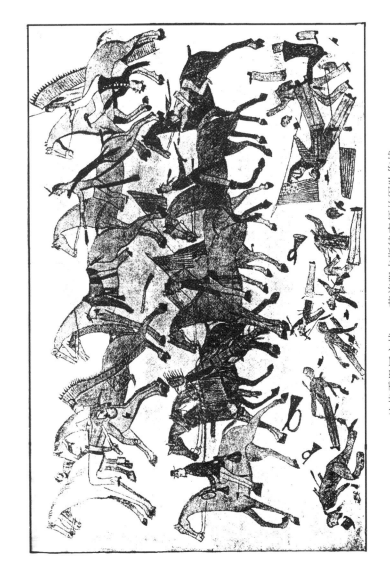

比格霍恩河之战——苏族跟卡斯特率领的军队作战

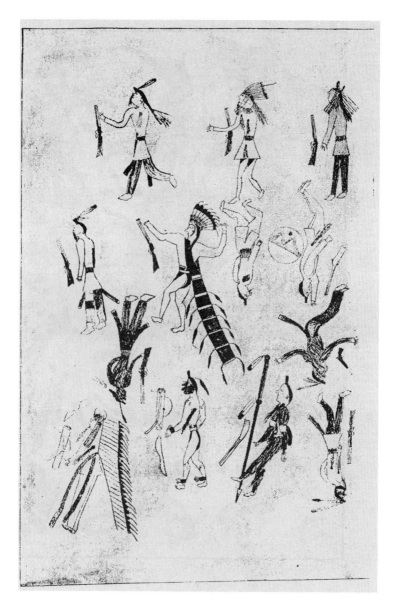

比格霍恩河之战——死亡的苏族人

比格霍恩河之战——死亡的苏族人

整页插图 46

比格霍恩河之战——卡斯特骑兵团死亡的士兵

整页插图 47

比格霍恩河之战——印第安人离开战场

比格霍恩河之战——印第安人离开战场

整页插图 48

这些士兵中有一个军官骑着一匹四蹄是白色的马。［从麦克切斯尼将军的备忘录可知，此人是第七骑兵团的法兰西上校。］苏族长期以来跟许多来自不同地方的勇敢的人作战，但是他们都认为这个军官是最勇敢的一个。我不知道他是不是卡斯特将军。很多苏族人跟我说他就是卡斯特。我在对战中见到过他许多次，却没有看到他的尸体。有人跟我说他被一个桑提人杀了，那人得到了他的马。这名军官戴着宽边帽，穿着鹿皮衣，他调转马头掩护自己军队的士兵撤退，很多白人士兵才能活命。苏族人说他是他们战斗过的最勇敢的军官。我看两个军官很像，都留着长的黄头发。

在攻击之前，苏族住在罗斯巴德河边。他们顺流而下，到达比格霍恩河，穿过比格霍恩河在它的西岸驻扎。

那天［进攻的日子］，一个苏族人要去红云贸易站，他刚离开营地不远，就看见一阵烟尘飞扬，他赶紧回到营地，以为是一群水牛来到村子的附近。

那天很热。很短的时间内，白人士兵们就开始进攻营地。［这是第七骑兵团雷诺少校（Maj.Reno）的队伍。］这些白人士兵循着印第安人营地迁徙的路线而来，他们也在苏族渡过比格霍恩河的地方渡河，并且沿河向上进攻昂克帕帕人（Uncpapas）。印第安的妇女和儿童沿比格霍恩河顺流而下，行至峡谷处。士兵对着那些木屋开火。所有苏族人向这些士兵们发动反攻［整页插图42］，将他们逼退回比格霍恩河的另一边，白人士兵乱作一团，加上河水水流湍急，一些士兵落水淹死。在一个山丘上，这些士兵停止攻击，苏族勇士包围了他们。一个苏族人过来说，另一队白人士兵虏获了印第安妇女和儿童。这话就像旋风在苏族人中传开了，他们就离开了这些被围山顶的白人士兵，赶去营救那些被掠的妇女儿童。

从白人士兵所在的山丘可以看到另一队白人士兵［根据红马的叙述，这另一队士兵是由卡斯特将军直接指挥的军队，他们与之前遭遇的军队不一样。这是红马的区分模式。］在有溪流的平地之上。苏族人担心山丘上的士兵［雷诺的军队］会从背后进攻他们，出乎苏族的意料，这些士兵并没有从后面进攻，苏族人猜测他们是没有弹药了。当我们杀尽另外这一队士兵［整页插图43是正跟卡斯特的军队作战］，苏族勇士就回到山丘上去杀那里的士兵。苏族人围住山丘，守住山上的白人士兵。此时有一个苏族人过来报信，说是有一队白人士兵正在赶来，这些步兵是来救援山上被围的士兵的。出于害怕，苏族人不能跟步兵作战，就匆匆撤离。

这队士兵在中午的时候进攻了苏族营地。他们分为两队，一队从右边进攻。苏族人把这队进攻的士兵赶到河对岸之后，又回头对付下边的另一队士兵［卡斯特的军队］，把他们打得乱作一团。这群士兵被打傻了，他们丢掉手里的枪，举起双手，大喊："苏族人，可怜可怜我们，俘虏了我们吧。"苏族人并没有接受他们的投降，把他们全都杀死了，无一幸存。这一队士兵开了火，不过没打几枪。我从两个死了的士兵身上拿了一把枪和两个子弹带，其中一个只打了两枪，另一个也就打了五枪。

苏族人从死亡的士兵身上拿了枪和弹药，回到山丘那

　　　　　　　　　美洲印第安人的图画文字

里，包围并进攻这里的士兵，使用的武器是从死亡士兵那里得来的。如果白人士兵没有分头行动，他们或许能杀死不少苏族人。另外苏族杀死的另外一队士兵［卡斯特的军队］有五次英勇的抵抗。苏族一旦从右翼进攻，冲进这些士兵中间，将他们打散，就与他们贴身肉搏。

有一小股士兵在苏族人的后面，当这股士兵发动进攻时，苏族人就转身跟这些士兵正面交火。苏族人变得异常勇敢，向这些士兵发动进攻。苏族打散包围这队士兵之前稍微走远了一些。我能看到领队的士兵并听到他们的呐喊声。此时苏族也多有伤亡。［整页插图44和整页插图45是死去的 566 苏族人。］苏族人死136人，伤160人。苏族在峡谷处杀死了这些不同的白人士兵。［整页插图46是死去的卡斯特军队骑兵团。］

白人士兵首先进攻河上游的苏族营地，不久之后，另一些白人军队进攻了下游的苏族村子。当苏族跟这另外的士兵作战时，他们的酋长大喊："苏族人，看住山上的士兵，别让他们加入这边的军队。"苏族人脱下死去士兵身上的衣服，穿在自己身上；这些人中还有不是士兵的白人。苏族人穿着白人士兵和普通白人的衣服跟山上的白人士兵作战。

比格霍恩河的河岸较高，苏族杀死许多渡河的白人士兵。山上的士兵掘地为战壕［做防御工事］，苏族跟白人士兵远距离对战，虽然苏族一度相当逼近，但战斗始终是远距离进行。直到一个苏族人过来报信，有一队白人步兵逼近这里。当这队步兵越来越近，苏族人就害怕地逃走了。［整页插图47跟整页插图48是说苏族人离开战场。］

第三节　迁徙记录

图796　奥吉布瓦人迁徙记录

图796是斯卡斯格（Sika'ssige）所做的奥吉布瓦人迁徙的图画记录，此处为缩小版临摹图。这个记录，特别是开头的部分，遵循着古老历史的传统规则，即历史跟宗教、神话的混合。水獭是兔神（Mi'nabō'zho）的信使，带领着古老原始的阿奈欣纳贝戈（Anishinabeg）人和其他部落的人从一个小岛迁徙到他们最后的栖居地，这是欧洲人来到美洲之前的地点。阿奈欣纳贝戈人是奥吉布瓦的祖先，他们迁出的小岛是想象中世界的中心，四周可见环绕的地平线。这幅图的制作者提供了关于它的具体解释：

　　a，圆圈表示地球表面，四周是地平线，一如此前所说。中间的圆点是想象的岛屿，或者是人类原始的家园。*b*，一条分割线，将米德维威（Midewiwin）的历史及严格宗教传统跟实际的迁徙分割开来。实际的迁徙是这样的：当水獭得到四个祷告，这个从*c*可以看出来，他就从水下消失，向西而去，阿奈欣纳贝戈跟随它的路线来到渥太华岛（*d*），在这里，他们搭起法屋，住了几年。然后水獭又一次消失在水下，不久它出现在A'wiat'ang（*e*）。跟随它的人再次搭起法屋，并根据兔神（Mi'nabō'zho）的指导举行神圣的仪式。之后，断断续续的迁徙又再继续，几个落脚的休息点在下面的部

567

分依次列出，在每一个停下来的地方，都会举行洁净的法屋仪式。下一个地点是 Mishenama'kinagung——Mackinaw（f）；然后是 Ne'mikung（g）；Kiwe'winang（h）；bawating-SaultSte.Marie（i）；Tshiwi'wowi'（j），Negawadjeu——沙山（k），苏必利尔湖北岸；Minisawik——岩石岛（l）；Kawasitshiuwongk'——泡沫激流（m）；Mush'kisi'wi——坏河（n）；Shagawamikongk——"表面下的长沙带"（o）；Wikwedawongga——沙湾（p）；Neashiwikongk——悬崖点（q）；Netawayashink——小沙带点（r）；Annibis——小榆树（s）；Wikupbimish——小岛椴木（t）；Makubin——熊岛（u）；Shageskikedawanga（v）；Newigwassikong——树皮被剥下的地方（w）；Tapakweikak［Saapakweshkwa'okongk］——获得木屋树皮的地方（x）；Ne'uwesakkudezebi［Newisakudsibi］——死木材河点（y）；Anibikanzibi［现代的名字是 Ashkibagisibi］——不同人给出不同的名字：鱼卵河或者"绿叶河"（z）。

这些地点据描述都在明尼苏达州的桑迪湖（Sandy Lake）一带，在那里，水獭最后一次出现，而法屋最终建成。奥吉布瓦人说他们在拉波因特（La Pointe）跟桑迪湖分散成几个分支，遍布在明尼苏达和威斯康星的多个地区，最终形成具有区别性的群体，这也是法屋仪式具有渐变性的一个主要原因。

金斯布罗使用的《波杜里尼手抄本》（*Codex Boturini*）可以视为这种迁徙记录的一个有趣参考。这是来自波杜里尼收集的原始墨西哥象形文字画，一共 23 幅图画。

第四节　重大事件记录

本节是来自达科他《冬季年度大事记》的一些图画，这些记录部落或者部落之间的重要事件并未纳入其他章节的内容。

图797　"布鲁尔（烧焦）"达科他人的起源

图797——人们被烧的冬天。巴蒂斯特·古德《冬季年度大事记》，1762—1763年。他解释这是"布鲁尔"（烧焦）达科他人族名的来源：

一些达科他人住在他们自己国度的东边，草原大火烧毁了他们整个村庄。一个男人和他的妻子还有他们的孩子们，正在离村庄有段距离的地方走着，他们都被烧死了，连同他们的马也被烧死了。所有能跑到附近长湖的人跳进湖里能够幸免于难。很多人的大腿或者腿被烧伤，这也是"si-can-gu"这个名字的起源，翻译成英语是指"大腿被烧伤的"，法语就是："Brulé"，这个部落就用了这个名字。

568

图798——奥格拉拉参与一场酒后斗殴，导致部落的分裂，割裂（Kiyuksas）从其他部落独立出来。美洲马《冬季年度大事记》，1841—1842年。

图798　割裂

图 799 ——九个白人来跟达科他人贸易。美
洲马《冬季年度大事记》，1800－1801 年。

图 799　最早来
　到的贸易商

戴帽子的头表示一个白人，头上八个圆点表
示其他的八个白人。根据这个记载，白人是 1794
年到 1795 年首次来到这个地方，这幅图上是那
些白人的后继者，他们是第一批来这里进行贸易
的白人。

图 800 ——"好白人"（Good-White-Man）的
到来。云盾《冬季年度大事记》，1800－1801 年。

这是第一个来这里贸易的白人，他住在这个
达科他部落的分支。这在云盾的表格中有早期的
记录。

图 800　最早来
　到的贸易商

图 801 ——贸易商带给达科他人第一批枪
支。云盾《冬季年度大事记》，1801－1802 年。

图 801　最早来
　到的贸易商

图 802　最早来
到的贸易商

图 802 —— 达科他人第一次看到四轮的货车。一个名叫"红湖"（Red-Lake）的白人贸易商用这种四轮货车装他的货物。美洲马《冬季年度大事记》，1830—1831 年。

最初的贸易商都是从水路来，他们用船装货。

图 803　剥男孩
的头皮

图 803 —— 克罗族印第安人到达科他人的营地，并且剥去一个男孩的头皮。云盾《冬季年度大事记》，1862—1863 年。

下图也是讲述此事。

569

图 804　男孩被
活剥了头皮

图 804 —— 克罗族人活剥了一个达科他男孩的头皮。美洲马《冬季年度大事记》，1862—1863 年。

这种异常残酷的暴行再次燃起达科他人跟阿布萨拉卡（Absaroka）人之间的激烈战火。

图 805　杀死
的马

图 805 —— "站立的公牛"（Standing Bull）所有的马都被杀死了。云盾《冬季年度大事记》，1832—1833 年。

马的下面是马蹄印、血迹和箭矢。四足动物仅画了两条腿，这可能跟"站立的公牛"的名字图案有关，有了这个局限，这个四足动物既不能跑也不能走，仅仅能站着，画出两条腿也就仅仅表示站立这个概念，尽管为了方便起见，把两条前腿都画了出来。

图 806 ——他们在霍斯克里克溪（Horse Crcek）口第一次收到年金。美洲马《冬季年度大事记》，1851—1852 年。

图 806　收到的年金货物

图中画了一个单点毯子表示干货，周围一圈的标记代表人。

图 807 ——给达科他人的货物运抵拉勒米堡（Laramie），云盾《冬季年度大事记》，1851—1852 年。

图 807　收到的年金货物

这是他们第一次从美国联邦政府得到货物。图上的毯子表示全部发放的货物。

"白奶牛杀手"（White-Cow-Killer）称它为"普拉特河上冬天的大量货物"（Large-issue-of-goods-on-the-Platte-river-winter）。

这幅图的符号是比之前图 806 中的符号更为约定俗成的形式。

图 808 ——达科他人在生皮峰（Raw-Hide Butte）接收到年金货物。美洲马《冬季年度大事记》，1856—1857 年。

图 808　收到的年金货物

图中的房子和毯子表示事务处和货物。

图 809 所购墨
西哥毯子

图 809——达科他人从约翰·理查德那里购买墨西哥毯子。理查德买了好几货车的墨西哥毯子。云盾《冬季年度大事记》，1858—1859 年。

570

图 810 俘获一
辆货车

图 810——他们在汤河（Tougue River）俘获了一列四轮货车。押运货车的人被吓跑了。美洲马《冬季年度大事记》，1867—1868 年。

货车前部伸出的毯子表示在货车里发现的货物。

图 811 职员
被杀

图 811——奥格拉人杀死了一个印第安人事务处（塞维利亚事务处）的职员，就在内布拉斯加罗滨逊（Robinson）堡的红云贸易站的围栏里面。美洲马《冬季年度大事记》，1873—1874 年。

图 812 砍下
旗杆

图 812——在内布拉斯加罗滨逊堡附近的红云贸易站，奥格拉人把贸易站下令砍倒的旗杆剁成碎块，他们不允许这个旗再立起来，在这个贸易站上飘扬。美洲马《冬季年度大事记》，1874—1875 年．

这事发生在 1874 年。贸易商要升起的旗帜

美洲印第安人的图画文字

后来在达科他的青松岭贸易站升了起来。

图 813 ——美国联邦政府牵走了那些马。火焰《冬季年度大事记》，1876 — 1877 年。

图 813　马被牵走

这幅图是美国军方对印第安部落采取的一次行动。这些印第安部落，多少跟后来的"卡斯特大屠杀"有关，或者是站在卡斯特将军的对立面。一支队伍席卷了密苏里河印第安保留区，把那里所有的小马都牵走了，恶意剥夺了印第安人的交通工具。头顶有星星、戴帽子的人是指挥美国军队的准将。马蹄印上没有马蹄铁的标记，这是表示小马的方式。其中黑色的图块表示在抵达俾斯麦和其他贩售点之前摔倒或者死去的小马。虽然曾对马主人许诺，会将卖马的钱悉数交还，事实上，马的主人并没有收到多少钱。

第十七章　传记

本标题之下的图画文字大致分为这样两个部分：第一，生活事件的连续记录；第二，特别的功勋或者事件。这两种类型的图画文字均较为常见。美国国家博物馆的乔治·卡特林（George Catlin）印第安艺术美术馆里有丰富的收藏，另外托马斯·唐纳森（Thomas Donaldson）的实录和统计，载于1885年史密森尼学会的报告的图片100到图片110，也为此提供了材料。

第一节　生活事件的连续记录

下面的"自传"可谓是对事件连续记录的一个真实且独特的例子。这是格兰德河（Grand River）的达科他人于1873年创作的11幅系列图画来纪念"奔跑的羚羊"（Running-Antelope），昂克帕帕（Uncpapa）达科他人的酋长。其中7幅图，最为有趣，收录在此处。这些画是用水彩涂色，下面的这些解释正是画家向W. J. 霍夫曼博士提供的。

这个记录包含了"奔跑的羚羊"的勇士生涯中发生的重要事

件。虽然图画中常常会出现不止一个人被杀，如果没有特别加以
说明，则不表示一次杀死的人，通常是一次远征中多次杀敌的总
数。他或者是这次远征的领导或者不是。他总是拿着一个上面画
着鸟（鹰隼 Falco cooperi）的图案的盾牌，这代表他的宗族图腾 572
或者队伍图腾。他所骑乘的马下面总是画着一只奔跑状的羚羊，
用来表示他的名字。

图 814　杀死两个阿里卡拉人

　　图 814——一天之内杀死两个阿里卡拉人。他手里的长矛，
刺向前面的敌人，表示"奔跑的羚羊"用这个武器杀死了敌人；
左边的敌人是被射杀的，由射击的枪表示，枪击之后又用长矛刺
杀。这个事件发生在 1853 年。

　　图 815——在 1853 年，他刺杀并且剥掉一个阿里卡拉印第
安人的头皮。从图上可见，这个阿里卡拉人试图告诉"奔跑的羚

羊"他手无寸铁，因为他的右手向外伸出，手指张开，像是在模仿表示"否定""什么也没有"的手势语。

图 815　刺杀并剥了一个阿里卡拉人的头皮

图 816　杀死十个男人和三名妇女

图 816——在 1856 年，"奔跑的羚羊"杀死了十个男人和三

名妇女。这个人群的排列方式跟古代埃及绘画模式的处理风格极
为相似。

图 817　杀死两个酋长

图 818　杀死一个阿里卡拉人

图 817 —— 1856 年，"奔跑的羚羊"杀死了两个阿里卡拉酋长。他们的身份等级通过其衣服和袖子上附属的装饰物表明，这些装饰物是用白鼬鼠皮制成。胜利者（即"奔跑的羚羊"）左大腿上的箭说明他自己也受了伤。"奔跑的羚羊"大腿上的伤疤清晰又明显，表示那支箭贯穿了他的大腿。

图 818 —— 1857 年，"奔跑的羚羊"杀死了一个阿里卡拉人。他用弓来打他的敌人，这被视为是对敌人最大的伤害。同样的概念可以参见东部阿尔冈琴的讨论（Leland，b）。在议事厅讨论其功勋时，这种行为能为勇士记上一次"战功"（coup）。

图 819　杀死两个阿里卡拉猎人

图 819 ——"奔跑的羚羊"在 1859 年杀死两个阿里卡拉猎人。这两个猎人都是被枪射杀而死，图上两个印第安人身上都画有枪的图形。受害者身上画着一组线条表示被枪击中，以及子弹有效射击的位置。上面的那个猎人在被射杀时正在搭弓引箭准备放箭。

图 820　杀死五个阿里卡拉人

图 820 ——1863 年，"奔跑的羚羊"在一天内就杀死五个阿里卡拉人。虚线表示"奔跑的羚羊"追踪的路线。当那些印第安人发现自己被人追踪，就躲在了一片孤立的小灌木丛里。他们在这里毫无反抗地被杀掉。围栏里的五支枪表示这五个人是有武装的。 575

这些图画里的阿里卡拉人几乎戴着他们的头饰，那是在阿布萨罗卡印第安人中普遍流行的一种风尚。阿布萨罗卡人的宿敌是苏族人，而阿里卡拉人所说的"Pallani"（敌人）则是泛指一切敌对的人，克罗族印第安人把它画成一个普通符号。

威纳（e）就秘鲁曼西切（Mansiche）发现的一块画板进行讨论，这幅图以跟原件 1∶5 的比例缩小，呈现在此处，即图 821。

图 821　秘鲁人的传记

这个画板是对逝者生前所有要素的描写，事实上就是他的生平传记。他是有王室血统的酋长（通过带着五根双羽毛的红色头饰可以判断）。他掌管整个部落，还是军队的总指挥（由他右手拿着的权杖判断）。他参加了三次战役（三只胳膊可以表示，用"三"这个数量来证明他的能力）。他是其所在地区的大法官（图画中间的扩音喇叭的符号表示），手下还有四名法官（四个角上各有一个扩音喇叭的符号）。在他执政期间，他修建了国内的灌溉系统（围绕图画的一圈的图案符号）；还建造了不少大建筑（在灌溉的曲流外边那些棋盘格的符号）。除此之外，他还忙着养牛（通过美洲驼的符号可以看出）。他活了 42 岁（那些小块用来表示年数，就像树的年轮）。他有五个子女，三个儿子，两个女儿（用精子的符号表示）。这就是这个人的一生，以象形文字记在画板上，乍一看，就像是新手画家的信手涂鸦。

第二节　特别的功勋或事件

图 822 是《纽约州历史记录》（*b*）里收录的一个图例。这是一个易洛魁人"打猎归来，他在猎场住了两晚，杀死三只母鹿；如果是公鹿就会加上鹿角。"

图 822　易洛魁人的打猎记录

美洲印第安人的图画文字

在这同一本书（《纽约州历史记录》）的第 9 页，描述了图 823 的内容，下面是摘录的其中一部分：

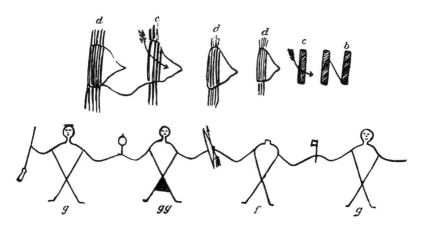

　　b，他们在走向战场的路上做了如此的记号。如果这个竖条有延伸出来连接其他竖条的线则表示，在战后，这个人没有回到原来的村子，而是跟着他在战场上遇见的或者重新组建的战队一起走了。

　　c，断箭，表示他们在此次远征中受伤了。

　　d，表示他们组建战队或者立志为某人报仇使用的带子属于他们，或者他们部落的其他人。

　　e，他没有回到村子就直接又赶赴战场了。

　　f，他在战场上杀死的一个人，此人带着弓和箭。

　　g，他俘获的两个人，其中一个拿着短斧，另一个拿着枪。

　　gg，这是一个妇女，不过仅仅使用特别的围腰布来表示。

图 823　易洛魁人的军事功勋

图 824　交叉熊
之死

图 824 是来自 1853—1854 年的巴蒂斯特·古德《冬季年度大事记》。

他称这一年为"交叉熊死于狩猎"（Cross-Bear-died-on-the-hunt）的冬天。

在最左边的符号是"雪橇"（travail），表示在移动中；水牛，是说他们在猎水牛；张开嘴巴，爪子向前伸的熊就是交叉熊。内卷状的符号是在巴蒂斯特·古德的记录中常常会出现的符号，表示肠胃的疼痛，最终致命。这一组符号不仅是一个小故事、一份讣告，还是某种特别形式的死亡的象形符号、值得注意的姓名图腾以及对苏族运输模式的展示。

"雪橇"（travail）一词需要解释。这是指许多印第安部落用作运输的一种特别的雪橇。它其实更多地用在没有冰雪覆盖的地上。印刷时，这个词常常是用复数词形"travaux"（雪橇），有时是"travois"（雪橇）。不少人做过关于它的词源学讨论。这个词最初是来自法语"traineau"（雪橇）一词，意为雪橇；或许是加拿大船员语言的讹用。误用的形式"travail"由英语使用者保留下来，跟"travel"（旅行）的读音相似。

明尼苏达州雷德莱克（Red Lake）的奥吉布瓦印第安人有一些桦树皮画卷，这些画卷已经有七十多年的历史，图 825 就是来自其中的一幅，是 1882 年从当地奥吉布瓦人那里得到的。保留区的一个印第安人提供了这幅图的解释，不过此人既不认识这幅图的作者，也不了解这个记录所记载的历史。不过也有例外，1883 年，密歇根哈伯斯普林斯（Harbor Springs）的渥太华印第安人看懂了这幅画，并向霍夫曼博士提供了所有符号的解释。

577

图 825 危险的贸易之行

图中 *a* 表示一个印第安人到访一个大湖区附近国家。他手里拿着一个头皮，这是他杀了一个敌人之后从其头上剥下的。从这个人的头上有一条线延伸到一个圆圈，这表示他的名字；同样地，从他嘴巴也延伸一条线到这个圆圈（达科他人的方式），这表示"也就是说"，指向同一个名字。

b，被杀死的敌人。他应该在部落里身居要职，这个可以从他头上戴着的牛角判断，这是奥吉布瓦人萨满或法师（wabeno）的标记。他手里拿着的像是拨浪鼓，印第安人向霍夫曼如此解释，尽管他们自己也并不确定，这个符号并不明朗。

c，在这个图例中，短线连接的三个圆盘状符号表示三个晚上，即三个黑色的太阳。*a* 代表的那个印第安人到达他要去的部落是走三天的距离。

d 是一个贝壳，代表这个印第安人远行的最初目的，因为在

制作装饰品和贸易中，贝壳的需求量是相当大的。不同部落，甚至是相距较远的部落之间人员的流动也属于常见的事情，当然，长途远行存在一定的风险。

e 是两条平行线，这表示此条记录的结束与另一条记录的开始。

下面是肖肖尼族酋长"皮特"（Pete）向 W. J. 霍夫曼博士讲述的他于 1880 年去华盛顿时建立的个人功勋。图 826 也是他画的草图，他还提供了关于这些符号的解释，如下：

a 是皮特，肖肖尼的酋长；*b* 是一个内兹佩尔塞印第安人，他用箭刺伤了皮特，这个人是马被惊跑了的那队人中的一个；*c* 是马蹄印，表示马匹惊跑的路线；*d* 是长矛，从内兹佩尔塞人那里俘获；*e，e，e* 是俘获的马鞍子；*f* 是俘获的马缰绳；*g* 是俘获的套索；*h* 是俘获的马鞍座毯；*i* 是俘获的一条大毯子；*j* 是俘获的一条紧身裤；*k* 是俘获的三条紧身裤的裤腿。

图 826　肖肖尼人抢马的突袭

下面一组图画是关于个人特别的功勋和事件，不同的达科他《冬季年度大事记》的报道者们都认为，这些图画还是值得讨论的：

图827——被敌人（曼丹族印第安人）包围的黑脚印第安人冒着生命的危险去给他所在的战队取水。火焰《冬季年度大事记》，1785—1786年。阐释者说，这是发生在目前达科他夏延贸易站附近的事件。原图上这个人的肩上有流血的伤口，显示这个勇敢的印第安人受伤了。他手里拿着盛水的容器。

图827　冒险去取水

579

图828——追敌（Runs-by-the-Enemy），《红云统计册》。这是一个特别勇敢又迅捷的勇士，他的一个卓越功绩就是曾一人围住了一队恶敌。

图828　追敌

图829——逃脱（Runs-Around），《红云统计册》。图中的这个人是一个被一群敌人包围且被射击的勇士，他最后凭借其速度成功逃出包围圈。

图829　逃脱

图830——穿过敌营（Goes-through-the-Camp），《红云统计册》。此图记录一个探报如何成功穿过敌营。

图830　穿过敌营

图831 横穿

图831 —— 横穿（Cut-Through），《红云统计册》。这是一个步兵从一队敌方骑兵中间横穿过去。

图832 在圆顶帐篷里被杀

图832 —— 达科他人"脸涂成红色"（Paints-His-Face-Red）在其圆顶帐篷里被波尼人杀害。云盾《冬季年度大事记》，1837—1838年。右边这个脸上涂红的人是在一次死者纪念活动中依照仪式要求涂上的，这是相当昂贵的。这幅图显示出两个事实，一是这个人和他的圆顶帐篷被敌人围了一圈，而且敌人还对他打枪射击；第二，这一圈敌人的上边部分恰是另一个较小的圆顶帐篷，其上还有遭到致命攻击的标记。

图833 —— 脸颊涂成红色（Paints-His-Cheeks-Red）和他的家人在宿营时被波尼人杀害。美洲马《冬季年度大事记》，1837—1838年。这个图画跟上一幅讲述了同类的事件，只是这个表达方式更加常规化和约定俗成。

图833 在圆顶帐篷里被杀

图834 走向战场

图834 —— 斑点马（Spotted-Horse）拿着烟斗四处走，并且走向对战波尼人的战场，志在替他的叔叔"脸颊涂成红色"报仇。美洲马《冬季年度大事记》，1838—1839年。这幅图画是上一幅图画所传达故事的后续。

图 835 ——在跟肖肖尼人的战斗中，白公牛（White-Bull）和其他人被杀。云盾《冬季年度大事记》，1845—1846 年。图中的勇士被剥去头皮的量要多于正常的量。

图 835　白公牛
被杀

图 836 ——在一次因一头小牛而起的争执中，勇敢的熊（Brave-Bear）被杀。云盾《冬季年度大事记》，1854—1855 年。他是被敌人杀死的，所以被剥去了头皮。

图 836　勇敢的
熊被杀

图 837 ——在一次大战中，勇敢的人（Brave-Man）被杀，云盾《冬季年度大事记》，1817—1818 年。通过图上往来的箭矢可以看出战况，这个人也被剥去了头皮。

图 837　勇敢的
人被杀

图 838 ——一个士兵用刺刀刺杀了疯马（Crazy-Horse）。美洲马《冬季年度大事记》，1877—1878 年。这是 1877 年 5 月发生在内布拉斯加罗滨逊堡的哨岗的事件。这幅图画上的马，并不像本书中其他相关图例中所展现的那样，有波浪形线条来表示这个酋长。无疑这是源于这位印第安艺术家的疏忽。

图 838　疯马
被杀

第十七章　传记

图 839 因鞭打
妻子而被杀

图 839 ——条纹脸（Striped-Face）用匕首刺死了他的女婿，因为他女婿鞭打了他的女儿。美洲马《冬季年度大事记》，1829—1830 年。

图 840 因鞭打
妻子而被杀

图 840 ——斑点脸（Spotted-Face）用匕首刺死了他的女婿，因为他女婿鞭打了他的女儿。云盾《冬季年度大事记》，1829—1830 年。这是上一幅图画的另一个版本。

图 841

图 841 ——近距离射击（Kaglal-Kutepi, Shot-close），《奥格拉拉花名册》。这可能是指在这名勇士人生中逃脱的一次凶险射击；也可能指他潜到敌人身旁，近距离射击敌人。常出现在印第安人图画中的这种设计，允许双重的解读。近距离射击并没有标记清楚，只是用箭已经碰到对方人头而跟弓的距离很近这种情态来表示。这幅图画或许能从下一幅图画得到一些阐释。

图 842

图 842 ——来自天鹅《冬季年度大事记》，1835—1836 年。明尼孔朱部落酋长"跛脚鹿"（Lame-Deer）用同一支箭射了一个阿西尼博因人（Assiniboin）三次。他距离敌人如此之近，所以并未将箭射离弓弦，而是拔出箭再射一次。

美洲印第安人的图画文字

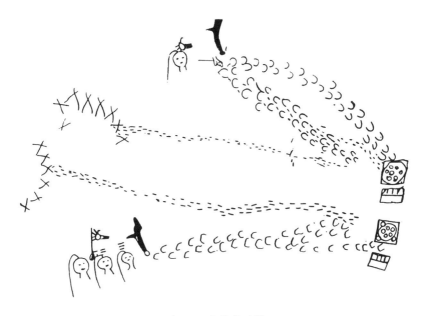

图 843　瘦狼的功勋

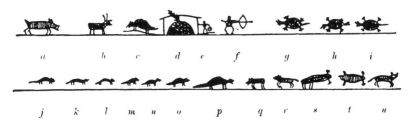

图 844　阿拉斯加的狩猎记录

　　图 843 是希多特萨（Hidatsa）部落酋长瘦狼（Lean-Wolf）画的包含两个故事的一幅图画。讲述苏族印第安人为偷得马匹发动的进攻，以及袭击的结果。上半部分的最左边是苏族的营地，从这里出来的是盗马贼的脚印，一直延伸到北达科他伯特霍尔德（Berthold）堡的希多特萨部落营地。这个村子是用方形围栏里面

圆形土屋来表示。苏族人偷得一些印第安马并且骑马离开，马蹄印代表这个。从希多特萨部落出来的短线表示瘦狼跟他的伙伴们步行追赶苏族偷马人，并且最终追上了他们。瘦狼他们杀死一个苏族人，还剥下他的头皮。头皮是在图中人头的上边的图案表示，瘦狼攻击苏族人的武器也在这里展现，即战棍。下半部分跟上半部分差不多，再一次苏族人到伯特霍尔德堡来偷马，瘦狼追赶他们，并且房获杀死了三个抢劫者。左手边的三个人头，由左及右分别显示出他杀死一个敌人；他在第二个人被射杀后第三个击打他并剥下这个人的头皮；第三个敌人——也就是右边这个——被击落马下后，他是第四个击打该敌人的人。

图 844 是霍夫曼博士从加利福尼亚的旧金山找到的雕在象牙上的记录。当地的阿拉斯加人为他提供了对这幅图画的解释。整幅图是关于狩猎成功的故事，不仅展示了想要猎捕的动物，还展示了捕获的动物。

下面是对图中内容的解释：

a、*b*，鹿；*c*，豪猪；*d*，冬天，或者永久的居所；两根竖直的柱子上架着的横木棍是晾晒干鱼的架子；*e*，跟记录者同住一间屋子的另一个当地人；*f*，功绩正在被记述的猎人；*g*、*h*、*i*，海狸；*j*、*k*、*l*、*m*、*n*，貂；*o*，鼬鼠；这是根据解释者的讲述，图中并没有将其与前边"貂"的图形加以区分；*p*，陆地水獭；*q*，熊；*r*，狐狸；*s*，海象；*t*，海豹；*u*，狼。

对比图例跟文本，就会发现，凡是捕获的动物，都是头向着房子方向；想要猎捕但却没有成功的动物，则是头朝向跟房子相背的方向。

下面是一个阿拉斯加人用伊努伊特语（Innuit）奇亚德穆

（Kiatéxamut）方言记录下来的一个文本，他自己逐字翻译成英语。

Huí-nu-ná-ga huí-pu-qtú-a pi-cú-qu-lú-a mus'-qu-lí-qnut. Pa-mú-qtu-līt'
我（从）我的地方　　我去　　　　打猎　　　　（为）毛皮。　　　　貂
　　（驻扎地）　　　　　　　　　　　　　　　（动物）

Ta-qí-měn, a-mí-da-duk' a-xla-luk', á-qui-á-muk pi-qú-a a-xla-luk'; ku-qú-
　五只，　　　鼬鼠　一只，　　陆地水獭　捉到　一只；

lu-hú-nu-mǔk' a-xla-luk', tun'-du-muk tú-gu-qlí-u-gú me-lú-ga-nuk',
狼　　　　　　一只，　　鹿　　（我）杀死　　两只，

pé-luk pi-naí-u-nuk, nú-nuk pit'-qu-ní, ma-klak-muk' pit'-qu-ní, a-cí-a-
海狸　　三只，　豪猪（我）没捉到，　　海豹　　（我）没捉到，

na-muk pit'-qu-ni, ua-qí-la-muk pit'-qu-ní, ta-gú-xa-muk pit'-qu-ní.
海象（我）没捉到，　狐狸　　（我）没捉到，　熊　　　（我）没捉到。

第十八章　表意文字

视觉感知，而非其他任何感知方式或者其他感知方式的综合，是激发想象的主要来源。美洲印第安人，亦或所有原始野蛮人，都拥有极其敏锐而精密的视觉能力，以及几乎过目不忘的惊人记忆力。一旦某物被赋予了意义，就总是会被忆起，尽管时常会伴随谬误的演绎。因此，如同凭借视觉感知生活的聋哑人那样，美洲印第安人发展出一套用于交流沟通的符号体系，极其便利。他们还使用图画来表达思想，当然这些图画重在表意，在艺术性上乏善可陈。此种倾向同样影响到他们的语言表达，在词语上充分体现符号的特点，并且跟视觉对象密切相关；在言辞表达上，使用比喻性的呈现方式而具有高度的隐喻性，表示物品的词语总伴随仿拟的符号，常常通过他们的肢体来表达。

曾有关于北美土著语言不能表达抽象思想的论述是错误的。不过，他们以有形的、可视的形式来表达抽象概念的倾向却是非常明显。在论及宗教题材时，这种做法尤为突出，均以面纱笼盖之下的符号来表示。这是那些已然脱离了人类文化最低层级，但尚未到达最高等级的民族最常使用的权宜之计。

　　本书中的很多例子中，以图画来展现抽象概念，不仅止于用逼真的肖像画方式，还使用仿拟跟图标化的手法，后者更是逐渐风格化。

　　要对这些收集来的图画性表意符号加以精确的科学分类，却存在困难；原因在于，这些图画均处于任何可以在实际操作中足够简明的方法的过渡阶段。本章内容安排如下：（1）抽象思想的形象表达；（2）符号、象征与徽记；（3）色彩的意义；（4）手势语和体态语。当对思想的书写符号获得成功，亦即其被广泛接受，随即或多或少地走向约定化。本书专辟第十九章讨论约定化的问题。 584

第一节　抽象思想的形象表达

　　就本章的内容而言，物质实体不是以该物体精准肖像的形式确定，而是以另外物体或者人物的比喻方式呈现，这是图画文字第一个阶段的主要风格或者发生关联的方式。在美洲印第安人中，这一阶段的图画文字大量而丰富。事实上，他们的人名和族名的实体性呈现构成了目前能彻底解读的图画文字的最大部分。

　　第二个阶段发生在当一个物体——通常是某种动物——的特殊性质或者特点被用来表达某种概括的性质时，这个概括的性质即为抽象概念。此种用法颇为常见，比如，在埃及人那里，双目炯炯发亮、翱翔于高空的鹰常用来表示"神圣"或者"皇室"；鳄鱼则代表黑暗。再稍加延伸到鸵鸟羽毛形成的隐喻，因其羽毛上羽丝的对称均等而用来表示"真理"。所有的民族中，统治者都使用特殊的实体符号来表示他们的社会等级，也因此赋予这些物体以权力的符号，无论是皇冠还是雨伞，鹰的羽毛还是彩色纽扣。马代表迅捷，蛇则是生命（画作圆圈时则是不朽），狗表示警觉，兔子则代表丰产。从本章的图画文字可知，在哥伦布发现新大陆的时候，美洲的这些部落已经进入图画文字的第二个阶段。尽管不同部落和地区间在发展水平上极不均衡，但任何一个部落在相关思想的图画表达上都未达到他们现在使用的图画文字那样高效的程度。这种高效的表达主要源于彼此语言不通的许多部落之间长期的交际往来对图画文字的频繁使用。抽象思想跟声音不需要发生关联，仅是思想的符号被听觉接收，而非仅仅同样的思想跟符号作用于视觉。两种模式的延续和使用范围主要仰赖其使用的程度，最终，言说的语言无疑会胜过符号文字和图画文字。

本章所涵盖的例子并非所有收集到的表示抽象意义的图画，事实上，本书中其他章节也包含这样的图画，此处试图以一定之顺序对这些图画加以分类，收集的这些是试图以一定顺序分组。根据通用的定义，或者定义的需要，其中一些可以被归为象征符号。

……之后

图 845　进攻
之后

图 845——进攻之后，《红云统计册》。

这里显示的是对敌进攻命令，敌人显然是克罗族印第安人。此处呈现的概念不是一队勇士同时向克罗人进攻，而是他们之间进攻的接续。这幅图中显示的这个人或许参与了进攻，却并没有领导任何有力的进攻。

图 846 ——约翰·理查德射杀了一名叫作黄熊（Yellow-Bear）的奥格拉拉人；但约翰尚未能离开木屋就被奥格拉拉人杀掉。美洲马《冬季年度大事记》，1871—1872 年。这是发生在 1872 春天的事件。白人死在印第安人之后，所以在图画中被安排在印第安人的形象之后。图上还有代表印第安人名字的熊头。

图 846　被杀之后

年龄：老与幼

老

图 847 ——老马（Old-Horse），《红云统计册》。图中以皱纹和前凸的嘴唇表示年老。

图 847　老马

图 848 ——老墨西哥人（Old-Mexican），《红云统计册》。穿着欧洲服装的一个人弯着腰，手拄木棒，恰好描摹后文中提到与图 994 相关的手势语。这个达科他人或许是杀掉一个老墨西哥人而得此名。

图 848　老墨西哥人

第十八章　表意文字

图 849 幼兔

图 849 ——幼兔（Young-Rabbit），一个在红云之战中被杀的克罗族印第安人。云盾《冬季年度大事记》，1861—1862 年。图中，通过微小的身形和短腿来表现兔子的年幼。

坏

图 850 坏小孩

图 850 ——坏小孩（Bad-Boy）。《红云统计册》。小男孩的年幼通过他的短发体现。

图 851 坏角

图 851 ——坏角（Bad-Horn）。《红云统计册》。这个角的毁坏部分通过其腐蚀破损的状态和变形的弯曲度得以展现。

图 852 —— 坏脸（Bad-Face），一个脸被射伤的达科他人。云盾《冬季年度大事记》，1794—1795 年。毁坏的脸或许是在被射伤之前就因疾病长满斑点，也或许是枪伤留下了伤疤，这一事件赋予他一个新的名字，这在印第安人中是普遍的现象。"坏"这个概念通常以非常态，特别是变形的形式来表达。

图 852　坏脸

图 853 是来自柯普韦（d）书中，用来表示"坏"的概念。这个概念更像是用来表达"下"对"上"的优势。

图 853　坏，奥吉布瓦

……之前

图 854 —— 率先抵达。《红云统计册》。这幅图展现了一个步行的印第安人成功逃脱了骑马敌人的追赶。这个被追赶的人在追赶的人抓住他之前回到自己圆顶帐篷的家。追赶他的人通过马蹄印来表示。

图 854　率先抵达

大

图 855 —— 大萝卜（Big-Turnip），《红云统计册》。这种植物又叫草原芜菁。跟图中的人头相参照，这个萝卜的大个头显而易见。

图 855　大萝卜

图 856　大乌鸦

图 856——明尼孔朱达科他人大乌鸦被克罗族印第安人杀害。天鹅《冬季年度大事记》，1859—1860 年。他因杀死一个克罗族印第安巨人而得此名。图中这只鸟画得比《冬季年度大事记》里同类的鸟要大许多。

图 857——抓住（Grasp）。《红云统计册》。手的大小与力量通过在一只手上长出的另一只手表示，作为复制的样本。如若画出两只不同的手，就属于常规的处理方式，无法展示超常的抓力。

587

图857　抓住

图 858——大手（Big-Hand）。来自《红云统计册》。此图中手指都是分开展示的。

图858　大手

图 859——大雷（Big-Thunder）。来自《红云统计册》。此处雷的规格和力量是以暗示的方式展现的。双倍的或者两个声音的雷是为大雷。

图859　大雷

美洲印第安人的图画文字

图 860 ——大嗓门（Big-Voice）。《红云统计册》。图中表示，前面已经有很多声音，后面还有更多。

图 860　大嗓门

中间

图 861 ——中间的羽毛（Upi-Yaslate，Center-Feather），《奥格拉拉花名册》。这是指示一种特别的羽毛，即鸟——极可能是鹰——的尾羽中间的羽毛。本书中多次出现过这种鸟的尾羽。选择中间的羽毛为名有特定的原因。通过用线触及三根羽毛中间的那根来表示这个名字的概念。

图 861　中间的
　　　羽毛

耳聋

图 862 ——耳聋的妇女（Wi-nugin-kpa，Deaf-Woman），《奥格拉拉花名册》。耳朵上画着一条线，表示耳朵是合上的。耳朵与头上的王冠相连，来显示这个名字的表达。

588

图 862　耳聋的
　　　妇女

方向

选择这一类型的分类是因其有下面五幅图画，最为全面。第一幅上画着一只鹿皮鞋，上面带有蜿蜒的路线，在路径的最远端有分叉的设计，表示首领和方向指示。这说明这个战队的领导者在一条未知的道路上组织起来他的队伍。第二幅是对第一幅的解释。酋长在角的开口处，而不是顶点处，这表示他走在前面。这种表达方式是军事教科书中通用的方式，不过是以相反的设计来表达的。第三幅图表示在已经决定的对敌直线进攻中，领导者的坚定领导力。第四幅图用简单而加粗的直线线条表达其"勇往直前"的决心。

图 863 ——勇士,《红云统计册》。图中符号跟这个名字并没有关联。

图 863　方向

图 864 ——冲在前面（Goes-in-Front）,《红云统计册》。

图 864　冲在
　　　　前面

　　　　　　　　　　　　　　美洲印第安人的图画文字

图 865 ——勇往直前（Don't-turn），《红云统计册》。这个勇士不会（将不会）偏离他向前的方向。

图 865　勇往
直前

图 866 ——勇往直前（Don't-turn），《红云统计册》。这是上一幅图的变体，紧随其后是一队骑兵勇士。通过半月形的符号表示他们都骑在马上。

图 866　勇往
直前

图 867 ——返回的侦察兵（Tunweya-gli，Returning-Scout），《奥格拉拉花名册》。"返回"的概念巧妙地运用曲线连向出发的地点来表示。人头上的两个小球表示两个固定的地点，构成侦察的路线。

图 867　返回的
侦察兵

疾病

图 868 ——很多人患上"喀喀"咳嗽，美洲马《冬季年度大事记》，1813—1814 年。咳嗽由人的口中引发出的线条表示。孤狗《冬季年度大事记》的体系中有三幅图，对咳嗽这种疾病的特点有更佳表达，分别是本书的图 196、图 197 和图 198。

图 868　"喀喀"
咳嗽

图 869　麻疹　　　　　图 870　麻疹或者天花

589　　　　图 869——所有达科他人都患上致命的麻疹，天鹅《冬季年
度大事记》，1818—1819 年。巴蒂斯特·古德称作："天花用他
们过冬"，这里的"他们"就是达科他人。当时他们住在小怀特
河（Little White river），罗斯巴德贸易站（Rosebud agency）上游
20 英里处。图 870 是巴蒂斯特·古德记录中的图像，作为图 869
的变体。

图 871　吃了水　　　　图 872　死于
　牛后死亡　　　　　　　哨笛

　　　图 871——达科他战队吃了水牛后全部死亡，天鹅《冬季年
度大事记》，1826—1827 年。同年的巴蒂斯特·古德《冬季年度
大事记》称这一年为"吃了哨笛死亡的冬天"，见图 872。他还
解释说，有六个达科他人在外征战几乎要饿死之时，找到一头老

水牛腐坏的尸体，而且还是狼群吃剩下的。他们吃了之后，立即胃疼难忍，腹部肿胀，又打嗝又放屁，因此称为"死于哨笛"，或者说吃了哨笛。图中表示了打嗝从口中释放的气体；图中腹部以及右边的图案是表意符号，说明身体的这个部位疼痛。

图 873 ——许多人死于天花，云盾《冬季年度大事记》，1782—1783 年。《冬季年度大事记》中都有图画记录连续两个冬天爆发的天花，不过美洲马记载的瘟疫开始的年份比巴蒂斯特·古德晚了一年，云盾则晚了两年。

图 873　天花

图 874 ——许多人死于天花，美洲马《冬季年度大事记》，1780—1781 年。此处表示天花的小点儿都在达科他人的脸上和颈上，而达科他人的身份则通过发型表示。

图 874　天花

金斯布罗（e）对图 875 做过如下解释："在'七兔年'，即 1538 年，很多人死于天花。"这幅图可以跟前面两图加以比较。

图 875　天花，
墨西哥人

图 876　死于腹痛

图 876 —— 许多人死于腹痛。美洲马《冬季年度大事记》，1849—1850 年。此例腹痛应为亚细亚霍乱，是当时美国的一种流行性疾病。由加利福尼亚与俄勒冈迁移来的人们把这种疾病带到了平原地区。图上这个人的形态正是霍乱的表现。

图 877 —— 很多妇女死于难产，云盾《冬季年度大事记》，1798—1799 年。

590

图 877　死于难产

图 878 —— 很多妇女死于难产，美洲马《冬季年度大事记》，1792—1793 年。

图 878　死于难产

图 879 是来自柯普韦（e）的例子，表示生病。这个人因为生病而瘦削，这一点在图中清楚地展现出来，并且此人是欧洲人。

图 879　生病，奥吉布瓦

　　　　　　　　美洲印第安人的图画文字

艾约瑟（Edkins）（*a*）提供了图 880 的例子，表示"生病"。他指出这个汉字偏旁仿佛是一个病人靠在支撑处。所有与疾病有关的汉字都使用这个偏旁。

图 880　生病，
汉字

迅捷

下面的图形清楚表达了动作的迅捷快速：

图 881　快马　　　　　　　图 882　迅捷麋鹿

图 881——快马（Fast-Horse），《红云统计册》。

图 882——迅捷麋鹿（Fast-Elk），《红云统计册》。

害怕

以下的表意图画主要表达"害怕"的概念，分别是一群猎人围着麋鹿、熊和公牛。由图上可见，这些猎人应该是不敢徒手攻击这些陷入困境的动物，他们退后围成一圈，直至杀死或者至少是重伤被激怒的动物，那时接近它们不会再有危险。

591

图 883　害怕麋鹿　　　　　图 884　害怕公牛　　　　　图 885　害怕熊

图 883——害怕麋鹿（Afraid-of-Elk），《红云统计册》。

图 884——害怕公牛（Afraid-of-Bull），《红云统计册》。

图 885——害怕熊（Afraid-of-Bear），《红云统计册》。

图 886——熊止步（Matokinajin，The-Bear-Stops），《奥格拉拉花名册》。熊的四周围了一圈猎人，它被迫停下。这幅图跟上一幅图从根本上并无任何差别，只是这个名字在事实表达上跟上一个名字恰恰相反。此处这只熊是被迫停了下来，无疑，感到害怕的是这只熊，而不是那些猎人。人的害怕和熊的害怕，这两种意思都通过图画准确地表现出来，只是考虑的角度发生了变化。

图 886　熊止步

图 887

图 887 是柯普韦前述书中的例子。这幅图或许也是表示"害怕"，通过心脏和其他重要器官的下沉或者低沉来表达，这种表现手法在其他语言中也相应存在。

河水暴涨

这一小类图画是关于达科他人描摹他们居住的河岸上河水暴涨的情形，通常这会带来灾难性的后果。下面三幅图是关于同一事件的不同图画表现。

图 888 —— "很多扬克托奈斯人（Yankton-ais）溺死的冬天"。在密苏里河河湾处，河底结冰，达科他人就在这里扎营。突然河底被水淹没，冰面破碎，好多妇女儿童都被淹死。巴蒂斯特·古德《冬季年度大事记》，1825—1826 年。

图 888　河水暴涨

592

图 889 —— 在河湾处达科他人扎营的地方，密苏里河涨水造成的大洪水溺死了许多人。云盾《冬季年度大事记》，1825—1826 年。图中曲线表示密苏里河的河湾，波浪线表示河水，上面还显示了印第安人的圆顶帐篷。

图 889　河水暴涨

图 890 —— 一些达科他人住在密苏里河的河底，在磨石的下游。突然河底布满了碎冰，水面陡然上升，整个村庄都被淹没。大部分人或者被淹死或者被浮冰撞死，还有一些人爬到冰面上或者树上，逃过一劫。美洲马《冬季年度大事记》，1825—1826 年。

图 890　河水暴涨

好

图 891 —— 好鼬鼠（Good-Weasel），《红云统计册》。图上有两条波浪线从口中引出，向上延伸，这是模仿手势语中表示"好"的手势，

图 891　好鼬鼠

即两根手指（或者全部手指）分开并伸展，从嘴巴的位置向前向上伸展。当指称萨满或者基督教传教士时，就会做这个手势，它跟本书常会提及的"神秘"思想有关。

高

图 892 顶层的人

描写这个概念的几种不同方式都列举如下：

图 892 —— 顶层的人（Top-man），《红云统计册》。这个形象中，顶层的人，或者更准确地说是"在上面的人"是画在一条曲线之上，并且距离曲线一定的距离。曲线是表示倒转的天空形象。手势语中表示天空，是将手由东向西划一个弧形。其他表示天空的图画文字参见图 1117。

593　图 893 高处的云

图 893 ——高处的云（High-Cloud），《红云统计册》。轻又水平的云的符号表示这是气象学家们归类为高处大气中的云。这种画法跟达科他体系中其他云的画法都不同。

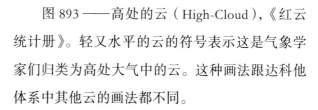

图 894 ——高处的熊，《红云统计册》。线条的长度跟熊伸展的姿势都显示出高度。

图 894 高处的熊

图 895 —— 高 处 的 鹰 ,《红 云 统 计 册》。此 处 增 添 了 一 个 表 示 高 处 的 符 号 , 即 在 鹰 的 身 体 下 面 , 爪 子 前 面 有 一 个 向 上 的 角 或 者 指 示 物 。

图 895　高 处 的 鹰

图 896 —— 站 在 山 上 的 狼 (Wolf-stands-on-a-hill),《红 云 统 计 册》。这 个 图 跟 下 一 个 图 是 对 同 一 个 名 字 的 不 同 绘 制 方 式 。第 一 幅 图 狼 画 得 小 而 模 糊 , 显 示 了 高 度 改 变 产 生 的 距 离 , 并 且 用 直 线 连 接 到 这 个 人 上 ; 第 二 幅 图 画 出 来 山 的 形 象 , 从 垂 直 的 距 离 来 看 , 这 座 山 太 小 , 不 能 承 载 狼 的 后 腿 , 需 要 想 象 出 承 载 其 后 腿 的 部 分 。

图 896　高 处 的 狼

图 897 —— 站 在 山 上 的 狼 (Wolf-stands-on-a-hill),《红 云 统 计 册》。

瘦

下 面 五 幅 图 都 是 表 示 动 物 的 羸 瘦 , 均 是 客 观 的 肖 像 描 摹 。图 903 表 达 的 意 思 是 "里 面 空 无 一 物"。

图 897　高 处 的 狼

图 898 —— 瘦 臭 鼬 (Lean-Skunk),《红 云 统 计 册》。

图 898　瘦 臭 鼬

图 899——瘦狗（Lean-Dog），《红云统计册》。

图899　瘦狗

图 900——瘦熊（Lean-Bear），《红云统计册》。图中这只熊的极度饥饿以其吞吃难以下咽的食物来表现。

594

图 901——瘦麋鹿（Lean-Elk），《红云统计册》。

图 900　瘦熊

图 901　瘦麋鹿

图 902——瘦公牛（Lean-Bull），《红云统计册》。

图 902　瘦公牛

美洲印第安人的图画文字

图 903 最初是在 1881 年 由瘦狼画的，他
是希多特萨人的二酉长。这幅图展示了他在
之前好多年都使用的描绘其名字的画法。他
幼年时有另一个名字。这是他草写的名字，
或者说是草体形式的名字，在图 548 中有更
细致的描绘。

图 903　瘦狼

小

图 904 —— 小环（Little-Ring），《红云统
计册》。此图和随后六幅图都表达了微小的概
念，这些图像跟统计册中其他同类物体约 300
多个图像对比呈现出小的形态。

图 904　小环

图 905 —— 小环（Little-Ring），《红云统
计册》。

图 905　小环

图 906 —— 小乌鸦（Little-Crow），《红云
统计册》。

图 906　小乌鸦

图 907 ——小云（Little-Cloud），《红云统计册》。

图 907　小云

图 908 ——小狗（Little-Dog），《红云统计册》。

图 908　小狗

595

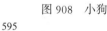

图 909 ——小狼（Little-Wolf），《红云统计册》。

图 909　小狼

图 910 ——小熊（Little-Bear），《红云统计册》。

图 910　小熊

美洲印第安人的图画文字

图 911——小麋鹿（Little-Elk），《红云统
计册》。下面在手势语中关于"小"这个概念
的表意方式：

左手大拇指跟食指捏住想象的对象，指
（带动右手食指指尖）向最后。最初鹿背上带
有一小块儿黑色圆形斑块，代表手势语中想象
的指点。

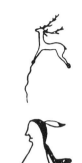

图 911　小麋鹿

图 912——小海狸（Little-Beaver）跟其他
三个白人来贸易。美洲马《冬季年度大事记》，
1797—1798。此图中人的形象比较小，而海狸
的形象则异常的大。

图 912　小海狸

图 913——小海狸（Little-Beaver）的贸易
马被烧死。美洲马《冬季年度大事记》，1808—
1809 年。此图中的海狸相比上一幅图而已，没
有那么大了，但依然超过合适的比例，这充分
显示出这个人的矮小。

图 913　小海狸

图 914——小海狸的房子被烧毁。云盾
《冬季年度大事记》，1809—1810 年。"白奶牛
杀手"（White-Cow-Killer）称作"小海狸（白
人）的房子被烧掉的冬天"。这是呈现同一个
人名的第三种方式。

图 914　小海狸

图 915 —— 小月亮,《红云统计册》。这个图像是月亮的一面,月面上亮的部分小。

图 915 小
月亮

孤独

图 916 —— 孤独的妇人(Winyan-isnala,Lone-Woman),《奥格拉拉花名册》。妇女头上的直线可以表示统一、孤单或者独立,根据上下文对其意义做出判断。

图 916 孤独的
妇人

596

图 917 —— 孤熊(Lone-Bear)在战斗中被杀。云盾《冬季年度大事记》,1866—1867 年。这个形象可以通过前面的形象解释。图中的熊是独自一人,直立坐着,并非常规四腿着地站立的姿势,就像这个图像转个方向的形象那样,怀疑站立才是想要呈现的形象,而不是此处的这种形象。

图 917 孤熊

多,许多

下面两幅图是通过重复的办法来表达"多"的意思。

第三幅图，即图 920，则是强调重复形成一堆，表示"多"。

图 918——许多贝壳（Many-Shells），《红云统计册》。

图 918　许多
贝壳

图 919——梅纳迪埃将军（General Maynadier）与奥格拉拉部落跟布鲁尔部落停战，美洲马《冬季年度大事记》，1865—1866 年。这位将军的名字（在读音上跟"很多鹿"近似）是用两个鹿头用线条连接到他的嘴上。图画记录者用记录印第安人名字的方式来记录他的名字。不过，这并非画谜的例举，而是仅懂一点英语的印第安人对这个词语在听说上的误解产出的例证。官方的翻译也易于犯这种错误，因为他们很难听懂英语口语的表达。

图 919　许多鹿

图 920 是来自巴蒂斯特·古德 1841—1842 年的《冬季年度大事记》，他称这一年为"'指示'纪念的死亡寒冬"，或者"厚厚积雪的寒冬"。

图中的人伸展的食指表明他的名字"指示"；圆圈和小点表示厚厚的积雪。

小点儿表示在这个《冬季年度大事记》中还有其他部分也有雪，圆圈则表示很多。本书图 260 中，用一个叉状的木棒与圈起来的水牛头表

图 920　很多雪

示"很多肉"。圆圈表示"多"，这跟手势语相通。手势语中表示"很多"的概念是将双手分别从两侧向上划，在身体前相交，构成上边一半的圆形，即一堆。

图 921 极多，
很多

图 921 来自柯普韦，是一个表示"极多""真的很'多'"的字符，参见上述的手势语。

597　　**模糊**

图 922　环状云

图 922 ——环状云（Ring-Cloud），《红云统计册》。半圆的云是跟图 893 相同的手法，只是方向相反。圆环被云所包裹。

图 923　云环

图 923 ——云环（Cloud-Ring），《红云统计册》。圆环的边缘扭曲模糊，因此变得朦胧。

图 924　雾

图 924 ——雾（Fog），《红云统计册》。这幅图跟其他的图相比而言，就显得模糊不清。这个人的轮廓比较粗糙模糊，有的地方还画了双线，并且没有身份的标记，这些都表明此人在雾中，很难辨识。

相反

下面的图 925、图 926 是介绍相反的姿势，如果不是了解到在大概 300 幅图中仅有几例，图中的人脸是朝向右边的，其余所有图画中的人脸都是朝向左边的；那么就很难理解相反的概念。这里是表达跟常规形式相反，即反向，每个例子都有不同的意义色彩。

图 925——背后击杀（Kills-Back），《红云统计册》。这里反向的概念通过非常态的姿态表达。军功棒应该是以相反的方式使用。

图 925 背后击杀

图 926——保持战斗（Keeps-the-Battle），《红云统计册》。这个概念是在应对进攻敌人的战斗中依然死不撤退。

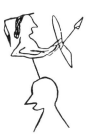

图 926 保持战斗

图 927——保持战斗（Keeps-the-Battle），《红云统计册》。跟前一幅图的名字相同，但是相反的部分表明，这是在图画文字中常见的表达方式。箭头汇聚在一起，这是重要的细节。这说明双方的箭射在同一个物体上，或者以一个想象的结连在一起。这使得战斗不得不延续下去。

图 927 保持战斗

图 928 他的
战斗

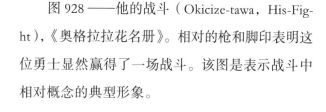

图 928 ——他的战斗（Okicize-tawa，His-Fight），《奥格拉拉花名册》。相对的枪和脚印表明这位勇士显然赢得了一场战斗。该图是表示战斗中相对概念的典型形象。

图 929 隔河
对战

图 929 ——巴蒂斯特·古德《冬季年度大事记》。隔河相对的两个部落在此遭遇，双方都向河对岸放箭射击对方。垂直的线条表示河岸，相对箭矢表示战斗或者遭遇。

拥有

图 930 拥有
箭矢

图 930 ——拥有箭矢（Own-the-Arrows），《红云统计册》。用手拿方式来表示"拥有"较为常见。

图 931 拥有
利器

图 931 ——拥有利器（武器）（Pesto-yuha，Has-something-sharp[weapon]），《奥格拉拉花名册》。武器或者利器举在身前，以示拥有。

俘虏

这一组图是几种表示囚犯的不同方式。

图 932 ——蓬卡（Ponkas）人攻击了奥格
拉拉人的两处居所，杀死一些人，俘虏了其余
的人。奥格拉拉人很快就去到蓬卡的村子，带
回了他们的人。美洲马《冬季年度大事记》，
1802—1803 年。

图 932　俘虏，
达科他

图中奥格拉拉人抓着一个俘虏的胳膊，把他
带走。上面的箭表示他们已经准备好作战了。抓
着小臂的手是俘虏的表意符号。

图 933 ——俘获敌人（Takes-Enemy），《红
云统计册》。图上这个人既没有被杀死也没有受
伤。他被军功棒或者带羽毛的长矛押着，所以无
法逃脱，成为俘虏。

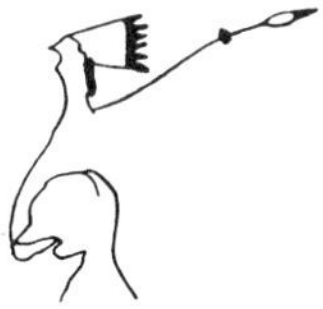

图 933　俘获
敌人

拉菲托（d）对图 934 做出以下描述，跟古
罗马时期带着战俘凯旋的游行类似：

　　　负责管理俘虏的人要让他们准备好参加仪式，这是凯
旋的仪式，充满荣耀，同时又是哀伤的仪式。无论是渴望表
达尊敬，还是歌颂征服者的胜利，他们的脸上涂成黑、红两
色，这是出席庄严场合的涂色。他们头上戴着饰有羽毛的王 599
冠；左手拿着包裹天鹅皮的白色短棒，这是司令官的指挥棒
或者权杖，代表着俯首称臣的国家首领［原文如此］或者
被征服的国家；右手拿着拨浪鼓；为首的奴隶脖子上戴着贝
壳念珠的项链，这是战争首领集结战队时给出或者收到的项
链，其他勇士都将自己参与战队的承诺封记于其上。然而，
一方面让这些俘虏感到荣耀，另一方面又剥夺了他们的其他

物品，让他们意识到自己的悲惨处境。他们全身赤裸，胳膊肘部向上绑在背后。

图 934　易洛魁人的凯旋

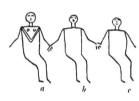

图 935　俘虏，达科他

图 935 来自伊斯门夫人（d），关于达科他人记录俘获战俘的方式。图中的 a 和 c 是俘虏，a 是女性，突出其双乳；c 是男士；b 是俘获这些俘虏的人。需要注意的是，这些俘虏没有双手，突出他们的无助。

对于图 936，《纽约州历史记录》（c）做了如下描述：

如若有抓获的俘虏或者剥下的头皮，易洛魁人回来就把他们所属部落的动物图腾画成奔放的姿态（直立的姿势），

美洲印第安人的图画文字

肩上带着一串儿他们获得的头皮，跟实际的数量等同。这个动物之后是他们带回来的俘虏，右手拿着响器（chichicois，装着豆子的葫芦能发出响声）。如果俘虏是妇女，就会给她们画上髡发或者发辫和围腰布。

a是一个打仗归来的人，他俘获了一个俘虏，杀死了一男一女，这两个人的头皮挂在他扛着的木棍上。b是俘虏。c是俘虏拿着的响器（或者葫芦）。d是绑在俘虏脖子、胳膊和腰带上绳索。e[①]是男人的头皮；在留了头发的地方系起来。f是女人的头皮；头发画的稀少。

图 936　俘虏，易洛魁

俘虏跟奴隶的表现方式常常可以互换。下面是金斯布罗（f）解释的图 937 的人物，这是关于奴隶的。"这两个形象是一个反叛蒙特祖玛（Montezuma）的酋长的妻儿。这个酋长战败被绞死，他的妻儿被降为奴隶。他们脖子上的'领子'就表示降级为奴。"

图 937　俘虏，
墨西哥

① 英文版插图缺少了 e，应该是 f 上面的那个头皮形象。——译者

短的

图938——短公牛（Short-Bull），《红云统计册》第16幅。这只水牛明显的短了许多，甚至有些变形。

图938 短公牛

视力

图939——看见敌人（Sees-the-Enemy），《红云统计册》。图中并没有凸显人的眼睛，只是将这个器官与名字意义相关联。这种呈现方式表明主题正是视力。不过，除此之外，头上所画的物体应该是一面手镜，通过它的反射可以看到反射的物体。平原印第安人不仅画脸涂色会用到手镜，还用手镜反射光发信号。

图939 看见敌人

图940——在跟曼丹人的战斗中，哭泣者（Crier）被枪击中头部，云盾《冬季年度大事记》，1827—1828年。这个形象是用来展现另一个比较罕见的情形，特别描画了眼睛的部分，不过却是用来表示哭泣的行为。

601

图940 哭泣者

图941——进入视线（Comes-in-Sight），《红云统计册》第235幅。远处的物体，他们追捕的水牛或者其他动物，慢慢出现在视线中而被

图941 进入视线

观察到。

图942——熊出现（Bear-comes-out），
《红云统计册》。此处，熊从圆顶帐篷的
一个洞里出来而进入视线。

图 942　熊出现

图943——熊出现（Bear-comes-out），
《红云统计册》。上一幅图解释了这幅
图。这里，熊的身体只有一半（前边一
半）可见，仿佛是从一个孔口钻出来。
通常会使用借代的手法，即通过画动物
的头或者其他部分来表示该动物；然
而，此处仅仅呈现熊的头和前半身却具
有特别的意义。

图 943　熊出现

图944——来自柯普韦《奥吉布瓦
部族传统历史与特色图画》一书的第
136页，是用来表示"看"的符号。

图 944

慢的

图945——慢熊（Slow-Bear），《红
云统计册》。图中的熊似乎是做向后或
者倒退的动作，这是比任何向前的动作
要慢的一种表达，因此形象地表达了
"慢"的概念。

图 945　慢熊

高的

图 946 ——高个儿（Tall-Man），《红云统计册》。该图与其后的五幅图画都具体形象地表示长度跟个体高度的概念。

图 946　高个儿

图 947 ——高个儿白人（Wasicun-wan-katuya, Tall-White-Man），《奥格拉拉花名册》。帽子表示这个人是欧洲人，但是这个形象的脸比较大，腿却比较短，因此并非通常意义上的高个儿，他可能是被奥格拉拉人杀死了。

图 947　高个儿
　　　白人

图 948 ——高个儿白人（Tall-White-Man），《红云统计册》。这个图中表现的"高"的概念比上一幅图更形象。

图 948　高个儿
　　　白人

美洲印第安人的图画文字

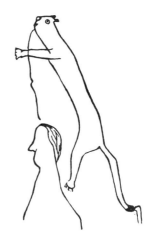

图 949　长美洲豹　　　　　　　　图 950　高美洲豹

图 949——长美洲豹（Long-Panther），《红云统计册》。

图 950——高美洲豹（Tall-Panther），《红云统计册》。

图 951——高公牛（Tall-Bull）在南普拉特河（platte）的南边被白人跟波尼人杀害。美洲马《冬季年度大事记》，1869—1870 年。图中人的头跟水牛的形象结合的设计是为了表达水牛非同寻常的高度。该图的设计不允许在头上有长的线条，所以高度的效果通过站立的水牛跟人的高度对比得来。

图 951　高公牛

图 952——高松树（Tall-Pine），《红云统计册》。这幅图跟下面两幅图中树干的长度都显著加长。

图 952　高松树

图 953 —— 长松树（Long-Pine）在跟克罗族印第安人的战斗中被杀，美洲马《冬季年度大事记》，1879—1880 年。头皮的缺省表示他被敌人杀死，而致命的伤害是弓箭造成的。

图 953　长松树

图 954 —— 长松树（Long-Pine）是一个达科他人，却被其他达科他人杀害，可能是误杀，也可能是源于私仇的争吵。云盾《冬季年度大事记》，1846—1847 年。他不是被敌对部落杀害的，因为他的头皮还在。

图 954　长松树

603　　**贸易**

图 955 —— 在饥荒的境况下，他们被迫卖掉骡子和马换取食物。他们自愿用一头骡子换了一麻袋面粉。美洲马《冬季年度大事记》，1868—1869 年。骡子的缰绳跟两麻袋面粉连接在一起，表示交换。

图 955　贸易

图 956　贸易

　　图 956 是来自维德河王子马克西米利安（h）的《北美内陆游记》。十字标记表示我要易货或者贸易。十字标记的右边画了三个动物，一个是水牛（可能是白化的水牛），另外两个分别是鼬鼠（加拿大鼬鼠）和水獭。图画作者想要用十字符号左边的物品来交换这些动物的皮。他有什么呢？他首先简单地画了一只海狸，海狸后面还有一支枪；海狸的左边画了 30 根竖线，每十根就有一条长一些的竖线加以标记。所画的这些内容是：我想用 30 张海狸皮和一支枪交换十字标记右边那三种动物的皮。

　　符号的表意设计表现在十字符号的使用，这是手势语中表示"贸易"的方式，即两臂交叉的姿势。两样物品各放一边，直到一个被另一个取代，即为"交换"的意思。

联合

　　达科他人常把两个或者更多的形象用明显的一条弧线在下面连接起来，来表示联合或者统一。有时这种表现方式表示家庭成员的关系，有时表示同一个部落里的成员。

图 957　兄弟俩

图 957 ——安东尼·詹尼斯（Antoine Janis）的两个男孩被约翰·理查德杀死。云盾《冬季年度大事记》，1872—1873 年。连接线表示他们两个的亲密关系，事实上，他俩是亲兄弟。

图 958　同一个部落

图 958 ——奥格拉拉人在楚格溪（Chug creek）饮酒喝醉，他们就大吵了起来，结果红云的兄弟被杀死，而红云也杀了另外三个人。云盾《冬季年度大事记》，1841—1842 年。连接线表示争吵发生在同一个部落内。

604

图 959　丈夫和妻子

图 959 ——破肚子（Torn-Belly）与他的妻子在跟部落里的人争吵时被杀。云盾《冬季年度大事记》，1855—1856 年。这里夫妻二人是用弧形的连接线相连。

图 960　同一个部落

图 960 ——八个明尼孔朱达科他人在保德河口被克罗族印第安人杀害。天鹅《冬季年度大事记》，1805—1806 年。这个图案常用来表示达科他人的死亡。黑色的竖线表示人的死亡，人数由竖线的数量表示。上面的连接线表示他们是同一个部落的人。

图 961 —— 黑脚达科他人杀死了三个雷族人。火焰《冬季年度大事记》，1798—1799年。此处的连接线用来表示达科他部落之外的人的死亡，这种用法不常出现，然而死者同属一个部落的表达方法依旧延续。

图 961　同一个
部落

旋风

图 962 ——熊旋风（Mato-wamniyomni, Bear-Whirlwind），《奥格拉拉花名册》。这个在熊头上的图案是图 963（来自《红云统计册》）的变体形式。根据奥格拉拉达科他印第安人的解释，这个图形是表示旋风的风向，横线则表示空气横向的回旋的流动，挟裹着尘土和树叶，就如同旋风吹过的情形。

图 962　熊旋风

图 963 —— 表示白色旋风（White-Whirlwind），如前所示，这是出自《红云统计册》。这个形象更加明确突出。

图 963　白色
旋风

图 964 —— 落叶（Leafing），《红云统计册》。这应该是相同的描述。据说这是模仿落叶层叠着在地上打旋儿的样子绘制。同时这也指向此时的季节——当叶子落下的时候就是秋天。

图 964　落叶

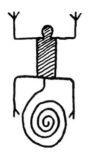

图 965　旋风

金先生手稿是这样描述图 965：

　　这种有螺旋线或者两个螺旋线的装饰图案频繁出现。螺旋线是龙卷风（Ho-bo-bo）的符号，他用旋风来展示力量。这种装饰图案在遗址附近的岩石刻画上也经常出现，同样作为龙卷风的标志。这种图案却并不会出现在陶器上。神话是这样解释的，一个陌生人来到人们中间，带来了大旋风，把地上所有的植物和水纹都吹成环状，甚至还用燧石在岩石上也留下旋风的痕迹。这幅岩画保留在全的大作《亚利桑那领地》一书中，长为 17 英寸，宽 8 英寸。此人告诉村民们他是呼吸的掌管者，旋风和人们呼吸的空气都来自这位掌管者的口中。

图 966　旋风

　　图 966 是来自密苏里高地地区的一个锅的部分装饰，这是一幅临摹画，发表在民族学局第二届年会的报告上，图片 18、图 11。据 S. D. 欣曼牧师（Rev S. D. Hinman）研究，这是达科他人表示旋风的常规图案。

605

冬天——寒冷——下雪

图 967 ——奥格拉拉人胶（Glue）在去布鲁尔村子的路上冻死了。美洲马《冬季年度大事记》，1791—1792 年。图上此人头后有胶棒。胶是从水牛蹄中提取的，用来黏住箭头和箭杆，通常黏在小棒上携带。头上的云在下雪或者冰雹，这表示冬天。

图 967　冻死了

图 968 ——达科他人胶（Glue）冻死了。云盾《冬季年度大事记》，1820—1821 年。这幅图跟前一幅图互相印证，因为图上人的名字都是"胶"。此处用了另一种方式来表示胶棒。

图 968　冻死了

图 969 ——一个名叫锥子（Stabber）的达科他人冻死了。美洲马《冬季年度大事记》1782—1783 年。冬天的符号还是跟前面一样，不过用了加倍的手法，似乎这样可以表示双倍的强度或者极度酷寒。

图 969　冻死了

团 970 ——冬天极度寒冷，很多克罗族印第安人冻死了。云盾《冬季年度大事记》，1788—1789 年。白奶牛杀手（White-Cow-Killer）称之为"死了很多黑乌鸦的冬天"。

乌鸦僵直不动地坠落，是极度酷寒的一个很好的符号表达。

图 970　克罗人
冻死了

图 971

606

图 972　寒冷，
下雪

图 971 ——厚厚的积雪，美洲马《冬季年度大事记》，1827—1828 年。圆顶帐篷底部周围堆积的雪清楚地表达出来，其他的物质很难像积雪这样绘制成堆成一圈的样子。

图 972 ——来自柯普韦《奥吉布瓦部族传统历史与特色图画》一书的第 135 页，表示"寒冷""下雪"。

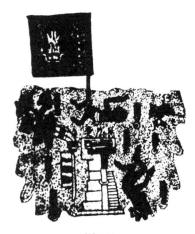

图 973　　　　　　　　　　　图 974

肖肖尼跟班纳克（Banak）印第安人表示寒冷或者冬天的符号是这样的：双手握紧，小臂在胸前交叉，做出瑟瑟发抖的姿态，参见图 973。具体可以参阅巴蒂斯特·古德 1747—1748 年跟 1783—1784 年《冬季年度大事记》。

图 974 是来自金斯布罗（g）《墨西哥古代文物》中的一幅图。他是这样描述的："在历法的七杖年，即 1447 年，雪下得很大，

很多人丧了命。"

还是金斯布罗同一本书的第 146 页图片 26，见图 975，有这样的解释："在历法七燧石年，即 1552 年，连续大雪。"

威纳在他的书第 762 页做出以下描述（此处有简缩），见图 976，这是表意图画的一个显著例子：

图 975

> 这是画着八个帕拉蒙加（Paramouga）堡垒的一块布。这些堡垒分为三层，彼此之间有桥相连，每一层都有一、两个人。在最下层的堡垒里的人在服装和脸的颜色上都跟其他人不一样。他们没有双臂，却有一对突出的大耳朵。在第一层堡垒的人也是一样。不过第二层的人都有双臂，而且耳朵是正常的样子。最高出平台上的人跟第二层一样，有胳膊，耳朵也是正常大小。只是中间一个人右边有一只胳膊，左边有一只超级大的耳朵。没有手臂的人自然也就没有武器。第二层的人都拿着手斧，放在腰部以上；高处平台上的人都拿着一根棍子。
>
> 鉴于发现这块布的地点，具有典型的地方性特点，有不少堡垒，且全是沼泽地，很难找到保存干燥的交流媒介。无疑，此处主题是要呈现这个地区的特点，不过这种图画并非按照既定计划绘制，它不仅对当地自然环境的和人们做工的情形加以描绘，还显示了当地居民对这个地方起到的作用。

有着夸张大耳朵却没有胳膊的人是侦察员；有胳膊和正常耳

607 朵的人是勇士或者警卫，他们拿着不同武器，斧子和棍棒，穿的衣服也不一样。最高处有一只大耳朵和一只胳膊的人是卫戍队的首领。

图 976　秘鲁的卫戍队

　　还要注意一点，那些侦察员都有一双大脚，并且脚不沾地。这跟他们夸张的大耳朵相结合表明他们的任务是探听敌人的动静，一旦发现敌情，他们并不投入战斗，而是飞奔回到总部向上汇报。这些勇士的责任不是打探敌情，所以他们的耳朵是正常的，他们的责任是打仗，因此他们就有双臂，一只持有武器，另一只也显露出来。他们的脚则跟他们的位置相连。首领既要听取敌情又要指挥战斗，所以他就既有一只夸张的大耳朵，又有一只

　　　　　　　　　　　　　　　美洲印第安人的图画文字

胳膊。他的脚没有接触到其所在平台，这说明他并没有固定的位置，可以四处移动，冲到最需要他的地方。

第二节　符号、象征与徽记

符号、象征与徽记这几个术语常会互换使用，难免存在一些不准确的用法。多数人将超自然、神秘的标记称为象征（symbol），这或许源于其普遍的宗教秘传之用途。所有的印第安图画文字都是风格松散的象征，长久留存的符号跟仅是在空中比划的符号之间并无逻辑性区分，所用印第安的手势、动作、姿态都有意义，称之为象征性符号也都同样合适。一个印第安符号语使用者或者聋哑人通过模仿再现一个人或者一件物品，通过其外形特点最突出的部分，或者通过手势比划其特别的动作跟联系。他们是想通过这些特点让人们能够想起此人或此物，而不是区分这些特点本身，那是第二步要做到事情。同样的，一个图画符号试图表现某个物品、某种思想或者事实，并不是通过象征的方式。象征是比符号更不明显，更艺术性的方式，不仅抽象，而且形而上，通常需要从历史、宗教或者习俗方面加以解释。他们不描绘物体，仅是表示物体；不是直接通过视觉直接诉说于知识，而是在已知的世界里预设由符号联想到的事件或者事实。方舟、鸽子、橄榄枝和彩虹对不了解摩西或者类似宇宙观的人而言完全没有意义，同样十字架与新月对于那些不了解历史的人也是毫无意义的。

粗略大致的分类可见，象征包括一切手势和图画符号，能自然而又固定化地联系起某种思想。只有认识到这样一个事实，即每一个动作每一个物品在一定的情景下，都能成为象征。事实上，象征的爱好者们生存在他们创造的象征符号中。

最有趣的一个例子，一个人巧思妙想，成功地创造出一个象征符号，即在基督教中，用鱼来表示基督。鱼明显是与欧亚神话有关，因此在基督教时代之前就是异教的象征符号。事实上，早在以色列人制订教义之前就出现了。早期基督教徒仅是隐喻地或者象征性地使用这个象征符号，并未带有牧羊人、鸽子和其他徽章或象征的显著特征。迪杜（b）指出，在四世纪中期圣奥普塔图斯，爱尔兰的主教，在非洲宣称希腊词语"鱼"的字母意义，ιχθυε，分别是' Ιησοῦς Χρcότδς θεοῦ 'γιος ϛωτηρ 的首字母合写。这种离合的方式得到一致欢迎，随着时间的推移，不断创造出新的符号，从此为展示的象征符号提供新的动力。值得注意的是，象征通常具有宗教色彩，一旦被接受，就被形象地当作护身符或者辟邪物来使用。

本章不打算像论文那样讨论象征的问题，但是有必要厘清作者心目中图像符号、徽章和象征之间的区别。尽管要对这些表意符号进行精确的分类并没有那么容易。简而言之，本书所涉及的《冬季年度大事记》中的符号几乎全是图画符号；而表示部落、氏族的标记或标志则被视为徽章符号。毫无疑问，在印第安人中存在真正的象征符号，因为不缺乏诗意想象的民族里都存在不同程度的象征。有一部分的象征符号在本书中有涉及。烟斗作为和平的象征，尽管在不同的地方，有不同的联系，它也表示为战争做准备，以及随后的胜利。手斧是战争的常见象征符号，握着的手或者手掌合十象征和平。乌龟明显用作陆地的象征，还有其他许多。除了斯库克拉夫特的那些夸张阐释，奥吉布瓦人中有很多象征的表达，那些图例都有涉及。前面讨论过的祖尼人、莫基人、纳瓦霍人中也都有关于象征的叙述，表明这些部落一贯使用象征符号，用在神秘仪式上。然而，书写者的个人经验是，当他首次将一个符号视为真正的象征时，更好的理解方式是证明其不仅是表意的符号，还是现实的单纯再现。在这一点上，1811—1812 年的孤狗《冬季年度大事记》中关于圆圈的论述，以及之前关于十字形的讨论，都正与此契合。

对于无文字的印第安人，印刷的文字、图画跟标记之间的联系通过偶然的复制实现。这里的夏延印第安人正是如此。他在保留区见到过糖跟咖啡的袋子上有画着装饰画的标签，当他写信跟可以邮寄商品的贸易商购买更多的此类商品时，他就在纸上精巧地复制了那个标签。对他而言，印刷的标签就是这种商品的图画符号。

下面是引用的德尔维拉（D'Alviella）(a)：

象征是再自然不过的手法，就像石器时代的其他工具一样，并非为某一种族所独有，而是在某个发展阶段为全人类所共有的特征。这一类的表现有：用圆盘形状或者呈放射状的脸表示太阳，新月形状表示月亮，用鸟来表示天空，用鱼或者不连续的线条表示水，用箭或棒表示雷电，等等。我们还应该加上一些较为复杂的类比，就像使用树的成长表示人生的不同阶段，用阳物崇拜符号表示自然勃发力量，用等边三角形（事实上也可以用任何三方均等的三角形状）表示神圣的三位一体，用十字形表示四个方位。无论在新世界还是在旧世界，所有民族关于使用十字架作为崇拜物的表现又产生了多少理论？罗马天主教的写作者近年来提出合理的抗议，反对将异教的十字架起源加诸基督教之上，因为在基督教形成之前，就已经有宗教使用十字形符号的象征表达。基于同样原因，拒绝接受在其他宗教中寻求对基督教的渗透也是合乎情理的，渗透的基础在于这些宗教都有表示救赎的符号。***几乎所有民族都把火表现为一只手从天空取下，或者强健迅捷的鸟从天空带来。在迦勒底（Chaldeans）人那里，三叉鱼叉具有象征意义。在迦勒底艺术的最原始时期，圆柱表示从鱼叉喷薄而出的水柱，这个鱼叉拿在掌管天空或者风暴的神之手。亚述的艺术家们在尼姆鲁德古城（Nimround Malthai）的浅浮雕上第一次地使用了双鱼叉的形式，或者说将它变形为三簇的形式，顺从于古典艺术的精致优雅的格调。并且通过这种手法使得古代美索不达米亚的这个象征符号在跟其他表示雷电的符号相比时具有了优势。跟其他印欧民族一样，希腊人将风暴烈焰放在捕获的鸟羽之下。当他们从亚洲的图形中得到霹雳的符号，就将这个符号置于鹰爪之下，将之作为宙斯的权杖，依他们的习惯，用故事解释这种联系。故事讲的是在宙斯准备对泰坦巨神作战的时候，鹰给宙斯带来了雷电。拉丁意大利人将霹雳传到高卢，在异教最后的几个世纪，这个符号出现在高卢罗马人纪念碑上，变成了双头锤的形象。

徽章的书写者们如此的设计，大大丰富了文献的内容，也明显考虑到本书提及的《冬季年度大事记》里那般的图画，以及其他种种象征符号，都合理纳入适宜的体系。对这一话题最好的总结来自亨利·格林（Henry Green）（a），简要记录如下：

> 在一个词语所经历的所有变化中，词语的徽章符号展示

的是最具代表性的那个。其当下的符号、类型或者典故具有相对现代性的用处，其最初的意义已经废弃。希腊人的徽章符号意味着在图形完成后补进去或者插入的一块。就像我们现在所谓的镶嵌图案或者马赛克工艺。也类似于在柱子、石板或者花瓶上附加上可分离的装饰物，根据场合或者不同情况放上或者取下。

在列举他那个时代论辩者们使用的演讲艺术时，昆体良（Quintilian）（Lib.2，cap.4）说，这些论辩者常会有一个习惯，即事先准备并记住一些相当完整的句子，（一旦有合适的时机）就把它们插入论辩中，这就像是在他们整体演说辞之外的徽章。这便是古典时期希腊罗马关于徽章的意义，这个意义一直延续到15世纪文学复兴之后的时期。

因此，从起源上看，徽章是艺术家用工具在木头或者金属上制造的图形或者饰品，独立于花瓶、圆柱、家具等要用其装饰的物品；根据持有者的想象或者喜好放上或者取下。后来，这些徽章是用石头、瓦片或者彩色木头制成小方块，就像马赛克一样，排列起来。然后，徽章开始出现雕刻的图像。到再后来，无论是雕塑、刻画还是单纯地画在房屋的墙壁地板上或者木质、陶制、石头或者金属器具上的任何图像饰物或者图案，都可视为徽章。

通过一个简单自然的步骤，任何图像或装饰只要置于光滑的表面就被称为徽章。这些徽章上的图案常常是象征性的，即思想、情感、俗语甚至时间的表征符号。徽章一词也被用在任何表示动作、思想品质、性格特点的图画和印刷品上。事实上，从过去到现在，徽章不过是象形文字的一种，其图形或图画不仅指向其所仿拟的自然物，同时也用来表达思想、美德和抽象概念的特性，以及灵魂的一切活动。

下面是这同一个作者（Henry Green）(b)对此的继续讨论，尽管这部分的讨论已然超越了象征与徽章的范畴，根据本书的分类，已经进入了象形文字的其他部分：

硬币跟奖章为徽章符号提供了最具价值的范例，事实上，一些徽章作者都会发表一些古币印模或者雕刻，山姆布克思（Sambucus）于1564年发表的古罗马钱币印模就是最早的之一。这些古币上总会展示有趣的习俗或者象征。根据纹章学的规范语言，在希腊硬币上，我们发现猫头鹰是雅典的饰章，狼头是阿尔戈斯（Argos）的装饰，乌龟是伯罗奔尼撒的象征。路易十四以及他的伟大对手威廉三世的整个历史，留下了大量的勋章，用于记录他们统治时期发生的重大事件。尽管勋章在采用罗马服饰跟古典符号时错的离谱，它们依然是对重大史实的记录。

纹章学始终采用徽章语言，这是家庭、部落以及国家，乃至王子和皇帝的图画历史。它将那许多的传说跟奇思妙想综合于一处，需要稚子般的易信来博取我们的信任，在骑士跟荣耀的文学中又珍藏铭记了那些伟名所承载的大量光辉记录。

若非箴言，使用图案或勋章的习俗可以追溯到久远的历史深处。有一点毫无疑问，古代的人常会将饰章或饰物置于头盔或者盾牌之上，我们能清楚看到，在维吉尔的《埃涅伊德》第八卷里，他整理诸国目录时对图努斯的好感远胜于特洛伊；安菲阿拉奥斯（Amphiaraus）（如品达（Pindar）所言）在底比斯之战中使用的盾牌上有龙的徽章。同样的，斯塔丢（Statius）描写卡帕纽斯（Capaneus）跟波吕涅刻斯（Polinice）时，前者带有九头蛇徽章，后者是斯芬克斯猫徽章。

徽章不要求能指跟所指之间的任何类比，有时单纯就是偶然出现。他们承载任何人们赋予他们的意义，因此其价值远高于象征，后者倚重外在的事实，而非本质的特征。粗俗的玩笑之后，乞食袋成为贵族同盟——"尼德兰乞丐"的徽章；路易十四在位早期的少数党使用投石器作为其徽章，这是来自投石党的一种歌曲的重复部分。投石党当时是跟大主教马萨林（Mazarine）作对少数党。

苏族、阿拉珀霍族、夏延族等的部落标记就是他们的徽章，就像星条旗之于美国一样，不过却不具有本质的象征意义。因此个人的符号，如果不是对其名字的翻译，就是其家庭图腾或者个人标记的徽章性符号，军官的具有区别性的肩章也一样，并没有多少象征性。

多数符号可以作为徽章使用，无论符号还是徽章都可以通过规约可以转换为象征，或者通过反常的独创加以解释。在绝大多数美洲部落所处的这个发展阶段，寻求这些外部形式心理上的丰富性是没有意义的，这一点有必要在此提出。依照象征原则解释他们的象形文字可以为其崇尚者所理解，就像有时不仅用在埃及象形文字，也用在墨西哥、玛雅以及其他南方的象形文字的解释上一样。然而这种预设往往导致月晕神秘主义。

根据术语的定义，下面的例子都是象征符号或者徽章符号，

612 因此，在本章讨论这些符号是合适的。更多的此类符号可以在第二十章关于"特别的比较"的讨论中找到。事实上，本书不同章节中都有此类的例子，比如，巴蒂斯特·古德用水牛头和弓箭表示狩猎，图321；用特殊的头饰表示战争，图395。

A. 麦肯齐（c）爵士自述，1793年时他在阿萨巴斯卡人中找到一个徽章，上面是有许多动物的国度。这是一个小小的绿色圆木条，一端被嚼成刷子的形状，是印第安人取骨髓的工具。

弗兰克·H. 库欣先生提供了两个祖尼人象征的例子，仅是笔记的形式，并未最终发表。摘录如下：

（1）祖尼人认为，太阳周围的圆形光晕或者光环是太阳神的家。这可以通过类比解释。正如暴风雨即将来临时，人们就要寻找庇护所；日晕或者光环也仅仅在风暴来临时才会出现，太阳就像是他的孩子，太阳神在他的房子里寻找庇护，圆圈就因此产生。

祖尼人的这个简单推理神话的传说影响深远，一直以不同形式存在，直达最近的世代。人们一看到圆形的太阳塔或者圆形炉灶，就会联想到太阳崇拜，这在最初，不过是圆形法屋的残存。

（2）彩虹是神圣的动物，具有人的属性，以及尺蠖的身体和功能。明显地，条形的背部跟拱形的姿态是尺蠖的特点，在其栖居的植物叶片间倏忽出现，又骤然消失，这是拟人类比的基础。尺蠖消耗植物嫩叶使其干涸；同样，出现在雨后的彩虹则被认为导致了雨水停歇，最终是干旱的肇始。干旱能使植物焦枯凋零，如同尺蠖蹂躏下植物的样子。由此，通过彩虹这一可见现象的类比，可以得知尺蠖的特性；

反过来，通过尺蠖，彩虹具有了神的功能，彩虹一出，雨水停歇，就是这一神圣功能的例证。

下面是 W. H. 多尔博士（e）关于用吐舌头的水獭作为萨满徽章的说明：

> 特林吉特人（Tlinkit）拨浪鼓上的雕刻专属于萨满或者法师，代表着他们职业的特点。通常，几乎毫无例外，拨浪鼓上的图像包括鸟，在鸟头旁边或者后面有一个吐着舌头的人脸。
>
> 这个舌头向下弯曲，通常跟一只青蛙或者水獭的嘴巴相连，青蛙或者水獭的舌头继续延伸到人的舌头。如果是青蛙，它的舌头就连接到翠鸟的舌头，而后者的头和色彩斑驳的翅膀正好以常规的手法接近手柄处。据称，这个徽章图画显示了法师从青蛙那里吸收毒性或者能在他人身上产生邪恶影响的能力；正是翠鸟帮他带来的青蛙。
>
> 如果是水獭，水獭的舌头就接触到法师的舌头，如同刻画的那样。***
>
> 这种图案不仅在拨浪鼓上有，在图腾柱上、房子前面以及其他跟法师有关的物体上也都有，其背后的神话是这样的，一个有志成为法师的年轻人到森林里禁食一段时间，让他自己熟悉的精灵找到他，并且拥有跟超自然之灵沟通的能力。如果成功了，他会遇见水獭，这是具有超自然能力的动物。水獭接近他时，他要抓住水獭并用棍子打死它，取出水獭舌头。在此之后，他就能够听懂无生命物体、鸟、动物和其他生物的语言了。

613

＊＊＊

每一个法师都经历同样的仪式或者事件。逐渐地，吐出舌头的水獭就成了这类行业最普遍的形象，在这个行业人的用具里总能找得到。

这是来自太平洋沿岸的事例，美国东北的印第安人徽章测定可以与之相比较。人们在禁食的幻想中看到的东西不仅能决定他们的命名，而且可以显示他们的人生路径。如果一个年轻人看到一只鹰或者一只熊，那么他就注定要成为勇士；如果他看到一头鹿，他就是一个爱和平的人；如果看到的是美洲鹫或者蛇，他就会成为法师。这些动物的图像也因此就会相应地成为其徽章，暗示着他们的品质和性情。前面出现的图159，关于卡奥瓦人"龙舌兰妇女"的图画中，就有圣葫芦响铃出现在部落的龙舌兰庆典上，那里还有具体的描述。

金斯布罗（h）有一个报告说："在十马年，即1489年，出现了大彗星，他们称其为Xihuitli。"

这个彗星出现在图片上，是毛毛虫的形象，或许是暗示其可能带来的破坏性影响。这个可以跟尺蠖作为彩虹的象征相比较，参见图977。

图 977　墨西哥的彗星

在金斯布罗的同一本书跟手抄本中，图片10、12和33分别用来表示地震，却均有不同。根据第六卷第137页及其后的文本可知，这三次地震分别发生在公元1461年、1467年和1542年。表示破坏和地层土壤变化的概念是通过不同的用色来表示。这些形象就是本书整页插图49中右手下方连线的三个。

图 978 也是来自金斯布罗的同一著作（i），《门多萨抄本》，是抢劫的象征符号，暗示了劫匪被判刑之后的惩罚。

图 978　抢劫，
墨西哥

依然是同一作品（k），《梵蒂冈抄本》，以古雅的语言对整页插图 49 提供了以下的描述：

> 这是他们在计算时使用的二十个字符或者图像，并认为这些符号具有掌控人的能力，如这些符号所示，他们能以相应的方式治愈那些生病或者身体任何部分疼痛的人。风的符号跟肝脏对应；玫瑰与胸对应；地震对应舌头；鹰是右臂；614 秃鹫是右耳；兔子是左耳；燧石是牙齿；空气对应呼吸；猴子是左臂；藤条是心脏；药草对应肠子；蜥蜴对应女子的子宫；老虎是左脚；蛇则是对应男性的生殖器官，这是他们疾病起源之处，因此任何时候看到蛇的符号都是不吉利的标志。至今，医生们也使用蛇的符号表示治疗。根据这些符号与病人发病的时辰，他们检查这些疾病是否与主导符号相对应。显然，该民族并非像有些人假定的那样落后野蛮，在他们的事务上，能够遵循如此多的方法跟秩序，并且使用现代占星学家和医生惯用的方法。这些符号现在依然在用，也依然能在他们保留的系统里找得到。

a，鹿或者牡鹿；b，风；c，玫瑰；d，地震；e，鹰；f，另一种鹰；g，水；h，房子；i，头颅或者死亡；j，雨；k，狗；l，兔子；m，燧石；n，空气；o，猴子；p，藤条；q，草或者药草；r，蜥蜴；s，老虎；t，蛇。

图 979 展示了一些手势跟象征符号，下面是 S.哈贝尔博士（d）对此所做的描述：

这是一块深灰色斑岩（硫化硬胶），长 12 英尺，宽 3 英尺，厚度为 2 英尺，左上角略有破损。雕刻占据了斑岩上部的 9 英尺。雕刻图案的上部是一个女性头和胸部，以圆圈围住，并从这个圆圈投射出双臂。前额周围有常规的装饰性褶边，头部的装饰仅有两条交缠的响尾蛇。中等长度的头发，梳成发辫垂到肩头和胸前。耳朵上装饰着圆盘形耳饰，大圆盘里还有小圆盘。脖子上戴着宽项链，有超级大且形状不规则的石头串成。项链之下，胸前戴着一块围巾，或者针织品，上端系在纽扣上。围巾的中间部分挂着一个球，上面部分装饰着打结的带子，从这个带子向上引出

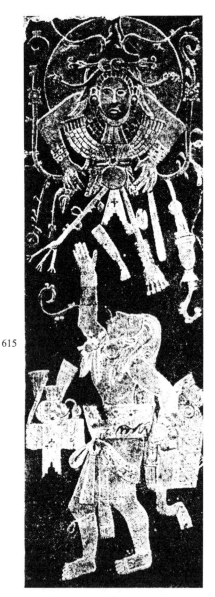

图 979　危地马拉象征符号

另外四根带子。在圆球的下部又垂下另外的带子，上面带有墨西哥雕塑的刻画特点，圆球两侧装饰着花环，像是翅膀。

墨西哥象征符号

双手的手腕都带着由大石头中间穿孔串成的手链。从半圆形的带子上伸出两条缠绕的木条，上面带有绳结、树叶、花朵，还有其他神话人物的徽章，这些装饰中最显而易见的是在一个代表满月的圆形里有一个人脸的图像。这个图像的头和胸部以一个圆圈围绕，同时，月亮形象构成其中一个装饰物，这些事实都让我们相信，这个图像是月亮女神。下面的部分雕塑是一个正在求神的人，面孔朝上，一只手向上伸展。旁边打结弯曲的图形表明这人是在祈求。这个人除了头发上有个圆盘的饰物之外，此人头上别无装饰。他的头发很长，垂在胸前和身后，发梢有复杂的装饰，延伸至膝盖以下。他的耳垂上有个小小的耳环，下面还挂着更大的一个环儿。此人胸前也有圆球装饰，跟女神胸前的圆球一样，不过要小了许多。右手手腕是简单的袖口，而左手上饰有一个骷髅。腰间带着硬挺的腰带，后面用野猪头做装饰。这个腰带跟此前的不同在于它有一圈儿圆形凹陷作为装饰。腰带前面垂下两根缠绕的腰带，围绕着大腿的位置，末端用带子打上蝴蝶结。右膝下面是类似吊袜带的东西，带着梨形垂饰。左脚没有画出脚趾，表明穿着鞋子。

崇拜者面前是一个小祭坛，上面的盖子上刻着跟女神胸腔垂下的圆球一样的图案。祭坛上摆着一个人头，由其嘴巴引出一个弯曲的图形；状如箭矢的木板则出现在人头的一侧。

图 980 得到了美国军队 H. R. 莱姆利中尉（H. R. Lemly）（*a*）

　　　　　　　　　　　美洲印第安人的图画文字

的允许而使用，他称之为"石头日历"。这是来自哥伦比亚合众国中奇布查（Chibcha）印第安人的作品，其中有不少部分常拿来与其他地区类似的图案做比较。下面是对其中几个部分的解释：

  a，阿塔（Ata），一种擅长跳跃的小型蛙。这种动物是整个体系的基础，蛙的这种姿态表明水的充沛。*b*，博萨（Bosa），分割成若干小份的长方形图形，表示农田。*c*，Mica，双头的图像，眼睛突出，表明仔细检查，这意味着选种和播种。*d*，Muihica，跟前面一个差不多，不过这里的眼睛是闭上的，这代表黑暗和暴风雨的时期，此时，因为雨水的青睐，种子开始发芽。*e*，Hisca，在石头上描摹*c*和*d*，略大，没有区分头部。这是将日月结合的象征，奇布查人认为是天体的联姻，或者实际的结合，根据他们最主要的信条之一。*f*，Ta，跟*b*几乎一模一样，表示丰收之口。*g*，Cuhupcua，石头上侧面人脸中的一个没有耳朵的人头，这是无用的象征，或者奇布查人一年中的聋月。*h*，Suhuza，可能是蝌蚪，或许是指这些动物的繁衍。*i*，Aca，蛙的形状，比*a*要大，还是一样的姿势。这代表雨季即将来临。*j*，Ulchihica，联结的长菱形——果实或者种子，也可能是耳朵。指他们的邀请和宴会。*k*，Guesa，恭敬谦卑姿态的人，双手交叠，头上有光环。这个是被选中献祭牺牲的不幸年轻人。每二十奇布查年，他们就要向丰收神献祭。

616

第十八章 表意文字   *939*

图980 奇布查的象征符号

b跟f的图形，跟皮帕（Pipart）（a）书中的一个极为相似，也具有同样的重要意义，指为播种准备好了的田地。

威纳（f）对秘鲁人的象征符号做出如下总结：

在秘鲁传统习俗体系中，鸟代表速度，狮子代表力量，二者结合就表示力量跟速度兼有，也就演绎为权力。曲流表示丰饶多产，有台阶的角锥体（金字塔体）表示防卫。鸟跟曲流结合表示迅猛的生产力。椭圆形（嘴）形象表示讲话或者篇章。带着小刀片或者秸秆的圆形是指男孩，如果圆形带着两个秸秆则是男人——工人。带着四个秸秆的圆形则表示已婚夫妻，或者婚姻，等等。

图981　叙利亚象征符号

图981是另一个雕刻的象征符号，跟北美发现的那些在操作手法上还是存在差别。这是一块在叙利亚发现的铜板，为佩雷迪埃（Péretié）先生所收藏，克劳德·R.康德少校（a）对此提供了如下的描述：

这个铜板高四又二分之一英寸，宽三又四分之一英寸。这个铜板上是关于亚述人或者腓尼基人信仰里灵魂归宿的图案。这块铜板水平分为四个部分，最底层最大，最高层最扁窄。最上一层出现了不同天体的符号，加诺（Canneau）先生指出，这里的一些符号也出现在其他亚述的纪念碑上。最右边是七颗星，然后是新月，接着是有翼的太阳圆盘，再往左是圆圈里带着八个射线的星星。其余的象征符号不易识别与解释，只是最后一个，加诺先生称之为"头帕海胆"或者一种波斯头冠。另一个则很像三叉戟，或者"火焰"的符号，也就是印度湿婆的徽章标记。

617

这些符号之下站立着七位面朝右的神，他们都身着长袍，头则是不同动物的头。最左边是狮子，其右是狼或者猎犬，依次第四个是公羊，第六个是鸟，第七个是蛇，而第三个和第五个难以辨识。在第三层上，有一个尸体躺在停尸板上，头脚两端各站着一位神。这两位神的右手举起，左手垂下（这是印度象征系统中的常见姿态，也是苦行僧 Malawiyeh 的姿势），左边的这一个图像，手里拿着三个玉米。这两个神都穿着特别的鱼头服装，衣服上有鳞片，且有鱼尾，象征着神话里的鱼神奥尼斯，据贝洛苏斯（Berosus）所言，他从波斯湾出现，向幼发拉底河最初的居民传授律法跟艺术的知识。左手边的鱼神后面是一个三脚架子，上面放着一个不明物体；而在右边鱼神后面有两个是有狮子头和鹰爪的人，明显是在争夺着什么，他们的右臂都高举着，左手则握着彼此。最右边是一个带有亚述风格的形象，戴着圆顶头饰，留着胡须。

最下层的最底下是地狱河，水流湍急，还有许多鱼。一个有着可怕的狮子头、鹰爪的女神单膝跪在一匹马上（死亡的徽章），她就以这种单膝跪着的姿态乘坐一艘鸟头船。这个女神双手抓着一条蛇，两只幼狮正在吸吮她的乳房。左边是一个恶魔，跟托着整个铜板的恶魔形象一样，他似乎是在岸边催促船快些行进。在右边则是一些不同的物体，大部分并不清晰可辨识，其中，加诺先生认出了一个花瓶、一个瓶子、一条带着马蹄的马腿等，这些可能就是给地狱神献祭的祭品。狮子头的女神可能就是可怕的地狱神卡利（Kali）或者杜尔迦（Derga），她的伙伴正是阎罗王（Yama），阎罗王崇拜就是后来塞拉皮斯（Serapis）崇拜的起源，他的狗就是冥府看门狗刻耳柏洛斯（cerberus）的先祖。这个图画跟埃及人表示邪恶灵魂以猪的外形投入地狱的著名图画相类似。

在埃及的图画中，站在木乃伊两端的两个女神的形象在这里被奥尼斯取代，那也是敬虔的穆斯林分别在墓碑两端为天使留下位置的原型。在硕大狮头女神重压之下跼蹐而行的可怜的马正是表示不快的灵魂本身。那三穗玉米让我们想到，在伯顿（Burton）上校挖掘的叙利亚的骷髅里都发现了玉米粒的事实。玉米跟叙利亚鱼神大衮（Dagon）有着密切关联。

在此我也尝试提出，第二层的七位神代表着七个天体，而上一层的象征符号则分别属于他们，从最右边开始：

星体	亚述名称	主神	象征符号
土星	Chiun	蛇	七星
月亮	Nannar	鸟	新月
太阳	Shamash	野猪（？）	有翼圆盘
火星	Marduk	公羊	射线圆盘
水星	Nebo	？	两根柱子
金星	Ishtar	狼（？）	三叉戟
木星	Ishu	狮子	头帕海胆（？）

　　　　　　　　　　　美洲印第安人的图画文字

蛇通常是土星的徽章标记，作为七个中最年长的一位
（"众神之父的大蛇"），自然是第一个，因此在最右边，以
七星为象征符号。 618

月亮，根据莱诺曼特（Lenormant）的说法，总是早于
太阳的一位神。

野猪因其力量而成为太阳的徽章标记。

战神马杜克使用的武器是圆盘，这是莱诺曼特提到的。

赫尔墨斯的两个柱子是古代透特（Thoth）的徽章，即
水星。

三叉戟理应为阿瑟拉所有，他是丰产神或者丰产女
神——即金星。

头帕海胆[*]在巴维安（Bavian）雕塑也跟同样徽章相关
联。在占星术系统中，木星和金星作为最年轻的天体，常一
起出现。

需要注意胳膊的姿态以及长及脚踝的袍子，都跟马拉维
（Malawiyeh）苦行僧圣舞时的动作和衣袍相仿，他们的舞蹈
是七个天体围绕地球转（依据托勒密天动学说）的象征。

迪杜（c）对罗马地下墓穴徽章做过如下评论：

大鱼表示抓鱼的渔夫或者从鱼身体提取鱼油的工人。三
齿鱼叉表示水手，鹤嘴锄则表示挖掘者。挖掘者的行业在地
下墓穴中得到了提升，原始的墓碑显示，这些原本跟我们

---

[*] 头帕海胆，Cidaris，为海胆的一种。——译者

一样处于社会低层的人们，在基督教时代早期为圣人与殉道者挖掘墓地，得以在死后跟富人们葬在一起，甚至就葬在圣人们的旁边。他们的形象是一手拿着镐，一手提着灯，灯是地下的工作中用来照明的工具。手斧表示木匠，capital 表示雕刻家或者建筑师。至于鸽子，或许被赋予了家庭中母亲的职责，负责养育幼鸟，很像 Bosis 表示死亡会出现的符号。此外，这个起源于象征的思想，更多可能是来自世俗的观点，而非宗教的思想。我更希望在纪念碑上看到男女的美好品质，诸如妻子的忠贞，一如鸽子，在洪水之后回到方舟，带回洪水褪去露出陆地的消息。综上，我们无法认为鱼承担了类似的角色，也无法确定其为基督的象征。鸽子出现在《新约》里，而无论《新约》跟《旧约》里都没有提到鱼。

艾约瑟（b）谈到汉字时说：

表示城墙顶上的锯齿形状所使用词语的象征表达过程可以很容易就探寻得出来，那就是"牙"和"齿"，表示"牙齿"，也呈现牙齿的形状。另外，前者还用来表示"树芽""发芽"。这样造词的方式显示了类别跟思想的关联是多么普遍。汉字的象形字在很大程度上延续了类比取象的过程，在语言历史的早期阶段，人类思想就已经适应了这种类比的思维。

德尔维拉（b）提供下面这个诗意且真实的建议：

　　　　　　　　　　　　美洲印第安人的图画文字

印度人跟埃及人都将莲花作为太阳的象征符号，这并不足为奇，因为莲花在黎明时分张开花瓣儿，又在夜晚来临是闭合花瓣，这就仿佛是在静止的水面自生一般。

第三节　色彩的意义

象形文字研究中色彩的使用可以追溯到人类在身体上彩绘的行为之上。这在远古就已经出现。薛西斯军队里的埃塞俄比亚 619 人用朱砂跟白灰涂抹身体皮肤；德国的部落最初为人所知时，胸前画着各种动物的形象。北不列颠的氏族沉溺于身体绘画（或许是纹身）以至于罗马人给他们取了皮克特（Picti）的绰号。在这一点上，威奇托可以与之相比较，他们被法国人称为波尼皮克（Pawnees Piqués），英语中也经常是如此称呼。马尔克·德·尼卡在哈克路特主编的游记（e）中说道，亚利桑那与新墨西哥的印第安人被称为宾塔图（Pintado[①]），就因为"他们总是在脸上、胸前和胳膊上涂画"。关于上面这些例子以及其他的例子中使用颜色的问题，有这样一种常见的思想，那就是这些颜色在他们部落有着重要意义，通过使用这些颜色，这些人就成为他们部落的旗帜。现代意义的旗帜并没有其远古原型，直到克洛维首次开始使用，他是西方世界的国王中最早采纳旗帜的一个。后来旗帜或者布——比如格子呢——上的彩色图案开始流行起来，这正是模仿部落成员身体的彩色图画。在这个方面，前面关于纹身图案的说法是合乎情理的。不过这个理论的论据却并不充分，曾经作为

---

① Pintado 为西班牙语，意为"涂色"。——译者

部落实践行为的涂色装饰的时尚或许最终会发展为徽章。将这种涂色视为最初的装饰却完全恰当，要记得，就算是在八世纪的英格兰也仍有一些团队里的人为自己身上的纹饰感到骄傲，而拒绝用衣服遮盖这些纹饰。

这个话题可以进一步分为如下几个部分：1. 颜色的装饰作用；2. 颜色的特性；3. 仪式中的颜色；4. 跟死亡和哀悼有关的颜色；5. 战争与和平的颜色；6. 表示社会地位的颜色。

颜色的装饰作用

以下的笔记为单纯用于装饰的颜色提供了一些实例：

费尔南多·阿拉孔（Fernando Alarchon）在哈克路特（Hakluyt）主编《英吉利民族的重大航海、航行、交通和地理发现》(*f*) 一书里提到加利福尼亚湾的印第安人："这些印第安人带着各式各样的装饰过来，有的是整张脸都画上图案，有时是画了半张脸，但是全都涂得脏兮兮的，而且每个人都觉得自己的装饰是最好的。"

约翰·霍金斯（Hawkins）在哈克路特的《英吉利民族的重大航海、航行、交通和地理发现》(*g*) 一书里谈到佛罗里达印第安人时说："那些颜色，红色、黑色、黄色、黄褐色，极其浓烈，他们将这些颜色涂在自己身上或者他们穿的鹿皮上。这些颜色遇水既不会褪色也不会变色。"

维德河王子马克西米兰在《北美内陆游记》(*f*) 中写道：

> 即使在寒冬最冷的时节，曼丹人在他们水牛皮长袍下也光裸上身。他们在身上涂上红褐色，有时也用白色黏土，并

在胳膊上画上红色或者黑色的图案。大部分地方，全脸都涂上朱砂红色或者黄色，如若全脸涂上黄色，则在眼睛周围与下巴上涂红色。其实，涂什么颜色并没有固定的规则，完全 620 取决于印第安时尚人士的个人品位，不过，仍然还是存在普遍的共同点。在他们舞蹈或者战斗之后，或者完成某些功绩时，这些团队成员就会依照固有规则图画身体。在普通的节庆和舞蹈时，或者任何他们想让自己突出别致的时候，年轻的曼丹人就会给自己画上与众不同的颜色和图案，每个人都尽力找到新样式。如果他发现另一个人跟自己的涂画相似，就会立即离开去换一个样式，在一个节庆中，这样的情况可能会出现三、四次。如果他们完成了一次战功，那么整个脸都会涂成乌黑。

在《太平洋铁路考察》（Pacific Railroad Expedition）（*f*）报告里有一幅彩色图片，是莫哈韦（Mojave）印第安人画在他们身体上的图案。图案包括全身、胳膊和腿上的横纹线条，或者水平线条，再或者是不同身体部位涂绘不同的图案。此时，黏土的使用已经推广开了。

埃弗拉德·F. 伊姆特恩（Everard F. im Thurn）（*h*）对圭亚那印第安人的身体彩绘有如下描述：

这些颜色要么是大片涂抹在身体上，要么是以纹案形式涂绘。当一个人要认真打扮自己的时候，就会将双脚直到脚踝都涂上红色，整个躯干的部分涂上蓝黑色，很少会涂上红色，有时也用这两种颜色的线条在身体上画满复杂的图案。他在鼻梁上画上一根红色条纹，拔去眉毛之后画上两根红线；前额脑门上画上一大块红色，在脸的其他位置，他们也会涂上彩色的线条或者圆点。妇女，特别是阿克瓦伊（Ackawoi）妇女，使用身体彩绘多过其他的装饰。她们最喜欢蓝黑色胜过红色，最中意的装饰彩绘是在嘴巴边缘画上宽的线条，并从嘴角两侧延伸到双耳的位置。一些妇女还特别喜爱一些小图案，比如汉字图案，似乎是有些特别意义吸引了她们，不过这些印第安人却无法也不愿进行解释。

科尔（Kohl）（a）说起来他在苏必利尔湖附近遇到的印第安人时表示，"这里只有男人才在身体上涂画，女人则不。当他们慢慢老去，就停止拔去胡须。胡须是他们图画的障碍。"或许他们拔去毛发的习俗最初起源于为脸上和身体上涂画提供便利。

赫恩登（Herndon）（b）对亚马孙河谷有如下描述：

遇见一个科尼波（Conibo）人。此人明显是他们部落的时髦人。他的两个眼睛下边都画着红色的宽条纹，三条窄一些的蓝色条纹从一边的耳朵穿过上唇连到另外一边的耳朵，下边的两条都是简单的条纹，最上边的一条带有图案。整个下巴都涂画上蓝色链条状图案，很像汉字的图形。

根据 J. J. 冯·楚迪（J. J. von Tschudi）博士（b）的报告：

　　　　　　　　　　　　　　美洲印第安人的图画文字

秘鲁的野蛮印第安人会涂画他们的身体，但却并非严格意义上的纹身形式，他们给自己的身体涂上简单的条纹。森赛斯（Sensis）妇女从双肩各分别画出两根条纹，穿过胸前，直到心窝；皮拉斯（Pirras）妇女则在腰间画上一圈宽阔的腰带状环带，在大腿上还画上三条深色的环线。颜料是用未成熟的茜草科果实制成，这些条纹一旦画上，就很难用水洗去。一些部落只在脸上涂色，另一些部落则恰恰相反，不会涂画脸部；他们的胳膊、脚上跟胸前都会涂上不同颜色。

621

医学博士 F. J. 莫阿特，在《皇家地理学会杂志》（a）中说，安达曼岛人将红色泥土涂在头顶，或许出于装饰的缘故。这一习俗跟北美一些印第安部落用红色颜料涂染这部分头发的做法类似。

马卡诺（e）说：

> 现在委内瑞拉的皮亚鲁亚斯（Piaroas）人仍然保持身体涂绘的习惯，但是涂绘的过程跟之前有所不同。他们先用木头做成印章，其上涂上颜料，然后印到皮肤上。

图 982 就是这样的印章，最值得注意的事情是他们再造了类似上库奇韦罗（Upper Cuchivero）的某些岩画图案（参见本书前面章节的图 152 和图 153）。

> 皮亚鲁亚斯（Piaroas）人复制了之前居住此地的人们刻

在岩石上的图案样板，或者说是他们意识到这些图案的意义，有意保存了这种传统。这两个假说，只有前一个假说站得住脚。他们单纯就是很自然地把身边可以找到的简单图案加以复制，而非来自天赋的某种才能。法属圭亚那的印第安人，在远行前或者战争前，就会给自己的身体涂上纹饰，用来驱散恶魔。然而对于皮亚鲁亚斯人而言，身体的涂画既具有装饰意义，又具有必要性。这是保护他们免受昆虫叮咬的保护层，加上精心护理，又成为他们的华美装饰，为筵席跟聚会增色不少。

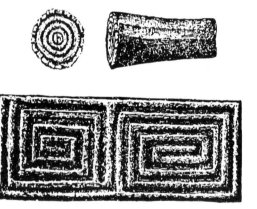

图 982　皮亚鲁亚斯的涂绘印章

值得注意的是还存在这样的一些实践，跟皮亚鲁亚斯做法正好相反，这样的例子至少存在一个，即用面部图案符号来设计无生命物体上的图画形式。在加利福尼亚洛杉矶的塞拉诺（Serrano）人中，他们从前会在树或柱子上刻上线条图案，来标记地域的边界，这些线条跟土地主人脸上装饰性的图案相同。

同样，日本女士在私人谈话中被问及为什么要涂黑她们的牙齿时，都会这样回答，"任何狗都有白牙齿"，这为此处的话题提供了一些启发。外表的变化本身就具有区别性，带有装饰 ⁶²² 的人跟其他人对装饰的诉求区别越大，他们的区别性也就越大。现代的男帽或者女帽制造商、女装或者男装的裁缝，以及他们的顾客，也都同样竭力追求时尚辨识度的终极目的，即在竞争中独一无二，标新立异。时尚风向标的随意转换，不仅存在于百万富翁，也同样存在于曼丹人中；不仅在巴黎人那里有，普埃布拉人（Pueblan）也是一样。这一点可以跟之前就提到的颜色在部落中的重要性一起纳入考虑。颜色的使用产生于对时髦的追求，也随着时尚变化而变化。在为写本章内容梳理材料时发现，大部分的研究倾向于不相信颜色的区别性与稳定性。宗教、其他仪式实践以及社会习俗的保守性却保存了一定稳定性和延续性。

颜色的特性

有几种颜色确实具有本质性意义，这已经形成共识。文明社会也不乏此类例证，在当代的欧洲，黑色代表死亡和哀悼，白色则表示清白与和平，红色代表危险，黄色则是官方表示瘟疫的颜色。比较关于颜色的不同观念将会展示多样的原因。

巴比伦人图画中，太阳是金色的，月亮是银色的，土星是黑色，木星是橘色，火星是红色，金星是浅黄色，水星则是深蓝。红色自古以来就代表着神圣与权力，不止皇室宫廷如此，宗教体制也是如此。以色列人的会幕使用红色的干兽皮覆盖，埃及人与迦勒底人的神灵与形象也都是红色，到今天，红色是罗马教皇跟大主教的代表性颜色。

在远古时期，每一种颜色都带有神秘意义跟象征，正确使用这些颜色是要考虑的重要问题。谈到基督教早期艺术，克莱门特（Clement）女士提供了如下的报告：

白色，是救主复活后衣袍的颜色；也是圣母玛利亚升天时衣服的颜色；妇女穿白色是贞洁的徽章；富人穿白色表示他们的谦卑，法官穿白色则是正直的象征。有时白色也用白银或者钻石表示，其含义就是纯洁、无暇、清白、忠诚、喜悦和光明。

红色，是红宝石的颜色，代表着皇家、火、神圣的爱、圣灵、创造力和热烈。相反地，红色还可以象征血、战争和仇恨。红色与黑色结合是撒旦、炼狱和邪恶灵魂的颜色。红玫瑰与白玫瑰则是爱情与纯洁、爱情与智慧的象征，就像圣塞西莉亚的花环一样。

蓝色，蓝宝石的颜色，代表天堂、天堂的爱与真理、恒久不变和忠贞。基督与童女玛利亚穿着蓝色斗篷，圣约翰穿着蓝色长袍。

绿色，绿宝石的颜色，也是春天的颜色，表示希望与胜利。

黄色或者金色是太阳的徽记，还表示神的美好、婚姻与果实累累。圣约瑟夫与圣彼得穿黄色衣服。带有肮脏浑浊色调的黄色则带有负面的象征，如犹大穿的常服，也因此表示妒忌、善变和欺骗。

紫色或紫水晶的颜色代表激情和折磨、爱欲与真理。悔罪者，像抹大拉，穿着紫色。耶稣受难之后，玛利亚穿着紫色；基督在复活之后也穿着紫色。

灰色是苦修、哀悼、谦卑或者无辜的被告。

黑色与白色一起表示谦卑、哀悼以及神话的纯洁。仅只黑色则代表黑暗、邪恶和死亡，是撒旦的颜色。在耶稣受试探的图画中，他有时候穿黑色。

上述几种颜色的意义跟现代民间传说中颜色的意义区别甚大，比如，绿色和黄色，同样的颜色在老歌里被印上了不一样的意义，"绿色是被抛弃的，黄色是背弃誓言的颜色"。

迪杜（d）在《神的历史》中这样写道：

> 在中世纪时期的思想里，颜色的等级同时可以应用于象征体系。最辉煌的颜色是金色，是分配给最伟大圣人的颜色。银色，月亮的颜色，仅次于太阳的颜色，即月亮作为太阳的陪伴，却只能随从。随之是红色，火的颜色，属于那些挣扎于激情的人，比前面两种金属色——分别表示太阳和月亮的金色与银色——级别要低，只是一种溢彩。再其下是绿色，象征着希望，是已婚人士适合的颜色；最后是一种不太确定的黄颜色，半黄半白，是一种修饰了的颜色，属于之前曾是罪人的圣人的颜色，这些人成功由罪人称圣，因悔罪而在神的眼中成为光明的。

《美国心理学刊》1887 年 11 月的第一卷第 190 页有一个记述，列举了另一个关于颜色的含义：

黄色，黄金与烈火的颜色，象征推理。

绿色，植物生命的颜色，象征功用与劳动。

红色，血的颜色，象征战争与爱情。

蓝色，天空的颜色，象征精神生命、责任和宗教。

仪式中的颜色

能够指示方向的颜色早已成为讨论主题。这里要讨论的正是北美印第安人的特殊颜色规划。

詹姆斯·史蒂文森（James Stevenson）先生在华盛顿特区的人类学学会所做的报告，美国军队的华盛顿·马修斯（Washington Matthews）医生在《民族学局第五届年度报告》上的发言（载该报告第 449 页），以及托马斯·V. 金（Thomas V. Keam）的手稿中皆指出，在下述这些印第安人的仪式舞蹈中，不同颜色对应四个方位，即：

	北	南	东	西
史蒂文森——祖尼人	黄色	红色	白色	黑色
马修斯——纳瓦霍人	黑色	蓝色	白色	黄色
金——莫基人	白色	红色	黄色	蓝色

624 　史蒂文森先生，在他刊发于《民族学局第八届年度报告》上的《Hasjelti Dailjis 仪式》一文中，就纳瓦霍人方位颜色象征的仪式性体系这一问题，跟马修斯医生的观点相一致，即："鹰羽放在东方，旁边是白色的玉米和白色的贝壳；蓝色羽毛放在南方，放在一起的还有蓝色玉米跟绿松石；西方是鹰隼羽毛，一起的是黄色玉米和鲍鱼贝壳；北方是北美夜鹰的羽毛、黑色珠子与几种不同颜色玉米。"

在《民族学局第八届年度报告》中，维克托·明德雷夫（Victor Mindeleff）先生在《普韦布洛建筑研究》一文中指出，普韦布洛人献祭的祷告是这样的：

向西方：Siky'ak	oma'uwu	黄色的云
向南方：Sa'kwa	oma'uwu	蓝色的云
向东方：Pal'a	oma'uwu	红色的云
向北方：Kwetsh	oma'uwu	白色的云

在《民族学局第二届年度报告》的第 16—17 页，弗兰克·H.库欣先生就祖尼人物神偶像做出以下论述：

在远古，所有一切都属于一个大家庭，Po-shai-ang-k'ia 是神圣团体的父亲，跟他孩子们（弟子们）住在雾之城（City of the Mists），出于全世界法物社会的中心。当他想要进入世界，就把整个宇宙分为六个区域，即：北方（贫瘠之地的方向）；西方（水之家园的方向）；南方（美丽红色所在的方向）；东方（白昼之家的方向）；上方（高处家园的方向）；下方（低处家园的方向）。

每个区域中心的大海中有一个非常古老的圣所——大山之峰。北方是黄色之山，西方是蓝色之山，南方是红色之山，东方是白色之山，大山之上是全色，大山之下为黑色。

我们也能够清楚看到这些区域所指方向自然景观的颜色——贫瘠北方的极光色调，西方与蓝色的太平洋，玫瑰色的南方，白昼之光的东方，云彩密布天空的多样色调，"地上洞穴"的黑暗之色。事实上，这些颜色也使用在祖尼人的图画文字与神秘的象征系统中，来指示与这些颜色相关联的方位或者区域。

A.S. 加切特（A. S. Gatschet）（a）在《美国心理学会纪要》中提供了伊斯莱塔普韦布洛对应指南针四方位的象征色，即"白色为东方；从这里走向北向，为黑色；再往西方，为蓝色；最后是南方，为红色。"

在《民族学局第七届年度报告》的第 342 页，詹姆斯·穆尼（James Mooney）先生如此描述切罗基人的颜色象征体系：

> 东方——红色——成功、胜利
> 北方——蓝色——挫败、麻烦
> 西方——黑色——死亡
> 南方——白色——和平、幸福

平原地区印第安人仪式中，普遍的做法是，神圣烟斗里的烟首先要吹向上方，然后吹向下方，接着依次吹向四个方位。至于四方位的顺序，不同部落有不同的规则。詹姆斯（James）在《朗的远征》中记载，奥马哈人的一种关于水牛的特殊仪式中，第一股烟要吹向水牛，然后是天空、大地，再然后依次是东、西、北和南。一个站不住脚的解释是，东方是日出，西方为日落，北方是寒冷之国，南方是温暖之国。

沙朗塞（Charencey）伯爵在《地平线上的颜色象征》与《年代与太阳》中，展示了他对墨西哥与中美洲原始体系的研究，如下：

四方位系统　　　　　五方位系统

东方——黄色　　　　南方——蓝色

北方——黑色　　　　东方——红色

西方——白色　　　　北方——黄色

南方——红色　　　　西方——白色

　　　　　　　　　　中心——黑色

约翰·克劳福德（John Crawfurd）（a）先生如是说：

　　在爪哇，地平面上的方位划分以及相应的颜色分别是这样的：首先是白色跟东方；其次是红色跟南方；再次是黄色与西方；第四是黑色与北方；第五是混合颜色与焦点或者中心。

波杜里尼（Boturini）（a）提供了以下对"世界四方或者四天使的象征"的安排，兼与杰梅利（Gemelli）的体系相比较：

杰梅利　　　　　　　　　　　　　博图里尼

1.Tochtli——南方　　　　　　　Tecpatl——南方

2. Acatl——东方　　　　　　　　Calli——东方

3. Tecpatl——北方　　　　　　　Tochtli——北方

4. Calli——西方　　　　　　　　Acatl——西方

四要素的象征

1.Tochtli——土　　　　　　　　Tecpatl——火

2. Acatl——水　　　　　　　　　Calli——土

3. Tecpatl——气　　　　　　　　Tochtli——气

4. Calli——火　　　　　　　　　Acatl——水

埃雷拉（Herrera）（a）仅就年份的象征与颜色进行讨论，通过他提及这些内容的顺序显示了他的理解，尽管他本人并没有明确二者之间的关联。

他们将一年分成四个标志，为四个图像；一是房屋，另一个是兔子，第三个是藤杖，第四个是燧石。他们通过这些来估算一年的时间流逝。***居中画着太阳，由此向外画出四条线到外围的环状圆周，这四条线呈十字形，将这个圆周分为四个部分。圆周跟这四个部分跟随其所在颜色的线条移动，这些颜色分别是绿色、蓝色、红色跟黄色四种。

根据他的表述，赛勒斯·托马斯教授在《玛雅和墨西哥手稿笔记》（见《民族学局第三届年度报告》）中，对埃雷拉的体系做了如此的估计：

Calli——绿色

Tochtli——蓝色

Acatl——红色

Tecpatl——黄色

626

综合上述诸表可以认为，Calli 为绿色，是火和西方，或者土和东方；Tochtli 是蓝色，表示土和南方，或者气和北方；Acatl，红色，水和东方，或者水和西方；Tecpatl，黄色，表示气和北方，或者火和南方。

上述笔记将四方位对应的象征颜色表述得相当混乱，静心思考，也并没有什么可期待的。就拿蓝色大海以及大海的天气影响反映为例，要研究的民族可能处于大海的任何一个方向，而且他们的地志学跟颜色关系也都不同。如果称之为蓝色，那么蓝色可以是北方、南方、东方或者西方。热与冷的概念也是一样，无论使用了什么奇特的颜色，热的物质有时是红色，有时是黄色；冷的物质则是黑色或者白色。使用黑色是展示其对组织的猛烈破坏力；而使用白色则是借自白雪的颜色。同样，不同民族所处的地理位置也决定了他们对于温度的观念。在热带地区，太阳是让人恐惧的存在；而在北极的天气中，太阳则是仁慈的象征。而在温带的不同季节，不论是红色还是黄色，太阳都视为火的象征，同时具有破坏性与生命力。就四方位的象征而言，颜色与其并未有本质上的联系，与此相关的表意文字均具有地方性与多样性。在那些一直以来就居住在现在居所的人中，原初的四方位颜色分配并不是稳固限定的，通过调查来追踪他们此前迁徙路线的希望未必就能实现。

下面的简缩节选自霍夫曼博士在 1889 年 7 月的《美国人类学家》上刊登的文章，关于奥吉布瓦人大法物协会的等级柱的叙述：

> 搭建巫医祭司（midē'priest）做法事仪式跟入会仪式的围栏，要先找一根高为 4—5 英尺、厚度约 8 英寸的木柱，将它立在跟主要入口相对的一个地点上，位于入口到最里面全长的四分之三处。整根柱子涂成红色，在顶部涂上一掌宽的黄色条纹。
>
> 红色跟绿色是巫医协会的标志，至于原因就不得而知。绿色跟南方有关联，是热源所在也是丰产之地。春天时，雷

鸟也自南方而来，带来雨水，滋养草苗跟水果的生长，因此昭示食物充足。

第二级就要在围栏里面立起两根柱子，第一根同前面一级等级柱相同，第二根立在更靠近入口的位置，不过距离另一边也并不远。这个柱子涂成红色，上面满是用指尖蘸白色黏土涂上的圆点。这些白色圆点是神奇贝壳（migis shell）的象征，也是法物协会的神圣徽章。

第三级的等级柱包括三个柱子，前两个如前所述，增加了第三根柱子，与前两根柱子成一条直线，这个柱子涂成了黑色。

第四级的等级柱又增加一根，这个其实是个十字架，横向的木条靠近顶端；下面直立的部分为方形，向东的一面涂成白色；南面是绿色；西面是红色；而北面是黑色。白色是光源的颜色，面向太阳升起的方向；绿色显然是温暖、雨水和丰产的所在；北方是黑色，属于寒冷、疾病与孤独的地域。红色在西方，就其象征意义众说纷纭，最为可信的一个看法是认为这跟"死亡之路相关"，指在鬼怪协会中的仪式中，离去的影子在这条道路上吃着他找到的巨型草莓。十字架上面的部分涂成白色，上面又画上不规则的红色圆点。

同文还叙述了巫医等级的面部涂绘：

与等级柱的颜色相关，面部装饰也有系统性的分配，四个等级中的每一级都分别具有不同的风格特点，鬼怪协会的等级也是如此。

627

根据白土（White Earth，明尼苏达）模式，具体风格分配如下：

第一级，一条红色的条纹从双耳通过鼻尖横穿整个脸部。

第二级，在一条如上所述的条纹之外，还经由眼睛、太阳穴跟鼻根画上另外一个条纹。

第三级，脸的上半部分涂成绿色，下半部分涂成红色。

第四级，前额与左边脸自外眼角向下都涂成绿色，用指尖蘸上朱砂在前额和左边涂了绿色的脸颊上各分别点上四个点。

据米尔湖（Mille Lacs）巫医祭司西卡西格（Sikassige）所言，他小时候脸绘装饰的图案是这样的：

第一级，前额横向画一根绿色粗条，紧靠眼睛的下面横向画一条朱红细纹。

第二级，从太阳穴穿过眼皮和鼻根横向画一条朱红细纹，向上一点的地方平行画一条类似的绿色细纹，再稍往上再画一条朱红细纹，然后再是一条绿色细纹。

第三级，红色和白色的斑点涂满全脸，这些圆点直径大概四分之三英寸。

第四级，有两种形式，一种是把脸涂成红色，其上从左边太阳穴附近向右边面颊斜着画上绿色条纹；另一种也是把脸涂成红色，在额头上画两条水平方向平行的绿色短条。

当某人有可能成为大法物协会祭司的儿子去世了，他就采用这两种形式之一来表示哀悼。

泰勒（d）对新西兰人在宗教与仪式中对红色的使用有如下

描述：

与其宗教密切相关的是他们对神圣之色库拉（Kura），即红色所怀有的情感。他们的偶像、储粮建筑（Pataka）、为亡者、后代或者牺牲准备的圣台、墓穴（Urupa）、酋长的家、战斗轻舟等都是涂成红色。

警示任何禁忌的事物也用红色做标记。如果有人离世，他的住房就刷成红色。一旦某物被视为禁忌，酋长就立起一根涂成红色的柱子作为标记；不论尸体置于何处，都会设立纪念物，通常是以最近的石头、岩石或者树木来充当。一旦选定纪念物，则必定涂成红色。如果尸体是通过水路运送，沿途每停一地就留下同样的标记，直到抵达目的地，在那里把独木舟拖上岸，以示区别，并将独木舟丢弃于此。酋长去世的时候，他的碎骨装饰涂绘并包裹在染成红色的席子里，放置于一个涂了同样神圣颜色[①]的盒子或者碗里，埋葬于坟墓。在酋长最后的安息之所，高大且精心雕刻的纪念碑挺立一旁以示纪念。这种纪念碑称作提基（tiki），当然也是红色的。

过去，酋长使用红色赭石膏涂抹自己全身。如果有国事活动，酋长跟他的夫人用红颜料和油混合浇在头上和额前的王冠上，这赋予他们一副血淋淋的形象，就像是他们的头颅被劈成了两半。

S. 加森（Gason）在沃斯诺普的前引书中有如下报道：

---

① 即红色。——译者

在北方的库珀（Cooper）河、赫伯特（Herbert）河和迪亚曼蒂纳（Diamentina）河流域，基本没有洞穴图画；但在特别的歌舞祭祀中，领舞者身上用各种想象的颜色精美地画上男人、女人、走兽、飞鸟和爬虫，这些图像线条明晰，比例均衡，彼此间不会混杂颜色。

一个领舞者的身体彩绘需要两个人七、八个小时艰苦而枯燥的劳动，一个人画领舞者的正面，另一个人画背面。当这些身体上画上彩绘的人在明亮的篝火和刺眼的火把环绕之下，能对他人产生魅惑的效果。仪式结束后，允许众人近前检视这些彩绘，对绘画的艺术家们致以赞叹，或者加以批评。

在其他仪式中，由"布卡涂"（Bookatoo，红赭石探险）返回后便在几个舞蹈者身上涂上彩虹的颜色，外形都是几种主要类型的蛇，画得很精良，涂色也细致，需要几个小时的工作才能完成。

画这些蛇是为了能够猎捕很多蛇。妇女是不能参加这些仪式的，这是他们绝密的祭祀舞蹈。

下面是关于仪式、宗教中对颜色使用的其他几个的描述。

约翰·G. 伯克（John G. Bourke）（*f*）上校提到过，莫基人在祷告时使用颜色——黄色代表南瓜，绿色是玉米，红色是桃子。黑白条是典型的雨的标志；红蓝条则表示雷电。

詹姆斯在《朗的远征》（*k*）中提及，奥马哈男孩去山顶禁食见他的守护精灵之前，要用白色黏土涂满全身。而同一仪式，在哈得孙河湾附近的欧内比贡赫林斯（Ouenebigonghelins）中，请愿者则会把脸涂成黑色，这是巴克维尔·德·拉波特里耶（Bacqueville de la Potherie）（d）提供的描述。

彼得·马特（Peter Martyr）（a）指出，伊斯帕尼奥拉岛［海地］居民在参加宗教性建筑里的节庆时，要经历一个把身体和脸图上黑、红、黄色的过程。有些还有鹦鹉或其他鸟儿的羽毛加以装饰。妇女则不做装饰。

马格里（f）在书中提到 1704 年的 Penicaut 的关系时，描述了跟大酋长或者那切兹人（Natchez）的太阳一起死去的受害者的装饰。他们的脸涂成朱红，如作者所言，"以防止他们的苍白脸色显露出其怯懦"。这种做法虽是作为权宜之计开始使用，但红色也因此成为神圣的颜色。

然而红颜色并不总是由这样的起源演绎而来，它也跟火和血 629 的颜色相关。罗马人在大型节庆活动时，给朱庇特神雕塑的脸涂上朱砂。对于其他各种神、半神、农牧神、萨梯等的雕塑，他们也用同样方法处理。古罗马诗人维吉尔在《牧歌集》（Eclogues）的第十章，第 27 行中这样描写潘（Pan）：

Pan, deus Arcadiae venit, quem vidimus ipsi

Sanguineis ebuli baccis minioque rubentem.

R. C. 辛格尔顿（R. C. Singleton）在 1871 年于伦敦出版的《英韵维吉尔》（Virgil in English Rhythm）中提供了英语版本。译者将"红丹"（red lead）写作"朱砂"（cinnabar）或许是正确的用词，"铅丹"（minium）在诗体数量上跟朱砂（cinnabar）相当。

牧羊神潘来了，阿卡迪亚的神，我们看到

他用接骨木浆果血红汁液

和通红的朱砂把自己涂抹。

查普曼（Chapman）翻译的荷马赞美诗中也提到牧羊神潘是涂了红色的，不过最初是用鲜血来涂抹的。

洒满鲜血的猞猁皮

围在他的肩上。

为了彰显神圣与伟大，普通大众在庆祝凯旋的行进时也将脸面涂成红色，就像普利尼（Pliny）引用维里乌斯（Verrius）提到的卡米路斯（Camillus）那样。

在支撑梵蒂冈雕塑"望楼的阿波罗"的树上可以发现被认为是 $\sigma\tau\acute{\epsilon}\mu\mu\alpha$ $\delta\epsilon\lambda\phi\iota\chi\grave{o}\nu$，它由神谕的月桂树枝簇组成，用红色羊毛线编织成节，每一个节点都留下一个流苏。这是献祭的古老符号，也极有可能跟吉卜赛符号有关，他们用红色的绳结表示双方爱情的联结，如查尔斯·G. 利兰在他的一封信件里所提及的那样。

西班牙人认为红色是表示卓越的颜色，而众多蒙昧野蛮民族钟情于红色，将它视为神圣的颜色。

有关死亡和哀悼的颜色

沙勒瓦（Charlevoix）（a）说密克马克人的"哀悼仪式由把他们自己涂成黑色和悲叹恸哭构成。"

尚普兰（Champlain）（*f*）1603 年时指出东北阿尔冈琴人的哀悼柱是红色的。

基廷在《朗的远征》（*g*）中提及，萨克印第安人在哀悼期间用黑炭涂黑自己，并且不使用任何朱红或其他颜色做装饰。

某些达科他部落用黑炭把脸涂黑表示哀悼，也常用灰烬。

道奇上校（Col. Dodge）（*a*）指出苏族人生前从不使用绿色，但是包裹他们尸体的毯子是绿色的。后来的 S.D. 欣曼（S. D. Hinman）牧师，在他前几年去世前都可谓是这些印第安人的最权威专家，他在一封通信中反对上述的说法，指出苏族人经常会在他们脸绘中使用绿色，特别是他们想要让自己更加突出的时候，因为绿色能赋予特别不同的印象。较之蓝色和黄色，绿色的使用没有那么普遍，其原因就在于他们之前主要颜料取材的黏土很少有绿色，必须通过后期的混合才能得到。另外，他们也不使用绿色作为死亡的涂色或者标记，而是红色。绿色是他们"快乐狩猎场"的标记。幸存者哀悼亡者使用的颜色是黑色。

托马斯·L. 麦肯尼（Thomas L. McKenny）（*a*）指出奇珀瓦人（Chippeway）表示哀悼的方式是把脸涂黑。

温纳贝戈人哀悼是用煤炭将全脸涂黑；妇女则是在双颊画上黑色圆点。

博厄斯博士，在《美国人类学》（*a*）中对萨利希（Salish）印第安人的斯纳奈穆克（Sinanaimuq）部落这样描述：

逝者的脸上涂成红色和黑色。失去丈夫或妻子的未亡人就把他们的腿跟毯子都涂成红色，并且要连续三到四天不吃东西，到了时间就有三名男子或者三名女子给他们送来食物，此后他们就可以正常饮食。

在班克罗夫特（Bancroft）（*d*）关于危地马拉鳏夫的叙述中提到他们在丧妻之后全身都染成黄色。

卡尔·博克（Carl Bock）（*b*）描述了婆罗洲肃穆哀悼的情况是以白色为主的。进行哀悼中的人们，不分男女，都穿着白色的袍子，拿着白色的旗帜、武器和装饰，全部都用白色棉布包裹着。

A. W.豪伊特（*h*）谈到澳大利亚中部的戴利（Dieri）人时这样说：

> 派去传递死讯的报信人全身涂上白色黏土。他一进村，妇女们就夸张地大叫大哭。***鳏夫寡妇依照习俗在服丧期间不得出声，不管白色黏土会在身上保持多长时间，直到它全部剥落，他们才能说话。他们也不能黏土搓下来，这被视为是坏征兆。黏土必须自己磨损脱落。在这期间，他们只能用手势来交流。

A. C.哈登（A. C. Haddon）讲到在澳大利亚托雷斯海峡西边的部落用灰色泥巴涂抹身体以示哀悼。

埃利泽·雷克吕（Elisée Reclus）（*c*）说道："表示哀悼时，帕普安（Papuan）人在身上涂抹白色、黄色或者黑色，具体颜色要根据其所处部落来定。"

达尔贝蒂斯（D'Albertis）（*d*）报道称，新几内亚的妇女在亲属去世后会将自己全身涂黑；男子则有几种不同的等级，比如，逝者的儿子全身涂成黑色，而其他关系稍远的哀悼者只需把脸多多少少涂黑即可。在《新几内亚：我之所见所为》的第二卷，第9页有与此有别的一例，某地在哀悼时妇女从头到脚用泥巴涂抹自己。还是这同一位作者，在同一卷书的第378页说，他们保存在房子里的头颅骨总是涂上红色，而且他们前额上也常常标记类似的图案。

《苏格兰地理杂志》第八卷第592页上刊登一篇题为《亚美尼亚的魔鬼崇拜者》的文章，其中提到亚美尼亚的寡妇身着白衣。

《布鲁塞尔人类学协会公报》（b）刊登的《东赤道非洲笔记》中记述当地妇女在丈夫去世或者离开时用面粉涂抹全身。

631　　G. 威尔金森（G. Wilkinson）爵士在他的著作中写道，古埃及人在哀悼时戴着白色头带；而在底比斯古城墙上画着的葬礼过程中也是如此使用白色。

S. 韦尔斯·威廉斯（S. Wells Williams）博士（a）报道了中国的哀悼颜色："哀悼者全身穿白色，或者戴着白色头带。在南方地区，半丧（half-mourning）时使用的是蓝色，通常以一双蓝色的鞋子和一条蓝色丝带穿插于队列中来显示，不用红色。在北方省份，白色是唯一可见的丧服颜色。"

冯·布兰德（von Brandt）先生在《大不列颠与爱尔兰人类学会学报》（e）的《阿伊努人和日本人》中提到日本逝去天皇的棺木是以红色即朱砂覆盖。

战争与和平的颜色

这些颜色，主要跟阿尔冈琴印第安人有关，是在1763年由马格里发表的。烟斗上的红色羽毛表示战争，其他颜色（每种颜色都各有修饰的或者特殊的意义）则表示和平。

W. W. H. 戴维斯（W. W. H. Davis）（b）描述了"1680 年格兰德河普韦布洛人通知西班牙官员们，他们带着两个十字架而来，一个刷成红色，表示战争；另一个是白色，表示和平。他们要在二者中做出选择。"

德拉莫特·卡迪拉克上校（de Lamothe Cadillac）（b）在1696 年写到大湖区靠近麦基诺岛等地的阿尔冈琴人时，对他们战争装饰做了如下描述：

> 在出发的日子，勇士们都穿上他们最好的衣服。他们的头发染成红色，在脸上涂上红色和黑色图案，这需要技巧跟品位才能完成，身上也是如此。他们中的一些人带着用鹰尾或者其他鸟的尾部羽毛装饰的头饰，另一些人则以野生动物，如狼和老虎（野猫）的牙齿做装饰。有人以头盔取代帽子做头部的装饰，头盔上带有鹿角、雄獐角或者水牛角。

斯库克拉夫特（r）指出特苏基（Tesuque）普韦布洛印第安人用蓝色来表示和平。

后来在格兰德河贸易站的达科他人参加战斗的时候，就会在脸上从眼睛下面到下巴涂上红色。

阿布萨罗卡（Absaroka）和克罗族印第安人在去打仗的时候会把前额涂红。克罗族印第安人的这个特点也被跟他们遭遇的达科他人用图画记录并描述。

海伍德（Haywood）（e）提供了对切罗基人的描述：

要去打仗的时候，他们梳理头发并用熊的油脂混合血根草（Sanguinaria canadensis）的根涂抹其上，然后用不同颜色的漂亮羽毛加以装饰。他们的耳饰除了铜制和铁制的耳环，有时还用贝壳念珠或者冠状物做装饰。同时，他们的脸上全部用朱砂涂成红色，一只眼睛周围画着黑色圆圈，另一只眼睛画着白色圆圈。

H. H. 班克罗夫特（H. H. Bancroft）（e）说，一个莫多克（Modoc）勇士若在去战场前把脸涂成黑色就表示不成功便成 632 仁，绝不苟且偷生。同一卷书的第 105 页，他又说道，特林吉特（Thlinkit）勇士全副武装准备出征时，把脸和头发都涂成艳红色，然后带上一根白色鹰羽作为坚定立志誓要同仇敌忾的标志。

多尔西（Dorsey）先生报道说，欧塞奇（Osage）人准备到敌人那里偷马时会用煤炭把脸涂成黑色。（这也许是为了伪装，就像入室劫匪用黑纱蒙面一样。）还是多尔西提供了下面这个关于欧塞奇战队出发前的彩绘描述：

在向敌人进发之前，欧塞奇勇士们重新给自己涂绘，称之为死亡涂绘。如果有人带着这样的彩绘死去，活下来的人就不再给他们另外重新涂绘了。

"左派"的氏族使用"火焰颜料"，是红色的。他们用左手将这种红颜料涂满全脸，并且使用关于火的祷告，"烈火无情，我们此去也是一样"。然后他们用泥巴涂抹左眼下面的脸颊，大约两指宽。他们的马也用泥巴涂抹左边的脸颊、前腿和后腿。

下面是节选自贝尔登（b）的一段叙述：

> 苏族印第安人使用的标记颜色不多，但都具有重大意义。勇士们从战场得胜返回，并带回了敌人的头皮、女人还有男人时，就在双耳的前面用朱砂涂上红色的半圆。半圆的拱顶指向鼻子，两个端点分别在耳朵的上下两边。他们然后把眼睛涂红，围绕头皮跳舞。

约翰·劳森（John Lawson）（a）提到北卡罗来纳的印第安人时这样描述：

> 他们去打仗时 *** 把脸涂成红色，通常还把一只眼睛周围画上黑色圆圈，另一只眼睛画上白色的圆圈。其他的人则用烟斗泥、乌烟、黑铅以及其他各种颜色涂抹自己。

德·布拉姆（De Brahm）在与《南卡罗莱纳历史》有关的档案文件中，报道说南卡罗来纳印第安人"把脸涂成红色表示友谊，把脸涂成黑色则表示敌意或者要开战。"

M.伊尔斯牧师（M. Eells）（a）说在斯科克米希（Skokomish）保留区的塔南（Twana）印第安人如果要去参战的话，"就会用挽歌祈祷以求凯旋，并用黑色和红色来涂抹自己，让他们尽可能看起来可怕丑陋。"

《1838年美国探险远征的记叙》（b）中谈到靠近萨克拉门托（Saeramento）河的一个部落时，说他们的酋长把一根粘着一簇白色羽毛、长约1英尺的小棍交给他们，这根小棍是友谊的标记。

博厄斯博士在《美国人类学》（b）中说，斯纳奈伊穆克人在出发远征作战之前会把他们的脸涂成红色和黑色。

彼得·马特（b）对西贡纳（Ciguaner）印第安人做了如下描述：

> 当地人从树林里走出来，身上涂画着圆点。这是他们的习俗，要去打仗之前总把全身从脸到膝盖涂画上黑色和鲜红或者紫色的圆点，这是他们从一种类似"吡喃"的奇怪植物上得到的颜色。他们在自家花园里精心培植这种植物。这种植物还能让头发以各种奇怪的形状生长，如果头发不是自然的长度或者颜色，就表示类似的恶魔或者可怕的喀耳刻（Circe）由地狱出来为祸人间。

633

科尔（Curr）（c）指出澳大利亚人在参加战斗前将自己用白色黏土抹白。一些非洲的部落，根据迪谢吕（Du Chaillu）的报道，也是将脸涂白来表示战争。

哈登（c）对澳大利亚托雷斯海峡西边的部落这样描述：

> 要去打仗时，男人们把自己的身体全部或者部分地涂成红色。如果是部分地涂红色，有时是涂在上半身和两腿的膝盖以下，有时是只涂抹上半身和头。只有那些真正参加死亡舞蹈的人才会全身都涂上黑色。

迪谢吕（c）说斯堪的纳维亚人有两种盾：和平盾跟战盾，

前者是白色的，后者是红色的。如果在船上升起白色盾牌，就表示要停止敌对，这跟现在举白旗来获取停战或者标记停战是一样的做法。把红色盾牌置于桅顶或者人的身体中间部分则表示敌意。

表示社会地位的颜色

下面一段是从彼得·马特（c）著作中翻译并精炼的内容：

> 这些人全身上下都带有栩栩如生且自然的涂色，跟红色的、真正肉的颜色相近。他们全身的皮肤都画满了各种线条，构成各式各样杂乱的图画和奇怪的图形，他们却认为这些是最英俊的装点，最精美的修饰。这些男子神圣的图案和线条越是丑陋不堪，他们就越觉得自己英俊不凡，还会被认为是部落里最高贵的人。

多尔西先生对欧塞奇的报道指出，曾在战争中表现卓越的老人会根据他们所在氏族来绘制身体图案。提促（Tsicu）人的做法是这样的：先用白色黏土把脸全部涂白；然后在前额画上一个红色圆点，并把脸的下半部分涂红；之后他们用手指抹掉脸上的白色黏土，通过露出原本的皮肤颜色形成深色的图案。

H. H. 班克罗夫特（f）引用权威的资料，认为在加利福尼亚中部地区（旧金山湾的北部）曾经以戴着马利筋的绒毛（？）（白色）作为皇室的徽记；而在这同一本书中，他还写到危地马拉当地人在他们帽子上戴着红色羽毛，贵族只戴绿色的羽毛。

下面这个笔记是关于颜色使用的意义，乍看标题很难将它归类到此处。

贝尔登（c）提供了如下的述评：

> 扬克顿人、苏族人、桑蒂人和夏延人都大量使用涂绘。桑蒂女人会像白人妇女那样涂抹自己的脸庞，可惜品位并不高。她们若想显得特别迷人，就在脸上画上一条红色条纹，从左耳通过眼睛、鼻梁直到右边耳朵，面颊中间也不遗漏。如果一个勇士想要自己独处，就用油烟把自己的脸抹黑，然后从发际线到下巴画出一条之字形的线条，这个线条是他们用指甲擦去油烟的黑色得到的。这个标记表示他被围困、感到忧伤或者恋爱了。

> 634　苏族勇士如果向某个女性大献殷勤就会把他的眼睛涂成黄色和蓝色，这位女士则把她的眼睛涂成红色。我曾见识过妇女们涂红自己眼球的痛苦操作，她们这样做是为了在年轻男子们面前显得更加有吸引力。年轻的勇士在双眼上横着涂上一条红色条纹就表示他看到一个心仪的姑娘，如果对方能回应他的爱恋，他们就能成为爱人。

根据 H. H. 班克罗夫特的讲述，洛杉矶郡的印第安姑娘一旦恋爱，就会用红赭石在面颊上涂上稍许的红色。这种做法在伯特霍尔德（Berthold）堡阿里卡拉人跟达科他人中普遍流行。

拉·波特里耶（La Potherie）（e）讲述了哈得孙湾附近部落的印第安姑娘，一旦有了青春期的标志，就用煤炭或者黑色石头涂黑自己。而距此遥远的尤卡坦男子，根据班克罗夫特（h）的研究，则在结婚前保持一种涂黑的状态，婚后就沉迷于各种色彩鲜艳的图形。

绿色同时被视为青草的象征，德斯梅（De Smet）神父描述廷顿苏族人舞蹈时有这样的论述："青草是仁慈与丰饶的象征，印第安人从中获得喂马的食物，还能养肥平原上野生的动物，这些印第安人就是依赖这些草原上的动物维持生计的。"

布林顿（d）这样总结到：

> 对卡奇克尔人（Cakchiquel）而言，绿色和黄色都是幸运的颜色。前者表示繁茂的植物；后者象征成熟金黄的玉米穗。因此，科托（Coto）认为，这两种颜色也代表着繁荣。
>
> 白色，"扎克"（zak），是目前为止隐喻使用最多的一个。作为一种颜色，它表示白昼、黎明、光明等等。

马歇尔（Marshall）（b）解释了为何雅致的政府文档用绿色封鉴，就是因为这个颜色表示青春、荣誉、美丽，特别是自由。

H. M. 斯坦利（H. M. Stanley）（a）指出白色还用来表示无辜："奎拉（Qualla）拿出一块管土[①]，在 Ngalyema 的双臂从手腕到肩膀各画上一条白道，向到场的众人显示他的无辜。"

H. 克莱·特朗布尔（H. Clay Trumbull）说：

> 埃及人以血缔结友谊的护身符是红色的，表示众神的血。埃及人表示"红色"的词语有时也表示"血"。《亡灵书》（The Book of the Dead）中的神圣指导语就是用红色来

---

① 管土，指白色的黏土。——译者

书写的；就是我们所谓的"红色字体"①。拉比说，由于迫害禁止使用保护性的经匣，就要用红线替代，来标示与上帝订立的约。约书亚交给喇合的红绳就是缔结她与上帝子民的约。在如今的中国，用红绳系着两个酒杯，新郎和新娘共饮"合卺酒"以示订立夫妻之约，就像歃血为盟的象征一样。在如今的印度，人们用红绳把护身符系在胳膊或者脖颈上。*** 在印度的神殿上，红色表示敬拜至今仍还存在；红色还依然表示血。

635 穆尼（Mooney）先生在《民族学局第七届年度报告》中展示了切洛基人用蓝色表示忧伤和抑郁的精神状态，这跟英语口语词组"有点伤感"（has the blues）正相印证，也跟"蓝色"用来表示"希望"的诗意符号正好相反。

上述笔记收集了大量关于颜色的象征表达，可以无限延伸开去；此处列举的这些都是最典型的，就本书涵盖范围而言也是充分的。就颜色的表意性而言，首要目的即要摒除纯粹任意性或者花俏装饰的考虑；要做到这一点并不容易，要知道，作为古老的习俗，不论已然衰微还是保留为传统，都有着长期的影响。总概来看，所有常用颜色都曾在历史上被不同群体以几乎所有表意形式分别使用过，不同群体对颜色的使用存在根本性的差异。然而，每种颜色的运用都有一个巧妙的缘起。表示哀悼的黑色，现在仍被认为具有忧郁的特质。早期人们使用粉尘或泥土涂抹头部

---

① rubric 指量规，原意是中世纪宗教用红笔书写的指导语或解说词。——译者

和身体，后来暗黑涂料的使用或许出于清洁的目的。更为持久的黑色颜料取代短暂着色的灰土，保存并且强化了忧伤概念。当然，后来的颜料涂色实际上多为象征性的涂抹。这种忧伤是生者悲痛的表达，是他们对于逝者再也无缘欢乐或者他们再也不能在另一个世界相会的绝望。其他颜色则表示其他概念。蓝色被认为是想象的天空或者未来天堂的家；绿色表示万象更新和复苏。不同概念决定了不同群体使用的哀悼颜色。红色和黄色仅仅指火焰颜色的概念，或许仅作为尸体处置方式的客观表达，其中火葬是最常见的方式。有时，这些颜色也用作装饰和展现以宣告逝者走向荣光。白色是世界上许多民众常会用作丧葬的另一颜色，用于表明逝者的纯良与无辜。这就像是文明社会里照例惯有的充满赞扬溢美的讣告或者碑文的早期形式。

提到红色，必须得承认，红色最初是表示血液；然而它也可以用来（事实上确实是）表示互相矛盾的一对概念——战争与和平。用来表示战争是意指敌人的血；表示和平则指的是鲜血缔结的关系或者歃血为盟，是爱情与友情中最强的纽带。

目前似乎可以这样认为，颜色用来表意，但是决定其意义的思想各不相同；而且颜色的应用完全出于约定俗成和任意性原则。一个来自现代军队的例子恰能佐证此处观点，这个例子跟英国幽默家那个颇负盛名的讽刺短文毫无关系。上一代美国军队的某军官在欧洲旅行时看到某些军队的工程师部队、非步兵或者狙击兵的服务部队穿着绿色制服，觉得简直太过分。他坚持认为，636绿色自然也必然是为步兵所独有的颜色，因为当这些步兵分散在森林地区作战时穿着绿色制服对他们会十分有利。为早期美国军队的步兵选择绿色制服的这个原因确实存在，然而，军事机构不同部门为了互相区分而使用不同制服，无论在欧洲还是美国，原色和过时的颜色都不会被采纳，选择的准则往往在于该颜色不适用于其他的部门。美国军队较晚成立的通信部队就采用了曾经属于老骑兵团的橘色。这是一个不再合适且又不错的颜色，就被通信部队采纳使用了。

当这种取舍之间的变化发生在时尚界就具有强烈的影响，诸如斯坦布尔（Stamboul）这样最不可能受到影响的地方都有例证。众所周知，只有先知的后人才有权利佩戴绿色头巾，后来的苏丹，由于没有穆罕默德的血统，所以就不能戴绿色头巾。因此，那些埃米尔（穆罕默德的后裔）在衣着服饰上就小心翼翼地避开绿色，这个颜色也就不再时髦了。

既然服装的演进始于绘画与纹身，就可以认为目前所谓的时尚必然会影响到个人装饰之前和其后的形式。假定人身上的所有图案都具有表意的起源，个人想要与众不同或者卓尔不群的野心抱负很快就导致接踵而来的对该图案、颜色或者组合形式的各种模仿，这完全是出于地方品位对于这种时尚的认可。也因此，这个话题就变得更加复杂混乱。

对墨西哥法典的研究提供了另一个建议。这些法典中，颜色似乎跟书吏的偏好相关。对比金斯布罗《墨西哥古代文物》第二卷第108页和第109页的《梵蒂冈抄本》与该书第一卷第四部分第4页和第5页的《泰勒利奥手抄本》可见，两个抄本的图像以及其意义明显一致，用色却有着本质差别。

亨利·R.斯库克拉夫特（Henry R.Schoolcraft）发表的关于印第安人着色的研究跟本书作者在最近的研究所得，二者对比，

美洲印第安人的图画文字

大有裨益，具体论述均在本书的第 202 页。

通过他丰富的例证阐述可见，颜色是一种自由呈现，并具有某种具体意义；同时，桦树皮卷着色的基本原则是不用色，事实上，树皮并不适合涂色。颜色是在实际刻画时根据书写者个人的偏好涂上的。书写者也会使用隐喻性的颜色，只是他的隐喻性方式会让任何一个对透彻了解印第安哲学宗教的学者大感震惊。某些涂了色的器具，或者如他所谓的象征，被赋予超自然的意义，这种认识不可能出现在奥吉布瓦人的文化舞台上。那些涂了色的器物（象征）实际上就是表意符号（ideogram），或者图像符号 637（iconogram）。

第四节　手势语和体态语

在表意手势符号系统盛行的人们中，手势语形式总以传达观念和记录事实为目的的图像再现的形式来表达。一个手势语符号一旦建立，就有必要也有意愿来书写一个符号或者图案传达同样的思想，而使用手势语符号中已知的或者使用的图像形式或者轮廓描绘是最自然不过的方式。这其实不过就是多了一个简单步骤而已，即将转瞬即逝的空中图画符号在树皮、兽皮和岩石上固化下来。

刊登于《民族学局第一届年度报告》上的《北美印第安人符号文字》一文提供了大量例证，揭示印第安人如何在图画文字中再生产这些手势语符号。在表达主观思想时，使用这种手势语图画文字形式的频率就更高了。因此，由于缺少确证的知识，这些图画文字中最难以诠释的部分正是符号语言研究最具优势加以应用的部分。这个话题在此将充分讨论。本书中的大部分图画文字，都有直接来源的知识可以确证其所表达的意义。值得注意的是，这些图画文字均与手势语有关，对应同样的思想。这些符号也可以通过独立的理据或者合理演绎加以理解。

艾约瑟博士（c）关于汉字做出以下述评，也同样适用于北美印第安人的图画文字，不仅如此，实际上也同样适用于任何民族中孳乳的图画文字。他是这样说的：

> 除了动物图像之外，简约自然形状的使用也构成表意汉字的主题。这些形状诸如口、鼻、眼、耳、手、足，还有枝、树、草、穴、洞、河、弓、矛、刀、板、叶等。
>
> 值得注意的是，"口"和"手"在象征符号构成中起到尤为重要的作用。
>
> 那时的人们比现在的人更为适应使用这些器官的语言符号。大概十二分之三的现存汉字是由这些器官作为一个要素构成的。
>
> 造字中大量使用"口"和"手"可以被合理地认为是对造字过程中所发生情况的重复。
>
> 鉴于手常用来指示，"手"的名称跟指示词似乎有原始关联。

图 983 是加利福尼亚州图利河（Tule river）河谷的岩石上彩色岩画的临摹图，具体描述参见本书第 52 页及其后。

638 *a* 是一个哭泣的人。双眼都有线条垂下，直到胸前。两边每一条线条的末端分别有三条短线，表示"眼睛在下雨"，此人脸膊跟手的姿势恰好是祈雨的姿势，参见图 999 的 h 以及图 1002。艺术家有意要表达这个动作中的双手要在面前从上向下移动，眼泪底端的短线或许就是表达这个意思。很明显，悲伤在这里被形象化地描摹出来。

图 983　加利福尼亚州的图利河岩画

b, c, d 中的六个人明显是在做"饥饿"的手势，他们双手在身侧前后晃动，显出痛苦的感觉。d 中的人是躺着的姿态，这表示他是个"死人"，死于饥饿。这个姿态被奥吉布瓦人、黑脚人以及其他部落接受，作为表示死尸的常用图画。这六个人头上饰物的不同高度，代表着他们作为勇士或者酋长的不同级别。

e, f, g, h, i 是表示否定手势的人的形象。更具体地来说，他们的手势表示"这儿什么也没有，什么也没有"自然而又普遍适用的手势是将一只手或者双手向身体侧边摊开。手是张开的，明显强调这个动作。在 e, f, g 和 i 中还显示出张开的脚趾。i 中腿上的线条或许是表示绑腿上的装饰。

j 的形象跟阿拉斯加象形文字（参见图 460 中的 b）惊人相似，用右手表示自己，用左手指向一边，表示要离去。

k 是一个装饰了的头、躯干和双腿。这或许是萨满，这个头跟奥吉布瓦和易洛魁部落里的萨满形象表征相似。

在发现这个岩画地点东南 10 英里的地方也发现了同样的岩画；同时在其西北方向也有此类岩画。西北方向的岩画似乎是某部落一部分向西北开拓寻找新营地的人留下的图画文字。这部分人找不到能够维持生活所需的食物，故而立下这样的岩画作为告示，以通知后来者，他们依旧坚持继续向西北方向前进。值得注意的是，这幅岩画在岩石上的方位能使得 j 伸出的胳膊指向北方。

下面的例子是选自大量图画文字范畴内用来阐述手势语的符号。其他在此处没有提及的也会出现在本章其他标题之下。

图 984 ——"害怕"（Afraid-of-him），《红云统计册》。达科他人常用来表示"害怕、担心、怯懦"的手势语是这样的：右手食指弯曲，其他手指并拢握起，手背向上，从右胸前约 18 英寸的位置向后收回 1 英尺，这个概念是"退缩"。

图 984　怯懦

图 985 ——"害怕"（Afraid-of-him），《红云统计册》。显然这是跟上图同样的图案，只是缺少了胳膊的描摹，参见前面的解释。

图 985　怯懦

图 986 ——"小酋长"（Little-Chief），《红云统计册》。表示酋长的典型手势符号是这样的：

竖直向上举起食指，然后将食指转向相反方向竖直向下指。向上举得越高，酋长就越"大"。此例中，食指仅仅举高过头，所以是个"小"酋长。

640

图 986　小酋长

图 987 ——达科他人外出寻找克罗人来为"断腿鸭"（Broken-Leg-Duck）之死报仇。他们没有找到任何克罗人，却机缘巧合闯入曼丹人村落，将这整村人杀害。美洲马《冬季年度大事记》，1787—1788 年。

图 987　击中

圆锥形帐篷（tipi）上的标志不是短柄斧或者战斧的标志，而是通过手势语符号解释为"枪的子弹击中了它"，下面是达科他人的解释：

双手处于完成射击动作的位置，将右手从左边收回，这表示回到身体的位置；右手除了食指之外其他手指并拢握起，食指伸开，并始终指向外边，以水平方向收回到右边；然后又快速向前拉到静止的左手的中间位置。这个概念表示"子弹停下来了，它卡住了。"

图 988 ——首次贸易得到的存栏牲畜，美洲马《冬季年度大事记》，1875—1876 年。这个符号表示一头奶牛被众人围住。通常用来区分从欧洲人手里买到的牲畜跟本地水牛的手势

图 988　奶牛

语符号是这样的：

先做出水牛的符号，用伸展的左手食指在水牛符号的不同位置画圈，表示带斑点的水牛。

图 989 ——杀死两个，《红云统计册》。这个符号仅是关于数字的指示，即伸出了两根手指。

图 989　两个

图 990　达科他
人符号

图 990 ——四个克罗族印第安人被达科他的明尼孔朱人杀害。天鹅《冬季年度大事记》，1864—1865 年。

图画符号显示了四个人头和脖颈。图画文字显示的是得胜部落，而不是受害人部落。达科他人的手势语符号是这样的：

右手的食指和大拇指伸展（其他手指合拢）从左向右在喉部划过，宛如割喉的动作。达科他人又被其周围部落称为"割喉"人。

图 991 ——正午，《红云统计册》。达科他人表示"正午"的手势语如下：

用食指跟大拇指围成一个圆表示太阳，然后把手举过头顶，外边向上。

图 991　正午

　　　　　　　　　　　　美洲印第安人的图画文字

图 992 ——坚硬。《红云统计册》。这是一个石锤的形象，恰恰跟达科他人表示"坚硬"这个意思的手势相同：

跟表示石头的手势符号相同，即呈拱形的右手手背不停敲击左手手掌。左手手背向外水平方向置于胸前 1 英尺的位置，指尖则指向相反方向。据考，当时印第安人所知最坚硬的敲击物就是石锤。

641

图 992　坚硬

图 993 ——小太阳，《红云统计册》。月亮在手势语和口头语言中都表述为"小太阳"。

图 993　月亮

图 994 ——老的云，《红云统计册》。原图中云是蓝色的，"老"的概念是通过一个人手中握着手杖来表达。达科他人表示"老"的手势语是这样的：

右手置于右边身体前侧，就像是抓着手杖的顶端，身体前倾，以手杖支撑行走。即"衰老的年纪需要依靠手杖。"

图 994　老的云

图 995 ——呼召，《红云统计册》。表示"来"或者招呼别人过来的手势语正是用这个符号表示。这跟欧洲普遍使用的手势相同，因此不需要再做解释。

图 995　呼召

图 996

图 996 ——"智慧的人"被敌人杀害。云盾《冬季年度大事记》，1797—1798 年。下面是对这个符号的手势语解释：

右手食指触摸前额，然后直接在额前做出表示"大"的手势，表示"大脑袋"。

此处的符号跟其他符号一样，不能全部地表达手势语的内容，但却是最能传达手势语核心概念的部分。

图 997　烟斗的符号

图 997 是来自巴蒂斯特·古德《冬季年度大事记》中的一幅图，用来表示烟斗。将右手略高于胸前，左手较之右手略向前，双手的食指跟大拇指形成的一个圆形，就像是手执一根烟斗，其余手指合拢握起。

这个形象的有趣之处在于，艺术家没有画上烟斗，而是画了人的形象，做出手执烟斗的姿态，以此显示手势语跟图画文字的密切关联。此例中的烟斗是作为和平的象征。

642

图 998　"寻找天堂"

图 998 ——"寻找天堂"Mahpiya-wakita，《奥格拉拉花名册》。这幅图上的云是蓝色的，"寻找"的概念是来自手势语的表达，即将单手（或者双手）的食指自眼睛位置向前伸展，再自右向左移动，用来表示在这个人面前有许多不确定的位置，这仿佛是在寻找什么的样子。从眼睛处画出来的线条跟手势语相同。

水

图 999 中的 a 是中文表示"给
水"的字，这个可以跟印第安手
势语表示"喝水"，即"给水"的
动作，加以比较："双手指尖并拢
合捧在一起然后送到嘴边，就像

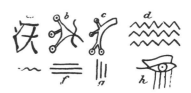

图 999　水的符号

是舀起水来"（参见图 1000），这显然是来自古
老传统，就像是莫哈韦人（Mojave），他们至今
仍是以手掬水送到嘴边来喝。

印第安手势语另一个表示喝水——"我想
要喝水"——的常见符号是这样的："掌心朝向
脸的方向，手指略微张开，经过嘴巴由上向下划
过。"这个符号在墨西哥文字中表示"喝水"，见
图 999b，来自皮帕（a）《古墨西哥图画文字的
语音要素》。图 999c 同样来自皮帕，该图中，水

图 1000　喝水
的手势

的倾倒而出则由滴落或者即将滴落的水珠表示，这就跟印第安人
表示"雨"的手势语符号一致，由图 1002 可见，不过图 1002 中，
双手是弯曲向下的。墨西哥图画文字中的"雨"有时是由中间有
小点的圆圈表示，就如同图 999
中的 b 和 c 这两个图，只不过彼
此间并不相连，每个都有一条向
上的线条标示其来源。下面是其
他表示"雨"的象形文字符号。

表示喝水的手势符号可以跟
图 1001 进行比较。图中，埃及女

图 1001　埃及人，水的图画

神努（Nu）^①在神圣西克莫无花果树上向欧西里斯（Osirian）倾倒生命之水，欧西里斯的灵魂在阿门提呈现为鸟的形象。这幅图来自库珀《古埃及蛇的神话》（b）里的一块墓石上。

印第安人表示河流或者小溪——水——的手势是将伸开为掌的手掌心向下、指尖向前，水平方向从右向左做出蜿蜒的形式。

埃及文字中也有类似的表达，见图999d，来自于商博良的《古埃及象形文字典》（b）。有间断的线条表示溪流表面的水的流动；如果线条的折角减少，成为波浪则表示水。有趣的是，这个符号跟西非洲土著人多鲁布卡（Mormoru Doala Bukere）表示"水"的符号，见图999e，此例来自泰勒（Tylor）博士（b）。

643　埃及文字符号"水"的缩略形式意为"溪流"，见图999f，也是来自商博良的《古埃及象形文字典》；g则是表示同样意思的汉字符号。

奥吉布瓦图画文字中有跟埃及文字的这个缩略字形相似的符号，不过不是三条横线，而是两条，也表示水。

图999h是埃及文字表示"哭泣"的符号，即一只眼睛有泪水流下。这跟斯库克拉夫特（o）所发表的奥吉布瓦图画文字符号一样。同时这也是印第安手势语的表达"哭泣"的方式，用食指反复做出从眼睛向下划线的动作。不过他们更经常地是用表示下雨的整个手势符号——用手背从眼睛向下划动——即"眼睛在下雨"。这个符号由肖肖尼、阿帕奇和其他印第安部落用手势语表达是这样的：将手（或者双手）置于身前肩膀高度的位置，掌

---

① 此处原文是 Nu，指一位埃及女神，疑为笔误，或许是指埃及女神努特 Nut。——译者

心向下，手指下垂，然后轻轻向
下推少许距离，如图1002所示。
表示"热"的手势跟这个基本相
同，差别在于，表示"热"时，
手是举在头上，然后猛然向下落
到额前；而表示"哭泣"的手势
是做出表示下雨的手势，然后用
手指背面靠近脸庞做出从眼睛向
面颊划下的动作。

图 1002 "下雨"的手势

　　图1003上边的图案来自T. V. 金（T. V.
Keam）的手稿目录。这是一个做成蜿蜒形状的
图案，用来表示"水"，是霍皮印第安人惯常使
用的符号。图1003下面的图则是两根食指互相
勾连，表示同样含义——"水"。

图 1003　莫基
人，水的符号

　　金先生在谈到下面这个手势时说："在宗
教性节庆的末尾，所用参与者都会一起跳起叫
作'手指连接之舞'的离别舞蹈。他们站成两
排，将自己的双臂在胸前交叉，伸出食指，与身边的人食指如图
1003b 的样子连接起来。两排人的手指都连接起来，他们就开始
跳舞，也还仍然保持这种象征性的交握形式，同时唱出送别的歌
谣。所以这种蜿蜒状的图案表征这个友谊之舞。

孩童

　　阿拉珀霍人表示"孩童""婴儿"的手势语是将食指放在嘴
里，即照料孩子的样子；这也是聋哑人自然而然使用的符号。图

1004a 是埃及象形文字中表达同样意思的符号。根据商博良（c）的研究，这个符号的线条形式是 b，其僧书字符号是 c。

图 1004　表示"孩童"和"人"的符号

图 1004 中也同样提供了古代汉字中"子"的符号，如图中的 d，来自 1834 年《皇家亚洲社会》第一卷第 219 页。这是约公元前 1756—公元前 1112 年间古代中国商朝时期使用的文字符号。

图 e 是现代汉字表示"子"的符号，没有对比，就无法看出这个现代汉字所具有的图画性，即婴孩用手或者手指伸向嘴巴，代表照料喂养。解释了这个汉字之后，再来看图中 f 这个符号，这是表示"出生"的汉字，无独有偶，在印第安人中有类似的手势语表达。这种手势语多见于达科他人，表示"生育""出生"等含义，将左手放在身前略微偏向右边，掌心向下，略拱起，右手伸展，在左手底下向下、向前再向上划出曲线，如图 1005a 符号。这是基于孩子出生时的婴儿头部曲线，推广使用。如果仅用单手表示这个概念，则如图 1005b 所示。

将汉字"子"跟墨西哥表示"人"的简缩符号加以比较，将会非常有意思。墨西哥表示"人"的这个简略符号来自皮帕（c），见图 1004g。符号中右边是对左边符号的简略表达。

汉字"人"的符号见图 1004h，跟达科他人表示"人"这个概念的手势语符号类似："在身前小腹位置，将伸开的食指指向上方和前方。"

否定 [*]

印第安人表示"没有""否定"概念的典型手势是这样的：

将手伸开，自然弯曲，置于身前略向右侧，快速向右摆动约1 英寸或更多。

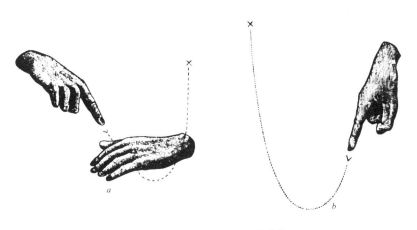

图 1005 表示"出生"的手势

表示"没有""什么也没有"的符号，有时也可以表示简单 645 的否定，即用双手从胸前位置分别向身体两侧甩开。

这个可以与埃及文字中表示否定、"没有"的符号［见图 1006 上边的两个，来自商博良（*d*）］比较。胳膊末端的手显而易见，两只胳膊在身体两侧对称伸展。

还可以比较玛雅文字中表示否定的符号，图 1006 中最下边的符号就是来自兰达（Landa）（*a*）《尤卡坦记事》。玛雅文字中表示否定的词语是"玛"（ma），这跟布拉塞尔（Brasseur de

图 1006 否定

Bourbourg）字典中称作"玛克"（mak）的六英尺量杆在字形上有着明显的关联，均以伸展的双手作为图示，跟手势语中的表达并无二致。

科曼奇人（Comanche）表示"没有""什么也没有"的手势如下：手背向下将手摊平，向前方甩去，手指指向前方和下方。常常会用右手刷过左手来表示甩出去。

图 1007 手

现在来比较汉字中有相同含义的符号，见图1007 最上面的字符。若不研究相似汉字，很难认为这个符号是"手"——在手腕处砍断的手。此处腕骨在横切处之下，其下则为掌骨，最下是手指，指向前方跟下方。

莱昂·德·罗斯尼（又作罗斯奈）（Leon de Rosny）（a）提供了图 1007 中第二、三个符号，系为巴比伦字方表示"手"的符号，第二个是后起的符号，而第三个是不再通用的古旧形式。

图 1008 表示"发现"的符号

图 1008 是从来自阿拉斯加诺顿海湾的象牙钻弓（美国国家博物馆藏，编号 24543）所得。该图案是对表示"发现"的手势语和信号的描摹。此例中捕获的猎物包括鲸鱼，表达的符号是将船桨水平方向举过头顶。

图 1009 来自《民族学局第六届年度报告》第 308 页的图365，是《德累斯顿法典》的整页插图 53 的复制品，为玛雅文字系统中使用手势语的佳例。图片顶部的主要图案大概是神或者统治者，将他的右手举到头顶的位置，食指跟其他手指明显分开。符号的第一部分在北美其他印第安部落中十分普遍，用来表示确

　　　　　　　　　　　　　美洲印第安人的图画文字

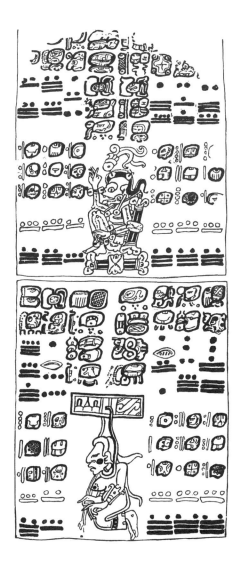

图 1009　玛雅人手势语的图示

认或赞同。印第安人将食指之外的其他手指握起来的，这样的做
法比图片中更加显著地突出食指。他们把手向上伸到至高处，然
后向前向下晃动，然后这样的细节——实际上也并不必需——却

第十八章　表意文字　　　　　　　　　　　　　　　*993*

图 1010　危地马拉人手势语的图
示

无法通过图画来表示。下半部分图案中的人跪在地上，双手自然置于身前，手心向下，双手的食指平行伸直，跟其他蜷握的手指分开。这跟印第安人通常用来表示"相同""类似"以及"陪伴"的手势语符号相似。跟这个符号几乎一模一样的是那不勒斯人表示"团结""和谐"的手势。如果图片的两个部分有所关联，一定是有手势语原则而致。跪在下边的人向坐在上边的人祈求护佑和陪伴，后者回以郑重的许可。

S.哈贝尔博士对图 1010 所示的危地马拉雕塑做了如下描述：

上边一半的部分是神的头、胳膊和胸前的部分，这位神显然是上了年岁，他的脸上满是皱纹。右臂小肘弯曲，伸展的手指尖接触心脏的位置；左边大臂向上抬起，与肩同高，小臂几乎垂直向下。从头上、脖颈处分别引出弯曲的法杖，不仅有杖节，还有形状各异的叶子、蓓蕾、花朵、果

　　　　　　　　　美洲印第安人的图画文字

实。很明显，这些是言语的象征符号，替代我们使用的字母，作为神之命令的表达。

雕塑下半部分有一个直立的人，颜面朝上，对着居其上的神发出祈求。此人嘴里发出一根茎条，上面各种各样的 648 茎节。举起的右手跟右臂更加强化了祈求的恳切。这人的脸为部分的人面，上面悬挂着各种形状的彩带，其末端是鱼的身子或者尾巴。右手手腕上戴有一对手镯，显然是由方形的石头串成的。左手戴着骷髅头护手，手腕上是一对鳞状的手镯。腰上围着坚挺突出的饰带，跟通常这类饰品不一样的地方在于它以人头装饰，并且还有另一个人头悬挂其上。腰带的前面发出四根线条，伸向上面的神，于顶端合并一处。这些线条似乎象征着这个人的情感，无法诉诸语言。这个形象的背后发出火焰。

第十九章　约定化

　　文字发明之前，人们对于书写早已多有尝试，本书其他章节或有提及。人的图形一般是通过手势语的动作、有明显意义的动作与态度以及这些因素的结合来表达。其他的自然物跟纯粹的人造物——后者体现做工或者做工的结果，均是根据不同的特点来描摹。一旦这些图形因其对于某特性的极度贴切或者高频复现率被广为接受，就成为"记意"的约定化表达。这在本质上跟字母表上的字母结合成为词语作为记音的任意性符号并无两样。当符号成为约定俗成的表达，其图画形象就会越来越简略，越来越潦草，直至最初的概念或者相似性不复存在。有时，当某个最初形式的标本得以保存，它与其当下形式之间的意义认同可以通过中间形式的关联来确定。

　　最初的表意符号通常形式比较夸张，比如，"大嗓门"就用一个嘴巴巨大的脸来表示。秘鲁人起初使用人的大耳朵来表示"听"，后来使用带头上有个大耳朵的图像表示，再后来就只剩下耳朵的图像，头的图像不再使用。很快，这样的形式经由约定化成为实际的表意文字。同理，数字码成为数学计量的表达，书面的乐谱显示声音的种类跟等级，图形符号表明度量衡的价值。所有这些符号表达的思想均是独立于任何语言之外，人们即使语言不同，也能理解这些符号。

"小"和"从属"的概念常通过物体显而易见缩小的尺寸来传达，本章会有一些此类例证。另外一种权宜之计是通过重复和结合已有的图画表达。詹姆斯·萨默斯（James Summers）（*a*）就曾谈及这一点，下面就是对他观点的简要概述：

> 早期汉字是图画文字；但是图画并不能将所有思想表达清楚。对那些无法使用简单图画勾勒表达的概念采取了这样一种方法，即将两个或更多已知的图画结合起来。例如，人的眼睛很大就表示"看"；两个人则是"从"；三个人则为 650 "众"；两个人在地上就是"坐"。

> 所有其他的方法都逐渐式微，目前最为大量的汉字是属于"形声"一类，此类所涵盖的汉字都有一个部分（部首）表义，另一个部分表音（称为"声旁"或者"字元"），即将其本身的读音赋予整个合成的字形。实际上，声旁不仅表音，有时也传递象征意义。

表达思想的最初模式存在多种方案，但当思想在图画文字中一经建立，总会不可避免走向简化图案，缩小外形，以适应草图表面空间的局限，并且减少绘制者的劳动。当符号复杂且高频使用时，这一点就更为明显。

约定化这一问题的讨论分为两个部分，一是约定俗成的图案；二是音节与字母。

第一节 约定俗成的图案

和平

北美印第安人以及世界其他几个地区均有握手致礼的情况，双方手的连结在不同部落具有结盟与和平的仪式性意义，同时，表示这一概念的符号还可以是同一个人将自己双手交握以表示对结盟的邀请或和平的标志。表示和平、友谊的"握手"表意符号在很多地方的图画文字里都出现过。不拿武器的手的展示与表征或许对这种表达方式有所影响，然而通过连结来表达结盟概念确实显而易见。

图 1011

图 1011——达科他人跟夏延人议和停战，天鹅《冬季年度大事记》，1840—1841 年。此图中，手指舒展，明显无法持有武器，这两只手正向彼此伸去。两只胳膊的用色不同，表征不同的部落。右边的图像正是标记夏延人前臂的大体形式，本书曾有提及。

图 1012

图 1012——达科他人跟波尼人议和停战，美洲马《冬季年度大事记》，1858—1859 年。图中左边是波尼人。

图 1013

图 1013——一个曼丹人跟一个达科他人游到密苏里河中间的位置相会，他们在那里握手言和，火焰《冬季年度大事记》，1791—1792 年。

据比福德堡（Buford）的解说员马利根

（Mulligan）说，这个事件发生在伯特霍尔德堡（Berthold），是一个历史事件，并且很久之后正是这同一个曼丹人杀死了这个达科他人。 ⁶⁵¹

图 1014 ——奥马哈人来议和并且带回被达科他人俘虏的族人，云盾《冬季年度大事记》，1808—1805 年。这幅图画中的态度跟表达都非常具有艺术性。连线不仅是强调和平条约的缔结，还承认奥马哈人（左边）跟达科他人同属苏

图 1014

族血统的这一事实。奥马哈人身上的标记不是其部落标记，而是指俘虏——他们纽带的标记。

图 1015 ——达科他人跟克罗人在派恩布拉夫（Pine Bluff）议和，美洲马《冬季年度大事记》，1817—1817 年。箭矢表示他们曾有交战。图上左边是克罗人。本图及此前图画中某些印第

图 1015

安部落具有区别性和典型性的头饰值得引起注意。

图 1016 ——达科他人跟波尼人议和，云盾《冬季年度大事记》，1814—1815 年。图中，前额有标记的是波尼人，最初这些标记是蓝色的。另一个是达科他人，身上涂抹黏土。四根箭矢表示他们之间发生过战争，交握着的手则表示和平。

图 1016

图 1017 ——他们跟格罗斯·文特雷斯（Gros Ventres）议和。美洲马《冬季年度大事记》，1803—1804 年。显示的一只箭表示目前讨论的问题是关于战争的，不过此时并没有发动战争，否则就要显示为两只方向相反的箭矢。

图 1017

第十九章　约定化

图 1018

图 1018 —— 达科他人跟克罗印第安人议和。天鹅《冬季年度大事记》，1851—1852 年。双方部落的代表以烟斗交叉示意，表示交换，就像日常手势语的表达。

图 1019 —— 跟拉勒米（Laramie）堡的舍曼（Sherman）将军等人议和，天鹅《冬季年度大事记》，1867—1868 年，此处表示接受白人的旗帜，象征着议和的最高形式。

图 1019

战争

652

图 1020

图 1020 —— 达科他人跟夏延人打仗，美洲马《冬季年度大事记》，1834—1835 年。夏延人的胳膊上有条纹。两支箭相对射出，这是战争的象征。

图 1021

图 1021 来自 1840—1841 年巴蒂斯特·古德的《冬季年度大事记》。巴蒂斯特称之为"来杀死五个小雷的兄弟的冬天"（Came-and-killed-five-of-Little-Thunder's-brothers winter）。 他解释为在跟波尼人的遭遇战中有五个人被杀死。斗篷或者头饰常是但也不仅仅是达科他战队使用的标志物。此处，斗篷是作为战争的特定象征显现的，在同一记录的其他地方也存在类似情况。箭矢之下的五条短

竖划表示有五人被害。

图 1022 ——战鹰，《红云统计册》。这个图像是高度简缩的约定化符号。本书第 539 页及其后有对烟斗在仪式性方式的使用进行解释，是用来表示战争，而非和平。使用一根鹰羽毛代表这种被称为战鹰的鸟。

图 1022

以垫子作为战争徽记或者军事远征在本书前面的第 553 页以及图 782 中均有涉及。

1606 年《耶稣会记事》的第 51 页有这样的记叙："休伦人（Huron）跟北方阿尔贡金人（Algonkin）的酋长们在面对他们备受尊敬的战队遭遇敌人时，就将他们因此带来的勇士柱分发给战队成员，这些勇士们就将这个勇士柱立在地上，象征着他们跟这些柱子一样不会退缩。"

在他们的图画文字中，勇士柱记做一个竖划，不仅表示数字，也代表着勇士。

酋长

图 1023 ——酋长男孩（Neca-haksila），《奥格拉拉花名册》。伸展的手向前持执的大烟斗在奥格拉拉人中是表示酋长的约定符号。各地召集战队的仪式参与者对此都能做出解释，在此类仪式中，烟斗总是最为引人注目。人的图形表示男孩，因为这个图像的头发跟腿都很短小。

图 1023　酋长
男孩

图 1024 为一个帕萨马库
迪（Passamaquoddy）印第安
人所画，表示其所在部落展
示战争酋长的方式：

图 1024　战争酋长，帕萨马库迪

这个图中的酋长率领 300
个勇士，较大的人像则表明

其阶品，他是首领。这个可以跟本书的图 137、图 138 及图 142
进行比较。在埃及文字中这样的图案较为常见。

在前面引用的书中，沃斯诺普博士曾就澳大利亚与之类似的
图案做过如下评论：

> 在卡奔塔利亚（Carpentaria）湾的查斯姆岛有澳大利亚
> 人的刻画，岩石上画着三十二个人的队列，其中第三个人的
> 形象比其他形象的高出一倍，并且手中还拿着杰克逊堡当地
> 人惯常使用棍子或者木剑的物件，这或许表示此人的首领地
> 位。他们不着寸缕，无法跟我们一样通过着装跟饰物标志阶
> 品优劣，因此，便如古人那样添加上武器。武器作为权力的
> 表征，似乎是领袖的主要标志，实际上，在早期社会中权力
> 通常是结果。

头饰中的兽角，或者说图画性地将兽角置于头顶宛如头上长
出的角，是印第安部落惯常使用表示酋长统治或者权力的徽记。
这一特点如此显著，斯库克拉夫特在探讨奥吉布瓦人提到过
（见其专著卷一，第 409 页），拉菲托也提到过（见其专著卷二，
第 21 页），两位学者均提供了相应图示。在东半球，同样的概

653

念更为古老普遍。诸神的形象、国王的头上都有这样的装饰，后来的布列塔尼公爵（duke of Brittany）的头冠也是如此。有些学者认为，这个符号表征新月，还有学者说这个符号显示公牛的活力。马歇尔上校（Col.Marshall）（a）却提供了一种新颖的解读。他认为，托达人（Todas）闲来无事时，就会劈开嫩芽茎蔓编折成水牛角的形状。托达人对水牛梦寐以求，并且赖以生存，他们整个宗教体系也都是关于奶牛的养护。

商会

图 1025 来自 1851—1852 年巴蒂斯特·古德的《冬季年度大事记》。这一年，第一批贸易的物资运抵达科他人处。图上围绕毯子的圆圈表明印第安人如何坐等分发分配这些物品，这些印第安人是用跟圆圈呈直角的小短线来表示。

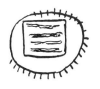

图 1025

图 1026——"好白人"（The-Good-White-Man）返回来并给了达科他人枪支，美洲马《冬季年度大事记》，1799—1800 年。短线围成的圆圈表示人们坐在他的周围，用燧发火枪表示枪支。

图 1026

图 1027——斑尾（Spotted-Tail）印第安人事务处的商会，火焰《冬季年度大事记》，1875—1876 年。此处由指向中心的短线构成的圆圈是通用表示行业协会的标记。

图 1027

654

图 1028

图 1028 ——"包围他们"（Surrounds-them），《红云统计册》。此处这个图形表示的是充满敌意的"包围"，这跟前面图 1027 表示和平的圆圈在画法上不一样。

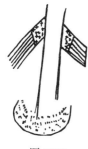

图 1029

图 1029 ——在密苏里河的夏延贸易站下游、接近贝特溪（Bad creek）口处，达科他人跟白人缔结商会。"好白人"给他们枪支时赠予他们许多旗子，他们就用旗杆将这些旗子立起来以昭示他们的友好。美洲马《冬季年度大事记》，1805—1806年。这次或许是达科他人跟刘易斯与克拉克远征队的会见。曲线表示商会的会所，由几顶开放式的圆顶帐篷彼此相连，形成一个半圆形。小短线则表示人。这种表达折中地采纳了印第安人跟欧洲人在表达官方集会时的两种方式。

食物充足

图 1030

图 1030 ——达科他人有充足的水牛肉。云盾《冬季年度大事记》，1856—1857 年。通过满满的晾晒杆表示食物充足。每次狩猎回来，他们就将猎杀的水牛肉切成块，挂在晾晒杆上晒干保存。

图 1031 ——奥格拉拉人的水牛肉储备丰富，并且分给缺少食物的布鲁尔（Brulé）人一些。美洲马《冬季年度大事记》，1817—1818 年。水牛皮晾在晾晒杆上，水牛头在其上，表示大量的水牛肉，同图 1030。

图 1031

图 1032 来自 1745—1746 年巴蒂斯特·古德的《冬季年度大事记》。这里的晾晒杆一如常规，也是由两根顶端分叉的杆子支撑。这是前面两个图的变体形式。

图 1032

图 1033 ——储量巨大的水牛肉，天鹅《冬季年度大事记》，1845—1846 年。这是晾晒杆的另一种形式，即其中的一个支撑端是一棵树。没有对前面几个图画的解释，这幅图画中的水牛肉并不是很容易识别。

图 1033

图 1034 来自 1703—1704 年巴蒂斯特·古德的《冬季年度大事记》。带分叉的柱子是晾晒杆或者支架的支撑，这里表示肉。周围不规则的圆形表示"一堆"，即，大量；这是表达这一年的水牛肉储备特别丰富。牛头标示储备的肉的类型。这是对之前几个图画形式的简缩版本，这里呈现的比较关系可以参照埃及象形文字及中国汉字的完全图画本源形式与后来的简略形式之间的关系。

655

图 1034

图 1035

图 1035——达科他人的水牛肉超乎寻常得多。天鹅《冬季年度大事记》，1816—1817 年。这里使用水牛皮或者水牛侧面来表示大量的牛肉，是另外一种呈现方式。这个图画是最为简略也最为约定化的一种方式，同样的，这种用法来表示收藏至今都能被接受。

图 1036

图 1036——达科他人的水牛肉超乎寻常的多。天鹅《冬季年度大事记》，1861—1862 年。这是另一种表示数量众多的方式。用分瓣的蹄印表示的水牛踪迹正接近圆顶帐篷。

图 1037

图 1037——他们从雷族村子带回来大量的玉米，美洲马《冬季年度大事记》，1823—1824 年。

这个符号显示了玉米的生长，同时也是阿里卡拉人或者雷族的部落标志。

饥荒

图 1038

图 1038——达科他人仅有一点儿水牛肉；但是到了秋天，他们有很多鸭子。云盾《冬季年度大事记》，1811—1812 年。空的晾晒杆很容易解读，但是倒置的或者死掉的鸭子却需要解释。

图 1039 ——食物短缺，他们只得靠吃橡子为生。云盾《冬季年度大事记》，1813—1814年。图中的树是橡树，树下的小点则表示橡子。

图 1039

图 1040 ——饥荒之年，云盾《冬季年度大事记》，1787—1788 年。这些达科他人靠植物根茎糊口。圆顶帐篷前的图案就表示根茎类的东西。

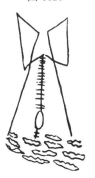

图 1040

图 1041 ——厚厚的积雪使他们无法狩猎，被迫依靠能找到的野菜、根茎勉强度日。美洲马《冬季年度大事记》，1790—1791 年。

656

图 1041

图 1042 ——正值饥荒，他们被迫卖掉骡子跟马以换取食物，云盾《冬季年度大事记》，1868—1869 年。"白奶牛杀手"（White-Cow-Killer）称之为"饥饿的苏族人卖掉骡子的冬天"（Mule-sold-by-hungry-Sioux winter）。图中的形象作为历史事实的表达已经成为约定化符号。

图 1042

马脖子上的连线表明这个符号的主题不是马匹的贸易，而是这两个，或者更多牲畜被卖掉。

图 1043——金斯布罗（1）提供这个图画文字记录了"在一只兔子年和公元1454 年发生了一次大饥荒，饿殍遍地。"图 1043 再现了当时情景。

图 1043

饥饿

图 1044——积雪太厚，无法吃草，很多马都饿死了，云盾《冬季年度大事记》，1865—1866 年。

图 1044

图 1045 来 自 1720—1721 年 巴 蒂斯特·古德的《冬季年度大事记》，使用光秃秃的肋骨表示饥饿。这个符号是渥太华族印第安人和帕塔瓦米族（Pottawatomi）印第安人中使用的简略版约定化符号。后者（帕塔瓦米族）使用这个符号时，仅仅在胸部位置画一条横线，见图 1046。该符号跟印第安人表达同样含义的手势语相通。

图 1045

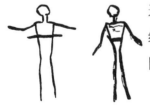

阿布纳基人表示饥饿的符号是倒扣的锅，参见本书前面的图 456。

图 1046

马

图 1047 ——他们在普拉特河（Platte river）南边捕获了许多野马，美洲马《冬季年度大事记》，1811—1812 年。图画上的形象展示了用套索抓马的过程。

图 1047

图 1048 ——捕获许多野马，火焰《冬季年度大事记》，1812—1813 年。

图 1048

图 1049 ——达科他人第一次使用套索抓野马，天鹅《冬季年度大事记》，1812—1813 年。图 1048、图 1049 都是仅出现了套索，并没有抓捕的动物，因此，这也就成为野马的约定符号。

图 1049

图 1050 ——克罗印第安人在布莱克丘陵（Black Hills）附近偷盗明尼孔朱达科他人的 200 匹马，天鹅《冬季年度大事记》，1849—1850 年。此图旨在展示此处半月的形状代表着未钉蹄铁的马。印第安人不给小马钉蹄铁，因此马蹄印可能就是野马，即在大草原上漫步的马群的，或者是驯服的普通马。

图 1050

图 1051

图 1051——黑脚达科他人偷盗了带蹄铁的美洲马。这是他们第一次见到蹄铁。天鹅《冬季年度大事记》，1802—1803 年。这里蹄铁的绘制采用了白人表示马的约定符号。

盗马

图 1052

图 1052——"马跑丢了"（Runs-off-the-Horse），《红云统计册》。在大平原印第安人中，"跑丢"（runs off）就是"偷盗"（stealing）的意思。

图 1053

图 1053——"马跑丢了"（Runs-off-the-Horse），《红云统计册》。这幅图解释了前一幅图，图上的人手持一根套索。

图 1054

图 1054——"拖绳子"（Drag-the-Rope），《红云统计册》。这是图 1053 的变体，但却并没有展示出任何表示马的符号，例如蹄印等。

　　　　　　　　美洲印第安人的图画文字

图 1055 ——奥格拉拉人"狗"偷了克罗印第安人七十匹马。美洲马《冬季年度大事记》，1822—1823 年。图中七个蹄印，每一个表示十匹马。此人手中拿着像长鞭一样拖在地上的套索。

图 1055

图 1056 ——"坐熊"（Sitting-Bear），即美洲马的父亲跟其他人一起偷了"扁头"（Flat Heads）二百匹马。美洲马《冬季年度大事记》，1840—1841 年。此人头上有一根拖长的套索。

图 1056

图 1057 ——"带来许多马"（Brings-lots-of-horses），《红云统计册》。这是在文字表达约定化道路上进一步发展的表现，此处的套索仅仅用出现在马蹄印左下角的一条短线表示。

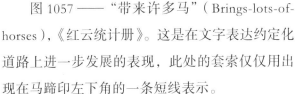

图 1057

图 1058 ——尤特人（Utes）偷了布鲁尔（Brulé）人的马，云盾《冬季年度大事记》，1874—1875 年。这里表示了马蹄印的数量，并没有出现任何表示"偷窃""逃跑"的表达。这也成为表达这类含义最为约定化的形式。

图 1058

图 1059 ——"盗马"（Steals-Horses），《红云统计册》。该图中的马蹄印都更加简单与约定化。

维德河王子马克西米利安（见前引书第 104

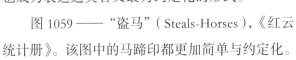

图 1059

页）提到过，在萨克和福克斯部落（Sac and Fox）中，那些擅长于偷马的人会将响尾蛇的响环系在头上佩戴的羽毛上，以彰显此种特长。这幅图中明显表现出蛇的隐秘追踪跟潜伏能力。

图 1060 ——"凿孔"（Making-the-Hole）从克罗人帐篷那里偷了许多马。此图是 1849—1850 年云盾《冬季年度大事记》中的解读。这个人手中拿着刀子在凿孔，经由这个孔，他得以接近马匹。这里一顶圆锥形帐篷或许就代表整个村庄，盗马贼找到一个入口，并将此地所有的马牵走。

图 1060

杀戮与死亡

659

图 1061

图 1061 ——奥格拉拉人"雄乌鸦"（Male-Crow）被一个肖肖尼人杀死。美洲马《冬季年度大事记》，1844—1845 年。图中接触到头上的弓是一个约定化符号，用来表示受害者"死于弓箭之下"。本书其他章节都提到在《冬季年度大事记》的图画中常会以荣誉棒或矛接触人表示战绩，但在此处，这种以弓接触头的图画处理手法仅仅是表示"杀死"，并且明确致命的方式。事实上，在使用枪炮之前，用以点数"军功"的致命伤害都是由弓箭造成的。

图 1062

图 1062 ——"死于密闭之所"（Kills-in-tight-place），《红云统计册》。很明显，此人是被引诱进入埋伏圈被杀的，他的脚印说明了这一切。

图 1063 —— 昂克帕帕人（Uncpapas）杀死两个雷族人，火焰《冬季年度大事记》，1799—1800 年。两个雷族人头顶上方是由另一人的形象

图 1063

投射出来的弓，表明了杀害的方式。阿里卡拉（Arickaras）人的头发在这里有所呈现，这明显是约定化的表达，仅仅从图画描绘上是无法理解其含义的。

图 1064 —— "帐篷旁边的杀害"（Kills-by-the-camp），《红云统计册》。帐篷是用印第安圆锥形帐篷表示，"杀害"的概念则是以弓接触受害人的头表达。

图 1064

图 1065 —— "杀死两个"（Kills-Two），《红云统计册》。此处使用以横线连贯的竖线表示数目。这个印第安人部落表达同样情况时也同样在荣誉棒上刻上两划。此处正是对这种做法的一种表征。

图 1065

图 1066 —— "羽毛耳环"（Feather-Ear-Ring）被肖肖尼人杀害。美洲马《冬季年度大事记》，1842—1843 年。四个木屋跟许多血迹显示他在这场战斗中被杀，同时四个木屋的肖肖尼人也都死于这场战斗。这里又一次出现了表示成功击中的枪伤符号，如同前面图 987 中解释的那样。

图 1066

图 1067 —— "杀死熊"（Kill-the-Bear），《红云统计册》。兽爪中心位置的弹痕表示猎物的要害部位。图中的兽爪翻转朝上，这种相反的方

图 1067

向传达死亡的概念，这跟俚语中常说的"死翘翘"（toes up）意思相通。

660

图 1068

图 1068——他们杀死了一头肥硕的公水牛，美洲马《冬季年度大事记》，1835—1836 年。该图旨在显示一种精妙的区分。图上水牛前半部的侧面足以显示箭矢刺入体内非同一般的深度，也由此可见这头牛的肥硕。

箭射在呼吸器官的部位，所以不仅伤处流血，水牛的鼻子也在出血。在五百个已被研究过的达科他图画文字中并未发现类似的绘画技法，所以这种表示异乎寻常肥硕的设计显而易见。

图 1069

图 1069——他们袭击了格罗斯文特人（Gros Ventre）的村子，并且杀了许多格罗斯文特人，美洲马《冬季年度大事记》，1832—1833 年。一个被剥了头皮的头表示杀戮，这个约定化符号司空见惯，不需要特别的关注。

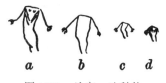

a   **b**   **c**   **d**

图 1070 杀害，达科他

图 1070 来自伊士门女士的《达科他人》（e），是关于达科他人表达"杀害"概念的图画文字：a 是被杀的女性，b 是被杀的男性，c 和 d 则分别是被杀死的男孩和女孩。

图 1071 生与死，奥吉布瓦

图 1071 来自柯普韦（g）的研究，这两个符号以鲜明的对照分别表示生与死，黑色的圆盘表示死，

另一个简单的圆圈是生。

在《纽约州历史记录》（d）有这样一幅图画，图1072是其复制画，展示易洛魁人在死人身上涂绘的风潮。前两个是男性，第三个是妇女，她身上有围腰布。

图 1072　死亡，易洛魁

这幅图在该书第6页中有进一步的解释：

> 当战场上的男子们命丧沙场，他们就画下没有脑袋、倒立的人形，人形图案的数目跟实际阵亡的人数相等。他们还在人像的背后画上代表其部族的动物，同样是脚朝上，来显示这些逝者所属的部族。如果逝者是战队的首领，画在背后的动物就没有头。
>
> 如果仅是负伤，他们就画上一个坏掉了的枪，枪跟武器装备有关，或者是一支箭，表示伤处，他们还会在代表伤者部落的动物身上的相应位置画上刺入的箭矢；如果是枪伤，就在身体的伤处画上不同颜色的球形。

图1073——阿里卡拉人（Arikara）所画的"死人"，表达"里面什么也没有"的概念，即没有生命。这跟本书前面的图903所表达的"消瘦"概念相比，更加强调"没有"。值得注意的是，希多特萨人（Hidatsa）用同样的形象表达"人"的概念。

图 1073　死人，阿里卡拉

拉萨尔（La Salle）于1680年写道，易洛魁人杀人之后，就661

在人形上画红色划痕，这个人形的眼睛位置画成黑带。这个黑带跟杀害没有关联，或许是以表意的手法意指死亡，即生命之光的熄灭。

其他表示"杀害"的图画，可以参见本书的图 93、94。

射击

这一组图画均在图像上表现出鲜明的相似之处，或者说至少在表意方面呈现出相似性。进一步考察这几个记录的文本，便可看到约定性的发展。

图 1074

图 1074 ——射击，《红云统计册》。图中显示了枪的射击和子弹击出的线路，其中一颗子弹正掠过此人脖颈，此处并未借助表示伤处的图画符号及表示"击中""中的"的约定化符号。这说明许多敌人向他射击，但是并未击中。

图 1075

图 1075 ——击中，《红云统计册》。图中的达科他人显然是被弓箭击中。

图 1076

图 1076 ——射击他的马（Shot-at-his-horse），《红云统计册》。图中显示了开枪射击的火光和表示马匹的马蹄印迹，但却没有标示击中的特别符号。右上角蹄印中的标记可以跟图 1074 中掠过的子弹相比较。他们向着这匹马射击，但并未击中。

图 1077 ——"击中他的马"（Shot-his-horse），
《红云统计册》。此图跟上图相关，图中的马确实
被击中，伤口流出了血。

图 1077

图 1078 ——在木屋前射击，《红云统计册》。
若不从上下文加以解释，则很难理解这幅图。右
边的形象是几个弓连在一起，它跟左边的帐篷之
间是常用来表示"血向下流淌"的符号，说明这
是致命一击。横着接触到帐篷形象说明被射击的
人属于该帐篷或者木屋，他就在其木屋前被击中。

图 1078

662

雨水将至 *

金先生的手稿中描述了作为阿洛塞卡人
（Aloseka）标志的南瓜花苞，图 1079 提供了两种
形式。上面的一种形式是花苞的剖面图，莫基人
也以此作为圣弗朗西斯科山东峰的标志，此处正
是阿洛塞卡人的发源地。云朵成圈则预示雨水的
到来。在岩石刻画上，剖面图中的曲线线条进一
步约定化，逐渐成为直线，就有了下面的另一种
形式。

图 1079　雨水
将至

---

* 原书未列小标题，现增补。——译者

图 1080、图 1081 收集的符号来自 C. R. 康德少校（Maj. C. R. Conder）(*b*) 公开发表的列表。图中包括了赫梯人使用的所有符号，并且对目前已知的那些符号加以释读。康德少校将这些符号分别列在两个图片中，一个列出了他所谓的"赫梯已知声音符号"，均与塞浦路斯字母加以比较，有些还与楔形文字、埃及文字及其他文字比较；另一个是由"赫梯未知声音符号"构成。这个列表是对出现在不同地域的不同文字形式特点的最佳比较，同时也有助于学习约定化的过程。在这个方面，其呈现方式使得人们不需要像研究埃及文字、楔形文字所要求的那样审慎考量，学者们对后者了解颇多，且已经掌握通用的基本理念。

赫梯已知声音符号

a，钩子，塞浦路斯字母的 *u*。

b，明显是钥匙，塞浦路斯字母的 *ke*。比较楔形文字符号 *ik*，意为"打开"。

c，冠冕，塞浦路斯字母 *ko*；阿卡德文字 *ku*，即"王子"；满洲文字 *chu*，"主"。

d，另一种冠冕，*c* 的变体。

e，手跟棍子，塞浦路斯字母 *ta*，显然 *a* 是表使动的词缀，类似埃及文字的定符；汉字的 *ta*，表示"打"。

f，一种药草，塞浦路斯字母 *te*；阿卡德文字 *ti*，表示"活着"；土耳其文字 *it*，"发芽"，或者 *ot*，"药草"。

g，用手抓，塞浦路斯字母 *to*。比较埃及文字、楔形文字和汉字中表示"摸""拿""有"的符号。阿卡德文字 *tu*，"有"。

h，明显是树枝，塞浦路斯字母 *pa*。比较阿卡德文字的 *pa*，"棍"（勒·诺尔芒 Lenormant）。

i，明显表示花，塞浦路斯字母 *pu*，比较阿卡德字符 *pa*，很显然是花。阿卡德文字 *pu*，"长的"，鞑靼文字 *boy*，"长的""成长""草"；匈牙利文字 *fu*，"药草"。

　　j，十字，塞浦路斯字母 *lo*；卡里亚文字 *h*。

　　k，轭，塞浦路斯字母的 *lo* 与 *le*；阿卡德文字 *lu*，"轭"。

　　l，可能表示雨，比较埃及文字、阿卡德文字和汉字符号中的"雨""风暴""黑暗"。

　　m，可能表示水滴，跟上一符号类似。塞浦路斯字母 *re*。

　　n，可能是"火棍"，塞浦路斯字母 *ri*。作为神的名字出现。阿卡德文字 *ri*，"光明"，神的名字。

　　o，两座山，塞浦路斯字母 *me* 或者 *mi*。"国家"的标志。

　　p，跟表示"女性"的楔形文字符号相似。

　　q，这在楔形文字、汉字、埃及文字中表示反对的符号，塞浦路斯字母 *mu* 或者 *no*。

　　r，锅，塞浦路斯字母 *a* 或 *ya*，比较阿卡德文字 *a*，"水"。

　　s，蛇，塞浦路斯字母或许是 *ye*。

　　t，明显是镰刀，塞浦路斯字母 *sa*，比较鞑靼文字 *sa*，*se*，"刀子"。

　　u，张开的手，塞浦路斯字母 *se*，阿卡德文字 *sa*，"给予"；鞑靼文字 *saa*，"拿"。

　　v，跟楔形文字、汉字表示"呼吸""风""精神"的符号相似。塞浦路斯字母 *zo* 或 *ze*。作为神的名字出现。阿卡德文字 *zi*，"精神"。

　　w，跟汉字、楔形文字、埃及文字表示天堂的符号相似，阿卡德文字 *u*，可以与卡里亚字母 *u* 或者 *o* 比较。

　　x，脚，作为动词使用，同楔形文字 *du*。发音可能跟阿卡德

语一致，用作被动（*du*，"来"或者"成为"）。

图 1080　赫梯已知声音符号

y，蛇，作为神的名字出现。

z，或许是纪念碑，类似塞浦路斯字母的 *ro*。

aa，明显是纪念碑。

bb，或许是太阳（*ud* 或者 *tam*）。

cc，明显是房子。

dd，或许是脚底。

ee，驴头。可能是赛特神（god Set）。

ff，公羊头。可能读作 *gug* 或者 *guch*，意为"凶猛""强大"。

gg，绵羊头。可能为 *lu* 或者 *udu*。

hh，狗头或者狐狸头。

ii，狮子头。仅用在封印上。

jj，恶魔的头。特别地用在带有魔力的文本中。

kk，两条腿。跟楔形文字 *dhu* 相似，意为"去"或者"跑"。

664

　　　　　　　　　　　　　　　美洲印第安人的图画文字

ll，两只脚。可能表示"站立"，或者"发送"，像在汉字中的表达。

mm，明显是祭坛。

nn，可能是一堆或者一卷东西。

oo，明显是刀子或者剑；可能是 *pal*。

pp，明显是树。

qq，阿舒尔（亚述的战神）的神圣人造树。

rr，圆。比较楔形文字 *sa*，"中间"。

ss，双生子。同埃及文字。

tt，跟汉字符号"小"相似。

uu，金字塔或者三角。

vv，手或者手套，指尖向下。可能是 *tu* 或者 *dun*，表示"（向）下"。

ww，船，类似楔形文字 ma。仅出现在封印上。

xx，唯一一次出现在巴比伦的碗上，表示有刻符的碗。

图 1081　赫梯未知声音符号

第二节　音节与字母

值得注意的是，希腊人使用同一个词语（$\Upsilon\rho\acute{\alpha}\psi\epsilon\iota\nu$）表示画跟写，这便赋予图画文字的早期认同。图画是文字的开始，文字是约定化了的图画。图画跟文字都与手势语有关系，前文皆有论述。手势语符号是有意义的转瞬即逝的动作，图画是由行动产生，留下有意义的标记。当人们在口头言语上越来越精通，就会渴望能永久保留他们的思想，首先就会诉诸此前已知并使用的图画文字来表达言语的声音。

对不同文字系统的研究——像汉字、亚述文字和埃及文字——显示并没有哪个国家的人发明了任意性的文字系统，或者在没有任何先决条件情况下创制真正的拼音文字。所有的文字系统都是肇始于图画文字。所有文字都历经了约定化的不同阶段，发展为通常所谓的象形文字。由象形文字直接或者经过一个中间阶段发展出音节文字，后者使用古老的表意文字的修饰符号，需要的符号相对较少。最终，在更为文明远古的人群那里，字母文字作为音节文字的简化形式逐渐出现，并且进一步减少必要的符号。

纵然人们使用不同的语言，也都能——或者至少能够——清楚明白古老的表意文字。就这个方面而言，这就跟阿拉伯数字跟罗马数字一样，即使人们使用不同语言，对这些数字的读法也彼此不同，一旦使用书面形式，这些数字便都能被正确理解。然而，具有无限可能性的数字却囿于当下的思想。每一种思想也易受不同保存形式的影响，又常会遇到诠释的龃龉。因此，字母文字的简洁准确充分弥补了其排他性。

墨西哥与中美洲高度发达的图画文字举世皆知。其中有些文字的使用者开始将表音要素纳入字形体系，尤其是在处理专有名词的时候，而这也许正是埃及人朝这个方向发展的第一步。塞勒斯·托马斯教授（*b*）就玛雅文字系统做出如下论述，也同样具有普遍性：

> 无疑，即便是易于受到展示的影响，很大一部分，或者说绝大多数字符都是象征表意的。
>
> 我越研究这些文字符号，就越明确一点，那就是，他们大都是由图画文字系统发展而来。这个图画文字系统跟北美印第安人普遍使用的图画文字相类似。前进的第一步出现在表示手势语的符号上。

此时讨论关于墨西哥与中美洲文字为数众多的文献所关涉的诸多问题似乎不太现实，而且也没有这个必要，因为这些文献大都是晚近出现的，很容易就能找到。谈到墨西哥以北的那些印第安部落，尚未发明类似于音节文字或者字母文字的符号系统。公元1820年，塞阔亚，又唤作乔治·吉斯特（George Gist），由罗马字母创制出切罗基字母。对该部落而言，此举具有独创性且弥足珍贵，但是，这套文字系统是对已有文字系统的模仿，跟此处的话题关系不大。同样的还有具有传教士渊源的克里字母。唯一666的例外就是通常称为密克马克象形文字的文字系统，当然这个称法其实是错误的。这些符号不具备象形文字的性质，而且也不起源于密克马克。

密克马克"象形文字"

密克马克族是一个重要的印第安部落，占据新斯科舍省、布雷顿（Breton）岬岛、爱德华王子岛省、新不伦瑞克省北部及与魁北克省交界处，以及纽芬兰岛的大部分地区。根据前引赛拉斯·兰德（Silas T. Rand）牧师的著作，麦固姆（Megum）是密克马克人自称其部落时使用的单数形式。尤金·梵托米勒（Eugene Vetromile）牧师（*a*）由特拉华古老的阿布纳基语中 *malike*，即"巫术"，翻译为 Micmac，解释为"神秘的实践者"。据他说，这个部落之所以因此得名在于其为数众多的术士；但是他由同一个词语 malike 又派生出 Mareschite，这是阿布纳基的一个支系，使其与密克马克混淆起来。法国人称他们为 Souriquois，梵托米勒翻译为"独木舟能手"。根据他们的聚居地阿卡迪亚——现在的新斯科舍，他们又被称为阿卡迪亚人。

1652 年《耶稣会记事》的第 28 页上提到这种现在称作"密克马克象形文字"的文字符号，印第安人对这种符号的使用是自发性的。这是第一次在文献中出现关于密克马克文字使用的情况。这一年的《耶稣会记事》整体上是对加百列·德吕耶（Gabriel Druillettes）神父事工的详细记录。德吕耶神父是到阿布纳基人（在这一名称下也包括阿卡迪印第安人，到后来为了区分称为密克马克印第安人）中传教的神职人员。他自己的汇报作为一个从属部分收录在《大神父报告》中，翻译如下：

他们以自己的方式书面记录所学课程的内容。他们并不用纸笔，而是用小煤块在树皮上书写，使用的符号非常新奇。这些符号如此独特，以至于很多情况下，一个人所写的符号，其他人无法理解。这也就是说，他们根据自我意志来使用这些符号，作为保存需要记住的要点、文章和箴言等内容的本地记忆。他们将这些笔记带回去以便在晚间休息时可以继续学习。

此外，再无其他的论述或者描述出现。

有趣的是，J. A. 莫洛特（Maurault）（a）大神父在引用了上述德吕耶神父的报告之后，做了如下的内容脚注：

> 我们自己也曾见证过同样事实。我们曾在圣莫里斯河（River St. Maurice）的圆头（Têtes-de-Boule）印第安人中传教三年。当我们讲解或者解释教义时，印第安人就在树皮或者其他物体上刻画独体象形文字。在第二天晚上，他们就花上大部分时间学习他们所记的内容，并且教授给自己的孩子或者弟兄。他们用这种方式学习祷告的速度之快非常惊人。

莫洛特大神父所谓的圆头印第安人（Têtes-de-Boule），也被称为林地印第安人（Wood Indians），是奥吉布瓦族的一支。这就显示出奥吉布瓦跟密克马克在此种行为上的关联，二者均为阿尔冈琴支系。他们在树皮上记下表意文字或者其他刻画记住他们特别感兴趣或者特别重要的事情，其中最主要的是宗教仪式。本书提供了大量此类例证，还有这一族群其他支系的人们自发地使用祷告条的例子，参见图715、图716。

依时间顺序，下一个是克雷蒂安·雷·克莱尔神父（Père Chrétien Le Clercq）（a）的记录，他是方济会守规派成员，于1675 年到达加斯珀海岸（Coast of Gaspé），学习了当地的密克马克语并且断续在这个地方向他们传教数年。

显然，他观察并利用当地印第安人的文字使用，这或许是对几年前德吕耶神父所报道的同一地区这种做法的延续，也可能是雷·克莱尔神父所在印第安部落独立的实践。

雷·克莱尔的古雅记述翻译如下：

我在此传教的第二年，蒙主圣恩感召，我开始使用这种方法。当时，我在教给印第安人如何祷告的方法上遇到一些困难。我注意到一些孩子用小煤块在桦树皮上做一些记号，并且用手指指着这些记号来读出声。这让我意识到，我可以给他们一些符号，通过固定的符号来帮助他们记住祷告的内容，使用这种方法远比我之前让他们跟着我一遍一遍地重复要快得多。感谢主，我没有白费力气，写在纸上的那些符号发挥了预期的作用，几天后，他们毫不费力地就记住了祷告词。我无法向您言表这些印第安人是以何等热忱在任何值得祷告的事项上彼此竞赛，都想成为最博学最能干的那一个。实际上，满足他们的要求颇费了一些时间和精力，特别是在我开阔了他们的视野，将教会的祷告都纳入其中，包括三位一体的神圣奥秘、耶稣道成肉身、洗礼、告解和圣餐。

至于是哪些符号，他并没有谈及。

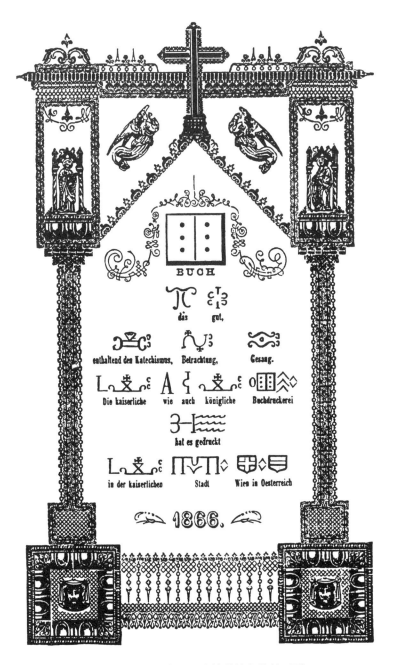

图 1082　考德密克马克神学教义的封面页

图 1083　密克马克象形文字的"主祷词"

　　下一个重要的印刷版记录，或者密克马克文字的出现是在克里斯琴·考德牧师（Rev. Christian Kauder）的著作中。他是至圣救主会（Redemptorist）的传教士。图 1082 是其著作的封面页。这本书于 1866 年在维也纳印刷，那时距离第一次记录密克马克文字的发明已经过了两个世纪。在这两个世纪中，法国，亦即罗马天主教的影响在密克马克人聚居区几乎出于休眠状态（最大规模的一次法国人离开阿卡迪亚地区发生在 1755 年）。考德神父是恢复传道后最为活跃的传教士之一。他学习了密克马克语言，还收集了那些保存在树皮卷上的密克马克"象形文字"，还增补了一些希腊罗马字母和其他符号，并且以系统化语法化的形式重新编排了这些符号。大概经过二十多年的整理工作，这个小册子得 668 以在维也纳付样。头版最早印刷的一小部分运到了密克马克人那里，大部分印册在后面的船运中丢失在茫茫大海中。

J. G. 谢伊博士（Shea）（a）翻译了雷·克莱尔的《首次在 669 新法兰西建立信仰》并且发表，图 1083 就是其中"主祷词"的版本。图 1083 跟前面的图 1082 都是来自民族学局的 J. C. 皮林（Pilling）先生所作《北美印第安人语言文献》。

考德神父所辑这本书为十二开本，分为三个部分：教义，144 页；宗教反思，109 页；赞美诗，208 页。这三个部分很少订在一起，也很少能见到完美的部分或者章节。仔细考察那些所谓的象形文字，很明显，最初是密克马克的基础符号，每个符号代表一个句子或者诗节以助记忆，更多数量的任意性符号增加进来 670 表达外来的思想与词汇，这些符号的表现跟密克马克符号保持一致以呈现考德所理解的密克马克语法的特性，而这似乎是在沃拉普克语（Volapük）之前的一种普适性语法。对于增补部分的解释从未被提及。考德撒手人寰，未对他的计划留下任何记录或者解释。他试图将印第安人发明的助记符号变成以语法形式成体系的词语（不是语音的）展示。这个尝试跟兰达主教使用玛雅文字符号的实践十分类似。与此更为相似的是在秘鲁牧师们所做的尝试，在稍后与图 1084 和图 1085 相关的内容中会有所涉及。

在笔者访问的布雷顿岬岛、爱德华王子岛以及新斯科舍省等地的密克马克营地，那些印刷材料的片段仍被保存并且用在宗教敬拜中。还有很多不同纸片上的复制版也是同样的片段，这些片段的用途仅仅是帮助记忆，跟起初树皮刻画的功能一样。极少有印第安人在某种意义上能够用当代的密克马克语"阅读"它们，对于符号与语音的关联也一无所知。当被问到某个符号的意义，他们也无法回答，却开始从头吟诵特定祷告或者赞美诗，一旦停在某处，他们第一次就能给出对应该符号的密克马克词语。这并非因为某种宗教之灵，而是因为这是他们唯一知道使用这些文字的方法。华盛顿·马修在刊载于《民族学局第五届年度报告》的《山之颂歌》中提到纳瓦霍人重复全部（如果有全部的话）颂歌时指出这是他们唯一了解的使用方法。这与前面提到的奥吉布瓦人的做法一样。后者常常用树皮刻画来记录古体的词语，而密克马克人通常是用来记录那些他们不太理解的宗教词语。在所研究的不同印第安部落的符号中，极少数甚至可以说是几乎没有符号具有区别性，即这些符号使用频率高而且意义明确。他们使用这些符号代表密克马克词语来帮助记忆，然而这些符号却无法从上下文语境中剥离，也不能组合到其他句子中表达同样的词语。因此，指向这种实践行为的所谓"阅读"，严格说来并不准确。在大多数情况下，他们是以颂歌形式完成记录内容的背诵。那些赞美诗跟颂歌带有的罗马天主教会音乐氛围也常常在此加以模仿。前文引用德吕耶神父跟雷·克莱尔神父的叙述中所表达的目的在当时现世的印第安人中就已经实现，这比考德神父的教义手册问世要早了 200 年。这个目的就是帮助他们负责传教的印第安人快速掌握教会的教义成规。如此，他们便可以得到救赎。可见，他们的目的不在于形成字母表或者音节表。如果要达成此目的就要考虑语言结构及其所记录的语音形式。传教士在传授教义时之所以不使用现代字母可能来自于这样的顾虑，即这些印第安人一旦掌握那样的语言工具，就能够阅读异教的文献，会因此变得离经叛道，背离信仰。源于某些缘由，传教士们不仅不传授印第安人文明社会的语言，也不会教他们如何用字母来记录他们自己的语言。

考德神父或许存有这样的野心，要基于表意起源（或表意基础）跟语法上层建筑之间的某种不规则妥协将密克马克语简化为某种书面形式，而非基于语音或者音节的标记法（即记音法）。如若这样，他就彻头彻尾地失败了。这项卓越而绝无仅有的尝试最有趣的一点在于，出现在前文提到的三卷本中的区别性符号是对已有的印第安符号与图案的选取或者排除，而这些印第安符号无疑是有一定的基础；因此，他是使用错误的象形表意方法任意性地表达思想和词语，而非句子或者诗节。从图画形式变成约定的形式，不像由埃及图画文字向罗马字母的转变那样激进，而是跟汉字从古老到现代的发展类似。因此不难认为，印第安人更乐于学习字母文字或者音节文字，而不是当前的符号形式，这一点确定无疑。在距离哈利法克斯（Halifax）12英里的奶牛湾（Cowbay）密克马克营地，有位年长的酋长。小时候，他就住在布雷顿岬，他本人就跟考德神父学习过这些符号。他说考德将这些符号画在黑板上，教孩子们反复诵读，跟文明国家里学校老师教学生学习字母的方式并无二致。塞阔亚的音节符号自如普遍的应用，标志着新文字系统在切罗基人中取得事实上的成功。然而塞阔亚的符号系统并不适用图画符号，而是采用记音符号，这一点值得引起注意。

克吉姆库吉克岩石上数以千计的刻画中，有很多出自密克马克人之手。但在考德的书中，仅有两个符号跟那些刻画上的符号相似。其他的普通符号则来自罗马天主教教会，极大可能出自法国人之手，而法国人也在克吉姆库吉克岩画上留下血多刻画。概而言之，经过对这个主题的审慎研究可见，考德神父书中的符号在外形跟意义上都与密克马克印第安人使用符号存在本质区别，因此不能视为印第安象形文字的例证。

与此话题相关，下面是 1646 年《耶稣会记事》第 31 页所载的一个报道，这与住在萨格奈（Saguenay）附近，圣劳伦斯河畔蒙塔格尼人（Montagnai）及其他阿尔冈琴人有关："他们在忏悔上是那样坦诚率真，有些人随身带着小棍用来提醒自己所犯的672 罪；另一些人则学习将自己犯的罪写在树皮上。"这不过是皈依新教的印第安人用写在桦树皮上的表意文字来记录基督教仪式与故事罢了，很久之前，他们也如此记录自己的传统。

图 1084　宗教故事，锡卡西卡

跟上述内容精神相通的表意文字示例来自威纳（g）的研究，图 1084 跟图 1085 是原图的复制件，以 1∶5 的比例缩小。

图 1085　宗教故事，锡卡西卡

在秘鲁最遥远的锡卡西卡（Sicasica）的保卡坦博（Paucartambo）山谷，同样留存着基督狂热历史的印记。那里发现了安孔（Ancon）即北方海岸的印第安人使用同样的表意符号系统来做记录。（图 1084）图画是用铅笔蘸着胶与木薯粉的混合物画在深棕色的材质上，所画的图案呈鲜红色。

第二个系列，见图 1085，是在保卡坦博发现的。这幅图是用类比体系写于荷兰纸上，图案为红、蓝两色。

拉克伯里（Terrien de Lacouperie）（f）也曾述及相关内容，下面是简缩自他的一篇文章，跟图 1086 相关，可以与前面布道 673 的发明加以比较：

图 1086　摩梭手稿，德斯古丁斯

　　1867 年，德斯古丁斯（Père Desgodins）得到了一本共
11 页的象形文字手稿的摹写本[①]。该手稿为摩梭族东巴或者
达巴所有。东巴是摩梭族祭司。这些象形文字并不是该部落
使用的文字，或许也并没有读音；当前更是罕见使用。只有
祭司（东巴）在受邀背诵祷告时才会使用，还伴有仪式与献

---

①　法国传教士德斯古丁斯于 1867 年从云南寄回法国一本 11 页的东巴古籍摹写本《高
　　勒趣招魂》。——译者

　　　　　　　　　　　　　　　　　　　　　美洲印第安人的图画文字

祭。有时还会对某人施以法术，这是他们的超能力。只有东巴才知道这些文字的读音和意义。只有他们才跟这些符号的价值相通，只有他们能接触做法事时会使用的掷骰以及其他占卜工具。因此，这些象形文字不过就是一些象征性的任意性符号，只有一小部分人能够接触，他们只能将部分知识传授给自己的长子或者祭司职位的继承人。这就是摩梭手稿的真实价值所在，既不是当下使用的通用文字，也算不上受限的神圣文字，一如上文所示。

674

但就文字的普通理论而言，这种文字具有极其重要的价值，在于这种图画文字并没有试图显示其与更早的文字形式之间的关联。根据这些观点，东巴文字显然是为东巴人而创造。这似乎可以解释为什么东巴文是如此不规则的混合系统，涵盖对古代篆书汉字的失真仿写，动物与人及其身体部分的图画形象，以及几个西藏、印度的字符和佛教徽记的符号。

在此不妨讨论上缅甸地区的克钦人（Kakhyens）中的迷推（meetway）或董萨（toomash），即祭司。下面是对此的引述：

"有条正规的大路通往克钦村庄。*** 这条宽阔长满了草的大路两边，竖着一些竹制的柱子，大约 4 英尺高，每走 10 步就有更高的柱子，两侧的竹柱以绳相连，绳上挂着以劈开的藤条制成的星星和其他纹章。还有一些可以确定是象形文字的符号，它们带有图画文字雏形，只有迷推或者祭司才认识。"

字母中的象形文字

W. W. 罗克希尔（Rockhill）先生在发表于《美国人类学》第四卷第一期第 91 页的文章中提到保罗·维亚尔（即邓明德，Paul

Vial）等的《云南彝族语言文字》时有如下叙述：

保罗·维亚尔发表了他的一项关于中国西部保保人未被破译文字的研究。这些文字最早的样本是大约12年前由贝德禄（E. Colborne Baber）保存下来。拉克伯里教授致力于建立这些神秘符号与古印度符号——即南阿育王字母——之间的关联。目前保罗·维亚尔的研究并没有为这些符号提供辉煌起源。他如此说："当地文字符号的形成没有重点，也没有方法；也同样不可能解构这些符号。他们不是由笔画构成，而是由直线、曲线、圆线、角线构成，根据需要来使用这些线条。呈现都不可能完美，他们就停止使用那些吸引眼球和注意的事物——形状、动作、热情、头、鸟喙、嘴、左右、轻重；简言之，物体被描摹的部分就是其特征所在。但是并非所有的符号都具有这样的表现力，有些符号甚至与其要表达的思想并无关联。这种反常的现象存在合理的理由。本土文字的数量远远少于语言中词语的数量，大约只有百分之三十。保保人不是通过增加表意文字的数量来解决这个矛盾，而是通过一字多义，即一个文字符号对应多个语言词语。结果就是，即使是本族人也忘记了很多字符的原初含义。"

对最早约一百七十个楔形文字的概括可见，其中许多符号均为对物体可识别的描绘。脚表示"走"，手表示"取"，腿表示"跑"，这跟埃及、玛雅和其他美洲文字系统十分相近。弓、箭和剑代表战争，花瓶、铜牌和砖头表示建筑；船、帆、棚屋、金字塔和其他物体都被用作符号。

圣·查得·博斯科恩（W. St. Chad Boscawen）（*a*）如此说： 675

我们都清楚，人类在书写艺术上的最早的探索具有纯粹图画的性质，至今这种图画表意的模式在印第安部落中仍有迹可寻。*** 尚无合理假设证明目前主流的重要古文字系统在远古时期皆起源于图画文字。在巴比伦这样古老的中心，我们自是期待能够找到这样的系统，但到目前都是令人失望的。

图 1087 是对早期字母文字中象形符号的简要展示。

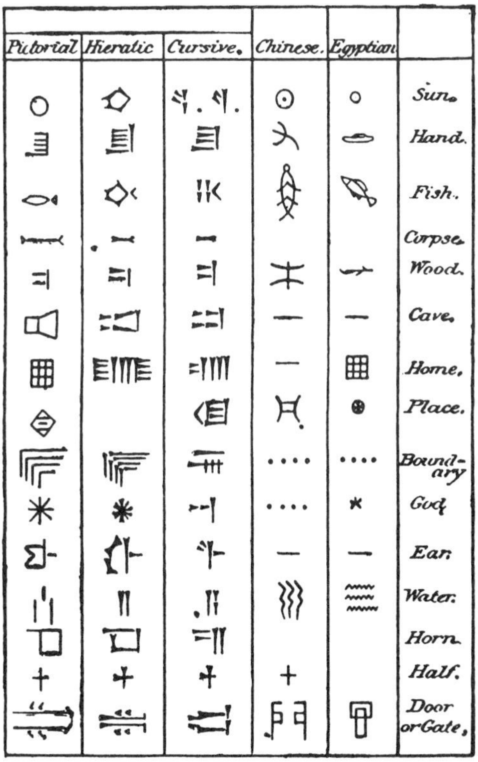

图 1087　字母中的象形文字

第二十章　特别的比较

　　为学者们进行比较推演而收集的大量笔记与图例为本研究提供了极大方便。这一章拟就一些引起特别关注与兴趣的比较研究加以讨论，所有此处使用的说明和图例在逻辑关系应该纳入其他章节。

　　本章与下一章中讨论与例举的一些象形文字符号大都表示动物和其他自然物，因此比较容易识别。事实上，不同族群对于同一物体的呈现的模式必然不尽相同，再加上约定化的因素，若非了解某种文字的典型书写风格，则无法识别图画所呈现的物体。有时，书写者显然无意于描摹自然物对象，而是使用诸如点、线、圆以及其他的几何图形作标记；再加上表达思想与记录事件的众多模式，这就使情况进一步复杂化。这些标记、符号及其结合产物在不同的地方发生发展和使用，若无必要的传达和模仿，除了少数"自然的"象形符号，一个地方的象形文字使用者很难理解另一个地方的人们使用的象形符号。在这类象形文字中也同样存在典型的风格，风格一旦形成，势必会对其使用者提供指示和象征。本章分为四个部分展开讨论：（1）典型风格；（2）同形异义与异形同义；（3）符号组合；（4）艺术技巧与方法。

第一节　典型风格

图 1088 展示的是东阿尔冈琴岩画的一种。这是"哈密尔顿岩画"的复制画，宾夕法尼亚州莫农加希拉（Monongahela）的 J. 萨顿·沃尔（J. Sutton Wall）先生提供。这幅图画在哈密尔顿农场的砂岩之上。该庄园地处西弗吉尼亚州摩根敦东南 6 英里的位置。岩石南边有高速公路穿过。

沃尔先生为岩画上的符号提供如下描述：

图 1088　西弗吉尼亚州哈密尔顿庄园的阿尔冈琴岩画

a，火鸡轮廓；*b*，美洲豹轮廓；*c*，响尾蛇轮廓；*d*，人的形象；*e*，"螺旋或旋涡"；*f*，表示马蹄；*g*，表示人的脚印；*h*，树或者树枝的顶部轮廓；*i*，表示人手；*j*，表示熊的前掌，但脚趾数量不正确；*k*，两行火鸡踪迹；*l*，野兔或者兔子的外形，但是耳朵的长度不对；*m*，熊的后掌，但脚趾数量不正确；*n*，婴儿的形象，右手有两支箭；*o*，*p*，两个杯状洼地；*q*，动物后半身的轮廓；*r*，如果没有贯穿外边弧线的线条，应该用来表示马蹄印；*s*，表示水牛和鹿的踪迹。

图 1089　宾夕法尼亚州塞夫港的阿尔冈琴岩画

678　　火鸡 *a*，响尾蛇 *c*，兔子 *l*，和"脚印"*j*，*m*，*q* 均为阿尔冈

　　　　　　　　　　　　美洲印第安人的图画文字

琴象形文字中的典型符号，需多加关注。

P. W. 谢弗（Sheafer）先生在其 1875 年出版于费城的《宾夕法尼亚历史地图》中，提供了一幅图画文字梗概图，来自宾夕法尼亚州塞夫港大坝（Safe Harbor）下游的萨斯奎汉纳（Sesquehanna）河上。图 1089 复制了该图的一部分。这幅图上的符号都是阿尔冈琴人使用的符号，相比较美国东部其他图画文字，它与奥吉布瓦人的符号具有高度相似性。

参见本书前面第 106 页[①]及其后"宾夕法尼亚州"标题之下的内容，显示了东阿尔冈琴人岩画的卓越类型，并且跟戴顿岩（Dighton Rock）的岩画具有相似性。

图 1090 是来自斯库克拉夫特（p）的复制画，于 1851 年从伊利湖坎宁安岛南面的岩石刻画上复制而来。斯库克拉夫特对此画做出详尽却新奇的解释。图上画有虚线，把擦除了部分的图画跟相对较为明显的部分区隔开来，如果说需要对这个图画加以解释，这才是唯一需要解释的部分。图画的中间部分最为晦涩不清。

值得注意的是，这幅岩画在某些方面跟此前讨论的东阿尔冈琴图画文字的风格一致，然而，它跟戴顿岩刻画（见本书前面图 49）的一些符号更具有相似性，而且在人物形象上又跟戴顿岩画复制画（见本书第 22 章整页插图 54）中的刻画方式极为相像。从某种程度看，坎宁安岛的图画文字典型地呈现出东、西阿尔冈琴图画文字的中间状态。

---

① 英文版为 See also Figs 106, et seq., supra, tnder the heading of Pennsylvania，系为笔误，不是图 106，而是英文版的第 106 页。——译者

西阿尔冈琴岩画的典型代表是 1873 年威廉·A. 琼斯上尉为首的一队人发现的，图 1091 是对比原图 1∶5 的比例缩小的复制图，上面象形符号众多。

下面是琼斯对这幅图描述的摘要：

　　墨菲农场的后面，有一面几乎竖直的黄色砂岩砌墙，上面凿刻着大量简单图案，这些图案看起来年代久远，已经有些磨损。F. W. 邦德先生从岩石上复制了这个图画，并在几天后给皮纳斯看了这幅图。皮纳斯虽然试图对这些符号加以解释，但至今仍未找到确切线索对这些符号进行解释。上一行左边的图案像是盾牌，但却省去了装饰性流苏的部分，也可能是岩画的这个部分有所磨损。整体上来看，似乎可以合理推测，这是对于发生在附近地区某次战斗的记录。皮纳斯为邦德提供的分析指出，上一行第二个图形代表骑兵，而其他六个图形（第一行中间三个，第二行左边三个）是步兵，但是这个岩画上的象形符号并未在他熟悉的其他岩画上出现过。

679　　在怀俄明州温德河沿岸发现大量岩画，肖肖尼人也报道称他们发现其他一些，并认为这些岩画是"Pawkees"人所为，"Pawkees"是肖肖尼人对黑脚人——更可能是西卡西恰人（Satsika）——的称呼。他们是使用阿尔冈琴语的一个印第安部落，曾经就在这片区域生活。其岩画风格跟美国东部其他阿尔冈琴语系部落生活地区发现的类似刻画具有高度相似性。

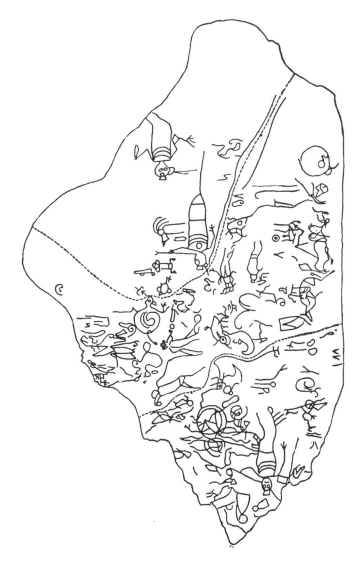

图 1090　伊利湖坎宁安岛的阿尔冈琴岩画

　　图 1088—1091 提供了阿尔冈琴岩画的四个样本，显示了类 680
型上的等级。由此不难联想到本书提供的大量其他图画，与此类
似的有奥吉布瓦树皮记录、渥太华烟杆（图 738）；与此相反的

也有达科他、肖肖尼和伊努伊特图画。

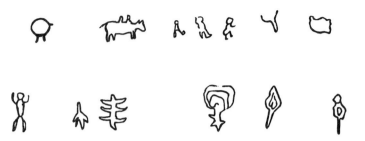

图 1091　怀俄明的阿尔冈琴岩画

　　在东边洛基山脉与西边内华达山脉环抱之中、北纬 48 度以南的广大地区，出现大量的岩画。这些岩画无论是所代表的物体类型，还是绘画的整体风格（不论是凿刻还是涂色），都具有高度的相似性；而这一区域的不同地点选取进行岩画展示的案例在本质上都是相同符号。这一类型通称为肖肖尼岩画，尽管拥有大量此类岩画的地区目前居住的并不是肖肖尼人，而是其他语支的部落。

图 1092　爱达荷州的
肖肖尼岩画

　　美国地质调查局的 G. K. 吉尔伯特（G. K. Gilbert）先生提供了他从爱达荷州奥奈达（Oneida）地区收集到的部分肖肖尼岩画临摹画，参见本书前面图 39。

　　在奥奈达往西北 5 英里、沼泽溪（Marsh creek）向东半英里的地方是肖肖尼人画在玄武岩圆石之上的另一组符号，很明显具有图腾性质。吉尔伯特也提供了这些符号的临摹画，如图 1092 所示。

所有这些图画都跟亚利桑那州北部帕特里奇（Partridge）溪 ⁶⁸¹
和犹他州东南坦普尔（Temple）溪发现的岩画相类似，前文第50
页跟第116页分别提到这两个岩画。

同样来自美国地质调查局的
I. C. 拉塞尔（Russell）先生提供了
来自犹他州布莱克岩泉那些粗糙
的图画文字的临摹画，见图1093。
有一个符号并未能展示在这幅图
中，该符号由数条横线构成，这
些横线层层排列，横线之上有几
个圆点，整体看起来像是记录其
旁边符号的数字表达；而它旁边
的符号就像是一个长着弯曲藤茎
的一个瓜。图中左上的图案类似
于图713所示的面具。

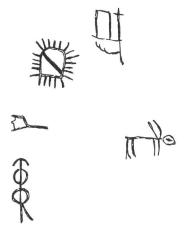

图1093　犹他州的肖肖尼岩画

美国地质调查局的吉尔伯
特·汤普森（Gilbert Thompson）
则是在犹他州的富尔溪峡谷（Fool
creek canyon）发现了另一图画，
见图1094。该图跟亚利桑那州的
莫基人图画极为相近。图中的几
个符号跟莫基人图画的符号并无
二致，表示人的形象。其中一个
人的图像上画着一个十字，十字
的上端连着他的会阴。这些图形

图1094　犹他州的肖肖尼岩画

都是红色，并且分别于三个不同时期完成。其他周边地区的岩画大都是凿刻且不着色，还有既凿刻又涂色的岩画。

此处这两个来自犹他州的肖肖尼岩画可以跟亚利桑那州奥克利泉的莫基岩画（参见图1261，其复制画）加以比较。

加利福尼亚州圣地亚哥的 G. W. 巴恩斯（G. W. Barnes）博士慷慨地提供了他收集的图画文字临摹画。加利福尼亚州纳雄耐尔城（National City）的 F. A. 金博尔（Kimball）女士对圣地亚哥市东北25英里的岩画进行复制，并将其送给巴恩斯。在那里，大岩石的很多面上都有刻画，虽然这些刻画磨损严重，保存下来的部分足够回溯描绘。这些图画只使用红色，仔细观察可见许多符号跟祖尼南部新墨西哥州奥霍-德贝尔纳多（Ojo de Benade）的符号，以及斯图尔特（Stewart）农场峡谷到犹他州卡纳布（Kanab）溪峡谷的峡谷地区的符号都非常相似。这是关于肖肖尼语支部落居民在语言学证据之外的另一证据，二者并无矛盾。

图 1095　亚利桑那州岩画

在加州欧文斯（Owens）谷发现的大量岩画图例，参见整页插图Ⅱa，Ⅲh和Ⅶa，均与肖肖尼岩画相似，明显可以将它们与新墨西哥、亚利桑那、索诺拉（Sonora）、中美洲和南美洲等地的岩画结合研究。

F. H. 库欣（a）描绘过亚利桑那州的三个岩画，图1095和图1096是对其临摹。这些岩画很容易让人联想到在萨拉多（Salado）河谷失落古城洛斯穆埃尔托斯（Los Muertos）发现的雕像：

图 1096　亚利桑那州岩画

> 在靠近乔治·凯·米勒先生庄园的第一个棚屋的地下，我们挖掘发现了如同祖尼人现代祭祀时那样摆放的牧羊人祭祀用具，即标色水线环绕的穿孔法器杯、牧者的玉髓石护身符以及一组至少15个引人注意的小雕像。文中构成献祭的这些小雕像又跟现代祖尼人"新年祭"中使用的祭品材质不同。祖尼人"新年祭"是用来祈愿所牧动物的增长与繁盛。祖尼人中的这些小雕像主要是羊（尤其是幼羊，大部分是雌性），我所称之的"原驼之地"（Los Guanacos）棚屋小雕像的保真度相对较低。*** 这些小雕像变体众多，其中有些跟北美羊驼或者原驼一样。

棚屋及全城拥有的大量"宝拉石"（流星锤石），小雕像与众不同的符号形态，现代祖尼人关于他们祖先拥有"小型毛绒动物"的传统表述，还有马库斯·尼扎、伯纳尔·迪亚斯及其他西班牙作者具有同样效果的表述都提供论据，让我对呈现在这些杂乱的仪式性的图画文字之上的事实加以归纳。我在此就斗胆认为 *** 古代的普韦布洛 *** 已经驯化了某种北美的羊驼，看起来更像北美原驼，而非美洲鸵。

已经确定的是库欣先生复制的这幅岩画是在玄武岩上啄刻而成，这块岩石在亚利桑那州凤凰城南，靠近特利格拉夫（Telegraph）山口的马里科帕（Maricopa）山的北面。

图 1097　下加利福尼亚的岩画

下面的信息来自 H. 坦恩·凯特（Ten Kate）博士（a）：

在加利福尼亚和索诺拉半岛的起伏山脉上，有许多涂画成红色的岩石。这些岩石上的图画相当粗糙，比许多北美印第安人的岩画要逊色得多。图 1097 和图 1098 是在圣安东尼的林孔（Lincon）发现的。图 1097 的右边部分是一个完整

　　　　　　　　　　　　美洲印第安人的图画文字

的呈现，复制画严格保持岩石刻画的顺序。同一幅图的左边部分呈现的都是挑选出来最显著的事物，这幅图占据着一块几米高的大理石块。图 1097 左上角的物体大约 20×21 厘米大小，其他图像都是根据比例呈现。

这两幅图呈现的岩画在下加利福尼亚圣芭芭拉以西的圣伊内斯（Santa Inez）。

图 1098　下加利福尼亚的岩画

同样在凯特博士的上引书第 324 页，他说到：

在博卡圣佩德罗两块巨大的花岗岩石上刻着大量图形符号，图 1098 展示的是其中最具有区别性的符号。图中左边成排的圆点大约 1.50 米，而右边的平行线大约有 1 米。

第二十章　特别的比较

图 1099　海达人的图腾柱

　　继续向东，在加利福尼亚州的阿祖瑟峡谷地区发现了跟这幅图相似的岩画（见图 31）。

685　　本书的其他章节讨论过海达人的图画文字。其中图 1099 跟本节话题直接相关，所以拿来讨论。图上是夏洛特皇后岛上马塞特酋长屋前所立的一根有雕刻的柱子。

下面是来自新西兰的分析，以作比较。

F. 冯·霍奇斯特（F. von Hochstetter）博士（b）写到新西兰时，这样说道：

> 奥希奈姆图（Ohinemutu）酋长的住所用柱子为篱笆包围环绕，棚屋则装饰着怪诞夸张的雕刻。棚屋（Whares）跟会堂（Wharepunis）展示了毛利人高超的建筑技艺，是其建筑艺术的活标本。图1100展示的是其中一些雕刻装饰。山墙上装饰的六条腿、两个头的蜥蜴相当引人注意。这里的人物形象并不是偶像，而是表示当代人逝去的男性祖先。

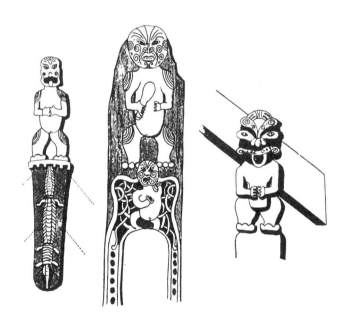

图 1100　新西兰房屋柱

尼布拉克（c）对图1101做出如下分析和阐述：

> 提基。在新西兰拉罗伊拉（Raroera）村。来自伍德的《自然历史》第180页。他这样写道："巨大的提基图腾，还有其他图腾，矗立在特惠罗惠罗（Te Whero-Whero）之女的墓前，就像纪念碑一样来守卫该地。提基是新西兰土著雕刻的最佳代表。提基的确切对象并不确定，上面那个形象伸出的舌头表明它是岛上众多具挑衅的雕像之一。据当地人说，下面的图像是半神（次神Auti）毛伊（Maui）。根据毛利人的传统，新西兰就是由毛伊从海底钓上来的。"

布兰斯福德（Bransford）博士提供了一个图例，图1102的左686 边是其复制画。他还描述了发现这个岩画的地点，即"在尼加拉瓜奥美特佩克（Ometepec）岛南端的山脚，圣拉蒙角（Point San Ramon）向东大约1.5英里处。"在那里，表面粗糙，形状不规则的玄武岩巨石凸出地面3英尺，在巨石的南面刻画着如下的图像：

图1101 新西
兰提基

图1102 尼加拉瓜岩画

这可以跟莫基人及英属圭亚那的刻画形象加以比较。

布兰斯福德博士还在同一本书的第 66 页提供了该岛及其周边地区刻画的图片，为图 1102 右边的图像。

将上图的形象跟新墨西哥、祖尼、普韦布洛等的刻画形象比较，可以明显看到它们之间的相似之处。在人物形象的线条上最显著的共同点在于方形的腹部和分开的双腿。

对图 1103 中的符号，布兰斯福德博士也有所涉及。这些符号也是根据他在尼加拉瓜的发现绘制的。显然，这些形象跟加利福尼亚州欧文斯谷的岩画形象具有高度相似性。

图 1103　尼加拉瓜岩画

图 1104 的雕刻图案来自英属圭亚那地区，由伊姆特恩（i）临摹复制。

这些图像跟新墨西哥州、亚利桑那州的岩画形象在外形上如此相像，几乎像是出自同一作者之手。这一点在最下排的形象中愈加明显，特别是最后两个形象，跟肖肖尼岩画中的蟾蜍或者青蛙形象并无差别。

687

图 1104　圭亚那雕刻画

　　　　　　　　　　　　　　美洲印第安人的图画文字

马卡诺（ƒ）提供了地狱之嘴（Boca del Infierno）岩画的复制画，图 1105 即是对复制画的临摹，描述如下：

a 中奇怪组合之下是两个形象，表示美洲虎的两只眼睛，但并不对称。这两只眼睛的不同之处显而易见，且不真实。眼睛常常是用三个同心圆的形象表示，有时中间的圆形也简化为一个圆点，如图中左边的眼睛。右边的眼睛保持了三个圆圈，不过外边的圆跟其他图画部分结合起来。两只眼睛由罩在上方的拱形线条连结，短的拱形线条仅跟左边眼睛接触，长的线条则构成右眼外部的圆。整个图形由 34 条射线围绕，大部分射线的长短一样，只有一条，比其他的都长。这是一个鬃毛竖立的美洲虎正面形象，还是升起的太阳？现在做这些联想纯属多余，因为若非研究这些图形的意义，面对如此高度约定化的符号，其意义价值只有创造者才能明白。

b 部分是一团由不同几何线条构成的不同形象。左边有三个小点，中间的部分呈现出鱼的形象。我们需要注意，如同上一图例，圆点是由某些线条延伸而来。

c 的图案，更为复杂，遵循另外的设计安排。左边又出现了围绕圆点构成的同心圆形象，置于一个三角图形的组合之上。整个图像的底端有两个以圆点为端点的曲线。d 包含两个类似的图形，或许是洪堡特认为的武器或者家用器具。

图 1105　委内瑞拉岩画

　　图 1105 最上边的符号 a 类似于多种多样表达的"天空"，如同奥吉布瓦刻画在桦树皮上的巫医记录那样。下面的符号则跟代表肖肖尼风格的符号——特别是来自加利福尼亚欧文斯谷的那些岩画符号——相同。

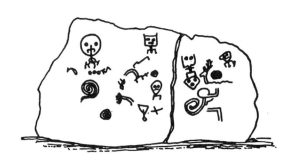

图 1106　委内瑞拉岩画

A. 厄恩斯特（A. Ernst）博士在柏林人类学、民族学和史前史学会（c）上对图1106加以阐述，现翻译并概括如下：

　　在加拉加斯（Caracas）西南偏西41公里、拉维多利亚正北21公里处的委内瑞拉滨海丘陵上，发现了雕刻岩画的大岩石。在类似于砂岩的纹状粒变岩石堆中有两块并立的巨石，岩画就在这两个巨石之上。两块岩石的长度大约3.5米，高约2米。这两块石头就在从托瓦尔（Tovar）属地通往拉玛雅（La Maya）的道旁，南面丛林渐疏的空地边缘。岩石刻有岩画的一面向南。面对那些支离破碎的岩画形象，我毫无头绪，完全不知道该做何解读。

阿拉里皮（Araripe）（c）对图1107做出如下描述：

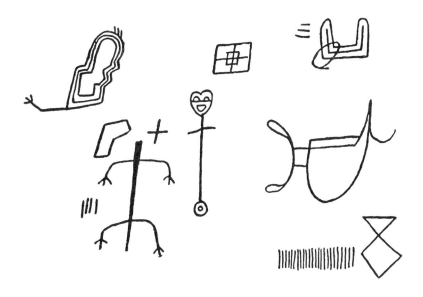

图 1107　巴西岩画

在卡拉帕泰拉（Carrapateira）到克拉卡拉（Cracará）沿途的因哈姆（Inhamun）地区，大约行至半里格的位置，有一条人行小道，蜿蜒向左是阿尔内罗斯（Arneiros）湖。湖畔有一堆圆形和长形的石块，其上有刻画。其中一个圆形石头上的刻画面朝北，先以尖锐物雕刻，又用红色颜料涂色。这块石头上的刻画临摹如图 1107，按照原本圆石刻画符号的出现顺序如实复制。

阿拉里皮在同一著作的第 231 页又对图 1108 下半部分的形象加以阐述。在圣保罗省伊塔佩瓦的沃拉（Vorá）地区，人们称它为印第安文字。

高达 40 米的巨石，因其大部分脱离而形成一个大约 10 米的斜坡。这个斜坡跟脱离的风石壁构成一个天然避难所，印第安人就将此地作为逝者的安息地。

在石窟墙壁的石头上，刻着大量的图像，并且用红、黑两种"难以擦除"的颜料涂色。这些刻画似乎是印第安人对他们部落的记载。这些图像是这样的：

一个人的形象，头上和颈部都有羽毛装饰；一棵简单粗糙刻画的棕榈树；一些圆形的孔，24 个左右，排成一排；一个大约直径 15 英寸的圆形，有锯齿状的边缘；两个同心圆，代表钟表的表面，上面有 60 个刻度；这个图形之后是一个偶像形象，不同的标记都用浓重的黑色涂画。太阳的形象，带有一个"十"形、一个"T"形符号；再有六个圆圈；雕刻精良的人手和脚，等等。墙上还有一些骨头碎片。

图 1108　西班牙与巴西的岩画

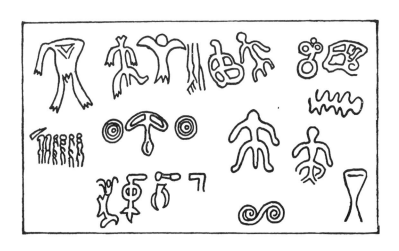

图 1109　巴西岩画

第二十章　特别的比较

图 1108 的上面两组是来自西班牙安达卢西亚（Andalusia）的丰卡连特（Fuencaliente）岩画的复制画，在本书第四章的第三节对此进行过讨论，此处为了便于跟下边的岩画符号比较再次出现，还可以进一步参考图 1097 与图 1107。

在里奥内格罗（Rio Negro）谷存有卡舒埃拉萨瓦瑞特人（Cachoeira Savarete）的岩画，拉迪斯劳·内托（Ladisláu Netto）博士复制了这些岩画，并且对此进行讨论，见图 1109。该图上有人跟动物、同心圆、双螺旋图形以及其他不确定的图形。左边中线位置的图形应该是一队人像士兵那样集合整队。

图 1110　巴西岩画

还是内托博士在他著作的第 552 页提供了里奥内格罗谷莫拉（Moura）别墅附近岩画的复制画，图 1110 即为其临摹画。内托博士对图上的系列符号做了如下述评：

> 一个值得注意的现象就是，这些圆形图像总是成对出现，其中一个像是模仿另一个曲流形状的圆，后者似乎是采用佛教十字的手法呈现的。以双十字形式表现的符号在美洲刻符中相当普遍，这很可能是要表达某些思想，不过与"难提迦物多"（nandyavarta）喜旋并无关系。

还是同一著作的第 522 页有另一复制画，原图刻在里奥内格罗河岸从莫拉到马瑙斯（Mañaus）城沿途的岩石上。图 1111 是对复制画的临摹。内托博士认为图中左边的一组符号代表加冕的酋长。

图 1111　巴西岩画

在他的旁边有一个表示太阳或者月亮正在运行的符号，如果刻画者来自文明世界，那么这个符号毫无疑问就是指南针。

该书第 553 页提供了来自巴西里奥内格罗河畔石头刻图画文字的复制画，图 1112 是该复制画的临摹。

图 1112　巴西图画文字

这幅画更像是草稿，使用模糊的线条试图画出确切的符号形象。这一地点所发现岩画中人头的形象，跟中美洲以及科罗拉多河岸的刻画中人头的形象相似，即使用简单粗糙的技法画出人脸上的鼻子跟眼睛。这也可以尝试与来自华盛顿州的雷鸟形象比 692 较，后者由伊尔斯牧师提供（见图 679）。

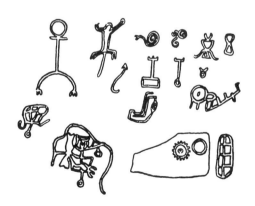

图 1113　巴西岩画

E. R. 希思（E. R. Heath）博士在其《贝尼河勘探》一书中介绍图 1113 的内容时如是说：

佩里基图（Periquitos）激流与里贝朗（Ribeirão）首尾相连，无从分辨究竟在哪里分界。我们在佩里基图激流停留的时间很短，却收获颇丰。那里我们找到一些岩石上的刻画，有一块岩石上面刻着太阳和月亮，这是在这里第一次看到这样的符号。

他又说道：

在水流冲刷的坚硬岩石的斜面边缘上刻画着下面的图案 [图 1114]。多数图案都有磨损，我们认为没有复制的价值。

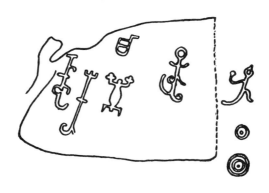

图 1114　巴西岩画

第二节　同形异义与异形同义

前面说过，一部落人们创造的符号表达，在另一部落中就会

　　　　　　　　　　　　美洲印第安人的图画文字

具有不一样的意义。即使那些符号看起来本质上相同，或者是同形字。手势语跟图画文字中普遍存在的同形现象与口语中的同音现象相类似。后者是指在同一语言使用者中，相同的语音能够表达不同含义。

　　如果不同人或者人群——甚至是相同的人或者人群——以完全不同的意义来使用基本完全相同的符号，那就是一个非常值得注意的现象。用来表示事物、表达思想的图像形式比声音形式更易于巧合相同，尽管在所有口头语言形式中，也用同样的语音来表达不同意义，这些语音形式有时（并不总是）会以不同文字形式加以区别。对于不同事物的概念起初并不相同；然而事实上，我们却发现，在表达相反意义时，词语的同音现象和表意图画的同形现象非常明显。同样的符号、同样的语音都能通过不同表达形式传递不同意义；无论是以面部表情还是声音形式，再加上传递意义时相伴随的举止行为，都能产生不同的效果。同样，图画文字也能因不同的绘画模式和突变而产生分化。当发生混淆并造成不便，就会以图画或者语音上的分化作为补救措施。如果图画文字远没有口语那么完善，那就仅仅能降低此类混淆与矛盾而已。

　　本节标题所以如此只是为了行文方便，或许会有悖于其涵盖意义。在此标题下，也会包括那些使用不同操作形式和概念来表达不同意义的图画文字。这些图画文字在书面外形上的差别极小，无须注意与区分。本节后面部分将提供一些例证，当然也会从手势语中找到一些例子，此处就看这样一组例子。

　　达科他人、希多特萨人以及其他几个部落表示"树"所使用的手势是：将右手置于身前，手背向前，手指分开，然后轻轻向上推手，见图1115；表示"草"的手势跟表示"树"的一

图 1115　树

图 1116　生长

样，只不过更接近地面。跟"草"的手势相同的还有表示"生长"的手势。前者是将手背贴近地面，而后者则是以不规则的方式将手向上推，见图 1116。表示"烟"的时候，要将手（如同"生长"的手势，手背朝下，手指向上）从同一位置向上甩几次，而非一直保持向上推的动作；伴随每次向上的动作，拇指之外的手指时常会经拇指之下向前甩。表示"火"的手势就借用了"烟"的手势，只是动作波动幅度更大，时常会从地面移动到更高的位置。

同义（symmorphs）跟"同义词"（synonym）相同，指字形不同、但表示同样或相近意义的情况。这些近似的意义之间区别不大，常常可以替换使用。图画文字符号的综合性与隐喻性使其比词语形式的可替换性更强。此外，跟词语一样，某些图画文字，尽管在本质意义上彼此相近，在词源和用法上都具有局部的、次要的差异。无疑，人们总是会选择某些图形来描绘物体最为奇特的外形轮廓，或者一个动作最为不同的特质；但是，对不同的个体乃至不同的群体而言，选择哪些轮廓、哪些特质则见仁见智。在创造表意文字——而非图像文字——"鸟"时，有十数个备选的可能，每一个都足以合适地表达这个含义；事实上，不同的人和部落在备选范围内各自做出选择，而那些被选中的形象就构成同义关系。手势语表示"鹿"的符号提供了另外一例。要表达"鹿"的概念，可以通过不同模式表达的"迅捷"、不做快速移动时的步态、鹿角的形状、尾巴的颜色以及上述各种方式的结合形式来实现。

694

这些不同的手势语符号，再加上与其相应的不同图画符号，都有无限的简化可能性，也就产出符号表达的无限多样性。下面就来讨论能在此意义之下加以比较的例子。

天空

印第安人表示"天空""天堂"的手势语符号是将食指由东向西划过顶点来表达。这个曲线在奥吉布瓦人的图画文字符号中相当明显，图 1117 左边的符号来自斯库克拉夫特（ q ），这个符号进一步简化就跟埃及文字中表示同样意义的符号一致，即图 1117 中间的符号，来自商博良（ e ）。柯普韦（ h ）提供了奥吉布瓦人关于天空符号的简单形式，即图 1117 中右边的符号。

图 1117　天空

太阳与光

图 1118　奥克利泉岩画中的太阳图案

图 1119　表示
太阳的手势语
符号

图 1118 是奥克利（Oakley）泉岩画上表示太阳的不同形式。

印第安人手势语中表示太阳的惯常方式是这样的：右手握拳，食指跟拇指弯曲使指尖相连，大致形成一个圆形，举向天空。图 1119 显示了手指构成圆形的状态。埃及文字表示太阳的两个符号，见图 1120 左侧的符号，就是通常使用的表示圆盘的概念。与之相邻的两个带有射线的圆盘形象，来自亚利桑那州莫基普韦布洛人的岩石蚀刻画。在该地点还发现了另外两个图像，即此图右边的两个形象。这两个形象通常被视为"星星"的蚀刻画符号，参见后面的图 1129；但是这里的图像中有表示脸的图案，这在"星星"的符号中是没有的。

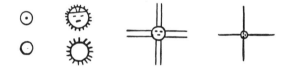

图 1120　太阳的图案

将上图中表示太阳的符号跟图 1121 左侧图形比较。这个形象来自威纳（h）的游记，是在秘鲁库斯科（Cuxco）发现的。

拉普兰人（Laplander）的图画记录中，太阳常常是以带着射线的人头形象表示。参见谢弗于 1704 年在伦敦出版《拉普兰历史》中的插图。

图 1121　太阳与光

图 1121 中第二个符号是奥吉布瓦图画文字中的"太阳"，该图形来自斯库克拉夫特（r）。太阳圆盘及表示射线部分的符号是图中第三个形象，第四个是对前者线条化处理的变体。这后两个形象来自商博良的《埃及语词典》，埃及文字中是表示光的符号。

图 1122，光，《红云统计册》。这个图形可以用来跟前面太阳射线的形象进行比较，但似乎跟中国古代汉字中表示光的符号——或者更具体说是"光照在人身上"更相像。后者见图 1123 左边的符号，来自艾约瑟博士。

图 1122　光

图 1123　光与太阳

图 1123 中其他符号则是斯库克拉夫特提供的奥吉布瓦人的太阳符号。

图 1124 左边的符号来自《美国自然博物馆报告》（Proc. U. S. Nat. Museum）（a），太阳氏族（Sentlae/Sun）图腾柱顶端的 696 太阳形象，由木雕的射线环绕。该氏族是居住在英属哥伦比亚阿尔伯特湾的夸扣特尔印第安人的一支。图 1124 右边图像是太阳的简化形式，这个太阳圆盘也是固定在柱子的顶端。博厄斯

博士认为图 1125 是该氏族在舞蹈中使用的太阳面具。这个面具
使用另外一种模式体现出鹰（鹰喙标志突出显眼）跟太阳的象
征关联。

赛勒斯·托马斯（Cyrus Thomas）教授在《"特洛亚诺古抄
本"研究》（载《民族学局第六届年度报告》348 页）一文中提供
了图 1126 左边的符号，表示太阳。

图 1124　太阳，夸扣特尔　　　　　图 1125　太阳面具，夸扣特尔

富隆（Forlong）将军（a）指出图 1126 中间的图案是将太阳
画作丰产神——密赫尔（Mihr）的样貌。

图 1126　太阳

艾约瑟（e）提供了图 1126 右边的图形，这是汉字表示太阳
的符号，最初这个符号是中间有个圆点的圆圈形状。

　　　　　　　　　　　　　　　　　　美洲印第安人的图画文字

月亮

通常印第安人表示月亮、月
的手势是将右手握起，拇指与
食指伸开并弯曲形成一个半圆
形状，并将手举向天空，见图
1127。莫基人在图画中以曲线表
示，见图1128左上角的图形；中
国古代的汉字"月"也跟这个形
象明显相似。

图 1127　月亮
的手势语

欧洲和亚洲人常用来表示月
亮的新月图形也在奥吉布瓦图画
文字中出现，见图1128左下方的
图案。该图形来自斯库克拉夫特
（t），这跟埃及文字中的象形符号
相同，略有增补。

图 1128　月亮

图1128中间图像是来自博厄斯（g），是夸扣特尔印第安人
月亮氏族房屋柱的顶部形象，表示月亮。

斯库克拉夫特（u）提供了图1128右边的符号，用暗淡的太
阳的表示月亮，为奥吉布瓦人所画。

星星

图1129来自亚利桑那州奥克利泉岩画，是表示星星的不同
符号。大部分符号都带有表示星光的射线形象，这是世界很多地
方的普遍做法。

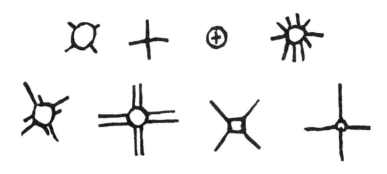

图 1129　星星

白昼

图 1130 是临摹自柯普韦（h）的图画，图上三个形象分别表示日出、正午和日落。

图 1130　白昼，奥吉布瓦

印第安人手势语中表示"日出""清晨"的手势是：右手食指弯曲，表示半个太阳圆盘，指向或者伸向左边，同时慢慢将手举起。在此有必要稍做解释，如果在开阔的城郊做这个手势时，手指应该指向东方，所以要调整身体方向，确保其左侧为东方。如果在城市房间内或者任何无法使用指南针判定方向的地方做这个手势时，一般会假定左侧为东方。基本上跟太阳、白昼等相关的手势都循此例。表示"白昼"手势中只表示半个圆盘的做法，也体现在莫基普韦布洛人图画中表示清晨跟日出的符号上。

698

图 1131   清晨，亚利桑那

图 1131 是亚利桑那州奥克利泉岩画中表示日出的不同符号。J. B. 邓巴（J. B. Dunbar）(*b*) 在《波尼印第安人》中这样写道：

> 为了辅助记忆，波尼人常常在一根小棍上刻下痕迹来计算夜晚（天数用夜晚来计），甚至月、年。图画文字中，一天或者白昼通常以六角或者八角的星星作为太阳的象征符号。简单的十字（表示星星）是夜晚的象征，新月则表示月亮或者朔望月（农历月）。

印第安手势语中表示白昼的符号是用食指与拇指形成圆圈形状（其他手指保持握拳状态）由东向西划过。

图 1132 是在加利福尼亚州欧文斯河谷发现的图画文字。在 1876 年于华盛顿出版的《1876 年西经 100 度地质考察报告》第 326 页上有类似的图画。图中的圆形表示天或者月（手势语中都是同样的动作），太阳和月亮的运行轨迹或许仅是用来与垂直的线条相区别，垂直的线条也可能表示"1"。

图 1132   白昼

图 1133 日子，阿帕奇印第安人

图 1133 是科约特罗（Coyotero）阿帕奇人的图画，发现于亚利桑那州的阿帕奇营地。1878年于华盛顿出版的《第十次美国地质地理勘测报告》以整页插图（整页插图第 77）的形式对此加以报道。太阳和 10 个差不多大小的圆点表示 11 天，这是这一队人在国内旅行的时间。分割线表示夜晚，这或许包括了覆盖随之而来的黯淡时期的概念，亦即图画文字中表示夜晚的方式。

图 1134 中左边的图像临摹自柯普韦（h），表示平稳的水流或者晴朗的天。

699

右边的符号，来自上引书的第 135 页，表示风暴或者有风的天。

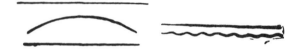

图 1134　晴朗、风暴，奥吉布瓦

夜晚[*]

图 1135

图 1135，"夜晚杀敌"（Kills-Enemy-at-Night），《红云统计册》。夜晚是用黑色圆圈围住人的头来表示，意味着黑暗笼罩着四周，这跟表示夜晚的手势语相通，即双手平放，在身前由两侧向内向下划动。杀害的概念通过与头接触的弓

---

* 原书未列小标题，现增补。——译者

表示，这又与达科他人以弓或者荣誉棒打击死者的习俗一致。

图 1136，"夜晚杀敌"（Kills-Enemy-at-Night），《红云统计册》。这幅图与上一幅相同，不过分化特征足够明显，能帮助区分二者。就算是两幅图代表同样的名字，却是分属两个不同的人。

图 1136

图 1137，"夜晚吸烟"（Smokes-at-Night），《红云统计册》。这个概念再次是以黑暗笼盖来表示。

图 1137

图 1138，"夜晚杀敌"（Kills-Enemy-at-Night），《红云统计册》。此处的夜晚是用悬于空中的曲线表示，其下有一颗星，或许是达科他人所谓的"夜之阳"，即月亮。

图 1138

图 1139，一位克罗族酋长，扁头，来到一位达科他酋长的圆顶帐篷，在那里正举行会议。火焰《冬季年度大事记》，1852—1853 年。这里夜晚通过帐篷上的黑顶来表示。

图 1139

图 1140 来自柯普韦（f），表示"夜晚"。

典型印第安表示夜晚的手势，见图 1141，是这样的：双手相距 2 英尺，水平伸开，以向上的曲线快速相对划动，直至右手的穿过左手。"黑暗笼罩了一切"。

图 1140

　　笼罩的概念通过描绘物体被罩在曲线的拱顶中点之下，这也在表示"夜晚"的埃及文字中得以体现，见图 1142，来自商博良（ƒ）。

　　金斯布罗（m）的书中有一幅图，图 1143 是其临摹画。

　　这幅画表达了复眼的概念，即夜晚天空中的繁星，用以表示夜晚。墨西哥图画中的眼睛也恰恰就是这种画法。

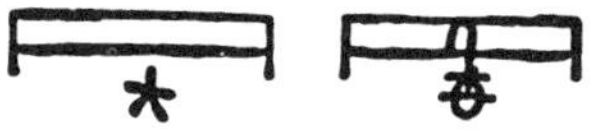

图 1142　夜晚，埃及文字

图 1141　表示夜晚的手势

图 1143　夜晚，墨西哥

云

图 1144　云盾

　　图 1144，云盾，《红云统计册》。这个图像与圆盘相关联，可能是盾牌也可能是太阳、黑云，下面的形象是一条线，明显是用来托起雨滴尚未滴落的云朵。这个符号可以跟后边表示雨、雪的符号比较。

　　夏延人表示云的手势符号为：（1）两只手半握拳，掌心相对并彼此靠近，然后将手举至头顶高度或者略高，始终处于头前面的位置；

（2）猛然将手向两边分开，划出扇形曲线，这个扇形曲线的重复表示"很多云"。在莫基人蚀刻画中也存在同样的概念，即图1145（《吉尔伯特手稿》）中左边的三个形象；右边的两个形象则是来自奥克利泉岩画的变体。

图 1145　云，莫基

根据斯库克拉夫特（n），奥吉布瓦图画文字中的云更为精巧，见图1146。奥吉布瓦符号的构成中包括天空的形象，云在天空上并且是倒置的，跟莫基人蚀刻中的云不一样，这里的云是如画般从天空垂下。

图 1146　云，
奥吉布瓦

雨

701

图1147来自柯普韦的前引书，表示雨或者多云。

图 1147　雨，
奥吉布瓦

表示雨的手势语在前文图1002中已有展示。图1148是辛普森上尉（Lieut. Simpson）在新墨西哥发现的，见1950年《三十一届国会第一次会议内阁执行文件第64号》第9页。据说这幅图是其蒙特苏马（Montezuma）副官向他展示下雨的巨响。图中表示天空的曲线里的小符号，跟做手

图 1148　雨，
普韦布洛

势的手相似，但可能是表达大雨将至的意思。

莫基人表示雨的图画是水滴自云上滴落，见图 1149。这六个表示雨的变体形式均来自奥克利泉岩画。

图 1149　雨，莫基

图 1150　雨，
中国汉字

艾约瑟（f）提供了中国汉字"雨"的符号。这是一个从云中落下雨点的图画，他又补充说，第 155 页：

古体的"雨"字没有最上边的横划，中间也不是一根竖线，而是四根，只是更短。在上面的凹面之下，每一个竖线之上都有一个圆点。四个点表示雨滴，四根线表示雨落下的方向，凹线则是天穹。

闪电

北美的北方印第安人中，闪电的概念涵盖在雷的概念之中，雷鸟便是其具体体现，见本书第十四章第二节。

图 1151　闪电，莫基

图 1151 是莫基人表示闪电的三种方式。这些符号由亚利桑那州奥克利泉的岩画复制而来。图上中间的符号

　　　　　　　　　　　　　　　美洲印第安人的图画文字

里有天空、不停改变方向的条状图案跟落下雨滴的云。跟条纹图案相关的印第安手势符号是这样的：右手举高至头前上方，食指 702 向上指，快速蜿蜒摇摆落下，手指依然斜对右边伸展向下。

图 1152 来自文物收藏中一个花瓶的复制画。在《托马斯·V.金先生的手稿目录》中收集了西南高地远古建造者遗留的文物，这个花瓶就是其中一件。花瓶上

图 1152　闪电，莫基

是神话中雷电（Umtak-ina）的身体，这个身体由雨云构成，雷（电）从中击穿而过。这应该是古代莫基工匠的作品。

图 1153 也是来自金的手稿，提供了三种莫基人使用的雷电符号。中间的符号显示，代表雷电的棒条可以由舞蹈者用手操作。

图 1153　闪电，莫基

图 1154 也表示雷电，是美国地质勘探局的摄影师 W. H. 杰克逊（Jackson）先生在新墨西哥州詹姆斯镇（Puebho de Jamez）一个温室的装饰墙上拍摄的。前者比较圆钝，所以无害；后者以箭头或者矛尖为终端，是为毁灭性或者致命的闪电。

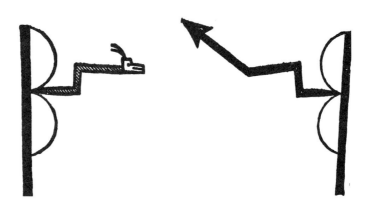

图 1154　闪电，普韦布洛

在此话题之下，可以参照维吉尔所著的《埃涅阿斯纪》卷八的第 429 节：

Tres imbris torti radios，tres nubis aquosae
Addiderant，rutili tres ignis et alitis austri.

诗句中的"radii"是叉或尖刺，经常用来描绘闪电的形状，特别是在金属上。它由十二个环绕的尖刺或者镖构成，看起来像是一个尖刺圈。翅膀用来表示闪电的速度之快，尖刺则表示其穿透性。这些尖刺分为四种类型，分别代表四个季节。"tres imbris torti radii"或者三个冰雹尖刺表示冰雹将至的冬天；"tres nubis

　　　　　　　　　　　　美洲印第安人的图画文字

aquosae radii" 是三个雨云尖刺，表示春天；"tres rutili ignis radii" 是三个火花尖刺，表示雷电频发的夏天；"tres alitis austri radii" 是三个有翼的风的尖刺，表示风暴多发的秋天。

人的形象

图 1155 的 a 是阿里卡拉人使用表示人的符号。符号 b 是符号 a 跟马蹄铁符号的结合，表示"骑马的人"。在其他图画文字符

图 1155　人的形象

号中，这样的圆点仅用来表示数字。c 是伊努伊特族的奇亚德穆（kiatéxamut）支系表示人的符号。这是简略形式，并不常见。d 是黑脚人所画，表示"死人"。这是来自温德河山地的图画文字，选自琼斯（c）的《西北怀俄明》。e 仍是奇亚德穆伊努伊特人表示人的符号。这个形象没有胳膊，通常表示所指向的对象。

图 1156 的 a 仍然是奇亚德穆伊努伊特人所画人的形象，此人在做否定的手势。b 和 c 是来自加利福尼亚的岩画，也是在做表示否定的手势。d 来自斯库克拉夫特（v），是奥吉布瓦表示残疾人的"象征符号"。

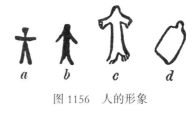

图 1156　人的形象

图 1157 的 a 是奇亚德穆伊努伊特人画的萨满形象。b 也是同一个部落使用符号，表示人在祈求的意思。c 是临摹自斯库克拉夫特

图 1157　人的形象

（*u*）的著作，是奥吉布瓦表示人的符号。

图 1158　人的形象

图 1158 的 *a* 来自斯库克拉夫特的前引书，奥吉布瓦表示无头之人的符号。*b* 同样来自斯库克拉夫特的前引书，是另一个奥吉布瓦表示无头之人的符号，这可能表示女性。*c* 由吉尔伯特·汤普森提供，是亚利桑那州莫基人表示人的图画形象。*d* 临摹自斯库克拉夫特（*w*），来自西伯利亚的叶尼塞河畔的图画，最初为冯·施特拉伦伯格（Strahlenberg）（*a*）使用。*e* 是艾约瑟在前引书的第 4 页使用的表示"人"的汉字形象，最初就是一个人形的图片。

　　无头人的符号并不总是表示死亡。图 1159 中的例子 *a*，旧金山的阿拉斯加商业公司博物馆里象牙弓杆上雕刻的临摹画，是阿拉斯加族的阿卡路卡穆（Aigaluxamut）人所制。在图画解释中并没有提及伤亡，所以这里的概念应该是猎手迷路了，或者根据俚语表达是"昏了头"了。

图 1159　人的形象，阿拉斯加

　　b 是阿拉斯加奇亚德穆伊努伊特人所画的独木舟上的人。右上边的一划表示船头，水平线下边的两条线表示划船用的船桨，704 而独木舟上第一跟第二个竖线表示划船的人。*c* 是两组人形轮廓，由阿拉斯加诺姆（Nome）角的海象牙钻弓（美国国家博物馆编

号 44398）雕刻图案上复制得来。第二组人形轮廓跟阿尔冈琴
一些部落画的雷鸟符号非常相似，阿尔冈琴的雷鸟图案大都来
自美国东北地区的岩画。d 选自一组表示人的符号，原本雕刻
在海象牙钻弓上，国家博物馆的 T. H. 比恩（Bean）博士在阿
拉斯加的克拉伦斯（Clarence）港发现了它，其标本的编号是
40054。这个形象的双臂装饰着下垂的流苏，代表他们穿着的衣
服，应该是基奈人（Kemai）或者其他内陆阿拉斯加印第安人，
如阿萨巴斯卡人（Athabascan）穿着的服装。

图 1160 同样来自冯·施特拉伦伯格的前引
书，是来自西伯利亚的图画形象。该图像跟奥吉
布瓦人图画的一个形象并无二致。根据斯库克拉
夫特研究，奥吉布瓦人画这样的图像是为了展现
擢升到高空而获得的速度跟超级知识能力，因此
这个形象是人跟鸟的结合表达。

图 1160　鸟人
形象，西伯
利亚

需要注意的是，近来对奥吉布瓦人的研究显示，该形象单纯
就是人的形象，由张开的双臂垂下流苏。这个形象跟孤狗《冬季
年度大事记》（分别在 1854—1855 年的第 283 页跟 1866—1867
年的第 285 页）中的一些形象也有极高相似度，不过后者仅仅被
视为战袍而已。

根据斯库克拉夫特（t），图 1161 是奥吉布
瓦人所画美洲人的象征符号。

巴斯蒂安（Bastian）（a）在《民族学图册》
（Ethnologisches Bildebuch）中写道：

图 1161　美洲
人，奥吉布瓦

图 1162　人,
雅库特

西伯利亚雅库特人（Yakut）萨满的鼓面上涂绘着人的形象,这一形象跟美洲的同类形象相仿。图 1162 中张开手臂垂下来的流苏也显示出与奥吉布瓦人雷鸟形象的相通之处。

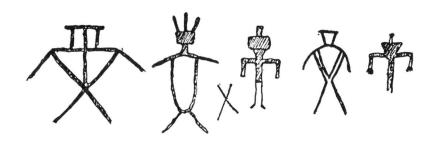

图 1163　人的形象,莫基

图 1163 是德伦博先生（Mr. Dellenbaugh）在犹他州希努莫705（Shinumo）峡谷发现岩画的复制画。应该是出自莫基人之手。

图1164　人的
形象,纳瓦霍

图 1164 来自斯蒂文森（Steveson）先生发表于《民族学局第八届年度报告》第 283 页的文章,图片上是人的形象,为纳瓦霍人哈西尔蒂（Hasjelti）仪式时所作的沙画。

图 1165 左边的符号在金的手稿中是这样描述的:

这是一个常见的蜻蜓图案,在高原（亚利桑那）的岩石蚀刻画上时常出现。蜻蜓一直是莫基人及其祖先最为崇拜的对象，因为在姆尹鸹（Muingwa）破坏神泉之后，阿曼（Oman）神派遣蜻蜓重开泉眼并造福于民。

这个形象在横向的线条上增加了短的竖线，就将巴托拉奇（Batolatci）跟霍博博（Ho-bo-bo）族徽形象联系起来。干旱季节，年轻人献祭并远离人们视线。经过一段时间，霍博博带他现身时，他就化成大蜻蜓的样子，身后是笼罩整个霍皮图（Ho-pi-tu）土地的雨云，为高原地区带来的雨水。

图 1165　男人跟女人的形象，莫基

他在提及中间的图案时说道："这个图案表示女人，中间位置有呼吸符号。而右边的符号由上下两个三角形构成，称为'女人的头和身体'。"

图 1166 是经许可由《世纪杂志》1891 年 10 月刊第 887 页临摹而得。这是在哥伦比亚合众国发现的一块金质的胸牌，目前为鲁伊斯-兰德尔（Ruiz-Randall）藏品。这块胸牌上人的形象跟本书展示描述的在其他地点发现的人的形象几乎一样。

图 1166　人的形象，哥伦比亚

马卡诺（g）认为克雷瓦（Crevaux）论及英

属圭亚那图画文字的见解非常有启发，引用如下：

> 布朗在埃塞奎博（Esesquibo）地区发现的青蛙形象跟
> 加利西斯（Galihis）、罗序延纳斯（Roucouyennes）和奥亚
> 皮斯（Oyampis）等部落的人在他们芦苇筐（pagaras）、陶
> 器和皮肤上涂绘的人的形象并无区别。我们在观察这些形象
> 时发现图像上的胳膊跟腿均是向外展开，就会认为这是青蛙
> 的形象，然而印第安人告诉我们说这就是他们表示"人"的
> 方式。

W. 赖斯（W. Reiss）与 A. 史图博（A. Stubel）（a）的《秘
鲁安孔古墓》（Necropolis of Ancon）一书描述了整页插图50
中 a 到 g 的符号。该插图按照 1∶7 比例由雕刻图画符号的棺板
临摹复制。下面是对他们描述的概述。棺板的主要特点就是形
706 状扁平，由芦苇编制而成，上面覆盖白色棉布，棉布沿边缘缝
合于一根柱子之上，顶端较短，垂下的部分较长。正面是以红
色和黑色线条轻轻勾勒绘制的图案，通常有卷曲蜿蜒的边线围
在周边。边线里面的空间主要是一个人形图像，周边是单独的
符号或者装饰。这个人形图像是个约定化符号，其基本特点表
现在人头跟面容远大于身体的任何部分，身体常常是简单几笔
带过。

a，这个人的形象中，其面容跟头饰由同轴黑色、红色线条
展现。胳膊很短，左边是伸出只有三根手指的胳膊，右边像是拿
着某种物件，身体跟腿则是任意的形式呈现，腿用黑、红色线条

画了两遍。这个人形图像跟周围边框之间的空间里是六个简单图案，两侧各有两个黑色、一个红色的图案

b 中人的形象相对比较简单清楚，两只大耳朵使其具有区别性的特征，周围装饰图案跟图像 *a* 一样，差别在于数量与位置。

c，装饰图案众多，是最为复杂奇特的一个。四角的空间由装饰图案分割，上边的两个角上像是飞鸟的图案，这也是陶土制品跟织物上常见的装饰纹样。

d 显然是一个全身着装、包裹到脚的形象。

e 中的人的形式是以黑色线条勾画，右上角填补了少许红色线条。头顶有宽阔的装饰，头部位置的两个小长方形空间仅能画上眼睛。嘴巴不得不画在很低的位置，仅用红色的一划表示。小臂向下垂放，手与脚都是采用三指／趾的形式表示。在红、黑色边框里面，人的形象周围分布着十字、圆点和一个约定化的星星符号构成的装饰。

f，人的形象占据了大部分空间，边框十分狭窄。表面涂画突出一个宽阔的身体，下边呈圆形，上边跟三角形的脑袋相接。手有五指，脚却只画了三趾。头上有垛口状的头饰，颈部小圆点代表项链。背景以边角清晰的长方形为装饰。

g，这里的人的形象分成了两个部分，即三角形的头与三角形的身体。手和脚都只有两指／趾，边框为红、黑两色犬牙交错的纹样。

秘鲁的安孔棺板

威纳（i）这样描述图 1167：

在莫切（Moché）发现了一件织物 a，其上有人的形象，此形象脑袋扁平，耳朵巨大，右手拇指突出。将它跟安孔粗糙画就的类似图像（b）相比较，a 就成为一种书法的艺术，每个字母都经过细致描摹，而 b，以及同样是棺板刻画的 c，就显得潦草随意。

此例中的 a 图展示了祖尼人陶土制品上的刻画特点。后面两图中，头侧有延伸垂下的部分，表示扎发成束的发型，通常未婚的女 707 子采用这种发型。其余部分的图案是祖尼与普韦布洛人陶土制品上常见的人形图案，主要体现其装饰性，并没有什么特殊含义。

图 1167　人的形象，秘鲁

人的头面形象

北美印第安人不同部落与支系的成员都在其图画文字表达中使用过人脸的形象，这在本书中多次出现。其中一部分人脸形象向图标化发展，而另一部分则走向高度约定化。不同的标题之下，也将其他地区出现的此类例子纳入视野。

当前的标题之下，对里约热内卢国家博物馆收藏的巴西史前陶土刻画加以考察将会大有裨益。美国国家博物馆也收集了不少带有此类符号的藏品，其中一些也曾被复制并获发表，然而巴西的这些类型更能显示其结构性特点，在于其将人脸简化为某些主要线条，并最终仅以眼睛来表示。眼睛通常是独立且彼此分开一定距离刻画在对称区域。

下面的图 1168—图 1174 都是由拉迪斯劳·内托（Ladisláu Netto）博士（*d*）著作中临摹而来，这些图画皆来自巴西，是玛拉诺（Marajo）陶器制品上的图画和雕刻。

图 1168　人脸形象，巴西

图 1168 展示了如何以不连贯的线条，且不借助曲线来呈现人脸轮廓像。这个图像非常精妙地纹刻在长矛或者鱼叉之类的用具之上。

图 1169 的符号略微复杂，以线条装饰眼睛，并且人脸的轮廓为圆形。

图 1169　人脸形象，巴西

图 1170 的符号是刻画的人脸形象，不过有些符号并不容易辨识，要在上下文背景或者跟同类系列一起呈现时才被认出是人脸的符号。

图 1170　人脸形象，巴西

图 1171 的人脸符号是一个水平投射的形象，或者是一个双面头像的计划。中间的 **二** 在此例中表示头顶，两边的横杠状线条就表示双拱形的眉毛，与之相连是三角形状的鼻子，这个部分有些难以识别。值得注意的是，如果想象这个纹刻表面表示两个额头的头盖骨，那么它就是覆盖物或者皮肤，实则不然。此时，玛拉诺偶像的双面头特征就立刻显露出来，这个表面上还有可以将这些偶像系到细绳上的小孔，这些小孔就在两边人脸的分界线上。

图 1171　双面
头，巴西

玛诺拉的花瓶或其他制品的刻画上，常以人脸的图案为装饰，前文对此也有提及。图 1172 便是此类花瓶上常见的装饰纹样。这是一个刻画雕塑的骨灰瓮，来自玛拉诺地区，比照原物以 1:5 的比例缩小临摹。

图 1172　骨灰瓮，玛拉诺　　　　　　　　图 1173　玛拉诺花瓶

　　通常情况下，人脸是以浮雕形式表现，这样器皿上就有更大的空间来实现惟妙惟肖的仿拟，如图 1173。这是一个玛拉诺仿真拟人花瓶的瓶颈，白底之上以红色的凹槽刻画为装饰。根据实物，按 1∶2 的比例缩小。

　　图 1174 的 *a* 也是一个玛拉诺花瓶的瓶颈，以实物相同比例呈现。这个瓶颈上也是人脸为装饰，鼻子跟下巴相对突出，眼睛是水平的狭缝。这个人头装饰的不同凡响之处在于眉毛的浮雕技法处理，在眉毛画到与耳朵等高的位置，便在原来眉毛的弯曲上，以相反方向形成另一个弯曲，这样两边的眉毛各形成一个 S 形。后面的弯曲就表示耳朵这个面部。此外还有的其他的头型纹案，通过延长眉毛，在最外边的末端构成耳朵的浮雕图形。在此例中，整个浮雕是一个不太规则的半圆，与此对应，眉毛的浮雕构成了 S 状。

图 1174   玛拉诺花瓶

  图 1174 的 b 也是原比例大小的一个仿真拟人装饰花瓶的瓶颈部分。图像的脸上借助最为典型和高度约定化的 T 形符号表示鼻子跟眉毛。眼睛也是由约定化象征性符号构成，是玛拉诺原始印第安人陶器上常见的符号。耳朵跟其他图像中的耳朵符号差别不大。

  该图的 c 是以实物 1:5 的比例缩小，仍是玛拉诺人花瓶的瓶 710 颈。该瓶颈上雕塑刻画的全是人脸上不同器官的约定化符号，玛拉诺原始印第安人就利用了这些符号作为装饰。这个花瓶较好地保持了原有的颜色，可以看出是在白底上以朱砂刻画的线条。每个耳朵上的双重凸起——这通常是眼睛的图案——环绕并形成嘴巴、鼻子和耳朵的轮廓。这显示了人脸图案作为装饰艺术最富有特色的描摹线条，其完善程度令人咋舌，没有几个此类图案能达到如此高的水平。

该图的 d 是以实物 1∶15 比例缩小，还是玛拉诺人花瓶的瓶颈。这个与前面几个相比就简单得多，不过呈现的图像却更加规则，特征更为鲜明。

上面阐述的巴西风格体系是将人脸简化为某些主要线条，并最终仅以眼睛来表示。眼睛通常是独立且彼此分开一定距离刻画在对称区域。这一点跟北美印第安人的表达有相通之处，至今贝拉库拉（Bella Coola）及其邻近部落还保留这样的实践。他们用较粗的横线与竖线将要装饰的表面分为不同区域。根据每个区域的位置，有时是完整的脸，有时仅是脸的象征，眼睛便是特别的

711　象征。根据表现的不同动物，眼睛也有不同形状，有时又大又圆，有时是顶尖的椭圆。这些特征已然约定俗成，在单独展现眼睛时也保留下来。因此，得益于这种方式，辨识眼睛所要表征的对象——例如乌鸦还是熊——就变得简单起来。

图 1175　人头
　　形象

图 1175 左边的符号来自商博良（g），是表示人脸的埃及文字符号。凸显的耳朵或许有着某些特别意义。

右边的符号来自斯库克拉夫特（u），也是表示人头，为奥吉布瓦人所作符号，用突出的耳朵表示愿意听从不同意见。

这两个符号都可以与图 1167 中夸张的耳朵加以比较。

手

在世界的许多地区，无论现实还是表征体系中，人手的表达都具有象征意义。

北美印第安人中，这个符号相当成熟，使用频率很高。另外这个符号的含义相对比较确定，只是不同部落之间存在差别。

图 1176 来自柯普韦（b），代表手，也同时表达"这样做"含义。表示"做"或者行动，甚至是"力量"的含义，同样地也体现在埃及文字与汉字"手"的符号上。

图 1176　手，奥吉布瓦

在某些印第安部落中，衣袍或者饰物上黑色的手表示"穿戴者曾经杀死敌人"。这个装饰图案出现在奥吉布瓦的珠串腰带上，希多特萨人跟阿里卡拉人认为这是表示勇敢的古老风俗。这个符号是在伯特霍尔德堡引起关注的，带有这样符号的腰带来自明尼苏达州北部的奥吉布瓦印第安人。黑色的手的符号跟实际的手差不多大或者略小，有时用涂黑的手掌按压留下印记作为符号。这一点也同样引起注意，在1881年关于希多特萨人、阿里卡拉人的论文中多有讨论。

斯库克拉夫特（x）说，居住在圣彼得斯河附近的达科他人用红色的手表示曾被敌人打伤，黑色的手则表示杀死了他的敌人。

欧文（Irving）（b）在《阿斯托利亚》中这样描述阿里卡拉勇士："他们中有人在嘴上印上红手印，表示他们饮下了敌人的鲜血。"

本书其他章节对这个符号的意义多有讨论，似有必要在此稍做总结。

在苏族人中，勇士披毯上红色的手印表示他曾被敌人打伤过，黑色的手印则表示此人在某些方面运气欠佳。曼丹人则用胸前的黄色手印表示此人捕获了俘虏。

712

提顿达科他（Titon Dakota）人用手印表示此人曾与敌人面对面地贴身肉搏过。将脏污或者沾满泥浆的手印在自己或者马的身上，是温纳贝戈人表示"杀了人"的符号。

相连的手或者握着的手的图画在前面有过讨论，见本书 643 页；本节也分析了岩画图像中单独的手的符号。这是岩石刻画的常见图案，毫无疑问，也带有不同的含义，就像上面提及的不同形式的图画文字符号。

图 1177　相连的手，莫基

还有必要补充，在亚利桑那州古城遗迹附近岩石蚀刻画中，手指伸展分开的手的形象非常普遍；并且人们还常常用彩色颜料或白色黏土将这样的符号涂画在岩石上。但是托马斯 V. 金先生在其关于莫基人生活的著作中对亚利桑那州手的图画提供了不同的解释。他在《手稿》中这样描述图 1177：

> 两只腕部相连、手指伸展的手的轮廓图与手指张开的单手形象在岩石蚀刻中十分普遍。
>
> 这个形象是过去对志愿加入萨利库（Salyko）兄弟会的部落青年进行的测试活动的遗留。萨利库是两个妇女另一个妇女的三位一体组织，霍皮图（Hopitu）从第三个妇女那里得到第一个玉米。这个测试的第一项就是将他们的手放在泥浆中，然后在岩石上印下手印。只有那些手一印上岩石，印痕就干了的新人才会入选。

拉普洛根（Le Plongeon）（*a*）讲述了尤卡坦部落印手印的习俗，他们用手蘸涂红色液体，印在某些圣殿的墙上。

A. W. 豪伊特（Howitt）在其关于澳大利亚图画文字的手稿笔记中，这样写道：

许多地方都有将人手印在岩石或者洞穴的现象。在新南威尔士达令（Darling）河西侧的山上，我见到了这样的形象，并向当地土著询问具体情况，他们说这是活动留下的。然而，当白人询问他们一些跟入会仪式有关的符号时，他们也是这样回答。留下这样的印记有两种方法，一种是在手上抹上赭石和水，将手印在岩石表面；另一种方法先将手放在岩石上，含一大口红色赭石水或者烟斗泥水，向手上喷吐，然后拿开手，此时的手印通过周围彩色的颜料对比显现出。

托马斯·沃斯诺普（Thomas Worsnop）（*b*）说道：

1879 年，温内克（Winnecke）先生见到岩石和洞穴的一些刻画（图 1178），他这样描述这些刻画：

在南纬 22° 30′、东经 134° 30′ 的斯金纳-莱德斯（Skinner-Ledans）山的巨大洞穴里发现了这些岩画。当地人选择洞穴里花岗岩的光滑表面作为刻画的对象，这样就免去风雨侵蚀的可能。雨季特别长的时候，当地人就会常常到这些洞穴来，这在他们营地筹备中也有暗示。无疑，就是在这段无法做工的闲暇时光，当地具有艺术品位的那些人在岩石上留下了这些图画。我所说的这些岩画，在这个地点数量众多并且具有统一的表现形式。

显然，*a* 表现的是以矛穿过的心。使用朱砂将心形图案

713

的轮廓涂红，矛则是用烧过的小棍或者煤块画上。我仅在一幅画中见过这样的图案，四个这样的心形整齐地上下排列，彼此之间距离相等。这个图案堪称精致，画在岩石上的外形轮廓细致又清楚，这种完美程度在原始部落的图画表达上甚是罕见。心形图案宽约5英寸，长约6英寸。矛的长度为3英尺。(这个图案让人联想到情人节。)

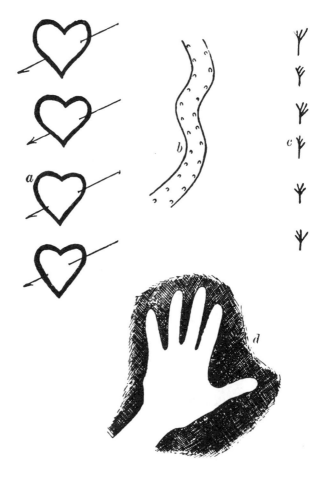

图 1178　洞穴壁画，澳大利亚

　　　　　　　　　　　　美洲印第安人的图画文字

b 是由相距 6 英寸的两条平行线构成，中间有规则的图案，旨在表示鸸鹋的足迹穿行其上，这可能就是当地人对于溪流的概念。这幅画使用煤块画成，其他的地点也发现了如此描摹的图画。

　　c 则使用煤块跟朱砂两种材料涂画，很多地方都能看到这样的图案，似乎是当地人喜爱的纹样。我也曾在澳大利亚内陆的地方见过这样的图案。通常认为这个图形代表的是手。

　　当地人创作 *d* 图案使用的方法是这样的：将伸展的手置于光滑的岩石上，这块岩石表面提前浸湿，再将碳粉含到嘴巴里，猛地向伸展的手的轮廓上喷吐。如此这样的操作完成 714 后，手覆盖的岩石部分保持洁净，而周围以及手指分开的空间都被黑色物质填涂。似乎这种图画不算多见。我仅在萨巴多佛河（Sabdover river）附近找到几个标本。然而，有人告诉我在澳大利亚其他地方也有这样的图画。

勒南（Renan）（*a*）在《游牧的闪米特人》中的一章写道：

　　在人们尚不会书写的时期，真正的纪念碑就是他们立起的石头，即为纪念某些事件而竖立的柱子，这些柱子上常有一个手印，路标就是源于此种传统。

康德少校（Major Conder）（*c*）写道，在耶路撒冷，当地人建房子时会在墙上留下一个手的大体印记。其他一些著作将此与上帝的五个名字联系起来，并认为这样做的目的是为了避开恶魔之眼。通常摩尔人（Moors），特别是凯鲁万（Kairwan）城的阿拉伯人都在其住宅的门楣和门框上印上红色手印，作为驱邪的护身符。在约旦-佩特拉（Petra）古城附近的埃尔贝尔德（El Baird）古迹也发现了类似的手印标记。一些与兽角有关的古雅象征符号或许就源自这些手印标记。耶路撒冷居民驱赶恶魔之眼的手势恰巧就是伸展左手的五根手指。

H. 克莱·特朗布尔（H. Clay Trumbull）(b) 这样写道：

> 古老腓尼基人栖居地迦太基附近，是现在的突尼斯。在突尼斯犹太人那里，血手印符号仍然是崇高神圣的象征，视为其兄弟情分与友谊的盟约。这个事实值得引起注意。"让我最为震惊的是，在每一层楼的墙上都公然印着一个血手印，"犹太人中的一位游客（谢瓦利埃·哈塞-瓦泰格（Chevalier de Hasse-Wartegg）牧民）如此说，"不管这面墙多白，这个令人生厌（或许意在如此）的印记都清晰可见。"

接下来是节选自《旁遮普评论》（Panjab Notes and Queries）1卷1期（1883年10月）第2页：

> 位于纳亨（Náhan）附近的提罗克普耳（Tilokpúr），有一座巴拉松达里（Balasundarí）女神庙，祭司在首次到访香客的左胸前衣服上印上一个红手印，作为已付资费的标记。如果香客再来，就可以展示这个手印并且只需再支付4安那给祭司即可。

波斯德黑兰的洪图姆-辛德勒将军（Gen. A. Hontum-Schindler）在 1888 年 12 月 19 日的一封信中写到：

在波斯全境——主要是在村庄里——房子的墙上都能看见红色的人手印记。它们通常是用右手印在墙上留下的手印。不仅家家户户的墙上有这样的红手印，清真寺、商铺和其他公共设施也都如此。这或许是传统的习俗，不过波斯人赋予了伊斯兰的色彩。他们说这是阿拔斯的手印，阿拔斯（Albas）是侯赛因（先知穆罕默德的孙子）之弟，在公元 680 年的卡尔巴拉（Kerbela）惨案中被 el Abrad ibu Shaibân 砍下右手。在印度，我也见到过这样的红手印，有时就是简单的红色条纹状图案。

在爱尔兰的《皇家社会文物》1890 年第 1 卷第 3 期的第 5 系列，载第 247 页，有这样的内容：

爱尔兰幸运手印徽记——在康德（Conder）少校《西伯利亚石头记》（由本特利父子出版社为巴勒斯坦探索委员会出版，1886 年）的第 71 页，有这样的一段话："在腓尼基人使用的原始徽章中，带有手的形象的徽记出现在迦太基许愿 715 台上，有时还跟神圣鱼的形象结合在一起。在叙利亚，这个手印还是一种魔力，被称作 Kef Miriam，即'童女玛丽亚之手'，有驱除恶魔之眼的权柄。君士坦丁堡的索菲亚教堂和其他地方也有印在墙上的红色手印。在爱尔兰和印度（湿婆之手）这个图案同样常见，早期的权杖上也有这个图案，大都作为幸运的徽记。"这里对爱尔兰的叙述，其事实依据何在？大约 20 年前，爱尔兰人将一月的第一个周一称作"好运周一", 并且某些程度上预示着来年的丰饶。但是, 是否这个名称展现出其与用手的图案作为幸运徽记的关联, 我并不清楚。——J. C.

富隆将军（b）提供了如下的叙述:

"爱尔兰红手印"与突雷尼、闪米特、雅利安的同样图案相仿, 从美洲到亚洲远东地区皆是如此。作为人的特有器官的手, 在东方具有湿婆的标志, 似乎米提亚人也认同这个象征意义。世界各地所有的人, 在敬拜、许诺或者发誓时都伴有手势符号, 因此手也就自然地用作人的标志。不止如此, 东方人还赋予其更多的含义, 如果没有手, 生育器官也变得无用。据J.格林姆（Grimm）所说, 在德国, 手是提尔（Tyr）, 奥丁神的儿子。他是"独臂", 一只胳膊被巨狼芬里尔咬掉, 就因此变得没有生产力……他后来又成为"黄金手", 即丰产神, 古代伊朗人称之为Zerdosht, 爱尔兰凯尔特人将其作为护身符置于阿尔斯特盾牌之上……爱尔兰的独臂（solo-phalik）概念可经由修道院里的十字看出, 见图1179, 所有的手指都小心翼翼地置于丰产圈的中间。吠陀也常把独臂的人称为"金手太阳", 在牺牲献祭中失去了一只手臂, 在神给他装上金手臂之前, 他都十分羸弱。

图 1179 爱尔兰十字

美洲印第安人的图画文字

印度教徒跟高地亚细亚人和古老墨西哥人一样，也常在他们庙宇的门柱上用血或者朱砂印上红手印，即在“生门”（Delpheus）上印红手印。伊斯兰先知穆罕默德夺下君士坦布尔时，就冲到圣索菲亚的女性圣殿，升到至高处，无意间印上了大湿婆的血手印。我们必须记住，不同国家跟民族中，手的形象与其他物体出现在武器上的频率，罗马军队的标杆就值得引起关注……见图1180。

图1180　罗马军队标杆

莱斯利（Leslie）指出，在美国古老的圣殿里，“圣手是最受欢迎的艺术形式”；史蒂文斯（Stevens）在其《尤卡坦》中说，“在这个国家所有古城遗迹中，到处都有红色的手印盯着我们……这些手印不是画上去的，而是用手直接印上的，手掌用力按压在石头上，拇指跟其他手指都要伸张开来，就像是在爱尔兰跟印度教里出现的手印一样。”

脚与足迹

这一组图画的前两个分别是人跟鹰的形象，都是正在地面留下足迹。这样的足迹在下两幅图中有体现，但是没有上下文背景就很难理解。第五幅图是一个更加清楚的图画文字，表示脚跟腿正在做印压的动作，此处的鹰羽表示这里的踪迹是跑脱 716 的鹰留下的。

图 1181　　　　　　　图 1182　　　　　　　　　图 1183

图 1181，"走着去"，《红云统计册》。

图 1182，"跑脱的鹰"，《红云统计册》。

图 1183，踪迹，《红云统计册》。

图 1184，"行走的牛的踪迹"，《红云统计册》。

图 1185，"鹰的踪迹"，《红云统计册》。

图 1186 来自柯普韦（ *b* ），图中有三个符号，第一个表示"跑"，第二个表示"走"或者"经过"，第三个是"站立"。这些符号跟北美印第安岩画上表示脚或者踪迹的符号都具有相似性。

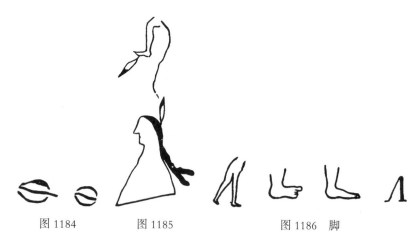

图 1184　　　　　　　图 1185　　　　　　　　图 1186　脚

在埃及凯尔奈克（Kamak）的底比斯庙以及印度南比哈尔

（South Bihar）邦的纳卡豪（Nakhaur）都有这样的图案出现。

P. 勒帕热·勒努夫（P. le Page Renouf）（a）在《古代埃及语语法》中提供了图 1186 最右边的符号，该符号是表示动作行为的类属定符。

断腿

这一组符号提供了断腿的几种不同图画表现模式。

图 1187，在围捕水牛时很多人被甩落马下摔断了腿。云盾《冬季年度大事记》，1847—1848年。图中腿的形状扭曲，下边的线条可能是脚趾踩到的湿滑的冰。

图 1187

图 1188，"独角"的父亲摔断了腿。火焰《冬季年度大事记》，1832—1833 年。这是一个标记明显的呈现方式。

717

图 1188

图 1189，一个名叫"断腿"的明尼孔朱达科他印第安人死了，火焰《冬季年度大事记》，1846—1847 年。相比而言，火焰的表达是客观的，巴蒂斯特·古德提供了另一种更为表意的方式，见图 1190，图中形象的胳膊被拉长到几乎

图 1189

图 1190

可以触及断腿，断腿的部分呈扭曲状。断腿的特点不是通过指示伤处来显示，而是通过整条腿的变形来表达。这个人的头上有一只鸟的图形，通过一根线与此人相连。这个水鸭的图像应该是表示其名字图腾的，可能他是在受伤之后才改名为"断腿"的。

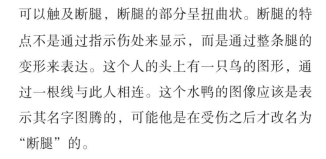

图 1191

图 1191，地面上覆盖着冰，事故意外频发，很多人摔断了腿。美洲马《冬季年度大事记》，1847—1848 年。这里的骨折就非常明显了——太明显以至于有些失真——特别强调了骨头断裂与分离的概念。

图 1192，"断腿"被波尼人杀害。他的腿在之前跟波尼人打仗时被子弹打断。美洲马《冬季年度大事记》，1807—1808 年。这里的腿完全不在正常的位置。

图 1192

艾约瑟（g）博士提供了图 1193 的 a 符号，这是一个弯的断腿，并且补充说，"真正代表这个含义的部首和声旁应该是 b，意为'错误''移动'。"

图 1193　断腿，汉字

声音与言语

这一组符号跟由口发出的声音有关，即声音与言语：

图 1194，"麋鹿'喂喂'吆喝着走"（The-Elk-that-Holloes-Walking），天鹅《冬季年度大事记》，1860—1861 年。翻译 A. 拉瓦利（A. Lavary）说，在 1867 年，"麋鹿'喂喂'吆喝着

图 1194

走"当时是明尼孔朱部落的酋长，住在斑尾营地。他的父亲是"红鱼"（Red-Fish），他的弟弟是"独角"（Lone-Horn）。他的这个名字在印第安人中是 A-hag-a-hoo-man-ie，翻译过来就是"麋鹿发声行走"，he-ha-ka 的组合就是麋鹿，omani 则是行走，这个翻译是来自拉瓦利的解读。正确的解释是，达科他语表示麋鹿的词是 heqaka；嗓音是 ho；行走着是 mani。这几个词语的组合是 heqaka ho mani，翻译过来就是如上。

图 1195

图 1196

图 1195，"麋鹿边走边发出声音"，《红云统计册》。这个可以由下一个图画来解释。

图 1196 来自一个印第安囚犯的画本手稿，他当时被关押在

佛罗里达州圣奥古斯丁的监狱，这幅图现存于史密森学会，编号30664。这幅图呈现了一只羚羊以及这个动物在受惊或者恐慌时发出的哨音。同时也展现出它的踪迹，意指行走的概念，这在前面两幅图中都没有体现。

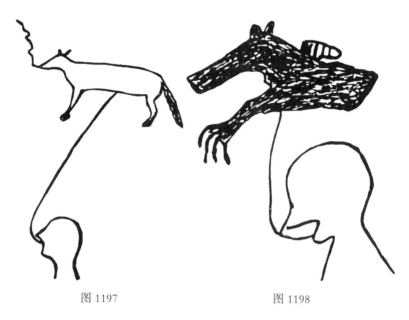

图 1197   图 1198

图 1197，"叫声佳的狗"（Dog-with-good-voice），《红云统计册》。线条中角度奇特的部分表示犬吠的爆发性特点，以此区别于延续的长啸嗥叫。达科他人图画中其他带有表示声音的线条都与此不同，因此这个表达更具有特殊的意义。

图 1198，"咆哮的熊"（Bear-that-growls），《红云统计册》。这是一个标记性的分化形式。咆哮的声音并不是从嘴巴发出，而是自脖颈以下或者胸部以上的位置发出，所以此处放射状的线条由这个位置引出。同时这些线条又由另一条线环绕，表示声音的封闭性。

图 1199 来自柯普韦（*b*），表示"说话"。

墨西哥的这个图画，即图 1200，来自金斯布罗（*n*）。这是阿里卡拉（Arikara）和希多特萨人（Hidatsa）表示"告诉"与"对话"手势语符号的图示。"告诉我"是将掌心向上平放的右手

图 1199　言语，
奥吉布瓦

放在脸的右侧前方 5 英寸的位置，手指伸向左边和前方；让后将手向内收回至下巴底部。"对话"这是两个人之间的交谈，两只手都放在胸前，掌心向上，指向前方，手掌的边缘向彼此靠近数次。或许，这幅图画只是对于"词语飞翔"的诗意表达。

图 1200　交谈，墨西哥

图 1121 来自兰达（*b*），也表达出手势语中"交谈"的意思，特别是指"歌唱"，其中伸展张开的手指由嘴巴向前且略微向下划动——表示"很多声音"。尽管后来学者对于兰达《尤卡坦记事》的真实性提出批评，但就算这是在他指导下

图 1201　交谈，
玛雅

由一个玛雅人准备的，后者也必然会给他提供一些真实的本土观念，这个过程中，使用手势也就不可避免。

古斯塔夫·艾森（Gustav Eisen）（a）这样描述图 1202：

> 原图来自危地马拉圣卢西亚（S. Lucia）岛附近的一块棺板，上面有一对夫妇的肖像，根据二人头饰的不同可以判断二者的性别不同。两个肖像的嘴巴都发出弯曲的线条，上面还有音符和节点。

图 1202　交谈，危地马拉

美洲印第安人的图画文字

住所

欧文（c）发现五十年前，不同的印第安部落居住的房屋各不相同，无论从造型方式还是方位设计都存在差别，最为的特别的就是奥马哈人（Omaha），他们用红色与黄色波浪形的带子或者加工好涂绘完毕的水牛皮，将自己的房子装饰得明快又漂亮。

图 1203 左上的符号是希多特萨人画的达科他人的木屋。这些符号，如果画得粗糙则很难辨识，只能通过个人标记的位置以及与其他符号的关系来区分。

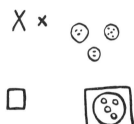

图中右上的符号是希多特萨人画的土屋。圆圈代表房屋的地面图，中间的标记代表屋内竖立以支撑房顶的柱子。

图 1203　住所

有些这样的符号跟科迪亚克人（Kadiak）画的表示小岛的符号有些相似，参见图 439。

左下的符号代表文明人建造的房屋，希多特萨人多用这个符号表示政府建造或者贸易商店。

最后的这个符号是希多特萨的家园（Hidastsati），就是有围栏的土屋。

图 1204，达科他人跟雷族人在营地聚会，双方无战事，在和平时期。火焰《冬季年度大事记》，1792—1793 年。图上画了两种风格的房屋，即达科他人的圆顶帐篷和阿里卡拉人的土屋。

图 1204

图 1205，达科他人在密苏里河畔格罗文特人（Gros Ventres）营地附近扎营，与他们作战了很长时间。云盾《冬

图 1205

720

721

季年度大事记》，1792—1793 年。图上有达科他人的圆顶帐篷和格罗文特人的土屋。枪的符号表示战争正在进行。

图 1206

图 1206，达科他人在雷族人附近扎营，并且跟他们作战。云盾《冬季年度大事记》，1795—1796 年。这是前一图的变体。

图 1207

图 1207，一些达科他人建了一座大房子，他们就在这个大房子里过冬。云盾《冬季年度大事记》，1815—1816 年。"白奶牛杀手"（White-Cow-Killer）称之为"建造房子的冬天"。这个房子比普通的圆顶帐篷要大，而且建房子时使用了木头。下面一个图例表述地更清楚。

图 1208

图 1208，他们住在前一年建造的房子里，云盾《冬季年度大事记》，1816—1817 年。

图 1209

图 1209，J. W. 惠姆（J. W. Wham）少校是印第安事务官（后来是美国军队的出纳员），他在普拉特河（Platte R）边、拉勒米（Laramie）堡下游 30 英里的地方建造了砖头房子。云盾《冬季年度大事记》，1871—1872 年。"白奶牛杀手"（White-Cow-Killer）称之为"惠姆少校在普拉特河建房子的冬天"。

图 1210，美洲马《冬季年度大事记》，1815—1816 年。这个图像表示白人的房子。在孤狗《冬季年度大事记》的第十章第二部分还记载了其他的形式。

图 1210

图 1211 是莫基人表示房屋的不同形式，来自亚利桑那州奥克利（Oakley）泉岩画的复制画。

赛勒斯·托马斯教授在《"特洛亚诺古抄本"研究》（载《北美民族学》第 5 卷 128 页）中对图 1212 做出如下描述：

图 1211　住所，莫基

图 1212 的边墙是用大块材质——极有可能是砖头——层层叠放垒起来的，每一块上面都有一个木卢克（Muluc）符号。墙最顶端的一块上带有十字符号，有些像埃扎纳布（Ezanab）的符号，这个符号在这些图画中很常见。这个符号或许是用来标记支撑房顶的横梁的末端在此。从墙顶引出的曲线可能是代表椽木；细长的条状线条（原本是黄色的）代表覆盖房顶的稻草。

722

图 1212　住所，玛雅

方形的部分代表着用芦苇或者柴草搭成的基底，稻草就覆盖其上。

商博良（h）提供了埃及文字表示房屋的符号，见图 1213。

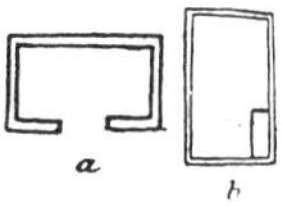

图 1213　房屋，
埃及文字

日蚀

图1214　日蚀

图 1214，达科他人看到了日蚀，他们被吓坏了。太阳变成了大黑球，星星就出现了。天鹅《冬季年度大事记》，1869—1870 年。

前文整页插图 49 中左下位置的图像是根据金斯布罗书中图片临摹复制的，其含义是"这一年有日全食"。

洪堡（Humboldt）由这幅图片推断，墨西哥人已经知道日蚀的原因。鉴于他们所掌握的其他知识，他们了解日蚀的原因并不奇怪，他们的这些知识或许来自西方。在《梵蒂冈抄本》的第 127 页也有同样关于发生日蚀的记录，此时月亮不再反射太阳光。《梵蒂冈抄本》的这个内容像是借鉴了佩德罗·德·拉斯·里奥斯（Pedro de las Rios）所复制的墨西哥的图画，非常相近，却并不完全一样。意大利的翻译者将其笔记和解释摆在面前严格遵从。

流星

图 1215

这一组是关于达科他人记录流星的图画，无论是图画还是说明具有很强的指示性。

图 1215，一颗大星星呼啸着陨落。这颗星自东方陨落，其划落的轨迹上散发着火花。云盾《冬季年度大事记》，1821—1822 年。图画中表现出了其路线跟火花。"白奶牛杀手"称之为"星星制造很大噪音的冬天"。

这个图画跟接下来的三个图画都是指在 1821 年到 1822 年期间，达科他的地域上单独的一颗大流星陨落的事件。科学记录无法为此提供客观证据。毕竟在这一时期，密苏里河上游地区这方 723 面的科学机构并不多。

图 1216，带有嘶嘶声的大火球（陨石）。火焰《冬季年度大事记》，1821—1822 年。

图 1216

图 1217，达科他印第安人看到一个巨大的流星从东南向西北划过，流星发出巨大的声响。天鹅《冬季年度大事记》。1821—1822 年。

图 1217

巴蒂斯特·古德对这同一事件是这样描述的："星星划过带来巨大声响的冬天"。他记录这个事件的图画是图 1218，展现了流星、陨落轨迹以及发出流星的云。

图 1218

下面引用的五个《冬季年度大事记》都是对发生在 1833 年 11 月 13 日凌晨出现的流星雨的记录。当时几乎整个北美地区都能看到这场流星雨，1833—1834 年度的大事记中都准确记录了这一事件。这些大事记中的星星大都是四角形，只有天鹅的《冬季年度大事记》中把流星画成拖着尾巴的圆形物体。

图 1219

图 1219，星星雨，云盾《冬季年度大事记》，1833—1834 年。"白奶牛杀手"称之为"星星很多的冬天"。

图 1220

图 1220，到处是星星，美洲马《冬季年度大事记》，1833—1834 年。图画中有一颗四角形大星星，这是该图的最显著特点，这颗星的周围是很多小星星，同样也是四角形。

图 1221，落下很多星星，火焰《冬季年度大事记》，1833—1834 年。这幅图画表现为月亮凹面之上的六颗星星。

图 1221

图 1222

图 1222，达科他人看到了壮观的流星雨，他们中有很多人吓坏了。天鹅《冬季年度大事记》，1833—1834 年。

巴蒂斯特·古德说这是一个"星暴的冬天"，他的图画上出现了圆顶帐篷，星星就在圆

　　　　　　　　　　　美洲印第安人的图画文字

顶帐篷的周围落下，见图 1223。原图中的帐篷是
黄色的，以纹章学方案的形式摹写。

图 1223　　724

　　图 1224 来自金斯布罗所著《墨西哥古代
文物》第 1 卷中的整页插图 29 和 30。在《泰
利耶·兰斯抄本》（见《墨西哥古代文物》第
6 卷的 48）中又对此加以论述，如下：左边形
象是"三只兔子年，即 1534 年，唐安东尼奥·德门多克（Don
Antonio de Mendoça）到来，标志着新西班牙的胜利。他们说星
星冒烟了。"

图 1224　流星，墨西哥

　　另一个图像是"在十一个房子年，即 1529，努诺·德·古兹
曼（Nuño *de Guzman*）出发去征服哈利斯科（Yalisco[①]）地区；他
们说这是天降蟒蛇，告诫当地人将有大难发生，只有基督才能引
领他们去到彼岸得救赎。"

---

① 疑为 Jalisco。——译者

十字形

仔细研究 W. H. 霍姆斯（*d*）先生书中描摹的多种十字形状就会发现，大部分的十字都是等臂图形或者希腊十字的风格。类似的装饰在达科他人那里常常是穿戴在身上的，所以看起来是倾斜的，就像是圣安德鲁十字的模式。

对达科他人而言，"希腊"十字就代表来自四个洞穴的风，据说在化成肉身之前，人的灵魂就住在这四个洞穴里面。所有的"巫医"，即术士、巫师，都在那里追忆他们此前虚幻的生命并得到来自神、鬼和圣人的指导。他们能回忆描绘前世的生命，但对逝去之后的来世只能幻想猜测。

十字的顶端是征服一切的冷酷巨人——北风，最强大的一个，在人体靠近头的部分，是来自智慧与征服方位的图案。左手覆在心脏的位置，这是东风，来自生命与爱的方位。下面的位置是融化的燃烧的南风，也在身体部位上意指来自炙热激情的方位。右手位置是温和的西风，来自精灵之地，覆在肺725 部——发出呼吸的器官，温和地喷吐到未知的黑夜。十字的中心是土地和人，因众神和四面来风的冲突博弈而上下左右摆动。这样的十字通常是用图 1225 来展现。这样的图像有时出现在珠串工艺品或者铜器上，如图 1226，就是在俄亥俄山发现的铜盘上镂空的十字。该图来自《民族学局第二届年度报告》中整页插图 52 中图 4。

在一些印第安部落还发现了真正的拉丁十字，即直立的，上、左、右三根支臂等长，第四根支脚更长一些。早在欧洲人发现美洲大陆之前，印第安人就已经使用这个象征符号，它有着悠久的传统与神话渊源。当达科他人在沙子上画出这个图形给传教士看时，传教士就问他这个符号的名称，想借此来获取给达科他人翻译《圣经》和教义时的有用信息。这个达科他人立刻回答Sus-be-ca，并且重新描画这个图形，同时说，"这是Sus-be-ca。"因此，这个图形就立刻被转移到《圣经》与教义里，成为"他被钉在Susbeca上，""我断不以别的夸口，只夸我们主耶稣基督的Susbeca。"对优秀传教士而言，这既简单又合乎要求；这个达科他人一边画这个图形，一边说出这个英文名称为"cross"（十字）的图形在印第安人这里叫作Subeca。此处这个论述来自S.D.欣曼（S. D. Hinman）牧师的佳作。

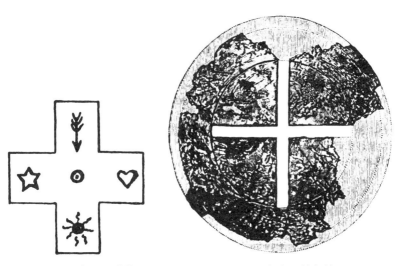

图 1225　十字，达科他　　　　　图 1226　十字，俄亥俄山

但是，当达科他人读他们的新《圣经》或者教义时，他们就会迷惑地发现，"他被钉在**蜻蜓**上，""我断不以别的夸口，只夸我们主耶稣基督的**蜻蜓**。"

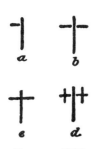

图 1227 蜻蜓

726

在达科他人中，以拉丁十字的形式摆放的两条直线表示蜻蜓，手势语中也是如此。对他们而言，蜻蜓是超自然的生命，会说话，能警示人们危险的到来。蜻蜓从草地或者沼泽的深处中漫无目的地或者无意识地飞到人的耳边，他是安静地以直角的角度飞到耳边，如图 1227 中的 *a* 图，然后发出警告"Tci"-"tci"-"tci!"，这是一个感叹词，相当于"小心啦！""你要有难了！""小心啊！""Tci"-"tci"-"tci!"

蜻蜓极易捕捉，而且脖颈纤细。但是无论男女老少，即便是带着印第安人对待一切生物常见的残忍，也不敢拧下蜻蜓的头。如果谁拧下蜻蜓的头，在冬天来临之前，他就会被厌恨的奥吉布瓦人砍下头颅。这是真的，据说很久以前，一个莽撞的年青勇士，被蜻蜓令人厌烦的"Tci"-"tci"-"tci!"声惹恼，这个讨厌的声音唐突地在他耳边萦绕不去，他就把蜻蜓的头拧下来了，后来人们发现了他的无头尸体，未能由困境逃生。

这个含义的十字形符号，不仅忠实地表征蜻蜓的形体，也展示了蜻蜓飞到人耳边的角度。通常情况下是图 1227 中 *a* 或者 *b* 的角度，在图画或者刺绣上常是 *c* 的形态，有时是 *d*。

将蜻蜓视为神秘超自然存在的一个原因在于其突然的成群出现。在宁谧的傍晚，夜幕即将降临，草原上突然传来嗡嗡的声响，似蟋蟀，又像青蛙，但却比它们的声音更加模糊绵长。第二天蜻蜓就会在这个地方盘旋，嗡嗡声就是他们到来的声音，但是人们却不知道。参见图 1165 及其阐释。

在明尼苏达北边的奥吉布瓦人中，十字形是巫医（麦达）或萨满组织的神圣象征，尤其是指其第四级。进入第三级协会的新成员要学习关于始祖（Mi'nabō'zho）与恶熊精灵搏斗的仪式性咒语。始祖是奥吉布瓦人与凯施精灵（Ki'tshi Ma'nidō）之间的通灵者。当始祖要进入第四级时就会与恶熊之灵发生冲突，第一个入会的印第安人就是第四级的结构受到感召。

现在，这个结构竖立在一个椭圆形广场上，广场的四个方位都各有一进出口。经由这些门始祖出现，并向中间围起来的地方射出一支施了法的箭，以驱赶一大群占据神圣之处的恶魔，恶熊之灵是最后一个屈服的恶魔。这些进出口南北、东西彼此相对，向始祖显示出十字的形状，当第三级巫医（麦达）取得最终和最高的荣誉时，这个十字就竖立起来。

这个十字是由树苗制成，竖直的柱子大约4—6英尺高，横穿的支臂要短一些，每一边的长度跟由交叉点到立柱顶点的距离相等。上边的支臂涂成白色，或者用白色黏土涂抹，点缀红色圆点，后者代表神圣贝壳（Mēgis），为秩序的象征。立柱的下边支脚为正方形，向东的一面涂成白色，表示光与温暖的来源。面向南的一面是绿色，为雷鸟之源，带来雨水与植物的生长；向西的一面则以朱砂涂抹，这跟落日之地有关，是逝者的居所。面向北方的一面是黑色，这个方向是冲突、寒冷与饥饿的根源。

更多关于这个话题的解释和详述可以参考霍夫曼博士（a）的论文。

在霍夫曼的论文里有一幅整页插图 B，展示了巫师（麦达）的等级结构，图上就有一些十字图形，每个都代表一个故去的麦达祭司。

在奥吉布瓦麦达祭司那里得到的桦树皮卷上，潦草地画着一些十字形的图案，这些不过是用来表示他们居住的小屋，这跟图 1203 中表示希多特萨人和苏族人小屋的符号相同。

图1228 十字形，因纽特

出现在象牙钻弓上的小型十字形表示飞鸟。这种用法来自因纽特人的标本，收藏于美国国家博物馆，馆藏编号为 45020 与 44211。图 1228 是对钻弓上图画的复制。由亚利桑那州奥克利岩画上图案复制得来的图 429 跟图 1129 中，也有十字图形，G.K. 吉尔伯特（G. K. Gilbert）先生认为这些十字图形代表的是星星。简单的十字图形是代表星星的图案中最简单的一种。参见图 1219，1220，1221 和 1223。

在加利福尼亚州圣芭芭拉以西 40 英里处，人们发现了纳霍韦谷（Najowe）岩画彩绘群。这些图画中也有十字形的图案，参见本书前文的图 28。这个岩画中的十字形大约是 10 英寸长，涂成黑色，周围边缘的部分是深红色。与其他大量与此相关的图画一样，这幅图画也是画在浅层洞穴石或者悬岩石壁上的石灰岩上。

圣芭芭拉西 40 英里处，在圣艾内兹山（Santa Ynez）的山顶有一洞穴，洞口很大，朝向西北偏北。此处的岩画上也发现了十字形图案，详见本书前文图 33。

十字形内部的岩石是单调的土红色，外部的线条是褪了色的黑色。这个十字形接近 1 英尺大小。

位于加利福尼亚州图莱里谷的图莱里（Tulare）印第安事务处，有一块巨大的花岗岩圆石。这块圆石下角裂开分离，剩下的部分形成一个高约 10 英尺，宽约 6 英尺的巨大通道。在这个通道的内壁满是大型涂绘形象，其顶部则是大量动物、鸟虫的形

728

象。在动物鸟虫的形象中，有一个约 18 英寸长的白色十字形图案，见图 1229。在这一地区的岩画中，白色图案绝无仅有，因此这个十字图案就尤为独特。

图 1229　十字形，图莱里谷，加利福尼亚

欧文斯谷地处加利福尼亚州本顿（Benton）的南面，这里的岩刻大都可成系列，非常有趣。不仅有不同形状的十字图案，还有置于圆圈中的十字形，或复杂，或简单。在本书前文讨论过位于加利福尼亚州的莫哈韦（Mojave）沙漠岩画，见整页插图 1—11 以及图 19 的阐释，可作此处的参考。不过最有趣的例子当属图 1230 中的 a 与 b。

a 图较大，刻在一块大粗面岩圆石之上，经历风吹日晒，颜色变深。这块石头位于本顿南 16 英里处，即乔克格拉德（Chalk Grade）。整个圆形凹进岩面约 1 英寸深，十字形就在凹陷的圆面中形成浮雕造型。另一个相同的十字图案，b，在 a 北 3 英里处。两个图案几乎一模一样，只是 b 中十字的支臂伸展直至圆圈的边缘。

在这一地点，还发现了十字形图案如 c。还有其他的类似图案，横向的支臂不止两根。其他的简单形式显然代表人的形象，然而经由长久侵蚀，身体的双臂逐渐消失，也就丧失了人体形象的痕迹。

图 1230 中的 d，来自邻近的岩石，展示了人形轮廓。e 图中人的四肢因侵蚀而简化，对人形的再现也就不那么明显了；而 f 只有一个十字形图案，四肢已然分解，也

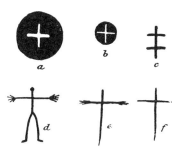

图 1230　十字形图案，加利福尼亚欧文谷

就抹去了最初的形貌，因而不易辨识。

约翰·麦克莱恩（John McLean）（*a*）说，"在布拉德（Blood）印第安人阳光屋的圣柱上有一个十字形，用两捆桦树条扎制而成。这是古老的印第安符号，表示四面的风。"

在伊努伊特印第安部落的一支奇亚德穆（Kiatéxamut）人中，十字形常出现在人的头上，见图 1231，表示萨满的恶灵或恶魔。这是一个假想的存在，在萨满的掌控之下，能够实现其愿望。

图 1231　十字形，伊努伊特

在卡奥瓦（Kaiowa）的龙舌兰仪式中，吃龙舌兰的人都佩戴着罗马天主教的十字架，他们将这个作为该仪式的神圣徽记。在仪式中，龙舌兰作为圣物献祭，置于有香气的叶子之上，这些叶子呈现十字形，人的形象则是龙舌兰女神。

金在其手稿中对图 1232 做了如下讨论：

a　　　　*b*

图 1232　十字形，莫基

在马耳他人中，十字形是处女的徽记；莫基人也是如此。这个符号是由其少女时代常见徽记经历约定化发展而来。在这些地方，女孩的发型区别于已婚妇人。她们将头发束在头的两边，各扎成一个直径 3—4 英寸的圆盘发髻。在姆尹鸫（Muingwa）节上，少女们佩戴的典型结子实[1]徽标就是这样

---

① 即生育能力。——译者

的圆盘发髻，见图 1232 中的 a。有时，不梳成完整圆盘发髻，她们借助弯曲的枝条，在头两边各梳一个两个半圆形髻。半圆形的分界线有时候是横向的，有时是纵向的。这些发型的组合，即 b，就是马耳他十字形标志走向约定化的开始。边缘的装饰是几绺装饰性头发，是女孩子们自小就在前额两侧蓄留的。

史蒂文森（Stevenson）先生在其论文中详细讨论了普韦布洛人对这种十字形图案的仪式性运用。他的论文标题是《纳瓦霍印第安人 Hasjelti Dailjis（哈西尔蒂）仪式与神秘沙画》，载《民族学局第八届年度报告》的第 266 页。这里十字形代表那些武士们光头上蓄留的小辫儿。

北美印第安人使用的十字形图案在本书其他章节也有呈现，不过这些十字形符号代表的意义却不尽相同。比如，在第 383 页出现的十字形图案是夏延族的标记；第 582 页出现的十字形图案代表达科他人的木屋；第 613 页的图案则表示贸易和交换；第 227 页又成了俘房的约定化符号；第 438 页的是个人功绩；其他地方则是单纯使用十字形符号计数。

尽管这些十字形符号意义各有不同，但是，当北美与南美的印第安人把这个符号用于仪式或者复杂精细图画文字中，基本都是用来表示四方的风。墨西哥十字表示四方风的意义，这一观点由来已久，赛勒斯·托马斯教授在他的《玛雅与墨西哥手抄本研究笔记》（载《民族学局第二届年度报告》第 61 页）中也对此提供确证。最有力的证据在于十字形的支臂上都有表示风的约定化

图 1233　十字形，玛雅

730

符号，这就像是在北方的一些部落中雷鸟形象的表征。不过，赛勒斯·托马斯教授在他另外一篇论文——《"特洛亚诺古抄本"研究》（载《北美民族学》第 5 卷第 144 页）中提供了图 1233 中的符号，该符号却是用来表示木头，这也进一步显示出该符号的意义多重性。

班德利尔（Bandelier）（a）认为，在被征服之前，墨西哥与中美洲地区的土著居民使用的十字形图案虽然也叫十字架，但更多是为装饰之用，而非敬拜物。就像"帕伦克黏土板"（Palenque tablet）上的十字形符号，仅仅作为"新火仪式"的象征，或者每 52 年结束的标志。他认为这个符号纯粹是多多少少加以装饰的"火钻"标志。

W. H. 霍姆斯（e）先生展示了奇里基人（Chiriqui）的动物符号逐步简化的系列步骤，其中对称的十字形符号是由短吻鳄的符号简化而来。

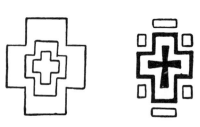

图 1234　十字形，尼加拉瓜

卡尔·波瓦留斯（Carl Bovallius）（a）提供了尼加拉瓜塞巴岛（Ceiba）图画文字的插图，图 1234 是复制图。

扎马科伊（Zamacois）（a）认为，"在尤卡坦半岛不同部落的宗教中都有十字形的符号，代表雨神（god of rain）。"

图 1235　十字形，危地马拉

S.哈贝尔博士（*f*）对图 1235 的描述如下：

　　图上有一个斜倚的形象，此人前额系着一根带子，打成一个绳结，垂下两条流苏。从他太阳穴的位置向上带有羽翼状装饰。此人消瘦的脸庞以及斜倚的姿态都说明此人的病态。他的头发在脑后跟彩带编在一起形成环状，再用发扣束起，像扇形般垂下。他的耳朵上戴着圆盘形饰物，圆盘的中间缀着羽毛和像辫子状的饰物。胸前是一个胸针，状如中空的贝壳，内有七颗珍珠。腰上围着三圈拧成麻花状的织物，在身前系成蝴蝶结，两端垂在大腿之间。由蝴蝶结还水平向外延伸出另一根带子。还有一块鳞片状布料，与腰带相连，包裹此人的大腿位置。右腿在膝盖以下缠绕着彩带与一个莲花座。这应该是没有衣物的情况下用来替代环饰与垂饰的饰物。在斜倚的人面前是一具骨架，惟妙惟肖。这具骨架值得注意的地方在于其头上的头发，手上

731

的肉和手指、脚趾上的指甲。延续这些雕塑一贯的呈现风格，这具骨架也有饰物装饰。

这具骨架的脑后有两个像角的物体，如果这个角状物不是以不同位置接入的，就很像是火焰。他的耳朵上也有圆盘形耳饰，从圆盘中心垂下流苏。脖颈处是荷叶边的领子，腰上围着一条蛇。两边的胳膊跟肩头上都是火焰。从他嘴里伸出一根弯曲的棍子，触碰着排成一行的十个圆圈的第一个。在第二、三个圆圈下面是五根小棒，其中有三个水平放置，最下边的那根最长，其上的两根比较短、彼此长度也不相同。最上边的两根小棒互相交叉，上端分别接近第二、三个圆圈。这些圆圈中的最后一个垂下弯曲的线条，一直垂到斜倚那人身后的地上。

图 1236　十字形，危地马拉

　　　　　　　　　　　　　　　美洲印第安人的图画文字

古斯塔夫·艾森（前引文献）对图 1236 做了如下评述：

> 危地马拉圣卢西亚岛附近有一个石板，像是棺板。石板中间是一个被勒死的人头像，舌头拖在外边。大约额头位置有交叉的两根线条，可能是代表交叉的骨头。

W. F. 韦克曼（W. F. Wakeman）(*a*) 曾经这样评述：

> 在圣帕特里克在此传教之前，或者在说基督教引入爱尔兰岛之前，爱尔兰人把十字形图案作为有意义的象征符号来使用。虽然并不常见，但在啄刻和雕刻的岩石表面上也有十字形图案，常与一些古体的符号一起出现，至今尚未找到破译这些符号的密钥。*** 在美洲史前的纪念品上，在施利曼（Schliemann）博士于希萨利克（Hissarlik）与迈锡尼发现的陶器上，在至今保存于德国跟英国的异教罗马祭坛上，都能看到这样的十字形图案，而且不止一种形式。在中国，732 这是很久以前表示土地的符号。北泰伦（North Tyrone）地区弗莱斯通（Flastone）的教区牧师塞缪尔·比尔（Samuel Beal），同时他还是文学学士，伦敦大学学院（University College）的汉语教授。他写道，"现在看来，早期表示土地的符号就是一个十字形，表示四个方位；因此，我们就有了 chaturanta（四方）这个词，这在巴利语和梵语中表示土地。在西安（Siganfu）[①] 发现的大秦景教（基督教）流行碑上，表达'神创造天地'的方式是'判十字（以定四方）'。"

---

① 英文版出土的地点是 Siganfu，查阅资料，应是西安。——译者

《爱丁堡评论》（1870年1月刊第254页）上一篇题为《前基督时代的十字》中，作者写道："佛陀与婆罗门共同构成世界上一半的人口，他们告诉我们交叉的十字形图案，不论是简单形式还是复杂形式，都代表他们原始祖先传统所居的乐土。"

图1237　十字形，铸剑者的标记

鲁道夫·克罗瑙（Rudolf Cronau）（c）描述图1237是这样说道，在柏林的祖格豪兹（Zeughause）发现了15、16世纪的刀剑，上面的图案参见图1237的a，b，c和d，图案e和f则是德累斯顿历史博物馆馆藏刀剑上的图案。

这些符号跟本书所列举的三个美洲地区岩画上图案的相似性不言而喻，立刻就能识别出来。

德尔维拉（c）做过如下评论：

常见的图形之一是被称为伽马（gamma）十字的图形，四个支臂都带一个直角的折边，像是希腊字母"Γ"以同样方向在中心收拢。在旧世界的所有民族几乎都有这个符号，从日本到冰岛，在南北美洲也都有。这个符号在世界各地同时出现，跟等边十字形、圆形、三角形、V字形，以及其他几何图形一起出现在原始的装饰图案中。但是我们看到，至少是在旧大陆的人们中间，这个图案总被视为护身符，出现在希腊、斯堪的纳维亚、努米底亚、西藏等地的葬礼或者墓碑上；这个图案还出现在神圣人物的胸前——如阿波罗、佛祖；还能代表地下墓穴中好的牧人。

然而，囿于目前的局限，我们无法对这个话题之下的大量文献加以概括。关于该图形的象征用法，目前了解不多，应该值得关注。游客们说在藏传佛教寺院里，这样的十字是在布幔之下，表示平和、安静。出于同样的理念，在和平时期，日本堡垒的射弹孔上就会覆盖绣着十字形图案的布幔，战争来临时，再将布幔撤走。

不能避免地还要引用德·莫尔蒂耶（de Mortillet）（a）的论述。他所讨论的图画复制为本书的图1238，其中右边的图形来自一个花瓶，左边的图案则是基督的花押图案。下面便是对德·莫尔蒂耶阐述的翻译概括：

图 1238　十字 733
形，戈拉赛卡

　　基督教到来之前，十字形图案就已经用作宗教性的象征符号了。早在青铜时代，十字崇拜就已经在高卢全境出现，这比基督教的传播早了 1000 年。

　　特别是在戈拉赛卡（Golasecca）古墓地区，十字崇拜具有完整的仪式。让人惊讶的是，比耶稣基督的到来早了 1000 多年，这里就有了古老的带有基督花押图案的容器。这个十字的花押图案是众多十字图案中的一个，还是纯粹偶然的巧合？

　　另一个奇怪的事实就是在基督到来之前，这里的十字崇拜就已经发展到如此令人惊叹的程度。这一点证明起来也非常有趣。这里缺失偶像，也没有对生命存在的表征，这或许是十字崇拜得以发展的原因。如果有偶像的出现，十字标记就会变得少见，乃至慢慢消失。可见，在远古时期，这些十字图案曾经是拒绝偶像崇拜的某些宗教派别的神圣徽标。

显然德·莫尔蒂耶还是颇有些天真，他认为十字形具有宗教文化高级形态的重要意义，如若被他称之为偶像的雕像取代，便是陷入了偶像崇拜的泥淖。然而，事实却是再简单不过，即在画一条直线之后，画两条交叉成十字的直线最是简单好画。在前艺术的阶段，将这种图形用于绘制动物形状，或者再现于可塑性材料，不过是绘画技艺原始粗糙的证据而已。有一点值得一提，施利曼（Schliemann）博士在其《特洛伊》中也展示了一个十字形图案（见所引文献第 107 页的图 38），在清晰程度上远胜于德·莫尔蒂耶的这些图例，然而，谢里曼也只是说那个十字形图案仅仅是"几何图形的装饰"。

导致考古学与民族学失误的最常见原因莫过于基督教开拓者与传教士的执念，他们见到一切带有十字形图案的碑文或铭刻，都致力于从中找到基督的花押图案。早期到美洲的传教士看到十字形图案，也都试图寻找基督教的理据，其中圣托马斯成为青睐之地。后来的传教士们面对帕蒂（Pattée）十字、斯堪的纳维亚的托尔（Thor）之锤亦或德鲁伊（Druids）的四叶草约定符号，也同样殚精竭虑。这个符号常常作为象征，或者徽记，甚至有时就是纯粹的标记而已，鉴于其应用的广泛性，还需要具体问题具体分析才能寻求它所代表的实际意义。

G. P. 思拉斯顿（G. P. Thruston）上将（a）就整页插图 51 给出以下述评，也为本书其他章节的图案形象的比较提供洞见。

在田纳西州萨姆纳（Sumner）郡，距离卡斯塔利亚

（Castalian）泉石冢不远，有处地方发现了珍贵的图画文字。这块古代石刻，姑且冒昧称之为田纳西古印第安人岩画。734

这块刻画的岩石是田纳西州历史学会的宝贵财富。这块硬质石灰岩板长约 19 英寸，宽约 15 英寸，十分扁平，形状不规则。石板上记载着那个伟大时期的种种证据。*** 在 12 年前，这块石头发现于萨姆纳郡的落基溪，跟其他文物一起交予田纳西历史学会。

这显然是一个意义重大的表意文字资料，刻画者沉稳且娴熟地记录重要的条约、公共事务或者部落事务。*** 印第安酋长盛装打扮，佩戴徽章，衣着考究。两个主要人物热情握手，似就某事达成统一。饰有双蛇徽记及其他图案的旗帜或盾牌，无疑是这个场合最具特色的物品。对古代印第安人而言，要达成共识，签订条约，必须要有贝壳念珠腰带在场作为见证或者信物。此处，人群中盛装妇女手中所持之物应该就是双方协议的信物。头饰、扇形裙、工具、腰带、腕饰、袜带、印第安紧身裤和鹿皮鞋、项胸甲、两面旗帜、蛇形徽章、纹身线条、古老烟斗等都吸引着人们特别关注这幅图画。*** 旗帜上的双蛇徽章应该是居于此地的这个部落、氏族或者家族的标记或者图腾。他们就居住生活在萨姆纳郡卡斯塔利亚泉这一带的大片地区，而这块石头就在这一区域发现的。蛇图腾受到田纳西古印第安人喜爱，是古代墓地出土的贝壳颈甲上常见的雕刻图案。*** 图中旗帜与服装上的圆圈或者太阳符号则是纳什维尔（Nashville）附近发现的贝壳颈甲上常见的雕刻图案。

田纳西的瑟拉斯顿石板

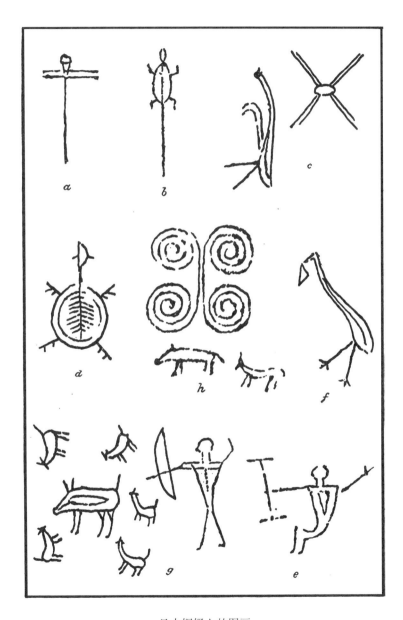

日本铜铎上的图画

下面是来自 K. 若林先生（K. Wakabayashi）（*a*）《铜铎／铜铃上的图案》中的资料，由 Pom K. Soh 提供。这幅图画，即整页插图 52，刊登在《东京人类学学会》上。文章作者于 1891 年 8 月在日本高冈市见到了这个铜铎。铜铎上共有 14 个图案，铸造在金属的表面。每个图案占据一个独立的空间，分行排列在铜铎表面。作者自铜铎上摹拓这些图案，平版印刷作为文章插图发表。整页插图 52 选取其中 8 个图案，原图比例；未选取在此的图案跟这些类似，有些甚至完全相同。这个铜铎并非铜制，而是铁器，是很久很久以前自省（Jisei）在 Yetsin 的一个名叫笹倉（Sasakura）小村庄所制，后来在 Samki 的山上发掘出土。这些符号的复制画曾于 1817 年呈送到江户（Yedo）（现在的东京）的一位权威人士那里。据说这些符号讲述的是民族的故事，即 Ban Kokei 所写的 "Kanden Ko Hitsu"。在整个日本国内也发现了一些这样的铜铎或者铜铎碎片，有些是铜制的。其中一个铜制的铜铎，高约 3.5 英尺，直径 1 英尺，于 821 年在 Hanina 挖掘出土。

整页插图 52 之所以引起关注，在于它与本书收录的那些在西方发现的图画具有惊人的相似之处，无论是在外形上还是绘画动机上。*a* 可以拿来与图 437、图 1227 以及其他代表人的形象、十字形和蜻蜓的图案相比较。*b* 则可以对比图 57、图 165 中的 *b* 及图 1261 中的 *l*。*c* 中有两个图案，分别可以参照图 1262 的螳螂与图 1129 的星星图案。*d* 是常见的乌龟形象，见图 50。*e* 跟图 166 中奥吉布瓦图画中人的形象相仿，也同样表示手势；也可以参考图 113 的巴西岩画。*f* 与图 657，东北阿尔冈琴图画比较。最后提

735

到的三个图形，即 e、f 和 g，都展示了特别的内脏器官（常常是约定化的心脏符号），参见图 50、图 700 和图 701。要注意的是在 g 中，内脏器官是跟牲畜的嘴巴相连；而在 h 中则没有画出内脏器官。g 中的人的形象手持的弓跟美洲弓的形象值得比较；h 中居上的符号可以与图 104 和图 148 比较。

第三节　符号组合

这一组的图画选自大量含有组合符号的图画。图画由两种不同的动物，或者某种动物与另一个物体组合在一起，表示这一组合具有的多重性质分属这些动物或者物体。这样的组合类型在埃及纪念碑或者莎草纸上的文字中颇为常见。

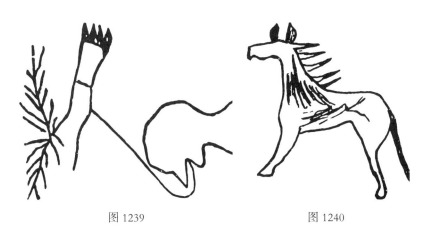

图 1239　　　　　　　　　　图 1240

图 1239，"鹰与麋鹿"（Eagle-Elk），《红云统计册》。这是麋鹿的叉角跟鹰尾的组合。

图 1240，"鹰与马"（Eagle-Horse），《红云统计册》。用鹰的羽毛代替了马鬃。

图 1241 图 1242 图 1243

图 1241，"鹰与马"（Eagle-Horse），《红云统计册》。这是前一图画的变体，变化的尾巴的部分，用鹰尾代替了马尾。

图 1242，"鹰与燕子"（Eagle-Swallow），《红云统计册》。两类鸟的特征非常明显。

图 1243，"鹰与熊"（Eagle-Bear），《红云统计册》。

图 1244，"鼬鼠与熊"（Weasel-Bear），《红云统计册》。如果不细心留神地看，就会把鼬鼠错看成潦草画成的枪。

图 1245，"角马"（Horned-Horse），《红云统计册》。

736

图 1244 图 1245

美洲印第安人的图画文字

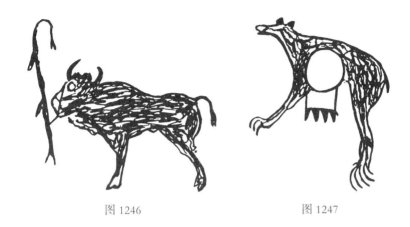

图 1246   图 1247

图 1246，"公牛与长矛"（Bull-Lance），《红云统计册》。跟牛嚼子相连的是常见于平原印第安人中的装饰长矛。

图 1247，"盾牌熊"（Shield-Bear），《红云统计册》。装饰盾牌负在牛身上。

图 1248   图 1249   图 1250   图 1251

图 1248，"环与猫头鹰"（Ring-Owl），《红云统计册》。

图 1249，"狗鹰"（Sunka-wanbli, Dog-Eagle），来自《奥格拉拉花名册》。狗与鹰的特质结合在一起是为了强调迅捷的特点。 737

图 1250，"鸟人"（Zintkala-wicasa, Bird-Man），同样来自《奥格拉拉花名册》。有猜测这是鸟氏族的标志，却并无信息来证

明这一点。也许这仅仅代表一个男孩子们在成年时所求的常见幻想，他们也因此获得这个图像。

图 1251，"长角的马"（Sunkakan-heton，Horse-with-horns），来自《奥格拉拉花名册》。这个图像并非旨在表达动物的组合，而是展示这匹马具有特别的神奇力量，如同手势语中表示灵力（wakan）的符号，并且，在图画文字中，用一条线把头的两边连起来。这同一个副酋长，在《红云统计册》里的名字翻译成英文就是"Horned-Horse"（角马）。

图 1252　狼人，海达

如果把印第安图画文字中人与动物结合的图画去跟埃及、亚述艺术模式下同样的符号比较，势必非常有趣。

图 1252 中的脚是看不到的，藏在了其下图像的头部。这幅图临摹自巴斯蒂安的《美国西北海岸》。这是蹲坐姿态的狼头人身形象，双手置于膝上。双臂、双腿、嘴巴、下颌、鼻孔和耳洞都是鲜红色，眉毛、虹膜和耳廓为黑色。

图 1253　豹人，海达

图 1253 是 J. C. 斯旺（Swan）先生所画。他在探访威尔士王子群岛时发现了两个豹头人身雕像，其前肢是爪子，后腿却是人

脚。这两个神秘雕像摆在殡殓之后等待下葬的尸体两旁。

埃及人用河马来呈现恶魔提丰（Typhon），他们认为河马是最凶猛野蛮的动物；隼是权力的象征，蛇则是生命的象征。普鲁塔克（Plutarch）在《伊希斯与奥西里斯》（Isis and Osiris）中的第 50 节说，在赫莫波里斯（Hermopolis）身上，这些象征符号都整合在一起，隼与蛇打斗的形象被放在了河马身上以强调破坏的含义。希腊人有时会用鹰替代隼，将其塑造成捕杀野兔（繁殖力最强的四足动物）或者与蛇打斗的形象，也同样体现出破坏的特性。跟埃及文化中，隼代表权力，单独的鹰的形象也表示权力。斯堪的纳维亚人的神托尔（Thor）的头上是鹰，胸前是牛，也同样折射出这种组合的特点。

第四节　艺术技巧与方法

安德烈（Andree）博士在《自然人文景观》（Das Zeichnen bei den Naturvölkern）中有过一番评论，翻译概括如下：

> 因纽特人以及他们南方的邻居——北美西北的土著居民（科利马斯赫什 [Koliushes]，特林吉特 [Thlinkits] 等）——在再现艺术上的天赋众所周知，无需赘言。在众多的原始民族中，他们在符号形象约定化的道路上走在前端，这也说明他们使用图画的悠久历史。雕刻在石材与木头上的图腾形象与身体上的纹身，无一不显示出高度约定化程度与完美的纹章学价值。最早跟科利马斯赫什接触的俄罗斯探险家之一伊斯梅洛夫（Ismailof）说欧洲的绘画完全不能让这些土著人感到惊奇跟敬

畏。当他们给当地酋长看俄罗斯皇室成员的肖像画时，当地酋长丝毫没有表现出惊讶之感。酋长身边带着他的画师，这位画师认真仔细地研究了肖像画的每一个细节，以便随后可以凭记忆画出来。特别让人惊叹的是，他能够使用蓝铁土、铁赭石、彩色黏土以及其他各种矿物颜料"惟妙惟肖地将看到的图画绘制到木板或者其他材质（皮革）之上"。在这些民族中，绘画是作为文字书写的替代形式，用来记录值得记忆的事情。

在艺术成就上，落基山脉以东的印第安人根本无法跟因纽特人和美洲西北土著相提并论。然而，他们在手指画方面却实属多产，甚至可以说，这种艺术形式已经发展到图画文字的程度，事实如此，也就无需以艺术上的完善作为划分标准。有赖于对大自然的敏锐观察的这种"跳跃"也同样发生在澳大利亚人、布希曼人（Bushmen）等的图画中。人物刻画从来不是印第安人的强项，从很多图例中都可以看出，他们对动物的呈现要远胜于对人的再现，不过他们对动物的刻画也无法与因纽特人或者布希曼人的动物形象相提并论。卡皮坦（Capitan）博士持有曾于 1883 年在巴黎驯化公园（Jardin d'acclimatation of Paris）展出的奥马哈人图画，他就这些图画评论说，"值得注意的是，尽管他们对人物形象的表现还处于原始的起步状态，但对马的描绘就体现出一定程度的准确性。如果印第安人肯像他们在水牛皮上画画那样用功，也许会有不同。他们常用水牛皮制成斗篷穿在身体。在红棕色的底色上，常画以黑色的图案，特别是动物图案；在其他的底色上，比如白色，就用黑色或者其他颜色画上那些伟大印第安人的英雄事迹和生活事件。你能看到受伤的敌人、流出的鲜血、被杀或者被俘的俘虏、被偷的马等，这一切都通过黑、红、绿和黄色泥土，用仍处于绘画艺术初级阶段的独特方式展现出来。几乎全部密苏里部落都在水牛皮上画画，其中绘画技巧最为娴熟的当属波尼人、曼丹人、米尼塔里斯（Minitaris）和克罗人。维德（Wied）就在曼丹人中遇见过那些拥有绘画'天赋'的人。"

据此，该作者再次重申此前的观点，在艺术能力上所谓的原始印第安人跟当代的印第安人有着显著的区别。区别之大，不仅显示出他们之间起源的不同，还显现出他们在这个方面的退步。民族局对此并不认同，目前要考虑的问题是历史上的北美印第安人在艺术技艺上是否真的如所说的那般低劣。

如马卡诺（g）引述的那样，法国游客克勒沃（Crevaux）认为他萌生出一个好主意，给印第安人一支铅笔，看看他们能不能画出同样的画来。年轻人由美（Yumi）很快就画出了人、狗、虎等全部形象的草图。另一个印第安人画了许多蔓藤花纹，他习惯于用美洲格尼帕树（genipa）来画这些蔓藤。克勒沃看到，尽管都认为这些印第安人并不具备绘画才能，他们却展现出在这方面的灵秀才华。

无独有偶，笔者跟其他一些游客也采用了克勒沃的方式来验证不同部落印第安人的绘画才干，我们都无一例外地震惊于他们所展现的徒手绘画的超凡能力。在绘画上，印第安人跟未经专业训练的欧洲人一样具有或多或少的瑕疵，但确实展现出更多的才华。洛辛（Lossing）（a）给出一例，能够表现出印第安人在肖像画上的特殊才能。1812 年某个北方部落在桦树皮上画了在逃的约瑟夫·巴伦

（Joseph Barron）的肖像，并把复制的肖像送去给其他部落，以便寻得他的去向。洛辛在这本书的插图里展示了这幅肖像画，画得非常清晰逼真。然而，这不过是一个由外来影响促发的特殊任务，如此而已。印第安人对绘画的透视法一无所知，他们不能、也不会尝试对不同自然对象的精确模仿。这一点上，日本绘画具有绝对优势。在接受来自欧洲的指导和范例之前，他们或许根本就没有画出过严格意义上的图画。本书的一些插图，展示了人、动物和其他事物的连续的系列画，与其说是图画，还不如说是书面句子的连续词语。事实上，二者在形式上也彼此相同，即通过不同部分之间的关系来表达意义。本书的图659，第一眼看上去最具有图画性，但是仔细看，不难发现人物反复出现，场景不停转换，时间向前推移，所以并不存在跨域时空的特殊绘画对象。

740

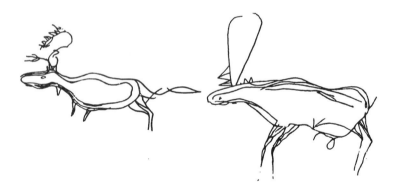

图 1254　驼鹿，克吉姆库吉克湖岩画

　　图1254的两幅画都来自新斯科舍省的克吉姆库吉克湖岩画，按原图1:4的比例缩小。这两幅图画的都是北美驼鹿（moose），其中一个或许是驯鹿。这里展现的操作技巧跟在欧洲发现的那些史前艺术示例中使用的技法相似，因反复发表出版为人所熟悉。

图 1255 是蚀刻的手，同样来自克吉姆库吉克湖岩画，以 1∶2 比例缩小。这个手的图画中特别地包括了很多细节，诸如手掌和指肚上的纹路。如果这是对真实对象的描摹，那么它展示出细致的观察。当然这跟由此可能会联想到的手相学这样的伪科学并无关联。

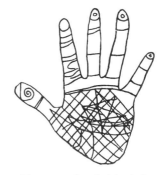

图 1255　手，克吉姆库吉克湖岩画

与这幅图相关，下面这条来自柏林人类学、民族学和史前史学会（d）的评论就值得一看：

> 眼睛的局部呈现在印第安人图画中出现的频率非常之高，这引起了我的注意。我特意请雅各布森（Jacobson）先生询问贝拉库拉（Bella Coola）印第安人，他们如此频繁地使用眼睛的图画有没有特殊意义。让我惊讶的是，被问到的人指着他自己指尖上皮肤呈现出来的线型纹路。在他看来，圆形或者长形空间，比如指尖上出现在合并的或者平行的线条中间的图形，就表示眼睛。这种思想起源在于，他们认为身体的每个部分都以某个感官——特别是眼睛——终止，而这后来演变成这种初级的状态。

整页插图 53 中下面的形象是从鲁道夫·克罗瑙（c）《索林根骑士工艺的历史》（Geschichte der Solinger Klingenindustrie）中的图画复制而来。这幅图来自 1220 年的速写的手稿，用来展示 13 世纪的骑士，现存于莱比锡大学的图书馆。

德国骑士与阿帕奇勇士

上面的这幅图是 1884 年一个阿帕奇印第安人在阿纳达科所画，然而图上骑士的徽章更像是夏延人的，而非阿帕奇的。整页插图 53 中的两幅武士骑马图呈现出惊人的相似之处，具体体现在绘画的动机、他们的坐骑以及身上的装饰。在欧洲，这些装饰图案经由分化的过程成为纹章。无疑，我们能够找到许多这样的例子来比较不同画师展现的艺术技艺的差别，此处使用这两幅图画仅仅因其真实、方便和典型。还可以参考图 1224，即在流星的 741 标题之下，骑在马上的墨西哥人的那副图画。

图 1224 中的马，较之平原（Plains）印第安人画的马就显得技法平平了，原因或许在于墨西哥人对这种动物还不熟悉的这一事实。

卡特林讲过一个关于苏族不知道如何画侧面人面像的故事，流传甚广，且版本众多。最后一个版本来自波波夫（Popoff）（a）：

> 卡特林给部落酋长马托奇加（Matochiga）画侧面像时，周围的人大为震动，他们问他为什么不给酋长画上另外一半的脸。"马托奇加敢于正面看一个白人。"到这个时候，马托奇加还并没有因此感到受到侮辱。但是一个印第安人开玩笑地对他说："洋基佬知道你就是半个人，他就画了半个你，因为另外一半分文不值。"

这个故事的另一个变体是说，卡特林被指控使用魔法，他所画之人的那半个头就成为他法力的一部分，他被迫停下画画，赶紧逃命。这个探险画家在讲这个故事时难免夸张，也或许他在讲座中为了取悦听众以及后来的读者们而编造了这个故事，又或者他本人是印第安人恶作剧的对象，他们本就喜欢开这样无伤大雅的玩笑。关于巫师掌握与某人关联之事物的迷信让他们的怒火看似合乎情理。但是有一点是确定的，无论是卡特林到他们部落之前还是之后，故事里提到的印第安人都是习惯于画人脸侧面图的，事实上，他们画侧面像的频率要远高于全面像或者正面像。笔者见到过的来自彼时彼地的大量图画足以证明这一点，其中有不少图画也被复制收入本书。因此，这个常被引用来意指印第安人愚钝的故事很大程度上是虚构的。

另一个流传甚广的不实说法是这样的，出于对同样迷信的畏惧，印第安人不敢画全身的图画。本书中有大量的图画，都显示了他们全身的正面、侧面和背影，且都画上四肢并彰显其特点。但这样的图画数量并不多，这并不是出于对迷信的恐惧，而是因为绘画者志在表意，并非图解。旨在表意的图画，则只需抓住最突出的典型特征，无需顾及其他，无关主旨的一切都可以省略。

另一方面，对印第安人敏锐的观察力与精妙的图画水平的褒奖也稍嫌过度。爱德华·迈布里奇（Edward Muybridge[①]）先生在他的演讲中，解释了引发大众兴趣备受关注的那些动物的连续动态照片，并提出动物行为图像学这一新科学。在其讲座中，他将这样的成就归功于印第安人的图画技艺，他们画运动中的马时采用科学性与艺术性并存的方法超越一众著名画家与雕刻家。但是，迈布里奇先生仅在欧洲见到少数一些印第安人的图画就做出

742

[①] 英文名应为 Eadweard J. Muybridge（埃德沃德·迈布里奇），英国摄影师，最早对摄影瞬间性进行探索，曾发明"动物实验镜"（Zoopraxiscope），即一种可以播放运动图像的投影机。——译者

这样的结论，似乎有失偏颇。在笔者收集的大量图画中——相当部分出现在本书里，迈布里奇所说的那些特点并不多见。毫无疑问，他所推崇的印第安人图画中对腿部的处理方式实属偶然。印第安人画马时，更关心如何准确再现马鬃、马尾和马蹄；至于马腿，仅是伸展开去，并不考虑其自然的肢体动作。印第安人图画的这种风格，十分接近早期纹章画家对生命形态绘制的巧妙抽象手法；不过，后期的纹章画法妥协于动物学的尝试，最终形成漫画体，甚至笨拙的自然主义风格。

相对关于表意技巧的比较，更为常见的是关于艺术技法的比较。比如海达人的雕刻艺术，经过比较发现，中美洲、南美洲也有大量的类似艺术形式。前引书中的哈贝尔和 H. H. 班克罗夫特（Bencroft）（i）都有这方面的著述。

绘画使用的材质对其风格形成影响巨大。这个话题理应引发思考，但囿于篇幅，此处无法展开论述。图画文字的载体物质和工具类型在本书第七、第八两章都有涉及，当时所做的评论和解释均可以应用到其他形式的图画之上。本书对美洲土著居民在不同载体材质上所作图画都有涉及，既有岩石雕刻、啄凿、刻划等不同形式的图画，也有皮肤和木材上的涂绘图画。伊努伊特海象牙雕刻，因其精微清晰而闻名，在本书出现多次。海象牙这种材质非常珍贵，可操作的表面有限，雕刻制作时间长，要求工匠细心缜密。相对而言，在整个北美的阿尔冈琴地区都寻常可见的桦树皮就成为具有吸引力的载体材料。相比海象牙，桦树皮作为图画载体使用起来更为自如简易。通常来说，有两种图画模式，一种是在桦树皮尚且新鲜柔软的时候，在其里面以尖锐物刻画，待其干燥之后便能永久保存。另一种方式则是在粗糙的表面刮擦作画，这样刮擦线条颜色有别于树皮原本的颜色。本书收录的大部分树皮图画都是采用第一种方式，整页插图16与图659则是采用第二种模式。面对这么大量的不同材质图画的插图，读者们可以自行判断，即使人们本质上持有相同的观念，不同载体材质也会对他们的图画风格造成不同影响。

何种载体物质，莎草纸还是羊皮纸，石头还是木材，棕榈叶还是金属，蜡还是黏土；什么样的操作工具，锤子、刀子、刻刀、刷子亦或钢笔，最终决定了世界各地这些早期艺术家们的特定风格。这一点现已达成共识。在中国，最初的操作方式是用刀子雕刻于足片或者石头之上。即使他们后来有了纸、墨和毛笔，
743 这种古老操作方式的影响依然存在。楔形文字是由木质尖笔在湿软的黏土板上印压而成，因此尖笔的形状也就决定了楔形文字的符号。还需要注意的是，对于带有明显"纹理"的材质，比如竹片，这些早期艺术的实施则需要遵循纹理的规约。

图 1256　竹刻，新喀里多尼亚

安德烈博士就图1256做出下面的阐述：

> 新喀里多尼亚（New Caledonia）的肯纳卡（Kanakas）人在图画艺术上的成就体现在竹板上的雕刻画。类似于我们的手杖，竹板对他们而言，算得上是随身携带的时尚品，目前在巴黎的民族志博物馆（特罗卡迪罗 [Trocadero]），收藏了一些这样的竹板。E. T. 阿米（E. T. Hamy）曾研究讨论过这些竹板。在这些雕刻精美的图画中，最简单的装饰（直线与之形图案）与人物形象群和树木很好地结合一体。此处的艺术操作虽然稚嫩简单，但是人物形象却依然特点鲜明、栩栩如生。竹板上有酋长居住的尖顶茅屋、乌龟、飞禽、蜥蜴等图像，这些图像彼此之间则是肯纳卡人的生活景象，有一个男人正在殴打自己的妻子，还有一些人在射箭，其他人无所事事，成群结队地站着。他们头上戴着库克（Cook）描述过的那种圆柱形的稻草帽，这种帽子现在已经消失不见了。

在一些部落达到神学索菲亚学说的程度，就可以找到对印第安图画不同形式的解释了。在前引文献中，W. H. 霍姆斯就曾发现奇里基（Chiriqui）人的所有装饰图案都起源于动物的生命形态，既没有植物的形象，也没有明显代表人的形象以及对其外貌加以描摹的尝试。这种特殊形态无疑源自他们宗教里排他的动物形特质。其他神学概念给予其他部落和人们艺术的特别趋势。这最终导致约定化。波斯的雕刻主要是为了表达神王的权力和荣耀，埃及的塑像则是抽象人——某种族类型——的宗教式理想型。印第安人日常的图画中也显露出保守性与约定性。在一个能被称之为部落系统——支系——的群体内，每个印第安人都用同样的方式画图。每个人在描绘人的形象、马的形象以及其他物体形象时，都竭力要在他们能力范围内，让每一个形象都具有辨识度，这足可显示，他们的意图和动机是要相同。就这个方面而言，印第安人的图画就好像是公立学校学童的绘画，一代又一代学生，他们总是画画，也总是画同样的事物，还不停重复同样的错误。

如果仅就图画文字这个层面，艺术技巧的娴熟程度从本质上看无关宏旨，当然，在对图画文字进行比较和辨别时，也是要考虑艺术技巧的。图画文字中，符号越简单越好。横线、竖线、横线和竖线的结合、圆圈、方形、三角形、手、脚、斧子或者弓、船或者雪橇等都属此类。自然物或者人造物都是用寥寥数笔画就，不需要精雕细琢。在实现达意目的的前提下，标记越少，图画文字就越简便。不带审美效果的简单事实是图画文字艺术家们要表达的全部内容。因此，要再现某种动物时，并不需要写真地描摹其全部形象，只需要强调能明显突出该动物的特点即可，即使图像扭曲失真，并且可能违背现在发展出来的所有艺术准则。

第二十一章　阐释的方法

对于那些不是出现在岩石上的图画文字的作者身份，可以通过研究其整体风格与类型进行确定。这种能力可以通过比较阿布纳基人、奥吉布瓦人、达科他人、海达人、伊努伊特人、肖肖尼人、莫基人等之间的图画文字。这在本书的很多部分都提到过。

埃弗拉德·F. im 特恩（k）提到图 1257 时这样说：

图 1257　圭亚那典型符号

当众多例子中不管何处总有独特、复杂而又不是特别明显的图像出现时，就可以合理地认为这样的图像具有某种隐秘的目的或者意义。圭亚那这个浅浮雕上的图像就算此类。这并非印第安人会在闲暇时光会创造的图像，哪怕一次都没有。这个图像中的男子，除了那些特定的图像部分，很少或者说根本没有使用直的线条。再者，即便是某个印第安人在闲暇之余创作了这样一个形象,这种图像被其他印第安人模仿的可能性几乎为零。最后,在某墨西哥图画文字中有一个图像跟这个图像惊人相似,即便不是一模一样。比如,在墨西哥的手稿(在前引金斯布罗的书第一卷,来自托马斯·博德利的手稿,第22、23页,同在牛津大学伯德雷恩(Bodleian)图书馆塞尔登的手稿,第3页。)中有数个图像都跟圭亚那浅浮雕的图像极为相似,这些图像之间的关联不言而喻。如此相似的特殊图像在这些文字中重复出现,显然不是毫无意图的。获知关于墨西哥那些图像的意义将会是破译圭亚那象形文字的关键所在。

要通过研究具体符号来识别图画文字的创作者,需要考虑诸如动物种群、宗教、习俗、部落标识等,事实上,本书章节标题所涵盖的内容都是可以纳入考虑。

为方便起见,本章分为三个部分:1.意义已知的标记符号;2.特色服装、武器和饰物;3.意义含混的歧义符号。

第一节　意义已知的标记符号

很明显,在试图解读那些直接信息难以获知的图画文字之前,要尽可能全面地收集已知的那些符号,以期通过已知符号来研究未知的符号。一旦一个图画文字中有相当数量的物品能被确知,那么就可以通过上下文背景、符号之间的关系、几个图像的位置,有时通过整体艺术风格的辨识等来确定余下的符号。

因此,笔者就曾花了很长时间做核对整理卡片目录的工作。

746

把卡片上的大量符号以外形相似度进行整理，每张图片附上每个符号的确切意义，或者可能的意义。如前面所解释的，释读仰赖的主要是那些自身就是图画文字写作者的印第安人提供的直接信息，这些信息跟释读是同一时代的。除了这些通过核对得到的比较，唯一能确定文字符号意义的方式，或者说是关键所在，是对于手势语的研究。在这些符号中包括了很多手势语的内容。

图画文字频繁出现的螺旋形线被达科他人解释为蜗牛壳，这个纹样在整页插图 20 中可以看到，该纹样总是被认为是跟记录和计算时间有关。

本书篇幅所限，不允许在这里展示那些未知的图画文字符号。即便如此，一些岩画上的符号，比如图 1258、图 1259 和图 1260，在前面其他章节都没有提及，理应讨论

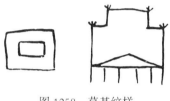

图 1258　莫基纹样

一下。下面是来自吉尔伯特先生的解释。

图 1258 的左边是一个围场，或者围栏，是举行仪式性舞蹈的地方。右边则是仪式性舞蹈所佩戴的头饰。

这个可以对比图 549 新斯科舍省的神秘岩石上的刻画。

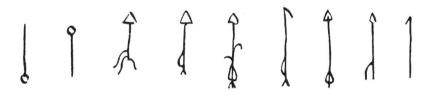

图 1259　木架和箭矢，莫基

图 1260 是对用来背木头的木架或者棍棒的刻画；还有不同形状的箭矢。

图 1260　花朵，莫基

图 1261 展示的是瓜类植物的花朵。

任何带有欧洲文化或者基督教化影响的物品的出现总是要747 特别小心注意。有一个例子明确无误，毋庸猜疑。在一些其他物品中有一个符号，心形图案上面刻画了一个"十"字形，这个符号出现在图 437 的第一行。这个符号表示传教布道以及相应日期。

维德的普林斯·马克西米利安（Prince Maximilian of Wied）（g）如是说：

> 达科他人衣袍的另一个描画模式是以展示他们所准备的珍贵礼物数量为目的。通过这些常常是价值很高的礼物，他们在族人那里获得声望和尊重。在这样的衣袍上，我们发现有红色长条状图形，其末端有黑色圆圈将这些红色长条图形横向连成一排。这些图形是鞭子，表示有多少马匹作为礼物赠送，因为马鞭总是跟马放在一起。还有红色或者深蓝色的横向排列的图形，表示他们赠送的布匹或者毯子；而平行的横向条状图形表示枪支火器，其轮廓都有细致准确的描画。

　　　　　　　　　　美洲印第安人的图画文字

为了避免歧义，还是有必要指出，在本书习俗、宗教章节之下所提及的个别符号都应是图画文字中经过形象诠释的，也因此应该是解释后者所必需的前期准备，这个建议并非纯粹假说。图画符号如此的客观标记和概念显示它们很快就会被证实其客观性。事实上，在图画文字中常常会发现，也常常通过前期信息作为参考来理解。当通过这种方式得来的解释得以合理验证，它们在卡片目录中的位置并不会比那些本身就是图画文字使用者的印第安人的直接信息逊色。

通过手势语来解读的方法在本书第十八章第四节已经讲过。

卡弗（Carver）上尉（b）描述了奥吉布瓦人是如何把他们自己族徽画作一只鹿，把苏族的画成是一个身穿兽皮的人，把英国人画成戴帽子的人形，法国人则是以手帕系在头上的人的形象。

与此相关的是《路易斯安那历史收藏》第三部分，1851年，第124页描写一个图画文字的引文，如下："有两个没有头的人和其他一些身体完整的人。前一个没有头的表示死亡的人，后一个表示囚犯。我的一个制作者告诉我，在这种情况下，如果有法国人在其中，就会是双手叉腰，或者他们的手放在屁股上，来将他们与野蛮人区分开来，后者是两只胳膊垂下的。这个区分并非偶然，是源于当地人观察到法国人常常是这种姿势，而他们中间则不这样做。"

在 C. H. 里德（Read）（f）发表在《大不列颠及爱尔兰人类学会刊》上的文章指出，西非洲黑人的雕刻中，白人常常是一手拿白兰地酒瓶，一手拿着大酒杯。 748

图 1261　莫基符号

下面是解释：

a 一只海狸　　　　　　　　j 乌龟尾巴

b 一只熊　　　　　　　　　k 有角的蟾蜍

c 山羊（ovis montana）　　i 蜥蜴

d 三个狼头　　　　　　　　m 一只蝴蝶

e 三只长耳大野兔　　　　　n 蛇

f 白尾灰兔　　　　　　　　o 一条眼镜蛇

g 熊的足迹　　　　　　　　p 鹿的足迹

h 一只鹰　　　　　　　　　q 三只鸟的踪迹

i 鹰尾　　　　　　　　　　r 麻鸦（涉水禽）

美洲印第安人的图画文字

对图画文字的有益说明，常可以在对（发现了这个图画的这
一地区）曾经或现在栖息地的动物群系的描绘中有所发现。

接下来的图 1261 可以提供这样一个来自莫基铭刻符号的例
证，可以获知动物的数量、种类以及呈现它们的方式。这些是从
亚利桑那州奥克利泉的莫基铭刻得来的符号，由 G. K. 吉尔伯特
先生提供。这些是他从大量蚀刻中挑选出来以求解释的符号。住
在一个莫基村子——奥赖比的奥赖比酋长图比（Tubi）为他提供
了相应解释。

图 1262 是新斯科舍省克吉姆库吉克湖岩石上的岩画，其中
大个儿的图形很可能是螳螂或者"刀螂"，但却让观察者想到中
美洲和南美洲岩画中猴子的形象。

图 1262　螳螂，克吉姆库吉克

坦恩·凯特（Ten Kate）（b）在图 1263 里展示了一些动物形象，这些动物形象并没有从索诺拉（Sonora）的埃尔绍塞（El-Sauce）岩石的表面抹去；它们基本再现了原来的排序，右上的鱼形图像长约 20 公分。

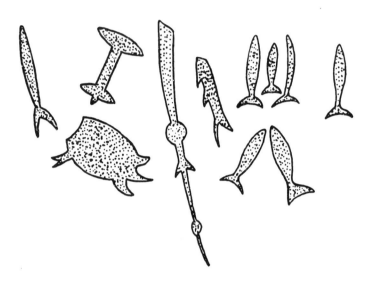

图 1263　动物图形，索诺拉

第二节　特色服装、武器和饰物

考察古人遗址或者其现代的所在时，他们周围的器具和武器，以及身上所穿着的衣服都能标识个人的社会地位。过去世代 750 的社会生活，今天也如此，带有特定装饰的特定服装表示特定功能。比如，律师、机械师、牧师和士兵都容易辨识。这些服装不仅提供宽泛的指示，还有具体的细节。因此看到某个士兵，就能知道他是哪个国家的，是什么职位，下面辖管多少士兵，上面接受多少层领导。还能知道，他行军时是骑马还是徒步，手持步枪或者军刀，操作大炮，设计防御工事，还是建造桥梁。同时，如果看他胸前的装饰，还能知道他有没有英勇作战，是否参加过那些历史性的战役，有没有获得荣誉勋章。这些可以通过服装的颜色、式样、装饰以及他们携带的武器来表现。还有其他一些细节，可以由发型，甚至鞋袜款式提供。虽然上述这些都是适用于高度文明的社会，但是在开化程度较低的民族中，通过有区别度的服装、武器和饰物来标识个人和阶层，无论过去和现在都是最明显和重要的。

除了极其寒冷的天气，美洲印第安人鲜少穿衣，对他们而言穿衣是为装饰服务的。他们平时习惯性地仅着围腰布，但是在仪式或者社会舞蹈时，则身着全套精致的服装，这些服装根据场合的特定细节而调整。北方部落，像阿拉斯加族、阿萨巴斯卡族以及奇珀瓦族，一年中大部分时间要穿着皮毛来御寒，就发展出特别风格的衣服图形，表现在图画文字中，就取代了彩绘和纹身，后者是部落中人们最经常展现的部分。在南方部落中，人们需要遮蔽阳光。像在墨西哥，通常使用棉花和其他纤维来遮挡阳光。一般来说，衣着形态标志着穿着者的部落，要是鹿皮鞋或者凉鞋的造型也有多样性就更好了，因此这些常会被采用作为图画符号。仪式服装总是精心装饰上珠子、豪猪刚毛、动物的爪子和牙齿、贝壳和羽毛。很多这样的衣服还会被饰以图腾或神话人物的图画，或者带有标志穿戴者级别和社会地位的徽记。他们也佩带金属饰物，比如臂环、手镯、脚镯、耳环和铃铛，这些饰物的材质和数量跟他们的能力和经济状况相一致。在社会性和仪式性的两种场合，头饰上常装饰有鹰的羽毛和其他鸟类的羽毛，发簪则染成红色或其他颜色。项链则是由动物爪子、贝壳、鹿蹄或者羚羊蹄、各种动物的牙齿、蛇皮，甚至是人的手指做成。

　　紧接着就是在说明里提到的达科他的名称：

　　　　图 1264 ——盾牌。《红云统计册》。这里的这个盾牌没有图案，通常会在战盾上画上一个图案。这样的图案或许是部落名称或者人名的图画文字，或许是显示等级的标记。

图 1264

　　　　图 1265 ——瓦哈坎卡（Wahacanka），盾牌。《奥格拉拉花名册》。盾牌上的标记很可能是个人的，就像纹章一样，但在这幅图上太过细微以至于难以显示准确纹样。

图 1265

　　　　图 1266 ——黑盾"正进行祷告"（根据解释者的语言；即，他在表演其他地方解释的仪式）；走向战场去为他的两个儿子报仇，克罗印第安人杀害了他们。云盾《冬季年度大事记》，1859—1860 年。

图 1266

图 1267　　　　　　　图 1268　　　　　　　图 1269

图 1267 ——鹰羽。《红云统计册》。这个跟下图或许是同一个名字——孤独羽毛，那个羽毛也是来自鹰尾。

图 1268 ——孤独羽毛一边祷告一边走向战场去为他的亲戚报仇。云盾《冬季年度大事记》，1842—1843 年。

图 1269 ——羽毛。《红云统计册》。这个图形和下一个都是指特殊的装饰。

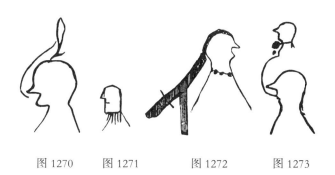

图 1270　　　图 1271　　　　图 1272　　　　图 1273

图 1270 ——羽毛。《红云统计册》。

图 1271 ——骨头项链。《红云统计册》。这个图像和下面三个都是特定颈部装饰。

图 1272 ——珠子。《红云统计册》。

图 1273 ——石子项链。《红云统计册》。

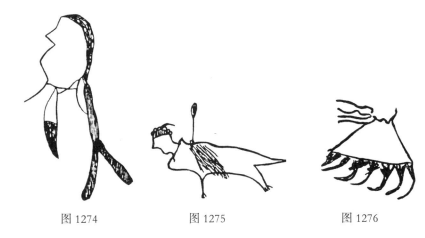

图 1274　　　　　　　　图 1275　　　　　　　　图 1276

752　　图 1274——羽毛项链。《红云统计册》。

图 1275——狼袍被波尼人杀害。美洲马《冬季年度大事记》
1850—1851 年。他遭杀害并被剥去头皮时身穿狼皮长袍。

图 1276——戴软帽。《红云统计册》。这是达科他族装饰的
战帽。

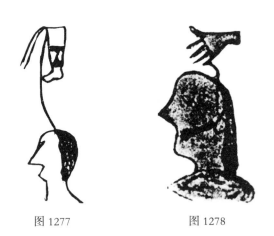

图 1277　　　　　　　　图 1278

图 1277——吊袜带。《红云统计册》。

图 1278——维卡那普苏-奥温（Wicanapsu-owin），戴人手指耳
环。《奥格拉拉花名册》。戴手指的地方用终点是环形的线条指示。

印第安人不会去积累财富，他们只看重他们生命中有用的东西。他们的饰物通常使用贝壳、动物的毛皮、石材和铜器等来制作。自然形态的贝壳不计其数，以动物的毛皮为饰物只需要获取和穿戴皮毛的技巧，而以石材和铜器为饰物则仅需要采购和运输的工夫。印第安饰物的价值来自于制作的技巧、细心和耐心。因此一个贝壳念珠就有了其固有的价值，这个价值跟文明社会的真金白银的价值是一样的。经过精心加工成烟杆样式的石头成为权威的象征和崇拜的器具；铜器被以最简陋的工具和器物一点点地费力打造塑形，几乎成为迷信的神物。同样地，将豪猪的刚毛精工细作设计成为刺绣的一部分，则是最适合战士和酋长的饰物。新生儿的摇篮或者篮状小床，最受宠的女儿的长袍或者衣裙，正在成长中的儿子的鹿皮鞋和服饰，手、头、心的图案会使用几个月甚至几年。

达科他的新娘会用装饰性摇篮来装点她的房屋，这或许出于对为人母的渴求，也或许出于超越唯一允许装饰的抱负，每一个新的小摇篮总比上一个更加精美繁琐。这种情况持续到她当妈妈的渴求得以满足。此时就不再需要小摇篮了，小摇篮也就换成了马或者标志新生儿禀赋的其他饰物。

还要注意印第安人，至少达科他人，展示出来的关于颜色一致 753 与对比的观念。他们对这些用色规则的制订和遵守就构成他们的艺术品位。比起那些所谓野蛮部落，印第安人的用色更接近高度文明的社会，当然，他们对于蓝色跟绿色区别的感知差了一些，以至一个颜色名称就足以指称这两个颜色。有一点非常显著，达科他人，无论草原部落还是平原部落中，都偏爱在珠子上使用暗色，并且会设计出很好的效果。他们还常常在这些暗色中使用中间色调。这两者都可能跟他们唯一的颜料来源是黏土有关。在达科他印第安人活动的地区发现了几乎涵盖所有色彩色调的各色黏土。

穿衣与不穿的区别特征似乎是首先吸引东半球人们的地方，也同样被纳入到图画呈现中去。以现代观点来看相当特别，羊毛裤或者裤子对罗马人而言是野蛮的象征，而现在不穿衣服——甚至被称为"不可或缺"——却具有同样的意义。C. R. 康德少校（d）讲了"关于靴子"的这样一课：

衣服的奇怪特点也同样具有指明种族关联的作用。在卡帕多细亚（Cappadocia）和安纳托利亚（Anatolia），纪念碑上呈现的图像穿着靴子或者前面翘起的鞋。亚述人再现的亚美尼亚商人也穿着同样的靴子。C. 威尔逊爵士首先将这种靴子跟现在小亚细亚农民穿的靴子比较；佩罗特（Perrot）则将它与叙利亚骑兵的马靴加以比较，这种马靴也被称为土耳其拖鞋。伊特鲁里亚人（Elruscan）也穿着类似的鞋子，罗马人称之为罗马鞋。卡纳克（Karnak）神庙纪念碑上的赫梯人穿着同样的鞋子，尽管这并不是种族标记的必要元素，这种前端脚趾处翘起的靴子在叙利亚、小亚细亚、亚美尼亚和意大利等不同的突雷尼人（Turanian）中相当普遍。

图 1279　武器

斯库克拉夫特（t）认为图 1279 中左边两个是奥吉布瓦人战士使用的棍棒，右手边的那一个则是弓，这跟怀俄明岩画上的那个图像一模一样。

本文还展示了许多其他武器，这些武器对于制图者而言是有独一无二的。

这里有必要插入图 1280，展示的是澳大利亚的土著标枪和棍棒。这个图来自柯尔（d）的著述。不仅仅是这些武器的形式，还有它们中一些的图形设计都应该拿来跟莫基人或者其他印第安部落的武器加以比较。

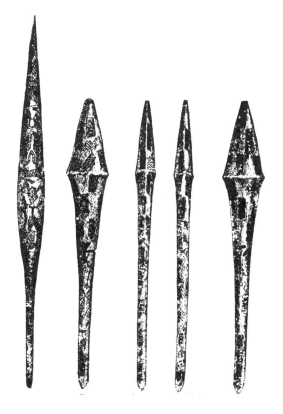

图 1280　澳大利亚的标枪和棍棒

通过不同的头饰风格来区分印第安族群的大量图画文字形象在本书中已经列出。这里需要特别提到阿布萨罗卡的头饰，因为希多特萨人和阿里卡拉人都仿效了他们的头饰风格。他们带着从马尾巴上取下来的马毛，把他们粘在后脑勺上，下垂到

后背上。大约有八到十缕，每一缕都有一根手指粗细，平行地
754 排在一起，彼此之间大约空出一缕的宽度。这些马尾发缕再拿
混合了红色赭石或者朱砂的松树树胶和其他发丝或者任何纤维
横向交叉固定在人的后脑勺上与他们自身的头发粘在一起；每
一缕头发也要用树胶加固，并且在每一个横竖方向头发的接驳
处都用胶球黏住，使其固定在原本的位置。大约沿着发束向下
四英寸的地方，再来一遍同样横向的一排树胶和发丝纤维，如
此直至发尾处。印第安人经常把假发跟他们自己头发接到一起，
来增加头发长度，毫无任何欺骗的明显证据。不管怎样，以树
胶横向固定的做法在图画文字中有所展示。图画文字中可以看
到有一个人的图像，从他后脑勺上垂下平行的线条，伴有横向
755 的线条，整个看起来像是小的方块形，或者像一张网。参见前
面图 484 和图 485。

1639 年的《耶稣会记事》第 44—45 页记录了这样一个离奇
有趣的关于头发样式显示社会标志的故事：

> 一名女子或者少女，如果看上了那些追求者中的一个，
> 就将她的头发剪下，悬于前额。这是跟法国女孩学来的时
> 尚，遗憾的是，这种发型在这个国家跟在法国一样难看，
> （在法国，）圣保罗禁止女子露出她们的头发。这里的妇女通
> 常将头发扎成发束置于脑后，如果她们有珠子就会装饰在发
> 束上。如果嫁给某个人，却无缘无故地离开；或者答应了某
> 个人的求婚并接受了人家的礼物，却未能信守诺言，那么这
> 个丈夫或者未婚夫有时就会剪掉这个女子的头发，让她受人
> 鄙视并妨害她再找伴侣。

普韦布洛人中也有关于发型的讲究，却是与上面这种用途不一样。在普韦布洛人中，准确而又具有特点的描绘中，女性都是有着两个大的发髻盘在两侧耳上。这种习俗在科约特罗（Coyotèro）阿帕奇人中也同样盛行，不过在那里，未婚的女子才盘上发髻，已婚女子就不再盘发。

根据图画文字明显不同的主题可以明确区分狩猎和陆地场景跟捕鱼和依水而居习俗，前者是内陆部落所熟悉的事项，后者则是居住在海滨或者湖边部落惯常见到的。还可以用类似却更明确的甄别模式。通常已知的历史、传统和神话等都可以用来帮助识别。那些现存或者历史上出现的部落，其已知的习惯或者流行样式同样可用，例如，一幅画上的人脸肖像，如果有唇钉或者鼻环就会让艺术家缩小探寻的范围，然后还有其他考虑因素能够帮助进一步把这个作品具体化。

当一个与众不同的部族的具体绘画风格一经确定，若这些画再出现在岩石上就提供了部落定居和迁徙的证据；另外，这些岩画作者都是作为暂时假说看待的，暂时性的假说可能被确认，同时那些符号也可以通过假定作者的已知的行为和习惯来加以解释。

第三节　意义模糊的歧义符号

在此标题之下的卡片目录标本如前所述都已呈现。这些符号未能被识别为其所要表现的事物，并且很多被错地认为表现的是另外的事物。更多此类描绘可以参见本书第十三章，关于图腾、标记和名称。

C.托马斯教授列出了图 1281 中的 *a*、*b*、*c*、*d*，作为表现乌龟的符号。

756 　　这些仅展示动物头的图片来自《科尔泰西亚（Cortesian）手抄本》。图画的意义可以通过一些了常规形式来确定，这只是众多此类例子中的一个。其他例子在本文也有列举，更多例子则参见 W. H. 霍姆斯先生的研究成果，发表在数年前的《民族学局年度报告》上。

图 1281　乌龟，玛雅

图 1282　犰狳，
尤卡坦

　　图 1282 也出现在上引卷页上，是尤卡坦犰狳的符号。

　　图 1283 展示的图画是达科他人所画图像的摹写：*a* 狐狸；*b* 黑狐狸；*c*，狼；*d*，黑鹿；*e*，海狸；*f* 带斑点的马；*g*，豪猪；*h* 白

鹰；i，秃鹰；k，乌鸦；l，燕子；m 和 n，羽饰；o，绑腿；p，枪；q，烟杆。

图 1283　达科他人的画

图 1284 中的符号是奥吉布瓦的图画。除了最后一个，这些 ⁷⁵⁷ 都选自卡卡·辛德皮（Gaga Sindobi）在明尼苏达怀特厄斯所创的符号，作为巫医（Midē）歌曲的一部分。

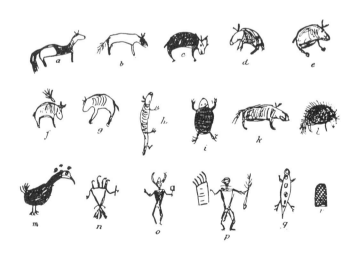

图 1284　奥吉布瓦的画

a，狼。胸部位置的黑色标记和大尾巴是在模仿森林狼的身体特征。在这首歌的作者所居住地区至今也没有发现郊狼；后者更像是草原上的动物。

b，狼。突出下颌部分表明它是食肉动物。

c，獾。尽管这个形象跟熊很像，却通过深色的身体表示灰色的皮毛，以区别于熊。

d，熊。

e，熊。这种绘制风格并不常见，熊的身子又短又胖，四肢跟耳朵却相对凸显。

f，熊神的形象，用一根羽毛覆在熊身上表示这个动物的神性特点。

g，表示"瘦熊"的形象，通过突出肋骨来显示其瘦薄。

h，蜥蜴。肋骨就是脊，这在赛热顿（*Siredon*）里的一些形象上有出现，其中一种常出现在明尼苏达的池塘或者小湖里。

i，蟾蜍。

k，浣熊。条纹的颜色在图画里有所标示。

l，豪猪。跟某些神性的熊神的形象相仿，后者有时候也这样画。

m，鹤。鹤头上三个圆点表示米代里有三首唱给鹤神的歌。

758　　*n*，雷鸟或者鹰，有四个头。这是独一无二的形象，在民族学局关于米代的资料中从来没有注意到有这个形象。

o，使用拨浪鼓的人的形象，一如在施咒仪式上。头上的投射表明这个人具有超能力。

p，米代（巫医），右手持有熊爪药袋，左手拿着箭矢。这个符号也跟表示盛器里面草药在沸腾、上面冒着蒸汽的符号类似。

q，米代（巫医）药包。这个跟奥托人的图画相似，此例中皮肤上的装饰表示这不是活着的动物。

　　r，海狸尾巴，来自斯库克拉夫特（y）。斯库克拉夫特还提供了具有同样性质的图解，几乎根据他的爱好涂上了颜色。

第二十二章 有争议的图画文字

无须着笔墨讨论那些已经发现的图画文字欺诈事件，于现在于将来都没有什么价值，但对那些饱受争议关于图画文字的事件却需要仔细讨论。

除了骗人的消遣，编造岩画的骗局并没有什么动机。要记住，一个虚假形象的着色或者刻画有时是自然造成的，比如缅因州蒙希根（Monhegan）岛带图画的岩石就被认为是表面腐蚀的畸形形式，斯库克拉夫特（z）提到这个现象的文章收在《科学》的第 6 卷，第 132 号，第 124 页。俄亥俄州下桑达斯基（Lower Sandusky）的一个墓地发现了一些云母片石板，尝试解读未果之后证明这是一种叫作图画云母或者象形文字云母的石头。矿化液在石头薄层之间渗透造成变色。

已经证实，有些所谓墓地发现的带刻印的石头确系伪造。这样造假的原因有时纯然出于恶作剧，有时出于对个人名声的追求。还有些如此谋划的案例是为增加土地的市场价值，假设一下，这里会有更多这样的物件，或者可以将这些展出的物品出售。

像雕刻的烟杆、涂绘的袍子以及其他类似古玩物件是人们最熟悉也是最便携的。众所周知，那些外行可是乐意花大价钱买这些物件的。这就激发了无限量的生产制造。代理处的印第安人就在普通袍子或者未经装饰的烟杆上画上他们常见的图画人物，毫不关心是不是确有其人其事，再以有意义的重要记录的身份出售这些物件。有些野心勃勃的商人也加入这个行列。他们购置未染色的袍子、没装饰的烟杆、颜料和其他用于此目的的材料，雇佣会这门手艺的印第安人来画上图案，这样新鲜出品的古董和想象的记录就产生了。

在埃及和巴勒斯坦制造和销售考古仿冒品是如此猖獗，也就不难理解美国商人这样的尝试，毕竟他们并没有摆脱假货（wooden-nugmeg）的罪名。民族学局发现了数个古董制造集散地。

曾经有报道，在伊利诺斯派克郡（Pike County）的肯德胡克（Kinderhook）附近的墓地发现了六块刻有字符的铜板。据说这 ⁷⁶⁰些字符跟汉字相似。后来证明这种相似毫不奇怪，因为这些铜板是当地村子的铁匠比照中国茶叶箱盖子上的文字雕刻上去的。

下面是近期一个造假案例，来自《科学》第三卷，第 58 期，1884 年 3 月 14 日，第 334 页：

N. 罗·布拉德纳（N. Roe Bradner）博士展出（在宾夕法尼亚州费城自然科学学院）了一块有纹刻的石头。这块石头是 1865 年在俄亥俄州纽瓦克古墓群的一个骷髅头里面发现的。随着这一地区开展了深入勘查，希望能发现更多有着类似符号标记的石头，却只发现了一些带有类似希伯来字母标记的石头。后来发现展出的石头是布拉德纳博士自己刻上符号放在交给他的一个骷髅头里的。

同样刊物的第 62 期第 467 页刊登了一篇编者按作为补充，如下：

来自俄亥俄纽瓦克的通讯记者提醒我们任何出自该地的有铭刻的石头都会被视为假造。几年前有几个团伙在这个地方制造了一些这样的石头，头一年的秋天把这些石头埋到地下，第二年的春天以无辜的证明人身份把这些石头挖掘出来。这些团伙中的一些人后来承认了他们的欺诈。这个地区，除了已经发现被证明是假造的有铭刻的石头，从未发现过类似物品。

《科学》的这个通讯记者或许想起了戴维·怀瑞克（David Wyrick）在纽瓦克的勾当。他想证明希伯来人建造了这个古墓群。1860 年他发现了一块石板，石板一面是摩西的狂野"肖像"和希伯来文摩西的名字，另一面是删节版的十诫。后来在维瑞克的私室发现了一本希伯来语的《圣经》，使得刻画字符的真相浮出水面。

新泽西彭伯顿（Pemberton）的一个带凹槽的石斧或石锤，首先由约翰·埃文斯（John Evans）博士描述过，后来威尔逊博士（Wilson）（a）复制了它。凹槽和斧刃的地方刻有几个字符，这些字符不是如尼字母、斯堪的纳维亚字母，也不是盎格鲁-撒克逊字母。这个石斧是 1859 年之前在新泽西彭伯顿附近发现。E. H. 戴维斯（Davis），看到这个石头，认为那些刻画并非古代的。

在他见到这个石斧之前，这些字符经过了修整润饰。

一个带有凹槽的石斧或石锤于 1874 年从俄亥俄巴特勒（Butler）郡送到了惠特尔西（Whittlesey）。这个石斧跟彭伯顿石斧大小相当，上面全是英文字母，这些字母都是新做上的，似乎根本没有打算欺骗任何一个精通古玩的人。刻画文字的内容主要是说 H. 奥吉尔（Argill）船长经过此地把 200 袋金子埋在一个泉水附近。

据报道，在密歇根大特拉弗斯湾（Traverse bay）的东岸挖出一块有雕刻的石头。这块石头的仿制品在密歇根州百年展上展出。正品则在密歇根大急流城肯特郡学院（Kent county Institute）的陈列室里。这块石头或许是用刀刻画，操作粗糙，很明显是新近制作的，上面希腊字母、吟游诗人和编造的字母没有顺序地混杂在一起。

1875 年，一个石锤在苏必利尔湖皇家岛德索尔湖（Lake Desor, Isle Royal）附近的古旧矿坑被发现，上面有些刻画，最初被看作字母。

詹姆斯 1886 年在《史密森学会报道》（1886 年 Pt.1, 319—334 页）发表了一篇具有指导性的文章——《墨西哥假造古董跟古代艺术的关系》。

第一节　格雷夫溪石

1838 年在俄亥俄河附近的格雷溪丘（Grave Greek）发现刻有铭文的岩石，但即使在那些承认这些铭文真实性的人们中间依然存在极大的分歧和争议，这些争议主要囿于语言学层面。不同的专家都认为石头上二十四个符号应该是字母，还有一个是象形文字的符号。斯库克拉夫特认为有二十二个字母，但是对它们的起源意见难以统一。一个学者找出其中四个是古希腊字母；另一个学者指出有四个是伊特鲁斯坎字母；五个被认为是如尼字母；六个是古盖尔字母；七个是厄尔斯字母；十个腓尼基字母；十四个古英文字母；十六个凯尔特伊比利亚字母（Celtiberic）。利维·宾（Levy Bing）在1975年南锡的美国主义者大会上发言指出，有二十三个是迦南字母，他还把它翻译成英语"What thou sayest, thou dost impose it, thou shinest in thy impetuous clan and rapid chamois."（你所说的一切，都是你强加于人的；在你浮躁的宗族和快速的羚羊中你闪闪发光。）莫里斯·施瓦布（Maurice Schwab）1857年提供了另一个版本："来到这个地方（这片土地）移民的首领永久地修订了法令。"奥波特（M. Oppert）提供了另一个版本的翻译，给翻译增加了多样性，适合各种风格的需要："这是在这里被杀身亡的人的坟墓。求神替他报仇，抓住凶手，切断他存在的手。"

惠特尔西（Whittlesey）给出了格雷夫溪石的六个复制件，据称都是由复写而来。这些复制件已经发表并在讨论这个石头的意义时常常用到。其中三个复制件还有惠特尔西的评论列在下面：

图1285是第一个复制件，由伊斯门上校复写。

塞思·伊斯门上校是西点军校的绘画的研究生和教师。他是一个娴熟的技师和

图1285　格雷夫溪石

　　　　　　　　　　　美洲印第安人的图画文字

画家，这一点作战部在选他为政府出版的"斯库克拉夫特的印第安部落"一书做插图时有过详述。这幅图的完成是在他的能力范围之内，石头就在他的面前，他也因此成为一等的权威。22个字母在线条之间，有一个字母重复了三次，这样就是20个字母，这个符号，如果有任何意义，无疑是图画 762 性的。

图 1286 是第三个复制件，乔马德（Jomard）先生 1843 年在巴黎使用过。

图 1286　格雷夫溪石

从这个复制件，乔马德先生认为这些字母是利比亚字母，由腓尼基字母衍化而来，上边一条线的右边那个字母缺失，另一个跟原件并不相似。第二行第五个字符同样有争议和存疑。最下边一行的第二、五、六个会好一些。在眼睛符号的下面有一个粗陋人脸侧图，一个细长十字形线与之相连，这个十字形被认为是匕首或者刀剑。对于语言学者与民族学者来说，这个复制件没有什么价值。

图 1287 是第四个复制件，1843 年在哥本哈根为拉弗恩（Rofn）教授所用。

图 1287　格雷夫溪石

这个复制件瑕疵众多，添加了很多不存在的部分，仿佛是对原件的滑稽模仿。深谙如尼字母的丹麦知名古文物研究家在这个复制件上没有找到任何跟如尼字母相似的符号，这显然并不奇怪。

由不同字母文字的字母拼凑起来的字母并不能构成字母表，而此类欺诈所得的字母并不能构成文字，更不能沟通思想。当人们借鉴某种文字的字母符号时，常常采纳符号的整体风格，更会直接借用一些具体符号。这些符号在音节和词语中已经有了固定的排列，具有语音效度与认知意义。与此相反，把不同字母文字的字母符号混杂一起的做法正可视为内部证据，即这些操作者并不能通过这些字母传达智慧，他们也并不理解作为字母选择来源的那些语言。在将格雷夫溪石铭刻视为某种智慧字母文字系统的理论指导下，徒劳寻找字母的意义而未果，充分说明格雷夫溪石铭刻并未达到那样的高度，倘或这个铭刻为真，也不过是图画性的或者表意的，除非它是某种未被揭示的密码文字。

第二节　戴顿岩

与之相关，有必要提到前述的著名戴顿岩（Dighton Rock）问题的讨论，见本书第86页。这些原初阿尔冈琴的字符被一个斯堪的纳维亚文物学家视为多尔芬-霍普福（Thorfinn-Hopeful）——的文字；一位声名显赫的东方学专家称清楚地找到了"melek"（国王）这个词；另有学者成功证明这是塞西尔字母；还有学者确定这是腓尼基字母。这些铭刻如此刻画，目前很难确定其起源细节。

整页插图 54

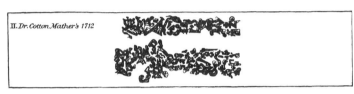

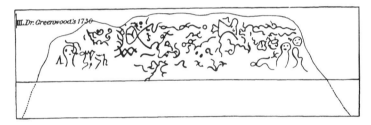

戴顿岩

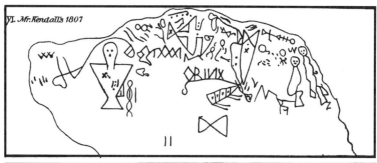

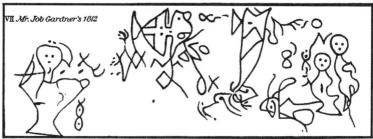

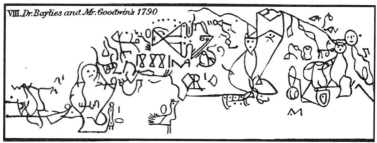

戴顿岩（续）

罗得岛历史协会于 1830 年在《北方文物皇家学会》刊发拉芬（Rafn）(e) 的《美洲文物》，提供了关于戴顿岩的最好描763述，并提供了不同时期的摹写本，参见整页插图 54。下面是拉芬文章的缩写，引用该文时"这不是印第安人所为"的说法未被允许。

戴顿岩在马萨诸塞州布里斯托尔（Bristol）郡伯克利镇，位于汤顿（Taunton）河南约六英里半，汤顿河东岸几英尺、阿索尼特（Assonet）河狭窄处西边。或许是人们总是从对岸的戴顿过来看这块岩石，所以称为戴顿文字岩。戴顿岩西北朝向河床，最高被水没过 2—3 英尺，河水最低潮的时候会有 10—12 英尺高度的石头显露出来。每 24 小时会有两次被水全部淹没。这里并不是戴顿岩的原址，在大破坏时期之后，大块岩石都被带到跟其原址河床相距甚远的地方。这是一块特征明显颗粒分明的杂砂岩，它真正的颜色——由新的擦痕可见——是蓝灰色。周围的岩石都是各种砾岩，都不可能替代这块石头来做刻画之用。在底部测量，戴顿岩正面宽 11 英尺半，高约 5 英尺多。上面与地平面构成 60 度角，整个正面到地面几英寸的地方全都是未知的象形文字。这些符号的排列看起来没有什么章法。符号刻画线条的宽度从二分之一英寸到一英寸，雕刻纹路都不是很深，有的地方最深可达三分之一英寸。根据圆润的隆起与生硬的刻印痕迹判断，戴顿石采用啄刻的方式，而非凿磨细锉。铭刻上的人工痕迹难以消除。仔细研究雕刻手工就不会认为这个石头出自印第安人之手。此外，在我们广泛的研究领域内，并未见到任何地方有他们在石头上记录历史的例证，这已经是经过验证的事实。

"委员会还研究了戴顿岩的各种临摹画。

"早在1712年科顿·马瑟（Cotton Mather）的临摹画是第一个，发表在《哲学汇刊》第28卷第338期第70、71页，还有第5卷第4篇文章之下琼斯的删减版。

"另一个是詹姆斯·温思罗普（James Winthrop）1788年的临摹画，在《美国科学院论文集》第2卷第2部分第128页可以看到其中一个复制件。

"贝利斯（Baylies）博士和古德温（Goodwin）先生1790年做了另一幅临摹画，本书有收录。

"E.A.肯德尔（Kendall）先生1807年做了另一幅临摹画，见于《美国科学院论文集》第3卷，第一部分，第165页。

"最近的一个（1812年）是乔布·加德纳（Job Gardner）的临摹画，这幅画的平面印刷版也在本书收录。

"艾萨克·格林伍德（Isaac Greenwood）博士给伦敦文物协会展示标记为1730年的一幅临摹画，这幅画收在罗得岛历史协会，标记的时间是1830年。

"依你所愿，我们寄给你这个石刻的摹写复印件，如此前所言展示这个铭刻岩石。为了供你所用，我们特别做了一个清晰的复印，因此就不再需要寄给你前面说的那个复印件。我们还寄给你贾奇·温思罗普（Judge Winthrop）在同一本书里使用的临摹画复印件，这个临摹画的作者是斯蒂芬·休厄尔（Stephen Sewell）。

764　　　"在众多临摹画中，你也许能找到丹福思（Danforth）

博士 1680 年的那个复印件，据称旨在'忠实精确再现石刻'的一个临摹画。我们没有寄；给你这个复印件是因为不知道这个对你目前研究是否有用，我们不想把那种仅仅是游客凭空变出来的奇怪物件寄到欧洲求证。事实上，我们总是乐于相信还有其他铭刻岩石，并且，那些出现在这些岩石上的复杂的三角形符号具有某种程度的相似性。"

还可以参见本书前面部分斯库克拉夫特就图 49 的阐述，有更深入的信息。本书第 87 页也提到戴顿石与宾夕法尼亚的印第安神石惊人相似的事实，还有其他人的详细说明。后来有观察者就这同一事实得出不同结论。他们假设戴顿岩上刻的是如尼文，那么宾夕法尼亚的那块石头就是由古挪威人所刻。这个逻辑就要让维京人从西弗吉尼亚和俄亥俄深入到内陆这么远的地方。

第三节　模仿与附会

那些考量，有些非常明了，其中一个就是，任何声称是前哥伦布时期的铭刻，如果有明显使用字母文字符号、黄道星座符号，或者其他高于北美印第安文化的迹象，都要谨慎接受。有时表意文字总体是真的，错误的解读却成了不被取信的唯一原因。

前面文中提到，通过让生活在印第安人中实际的图画文字使用者解读未知的美洲图画文字的做法，一定要在考虑到一切重要"发现"后才能取信。加利福尼亚州帕萨迪纳（Pasadena）的霍雷肖·N. 拉斯特（Horatio N. Rust）先生就用这个方法来研究广为讨论的达文波特石碑（Davenpont Tablet）。首先他相信这个石碑是真的。他把石碑临摹画拿去给达科他人去解读，后来将他的发现在美国科学促进协会的蒙特利尔会议上发布，并且写在一封书信里。选录如下：

> 我认识了部落里的几个老人和有学识的人，就把临摹画拿给他们看。向他们解释这是来自一块墓冢石碑的临摹画，请他们做出解释。他们毫不迟疑地就给出了相同的解释（他们都是在不知道其他解读者也看过这张图的情况下给出的解释，因此不存在合谋的可能）。达文波特石碑的第一片［《达文波特学院学报》第二卷所用编号］，下边中间的图形是一个圆顶的房子，有烟从房顶飘出，房子两边和后面有一些手拉手的人，还有三个人躺在地上。左右两边中间的边缘是太阳和月亮，整幅图有三条拱状线画在上面，拱线之间和拱线上面有一些未能识别的符号 *** 中间的图形，有些人认为是表示葬礼的柴堆，其实就是一个土屋。旁边一直到房子左边不规则的图形表示用木棍、灌木立在地上围成的篱笆。同样风格的篱笆现在可以在苏族村落见到。

> 那些人的图形手拉手站立表示他们在围着房子跳舞。房子左右三个倒卧的形象表示两名男子和一名女子，因太过激动或者跳舞导致筋疲力尽被送到外边空地恢复。倒卧形象的不同是来区别性别差异。

> 房子上弯曲或环状的图形表示烟，表明舞蹈是在冬天举行，需要生火。

一个对真岩画的穿凿事例来自 J. W. 冈尼森（Gunnison）中

尉（a），本书前面有涉及，跟图 81 有关。

图 1288 是从奥吉布瓦烟杆临摹画而来的复制画，是霍夫曼博士从一个美国军官那里得到的。这个美国军官在明尼苏达圣保罗的一个印第安人手里购得这个烟杆。仔细查看，这个烟杆很像是在圣保罗的商店里购买的，那些商店里有大量此类物件，数量如此之多，不禁让人怀疑这是日常生产而来。烟杆上的图形和符号都有颜色，这里的图没有颜色，我们根据纹章学方案用横线表示蓝色，竖线表示红色。轮廓是用深灰色，有些地方几近黑色。三角形符号表示房子，也是灰色，或者是灰白色，有些地方也接近黑色。在怀疑这个烟杆的真实性之前，对它是这样解释的：

第一个图形是熊，表示这个记录所属的人。根据手势语的表达，横线上的心形表示勇敢的心，数量表示多，所以此处三个心形图像，表示非常勇敢的心。

第二个图形，一个圆形里有三角形辐射状的形象，表示个人图腾。中间符号像是表示星星的象形文字，不过象形文字里圆盘中间的线往往不是在同一个点。

七个三角形符号表示此人所属村庄的房屋。

图 1288　仿制的图画文字

766

房屋下面紧接着的蛇形线表示村旁的溪流或者河流。

两个左手拿枪的人和一个手拿长矛的人是说话者或者记录者的同伴，他们都是龟族成员，如旁边所画动物所显示。

从左到右的曲线表示天空，太阳出现在左边或者东方地平线。目前为止，这幅图展现了鹤族的一个女性成员在清晨被杀害，由一个无头的女子身体表示。

下面的图形仍是熊，跟上边的熊的图是一样的，只是方向有了改变，转向了右边。熊的心画在了横线的下面，这是"低落"，表示伤心、悲痛、懊悔，就像是手势语中表示的那样。为了弥补罪行，制造了这只烟杆以求和平。

总的说来，这个图画所述的故事具有偶然性。这名女子应该是属于同一部落的，可以从她所属部族得知。熊在倒数第二个图中散发的忧伤气息跟这个假设吻合，因为如果是敌人死亡则不会有这样的情感表露。

这幅图最让人感兴趣之处在于，这些形象都是娴熟地抄袭自那些展现奥吉布瓦图画文字的类似符号，多是出自斯库克拉夫特。这些抄袭的图像完全以印第安同样作品的方式安排。实际上，造假团伙形成了智能型图画文字并提供制作方式绝佳解读。这些物件以虚假呈现的形式出售就是其令人讨厌的特点。

正式提交民族学局的另一个案例显示了更为明显的欺诈。1888年或者更早，一个称作"肖尼医生"的人展示了一个带有土著文凭性质的图表。这个图颜色艳丽，36×40英寸大小。一位被认为没有参与骗局的绅士把该图的复制画寄到了民族学局以求破译。图1289是这个神秘图标的复制图。解释这幅图并不困难。

边上大的图像怎么看都不像出自印第安人之手。里边小的图像，占据这副图表的大部分，都是从 G. 科博威《奥吉布瓦民族的传统历史》照搬过来，仅有极少几个例外。这些图像在科博威的书里都有详细说明。本书前面出现过几个同样符号。主要的几个例外有：第一，现代的刀子；第二，一只有着无疑不是印第安人头像的鸟；第三，一个两条横线一样长的十字图形。几个形同的图像在这幅图里有出现。来自柯普韦的图像顺序并不是跟他所列顺序完全一致，这就有可能为这些图形重新排列，来激发相关的叙述和交流。这样的做法就像将字典上的字剪下来用某种智慧的顺序重新粘贴一样。

图 1289　假造的图画文字

对图画文字阐释充满好奇的文献中有两本值得一提，一本是

Em. 多梅内克（Domenech）神父的《〈野蛮人之书〉的真相》，巴黎出版社，1861 年；W. S. 布莱克特（Blacket）的《探寻美洲失去历史》，伦敦–费城出版社，1884 年。

对此艾约瑟博士（*h*）的话十分中肯：

图 1290　汉字

早期耶稣会曾经惯用那种近乎蛮干的方式来解析汉字，他们总能用最不可思议的方式探寻到宗教的神秘。"危"这个是由"九"和上面一个覆盖其上的部件构成，见图 1290a。这个就表示撒旦是九级天使之首。图 1290b 里，汉字"船"据说带有洪水的暗示，这个字的左边是方舟，右边是表示八和人的符号。如此解析汉字的时代已经过去了。

　　　　　　　　　　　　美洲印第安人的图画文字

第二十三章　结语

　　笔者认为岩画区别于其他图画形式而对岩画加以研究，现在似乎可以对这一研究结果加以总结。

　　学习这些研究最大的收获或许在于，对象征符号的阐释不宜操之过急，除非所研究的特定符号的象征性质已经完全了解，或者能根据独立事实进行合乎逻辑的推理。岩石上的文字都具有象征性，能通过观察者的想象，或者将其与其他地区已知的类似符号互译来进行阐释。若是从这样一个理论或者假说出发就会有无尽的错觉。毫无疑问，有很多符号确实是真正的象征符号或者族徽标记，还有一些符号经外部信息验证也是此类符号。有时，较为现代的符号可以由那些依然还在使用这种图画文字的印第安人提供解释，而现代的符号也会偶尔给古老符号的理解提供启发。然而，岩石上的文字却并不神圣而充满奥秘，也未见使用密码术或者隐写术。除了少数之外，这些符号旨在让所有观察者能看懂，不管这些图画是粗陋的客观再现还是作为表意文字。即使是表意文字其实也并不成熟，还是需要阐释，但是却不需要特殊的解释工具。尽管经常与宗教仪式或者神话有关，这些图像总体上还是以跟描绘任何有趣的事物同样的旨趣来刻画。

如果可能，最好找到印第安人对岩画的诠释，不过还要警惕不能全盘接受他们的解释。他们通常对古老形式的传统意义了解不多，也仅仅能从本地有限的图画文字实践中得出结论。在所有印第安的这方面权威人士中，奥马哈人 Frank La Flêche 算是最审慎、最睿智的一个了。他认为内布拉斯加的一个岩石上的标记是逝去人的形象，同时还展示了导致他们死亡的物品，像箭和斧。然而，这可能是区域性的部落行为，不能把它应用到整个阿尔冈琴和易洛魁地区所有类似的形象解释上。在这些地区，根据那些存在超过两个世纪的同现仪式可见，这些类似的形象要么是指派部落或团体组织，要么组合起来记录他们的成就。

洛辛（*b*）对那块著名岩石上的图画符号给出下面的解释：

> 马萨萨（Me-sa-sa）或者"火鸡脚"是（莫米）战役中的勇士之一，他们是在最后韦恩军团面前撤离的斗士。火鸡脚是渥太华人的首长，深受他的人民热爱，他住在奥格莱泽河（AuGlaize R）的布兰查得斯河岔（Blanchards Fork）。他英勇无畏，显而易见。当他远远看到普雷斯克岛山脚一线战士们退让的模糊身影，他就跳上一块石头，一边大喊一边打手势，让战士们坚守阵地。立刻他就被毛瑟枪的子弹打中，倒在这块石头旁边死去。*** 就在这块石头上，人们刻上了许多火鸡的脚的粗陋形象用马萨萨的英文名字来纪念缅怀他。这块石头现在还在，就在普雷科斯岛山（Presqne Islehill）脚下的公路旁边，就在人来人往的莫米城不远处。

769

这些雕刻大都还依然清晰深刻，部分因自然的磨蚀而淡去。

这个故事或许真实，然而却不能用来解释所有包括戴顿岩到俄亥俄在内的阿尔冈琴东北地区普遍存在的火鸡脚符号。在这一地火鸡脚符号是其图画文字一个典型特点。这些符号被认为是鸟——火鸡——的符号，常常是当地图腾。洛辛的故事是印第安人准备充分的例证。那些和蔼可亲、善于沟通的印第安人常常是用一种他们认为会取悦访谈者的方式来解答疑问。他们会就任何问题提供任何想要的信息，丝毫不会受到事实粗鄙的约束。相信这样的解释就太过危险了，如我们现在所考虑的，除非这些解释是脱离那些印第安权威人士的引导问题独立思索而来的。

如前文所提到的，马柴厄斯湾（Machias bay）是陆路或者水路旅行中最为方便的落脚休息之处。如果这里的岩石性质适宜，就成为图画文字的展示处。这些符号或许就是出于闲暇的单纯涂鸦，也或许是如下面将要提到的严肃描摹。

考虑到在岩石上作画或者雕刻的动机，有些问题是确定的。一些文字是记录游客沿着常规路线经过的重要的泉或者浅滩。这种实践中，诱发印第安人如此做的原因跟文明人在旅游胜地的附近写下自己全名或者首字母的行为是相同的。然而印第安人如此做有着实际的用途，就像在酒店或者公共建筑的游客手册上签字一样，都是为了建立游客身份或者向朋友们传递到场或者经过的消息。在亚利桑那保留地的奥克利泉发现了一些图腾符号。这些符号都是同一个人在连续多次经过此地或者在这里露营时留下的。他一直保持着在这里留下这样的标记，直到后来旁边的印第安人接续下去了。关于图腾名称的重复刻画大量存在于明尼苏达的烟斗石的采石场、威斯康星的奥代纳附近、西弗吉尼亚的一些浅滩。这些图腾符号如此设计和操作似乎具有内在的价值和意义，在这个意义上完全不同于字母形式的名字，在语法上不常见，在实践中却普遍存在。

770

在瀑布和适合垂钓的河岸、湖边常会发现岩石雕刻。这些地方是印第安人周期性到访的地方。通常，就是记录他们的到来，偶尔也会记录他们与宿敌的冲突，或者与因为争夺水源而结怨的部落的冲突。

本书中有理据说明这些岩石图画上的符号有时是指向泉水、已经修建的道路或者捷径的标记。同样的指示或许也用在指引通往墓地、特别神圣之所或者有趣的地方，不过这种使用的情况并不确定。民族学局就这些印第安标记是否指示金矿、银矿、铜矿或者埋藏的宝藏做过征询。征询答复此类问题不过是民族学局作为一个政府部门的责任，不管这些问题如何荒诞可笑。不过目前为止，这些征询都是出于美好愿景。

岩画常常出现在那些至今，至少到最近，仍有原始野蛮部落生活的地方。当问到这些部落里的人"谁画了这些岩画"的时候，他们会指向超自然的存在。三个美洲地区和其他地方人们的如此表述以及在岩石书写的神祇的名字在本书中有大量的引述。除了指明这些绘画都是古老的这一事实之外，这既不奇怪，也没有启发意义。人们总是将不能理解的现象归结为超自然的行为。在当代，萨满也鼓励这种思想并加以利用，对这些图画做于他们有利的解释，有些图画就是出自他们之手。尽管有这样的错误和诡计，大部分的美洲岩画还是跟作者的神话与宗教实践有合理关系。近年来从祖尼部落、莫基部落、纳瓦霍部落和奥吉布瓦部落等获得信息都表明上述这一点是确凿的。这些部落不仅保留着传统的宗教活动，也保留着图画文字。他们的仪式和庆典在某种程度上再现了岩石上的图画。岩石上那些直到最近才完全失去意义形象，被视为仪式展演的图表部件的绘图。如果不了解这些仪式和与之关联的信仰、宇宙观，就无法解释这些岩画。除非其存世 771 时间能展示目前仪式的传统和延续，否则，现在理解这些仪式的这一事实并不能增加新的信息，

对于那些偶尔出现在旅游出版物插图的符号形象的求证务必慎之又慎，原因在于他们极少能够精准确定关于这些符号形象的描述究竟是不是正确，是真实存在，还是出于原创的。将岩石上的图画和雕刻复制的过程中难以避免人为误差，学习者就依赖这些不确定的复制品为主要学习资料。越是古老的岩画就越需要使用想象来补充那些腐蚀的线条和褪去的颜色。原图或者原型晦涩不清，复制的图片也不可能多么清楚。然而，游客和探险者们对这样图片的出版并不太过认真，要么让这样的图片变清晰，否则就不会使用。即使作者对此认真尽责，想弄清楚，最终也许还是会被出版商否决。

彻底了解历史部落，包括他们的社会学、神学、技术，特别是他们的符号语言，或许能让我们解释比现在多得多的岩画文字，但是反之却不尽然。尽管能跟其他研究模式的结果相互印证，独立研究岩石上的符号却并不会对习俗或者观念提供基本信息。掌握印第安习俗、服饰（包括发型、化妆、整个部落的分派）以及历史和传统的知识将有助于理解他们的图画。有鉴于此，上述这些对图画文字有影响作用的方面在本书中都有涉及，

那些已知带有特定含义用图画形式描摹的物品也都在本书提及。

那些象征性或者标志性使用的物品，目前为止，却没有在图画文字里发现；或许应该能发现。比如斯库克拉夫特讲到达科他人中，"一些酋长把臭鼬的皮绑在脚后跟上，表示他们从来也不会跑，因为臭鼬以缓慢和沉着而知名。"在试图解读图画文字时，这是众多需要记住的习俗之一。笔者并不了解有没有"以臭鼬皮或者一条被认为是臭鼬皮的皮被绑在人的脚后跟"作为一个单独图像来使用，就像表示勇气或者坚定的表意文字那样；不过，掌握了这个实际的使用毛皮的知识，一旦看到类似图像展示，不需要借助印第安人的任何直接说明就能做出合理解释

部分岩画，得益于其相关性，给人们以希望可以确定远古的家园和人类的迁徙。无疑，岩画惊人的相似不仅发生在毗邻的地区，还出现在相隔遥远的地方。一看到荷兰专家复制出版爪哇婆罗浮屠的浅浮雕，立刻就想到埃及的莲饰和圣蛇，亚述的角饰，希腊的霹雳，佛教的无花果树，以及其他世界上都普遍存在知名图形。如果美洲岩画被视为文本，就可以与其他形式加以比较。那么就可以相信本书中展示的美洲岩画跟东半球广为讨论的岩石上的雕刻和图画十分相似，西伯利亚的岩石雕刻和图画最具有关联性。就目前的收集来看，不同地区在风格上的相同远比形式上的类似甚至完全相同更值得研究。后者相同的意义并不确定，不同作者在意图上也许有所差别。实际上，即使在北美这样有限的区域范围内，相同形象往往有不同的意义，而不同的形象却用来表达同样的概念。

本书就有这样的例子。在巴西、委内瑞拉、秘鲁、圭亚那、墨西哥的部分地区，以及北美太平洋一线地区，其岩画的典型图

形呈现出惊人的相似。这种相似性也包括危地马拉和阿拉斯加的那些图形；就目前使用的材料来看，这些图形具有最不确定的古迹。日本和新西兰也可以纳入这个范围来比较。詹姆斯·G.斯旺在一封重要信件中谈到海达人木雕的形象时强调他的推理主要来自于比较。斯旺说，他把哈贝尔博士专著里使用的危地马拉雕塑的图片拿给不同沿海部落的印第安人看，他们都认出他所关注的那几个图片。他们还能辨识并理解F. H.库欣发表的祖尼人仪式、面具以及化装舞会场面的图片。

不需要讨论美洲人是从西往东繁衍发展，还是相反的方向，抑或是从世界的任何一个地方，目前已经认为，岩画和其他图画文字充分显示出在前哥伦布时期居住在三个美洲地区的人们曾经一度彼此交流密切，或许当时他们并未被现在的居住距离分开，绘图的风格也因此易于彼此交融。事实上，还要提一下那些不是存在于本土的影响。史前时期有日本和中国船只漂流到美洲西海岸，这是有历史统计记载的。这些非自愿的移民在绘画方面技艺高超，也就极有可能影响到他们登陆点附近的美洲人，也就融合到当地的图画文字表达上。这个假说与迁徙无关。

对岩画的兴趣是因为人们认为，一旦被诠释，岩画就能提供关于消失民族和种族记录。与这个假说相关联的是，这些制造古老岩石雕刻的人在文化上如同使用字母文字或者至少音节文字的人同样先进，也因此支撑了关于神秘墓地建造者或者其他假设的种族的理论。任何此类性质的想法都应该停止。图画文字不属于文明，当字母文字普遍使用时，图画文字就衰微了。尽管发现了一些如尼字母的痕迹，却没有任何证据表明前哥伦布时期美洲原住民使用字母文字或者音节文字。玛雅人和阿兹特克人以极快的

773

速度进入这种表达思想的模式；而达科他人和奥吉布瓦人妥实地进入进化路线。这个事实显示他们并没有走得更远。必须承认，他们是美洲大陆上在这个艺术门类中最具有代表性的部落。上述理论需要假设岩石雕刻是字母文字，因此是那些假想的已经消失的种族所做，这其实毫无依据。这种歪曲事实的想象令人头晕目眩，只有对神秘存有执念的人会对这样的灌输欢欣不已，冷静的学生对此相当排斥。

下列观点仅适用于岩石上的符号，不适用于其他物质载体上的图画文字，对此的讨论与阐述在本书中占据大部分篇幅。对于这个分野，不再需要提醒警惕狂热的理论和不实的资料。实物就在手边，其当下的使用和意义也已明了。对此不同学派的描述和阐释在本书前面章节有大量详细的讨论，此处再进行任何讨论都会落入重复。

这里还要提到另一个思路，与那几种分类有关，在前述的标题和标题之下的图例阐释中有所提及。这个思路要参照从图画文字到固定常规书写形式这种方法上进阶的角度来检视。在间接声音符号取代直接视觉符号来交流和记录之前，外来的入侵阻断了这一进化的过程。本书中这种进化的痕迹无处不在，草草读过往往不能发现，需要用心多看几遍才有所得。巴蒂斯特·古德的《冬季年度大事记》中有许多人形的图像常常跟物品关联，用以显示此人在部落中的地位或者致其死亡的疾病。在这里，表示部落和疾病的符号仅仅起限定作用。

动物和物品之间的区别如同奥吉布瓦和祖尼人器具上的图案所示，通常表示超自然或神秘，用一个线条从心延伸到嘴；在奥吉布瓦和达科他人那里，螺旋的线条表示灵魂或者灵力。在刻画动物时常常没有这样的线条，这表示是在自然状态下的动物；如若有了如上的指示和限定，就往往表示超自然的情形。在奥吉布 774瓦，跟某些仪式有关的动物在图画中常用带状或佩饰环绕，在参加仪式性唱诵舞蹈的人上也使用同样的装饰性佩带；因此环绕动物形象的佩带就表征这是个形象是超自然和神秘的，不是普通的动物。从单纯表意文字到字母文字的发展是通过使用限定成分开始的，汉字是最好的例子。

研究美洲岩画未必能直接提供具有历史意义的信息。已知的大部分都是跟他们神话和日常社会相关的啄刻、雕刻和图画。当然这些大都是为了记录事件的，然而这些事件却往往只是对作者当时而言很重要的事件，未必具有历史重要性。如果真如预计的那样，他们如同现代印第安图画文字作者那样选择事件，他们常常选取一些并不重要的战斗，一些丰年、荒年，或者其他一些早已经不再感兴趣的情形。

这就会产生一个疑问，既然这些岩画仅能提供这么一点儿获得历史信息的可能性，为什么还要花费如此精力来搜集研究？只有搜集整理之后才能确定上述事实是否合理，也才能给调查研究划定一个界限，特别是那些以充满神秘主义的资料来支撑的伪假说。这样的答复才能算是充分的。尽管岩画并未也或许将不会提供那些热情拥趸者所希望的信息，它们依然具有价值，标志着人类进化阶段上的一个脚步，也展示了人类早期生活实践的样貌。尽管出现在岩画上的场景事物只是吸引了创作者，被他们记录标识下来，虽然这在历史事实的角度并没有太大的重要性，这些资料却是合适的研究对象，仅仅就是因为这是创作者感兴趣的主要事物，也因此具有了民族学的重要性。不能否认，岩石上的一些图画并没有明确的创作意图，仅仅是为了消磨时光。即使这样的单纯涂鸦也是具有重要性的。图画中的人物以及绘制操作的方法可以揭示创作者的情况。如果不能说明创作者是谁，至少可以显示对于艺术、习俗或者宗教而言他是什么样的人。有一个宽泛的方法可以来评价已知的图画文字。就像音乐家无需语言就能高度赞美伟大作曲家的才华，表意文字——图画文字的主要形式——以无声的方式原始而又现实地展现了更高更纯的思想概念。

根据笔者的经验，为他们着想，有必要给游人或者其他研究者一些建议。他们或许会见到那些他们或许想要复制描述的岩画。

775　大型岩石刻印的小幅图像往往会让人怀疑其完成程度甚至制造目的，因此，附标绘制比例、给出作品尺寸作为指南是每一个复制图画必不可少的部分。普通岩画与实际大小的常用复制比例是1：16；复制件要包含足够的细节以展现形象。展示岩石巨砾的岩性特质也有必要。岩画是画在岩石表面，还是用尖锐工具刻画雕刻，刻画的深度是多少；这个图案是仅有轮廓，还是整个形态都啄刻出来了；是在啄刻的表面涂色，还是仅用色彩来操作。如果可能还要确定颜料的成分。风化、侵蚀、日晒的程度以及其他造成其古旧的因素都很重要。如果原色不能再现，则可以使用普通的纹章方案颜色。

即便是出自娴熟的画家，草图的精确性也值得商榷。最常被仔细研究的图画文字的复制件之间的差异矛盾恰说明这一点。那些复制件之间的差异有时恰恰把最需要诠释的部分弄得模棱两可。草图——或者更好些——照片最好能呈现这些形象连续整体的情形以及发现它们的表面。在可操作时，要学会用"挤"来获得细节的精确。

获得岩画挤压效果——即使线条足够深入来接受印象——的简单方法是使用质地疏松的蕉麻纸。将蕉麻纸铺开，濡湿表面，然后就可以从顶边开始操作了。顶边可以暂时用淀粉或者面粉糊封住，用软鬃毛刷将蕉麻纸熨帖到岩石表面，将纸张轻轻压进刻痕纹路，纸上难免出现破损，撕破的地方就用另外的湿纸块糊上，直到整个纸面都没有破裂之处。然后在整个纸面涂上如前面提到的普通浆糊，在上面再铺上一张濡湿柔软的纸，用刷子使之熨帖，如此过程，大概贴上三、四层的纸。及至纸干透，由于收缩原理，整个倒模会自动脱离。不过如果之前顶边用面粉糊住的糊，就需要用刀子轻轻切离。整张纸可以卷起来，如果太大造成不便，也可以分成几小块，只是要标记清楚，以备将来使用。不过这个过程得到的是阴刻，要得到阳刻，需要在阴刻的里面一层涂上油，在阴刻模本上重复上述的步骤。

涂上亮色或者在浅色表面的形象要用描画麻布来描绘，就像地志学者那样。如果岩石颜色深，人物模糊不清，首先要用彩色 776
蜡笔、红粉笔或者水彩（用刷子涂画）等将形象勾出轮廓，用平纹细布铺在表面并按压以吸附足够的颜料，这样就能标识出大体形态和相对位置。在这样的按压之后，在细布背面就可以画上轮廓，或者在阴刻上描绘，就能得到真实的位置。

传统获得轮廓的方法是清理凹雕线条，重重涂色，然后用平纹细布压在刚涂过色的刻件上。这种方法最被诟病的地方在于对刻印原件的破坏。如果这是唯一可用的方法，在操作前要将所有要被涂色的细节部分记录下来。

岩画发现的地点要详细记录，包括州（或保留地）、郡、镇的信息，以及与最近的邮局、火车站、国家公路的距离和方向。此外，附近的溪流、山丘、崖壁或其他著名的自然特点的名称也要给出。鉴于变更频繁，土地主人的名字只有暂时的意义，描述地点要极尽详细，包括自然地貌特点和地质演变历史。如果岩画有编号成组出现，它们彼此之间、与罗盘指针或者其他地志学特点的关系就要特别注意，可能的话最好实地考察，否则就通过数字和草图表现。

下面的细节要特别注意：岩石的朝向；出现小道或者岔口（可能用来缩短旅行距离）；墓地和洞穴的地点，或者附近；古代的营地，陶器碎片、火石条或者其他丢弃物；当地原住民的遗迹，特别是用来啄刻的火石（或可在岩画出现的岩石底部找到）；用来准备颜料的小臼坑。

参照出现在其他载体的图画文字，要标明其出现的载体材质和操作所使用的确切工具。本书其他部分提供了此类例证。

与各种图画文字做参照时，要记住仅仅描述不做具体形象的呈现是没有价值的。与之相关的年代、起源、传统都要一一落实确定。住在图画文字发现地点的人对其解读最有价值，他们或者就在使用这种图画文字，或者跟曾使用这些图画文字人同一部族。对于那些习俗的、宗教的或者与手势语有关的符号，当地人的解释最具价值。

引用文献列表说明

为方便读者查阅引用来源，此处以字母表为序给出引用出处列表。单独列表于此，一则避免了文中脚注对页面视图效果的损伤，二则避免了因多次引用致使引用出处缩略版本重复出现造成的行文拖沓。此表既不是严格意义上本研究课题的参考文献，亦非本书作者在写作时所查阅研读书籍与手稿的罗列。此表的目的不在于参考文献罗列得详尽精准，因此，在这个列表中除了少数具有特别价值的著作外，多数的书名、标题均以缩略形式出现。此表旨在列出本书中确有引用的文献，当然也有例外，即一些文献虽然被引用，鉴于其声名甚隆且无版本的困扰，并未收录于此表中。一旦引用某文献，在引用处常会有充分的介绍。当文中所提的文献特别重要时，就会写出作者，在作者姓名之后以圆括号内含斜体的英文字母标识。在此表中根据字母表顺序找到作者姓名，就可以在作者名下看到这些斜体的字母，其后还有所引文献的版本信息、卷目和页码，有时还会根据需要增加某些列举的参考来源。

例如，斯库克拉夫特著述甚丰，他的著作首次在本书的第35页出现时，引文出处就是如此：在斯库克拉夫特名字后面写上（a），在本表中翻至 Schoolcraft 这个名字时，就会看到其后有著作说明及出现在字母（a）后面的"I.P.351"字样。斯库克拉夫特在本书中引用频次很高，以至于多数字母都被逐个用上。事实上有些字母还多次反复出现，皆因文中几处引用均来自同一文献的同一页面或者插图。可见，如果使用脚注的方式，仅这一个作者就需要至少 30 条脚注，或者相应文字在文中加以说明。使用我的方法仅需 30 个斜体字母分布于文中各个引用之处。

当某一引用文献有多个版次时，本表的简洁之处就得以彰显。所有出版物中最麻烦的就是刘易斯和克拉克（Lewis and Clarke）的《日志》（Travel）。第 419 页出现在他们名字之后的字母（a）在同一姓名的列表之下不断重复，均指向本书的第 66 页。

当带圆括号的斜体字母置于某著作名之前说明该文献并未被具体引用，仅是整体作为参考。同样，没有出现斜体字母的著作也属此类。有时，杂志或者期刊的题名在列表中出现并未加注卷册及页码。此种情况多是因其为权威刊物众所周知。通常为了避免重复，仅仅对期刊给出简略参考。为了避免参考文献的冗长拖沓，本书采用这一简化的方式，给读者查阅检索引用出处提供实际帮助。不可否认，有时候，科学的严谨缜密会因简化便捷有所损伤。

引用文献列表

ADAIR (James).

The History of the American Indians; particularly those Nations adjoining to the 778 Mississippi, East and West Florida, Georgia, South and North Carolina, and Virginia.***By James Adair, Esquire, a Trader with the Indians, and Resident in their Country for Forty Years. London; 1775. 4°.

> (*a*) p. 389.

AMERICAN ANTHROPOLOGIST.

The American Anthropologist, published quarterly under the auspices of the Anthropological Society of Washington. Washington, D. C. Vol. I [-vi]. 8°.

> (*a*) ii, 1889, No. 4, p. 323. (*b*) ibid., p. 524.

AMERICAN NATURALIST.

The American Naturalist, a monthly journal devoted to the natural sciences in their widest sense. Philadelphia. Vol. I [-xxvii]. 8°.

AMERICAN PHILOSOPHICAL SOCIETY.

Proceedings of the American Philosophical Society, held at Philadelphia, for promoting useful knowledge. Philadelphia (Penna.). Vol. I [-xxx]. 8°.

> (*a*) xxix, p. 216.

ANDREE (*Dr.* Richard).

Das Zeichnen bei den Naturvölkern. Separatabdruck aus den Mittheilungen der Anthropologischen Gesellschaft in Wien. Bd. xvii, der neuen Folge Bd. vii. Wien; 1887. 8°.

> (*a*) p. 6. (*b*) p. 4. (*c*) ib. (*d*) p. 8. (*e*) p. 5.

Ethnographische Parallelen und Vergleiche, von Richard Andree. Mit 6 Tafeln und 21 Holzschnitten. Stuttgart; 1878. 8°.

> (*a*) p. 260. (*b*) p. 194.

ANTHROPOLOGICAL INSTITUTE OF GREAT BRITAIN AND IRELAND.

The Journal of the Anthropological Institute of Great Britain and Ireland. London; 1872 [-1892]. 8°.

(*a*) xix, May, 1890, p. 368. (*b*) xvi, Feb., 1887, p. 309. (*c*) i, 1872, p. 334. (*d*) x, Feb., 1880, p. 104. (*e*) iii, Feb., 1873, p. 131. (*f*) xvii, Nov., 1887, p. 86.

ANTHROPOLOGICAL SOCIETY OF TŌKYŌ.

See *Tōkyō Anthropological Society of.*

ANTHROPOLOGIE.

See *L'Anthropologie.*

ANTHROPOLOGISCHE GESELLSCHAFT IN BERLIN.

See *Berliner Gesellschaft für Anthropologie.*

ANTHROPOLOGISCHE GESELLSCHAFT IN WIEN.

Mittheilungen der Anthropologischen Gesellschaft in Wien. In Commission bei Alfred Hölder, k. k. Hof- und Universitäts-Buchhändler. Wien; 4°.

(*a*) xvi, iii. and iv. Heft, 1886, Tafel x.

APPUN (C. F.).

Südamerikanischen, mit Sculpturen bedeckten Felsens. In Verhandlungen der Berliner Gesellschaft für Anthropologie, Ethnologie und Urgeschichte. Berlin; Mai. 1877.

(*a*) pp. 6 and 7, Pl. xvi.

ARARIPE (Tristão de Alencar).

Cidades Petrificades e Inscripções Lapidares no Brazil. By Tristão de Alencar Araripe In Revista Trim, do Inst. Hist. e Geog. Brazil, Tome L, 2° folheto. Rio de Janeiro; 1887.

(*a*) p. 275 et seq. (*b*) p. 291. (*c*) p. 277.

779 **ARCHAIC ROCK INSCRIPTIONS.**

Archaic Rock Inscriptions; an Account of the Cup and Ring Markings on the Sculptured Stones of the Old and New Worlds. *** A Reader, Orange Street, Red Lion Square, Loudon; 1891. Sm. 8°.

AUSLAND, *Das*

Das Ausland. Wochenschrift für Erd- und Völkerkunde. Herausgegeben von Siegmund Günther. Stuttgart. Verlag der J. G. Cotta'schen Buchhandlung, Nachfolger. 4°.

(*a*) 1884, No. 1, p. 12.

BANCROFT (Hubert Howe).

The Native Races of the Pacific States of North America. By Hubert Howe Bancroft. San Francisco; 1882. Vol. i [-v]. 8°.

(*a*) i, p. 379. (*b*) i, p. 48. (*c*) i. p. 332. (*d*) ii, p. 802. (*e*) i, p. 333. (*f*) i, p. 387. (*g*) i, p. 403. (*h*) ii, p. 374. (*i*) iv, pp. 40–50.

BANDELTER (A. F.).

Report of an Archæological Tour in Mexico in 1881. By A. F. Bandelier. Papers of the Archæological Institute of America. American Series, ii. Boston; 1884. 8°.

(*a*) p. 184.

BARTLETT (John Russell).

Personal Narrative of Explorations and Incidents in Texas, New Mexico, California, Sonora, and Chihuahua, connected with the United States and Mexican Boundary Commission, during the years 1850, ' 51, ' 52, and ' 53. By John Russell Bartlett, United States Commissioner during that period. New York; 1854. 2 vols. 8°.

(*a*) II, pp. 192–206. (*b*) ibid., pp. 170–173.

BASTIAN (A.).

(*b*) Amerika's Nordwest-Küste. Neueste Ergebnisse ethnologischer Reisen. Aus den Sammlungen der königlichen Museen zu Berlin. Herausgegeben von der Direction der ethnologischen Abtheilung. Berlin; 1884. Folio.

Ethnologisches Bilderbuch (mit erklarendem Text) , 25 Tafeln. Von Adolf Bastian. Berlin; 1887. Folio.

(*a*) Pl. VI.

BELDEN (G. P.).

Belden, the White Chief, or Twelve Years among the Wild Indians of the Plains. From the diaries and manuscripts of George P. Belden. *** Edited by Gen. James S. Brisbin, U. S. A. Cincinnati and New York; 1870. 8°.

(*a*) p. 277. (*b*) p. 145. (*c*) p. 144.

BERLINER GESELLSCHAFT FÜR ANTHROPOLOGIE.

Verhandlungen der Berliner Gesellschaft für Anthropologie, Ethnologie und Urgesehichte. Redigirt von Rud. Virchow. Berlin. 8°.

(*a*) No. 20, March, 1886. (*b*) Sitzung 16, November, 1889, p. 655. (c) ibid., p. 651. (*d*) March 20, 1886, p. 208.

BERTHELOT (S.).

Notice sur les Caractères Hiéroglyphiques Gravés sur les Roches Volcaniques aux iles Canaries. In Bulletin de la Société de Géographie, rédigé avec le Concours de la Section de Publication par les Secrétaires de la Commission Centrale. Sixième Série, Tome Nenvième, année 1875. Paris; 1875.

(*a*) p. 117et seq. (*b*) p. 189.

BERTHOUD (*Capt.* E. L.).

(*a*) In Kansas City Review of Science and Industry, VII, 1883, No. 8, pp. 489, 490.

BLOXAM (G. W.).

Aroko, or Symbolic Letters. In Journal Anthrop. Inst. Great Britain and Ireland. 1887.   780

(*a*) pp. 291 et seq. (*b*) p. 295. (*c*) p. 298.

BOAS (Dr. Franz).

Report on the Northwestern Tribes of the Dominion of Canada. In Report of the Fifty-ninth Annual Meeting of the British Association for the Advancement of Science. London; 1889.

(*c*) p. 12. (*e*) pp. 852, 853. (*f*) p. 841.

Felsenzeichnung von Vancouver Island. In Verhandlungen der Berliner Gesellschaft für Anthropologie, ausserordentliche Sitzung am 14. Februar 1891.

(*a*) p. 160. Fig. p. 161.

The Houses of the Kwakiutl Indians, British Columbia. In Proceedings of the U. S. National Museum for 1888. Washington. 8°.

(*b*) pp. 197 et seq. (*d*) p. 212, Pl. xi. (*g*) p. 208.

BOBAN (Eugène).

Documents pour servir à l'Histoire du Mexique. Catalogue raisonné de la Collection de M. E. -Eugène Goupil (Ancienne coll. J.-M.-A. Aubin). Manuscrits figuratifs et autres sur papier indigène d'agave Mexicana et sur papier européen antérieurs et postérieurs à la Conquête du Mexique. (xvie siècle). Avec une introduction de M. E. -Eugène Goupil et une lettre-préface de M. Auguste Génin. Paris; 1891. 2 vols. 4°, and atlas folio.

(*a*) ii, p. 273. (*b*) ii, pp. 331, 342.

BOCK (Carl).

The Head-Hunters of Borneo: A narrative of travel up the Mahakkam and down the Barrito; also journeyings in Sumatra. By Carl Bock. London; 1881. 8°.

(*a*) p. 67. (*b*) p. 41.

BOLLER (Henry A.).

Among the Indians. Eight years in the Far West: 1858—1866. Embracing sketches of Montana and Salt Lake. By Henry A. Boiler. Philadelphia; 1868. 12°.

(*a*) p. 284.

BOSCAWEN (W. St. Chad).

The Prehistoric Civilization of Babylonia. In Journal of the Anthropological Institute of Great Britain and Ireland, Vol. viii, No. 1; August, 1878.

(*a*) p. 23.

BOSSU (*Capt.*).

Travels through that part of North America formerly called Louisiana. By Mr. Bossu, captain in the French marines. Translated from the French by John Rheinhold Forster. Illustrated with Notes, relative chiefly to Natural History. London; 1771. 2 vols. 8°.

(*a*) i, p. 164.

BOTURINI (Benaduci).

Idea de una Nueva Historia General de la América Septentrional, fundada sobre material copioso de Figuras, Symbolos, Caracteres y Geroglíficos, Cantares y Manuscritos de Autores Indios, ultimamente descubiertos. Dedicada al Rey N^{tro} Senor en su real y supremo consejo de las Indias el Cavallero Lorenzo Boturini Benaduci, Senor de la Torre, y de Pono. Madrid; 1746. 4°.

(*a*) pp. 54−56.

BOURKE (*capt.* John G.).

781 The Snake-Dance of the Moquis of Arizona; being a Narrative of a Journey from San ta Fé, New Mexico, to the Villages of the Moqui Indians of Arizona, etc. By John G. Bourke, Captain. Third U. S. Cavalry. New York; 1884. 8°.

(*f*) p. 120.

The Medicine Men of the Apaches. By John G. Bourke, Captain, Third Cavalry, U. S. Army. In the Ninth Annual Report of the Bureau of Ethnology.

(*a*) p. 550 et seq. (*b*) p. 562. (*c*) ib. (*d*) p. 580. (*e*) p. 588. (*f*) ib.

BOVALLIUS (Carl).

Nicaragnan Antiquities. By Carl Bovallius; pub. by Swed. Soc. Anthrop. and Geog. Stockholm; 1886. 8°.

(*a*) Pl. 39.

BOYLE (David).

4th Ann. Rep. Canadian Institute, 1890.

(*a*) p. 23. (*b*) ib.

BRANSFORD (Dr. J. F.).

Archæological Researches in Nicaragua. By J. F. Bransford, M. D., Passed Assistant Surgeon, U.S. Navy. [Constitutes No. 383, Smithsonian Contributions to Knowledge.] Washington; 1881.

(*a*) p. 64, fig. 123. (*b*) p. 65.

BRASSEUR DE BOURBOURG (*Abbé Charles Étienne*).

See *Landa.*

BRAZILEIRO, REVISTA TRIMENSAL.

See *Revista Trimensal do Instituto Hist. e Geog. Brazileiro.*

BRINTON (*Prof.* Daniel G.).

On the "Stone of the Giants." In Report of the Proceedings of the Numismatic and Antiquarian Society of Philadelphia for the years 1887 — 1889. Philadelphia; 1891.

(*a*) p. 78 et seq. (*c*) ib.

On the Ikonomatic Method of Phonetic Writing, with special reference to American Archæology. Read before the Am. Philosoph. Soc. Oct. 1, 1886.

(*b*) p. 3.

The Names of the Gods in the Kiche Myths, Central America. By Daniel G. Brinton, M. D. Separate and in Proc. Am. Philos. Soc. 8°

(*d*) xix, p. 613.

(*e*) The Maya Chronicles. Edited by Daniel G. Brinton, M. D. Philadelphia; 1882. 8°. Number 1 of Brinton's Library of Aboriginal American Literature.

(*f*) The Lenape and their Legends, with the complete text and symbols of the Walam Olum. By Daniel G. Brinton, M. D. Philadelphia; 1885. 8°.

(*g*) The Myths of the New World. *A treatise on the symbolism and mythology of the red race of America.* By D. G. Brinton. New York; 1876. 8°.

BROWN (Chas. B.).

The Indian Picture Writing in British Guiana. By Charles B. Brown. In Journal of the Anthropological Inst. of Gt. Britain and Ireland.

(*a*) ii, 1873, pp. 254–257.

BROWN (Edward).

The Pictured Cave of La Crosse Valley, near West Salem, Wisconsin. In Report and Collections of the State Historical Society of Wisconsin for the years 1877, 1878, and 1879, Vol. VIII, Madison; 1879.

(*a*) pp. 174–181, Figs. 2, 5, 9, 14.

BRUXELLES, SOCIÉTÉ D'ANTHROPOLOGIE DE.

See *Société d'anthropologie de Bruxelles.*

BUCKLAND (Miss A. W.).

On Tattooing. In Journal Anthrop. Inst. Gt. Britain and Ireland, XVII, No. 4. May, 1888.

(*a*) p. 318 et seq.

BUREAU OF ETHNOLOGY.

Annual Reports of the Bureau of Ethnology to the Secretary of the Smithsonian Institution. Washington. Roy. 8°. I [-x].

First Annual Report [for 1879–' 80]. 1881. Sign Language among North American Indians compared with that among other peoples and deaf mutes. By Garrick Mallery. pp. 263–552.

(*a*) p. 498.

Same Report. A Further Contribution to the Study of the Mortuary Customs of the North American Indians. By Dr. H. C. Yarrow. Act. Asst. Surg. U. S. A. pp. 87–203.

(*a*) p. 195.

Fourth Annual Report [for 1882–'83]. 1886. Pictographs of North American Indians. A Preliminary Paper. By Garrick Mallery. pp. 3–256.

References to other authors in this series appear under their respective names.

CADILLAC (*Capt.* de Lamothe).

(*a*) Collier qui doit être porté a Montréal. In Margry, Part v, pp. 290–291.

(*b*) In Margry, Part v, p. 90.

CANADA. ROYAL SOCIETY OF.

Proceedings and Transactions of the Royal Society of Canada. I [-Ix]. Montreal and Toronto. Large 4°.

CANADA, Report of the Deputy Superintendent-General of Indian Affairs of. Ottawa; 1879. 8°.

(*a*) p. 113.

CANADIAN INSTITUTE.

Proceedings of the Canadian Institute of Toronto, being a continuation of the Canadian Journal of Science, Literature, and History. 20 vols, in 3 series, commencing 1852. Toronto. First series 4°, last series 8°.

CARNE (Perrier du).

(*a*) In L'Anthropologie, II, 1891, No. 2, p. 269.

CARPENTER (Edward).

From Adam's Peak to Elephanta. Sketches in Ceylon and India. By Edward Carpenter. London; 1892. 8°.

(*a*) p. 129.

CARTAILHAC (Émile).

La France préhistorique d'après les sépultures et les monuments. Par Émile Cartailhac. Paris; 1889. 8°.

    (*a*) p. 234.

CARVER (*Capt.* Jonathan).

Travels through the Interior Parts of North America, in the years 1766, 1767, and 1768. By J. Carver, esq., captain of a company of Provincial troops during the late war with France. Illustrated with copper plates. London; 1778. 8°.

    (*a*) p. 418. (*b*) ib. (*c*) p. 357.

CATLIN (George).

Letters and Notes on the Manners, Customs, and Condition of the North American Indians. Fourth edition. London; 1844. 2 vols. 8°.

    (*a*) II, p. 98.

783

CHAMPLAIN (*Le Sieur* Samuel de).

Les voyages de la Nouvelle France occidentale, dicte Canada, faits par le Sieur de Champlain Xainctougeois, Capitaine pour le Roy en la Marine du Ponant, & toutes les Descouuertes qu'il a faites en ce païs depuis l'an 1603 jusques en l'an 1629, Où se voit comme ce pays a esté premierement descouuert par les François, sous l'authorité de nos Roys tres-Chrestiens, jusques au règne de sa Majesté à présent régnante Lovis XIII. Roy de France & de Nauarre. Auec vn traitté des qualitez & conditions requises à un bon & parfaict Nauigateur pour cognoistre la diuersité des Estimes qui se font en la Nauigation; Les Marques & enseignments que la prouidence de Dieu a mises dans les Mers pour redresser les Mariniers en leur routte, sans lesquelles ils tomberoient en de grands dangers. Et la manière de bien dresser Cartes marines avec leurs Ports, Rades, Isles, Sondes & autre chose necessaire à la Nauigation. Ensemble une Carte gēnēralle de la description dudit pays faicte en son Meridien selon la dēclinaison de la guide Aymant, & un Catechisme ou Instruction traduicte du François au langage des peuples Sauuages de quelque contrée, avec ce qui s'est passé en ladite Nouuelle France en l'année 1631. Paris; 1632. Sm. 4°.

Œuvres de Champlain publiées sous le patronage de l'Université Laval par l'abbé C. H. Laverdière, M. A., professor d'histoire à la faculté des arts et bibliothécaire de l'université; Seconde édition. Québec; 1870. [6 vols. Sm. 4° (the fifth in two parts) , paged consecutively at bottom. 2 p. ll., pp. i-lxxvi, 1-1478,1l. The pagination of the original edition appears at the top. Vol. v is a reprint in facsimile as to arrangement, of the 1632 edition of Les Voyages].

    (*a*) v, 1st pt., p.159. (*b*) ib. 157. (*c*) III, p. 57. (*d*) v, 2d pt., p.40. (*e*) III, p. 194. (*f*) II. p. 19.

CHAMPOLLION (Jean Francois, *le jeune*).

Grammaire Egyptienne, on principes généraux de l'écriture sacrée égyptienne appliquée à la représentation de la laugue parlée. Publiée sur le manuscrit autographe. Paris; 1836-' 41. Sm. Folio.

(*a*) p.113. (*d*) p. 519. (*g*) p. 91. (*h*) p. 57.

Dictionnaire Egyptien, en écriture hiéroglyphique; publié d'après les manuscrits autographes, par M. Champollion-Figeac. Paris; 1842–' 44. Folio.

(*b*) p. 429. (*c*) p. 31. (*e*) p. 1. (*f*) p. 3.

CHARENCEY (*Count* Hyacinthe de).

(*a*) Des Couleurs considérées comme Symboies des points de l'Horizon chez les Peuples. From Actes de la Société Philologique. Tome vi, No. 3, Oct., 1876; Paris; 1877.

Essai sur la symbolique des points de l'horizon dans l'extrême orient. Hyacinthe de Charencey. Caen; 1876. 8°.

CHARLEVOIX (*Père* F. X. de).

History and General Description of New France. By the Rev. Père François Xavier de Charlevoix. Translated with Notes by John Gilmary Shea. New York; 1866—1872. 2 vols. Imperial 8°.

(*a*) I, p. 266.

CHAVERO (Alfredo).

La piedra del Sol. Estudio arqueológico por Alfredo Chavero. In Anales del Museo Nacional de México.

(*a*) III, p.124.

CLEMENT (Clara Erskine).

A Handbook of Legendary and Mythological Art. By Clara Erskine Clement. Boston; 1883. Small 8°.

(*a*) p. 7.

784

COALE (Charles B.).

Life and Adventures of William Waters. By Charles B. Coale. Richmond; 1878. 12°.

(*a*) p. 136.

COMMISSION SCIENTIFIQUE AU MEXIQUE.

See *Mexique, Mission Scientifique au.*

CONDER (*Maj.* Claude R.)

Hittite. Ethnology. In Journal Anthropological Institute of Great Britain and Ireland, xvii, pt. 2, Nov., 1887.

(*d*) p.141.

Palestine Exploration Fund. Quarterly Statement for July, 1881. London; 1881.

(*a*) pp. 214–218. (*c*) p. 16.

On the Canaanites. In Journal of the Transactions of the Victoria Institute, Vol. xxiv, No. 93. London; 1889, pp. 56–62.

(*b*) p. 57.

CONGRÈS INTERNATIONAL DES AMÉRICANISTES.

Compte-rendu de la cinquiéme session, Copenhague, 1883. Copenhague, 1884. 8°.

CONTRIBUTIONS TO NORTH AMERICAN ETHNOLOGY.

Vol. I [-vi]. Washington. Government Printing Office; 1877 [-1890]. 4°.

(Department of the Interior. U. S. Geographical and Geological Survey of the Rocky Mountain Region. J. W. Powell in charge.)

COOPER (W. R.).

The Serpent Myths of Ancient Egypt. By W. R. Cooper, F. R. S. L. London; 1873. 8°.

    (*a*) p. 24. (*b*) p. 43.

COPE (*Prof.* E. D.).

Report on the Remains of Population observed in Northwestern New Mexico. By Prof. E. D. Cope. In Report upon United States Geographical Surveys west of the one hundredth meridian, in charge of First Lieut. Geo. M. Wheeler. 7 vols. Washington, 4°.

    (*a*) VII, 1879, p. 358.

COPWAY (G.).

The Traditional History and characteristic sketches of the Ojibway Nation. By G. Copway, or Kah-gi-ga-gah-bowh, chief of the Ojibway Nation. London; 1850. Sm. 8°.

    (*a*) p. 134. (*b*) p. 136. (*c*) pp. 135, 136. (*d*) p. 135. (*e*) p. 134. (*f*) p. 135. (*g*) p. 134. (*h*) ibid.

CRANE (*Miss* Agnes).

Ancient Mexican Heraldry. By Agnes Crane. In Science, Vol. xx, No. 503.

    (*a*) p. 175.

CRAWFURD (John).

History of the Indian Archipelago. By John Crawfurd ***. Edinburgh; 1820. 3 vols. 8°.

    (*a*) I, p. 290.

CRONAU (Rudolf).

Geschichte der Solinger Klingenindustrie. Von Rudolf Cronau. Stuttgart; 1885. Folio.

    (*b*) p. 17. (*c*) pp. 18, 19.

Im Wilden Westen. Eine Künstlerfahrt durch die Prairien und Felsengebirge der Union. Von Rudolf Cronau. *** Braunschweig; 1889. 8°.

    (*a*) p. 85.   785

CUMMING (R. Gordon).

Sporting Adventures in South Africa. By Gordon Cumming. London; 1856. 2 vols. 8°.

    (*a*) I, p. 207.

CURR (Edward M.).

The Australian Race. By Edward M. Curr. London; 1886. 3 vols. 8°, and folio atlas.

    (*a*) I, p.149 et seq. (*b*) ibid., p. 94. (*c*) III, p. 544, (*d*) I, plate facing p. 145.

CUSHING (Frank Hamilton).

Preliminary Notes on the origin, working hypothesis and primary researches of the Hemenway Southwestern Archæological Expedition. In Congrès International des Américanistes. Compte-rendu de la septième session. Berlin; 1890.

    (*a*) p. 151.

D'ALBERTIS (L. M.).

New Guinea; What I did and what I saw. By L. M. D'Albertis. Boston; 1881. 2 vols. 8°.

(*a*) II. p. 66. (*b*) ibid., p. 301. (*c*) I. pp. 213, 215, 519. (*d*) I, 262 and 264.

DALL (William H.).

On Masks. Labrets and certain aboriginal customs, with an inquiry into the bearing of their geographical distribution. In Third Annual Report of the Bureau of Ethnology, Washington, 1885; pp. 67−202.

(*d*) p. 75. (*e*) p. 111.

Contributions to North American Ethnology , I.

(*a*) p. 79. (*f*) p. 86.

Alaska and its Resources. London; 1870. 8°.

(*a*) p. 142. (*b*) p. 412. (*c*) p.95.

D'ALVIELLA (*Count* Goblet).

The Migration of symbols. By the Count Goblet D'Alviella. In Popular Science Monthly; 1890. (Sept. and Oct.) (Trans. from Révue des Deux Mondes; Paris; May 1, 1890, p. 121.)

(*a*) pp. 674. 779. (*b*) p. 676. (*c*) p. 677.

DAVIDSON (Alexander) and **STRUVÉ** (Bernard).

History of Illinois from 1673 to 1884, by Alexander Davidson and Bernard Struvé. Springfield, [1].; 1884. 8°.

(*a*) p. 62.

DAVIS (W. W. H.).

The Spanish Conquest of New Mexico. By W. W. H. Davis. Doylestown, Pa.; 1869. 8°.

(*a*) p. 405. (*b*) p. 292.

DAWSON (*Dr*. George M.).

Notes on the Shuswap people of British Columbia. By George M. Dawson, LL. D. F. R. S., Assistant Director Geological Society of Canada. In Transactions of Royal Soc. of Canada, Section II, 1891.

(*a*) p. 14.

DE CLERCQ (F. S. A.).

Ethnographische Beschrijving van de West- en Noordkust van Nederlandsch Nieuw-Guinea door F. S. A. De Clercq, met medewerking van J. D. E. Schmeltz. Leiden; 1893. 4°.

(*a*) p. 31.

DELLENBAUGH (F. S. A.).

The Shinumos. A Prehistoric People of the Rocky Mountain Region. By F. S. Dellenbaugh. In Bull. Buffalo Soc. Nat. Sciences; Buffalo, N. Y.; Vol. III, 1875 — 1877.

(*a*) p. 172.

786 **DE SMET** (*Rev*. Peter).

See Smet (*Père* Peter de).

DE SCHWEINITZ (*Bishop* Edmund).

The life and times of David Zeisberger, the western pioneer and apostle of the Indians.

By Edmund De Schweinitz. Philadelphia; 1870. 8°.

    (*a*) p. 160.

DETROIT (Siege of, Diary of the).

Diary of the Siege of Detroit in the War with Pontiac. Albany; 1860. 4°.

    (*a*) p. 29.

DIDRON (M.).

Iconographie Chrétienne. Histoire de Dieu. Par M. Didron.de la Bibliothèque Royale, Secrétaire du Comité Historique des Arts et Monuments. Paris; 1843. 4°.

    (*a*) p. 338. (*b*) p. 330. (*c*) p. 343. (*d*) p. 145.

DODGE (*Col.* R.I.).

Our Wild Indians; Thirty-three years' personal experience among the Red Men of the Great West. *** By Colonel Richard Irving Dodge, U. S. Army. Hartford; 1882. 8°.

    (*a*) p. 163.

DORMAN (Rushton M.).

The Origin of Primitive Superstitions and their development into the worship of spirits and the doctrine of spiritual agency among the aborigines of America. By Rushton M. Dorman. Philadelphia; 1881. 8°.

DORSEY (*Rev.* J. Owen).

Teton Folklore. In American Anthropologist, Vol. II, No. 2. Washington; 1889.

    (*a*) p. 144. (*b*) p. 147.

DU CHAILLU (Paul B.).

The Viking Age. The early history, manners, and customs of the ancestors of the English-speaking nations. By Paul B. Du Chaillu. ***New York; 1889. 2 vols. 8°.

    (*a*) II, p.116 et seq. (*b*) ibid., p. 133. (*c*) ibid., p.10.

DUNBAR (John B.).

The Pawnee Indians. Their History and Ethnology. In Magazine of American History. New York and Chicago; 1881.

    (*a*) IV, No. 4, p. 259. (6) V III, p.744.

DUPAIX (M.).

In Kingsborough's Mexican Antiquities. See *Kingsborough.*

    (*a*) V, p. 241. Pl. in IV, Pt. 2, No. 44.

DURAN (*Fr.* Diego).

Historia de las Indias de Nueva-España y Islas de Tierra Firma. Por El Padre Fray Diego Duran. México; 1867. 4°.

EASTMAN (Mary).

Dahcotah; or, Life and Legends of the Sioux around Fort Snelling. By Mrs. Mary Eastman; with Preface by Mrs. C. M. Kirkland. New York; 1849. 8°.

    (*a*) p.72. (*b*) p. 207. (*c*) p. 262. (*d*) p. xxvi. (*e*) p. xxviii.

EDKINS (*Rev.* Dr. J.).

Introduction to the Study of the Chinese Characters. By .J. Edkins, D. D. London;

1876. 8°.

    (*a*) p. 26. (*b*) p. 42. (*c*) p. 41. (*d*) Append. A, p. 3. (*e*) p. 20. (*f*) p. 35. (*g*) p. 14. (*h*) p. viii.

EDWARDS (*Mrs*. A. B.).

    A Thousand Miles up the Nile. By Mrs. A.B. Edwards. London; 1889. 8°.

787   (*a*) p. 205.

EELLS (*Rev*. M.).

    Twana Indians of the Skokomish Reservation in Washington Terr. In Bull. U.S. Geolog. Survey. Vol. III, pp. 57−114. Washington; 1877. 8°.

EISEN (Gustav).

    Some Ancient Sculptures from the Pacific Slope of Guatemala. In Mem. of the California Academy of Sciences. Vol. II, No. 2. San Francisco; July, 1888.

    (*a*) p. 17.

EMORY (*Lt. Col.* William Helmsley).

    Notes of a Military Reconnoissauce from Fort Leavenworth, in Missouri, to San Diego, in California, etc. By Lieut. Col. W. H. Emory, made in 1846−' 47. [Thirtieth Congress, first session; Ex. Doc. No. 41.] Washington; 1848. 8°.

    (*a*) p. 89. (*b*) p. 63.

ETHERIDGE (R., *jr.*).

    The Aboriginal Rock-Carvings at the Head of Bantry Bay. In Records of the Geological Survey of New South Wales, Vol. II, Pt. 1; 1890.

    (*a*) p. 26 et seq.

ETHNOLOGY, CONTRIBUTIONS TO NORTH AMERICAN.

    See *Contributions to North American Ethnology.*

ETHNOLOGY (BUREAU OF).

    See *Bureau of Ethnology.*

EWBANK (Thomas).

    North American Rock-writing and other aboriginal modes of recording and transmitting thought. By Thomas Ewbank, Vice-President of the Ethnological Society. Morrisania, N. Y.; 1866. Pamph., pp. 49.

EXPLORING EXPEDITION (United States).

    See *Wilkes (Commodore Charles).*

FABER (Ernest).

    Prehistoric China. By Ernest Faber. In Journal of the China Branch of the Royal Asiatic Society, n. s.. XXIV.

FEWKES (*Dr.* J. Walter).

    Journ. of American Folk Lore; Oct.-Dec, 1890.

    (*a*) p. 10.

    Am. Anthrop., v, No. 1, 1892.

    (*b*) p. 9.

    Journ. Am. Ethnol. and Archæol., II.

(*c*) p. 159.

FLETCHER (*Dr.* Robert).

Tattooing among civilized people. In Transactions of the Anthropological Society of Washington, II, p. 411.

FORLONG (*Gen.* J. G. R.).

River of Life, or Sources and Streams of the Faiths of Man in all Lands. ***By Maj.- Gen. J. G. R. Forlong. London; 1883. 2 vole. 4°.

    (*a*) I, p. 509. (*b*) II, p. 434.

FRAZER (*Prof.* Persifor, *jr.*).

The Geology of Lancaster County. In Second Geological Survey of Pennsylvania: Report of Progress in 1877. CCC, Harrisburg; 1880.

    (*a*) pp. 92, 94, 95. (*b*) p. 62.

GATSCHET (Albert S.).

A Migration Legend of the Creek Indians, with a linguistic, historic, and ethnographic introduction. By Albert 8. Gatschet. ***Philadelphia; 1884. 2 vols. 8°. [Printed in Brinton's Library of Aboriginal American Literature. No. IV.]

GIBBS (*Dr.* George).

Tribes of Western Washington and Northern Oregon. In Contributions to North American Ethnology, Vol. I, pp. 159−240. Washington; 1877. 4°.

    (*a*) p. 222. (*b*) ib.

GILDER (William H.).

Schwatka's Search. Sledging in the Arctic in quest of the Franklin records. By William H. Gilder. New York; 1881. 8°.

    (*a*) p. 250.

GONGORAY MARTINEZ (Manuel de).

Antiguedades Prehistóricas de Audalucía, monumentos, inscripciones, armas, utensilios y otros importantes objetos pertenecientes á los tiempos mas remotos de su poblacion. Por Don Manuel de Gongoray Martinez. *** Madrid; 1868. 8°.

    (*a*) p. 64.

GREEN (Henry).

Shakespeare and the Emblem Writers; an exposition of their similarities of thought and expression. Preceded by a view of emblem-literature down to A. D. 1616. By Henry Green, M. A. London; 1870. 8°.

    (*a*) pp. 4−12. (*b*) p. 13.

GREGG (Josiah).

Commerce of the Prairies, or the Journal of a Santa Fé Trader, during eight expeditions across the Great Western Prairies and a residence of nearly nine years in Northern Mexico. By Josiah Gregg. Second ed. New York; 1845. 2 vols. 12°.

    (*a*) II, p. 286.

GUNNISON (*Lieut.* J. W.).

The Mormons, or Latter-Day Saints in the Valley of the Great Salt Lake; a History of the Mormons. By Lieut. J. W. Gunnison of the Topographical Engineers. Philadelphia; 1852. 12°.

> (*a*) pp. 62–63.

GÜNTHER (C).

Die anthropologische Untersuchung der Bella-Coola. In Verhandlungen der Berliner Gesellschaft für Anthropologie, Ethnologie und Urgeschichte. Sitzung vom 20. März 1886. Berlin; 1886.

> (*a*) pp. 208, 209.

HAAST (*Dr.* Julius von)

Some Ancient Rock Paintings in New Zealand. Journal Anthropological Institute of Great Britain and Ireland. Vol. VIII. 1878.

> (*a*) p. 50 et seq.

HABEL (*Dr.* S.).

The Sculptures of Santa Lucia Cosumal-Whuapa in Guatemala. By S. Habel. Washington; 1879. Constitutes No. 269 of Smithsonian Contributions to Knowledge, 1878, Vol. XXII.

> (*a*) pp. 64–66. (*b*) p. 85. (*c*) p. 66. Sculp. No. 1, Pl. I. (*d*) Sculp. No. 4. Pl II, p. 68. (*e*) pp. 67–68. (*f*) p. 77.

HABERLANDT (M.).

Ueber Schrifttafeln von der Osterinsel. In Mittheilungen der anthropologischen Gesellschaft in Wien. XVI. Band (der neuen Folge VI. Band) , III. und IV. Heft. 1886.

HADDON (Alfred C).

The Ethnography of the Western Tribe of Torres Straits. In Journal of the Anthropological Institute of Great Britain and Ireland. Vol. XIX, No. 3. 1890.

> (*a*) p. 366. (*b*) p. 365. (*c*) ib.

789 **HAKLUYT** (Richard).

Collection of the Early Voyages, Travels, and Discoveries of the English Nation. A new edition, with additions. London; 1809 [-1812]. 5 vols, and supplement. 4°.

> (*a*) III, 1810, p. 372. (*b*) ib., p. 276. (*c*) ib., p. 415. (*d*) ib., p. 369. (*e*) ib., p. 40. (*f*) ib., p. 508. (*g*) ib., p. 615.

HARIOT (Thomas).

A brief and true report of the new found land of Virginia, of the commodities and of the nature and manners of the natural inhabitants. *** By Thomas Hariot. Fraukfurti ad Mœnvm. De Bry, anno 1590. Reprinted in facs. by J. Sabin & Sons. New York: 1872. 4°.

> (*a*) Pl. XXIII.

HARTMAN (*Prof.* R.).

> (*a*) p. 6 of the session of May 26. 1877, of the Berliner Gesellschaft für Anthropologie.

HAYWOOD (John).

The Natural and Aboriginal History of Tennessee up to the tirst Settlements therein by the White People in the year 1768. By John Haywood. Nashville; 1823. 8°.

 (*a*) p. 113. (*b*) p. 160. (*c*) p. 169. (*d*) pp. 322–323. (*e*) p. 228.

HEATH (*Dr.* E. R.).

The Exploration of the River Beni. In Journal of the American Geographical Society of New York. Vol. xiv. pp. 157–164. New York; 1882.

 (*a*) p. 157. (*b*) p. 161.

HERNDON [*Lieut.* Wm. Lewis] and **GIBBON** (*Lieut.* Lardner).

Exploration of the Valley of the Amazon, made under direction of the Navy Department. By Wm. Lewis Herndon and Lardner Gibbon, Lieutenants United States Navy. Washington; 1853. 2 vols. 8°. [Ex. Doc. 36, Senate, 32d Cong., 2d Sess.]

 (*a*) i, p. 319. (*b*) ibid., p. 201.

HERRERA (Antonio de).

The General History of the Vast Continent and Islands of America Commonly call'd the West-Indies, from the First Discovery thereof; with the best Account the People could give of their Antiquities. Collected from the Original Relations sent to the Kings of Spain. By Antonio de Herrera, Historiographer to his Catholic Majesty. Translated into English by Capt. John Stevens. *** Second edition, London; 1740. 6 vols. 8°.

 (*a*) Decade ii, B. 10, Chap. 4.

HIND (Henry Youle).

Explorations in the Interior of the Labrador Peninsula, etc. By Henry Youle Hind. London; 1863; 2 vols. 8°.

 (*a*) ii, p. 105. (*b*) i, p. 270.

HOCHSTETTER (*Dr.* Ferdinand von).

New Zealand, its physical geography, geology and natural history. By Dr. Ferdinand von Hochstetter, Professor at the Polytechnic Inst, of Vienna, etc. Stuttgart; 1867. 8°.

 (*a*) p. 437. (*b*) p. 423.

HOFFMAN (*Dr.* W. J.)

 (*a*) The Midewiwin or "Grand Medicine Society" of the Ojibwa. In Seventh Annual Report of the Bureau of Ethnology; Washington; 1891; pp. 143–300.

 (*b*) Pictography and Shamanistic Rites of the Ojibwa. In The American Anthropologist; Washington; July, 1888; pp.209–229.

HOLM (G.).

Ethnologisk Skizze af Angmagsalikerne (Særtryk af Meddelelser om Grønland. X.) Kjøbenhavn; 1887. 8°.

 790

 (*a*) p. 101. (*b*) p. 108.

HOLMES (William Henry).

Report on the Ancient Ruins of Southwestern Colorado, examined during the summers of 1875 and 1876. Washington; 1879. [Extract from 10th Ann. Rep. of U. S. Geological Survey, 1879.]

 (*a*) pp. 401–405, Pls. XLII and XLIII.

Ancient Art of the Province of Chiriqui, United States of Colombia, by William H.Holmes. Washington; 1888. 8°. In the Sixth Annual Report of the Bureau of Ethnology.

> (*b*) p. 21. (*e*) p. 181.

Art in Shell of the Ancient Americans. In Second Ann. Report of the Bureau of Ethnology.

> (*c*) p. 253etseq. (*d*) Pl. LII.

HOLUB (*Dr*. Emil).

On the Central South African Tribes from the South Coast to the Zambesi. In Journal of the Anthropological Institute of Great Britain and Ireland, Vol. x, No. 1. August, 1880.

> (*a*) p. 6. (*b*) p. 7.

HOUZÉ (*Dr*. E.) and **JACQUES** (*Dr*. Victor).

Étude d'anthropologie. Les Australiens du Musée du Nord. By Dr. E. Houzé and Dr. Victor Jacques. Bruxelles; 1885. 8°.

> (*a*) p. 92.

HOWITT (Alfred W.).

On Some Australian Ceremonies of Initiation. By A. W. Howitt, F. G. S. London; 1884. 8°.

> (*a*) p. 17. (*d*) p. 8. (*f*) p. 2.

Notes on Songs and Song Makers of Some Australian Tribes. By A. W. Howitt, F. G. S. London; 1887. 8°.

> (*b*) p. 328.

The Dieri aud other kindred Tribes of Central Australia. In Journal of the Anthrop. Inst, of Great Britain and Ireland, Vol. xx, No. 1. 1890.

> (*c*) p.7L (*e*) p.72. (*g*) ib. (*h*) ib.

HUMBOLDT (Alexander von).

Aspects of Nature. By Alexander von Humboldt. London; 1850. 2 vols. 8°.

> (*a*) I, pp. 196−201.

IMPERIAL Academy of Sciences.

Scientific papers of the Imperial Academy of Sciences, Vol. III, pt.5. St. Petersburg; 1855.

IM THURN (Everard F.).

Among the Indians of Guiana; being Sketches chiefly Anthropologic from the Interior of British Guiana. London; 1883. 8°.

> (*a*) p. 391 et seq. (*b*) p. 410. (*c*) p. 316. (*d*) p. 39. (*e*) p. 319. (*f*) p. 195. (*g*) p. 219. (*h*) p. 196. (*i*) pp. 392, 393, Figs. 25 and 26. (*k*) p. 405.

INDIAN AFFAIRS.

Canada, Report of the Deputy Superintendent-General of. (See *Canada*.)

IRVING (Washington).

Astoria; or Anecdotes of an enterprise beyond the Rocky Mountains. By Washington

Irving. Philadelphia; 1836. 2 vols. 8°.

(*a*) I, p. 226. (*b*) ib., p. 227. (*c*) ib., p. 169.

JACQUES (V.) and **STORMS** (É.).

Notes sur l'Ethnologie de la Partie Orientale de l'Afrique Équatoriale. By V. Jacques and É. Storms. In Bull. Soc. d'Anthrop. de Bruxelles. Tome v. Bruxelles; 1887.

JAGOR (F.).

Die Badagas im Nilgiri-Gebirge. In Verhandlungen der Berliner Gesellschaft für Anthropologie, etc. Jahrgang 1876. p. 195.

Über die Hieroglyphen der Osterinsel und über Felseinritzungen in Chile. In Verhandl. der Berliner Gesellsch. für Anthrop., etc. Jahrgang 1876, pp. 16, 17, Figs. 2, 3.

(*a*) Verhandl. der Berliner Gesellsch. für Anthrop., etc., Jahrgang 1882, p. 170.

JAMES (*Dr.* Edwin).

See *Tanner* (John).

JAMES' LONG'S EXPEDITION.

See *Long* (*Major* Stephen Harriman).

JAPAN.

Transactions of the Asiatic Society of Yokohama. *** Tōkyō. 8°.

JEMISON (Mary).

See *Seaver* (James E.).

JESUIT RELATIONS.

Relations des Jésuites; contenant ce qui s'est passé de plus re narquable dans lea Missions des pères de la Compagnie de Jésus, dans la Nouvelle France. Québec; 1858; 3 vols. 8°.

(*a*) II, 1646, p. 48.

JOHNSTON (H. H.).

The River Congo, from its mouth to Bolobo; with a general description of the natural history and anthropology of its western basin. By H. H. Johnston, F. F. S., F. R. G. S. *** Second ed. London; 1884. 8°.

(*a*) p. 420.

JONES (A. D.).

Illinois and the West. By A. D. Jones. Boston; 1838. 8°.

(*a*) p. 59.

JONES (Charles C., *jr.*).

Antiquities of the Southern Indians, particularly of the Georgia Tribes. By Charles C. Jones, jr. New York. 1873. 8°.

(*a*) pp. 377–379. (*b*) ib.

JONES (*Rev.* Peter).

History of the Ojebway Indians. By Rev. Peter Jones. London; 1861. 12°.

(*a*) p. 121. (*b*) p. 94.

JONES (*Capt.* William A.).

Report upon the Reconnaissance of Northwestern Wyoming. By William A. Jones, U. S.

A. Washington; 1875. 8°.

> (*a*) p. 268. (*b*) p. 269. (*c*) p. 207, fig. 33.

KANE (Paul).

Wanderings of an artist among the Indians of North America. London; 1859.

> (*a*) p. 393.

KEATING'S LONG'S EXPEDITION.

See *Long* (*Major* Stephen Harriman).

KELLER (Franz).

The Amazon and Madeira Rivers. Sketches and descriptions from the note-book of an explorer. By Franz Keller, engineer. Philadelphia; 1875. Large 8°.

> (*a*) p. 65 et seq. (*b*) p. 159 et seq.

792

KENDALL (Edward Augustus).

Travels through the northern parts of the United States, in the years 1807 and 1808. By Edward Augustus Kendall, Esq. New York; 1809. 3 vols, 8°.

KINGSBOROUGH (Edward King, *Lord*).

Antiquities of Mexico: Containing facsimiles of Ancient Mexican Paintings and Hieroglyphics *** together with the Monuments of New Spain, by M. Dupaix. London; 1831–' 48. 9 vols. Imp. folio.

> (*a*) Vol. VI, Codex Telleriano Remensis, p. 150 (vol. I, Codex T. R., pt. 4, Pl. 33). (*b*) VI, Codex T. R., p. 135 (vol. I, Codex T. R., pt. 4, Pl. 4). (*c*) VI, Codex T. R., p. 141 (I, Codex T. R., pt. 4, Pl. 19). (*d*) VI, Codex T. R., p. 148 (I, Codex T. R., pt. 4, Pl. 29). (*e*) VI, Codex T. R., p. 150 (I. Codex T. R., pt. 4, Pl. 32). (*f*) VI, Coll. Mendoza, p. 74 (I, Coll. Mendoza. Pl. 67). (*g*) VI, Codex T. R., p. 136 (I, Codex T. R., pt, 4, Pl. 7). (*h*) VI, Codex T. R., p. 141 (I, Codex T. R., pt. 4, Pl. 20). (*i*) VI, Coll. Mend., p. 86 (I, Coll. Mend., Pl. 71, Fig. 30). (*k*) VI, Codex Vaticanus, p. 222 (II, Codex Vat., Pl. 75). (*l*) VI, Codex T. R., p. 136 (I, Codex T. R., pt. 4, Pl 7). (*m*) VI, Coll. Mend., p. 69 (I, Coll. Mend., Pl. 64, Fig. 5). (*n*) (II, Codex Vat., Pl. 100.) (*o*) VI, Codex T. R., p. 142 (I, Codex T. R., pt. 4, Pl. 22). (*p*) VI, Coll. Mend., p. 71 (I Coll. Mend., Pl. 75).

In the above citations the double references, one in and one not in parentheses, are necessary because the text and the copies of paintings are in different volumes. The above references not in parentheses refer to the text alone. The several parts of the volumes containing the plates are mentioned because the pagination of those volumes is not continuous.

KOHL (J. G.).

Kitchi-Gami. Wanderings round Lake Superior. By J. G. Kohl. London; 1860. 8°.

> (*a*) p. 18.

LACOUPERIE (*Prof. Dr.* Terrien de).

Beginnings of Writing in and around Thibet. In Journ. Royal Asiatic Society. New series, Vol. XVII, Pt. III. London; 1885.

> (*a*) p. 442 et seq. (*b*) ib. (*c*) p. 443. (*d*) p. 424. (*e*) p. 428. (*f*) p. 459.

LAFITAU (*Père* Joseph Franqois).

Mœurs des Sauvages Amériquaines, Comparées aux Mœurs des Premiers Temps. By le Père Lafitau. Paris; 1724. 2 vols. 4°.

> (*a*) ɪɪ, p. 261. (*b*) ɪɪ, p. 43. (c) ib. (d) ib., p. 266.

LAHONTAN (*Baron*).

New Voyages to North America. Containing an Account of the Several Nations of that vast continent, etc. By the Baron Lahontan, Lord Lieutenant of the French Colony at Placentia in Newfoundland. *** London; 1703. 2 vols. 8°.

> (*a*) ɪɪ, p. 82. (*b*) ib., p. 84. (*c*) ib., p. 246. (d) ib., p. 225.

LAMOTHE. See *Cadillac*.

LANDA (Diego de).

Relation des Choses de Yucatan de Diego de Landa; Texte Espagnol et Traduction Française en regard, comprenant les Signes du Calendrier et de l'Alphabet Hiéroglyphique de la Langue Maya, accompagné de documents divers historiques et chronologiques, avec une Grammaire et un Vocabulaire Abrégés Français-Maya, précédés d'un essai sur les sources de l'histoire primitive du Mexique et de l'Amérique Centrale, etc., d'après les monuments Égyptiens et de l'Histoire primitive de l'Égypte d'après les monuments Américains. Par l'Abbé Brasseur de Bourbourg, Ancien Administrateur ecclésiastique des Indians de Rabinal (Guatémala) , Membre de la Commission scientifique du Mexique, etc. Paris and Madrid; 1864. 8°.

> (*a*) p. 316. (*b*) ib.

LANDRIN (Armand).   793

> (*a*) Écriture figurative et Comptabilité en Bretagne; par Armand Landrin, Conservateur du Musée d'Ethn. In Revue d'Ethnographie. Tomo premier, No. 5, Sept. -Oct. Paris; 1882.

LANGEN (A.).

Key-Inseln und die dortigen Geistergrotten. In V erhandlungen der Berliner Gesellschaft für Anthropologie, Ethnologie und Urgeschichte. Sitzung vom 17. October 1885. 1885.

> (*a*) pp. 407−409. Taf. xɪ.

L'ANTHROPOLOGIE.

L'Anthropologie Paraissant tous les deux mois sous la direction de MM. Cartailhac, Hamy. Topinard. *** Paris; 1890. 8°. [The present journal is a consolidation of "Matériaux pour l'histoire de l'homme," "Revue d'Anthropologie." and "Revue d'Ethnographie."]

> (*a*) ɪɪ, No. 6, p. 693. (*b*) ɪ, No. 5, p. 566. (*c*) ɪɪ, No. 2, 1891, p. 150. (*d*) ɪɪ. No. 2, Mar.-Avr. 1891, p. 118.

LA PLATA. See *Museo de la Plata*.

LAUDONNIÈRE (*Capt*. Réné).

The Second voyage into Florida made and written by Captain Laudonnière, which fortified and inhabited there two summers and one whole winter. In Hakluyt's

Collection of the Early Voyages, Travels, and Discoveries of the English nation, q. v.

  (*a*) III, pp. 384–419.

LAWSON (A.C.).

Ancient Rock Inscriptions on the Lake of the Woods. In The American Naturalist, Vol. XIX. Philadelphia, 1885. pp. 654–657.

  (*a*) Pl. XIX and Fig. 1.

LAWSON (John).

The History of Carolina, containing the exact Description and Natural History of that country, together with the Present State thereof and a Journal of a Thousand miles traveled through several Nations of Indians. Giving a particular Account of their Customs, Manners, etc. By John Lawson, Gent., Surveyor-General of North Carolina. London; 1714. 12°.

  (*a*) p. 190.

LE CLERCQ (*Père* Chrétien).

Nonvelle Relation de la Gaspesie, qui contient les Mœurs & la Religion des Sauvages Gaspesiena Porte-Croix, adorateurs du Soleil,. & d'autres Peuples de l'Amérique Septentrionale, dite le Canada. Dediée à Madame la Princesse d'Epinoy. Par le Père Chrétien Le Clercq, Missionnaire Recollet de la Province de Saint Antoine de Pade en Artois, & Guardian du Convent de Lens. Paris; 1691. 16°.

  (*a*) p. 139.

LELAND (Charles G.).

The Algonquin Legends ol New England. By Charles G. Leland. Boston : 1884. 8°.

  (*a*) p. 40. (*b*) p. 44.

LEMLY (Lieut. H. R.).

Who was El Dorado! By Lieut. H. R. Lemly, U. S. Army. In Century Magazine for October, 1891.

  (*a*) p. 889.

LE PAGE DU PRATZ.

Histoire de la Louisiane. Contenant la Découverte de ce vaste Pays. Par M. Le Page du Pratz. Paris; 1758. 3 vols. 12°.

794 (*a*) II, p. 432. (*b*) III, p. 241.

LE PLONGEON (*Dr.* Augustus).

Vestiges of the Mayas; or, Facts tending to prove that communications and intimate relations must have existed in very remote times between the inhabitants of Mayab and those of Asia and Africa. By Augustus Le Plongeon, M.D. New York; 1881. 8°.

  (*a*) p. 29.

LEWIS (*Capt.* Meriwether) and **CLARKE** (*Capt.*).

Travels to the source of the Missouri River, etc., and across the American Continent to the Pacific Ocean, *** in the years 1804, 1805, and 1806. By Captains Lewis and Clarke. Published from the Official Report. ***Loudon; 1814. 8°.

  (*a*) p. 66. (*b*) p. 375. (*c*) p. 379.

LEWIS (T.H.).

Incised Bowlders in the upper Minnesota Valley. In The American Naturalist for July, 1887.

    (*a*) p. 642. (*b*) p. 639 et seq. (*c*) ib.

    (*d*) Sculptured Rock at Trempeleau, Wisconsin. By T. H. Lewis. In The American Naturalist for September, 1889, pp. 782, 783.

LONG (John).

Voyages and Travels of an Indian Interpreter and Trader, Describing the Manners and Customs of the North American Indians; with an Account of the Posts situated on the river St. Lawrence, Lake Ontario, etc. To which is added, A Vocabulary of the Chippeway Language. *** By J. Long. London; 1791. 4°.

    (*a*) p. 47.

LONG (*Maj*. Stephen Harriman).

Account of an expedition from Pittsburgh to the Rocky Mountains in 1819 and 1829, under command of Major Stephen H. Long. Compiled by Edwin James. Phila.; 1823. 2 vols. 8°. [Commonly known as James' Long's Expedition].

    (*b*) I, p. 478. (*c*) ib., p. 287. (*d*) ib., p. 207. (*f*) ib., p. 125. (*h*) ib., p. 296. (*i*) ib., p.208. (*k*) ib., p. 240.

Narrative of an expedition to the source of St. Peter's River, etc., performed in the year 1823 under the command of Stephen H. Long, Major U. S. T. E. Compiled by William H. Keating. Phila.; 1824. 2 vols. 8°. [Commonly called Keating's Long's Expedition.]

    (*a*) I, p. 217. (*e*) ib., p. 334. (*g*) ib., p. 226.

LOSSING (Benson J.).

The American Revolution and the war of 1812; or, Illustrations by pen and pencil of the History, Biography, Scenery, Relics, and Traditions of our wars with Great Britain. By Benson J. Lossing. New York Book Concern; 1875. 3 vols. Large 8°.

    (*b*) III, p. 55.

The Pictorial Field-Book of the War of 1812. . *** By Benson J. Lossing. New York; 1868.

    (*a*) p. 191, footnote.

LUBBOCK (*Sir* John).

Prehistoric Times as illustrated by ancient remains and the manners and customs of modem savages. By Sir John Lubbock, Bart., M. P., etc. London; 1878. 8°.

    (*a*) p. 11.

LYND (James W.).

The Religion of the Dakotas. In Collections of the Minnesota Historical Society. St. Paul; 1860. 3 vols. 8°.

    (*a*) II, pt. 2, pp. 79, 80. (*b*) ib., pp. 59, 60. (*c*) ib., p.68. (*d*) ib., p.80.

MACKENZIE (*Sir* Alexander).   795

Voyages from Montreal on the River St. Lawrence, through the Continent of North

America, to the Frozen and Pacific Oceans; in the years 1789 and 1793. *** By Sir Alexander Mackenzie. Philadelphia; 1802. 8°.

(*a*) p. 236. (*b*) p. 33. (*c*) p. 173.

MADISON (*Rt. Rev.* James).

On the supposed fortifications of the western country. In Transactions of the American Philosophical Society, vi, pt. 1, 1804.

(*a*) pp. 141. 142.

MAGNAT (Casimir).

Traité du Langage Symbolique, emblématique et religieux des Fleurs. Par Casimir Magnat. Paris; 1855. 8°.

MAINE HISTORICAL SOCIETY.

Collections of the Maine Historical Society. *** Portland [and Bath;] 1831 [-1876]. 7 vols. 8°.

(*a*) vii. p. 393.

MALLERT (*Col.* Garrick).

See *Bureau of Ethnology.*

MARCANO (*Dr.* G.).

Ethnographie Précolombienne du Vénézuéla. Région des Raudals de l'Orénoque. In Mémoires de la Société d'Anthropologie de Paris; 2ᵉ Série, Tome Quatrième. Deuxième Fascicule. Paris; 1890. pp. 99‒218.

(*a*) p. 197. (*b*) p. 203. (*c*) p. 199. (*d*) p.210. Pl. xxx, Fig. 25. (*e*) p.200. (*f*) p.210.

MARCOY (Paul).

Travels in South America. By Paul Marcoy. New York; 1875. 2 vols. 8°.

(*a*) ii, p. 353. (*b*) ib.

MARGRY (Pierre).

Déconvertes et établissements des Français dans l'ouest et dans le sud de l'Amérique septentrionale (1614‒1754). Mémoireset documents originaux recuillis et publiés par Pierre Margry. Paris; 1875‒1886. 6 vols. 8°.

(*a*) vi. p. 518. (*b*) iv, p. 172. (*c*) iii, p. 363. (*d*) i, p. 159. (*e*) ii, p. 325. (*f*) v, p. 454. (*g*) i, p. 264.

MARSHALL (Frederic).

Curiosities of Ceremonies. By Frederic Marshall. London; 1880. 8°.

(*a*) p. 190. (*b*) p. 65.

MARSHALL (*Lieut.-Col.* William E.).

Travels amongst the Todas, or the Study of a Primitive Tribe in South India. By William E. Marshall. Lieutenant-Colonel of her Majesty's Bengal Staff Corps. London; 1873. 8°.

(*a*) p. 109. (*b*) p. 65.

MARTYR (Peter).

The History of the West Indies. *** By Peter Martyr. Benzoni's trans. Basel; 1582.

(*a*) Lib. i, Chap. xxvi. (*b*) ii, p. cccx.

Histori von der Franzosen Zug in die Landschafft Floridarr.

    (*c*) Cap. III, Die Neue Welt, Basel; 1583.

MASON (*Prof.* Otis T.).

Basket-work of the North American aborigines. In Report of the Smithsonian Institution, for 1884. Washington; 1885. Pt. II, pp. 291−306.

    (*a*) p. 296.

MATÉRIAUX pour l'Histoire primitive et naturelle de l'Homme. Revue Mensuelle illustrée dirigée par M. Émile Castailhac. Toulouse et Paris. 8°.   796

MATTHEWS (*Dr.* Washington, U. S. A.).

The Mountain Chant. A Navajo ceremony. By Dr. Washington Matthews, U. S. A. In the Fifth Annual Report of the Bureau of Ethnology, pp. 379−467.

MAURAULT (*Abbé* J. A.).

Histoire des Abenaquis depuis 1605 jusqu'à nos joins. Par l'Abbé .J. A. Maurault. Quebec. Gazette de Sorel; 1866. 8°.

    (*a*) p. 138.

MAXIMILIAN (Prince of Wied).

See *Wied-Neuwied* (Maximilian. Prince of).

McADAMS (Wm.).

Records of Ancient Races in the Mississippi Valley; being an account of some of the pictographs, sculptured hieroglyphics, symbolic devices, emblems, and traditions of the prehistoric races of America, with some suggestions as to their origin. *** By Wm. McAdams. St. Louis; 1887. 8°.

McGUIRE (Joseph D.). Materials, Apparatus, and Processes of the Aboriginal Lapidary. By Joseph D. McGuire. In The American Anthropologist, April. 1892, Vol. v, No. 2.

    (*a*) p. 165.

McKENNEY (Thomas L.).

Sketches of a Tour to the Lakes; of the Character and Customs of the Chippeway Indians; and of the Incidents connected with the Treaty of Fond du Lac. By Thomas L. McKenney, of the Indian Department. *** Baltimore: 1827. 8°.

    (*a*) p. 293.

McLEAN (*Rev.* John).

    (*a*) The Blackfoot Sun Dance. By Rev. John McLean. Toronto; 1889. 8°.

MEMOIRES DE LA SOCIETE D'ANTHROPOLOGIE DE PARIS.

See *Paris* (Mémoires de la Société d'Anthropologie de).

MEXICO (Anales del Museo Nacional de).

Anales del museo nacional de México. Mexico. Vol. I [-v] 1887. 4°.

MEXICO (Documentos para la Historia de).

Memorias para la Historia Natural de California; escritas por un religioso de la Provincia del Santo Evangelio de México. In Documentos para la Hist. de México; Tomo v, p. 220. Mexico; 1857.80.

    (*a*) p. 254.

MEXIQUE (Mission Scientifique au.)

Mission Scientifique au Mexique et dans l'Amérique Centrale. Publiée par ordre du Ministre de l'Instruction Publique [France]. Paris and Madrid; 1864. Folio.

MILNE (*Prof.* John).

Notes on stone implements from Utaru and Hakodate, with a few general remarks on the prehistoric remains of Japan. In Trans, of the Asiatic Society, Japan; VIII, Pt. I.

(*a*) p. 64.

MINING AND SCIENTIFIC PRESS. San Francisco, Cal.

(*a*) Nov. 29, 1880. p. 247.

MONTAGU (*Lady* Mary Wortley).

The Letters and Works of Lady Mary Wortley Montagu; edited by Lord Wharncliffe. London; 1837. 3 vols. 8°.

(*a*) II, p. 31.

MORE (James F.).

The History of Queen's County, N. S. By James F. More, Esq. Halifax; 1873. 8°.

797   (*a*) p. 213.

MORENO (F. P.).

Esploracion Arqueologica de la Provincia de Catamarca. Estracto del informe auual correspondiente, Museo de la Plata, á 1890-' 91. q. v.

(*a*) p. 8.

MORSE (*Prof.* Edward S.).

Some recent Publications on Japanese Archeology. In the American Naturalist. September, 1880.

(*a*) p. 658.

MORTILLET (Gabriel de).

Le Signe de la Croix avant le Christianisme. By Gabriel de Mortillet. Paris; 1866. 8°.

(*a*) p. 173.

MÜLLER (F. Max).

Lectures on the Origin and Growth of Religion. London and New York; 1879. 8° . Hibbert Lectures for 1878.

MURDOCH (John).

Ethnological Results of the Point Barrow Expedition. In Ninth Annual Report of the Bureau of Ethnology,

(*a*) p. 390. (*b*) p. 138.

MUSEO DE LA PLATA.

Revista del Museo de la Plata. Dirijida por Francisco P. Moreno, Fundador y Director del Museo. Tomo I. La Plata. Talleres de publicaciones del Museo. 1890-' 91. Large 8°.

NATIONAL MUSEUM (Proceedings of).

Proceedings of the United States National Museum. Vols. 1 [-13], 1875 [-1890]. Washington. 8°.

NATIONAL MUSEUM (Reports of).

Report of the National Museum under the direction of the Smithsonian Institution. With Ann. Reports Smithsonian Institution, 1881, pub. 1883 [-1889, pub. 1891]. Washington. 8°.

NEBEL (*Don* Carlos).

Viaje Pintoresco y Arqueolojico sobre la parte mas interesante de la República Mejicana, en los años transcurridos desde 1829 hasta 1834. Por el arquitecto Don Carlos Nebel. Paris y Mejico; 1840. Fol.

NETTO (*Dr.* Ladisláu)

Investigações sobre a Archeologia Brazileira. In Arehivos do Museu Nacional do Rio de Janeiro; Vol. vi, 1°, 2°, 3°, e 4° Trimestres, Correspondente a 1881, Consagrado a Exposição Anthropologica Brazileira, realisada no Museu Nacional a 29 de Julho de 1882. Rio de Janeiro; 1885. 4°.

(*a*) p. 551. (*b*) p. 552. Pl. xiii. (*c*) p. 551. (*d*) p. 306.

NEW YORK (The Documentary History of the State of).

See *O'Callahan* (E. B.).

NEW YORK (Documents relating to the Colonial History of the State of).

Albany; irregularly issued; 1853 to 1883. 14 vols. 8°.

(*a*) ix, pp. 46 and 385. (*b*) xiii, p. 49, and xiii, p. 398.

NIBLACK (*Ensign* Albert P., *U. S. N.*).

The Coast Indians of Southern Alaska anil Northern British Columbia. By Albert P. Niblack, Ensign, U. S. Navy. In Report of the U. S. Nat. Museum, 1887-' 88, pp. 225-386. Washington; 1890. Pll. I-lxx.

(*a*) p. 321. (*b*) p.272. (*c*) p.278. (*d*) p.324. (*e*) Pl. lv.

NORDENSKJÖLD (Adolf Erick).   798

Vega-Expeditionens Vetenskapliga Iakttagelser. By A. E. Nordenakjöld. Stockholm; 1882 — 87. 5 vols. 8°.

Contains:

Nordqvist (Oscar). Bidrag till Känedomen om Tschuktscherna.

NORDQVIST (Oscar).

Bidrag till Kännedomen om Tschuktscherna. In Nordenskjöld (Adolf Erick). Vega-Expeditionens Vetenskapliga Iakttagelser.

(*a*) ii, p. 241.

NORTHWEST COAST OF AMERICA (The).

Being results of recent ethnological researches from the Collections of the Royal Museums at Berlin; published by the Directors of the Ethnological department. Translated from the German. New York; 1884. Fol.

(*a*) Pl. 7, Fig. 3.

O'CALLAGHAN (*Dr.* E. B.).

The Documentary History of the State of New York; arranged under the direction of the Hon. Christopher Morgan, Secretary of State. By E. B. O'Callaghan, M. D.

Albany; 1849. 4 vols. 8°.

(*a*) I, 1849, pp. 4, 5. (*b*) ibid., p. 7. (*c*) ib., p. 5. (*d*) ib., p. 78.

OHIO STATE BOARD OF CENTENNIAL MANAGERS.

Final Report of the Ohio State Board of Centennial Managers to the General Assembly of the State of Ohio. Columbus; 1877. 8°.

PACIFIC RAILROAD EXPEDITION.

See *Whipple* (Lieut. A. W.).

PARIS (Mémoires de la Société d'Anthropologie de).

Paris; 1873 — 1892. Publié par la Société d'Anthropologie. 7 vols, in two series. Large 8°.

Bulletins de la Société d'Anthropologie de Paris. Paris. 8°. Publiés par fascicules trimestriels.

PARKMAN (*Dr*. Francis).

The Conspiracy of Pontiac and the Indian war after the conquest of Canada. By Francis Parkman. Boston; 1883. 2 vols. 8°.

(*a*) II, p. 265.

La Salle and the Discovery of the Great West. By Francis Parkman. Twelfth edition. Boston; 1883. 8°.

(*a*) p. 59.

PATTIE (James O.).

The personal narrative of James O. Pattie, of Kentucky, during an expedition from St. Louis through the vast regions between that place and the Pacific Ocean, and thence back through the City of Mexico to Vera Cruz, during journeyings of six years; in which he and his father, who accompanied him, suffered unheard-of hardships and dangers; had various conflicts with the Indians, and were made captives, in which captivity his father died. *** Cincinnati; 1833. 12°.

(*a*) pp. 15 and 22.

PEET (*Rev*. S. D.).

(*a*) The Emblematic Mounds of Wisconsin; Animal effigies, their shapes and attitudes. [A paper read before the American Association for the Adv. of Science.] In Am. Antiquarian. Chicago; 1884. 8°.

PEIXOTO (Rocha).

Atatuagem em Portugal. Por Rocha Peixoto. In Revista de Sciencias Naturales e Sociaes, Vol. II, No. 708. Porto; 1892. 8°.

PERROT (*Père* Nicolas).

Mémoire sur les Mœurs, Coutumes et Religion des Sauvages de l'Amérique Septentrionale. Par Nicolas Perrot; publié pour la première fois par le R. P. J. Tailhau de la Compagnie de Jésus. Leipsig and Paris; 1864. [Bibliotheca Americana. Collection d'ouvrages inédits ou rares sur l'Amérique.]

(*a*) p. 172.

799

PESCHEL (Oscar).

The Races of Man and their Geographical Distribution. Translated from the German of Oscar Peschel. New York; 1876. 8°.

(*a*) p. 175.

PHILLIPS (Henry. *jr.*).

(*a*) Histoiy of the Mexicans as told by their Paintings. In Proc. Amer. Philos. Soc, XXI. p. 616.

PIKE (*Maj.* Z. M.).

An Account of Expeditions to the Sources of the Mississippi and through the Western Parts of Louisiana to the Sources of the Arkansaw, Ivans. La Platte and Pierre Jaun Rivers. By Maj. Z. M. Pike. Philadelphia; 1810. 8°.

(*a*) App. to Pt. I. p. 22.

PINART (Alphonse L.).

Note sur les Pétroglyphes et Antiquités des Grandes et Petites Antilles. Par A. L. Pinart. Paris; 1890. Folio. Fac-simile of MS.

(*a*) p. 3 et seq.

Aperçu sur l'Ile d'Aruba, ses Habitants, ses Antiquités, ses Pétroglyphes. Par A. L. Pinart. Paris; 1890. Folio. Fac-simile of MS.

(*b*) p. 1 et seq.

PIPART (*Abbé* Jules).

Éléments Phonétiques dans les Écritures figuratives des Anciens Mexicains. In Compte Rendu du Cong. Inter, des Américanistes, 2me Session; Paris; 1878. Vol. II.

(*a*) p. 551. (*b*) p. 349. (*c*) p. 359.

PLENDERLEATH (*Rev.* W. C).

The White Horses of the West of England, with notices of some other ancient Turf-monuments. By the Rev. W. C. Plenderleath, M. A., Rector of Cherhill, Wilts. London; (no year). 12°.

(*a*) pp. 5–35. (*b*) pp. 7–17. (*c*) pp. 33–34. (*d*) pp. 35–36.

POPOFF (M. Lazar).

The origin of painting. In Popular Science Monthly, Vol. XL, No. 1, Nov., 1891.

[Translated for the Popular Science Monthly from the Revue Scientifique.]

(*a*) p. 103.

POPULAR SCIENCE MONTHLY.

The Popular Science Monthly. Edited by W. J. Youmans, Vols. 1 [XLIII]. New York. 8°.

PORTER (Edward G.).

Tbe Aborigines of Australia. In Proceedings of the American Antiquarian Society. New series, Vol. VI, pt. 3. Worcester; 1890.

(*a*) p. 320.

POTANIN (G.N.).

Sketches of North Western Mongolia. In Ethnologic Material, No. 4. St. Petersburg;

1883. 8°.

(*a*) Pl. I. (*b*) Pls. IV to XI.

POTHERIE (Bacqueville de la).

(*a*) Histoire de l'Amérique Septentrionale Divisée en Quatre Tomes. Tome Premier, contenant le Voyage du Fort de Nelson, dans la Baye d'Hudson, à l'Extrémités de l'Amérique. Par M. de Bacqueville de la Potherie, né à la Guadeloupe, dans l'Amérique Méridionale, Aide Major de la dite Isle. Paris: 1753. 4 vols. 16°.

(*b*) III. p. 43. (*c*) IV. p. 174. (*d*) I, p. 129. (*e*) ib., p. 128.

POWELL (*Maj.* J.W.).

(*a*) Outlines of the Philosophy of the North American Indians. By J. W. Powell. N. Y. 1877. 8°.

POWELL (*Dr.* J. W.).

Report on British Columbia. In Rep. of the Deputy Superintendent-General of Indian Affairs [Canada] for 1879. Ottawa. 8°.

POWERS (Stephen).

Tribes of California. By Stephen Powers. In Contributions to North American Ethnology, Vol. III. Washington; 1877.

(*a*) p. 244. (*b*) p. 321. (*c*) p. 20. (*d*) p. 166.

Northern California Indians. In Overland Monthly, San Francisco. Vol. VIII. 1872, and Vol. XII, 1874.

PRATZ (Le Page du).

See *Le Page du Pratz.*

PUTNAM (A. W.).

History of Middle Tennessee; or Life and Times of Gen. James Robertson. By A.W. Putnam. Nashville; 1859. 8°.

(*a*) p. 321.

PUTNAM (*Prof.* F. W.).

The Serpent Mound of Ohio. In The Century Illus. Monthly Magazine, April, 1890. New York. 8°.

(*a*) p. 871.

RAFN (Charles Christian).

Antiquitates Americanæ. Edidit Societas Regia Antiquariorum Septentrionalium. Studio et opera Charles Christian Rafn. Copenhagen; 1845. Folio.

(*a*) p. 359. (*b*) p. 360. (*c*) p. 397. (*d*) p. 401. (*e*) p. 357.

RAND (*Rev.* Silas).

A First Reading Book in the Micmac Language; comprising the Micmac numerals and the names of the different kinds of beasts, birds, fishes, trees, etc., of the maritime Provinces of Canada. Also some of the Indian names of places and many familiar words and phrases, translated literally into English. By Rev. Silas Rand. Halifax; 1875. 12°.

(*a*) p. 91.

RAU (*Dr.* Charles).

Observations on Cup-shaped and other Lapidarian Sculptures in the Old World and in America. By Charles Rau. In Contributions to North American Ethnology. Vol. v. Washington; 1882; pp. 1–112. Figs. 1–161. 4°.

(*a*) p. 60. (*b*) p. 65. (*c*) p. 64. (*d*) p. 9.

REBER (*Dr.* Franz von).

History of Ancient Art. By Dr. Franz von Reber. Translated and augmented by Joseph Thacher Clarke. New York; 1882. 8°.

RECLUS (Élisée).

The Earth and its Inhabitants. By Élisée Reclus. Edited by A. H. Keane, B. A. New York; 1890. Large 8°.

(*a*) Oceauica, p. 476. (*b*) ib. p. 134. (*c*) ib. p. 304.   801

REISS (W.) and **STUBEL** (A.).

Necropolis of Ancon in Peru. By W. Reiss and A. Stubel. London and Berlin. 1880—1887. Large folio.

(*a*) Pls. 33 and 33a.

RENAN (Ernest).

History of the People of Israel till the time of King David. By Ernest Renan. Boston; 1889. 8°.

(*a*) p. 19.

RENOUF (P. Le Page).

An Elementary Grammar of the Ancient Egyptian Language, in the hieroglyphic type. By P. Le Page Renouf, one of Her Majesty's Inspectors of Schools. London and Paris; date of dedication. 1875. [No publication date.]

(*a*) p. 2.

REVISTA TRIMENSAL do Institute Historico e Geographico Braziliero.

Fnndado no Rio de Janeiro. Debaixo da imiuediata proteção de S. M. I. O. Sr. D. Pedro II. Vols. 1 [-L]. Rio de Janeiro. 8°.

REVUE D ETHNOGRAFHIE.

Lately incorporated with two other serials and published under the title of L'Anthropologie, q. v.

(*a*) v, No. 2; 1886.

REVUE GÉOGRAPHIQUE INTERNATIONALE.

Journal mensuel illustré des sciences géographiques. Paris; 1884; 9e année. Editorial notice of report made to the Société de Géographie de Tours, by General Colonien.

(*a*) No. 110, p. 197.

RIVERO (Mariano Edward) and von **TSCHUDI** (John James).

Pcruvian Antiquities. By Mariano Edward Rivero, *** and John James von Tschudi. Translated into English, from the original Spanish, by Francis L. Hawkes, D. D. LL. D. New York and Cincinnati; 1855. 8°.

(*a*) pp. 105–109.

RIVETT-CARNAC (J. H.)

Archæological Notes on Ancient Sculpturings on Rocks in Kumaon, India, similar to those found on monoliths and rocks in Europe. By J. H. Rivett-Carnac, Esq., Bengal Civil Service. *** Reprinted from the Journal of the Asiatic Society of Bengal. Calcutta; 1883.

    (*a*) p. 1. (*b*) p. 15.

ROCK INSCRIPTIONS.

See *Archaic Rock Inscriptions.*

ROEDIGER (Fritz).

Prehistoric Sign Stones, as boundary stones, milestones, finger posts, and maps. In Verhandl. der Berlin. Gesellschaft für Anthrop.; 1890.

    (*a*) p. 526.

ROGERS (*Rev.* Charles).

Social Life in Scotland from early to recent times. By the Rev. Charles Rogers. Edinburgh; 1884. 3 vols. 8°.

    (*a*) I, p. 35.

ROSNY (Léon de).

Archivea Paléographiques, *** Par Léon de Rosny. Paris; 1870. 8°.

    (*a*) Tom. I, 2me liv. Avril-juin, p. 93.

ROYAL GEOGRAPHICAL SOCIETY.

The Journal of the Royal Geographical Society of London. Vols. I [-L!] London. 8°.

802   (*a*) XXXII, 1862, p. 125.

RUTHERFORD (David Greig).

    (a) Notes on the People of Batanga, West Tropical Africa. In Jour, of Anthrop. Inst. G. B. & I., x, 1881, p. 466.

SAGARD (Gabriel).

Histoire du Canada et Voyages que les frères Mineurs recollet y out faicts pour conversion des infidèles depuis l'an 1615. Par Gabriel Sagard Theodat, avec un dictionnaire de la langue Huronue. Nouvelle edition publiée par M. Edwin Tross. Paris; 1866. 4 vols. 8°.

    (*a*) III, p. 724. (*b*) II. p. 347.

SAYCE (*Prof.* A. H.).

Address to the Anthropological Section of the British Association at Manchester. By Prof. A. H. Sayce. In Journal of the Anthropological Institute of Great Britain and Ireland.

    (*a*) Nov., 1887, p. 169.

SCHOOLCRAFT (Henry R.).

Historical and Statistical Information respecting the History, Condition, and Prospects of the Indian Tribes of the United States. Collected and prepared under the direction of the Bureau of Indian Affairs, per act of Congress of March 3d, 1847. By Henry R. Schoolcraft. Illustrated by S. Eastman, Capt. U. S. Army. Published by authority of

Congress. Philadelphia; 1851 — 1857. 6 vols. 4°.

(*a*) I, p. 351. (*b*) IV, 119. (*c*) III, 73 et seq. (*d*) I, 409, Pl. 58, Fig. 67. (*e*) IV, 253, Pl. 32. (*f*) V, 649. (*g*) III, p. 306. (*h*) I, 336, Pl. 47, Fig. c (*i*) I, Pl. 58, op. p. 408. (*k*) ib. (*l*) I, Pl. 59, Figs. 79 and 103, text on pp. 409, 410. (*m*) I, p. 356. (*n*) III, p. 306. (*o*) I, Pl. 54, Fig. 27. (*p*) III, p. 85. (*q*) I, Pl. 18, Fig. 21. (*r*) I, Pl. 56, Fig. 67. (*s*) I, Pls. 58, 59, Figs. 8, 9, and 98. (*t*) I, Pl. 58. (*u*) ib. (*v*) I, Pl. 59, No. 91. (*w*) I, Pl. 64. (*x*) II, p. 58. (*y*) I, p. 410, Pl. 59, Fig. 102. (*z*) VI, p. 610.

SCHWATKA'S SEARCH.

(See *Gilder, Wm. H.*)

SCHWEINFURTH (Georg).

The Heart of Africa. By Georg Schweinfurth. New York; 1874. 2 vols. 8°.

(*a*) II, p. 23.

SEAVER (James E.).

A Narrative of the life of Mrs. Mary Jemison, who was taken by the Indians in the year 1755, when only about twelve years of age, and has continued to reside amongst them to the present time. Carefully taken from her own words. Nov. 29, 1823. By James E. Seaver. London; 1826. 24°.

(*a*) p. 70.

SHEA (*Dr.* John Gilmary).

First establishment of the Faith in New France. Now first translated by John Gilmary Shea. New York; 1881. 2vols. 8°. (See also Le Clercq (Père Chrétien).

(*a*) I. p. 19.

SHRIFNER (Anton).

Ethnographic Importance of Property Marks. In Scientific Treatises of the Imperial Academy of Sciences. St. Petersburg; 1855. 8°.

(*a*) p. 601. (*b*) ib.

SHTUKIN (N. S.).

An Explanation of Certain Picture-writings on the Cliffs of the Yenesei River.

In No. 4 of Quarterly Isvestia of the Imp. Geogr. Soc., St. Petersburg; 1822.

SIMPSON (*Lieut.* James H.).   803

Journal of a Military Reconnaissance from Santa Fé, New Mexico, to the Navajo Country in 1849. By Lt. James H. Simpson, U. S. T. Engineers. Phila.; 1852. 8°.

(*a*) Pl. 72.

SIMPSON (*Sir* James Y.).

On Ancient Sculpturings of Cups and Concentric Rings, *** In Proceeding* of the Society of

Antiquaries of Scotland. Appendix to Volume VI. Edinburgh; 1867. pp. 1–147. Pls. I-xxxII.

SIMPSON (Thomas).

Narrative of the Discoveries of the North Coast of America; effected by the officers of the

Hudson's Bay Company during the years 1836 — 1939. By Thomas Simpson. Esq. London;

1843. 8°.

SMET (Père Peter de).

Missions de l'Orégon et Voyages aux Montagues Rocheuses, aux sources de la Colombie, de

l'Athabasco et du Sascatschawin, en 1845 — 1846. Par le Père P. de Smet de la Société de

Jésus. English translation. New York; 1847. 12°.

(*a*) p. 288. (*b*) p. 320.

SMITH (*Capt.* John.)

The True Travels, Adventures and Observations of Captain John Smith, in Europe. Asia.

Africke and America; beginning about the yeere 1593 and continued to this present 1629.

From the London edition of 1629. Richmond; 1819. 2 vols. 8°.

(*a*) I, p. 230.

SMITHSONIAN REPORTS.

Annual Report of the Board of Regents of the Smithsonian Institution. 1847 [-1892]. Washington. 8°.

SOCIÉTÉ D'ANTHROPOLOGIE DE BRUXELLES.

Bulletin de la Société d'Anthropologie de Bruxelles. Bruxelles. 8°.

(*a*) v, 1886 — 1887, p. 109. (*b*) ib., p. 108.

SOCIÉTÉ D'ANTHROPOLOGIE DE PARIS.

(See Paris.)

SOUCHÉ (B.).

Notes sur quelques découvertes d'archéologie préhistorique aux environs de Pamproux. Niort;

1879. 8°. Partly reported in Matériaux pour l'llistoire Prim., etc.

(*a*) 2ᵉ série, xi. 1880, p. 147.

SOUTH CAROLINA, DOCUMENTS CONNECTED WITH THE HISTORY OF.

Edited by P. C. J. Weston. London; 1856.

(*a*) p. 220.

SPENCER (Herbert).

The Principles of Sociology. By Herbert Spencer. New York; 1884. 2 vols. 12°.

(*a*) II, p. 72 et seq.

SPROAT (Gilbert Malcomb).

Scenes and studies of Savage Life. By Gilbert Malcomb Sproat. London; 1868. 8°.

(*a*) p. 269.

STANLEY (Henry M.).

The Congo and the Founding of its Free State. A story of work and exploration. By

Henry M.

Stanley. New York; 1885. 2 vols. 8°.

    (*a*) I, p. 373.

STARCKE (*Dr.* C. N.).

The Primitive Family in its origin and development. By Dr. C. N. Starcke. New York; 1889. 8°.

[International Scientific Series.]

    (*a*) p. 42.

STARR (*Prof.* Frederick).

Dress and Adornment. In Popular Science Monthly, Vol. XL, Nos. 1 and 2; 1891.

    (*a*) p. 499.

STEARNS (*Prof.* Robert E.C.).

Ethnoconchology; a Study of Primitive Money. In the Report of the U. S. National Museum; 1886—1887.

    (*a*) p. 304.

STEPHENSON (*Dr.* M. F.).

Geology and Mineralogy of Georgia. By Dr. M. F. Stephenson. Atlanta; 1871. 16°.

    (*a*) p. 199.

STEVENSON (James).

Ceremonial of Hasjelti Dailjis and Mythical Sand Painting of the Navajo Indians. By James

Stevenson. In the Eighth Annual Report of the Bureau of Ethnology , for 1886—1887, pp. 229–285. Washington; 1891.

STRAHLENBERG (Philip John von).

    (*a*) An Historico-Geographical Description of the north and eastern parts of Europe and Asia,

but more particularly of Russia, Siberia, and Great Tartary. By Philip John von Strahlenberg. London; 1738. 2 vols. 4°.

SUMMERS (James).

A Handbook of the Chinese Language. By James Summers. Oxford; 1863. 8°.

    (*a*) Part I, p. 16.

TANNER (John).

Narrative of the Captivity and Adventures of John Tanner *** during Thirty Years' Residence

among the Indians in the interior of North America. Prepared for the press by Edwin James, M. D. New York; 1830. 8°.

    (*a*) pp. 341–344. (b) p. 193. (*c*) p. 176. (*d*) p. 174. (*e*) pp. 176 and 314. (f) p. 367. (*g*) pp. 174 and 189.

TAYLOR (*Rev.* Richard).

Te Ika a Maui; or New Zealand and its Inhabitants. By Rev. Richard Taylor. M. A., F. G.S. London; 1870. 8°.

(*a*) p. 379. (*b*) Ib. (*c*) p. 320. (*d*) p. 209.

TEN KATE (*Dr.* H. F. C).

Some Ethnographic Observations in the California Peninsula and in Sonora. In Revue d'Ethnographie, Vol. II, 1888.

(*a*) p. 321. (*b*) p. 324.

THOMAS (*Prof.* Cyrus).

Aids to the Study of the Maya Codices. In Sixth Annual Report of the Bureau of Ethnology.

Washington; 1888. pp. 253−371. Figs. 359−388.

(*b*) p. 371. (*c*) p. 348.

Burial Mounds of the Northern Section of the United States. In Fifth Annual Report of the Bureau of Ethnology. Washington; 1888. pp. 3−119. Pll. I-VI, Figs. 1−49.

(*a*) p. 100.

THOMAS (Julian).

Cannibals and Convicts in the Western Pacific. By Julian Thomas. London; 1886. 8°.

805   (*a*) p. 37.

THOMSON (*Paymaster* William J., *U. S. N.*).

Te Pito Te Henua: or Easter Island. In Report U. S. National Museum for 1888—1889: Washington: 1891. pp. 447−552. Pls. XII-LX, Figs. 1−20.

(*a*) p. 480. PI. XXIII.

THURN (Everard F. IM).

see *im Thurn* (E. F.)

THRUSTON (Gates P.).

The Antiquities of Tennessee and the adjacent States, and the state of aboriginal society in the scale of civilization represented by them. By Gates P. Thruston. Cincinnati: 1890. 8°.

(*a*) pp. 90−96.

TOKYO (Anthropological Society of.)

The Bulletin of the Tōkyō Anthropological Society. Tōkyō Anthrop. Society office, Hongo, Tōkyō. Vols. I-[VII]. 8°.

(*a*) VII. No. 67. Oct. 1891, p. 30.

TREICHEL (A.).

Die Verbreitung des Sechulzenstabes und verwandter Geräthe. In Verhandlungen der Berliner Gesellschaft für Anthropologie, Ethnologic und Urgeschichte. Sitzung vom 20. März 1886. Berlin; 1886. 8°. p. 251.

TRUMBULL (Henry Clay).

The Blood Covenant a Primitive Rite and its Bearings on Scripture. By H. Clay Trumbull. New York: 1885. 8°.

(*a*) pp. 236−237. (*b*) p. 342.

TSCHUDI (*Br.* J. J. von).

Travels in Peru. By Dr. J. J. von Tschudi. New York; 1847. 8°.

    (*a*) Pt. II, pp. 344. 345. (*b*) p. 284.

See also *Rivero* (Mariano Edward) and *von Tschudi* (*Dr*. J. J.).

TURNER (George).

Samoa a hundred years ago and long before. By George Turner. London; 1884. 8°.

    (*a*) p. 302. (*b*) p. 88. (*c*) p. 185.

TYLOR (*Prof*. Edward Burnett).

Researches into the Early History of Mankind. By Edward Burnett Tylor. New York; 1878. 8°.

    (*b*) p. 103.

    (*a*) Notes on Powhatan's Mantle. In Internationales Archiv für Ethnographie, I, 1888, p. 215.

TYOUT ET DE MOGHAR (Les Dessins des Roches de).

In Revue Géographique Internationale, 9ᵉ année, Paris; décembre 1884. No. 110, p. 197. Editorial.

UNITED STATES NATIONAL MUSEUM.

See *National Museum*.

VETROMILE (*Rev*. Eugene)

A Dictionary of the Abnaki Language. English-Abnaki and Abnaki-English. By the Rev. Eugene Vetromile. MS. in the Library of the Bureau of Ethnology. 3 vols. Folio.

VICTORIA INSTITUTE.

Jonrnal of the Transactions of the Victoria Institute, or Philosophical Society of Great Britain. London; published by the Institute. Vols. I ⌈ -xxvI ? ⌉ . 8°.

VINING (Edward P.).

An Inglorious Columbus, or Evidence that Hwui Shan and a Party of Buddhist Monks from Afghanistan discovered America in the Fifth Century A. D. By Edward P. Vining. New York; 1885. 8°.

806

WAKABAYASHIA (K.).

    (*a*) Pictures on Dotaku or so-called Bronze Bell. By Mr. K. Wakabayashia. In Bulletin of the Tokyo Anthropological Society, Vol. VII, No. 67, Oct., 1891, with illustrations continued in No. 69. Tōkyō. 8°.

WAKEFIELD (Edward Jerninghaw).

Adventures in New Zealand from 1839 to 1*44. By Edward Jemingham Wakefield. London; 1845. 2 vols. 8°.

    (*a*) I, p. 64.

WAKEMAN (W. F.).

On the Earlier Forms of Inscribed Christian Crosses found in Ireland. In Journal of the Proceedings of the Royal Society of Antiquaries of Ireland. Vol. I, 5th ser. 1st quar. 1891. 8°.

    (*a*) p. 350.

WALLACE (*Prof.* Alfred R.).

A Narrative of Travels on the Amazon and Rio Negro. *** By Alfred R. Wallace. London; 1853. 8°.

WARREN (Wm. F.).

Paradise Found; the Cradle of the Human Race at the North Pole; a Study of the Prehistoric World. By Wm. F. Warren. Boston; 1885. 8°.

WARREN (W. W.).

Memoir of W. W. Warren; a History of the Ojibwa. In Coll. of the Minnesota Historical Society, Vol. v, St. Paul; 1885. 8°.

    (*a*) pp. 89–90.

WESTON (P. C. J.). See *South Carolina.*

WEITZECKER (Giacomo).

Bushman Pictograph. In Bollet. della Società Geografica Ital. Ser. II, Vol.XII. Fasc. Apr., 1887. Roma; 1887.

    (*a*) pp. 297–301.

WHIPPLE (*Lieut.* A. W.).

Report upon the Indian Tribes. By Lieut. A. W. Whipple, Thomas Ewbank, Esq., and Prof. Wm.W. Turner. Washington; 1855. Forms Pt. III in of Reports of Explorations and Surveys to ascertain the most practicable and economical route for a railroad from the Mississippi River to the Pacific Ocean. Washington; 1856. Senate Ex. Doc. No. 78. 33d Cong. 2d session.

    (*a*) p.42. (*b*) ib., pl.36. (*c*) pp.36–37, pls. 28, 29, 30. (*d*) p.39, pl.32. (*e*) pp. 9, 10. (*f*) p.33.

WHITFIELD (J.).

In Journ. of Anthrop. Inst, of Gt. Br. and I.

    (*a*) in, 1874, p.114.

WHITTLESEY (Col. Charles).

Antiquities of Ohio. Report of the Committee of the State Archæological Society. In Final Report of the Ohio State Board of Centennial .Managers to the General Assembly of the State of Ohio. Columbus; 1877. 8°.

Archæological Frauds. Western Reserve and Northern Ohio Historical Society, Cleveland, Ohio. Tracts 1 to 36, 1870—1877. Cleveland; 1877. 8°.

    (*a*) No. 33, Nov., 1876, pp. 1–7; Ills. 1,3, and 4.

WHYMPER (Frederick).

Travels and Adventures in the Territory of Alaska, formerly Russian American — now ceded to the United States — and in various other parts of the North Pacific. New York; 1869. 8°.

    (*a*) p.101.

807 **WIED-NEUWIED** (Maximilian Alexander Phillip, *Prinz von*).

Travels in the Interior of North America. By Maximilian, Prince of Wied. London; 1843. Imp. folio.

(*a*) p. 387. (*b*) p. 149, et seq. (*c*) pp. 339, 386. (*d*) p. 153. (*e*) p. 255. (*f*) p. 340. (*g*) p. 341. (*h*) p. 352.

WIENER (Charles).

Pérou et Bolivie, récit de voyage, suivi d'études archéologiques et ethnographiques et de notes sur l'écritule et les langues des populations indiennes. Par Charles Wiener. Paris; 1880. 8°.

(*a*) p. 759. (*b*) p. 763. (*c*) p.l67. (*d*) p.705. (*e*) p. 770. (*f*) p.763. (*g*) p.77. (*h*) p.706. (*i*) p. 669. Ill. on pp. 772 and 773.

WILKES (*Commodore* Charles, U.S.N.).

Narrative of the United States Exploring Expedition during the years 1838, 1839, 1840,1841.1842. By Charles Wilkes, U. S. N. Philadelphia; 1850. 5 vols. 4°.

(*a*) v, p. 128. (*b*) ib., p. 185.

WILKINSON (Sir J. Gardner).

The Manners and Customs of the Ancient Egyptians. By Sir Gardner Wilkinson, D. C. L., F. R.G.S. A new edition, revised and corrected by Samuel Birch, LL.d.. D.C.L. Boston; 1883. 3 vols. 8°.

(*a*) II, Ch. x.

WILLIAMS (*Dr*. S. Wells).

The Middle Kingdom. A Survey of the Geography, Government, Literature, Social Life, Arts and History of the Chinese Empire and its Inhabitants. By S. Wells Williams, LL. D. New York; 1883. 2 vols. 8°.

(*a*) II. p. 248.

WILSON (*Sir* Daniel).

Prehistoric Man. Researches into the Origin of Civilization in the Old and the New World. By Daniel Wilson, LL.d. Cambridge and London; 1862. 3 vols. 8°.

(*a*) II, p. 185.

The Huron-Iroquois of Canada; a Typical Race of American Aborigines. In Proceedings of the Royal Society of Canada,

(*a*) II., 1884. p. 82,

WINCHELL (Prof. N. H.)

The Geology of Minnesota. Vol. I of the final report. By N. H. Winchell. Minneapolis. Minn.; 1884. Imp. 8°.

(*a*) pp. 555–561, Pls. I, J, K, and L.

WISCONSIN (Annual Reports and Collections of the State Historical Society of).

Madison, Wis. Vols. I. 1854 [-xI]. 12°.

WORSNOP (Thomas).

The Pre-Historic Arts of the Aborigines of Australia. By Thos. Worsnop. Adelaide: 1887.

(*a*) pp. 7–9. (*b*) p. 22.

YARROW (Dr. H. C.).

See *Bureau of Ethnology*.

ZAMACOIS (D. Niceto de).

Historia de México. Barcelona and Mexico; 1877—1880. 11vols. 8°.

(*a*) I, p. 238.

ZEITSCHRIFT FÜR ETHNOLOGIE.

Organ der Berliner Gesellschaft für Anthropologie, Ethnologie und Urgeschichte. Unter Mitwirkung des Vertreters desselben R. Virchow herausgegeben von A. Bastian und R. Hartmann. Berlin. I [-xxv], 1869—1892.

(*a*) VIII, 1876, p.195.

索　引*

本索引为综合索引，涵盖 Dover 版的第一、第二两卷，页码范围在 1—460 页为第一卷内容，461—822 页为第二卷。索引中标有罗马数字页码的可以忽略，因为这些页码（最初是出现在 1889 年美国民族学局局长的报告中）在本版本中已经省略。

［已经收录在《引用文献列表》（本书 777—808 页）中的作者和著作不再在此赘述。］

---

* 索引中的页码为英文原书页码，即本书边码。——译者

810

美洲印第安人的图画文字

812

美洲印第安人的图画文字

813

814

816

美洲印第安人的图画文字

821

822

图书在版编目(CIP)数据

美洲印第安人的图画文字/(美)加里克·马勒里著；
闵锐武，孙亚楠译.—北京:商务印书馆,2023
(文字与文明译丛)
ISBN 978-7-100-21580-0

Ⅰ.①美… Ⅱ.①加… ②闵… ③孙… Ⅲ.①美国
印第安人—古文字—研究 Ⅳ.①H83

中国版本图书馆 CIP 数据核字(2022)第 169560 号

文字与文明译丛
美洲印第安人的图画文字
(全两卷)

〔美〕加里克·马勒里 著

闵锐武 孙亚楠 译

商 务 印 书 馆 出 版
(北京王府井大街36号 邮政编码100710)
商 务 印 书 馆 发 行
北 京 通 州 皇 家 印 刷 厂 印 刷
ISBN 978-7-100-21580-0

2023 年 1 月第 1 版 开本 710×1000 1/16
2023 年 1 月北京第 1 次印刷 印张 83¼

定价:398.00 元